21세기 중국의 대국굴기(大國崛起) 전략

시진핑의 차이나드림

문유근 지음

★
BOOK STAR

들 어 가 며

중국의 제5세대 지도자 시진핑(習近平)은 2012년 11월 제18차 당 대회에서 총서기에 취임한 이후, 주요 회의·행사 등 계기시마다 향후 중국이 실현해야 할 비전으로 '중국의 꿈'(中國夢, China Dream 또는 The Dream of China)을 천명해 왔다.

'중국의 꿈'은 무엇인가? 아편전쟁(1840~42년)의 패배를 기점으로 170여 년에 걸쳐 중화민족이 겪었던 좌절과 성공의 역정을 총괄하고 이를 바탕으로, 건국 100주년이 되는 2049년까지 '중화민족의 위대한 부흥'을 실현한다는 것이다. 시진핑의 개혁과 중국의 미래를 점칠 수 있는 핵심 키워드다.

시진핑이 목표로 하는 시점은 총서기 2기 임기 10년(2022년)이 끝나기 전인 2021년, 즉 중국 공산당 창건 100주년이 되는 해다. 1인당 GDP를 2010년(4,394달러) 대비 배증시키면서 GDP 총량에서 미국을 추월하려는 것이다. 대외무역 총액은 이미 2012년에 미국을 능가했다. 시진핑은 "추가 경기부양책 없이도 연 7% 성장률을 유지할 수 있는 만큼, 2021년 우리의 목표를 달성할 수 있을 것이다. 결코 '중진국 정체의 함정'에 빠지지 않을 것"이라며 자신감을 내비쳤다.

이를 지향하는 시진핑의 통치 스타일을 보면, 장쩌민(江澤民)·후진타오(胡錦濤) 등 선배 지도자들의 집권 초반 분위기와는 사뭇 다르다. 강력한 카리스마와 리더십이 돋보이고 정책 주안점도 다르다. 국가안보 및 체제 안정, 전 방위 국정개혁을 각각 책임질 사령탑으로서, 당·정·군 수뇌부 확대회의의 성격을 갖는 '국가안전위원회', '중앙전면심화개혁영도소조'를 새로 창설하고 책임자 직에 올랐다.

전자는 중국판 NSC(국가안전보장회의)이며 후자는 후진타오 집권 10년(2002~2012년) 동안 일반인들이 원자바오(溫家寶) 총리가 시행한 개혁에 큰 불만을 가지게 되자, 이를 리커창(李克强) 총리에게 맡기지 않고 본인이 직접 계획된 개혁 설계를 실행키 위해 만든 기구라 한다.

민생·친서민 행보를 위해 경호활동마저 간소화하고 공직기강 확립 차원에서 형식·관료·향락주의와 사치 풍조 등 4풍(風) 척결 캠페인과 함께 성역 없는 사정을 강행, 총서기 취임 후 2013년 말까지 낙마한 차관급 이상 고위 관리만 23명에 달한다. 후진타오 시기 연평균 7~8명의 3배 수준이다.

2013년부터 본격화된 반부패 정책으로 인해 마냥 즐거웠을 2014년 춘제(春節, 설날)를 전후해, 관료와 국유기업 간부들은 예년과 같은 선물과 잔치가 없어 우울한 시간을 보냈는데, 해바라기씨·달력·식용유 등 소박한 선물마저 줄어들었다 한다. 외국산 명품 매출은 극감했고, 이제 공직사회에는 도시락 점심·도서관 회의도 유행하고 있다고 한다.

'중국의 꿈'의 보다 현실적인 목표는 개혁·개방의 부작용인 빈부

격차를 해소, 인민 모두가 부유해지고, 의료·교육 등 공공 서비스를 인민 누구나가 균등하게 누리는 것이다. 시진핑은 장쩌민·후진타오 시기, 관심을 덜 받았던 중·하위층 소득의 생활에 남다른 관심을 보이고 있다. 도시 이주 농민 노동자인 농민공(가족 포함, 2억 3,400만 명) 생계 향상 지원, 1가구 1자녀 정책 완화, 도·농 간 인구이동의 족쇄를 채워 온 호구(戶口, 호적)제도 개선, 인권탄압의 비난 대상이 되어온 강제 노동교화소 폐지 등이 그것이며, 계층·지역 간 격차 해소를 위해 도시화 추진, 국토 균형 발전, 개방 확대 등의 조치를 적극 추진하고 있다.

대외관계에서는 과거 덩샤오핑(鄧小平)의 소극적 '도광양회'(韜光養晦 : 빛을 감추고 어둠 속에서 힘을 기른다)를 탈피하여, '주동작위'(主動作爲 : 해야 할 일을 주도적으로 한다) 외교정책을 구사하고 있다. 시진핑식 '대국굴기'(大國崛起) 전략이다.

미국에게는 '신형 대국관계' 수립을 내세우며, 글로벌 파워를 인정할 테니 중국의 핵심 이익을 존중하라고 요구하고 있다. 과거사·영토 문제로 팽팽하게 맞서고 있는 일본에게는 우리가 수교 이후 20여 년간 요구해온 하얼빈역 안중근 의사 의거 기념 표지석 설치 대신 통 크게 안중근 의사 기념관을 건립, 두고두고 일본을 확실히 먹칠할 수 있게 했다. 북한에 대해서도 정권 붕괴에 따를 파장을 우려해 두둔해왔던 태도를 바꿔, 한반도 안정보다 비핵화를 우선시하고, 전통적 우호관계를 일반 국가관계로 전환하면서 핵실험에는 실질적 제재 조치를 가하고 있다.

시진핑 총서기는 이 같은 부국강병책을 통해, 덩샤오핑이 개혁·개방 시작 원년인 1979년부터 건국 100주년인 2049년까지 70년간의 3단계 국가발전 전략 중, 중간 단계인 2000~2021년의 샤오캉(小康 : 의식주가 해결된 중등생활 이상 수준) 목표를 완수하려 한다. 1단계(1979~1999년)의 원바오(溫飽 : 의식주가 기본적으로 해결된 기초생활 수준) 달성 목표는 덩샤오핑과 뒤를 이은 장쩌민 시대인, 1980년대 말에 이미 완성했다. 시진핑은 샤오캉 달성 후, 2022~2049년의 제3단계 다퉁(大同 : 태평성대, 인민생활 수준의 선진국 진입) 목표 실현은 차기 제6세대 이후 지도부에게 넘기려고 한다.

이 책은 이상의 내용을 보다 구체화하기 위해 크게 7단락으로 나눴다. 주요 내용인 제2~6부까지는 각각 10항목으로 나눴고, 각 항목마다 적어도 2~5개의 소주제를 포함하도록 했다.

제1부 '중국 개황'에서는 일반 현황을 소개하면서, 국기·국가 및 정치·경제·사회·군사 등 일반 정세와 한·중 관계 개요를 다뤘다.

제2부 '핵심 권력과 통치기관'은 공산당을 중심으로 했다. 공산당은 정부·전인대(국회 상당)·정협(국정자문기관)·해방군뿐 아니라 기업, 교육·언론기관 등에 당 위원회를 설치하고 인사를 관장한다. 공산당은 신과 같아서 잘 보이지 않지만, 강력한 권력으로 중국 사회의 모든 것을 장악한다. 여기서는 공산당·정부·전인대·정협

등 4대 권력기관과 최고 사정 · 법원 · 검찰 기관을 과거 · 현재 · 미래로 나눠 조망했고 지도자들의 인적사항을 최대한 충실하게 정리, 자료집으로도 활용할 수 있도록 했다.

제3부 '지도자의 꿈과 현실'에서는 중국 역대 지도자의 통치이념과 중화 부흥 목표 등 중국 지도자의 외면과 내면, 꿈과 현실 문제를 다뤘다. 중국 지도자의 수입과 음성소득원, 부패사건, 지역감정과 정치 계파와의 연계성도 취급했다.

제4부 '경제 정책 및 사회 부조리'는 그간의 개혁 · 개방 확대 과정에서 파생된 경제 · 사회 부조리를 중국의 홍색귀족, 베이징 천도론, 현대판 암행어사 등으로 나눠 설명했는데, 앞으로 시진핑 체제가 극복해야 할 정책 과제이기도 하다.

제5부는 '외교 · 국방 및 안보체제'로서, 적극적인 주동외교 전략과 해외첩보활동, 군 현대화를 가로막는 군 내부 문제점 등을 분석했다.

제6부 '한반도 관계와 주중 교민'에서는 한 · 중 관계 현안, 우리 여행객 · 교민의 중국 체류 안전대책과 함께 김정은 방중 추진 징후, 북한의 상도의 등 북 · 중 관계의 현주소를 정치 · 경제 · 외교적 측면에서 다뤘다.

그리고 마지막에 주중국 우리 공관현황과 본문에 실린 124개 도표를 쉽게 찾을 수 있도록 '도표 색인'을 첨부했다.

이 책은 필자가 대만 국립정치대학 석사과정 및 중국 공관 근무 등 9년(타이완 3년, 상하이 6년)의 현지 생활과 정부 연구기관에서의 중국문제 심층 분석 20여 년 등 약 30년의 현장 경험과 연구 경력을 바탕으로 집필한 중국문제 전문 보고서겸 자료집이라 할 수 있다. 중국 관리들, 주중 교민, 중국동포(조선족)들과 수시로 접촉, 교류하면서 느낀 산 정보를 현실감있게 전달하기 위해 전력했다. 중국을 공부하는 대학생, 중국문제 전문가, 중국에 진출한 공관원·기업인·상사원, 그리고 중국에 체류·여행하는 분들에게 큰 도움이 될 수 있으리라고 생각하며, 앞으로도 다른 소재를 가지고 독자 여러분과 다시 만나기를 기대한다.

2014년
문유근

※ 일러두기 : 이 책의 인명은 중국어 발음을 살렸으며, 한자 표기는 번체자(繁體字 : 정자)를 썼습니다. 환율은 시기마다 달라, 당시 환율을 적용, 환산하려 했습니다만, 정확하지 않은 경우는 2014년 4월 말 현재 1위안(元)≒한화 175원임을 참고하시기 바랍니다.

글 싣는 순서

제1부

중국 개황

1 국기 및 국장

※ 국기(명칭 : 五星紅旗) : 1949년 9월 30일 인민정치협상회의 제1차 전체회의에서 채택되었다. 혁명(적색)의 기치 아래 중국 공산당(큰 별)을 중심으로 노동자 · 농민 · 도시 소자산 계급 · 민족자산(부르조아) 계급(4개의 작은 별) 등 모든 중화 인민이 단결하자는 의미를 담고 있다.
※ 도안 설계자는 1949년 7월 국기 도안 공모에 참여한 상하이 지하당원 쩡렌쑹(曾聯松)이다.

※ 국장(국가 휘장) : 휘장을 둘러싸고 있는 노란 테두리의 쌀 · 보리는 농민 계급, 아래의 톱니바퀴는 노동자 계급, 별 아래 건축물은 톈안먼(天安門)으로, 제국주의 · 봉건주의에 반대하는 중국 인민의 불굴의 민족정신을 상징한다.
※ 황색 별 5개는 국기와 마찬가지로, 중국 공산당(큰 별)의 영도 아래 인민들(4개의 작은 별)의 단합과 결집을 상징한다.

2 국가(의용군 행진곡)

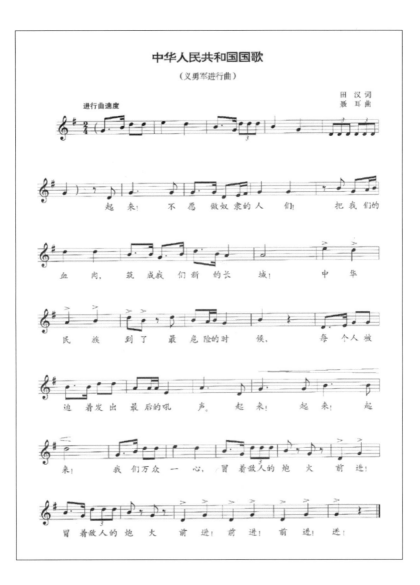

△ 1935년 티엔한(田漢) 작사, 니에얼(聶耳) 작곡으로 탄생되었다. 당초, 영화 〈풍운아녀(風雲兒女)의 주제가로 작곡되었으며, 항일전쟁 중에 널리 보급되었다.
△ 1949년 9월 27일 인민정치협상회의에서 국가로 채택되었고,
△ 2004년 3월 헌법 수정 시, 국가(義勇軍 行進曲)로 명시되었다.

티엔한(田漢)
(1898~1968)
희곡작가
영화극작가

니에얼(聶耳)
(1912~1935)
음악가

【가사】

起来! 不愿做奴隶的人们!
把我们的血肉, 筑成我们新的长城!
中华民族到了最危险的时候,
每个人被迫着发出最后的吼声!
起来! 起来! 起来!
我们万众一心,
冒着敌人的炮火
前进,
冒着敌人的炮火
前进!前进!前进!进!!

일어나라! 노예 되기 싫은 사람들아!
우리의 피와 살로, 우리의 새 장성을 쌓자!
중화민족에 닥친 가장 위험한 시기
억압에 못 견딘 사람들의 마지막 외침!
일어나라! 일어나라! 일어나라!
우리 모두 일치단결하여
적의 포화를 뚫고
전진하자
적의 포화를 뚫고
전진! 전진! 전진! 전진하자!

3 정세 개관

(1) 일반 현황

- 국 명 : 中華人民共和國 (People's Republic of China : PRC)
- 건국일 : 1949년 10월 1일
- 수 도 : 베이징(北京)
  - 인구 : 2,069만 명(2012년)
  - 면적 : 1만 7,000㎢(서울의 28배)
- 면 적 : 약 960만㎢(지구 표면적의 1/15, 아시아의 1/4, 한반도의 44배, 세계 3~4위, 영해를 포함할 경우 1,430㎢)
  - * 중국은 러시아 1707.5㎢, 캐나다 997.1㎢, 중국 960.1㎢, 미국 936.4만㎢로 발표. 단, 미국은 5대호 수역, 연해 수역 등을 포함하면 962.9만㎢가 된다고 설명
  - * 2012년 미 CIA는 《The World Factbook》에서 러시아 1709.8㎢, 캐나다 998.4㎢, 미국 982.7㎢, 중국 959.7㎢ 순으로 발표
  - 남북(5,500km) : 태평양 남사군도(4°15′N)……헤이룽장성 헤이룽장(黑龍江, 53°31′N)
  - 동서(5,200km) : 신장위구르자치구 파미르고원(73°40′E)……헤이룽장성 헤이시아쯔다오(135°05′E)
    - * 헤이시아쯔다오(黑瞎子島)는 흑룡강(헤이룽장)과 우수리강이 합류하는 지점에 위치
    - * 동서 간의 시차는 실제 4시간이나 기본적으로 베이징 표준 시각을 통용하며 가장 서쪽에 있는 신장위구르자치구에만 2시간의 시차를 인정
  - 지역별 면적 : 동부 10.5%, 중부 25.3%, 서부 지역 64.2%

- 국경선 총 길이 : 2만 280km
- 한국 · 러시아 · 몽골 · 중앙아 3국 · 아프가니스탄 · 파키스탄 · 인도 · 네팔 · 부탄 · 미얀마 · 라오스 · 베트남 등 14개 국가와 육지 접경
- 강 길이 : 창장(長江, 양쯔장) 6,300km, 황허(黃河) 5,464km
- 인구 : 13억 6,072만 명(2013년)
  * 2012년 대비 668만 명, 0.49% 증가, 홍콩 · 마카오 제외
  * 2012년 도시 인구 : 7억 1,182만 명(2011년 대비 2,100만 명 증가), 농촌 인구 : 6억 4,222만 명
- 민족 : 한족(漢族)과 55개 소수민족(약 1억 1,000만 명, 총인구의 8.5%)
- 언어 : 중국어(漢語) 사용. 표준어는 푸퉁화(普通話, 만다린). 지역별로 7대 방언이 있고 소수민족 언어 병용
- 유엔가입 : 1971년 10월(현재 안보리 상임이사국)

(2) 정치 체제

- 정체 : 노농(勞農/노동자 · 농민)연맹에 기초한 인민민주 사회주의 국가(1982년 개정 헌법 제1조)
- 주요 기구(기본적으로 정 · 부 책임자급 임기 5년, 연임 가능, 3선 불가)
- 국가주석 : 시진핑(習近平 · 1953년생, 2013년 3월 선출)
- 실질적 최고 권력기관 : 공산당(총서기 : 시진핑, 2012년 11월 선출)
- 입법기관 : 전국인민대표대회(약칭 전인대, 상무위원장 : 장더장/張德江/1946년생, 2013년 3월 선출), 지방 각급 인민대표대회
- 행정기관 : 국무원(총리 : 리커창/李克强/1955년생, 2013년 3월 선출), 지방 각급 인민정부
  ※ 임기 사항은 총리 · 부총리 · 국무위원에 해당

- 국정자문기관 : 인민정치협상회의(약칭 政協) 전국위원회(주석 : 위정성/俞正聲/1945년생, 2013년 3월 선출), 지방위원회
- 군사지휘기관 : 중앙군사위원회(주석 : 시진핑, 2012년 11월 선출)
- 사법기관 : 최고인민법원(법원장 : 저우창/周强/1960년생, 2013년 3월 선출), 지방 각급 인민법원, 군사법원 등 특별 인민법원
- 검찰기관 : 최고인민검찰원(검찰장 : 차오젠밍/曹建明/1955년생, 2013년 3월 선출), 지방 각급 인민검찰원, 군사검찰원
- 기타 정당·단체
- 8개 민주제당파 : 중국민주촉진회, 대만민주자치동맹, 구삼학사(九三學社) 등
- 대중단체 : 중국공산주의청년단(共靑團), 중화전국연합부녀연합회, 국제우호연락회, 해협양안(海峽兩岸)관계협회, 중국장애인연합회 등
- 일반단체 : 중국쑹칭링(宋慶齡)기금회 등 자선단체, 중국불교협회 등 종교단체

(3) 경제 지표(2013년)

- 국내총생산(GDP) : 2012년 51조 9,322억 위안(8조 2,622억 달러, 1달러=6.2855위안 적용) → 2013년 56조 8,845억 위안(9조 501억 달러)
- 1인당 GDP : 6,651달러(2012년 6,102달러, 2011년 5,432달러, 2010년 4,394달러)
* 광둥(廣東)성 선전(深圳) 경제특구는 2만 달러 수준
- 경제성장률 : 7.7%(2012년 7.8%) : 1999년(7.6%) 이후 2년 연속 가장 낮은 수치
- 대외무역액 : 4조 1,603억 달러(약 4,137조 원), 미국의 3조 8,839억 달러(약 4,137조 원)를 상회

* 2012년 중국의 대외무역액은 3조 8,667억 6,000만 달러(한
  화 약 4,228조 원)로, 미국의 3조 8,628억 5,900만 달러(한
  화 약 4,224조 원)를 최초로 추월하여 세계 1위 부상
■ 외환 보유고(2013년 9월 말 현재) : 3조 6,600만 달러(약 3,896
  조 원)
  * 세계 1위로, 2위인 일본보다 3배 많은 수준
■ 외국인 직접투자(2012년) : 1,117억 달러(2011년 1,160억 달러
  대비 4.5% 감소)
  * 인건비 · 생산비 상승으로 세계 공장의 역할로서 경쟁력 저하를
  의미함

(4) 사회 · 외사 지표(2012년)

■ 노동 가능 인구(15~59세) : 9억 3,727만 명(2011년 대비 345
  만 명 감소)
  * 60세 이상 인구 비중도 14.3%로 증가
■ 임금 미지급 사건 : 21만 8,000여 건(2013년 1월 18일 〈중국청
  년보〉)
  - 건설 · 제조 · 서비스 업종에서 주 대상은 농민공(農民工, 가족 포
  함 2억 3,400만 명)
  - 2011년 대비 7.5% 증가한 수치로, 100명 이상 집단 항의시위
  가 190건이나 발생
■ 부패 등 규율 위반 · 위법행위 처분 당원 · 관료 : 16만 명(전년 대
  비 12.5% 증가)
  - 압수 · 환수 금액 : 78억 3,000만 위안
  - 최고위층 : 보시라이(薄熙來) 전 충칭시 당서기 겸 정치국 위원
■ 북한인 방중 : 18만 명(출처 : 중국 관광국)
  - 2011년 대비 18.6% 증가. 그중 취업 목적 8만 명

- 대학 졸업자 : 680만 명(역대 최고, 2011년보다 20만 명 증가)
- 자가용차 대수 : 9,354만 대(2011년 대비 18% 증가)
- 베이징 520만 대(서울은 420만 대)
- 해외 관광객 : 8.100만 명(해외 소비액 850억 달러/한화 92조 원 추정)
- 인터넷 사용자 : 5억 6,400만 명(보급률 42,1%)
- 웨이보 이용자 : 3억 900만 명(2011년 대비 5,873만 명 증가)

(5) 군사력

- 국방예산 : 2012년 6,702억 위안 (1,060억 달러) → 2013년 7,406억 위안 (1,143억 달러)
- 군사력(정규군) : 총 228만 5,000명
- 육군 160만, 해군 25.5만, 공군 33만, 제2포병(전략미사일 부대) 10만
  * 무장경찰 : 70만 명

4 한·중 관계

(1) 약 사
- 1992년 8월 24일 한·중 수교
- 1998년 21세기를 향한 '협력 동반자 관계' 수립
- 2003년 '전면적 협력 동반자 관계' 수립
- 2008년 '한·중 전략적 협력 동반자 관계' 격상
- 2012년 8월 24일 한·중 수교 20주년
- 2013년 6월 박근혜 대통령 방중, 한·중 정상회담

(2) 정치 및 인사 교류
- 1992년 이래 2012년까지 정상급 회담 56회, 외교부 장관 회담 103회
- 인적 교류 : 1992년 13만 명 → 2012년 689만 명 (20년간 53배 증가)
- 방중 한국인 406만 명, 방한 중국인 283만 명
  * 2013년 방중 한국인 : 397만 명. 방한 중국인은 432만 명(일반 관광 314만, 비즈니스 관광 13만, 유학연수 10만, 기타 95만)으로 일본을 추월하여 1위에 랭크
- 한국 7개 도시, 중국 33개 도시 간 매주 802편의 직항 운행
- 재중 한국 유학생 6만 2,000여 명, 재한 중국 유학생 5만 5,000여 명

(3) 경제 교류
- 2012년 한·중 교역액 : 2,151억 달러(수출 1,341억 달러, 수입 810억 달러)

* 중국은 한국의 최대 교역국 : 한·중 무역 〉한·미 무역 〉한·
  일 무역
* 2015년까지 교역 3,000억 달러 달성 목표에 합의
- 2013년 1~11월 교역액 : 2,500억 달러(한화 264조 원, 전년 동
  기비 7.4% 증가)
  * 2013년 1~11월 중·일 교역액 : 2,840억 달러(약 300조 원,
    전년 동기비 6.2% 감소)
  * 현재 중·일 교역액과는 약 300억 달러 이상의 격차가 있지만
    중국 해관(海關, 세관)총서는 3년 내, 한·중 교역액이 숭·일
    교역액을 상회할 것으로 예상한 바 있다.
- 한·중 FTA 2차 협상 시작(2013년 11월)

(4) 공관 설치
- 한국 : 주베이징 대사관, 8개 총영사관(홍콩 · 上海 · 靑島 · 廣州 ·
  瀋陽 · 成都 · 西安 · 武漢)과 1개 출장소(大連) 개설
- 중국 : 주서울 대사관, 3개 총영사관(부산 1993년 9월, 광주
  2007년 8월, 제주 2012년 7월 개설)

5 행정구역 및 지도

※ 중국은 전국을 6개 지역(예 : 華北·西北·東北·華東·中南·西南區)으로 나누며, 대만을 23번째 성으로 간주하고 있다.

(1) 성급(省級, 33개)

22개 성, 4개 직할시, 5개 자치구, 2개 특별행정구

■ 성(省, 22개)
- 華北區(2) : ① 허베이(河北)성, 성도 : 스자좡(石家莊)시
            ② 산시(山西)성, 성도 : 타이위안(太原)시
- 西北區(3) : ① 산시(陝西)성, 성도 : 시안(西安)시
            ② 간쑤(甘肅)성, 성도 : 란저우(蘭州)시

③ 칭하이(靑海)성, 성도 : 시닝(西寧)시
- 東北區(3) : ① 랴오닝(遼寧)성, 성도 : 선양(瀋陽)시
② 지린(吉林)성, 성도 : 창춘(長春)시
③ 헤이룽장(黑龍江)성, 성도 : 하얼빈(哈爾濱)시
- 華東區(6) : ① 장쑤(江蘇)성, 성도 : 난징(南京)시
② 저장(浙江)성, 성도 : 항저우(杭州)시
③ 안후이(安徽)성, 성도 : 허페이(合肥)시
④ 장시(江西)성, 성도 : 난창(南昌)시
⑤ 푸젠(福建)성, 성도 : 푸저우(福州)시
⑥ 산둥(山東)성, 성도 : 지난(濟南)시
- 中南區(5) : ① 허난(河南)성, 성도 : 정저우(鄭州)시
② 후베이(湖北)성, 성도 : 우한(武漢)시
③ 후난(湖南)성, 성도 : 창사(長沙)시
④ 광둥(廣東)성, 성도 : 광저우(廣州)시
⑤ 하이난(海南)성, 성도 : 하이커우(海口)시
- 西南區(3) : ① 쓰촨(四川)성, 성도 : 청두(成都)시
② 윈난(雲南)성, 성도 : 쿤밍(昆明)시
③ 구이저우(貴州)성, 성도 : 구이양(貴陽)시
■ 직할시(4개) : ① 베이징(北京)시 ② 톈진(天津)시
③ 상하이(上海)시 ④ 충칭(重慶)시
■ 자치구(5개) : ① 네이멍구(內蒙古)자치구, 구도(區都) : 후허하오
터(呼和浩特)시
② 신장웨이우얼(新疆維吾爾, 신장위구르)자치구,
구도 : 우루무치(烏魯木齊)시
③ 광시장족(廣西壯族)자치구, 구도 : 난닝(南寧)시
④ 닝샤회족(寧夏回族)자치구, 구도 : 인촨(銀川)시
⑤ 시짱(西藏, 티베트)자치구, 구도 : 라싸(拉薩)시

■ 특별행정구(2개) : ① 홍콩(香港) ② 마카오(澳門)

(2) 주급(州級, 332개)

22개 지구, 30개 자치주, 5개 맹(盟, 내몽고), 275개 시

* 자치주·맹·시는 독립 행정지역이나, 지구(地區)는 독립 행정지역
  이 아니며 현급(縣級) 행정지역을 관할

(3) 현급(縣級, 2,860개)

830개 市轄區(시 관할구), 381개 시, 1,478개 현, 116개 자치현,
49개 기(旗), 3개 자치기(自治旗), 2개 특구(特區), 1개 임구(林區)

* 우리의 군(郡)에 상당

(4) 향·진(鄕·鎭, 총 4만 4,822개)

향과 진은 각각 농촌과 도시의 기초 단위로 분류

* 향은 우리의 면(面)에 해당되며, 진은 읍(邑) 또는 소규모 시(市)의
  구(區)에 상당

제2부

핵심 권력과 통치기관

1 공산당 대회와 지도부 세대교체

중국공산당 제18차 전국대표대회 개막식 장면

중국 공산당은 중국의 실질적 최고 권력기관이다. 공산당 규약(黨章, 당헌)에 의하면 '중국 공산당은 중국 노동자 계급·중화 인민과 중화 민족의 선봉대, 중국 특색의 사회주의 사업의 영도 핵심'이라고 명시되어 있다. 이러한 중국 공산당이 2012년 11월 8~14일간 베이징 인민대회

당에서 제18차 전국대표대회(전당대회)를 개최하여, 후진타오(胡錦濤, 1942년생) 중심의 제4세대 지도부에서 시진핑(習近平, 1953년생) 중심의 제5세대 지도부로의 권력 승계를 마쳤다. 중국 공산당의 조직과 권한을 토대로, 역사의 한 페이지를 장식한 제18차 당 대회를 조명해 본다.

공산당의 중앙조직 및 주요 권한

(1) 전국대표대회

전국대표대회는 명목상 공산당의 최고 권력기관으로 5년마다 중앙위원회가 소집한다. 직권은 크게 5가지다. ① 당 중앙위원회 보고(당 총서기가 '정치보고' 형식으로 낭독)의 청취·심의 및 채택 ② 당 중앙기율검사위원회(당원 감찰기관) 보고의 청취·심의 및 채택 ③ 2개 위원회 구성원 선출 ④ 당의 중대 문제에 대한 토론 및 결정 ⑤ 당 규약 개정 등이다.

당 대회는 통상 1~2주간 개최된다. 제18차 당 대회 참석 대표가 2,268명에 달할 정도로 많기 때문에 전국대표회의는 이미 당 중앙위원회에서 이루어진 결정과 사전에 작성된 중앙위원·중앙기율검사위원 후보자 예비 명부를 사후 추인하는 형식적인 기관이라고 할 수 있다. 이러한 현상을 반영하여 역대 당 대회의 개최 기간도 2주 → 1주로 계속 단축되고 있다.

(2) 중앙위원회

중앙위원회는 당의 최고 정책결정기구라 할 수 있다. 전국대표대회의 결의를 시행하고 당의 전체 활동을 지도하며 대외적으로 공산당을 대표한다. 위원의 임기는 5년이다. 중앙위원회 전체회의(중전회, 中全會)는 정치국이 소집하는데, 매년 적어도 1회 개최하며, 당 정치국원(상무위원·위원) 및 총서기를 선출한다.

중앙위원회(제18차 당 대회에서 당 중앙위원 205명, 중앙후보위원 171 명 선출)도 규모가 점차 커지게 되면서 정책결정기구로서는 비효율적이었기 때문에 그 실질적 권한은 대부분 정치국 및 정치국 상무위원회가 대행한다.

하지만 당 중앙위원·중앙후보위원들은 당 정치국·중앙서기처·중앙 직속기관은 물론, 전인대(全人大, 전국인민대표대회)·정협(政協, 정치 협상회의)·중앙군사위·국무원, 최고인민법원 및 검찰원, 성급 당위원 회·정부·인대(人大), 해방군 및 무장경찰부대, 중앙기업(국무원 관리 국유기업), 대중 및 경제단체의 핵심 요직에 진출하고 있는 최고 엘리트 들로서, 정책 결정에 중요한 영향력을 가지는 고위간부 집단이다. 중국 에서 부장(장관)급이 되려면 적어도 당 중앙후보위원 이상은 돼야 한다. 물론 당원이 아닌 비당파(非黨派) 인사에게 장관직을 주는 정책적 배려 및 예외는 인정하고 있다.

(3) 정치국과 정치국 상무위원회

정치국과 정치국 상무위원회는 공산당의 실질적 최고 결정기관이자, 당 의 최고 권력기관이라 할 수 있다. 당헌에 구체적인 규정은 없지만, "중앙 위원회 폐회 중, 그 직권을 행사한다."라는 규정에 따라 당과 국가의 중요 한 정책을 최종 결정하며 당·정·군 고위간부 인사권도 장악하고 있다.

(4) 중앙서기처

중앙서기처는 1956년에 설립되어 행정기능을 담당하는 국무원(중앙 정부)의 각 부처와 같이 당의 각종 행정부서인 중앙 직속기관을 지휘· 감독하는 행정 및 참모기구 역할을 하였다. 그 후 문화대혁명(1966~19 76년) 시기에 폐지되었다가 1980년 당 11기 5중전회에서 중앙서기처와 총서기제가 복원되었다.

현재 중앙서기처는 정치국과 그 상무위원회의 상설 사무(집행)기구로,

구성원은 정치국 상무위원회가 지명하고, 중앙위원회 전체회의에서 통과시킨다. 특히, 총서기는 당 규약에 의해 정치국 회의와 정치국 상무위원회 회의를 책임지고 소집하며 중앙서기처의 업무를 주관한다. 즉, 실질적으로 중국 공산당을 대표하는 것이다.

(5) 중앙군사위원회

중앙군사위원회는 중앙위원회의 산하기구로, 해방군 총 정치부를 통해 군대에 대한 당의 정치활동을 관리하는 한편 군 인사권 행사 등을 통해 해방군의 조직과 활동 전반을 관리·통제한다.

(6) 중앙기율검사위원회

중앙기율검사위원회는 당원 감찰기구로서, 당헌과 기타 중요한 규칙·제도를 수호하고 당위원회에 협력하여 당 기풍을 정돈하며 당의 노선·방침·정책 및 결의 실행상황을 점검한다.

(7) 중앙 직속기관

중앙 직속기관(첨부자료 참조)은 행정기능을 담당하는 국무원(중앙정부)의 각 부처와 같이 당의 각종 행정을 담당하는 부처다. 세분하면, 당·정·군 간부 인사를 관장하는 중앙조직부, 공안·사법 부문을 총괄하는 중앙정법위원회 등은 '당 중앙 부문기관(부처)'이며, 인민일보·광명일보사 등은 '당 중앙 직속 사업단위'이다. 대략 35개 기관이 있다.

제18차 당 대회 의제별 통과 내용

당 대회[1]에 참석한 당대표 정수는 2,268명으로, 당원 8,512만 명[2]을 대표하여 당 중앙 직속기관, 중앙 국가기관, 31개 성·시·자치구,

해방군, 홍콩특별행정구 등 40개 단위에서 선출되었다.

그 외에 특별초청 대표는 장쩌민 전 당 총서기 등 전직 지도자와 공산 당원이 아닌 비당파(非黨派) 인사 등 57명이었다. 개막식에는 총 2,325 명의 대표 중 2,309명이 참석했다. 후진타오 등 당 17기 정치국 상무위 원 9인도 당 대표 신분으로 참석하여 이들과 함께 정책 토의를 하고, 당 중앙위원회 및 중앙기율검사위원회 인선 표결 등에 참가했다. 총 5차례 전체회의가 열렸다.

중국 공산당원 직업 분포
자료 : 〈신화통신〉(2012년 기준)

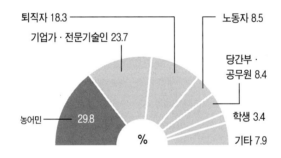

공산당원(총 8,512만 명) 직업 분포

(1) 당 중앙위원회 정치보고

첫날, 후진타오 총서기는 당 17기 중앙위원회를 대표하여 "중국 특색

---

1) 당 대회의 3대 축은 사상·이론·조직이다. 사상 준비는 당 중앙선전부 등이 맡아 서 당 대회를 위한 사회 분위기 조성에 주력한다. 이론 준비는 당 총서기가 주도 하는 '정치보고' 작성이며, 공산당의 헌법 격인 당 규약도 포함한다. 조직 준비는 당 대표 선발과 중앙위원회·중앙기율검사위원회 구성원 인선으로, 통상 1년 넘게 걸리는 가장 힘든 작업이다.

2) 2013년 7월 1일 공산당 창건 92주년을 맞아 신화사는 2012년 말 당원이 전년 대 비 252만 명 늘어난 8,512만 명이라고 발표했다. 각급 공산당 조직 수는 420만 개다.

의 사회주의의 길을 따라 굳건히 전진하고, '샤오캉'(小康 : 중등생활 수준 이상) 사회를 전면 건설하기 위하여 분투하자."라는 제하의 '정치보고'를 발표했다.

'샤오캉'은 중국의 3단계 발전 과정에서 1980~2000년까지 기본 의식주를 해결한 '온바오'(溫飽)를 이은 것이며, 2021~2049년(건국 100주년)까지 경제 강국 '다퉁'(大同) 실현을 위한 중간 단계이다. 제18차 당 대회의 정치보고 내용은 제2부의 '**2** 공산당 정치보고와 국정 지도방침'에서 보다 자세히 다룬다.

(2) 당 기율검사위원회 보고 및 당 규약 개정

보시라이 사건을 교훈으로 하여 당원의 신변 관리를 철저히 하고, 당의 청렴 전통 계승을 촉구하였다. '성역 없는 부패 척결' 의지를 다져 부패에 대한 국민 반감을 해소하고, 사회 화합을 이루는데 주안을 두었다. 위원회 인선과 활동 상황은 제2부의 '**9** 사정 사령탑, 당 중앙기율검사위원회' 등에서 상세히 분석한다.

한편, 당 규약 개정과 관련해서는 후진타오의 지도 사상인 '과학적 발전관'이 마오쩌둥 사상, 덩샤오핑의 중국식 사회주의 이론, 장쩌민의 3개 대표론과 같은 반열에 올랐다. 그 내용은 제2부의 '**3** 공산당 규약 개정의 함의'에서 별도로 다루도록 하겠다.

(3) 당 중앙위원, 젊은 전문가 및 공청단(共靑團) 그룹의 약진

중국에서 장관 이상 직위를 맡으려면 적어도 중앙위원(현 205명) 내지 중앙후보위원(현 171명)은 되어야 한다. 후보위원은 회의에 참석하여 발언할 수 있으나 표결권은 없다. 사망 등으로 인한 중앙위원 결원 시, 순차적으로 그 직을 승계한다. 따라서 중앙위원의 정치적 영향력과 사회적 지명도는 중앙후보위원보다 월등히 높다.

중앙위원·중앙후보위원 선거는 후보자를 당선자보다 많게 하여, 최소

득표순으로 탈락시키는 제한적 경선 방식을 택한다. 이들의 면모는 뒷면에 첨부된 신임 중앙위원 및 중앙후보위원 명단 및 직책(2013년 12월 말 현재)을 보면 잘 알 수 있다. 중앙위원 205명 중 114명이 신임(교체율 55.6%)이었다.

공청단(共靑團, 공산주의청년단) 그룹의 약진은 2012년 7월 3일까지 마무리된, 지방의 최고 지도부인 31개 성급 당위원회 상무위원회 구성을 보면 예상할 수 있었다. 각 성별로 당위 서기 1명·부서기 2명과 조직부장·기율검사위 서기 등 포함, 평균 13명으로 총 인원은 402명이었다. 평균 연령은 54세이며, 경제·법학·언론·농업 등 분야의 석·박사 학위 소지자가 72%, 대학·기업·연구소 요직 경력자가 42.5%였다. 중국의 간부 선발도 지식화·정보화 사회로의 발전에 초점을 맞추고 있다는 것을 반영했다.

신임자 83명의 대부분이 공청단 출신이었는데, 이들은 통상 당 대표로 참석하고, 또한 각 성 단위별로 2~5명의 지역 당 상무위원이 당 중앙위원 또는 중앙후보위원으로 선발되는 만큼 앞으로 공청단의 부상을 예시하는 것이었다.

당 18기 1중전회, 차기 제5세대 지도부 선출

당 대회 폐막 다음 날인 2012년 11월 15일 신임 중앙위원·중앙후보위원 모두가 참석하는 당 18기 중앙위원회 제1차 전체회의(黨 18期 1中全會)가 열렸다. 중앙위원 중에서 정치국 위원 25명을, 정치국 위원 중에서 정치국 상무위원 7명을, 그리고 상무위원 7명 중에서 최고 지도자인 총서기를 뽑았다. 연령 기준은 '칠상팔하(七上 八下)'로 67세 이하는 발탁, 68세 이상은 퇴임이었다.

상무위원 7명을 굳이 계파로 나눈다면, 후진타오의 공청단 계열에는 리커창(李克强·1955년생) 당시 상무 부총리(현 총리), 류윈산(劉雲山·1947년생) 당 중앙선전부 부장(현 당 중앙서기처 제1서기)가 있다. 쩡칭훙 전 국가부주석이 적극 지지한다는 태자당에는 시진핑(習近平·1953년생) 국가부주석(현 당 총서기·국가주석·중앙군사위 주석), 왕치산(王岐山·1948년생) 부총리(현 중앙기율검사위원회 서기), 위정성(俞正聲·1945년생) 상하이시 당위 서기(현 정협 주석)가 있다.

장쩌민 전 국가주석의 권력 기반이었던 상하이방에는 장더장(張德江·1946년생) 부총리 겸 충칭시 당위 서기(현 전인대 상무위원장), 장가오리(張高麗·1946년생) 톈진시 당서기(현 국무원 상무 부총리)를 꼽는다.

전·현직 국가주석·부주석과 이들 후보자들 간에는 지연·학연, 같은 부서 내에서 상·하급자 근무 경력 등으로 친소의 차이가 있어, '기왕이면 다홍치마'라고 잘 아는 사람을 지지하는 것은 인지상정이다. 그러나 중국의 경우, 공산당=집권당 체제에서는 협의와 중지(衆志)를 중시하기 때문에 우리처럼 상도동계·동교동계 등과 같이 선을 분명히 하여 정권을 쟁취하기 위한 정파 간 파워게임을 했다는 식으로 부각하는 것은 흥미를 끌기 위한, 기사를 쓰기 위한 호사가적 발상이다.

해방군 최고 지휘기관인 당 중앙군사위의 개선(改選)도 이루어졌다. 개선이 이뤄지기 전, 군통수권자인 주석은 후진타오, 부주석은 시진핑 등 3명, 위원은 8명으로 총 12명이었다. 후진타오를 포함하여 65세를 넘긴 8명이 경질되었다.(첨부자료 참조) 후진타오 전 주석은 장쩌민으로부터 총서기(2002년) 직과 국가주석(2003년) 직은 순차적으로 인계받았으나 당 및 국가 중앙군사위 주석직은 원래 예상보다 2년이 늦은 각각 2004년과 2005년에 물려받은 전철이 있다.

후진타오 중앙군사위 주석은 일각의 의혹을 과감히 떨쳐버리고 제18차 당 대회를 계기로 당·군의 최고위직을 시진핑에게 승계하여 평화로운 정권 교체의 초석을 다졌다. 이에 시진핑 신임 당 총서기 겸 중앙군사위 주석은 취임 연설에서 후진타오 선배에게 무한한 경의를 표했다.

【역대 군 통수권자】

직 책	주석 및 재임기간(괄호)
중앙인민정부 인민 혁명군사위원회3) 주석	마오쩌둥(毛澤東, 1949~1954)
당 중앙군사위원회 주석	마오쩌둥(毛澤東, 1954~1976), 화궈펑(華國鋒, 1976~1981), 덩샤오핑(鄧小平, 1981~1989), 장쩌민(江澤民, 1989~2004), 후진타오(胡錦濤, 2004~2012), 시진핑(習近平, 2012~)
국가 중앙군사위원회 주석	덩샤오핑(鄧小平, 1983~1990), 장쩌민(江澤民, 1990~2005), 후진타오(胡錦濤, 2005~2013), 시진핑(習近平, 2013~)

후면에 첨부한 '역대 당 최고 지도자 일람표'와 비교해보면 알겠지만, 건국 이후 당 최고지도자는 군 통수권을 확보하기 위해 노력했다. 그들은 공산혁명의 승리가 총(군대)을 장악했기 때문임을 잘 알고 있었다. "권력은 총구에서 나온다."라는 말은 여기에서 비롯됐다. 덩샤오핑이 역대로 당 주석이나 당 총서기 등 당 최고위직은 맡은 바 없었지만, 중앙군사위 주석직은 10년이나 가지고 있었던 것은 다 이유가 있었던 것이다.

제18차 당 대회의 관전 포인트의 또 하나는 후진타오 발탁 사례처럼 10년 후 시진핑을 이을 제6세대 지도자를 정치국 상무위원에 진입시킬지의 여부였다. 상무위원은 아니었지만 정치국 위원에 2013년에 만 50세에 이른 쑨정차이(孫政才·1963년, 현 충칭시 당위 서기)와 후춘화(胡春華·1963년생, 현 광둥성 당위 서기) 등 2명을 발탁한 것은 6세대 지도자 양성 차원인 것으로 보인다.

이상과 같은 조직을 가진 공산당과 전국의 인민을 대표하는 전국인민

---

3) 중국은 정권 수립일인 1949년 10월 1일 《중국인민정치협상회의 공동강령》, 《중앙인민정부 조직법》에 의거하여 국가 최고군사지도기관으로 중앙인민정부 인민혁명군사위원회를 설치하고 주석에 마오쩌둥(毛澤東·1893~1976년)을 선출했으며, 주더(朱德·1886~1976년)를 인민해방군 총사령(관)으로 임명했다. 그 후 10월 19일 주더·저우언라이(周恩來·1898~1976년) 등 5명을 인민혁명군사위원회 부주석으로 임명했다. 동 군사위원회 일상 사무는 저우언라이가 담당하였다.

대표대회, 즉 국회 격인 전인대와의 관계는 어떨까? 헌법에는 전인대를 최고 권력기관으로 규정하고 있지만, 실제로는 공산당이 인사권을 통해 전인대를 통제하는 지도 대(對) 피지도의 관계에 있다.

한·중 신정권 출범, 실질 협력 관계 격상 계기로

중국에서는 제18차 당 대회에서의 당 고위직 인사 결과를 토대로 2013년 3월 전인대(전국인민대표대회, 국회)에서 시진핑 국가주석·리커창 총리 지도체제를 발족시켰고, 한국에서도 2013년 2월 박근혜 정부가 출범하여 두 나라가 공히 임기 5년의 국정 운영에 나섰다.

양국에서 새 지도자 체제 출범을 계기로, 시진핑 체제의 경제·외교 및 한반도 정책 방향을 정확히 진단하여 실질적 협력 관계를 증진시켜야 할 것이다. 보다 많은 중국 전문가들을 정책 결정에 참여시켜 양국 관계가 윈-윈이 되는 방향으로 끌고 가야 하며, 우리가 미국의 대중(對中) 포위 전략의 한 축을 담당하고 있다고 믿게 해서는 안 될 것이다.

【공산당 18기 조직도】

* 공산당원 : 8,512만 명
(2012년 말 기준)

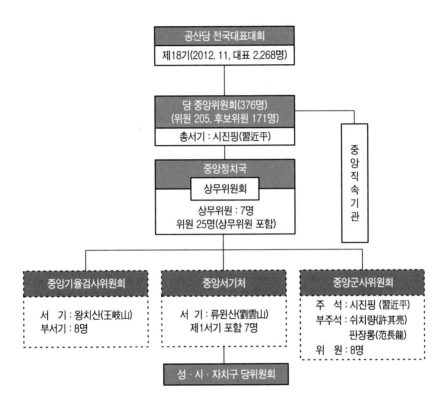

공산당 전국대표대회
제18기(2012. 11, 대표 2,268명)

당 중앙위원회(376명)
(위원 205, 후보위원 171명)
총서기 : 시진핑(習近平)

중앙정치국
상무위원회
상무위원 : 7명
위원 25명(상무위원 포함)

중앙직속기관

중앙기율검사위원회
서 기 : 왕치산(王岐山)
부서기 : 8명

중앙서기처
서 기 : 류윈산(劉雲山)
제1서기 포함 7명

중앙군사위원회
주 석 : 시진핑 (習近平)
부주석 : 쉬치량(許其亮)
　　　　판장룽(范長龍)
위 원 : 8명

성·시·자치구 당위원회

【역대 당 최고 지도자】

중앙국 서기	천두슈(陳獨秀, 1879~1942)	제1차 당대회 (1921년 7월)
중앙집행위원회 위원장	천두슈(陳獨秀)	제2차 당대회(1922년 7월) 제3차 당대회(1023년 6월)
당 중앙위원회 총서기	천두슈(陳獨秀)	제4차 당대회(1925년 1월) 제5차 당대회(1927년 4~5월)
	샹충파(向忠發, 1880~1931)	제6차 당대회 (1928년 6~7월) * 1931년 국민당군에 피살
	왕밍(王明, 1904~1974)	1931년 대리
	친방셴(秦邦憲, 일명 : 보꾸/博古, 1907~1946)	당 6기 5중전회(1934년 1월)
	장원톈(張聞天, 일명 : 뤄푸/洛甫, 1900~1976)	1935년 준이(遵義)회의
당 중앙위원회 주석	마오쩌둥(毛澤東, 1893~1976)	당 7기 1중전회(1945년 6월) 당 8기 1중전회(1056년 1월) 당 9기 1중전회(1969년 4월) 당 10기 1중전회(1973년 8월) * 임기 내 사망
	화궈펑(華國鋒, 1921~2008)	1976년 10월 정치국 통과 당10기 3중전회 추인 (1977년 7월)
	후야오방(胡耀邦, 1915~1989)	당 11기 6중전회(1981년 6월)
당 중앙위원회 총서기	후야오방(胡耀邦)	당 12기 1중전회(1982년 9월) 당정치국 확대회의 사임 (1987년 1월)
	자오즈양(趙紫陽, 1919~2005)	1987년 1월 대리 당 13기 1중전회(1987년 11월) 당 13기 6중전회 해임(1989년 6월)
	장쩌민(江澤民, 1926년~)	당 13기 6중전회(1989년 6월) 당 14기 1중전회(1992년 10월) 당 15기 1중전회(1997년 9월)
	후진타오(胡錦濤, 1942년~)	당 16기 1중전회(2002년 11월) 당 17기 1중전회(2007년 10월)
	시진핑(習近平, 1953년~)	당 18기 1중전회(2012년 11월)

【당 18기 중앙군사위원회 명단】

구 분	성 명	사진	생년 · 학력 · 계급	주요 경력

주석	시진핑
	(習近平)
			1953년 6월생
			청화대학
			법학박사
				• 당 17 · 18기 정치국 상
				  무위원
				• 군사위 부주석·국가부주
				  석 등 역임

부주석 (2명)	판창룽 (范長龍)		1947년 5월생 중앙당교 상장(上將)	• 당 18기 정치국 위원 • 제남군구 사령원(사령관), 심양군구 참모장 등 역임
	쉬치량 (許其亮)		1950년 3월생 공군 제5항공학교 공군 상장	• 당 18기 정치국 위원 • 공군 사령원, 총참모부 부 총참모장 등 역임
위원 (8명)	창완취안 (常萬全)		1949년 1월생 渭南사범전문학교, 상장	• 당 18기 중앙위원 · 국방부 장 · 국무위원 겸임 • 총장비부장 등 역임

	팡펑후이
	(房峰輝)
			1951년 4월생
			국방대학
			상장
				• 총참모부 총참모장
				  (2012년 10월)
				• 당 17기 중앙후보위원, 북
				  경군구 사령원 등 역임

	장양
	(張陽)
			1951년 8월생
			국방대학 · 중앙당교
			상장
				• 총정치부 주임
				  (2012년 10월)
				• 당 17기 중앙위원, 광주
				  군구 정치부 주임 역임

	자오커스
	(趙克石)
			1947년 1월생
			상장
				• 총후근부 부장
				  (2012년 10월)
				• 당 17기 중앙위원, 남경
				  군구 사령원 등 역임

구 분	성 명	사진	생년·학력·계급	주요 경력
위원 (8명)	장여우샤 (張又俠)		1950년 7월생 상장	• 총장비부 부장 (2012년 10월) • 당 17기 중앙위원, 심양 군구 사령원 등 역임
	우성리 (吳勝利)		1945년 8월생 해방군 측정학원 해군 상장	• 해군 사령원 (2007년 10월) • 당 17기 중앙위원 등 역임
	마샤오톈 (馬曉天)		1949년 8월생 공군 상장	• 공군 사령원(2012년 10 월), 당 18기 중앙위원 • 부총참모장·국방대학 교장 역임
	웨이펑허 (魏鳳和)		1954년 2월생 상장	• 제2포병 사령원(2012년 10 월), 당 18기 중앙위원 • 제2포병 참모장 등 역임

【당 중앙 직속기관 및 기관장】

☆당 정치국 상무위원, ※ 당 정치국 위원, ◎ 당 중앙위원, ○ 당 중앙후보위원

기관 및 책임자	성 명	생 년	임명 일자
중앙판공청 주임	※ 리잔수(栗戰書) 당 정치국 위원	1950년 8월	2012년 9월
중앙조직부 부장	※ 자오러지(趙樂際) 당 정치국 위원	1957년 3월	2012년 11월
중앙선전부 부장	※ 류치바오(劉奇葆) 당 정치국 위원	1953년 1월	2012년 11월
중앙통일전선부 부장	◎ 링지화(令計劃) 정협 부주석 겸임	1956년 10월	2012년 9월
중앙대외연락부 부장	왕자레이(王家瑞) 정협 부주석 겸임	1949년 9월	2003년 3월
중앙정법위원회 서기	※ 멍젠주(孟建柱) 당 정치국 위원	1947년 7월	2012년 11월
중앙당교 교장	☆ 류윈산(劉雲山) 중앙서기처 제1서기	1947년 7월	2013년 1월
중앙정책연구실 주임	※ 왕후닝(王滬寧) 당 정치국 위원	1955년 10월	2002년 12월
중앙당사연구실 주임	어우양숭(歐陽淞)	1948년 10월	2008년 9월
중앙문헌연구실 주임	◎ 렁룽(冷溶)	1953년 8월	2007년 12월
중앙편역국 국장	자가오젠(賈高建)	1959년 5월	2013년 1월
《인민일보》사 사장	장옌농(張硏農)	1948년 11월	2008년 3월
《구시(求是)》 잡지사 사장	○ 리바오산(李寶善)	1955년 8월	2008년 6월
중앙사회관리종합치리(治理)위원회 주임	※ 멍젠주 중앙정법위 서기 겸임	1947년 7월	2012년 11월
중앙사회관리종합치리(治理)위원회 주임	※ 멍젠주 중앙정법위 서기 겸임	1946년 4월	2005년 2월
동 판공실 주임	천지핑(陳冀平)		
중앙보밀(保密)위원회 판공실 주임	멍샹펑(孟祥鋒) 국무원 국가보밀국 국장 겸임 * 위원회 주임 : 리잔수	1964년 2월	2013년 3월

기관 및 책임자	성 명	생 년	임명 일자
중앙정신문명건설지도위원회 주임	☆ 류윈산(劉雲山) 중앙서기처 제1서기	1947년 7월	2013년 1월
동 판공실 주임	◎ 뤄수강(雒樹剛) 선전부 상무 부부장	1955년 5월	2008년 6월
중앙기구편제위원회 판공실 주임	장지난(張紀南) 중앙기율위 상무위원 * 위원회 주임 : 리커창 총리	1957년 2월	2013년 4월
중앙대만공작판공실 (-국무원 대만사무판공실) 주임	◎ 장즈쥔(張志軍) 전 외교부 상무 부부장	1953년 2월	2013년 3월
중앙대외선전판공실 (=국무원 신문판공실) 주임	◎ 차이밍자오(蔡名照) 선전부 부부장	1955년 6월	2013년 5월
중앙외사공작영도소조(=중앙국가안전영도소조) 판공실 주임	◎ 楊潔篪(양제츠) 국무위원 겸임(약칭 중앙외사 판공실 주임) * 소조 조장 : 시진핑 총서기 겸 국가주석	1950년 6월	2013년 3월
중앙재경영도소조 판공실 주임	◎ 류허(劉鶴) 국가발전·개혁위 부주임 * 소조 조장 : 리커창 총리	1952년 1월	2013년 3월
중앙농촌공작영도소조 판공실 주임	천시원(陳錫文) * 소조 조장 : 왕양(汪洋) 부총리	1950년 7월	
중앙직속기관공작위원회 서기	※ 리잔수 중앙판공청 주임	1950년 8월	2012년 11월
중앙국가기관공작위원회 서기	◎ 양징(楊晶, 몽고족) 국무위원	1953년 12월	2013년 3월
중앙당안(檔案, 문서존안)관 : 관장	양둥취안(楊冬權) 국가당안관장 겸임	1955년 4월	2006년 7월
중앙밀마(密碼 : 비밀번호)공작영도소조 판공실 주임	웨이원타오(魏允韜) 국가밀마관리국 국장 겸임	-	2011년 5월

기관 및 책임자	성 명	생 년	임명 일자
국가인터넷정보판공실 주임	루웨이(魯煒) 전 베이징시 당선전부장	1960년 1월	2013년 4월
중국푸둥(浦東)간부학원 원장	※ 자오러지 중앙조직부 부장 겸임	1957년 3월	2012년 11월
중국징강산(井岡山) 간부학원 원장	※ 자오러지 중앙조직부 부장 겸임	1957년 3월	2012년 11월
중국옌안(延安) 간부학원 원장	※ 자오러지 중앙조직부 부장 겸임	1957년 3월	2012년 11월
중앙경위국(=중앙판공청 警衛局·총참모부 경위국) 국장	○ 차오칭(曹淸) 중장	1952년 12월	2007년 8월
중앙사교문제대비처리영도소조 판공실(= 국무원 사교문제대비처리판공실) 주임	◎ 리둥성(李東生) 공안부 부부장 * 2013년 12월 비리혐의로 낙마 * 소조 조장은 멍젠주 중앙 정법위 서기	1955년 12월	2011년 2월

* 당 중앙 직속기관의 일부 부서는 국무원 일부 부서와 명칭만 다를 뿐 동일한 기구로 국무원 직속기관과 유사한 개념을 가진다.

* 유사한 개념의 사례를 중앙대만공작판공실과 국무원 대만사무판공실, 중앙대외선전판공실과 국무원 신문판공실, 중앙당안관과 국가당안관, 중앙보밀위원회 판공실과 국가보밀국, 중앙밀마(密碼)공작영도소조 판공실과 국가밀마국 등이다.

【역대 당 전국대표대회 개최 결과】

구분	시 기	장 소	대표(명)	당원(명)	주요 채택 사항
제1차	1921. 7.23~31	상하이 (上海)	12	53	• 중국 공산당 창립 선언
제2차	1922. 7.16~23	상하이	12	195	• 각 민족 인민의 혁명투쟁 방향 정립 • 민주혁명 → 공산혁명으로의 2단계 강령 채택
제3차	1923. 6.12~20	광저우 (廣州)	30	432	• 공산당원의 개인 신분, 국민당 가입 결정 → 국공합작 실현 • 공산당의 정치·조직상 독립성 유지 결정
제4차	1925. 1.11~22	상하이	20	994	• 민주혁명 중, 무산계급의 영도권 문제 및 노동자·농민 연맹 문제 제기
제5차	1927. 4.27~5.9	우한 (武漢)	82	5만 7,967	• 천두슈(陳獨秀) 당중앙위원회 총서기의 우경(右傾) 투항주의에 대한 비판 → 혁명 지도권 탈취 관련 결론은 미도출
제6차	1928. 6.18~7.11	모스크바	142	4만	• 중국 혁명의 현 단계는 '부르조아 민주주의 혁명'이라고 규정하고 10대 강령 제정
제7차	1945. 4.23~6.11	옌안 (延安)	547	121만	• 당 정치노선으로 '당 영도 하, 전 인민을 결집, 일본 침략 타도 및 신 민주주의의 중국 건립' 제시 → 당사(黨史)에 '당 승리의 대회'로 기록
제8차	1956. 9.15~27	베이징 (北京)	1,026	1,073만	• 사회주의 개조의 기본적 완료 선언 → 중국식 사회주의 건설의 길 탐색 • 59개국 공산당·노동당 대표단 참관

구분	시 기	장 소	대표(명)	당원(명)	주요 채택 사항
제9차	1969. 4.1~24	베이징	1,512	2,200만	- 마오쩌둥, 프롤레타리아 독재 하 계속혁명 이론 견지 강조 → 문화혁명 합법화 - 린뱌오를 후계자로 정한 당 규약 채택
제10차	1973. 8.24~28	베이징	1,249	2,800만	• 린뱌오 쿠데타사건 및 추락사 공표 • 당헌 개정 보고 등 → 제9차 대회의 좌경(左傾)주의 과오 계속
제11차	1977. 8.12~18	베이징	1,510	3,500만	• 화궈펑 당 주석의 정치보고, 덩샤오핑의 폐회사를 통해 10년의 문혁 종결 선언 • 사회주의 현대화 강국 건설 임무 재천명
제12차	1982. 9.1~11	베이징	1,545 (후보 : 145)	3,965만	• 덩샤오핑, 중국식 사회주의 건설목표 최초 제시 → 역사 경험을 총괄한 결론으로 주장 • 원로 퇴진 위한 임시기구로 중앙고문위원회 설치
제13차	1987. 10.25~11.1	베이징	1,936 (특별초청 : 61)	4,600만	• 사회주의 초급단계론 최초 제기 • 21세기 중엽까지 현대화를 위한 경제발전 3단계 목표 제시
제14차	1992. 10.12~18	베이징	1,989 (특별초청 : 46)	5,100만	• 경제체제 개혁의 목표를 사회주의 시장경제 체제 확립으로 명시 • 경제건설 및 성장을 위한 당의 노력 촉구
제15차	1997. 9.12~18	베이징	2,048 (특별초청 : 60)	5,800만	• 당 규약 개정 통해 덩샤오핑 이론을 마오쩌둥 사상 등과 같은 당 지도이념으로 격상

구분	시 기	장 소	대표(명)	당원(명)	주요 채택 사항
제16차	2002. 11.8~14	베이징	2,114 (특별초청 : 40)	6,636만	• 당 규약 개정 통해 장쩌민의 '3개 대표' 이론을 당 지도사상으로 규정
제17차	2007. 10.15~21	베이징	2,237 (특별초청 : 57)	7,336만	• '과학적 발전관'과 '조화사회' 건설 방침을 공표
제18차	2012. 11.8~14	베이징	2,268 (특별초청 : 57)	8,512만	• 당 규약 개정 통해 후진타오의 '과학적 발전관'을 당 지도사상으로 규정

【당 18기 중앙위원 205명 직무】

※ 2012년 11월 14일 제18차 당대회에서 선출(★ : 신임)

〈당 정치국 상무위원〉

- 시진핑(習近平, 1953년생) : 당 총서기 · 국가주석 · 중앙군사위 주석
- 리커창(李克强, 1955년생) : 국무원 총리 겸 당조(黨組) 서기

※ 당 규약에 "중앙 및 지방의 국가기관, 인민단체, 경제 · 문화기구 기타 비당(非黨)기구의 지도기
관에는 당조(黨組, 당 그룹)를 설립할 수 있다"고 규정하고 있다.

- 장더장(張德江, 1946년생) : 전인대(全人大) 상무위원장(제12기) 겸 당조
서기
- 위정성(俞正聲, 1945년생) : 정협(政協) 주석(제12기)
- 류윈산(劉雲山, 1947년생) : 당 중앙서기처 제1서기 겸 중앙당교 교장
- 왕치산(王岐山, 1948년생) : 당 중앙기율검사위원회 서기
- 장가오리(張高麗, 1946년생) : 국무원 상무(常務) 부총리 겸 당조 부서기

〈당 정치국 위원〉(총 25명 중 상무위원 7명 뺀 18명, 簡體字 성씨 획순)

- 마카이(馬凱, 1946년생) : 국무원 부총리
- 왕후닝(王滬寧, 1955년생) : 당 중앙정책연구실 주임
- 류옌둥(劉延東, 여, 1945년생) : 국무원 부총리
- 류치바오(劉奇葆, 1953년생) : 당 중앙선전부 부장
- 쉬치량(許其亮, 1950년생) : 당 및 국가 중앙군사위 부주석(공군 상장)
- 쑨춘란(孫春蘭, 1950년생) : 톈진(天津)시 당위 서기(이하 '당 서기'로 통일)
- 쑨정차이(孫政才, 1963년생) : 충칭(重慶)시 당 서기
- 리젠궈(李建国, 1946년생) : 전인대 상무위 상무(제1) 부위원장 겸 당조
부서기, 중화전국총공회 주석
- 리위안차오(李源潮, 1950년생) : 국가부주석, 당 중앙 홍콩 · 마카오공작
협조소조 조장
- 왕양(汪洋, 1955년생) : 국무원 부총리
- 장춘셴(張春賢, 1953년생) : 신장(新疆)위구르자치구 당 서기 · 신장(新疆)
생산건설병단 제1 정치위원

- 판창룽(范長龍, 1947년생) : 당 및 국가 중앙군사위 부주석(상장)
- 멍젠주(孟建柱, 1947년생) : 당 중앙정법(政法)위원회 서기·당 중앙사회관리종합치리(治理)위원회 주임, 당 중앙안정유지공작영도소조 조장
- 자오러지(趙樂際, 1957년생) : 당 중앙조직부 부장·당 중앙서기처 서기
- 후춘화(胡春華, 1963년생) : 광둥(廣東)성 당 서기
- 리잔수(栗戰書, 1950년생) : 당 중앙판공청 주임·당 중앙서기처 서기·당 중앙직속기관공작위원회 서기
- 궈진룽(郭金龍, 1947년생) : 베이징(北京)시 당 서기
- 한정(韓正, 1954년생) : 상하이(上海)시 당 서기

〈당 중앙서기처 서기〉(총 7명 중 타기관 겸직자 등 제외 3명)

- 자오훙주(趙洪祝, 1949년생) : 당 중앙기율검사위원회 상무 부서기
- 두칭린(杜青林, 1946년생) : 정협 부주석(제12기)
- 양징(楊晶, 몽고족, 1951년생) : 국무위원·국무원 비서장·국가행정학원 원장

〈법원·검찰 : 4명〉

- 저우창(周强, 1960년생) : 최고인민법원 원장 겸 당조(党组) 서기
- 차오젠밍(曹建明, 1955년생) : 최고인민검찰원 검찰장 겸 당조 서기
- 선더용(沈德咏, 1954년생, ★) : 최고인민법원 상무 부원장 겸 당조 부서기 (부장급)
- 후저쥔(胡澤君, 1955년생, 여, ★) : 1955년생, 최고인민검찰원 상무 검찰장 겸 당조 부서기(부장급)

〈당 및 국가 중앙군사위원회 : 11명〉

- 주석 : 시진핑(習近平, 1953년생) → 당 정치국 상무위원 란
- 부주석(2명) : 쉬치량(許其亮, 1950년생), 판창룽(范長龍, 1947년생) → 당 정치국 위원 란
- 위 원(8명)
- 창완취안(常萬全, 1949년생) : 국방부장(상장, 上將, 우리의 대장에 해당)·

국무위원, 총장비부 부장 등 역임

- 팡펑휘이(房峰輝, 1951년생) : 총참모부 총참모장(상장), 베이징(北京)군구 사령원 등 역임
- 장양(張陽, 1951년생) : 총정치부 주임(상장), 광저우(廣州)군구 정치위원 등 역임
- 자오커스(趙克石, 1947년생) : 총후근부 부장 겸 당위 서기(상장)
- 장여우샤(張又俠, 1950년생) : 총장비부 부장 겸 당위 서기(상장), 선양(瀋陽)군구 사령관 등 역임
- 우성리(吳勝利, 1945년생) : 해군 사령원 겸 당위 부서기(해군 상장), 총참모부 부총참모장 등 역임
- 마샤오톈(馬曉天, 1949년생) : 공군 사령원 겸 당위 부서기(공군 상장)
- 웨이펑허(魏鳳和, 1954년생) : 제2포병 사령원 겸 당위 부서기(상장)

〈전국인민대표대회(全人大), 제12기 상무위원회〉

- ■ 위원장 : 장더장(張德江, 1946년생) → 당 정치국 상무위원 란
- ■ 부위원장(13명 중 5명)
- 리젠궈(李建國, 1946년생, 상무 부위원장) → 당 정치국 위원란
- 왕성쥔(王勝俊, 1946년생) 전 최고인민법원 원장
- 왕천(王晨, 1950년생) 당 중앙선전부 부부장
- 선웨웨(沈躍躍, 1957년생, 여) 전 당 중앙조직부 상무 부부장
- 지빙쉬안(吉炳軒, 1951년생) 전 헤이룽장(黑龍江)성 당 서기
- ■ 판공청(비서장 : 왕천 부위원장 겸임)
- 왕완빈(王萬賓, 1949년생) : 상무 부비서장 겸 기관 당조(黨組) 서기

〈인민정치협상회의(政協), 제12기〉

- ■ 주석 : 위정성(俞正聲, 1945년생) → 당 정치국 상무위원 란
- ■ 부주석(23명 중 7명)
- 두칭린(杜青林, 1946년생, 상무 부주석) → 당 중앙서기처 서기 란
- 링지화(令計劃, 1956년생) 당 중앙통전부 부장
- 장칭리(張慶黎, 1951년생) 전 허베이(河北)성 당 서기

- 루잔공(盧展工, 1952년생) 전 허난(河南南)성 당 서기
- 왕자루이(王家瑞, 1949년생) 당 중앙대외연락부 부장
- 왕정웨이(王正偉, 1957년생, 회족) 국가민족사무위원회 주임
- 마뱌오(馬飈, 1954년, 壯族) 전 광시장족(廣西壯族)자치구 정부 주석
- ■ 판공청(비서장 : 장칭리 부주석 겸임)
- 쑨화이산(孫懷山, 1952년생) : 상무 부비서장 겸 기관 당조 서기

〈당 중앙 직속기관〉

- 황수셴(黃樹賢, 1954년생, ★) : 당 중앙기율검사위원회 부서기, 국무원 감찰부 부장 겸 국가부패예방국 국장
- 천시(陳希, 1953년생, ★) : 당 중앙조직부 상무 부부장, 전 중국과학협회 상무 부주석
- 인웨이민(尹蔚民, 1953년생) : 당 중앙조직부 부부장, 국무원 인력자원·사회보장부 부장 겸 국가공무원국 국장
- 뤄수강(雒/땅이름 락/樹剛, 1955년생, ★) : 당 중앙선전부 상무 부부장 겸 당 중앙정신문명건설지도위원회 판공실 주임(부장급)
- 차이밍자오(蔡名照, 1951년생, ★) : 당 중앙선전부 부부장, 당 중앙대외선전판공실 주임 겸 국무원 신문판공실 주임, 전 인민일보사 총편집
- 장이중(張裔炯, 1955년생, ★) : 당 중앙통일전선공작부 부부장(부장급)
- 허이팅(何毅亭, ★) : 중앙당교 상무 부교장(부장급)
- 천바오성(陳寶生, 1956년생, ★) : 중앙당교 부교장
- 멍쉐에농(盟學農, 1949년생) : 당 중앙직속기관공작위원회 상무 부서기(부장급)
- 렁룽(冷溶, 1953년생, ★) : 당 중앙문헌연구실 주임, 전 중국사회과학원 상무 부원장

〈국무원〉

- ■ 총리 : 리커창(李克强, 1955년생) → 당 정치국 상무위원 란
- ■ 부총리(4명) : 장가오리(張高麗, 1946년생) 상무 부총리 → 당 정치국 상무위원 란, 마카이(馬凱, 1946년생) · 류옌둥(劉延東, 여, 1945년생) · 왕양(汪

洋, 1955년생) → 당 정치국 위원 란

- 국무위원(5명) : 양징(楊晶, 몽고족, 1951년생) → 당 중앙서기처 서기 란, 창완취안(常萬全, 1949년생) 국방부장 → 당 및 국가중앙군사위원회 란, 양제츠(楊潔篪, 1950년생) 전 외교부 부부장, 궈성쿤(郭聲琨, 1954년생) 공안부장, 왕용(王勇, 1955년생, ★) 국가감재(減災 · 재난감소)위원회 주임
- 비서장 : 양징(楊晶, 몽고족, 1951년생) 국무위원 겸임 → 당 중앙서기처 서기 란
- 부처 · 사무기구 · 직속 사업체 및 부처 산하 국가국
- 왕이(王毅, 1953년생) : 외교부 부장 겸 당위(黨委) 부서기
- 장즈쥔(張志軍, 1953년생, ★) : 당 중앙대만공작판공실 주임 겸 국무원 대만사무판공실 주임, 전 외교부 상무 부부장
- 쉬샤오스(徐紹史, 1951년생) 국가발전 · 개혁위원회 주임, 전 국토자원부 부장
- 제천화(解振華, 1949년생) : 국가발전 · 개혁위원회 부주임 겸 당 중앙직속기관공작위원회 당위 서기(부장급)
- 류허(劉鶴, 1952년생, ★) : 국가발전 · 개혁위원회 부주임 겸 중앙재경영도소조 판공실 주임
- 우신슝(吳新雄, 1949년생) : 국가발전 · 개혁위원회 부주임 겸 국가에너지국 국장
- 위안구이런(袁貴仁, 1950년생, ★) : 교육부 부장 겸 당조(黨組) 서기, 전 북경사범대학 교장(총장)
- 왕즈강(王志剛, 1957년생, ★) : 과학기술부 상무 부부장 겸 당조 서기
- 마오웨이(苗圩/圩, 제방 우, 1955년생, ★) : 공업 · 정보화부 부장 겸 당조 서기, 전 후베이(湖北)성 우한(武漢)시 당서기
- 궈성쿤(郭聲琨, 1954년생, ★) 공안부 부장 겸 당위(黨委) 서기 → 국무위원 란
- 양환닝(楊煥寧, 1957년생, ★) : 공안부 상무 부부장 겸 당위 부서기, 당 중앙안정유지 공작영도소조 판공실 주임(부장급)
- 리둥성(李東生, 1955년생, ★) : 공안부 부부장 겸 당위 부서기, 중앙610

판공실 주임(부장급)

※ 당 중앙기율검사위원회는 2013년 12월 20일 리둥성에게 "중대한 기율 위반행위가 있어 조사 중이라고 발표. 낙마했음을 공식화했다.
※ 중앙610판공실 : 1999년 6월 10일 '중앙파룬궁(法輪功)문제처리 영도소조' 산하에 설립한 판공실. 후에 '중앙사교(邪敎)문제 방범 및 처리소조' 및 동 판공실로 이름을 바꿔 당 중앙위원회 직속기구로 편입. 현재 동 판공실의 대외 명칭으로 사용하고 있다.

- 경후이창(耿惠昌, 1951년생) : 국가안전부 부장 겸 당위 서기. 전 국가안전부 부부장

- 리리궈(李立國, 1953년생, ★) : 민정부(民政部) 부장 겸 당조 서기, 전 티베트자치구 당 부서기

- 러우지웨이(樓繼偉, 1950년생, ★) : 재정부 부장 겸 당조 서기, 전 중국투자유한책임공사 이사장 겸 수석 집행관

- 왕정웨이(王正偉, 1957년생, 回族) 국가민족사무위원회 주임 겸 정협 부주석

- 우아이잉(吳愛英, 여, 1951년생) : 사법부(司法部) 부장 겸 당조 서기, 전 산둥성 당 부서기

- 인웨이민(尹蔚民, 1953년생) : 인력자원·사회보장부 부장 겸 당조 서기, 국가공무원국 국장 겸 당 중앙조직부 부부장

- 장다밍(姜大明, 1953년생) : 국토자원부 부장 겸 당조 서기, 전 산둥(山東)성 성장

- 저우성셴(周生賢, 1949년생) : 환경보호부 부장 겸 당조 서기, 전 국가환경보호국 국장

- 양촨탕(楊傳堂, 1954년생) : 교통운수부 부장 겸 당조 서기, 전 국가민족사무위원회 부주임

- 천레이(陳雷, 1954년생) : 수리부 부장 겸 당조 서기, 전 신장위구르자치구 당 부서기

- 한창푸(韓長賦, 1954년생) : 농업부 부장 겸 당조 서기, 전 지린(吉林)성 성장

- 가오후청(高虎城, 1951년생, ★) : 상무부 부장 겸 당조 서기, 전 상무부 부부장

- 차이우(蔡武, 1949년생) : 문화부 부장 겸 당조 서기, 당 중앙선전부 부부

장 겸임

- 장마오(張茅, 1954년생, 여, ★) : 국가위생 및 계획생육(計劃生育, 가족
  계획)위원회 주임, 전 안휘성 성장
- 류자이(劉家義, 1956년생) : 심계서(審計署) 심계장(審計長) 겸 당조 서기
- 장제민(蔣潔敏, 1955년생, ★) : 국무원 국유자산감독 · 관리위원회 주임
  겸 당조 부서기, 전 중국석유 · 천연가스집단공사 총경리

※ 2013년 9월 1일 감찰부는 장제민에 대한 기율 위반행위를 조사 중이라고 발표한 데 이어 9월
  3일에는 동명의 지도 직무를 해임한다고 발표. 낙마를 공식화했다.

- 장이(張毅, 1950년생, ★) : 국무원 국유자산감독 · 관리위원회 부주임(※
  2013년 12월 주임으로 승진) 겸 당조 서기, 전 닝샤회족(寧夏回族)자치구
  당 서기
- 위광저우(于廣洲, 1953년생) : 세관총서(海關總署) 서장(署長) 겸 당조 서기
- 샤오지에(肖捷, 1957년생) : 국무원 판공청 부비서장(부장급), 전 국가세무
  총국 국장
- 쟈오환청(焦煥成, 1949년생, ★) : 국무원 판공청 부비서장 겸 기관사무관
  리국 국장(부장급)
- 리웨이(李偉, 1953년생, ★) : 국무원 발전연구중심(中心 · 센터) 주임 겸
  당조 부서기
- 즈수핑(支樹平, 1953년생, ★) : 국가질량(품질)감독 · 검사 · 검역총국 국
  장 겸 당조 서기
- 차이푸차오(蔡赴朝, 1951년생, ★) : 국가신문 · 출판 · 광전(廣電, 방송 ·
  영화 · TV)총국(總局) 국장 겸 당조 서기
- 장젠궈(蔣建國, 1956년생, ★) : 국가신문 · 출판 · 광전총국 부국장
- 류펑(劉鵬, 1951년생) : 국가체육총국 국장 겸 당조 서기
- 양둥량(楊棟梁, 1954년생, ★) : 국가안전생산감독 · 관리총국 국장 겸 당
  조 서기, 전 톈진(天津)시 상무 부시장
- 왕광야(王光亞, 1950년생, ★) : 국무원 홍콩 · 마카오판공실 주임 겸 당조
  서기
- 쑹다한(宋大涵, 1952년생, ★) : 국무원 법제판공실 주임 겸 당조 서기
- 리총쥔(李從軍, 1949년생) : 신화사(新華社) 사장 겸 당조 서기

- 바이춘리(白春禮, 1953년생, 만주족, ★) : 중국과학원 원장 겸 당조 서기
- 예샤오원(葉小文, 1950년생, ★) : 중앙사회주의학원 제1 부원장 겸 당조 서기(부장급)
- 왕웨이광(王偉光, 1950년생) : 중국사회과학원 원장 겸 당조 서기
- 저우지(周濟, 1946년생) : 중국공정원(工程院) 원장 겸 당조 서기
- 왕위푸(王玉普, 1956년생, ★) : 중국공정원 상무 부원장 겸 당조 부서기, 전 중화전국총공회(工會 : 노조) 상무 부주석 겸 당조 서기
- 상푸린(尚福林, 1951년생) : 중국은행업감독 · 관리위원회 주석 겸 당조 서기
- 샹준포(項俊波, 1957년생, ★) : 중국보험감독 · 관리위원회 주석 겸 당조 서기, 전 중국농업은행 이사장
- 샤오강(肖剛, 1958년생, ★) : 중국증권감독 · 관리위원회 주석 겸 당조 서기, 전 중국은행 행장
- 니에웨이궈(聶/소곤거리 섭/衛國, 1952년생) : 국무원 삼협(三峽)공정건설위원회 판공실 주임, 전 충칭(重慶)시 당 부서기

〈각 성 · 직할시 · 자치구의 당위원회 · 정부 및 인대(人大)〉

- 왕민(王珉, 1950년생) : 랴오닝(遼寧)성 당 서기 겸 인대 상무위 주임
- 천정가오(陳政高, 1952년생, ★) : 랴오닝성 성장 겸 당 부서기
- 저우번순(周本順, 1953년생, ★) : 허베이(河北)성 당 서기, 전 당 중앙정법위원회 비서장
- 장칭웨이(張慶偉, 1961년생) : 허베이성 성장 겸 당 부서기, 전 국방과학기술공업위원회 주임
- 왕셴쿠이(王憲魁/으뜸 괴, 1952년생, ★) 헤이룽장(黑龍江)성 당 서기 겸 인대 상무위 주임
- 육하오(陸昊, 1967년생, ★) : 헤이룽장성 성장 겸 당 부서기, 전 공청단(共靑團) 중앙서기처 제1서기
- 장다오캉(姜導康, 1953년생) : 산둥성 당 서기 겸 인대 주임, 전 국가행정학원 부원장

- 궈수칭(郭樹清, 1956년생, ★) : 산둥성 성장 겸 당 부서기, 전 중국증권감독위원회 주석
- 창웨이(強衛, 1953년생) : 장시(江西)성 당 서기 겸 인대 상무위 주임
- 뤄후이닝(駱惠寧, 1954년생) : 칭하이(青海)성 당 서기
- 타이광룽(泰光榮, 1950년생) : 윈난(雲南)성 당 서기 겸 인대 상무위 주임
- 리지환(李紀桓, 1957년생, ★) : 윈난성 성장 겸 당 부서기
- 왕산윈(王三運, 1952년생, ★) : 간쑤(甘肅)성 당 서기 겸 인대 상무위 주임
- 류웨이핑(劉偉平, 1953년생, ★) : 간쑤성 성장 겸 당 부서기, 전 칭하이성 당 부서기
- 궈경마오(郭庚茂, 1950년생) : 허난(河南)성 당 서기 겸 인대 상무위 주임
- 셰푸잔(謝伏瞻/볼 첨, 1954년생, ★) : 허난성 성장 겸 당 부서기, 전 국무원 연구실 주임
- 뤄지쥔(羅志軍, 1951년생, ★) : 장쑤(江蘇)성 당 서기 겸 인대 상무위 주임
- 리쉬에융(李學勇, 1950년생) : 장쑤성 성장 겸 당 부서기, 전 과학기술부 부부장
- 쉬서우성(徐守盛, 1953년생) : 후난(湖南)성 당 서기, 전 후난성 성장
- 천치우파(陳求發, 1954년생, ★) : 후난성 정협 주석, 전 공업·정보화부 부부장·국가항천(航天·우주)국 국장
- 장바오순(張寶順, 1950년생, ★) : 안후이(安徽)성 당 서기 겸 인대 상무위 주임
- 왕쉬에쥔(王學軍, 1952년생) : 안후이성 성장 겸 당 부서기, 전 국가신방국(信訪局) 국장
- 리훙충(李鴻忠, 1956년생, ★) : 후베이(湖北)성 당 서기 겸 인대 상무위 주임
- 왕궈성(王國生, 1956년생, ★) : 후베이성 성장 겸 당 부서기
- 뤄바오밍(羅保銘, 1952년생) : 하이난(海南)성 당 서기 겸 인대 상무위 주임, 전 톈진(天津)시 당 선전부장
- 장딩즈(蔣定之, 1954년생, ★) : 하이난성 성장 겸 당 부서기, 전 중국은행 감독·관리위원회 부주석
- 펑칭화(彭清華, 1957년생) : 광시장족(廣西壯族)자치구 당 서기 겸 인대 상

무위 주임, 전 중앙정부 홍콩특별행정구 연락판공실 주임
- 천취안궈(陳全國, 1955년생, ★) : 티베트(西藏·시짱)자치구 당 서기, 전 허베이(河北)성 성장
- 바이마츠린(白瑪赤林, 1951년생, 티베트족, ★) : 티베트자치구 정부 주석 겸 당 부서기
- 리젠화(李建華, 1954년생, ★) : 닝샤회족(寧夏回族)자치구 당 서기, 전 국가행정학원 상무 부원장
- 자오커즈(趙克志, 1953년생, ★) : 구이저우(貴州)성 당 서기 겸 인대 상무위 주임, 전 장쑤성 상무 부성장
- 천민얼(陳敏爾/너 이, 1960년생, ★) : 구이저우성 성장 겸 당 부서기
- 여우췬(尤權, 1954년생, ★) : 푸젠(福建)성 당 서기, 전 국무원 판공청 상무 비서장
- 쑤수린(蘇樹林, 1952년생, ★) : 푸젠성 성장 겸 당 부서기, 전 중국석유화공집단공사 총경리
- 왕췬(王君, 1952년생) : 네이멍구(內蒙古)자치구 당 서기 겸 인대 상무위 주임
- 바터얼(巴特爾, 1955년생, 몽고족, ★) : 네이멍구자치구 정부 주석 겸 당 부서기
- 왕루린(王儒林, 1954년생, ★) : 지린(吉林)성 당 서기
- 바인차오루(巴音朝魯, 1955년생, 몽고족, ★) : 지린성 성장 겸 당 부서기, 전 저장(浙江)성 닝보(寧波)시 당 서기
- 위안춘청(袁純清, 1952년생) : 산시(山西)성 당 서기 겸 인대 상무위 주임, 전 산시(陝西)성 성장
- 왕둥밍(王東明, 1956년생) : 쓰촨(四川)성 당 서기 겸 인대 상무위 주임
- 자오정융(趙正永, 1951년생, ★) : 산시(陝西)성 당 서기 겸 인대 상무위 주임
- 샤바오롱(夏寶龍, 1952년생, ★) : 저장(浙江)성 당 서기
- 왕안순(王安順, 1957년생, ★) : 베이징(北京)시 시장 겸 당 부서기
- 황싱궈(黃興國, 1954년생, ★) : 톈진(天津)시 시장 겸 당 부서기
- 황치판(黃奇帆, 1952년생, ★) : 충칭(重慶)시 시장 겸 당 부서기

- 장궈칭(張國淸, 1964년생, ★) : 충칭시 당 부서기, 전 중국병기공업그룹 총경리
- 주샤오단(朱小丹, 1953년생, ★) : 광둥(廣東)성 성장 겸 당 부서기
- 마싱레이(馬興瑞, 1959년생, ★) : 광둥성 당 부서기, 전 중국항천(航天·우주)과학기술집단(그룹) 총경리
- 창웨이(强衛, 1953년생) : 장시(江西)성 당 서기 겸 인대 상무위 주임
- 루신서(鹿心社, 1956년생, ★) : 장시성 성장 겸 당 부서기
- 누얼·바이커리(努爾·白克力, 1961년생, 위구르족, ★) : 신장(新疆)위구르자치구 정부 주석 겸 당 부서기
- 처쥔(車俊, 1955년생, ★) : 신장생산건설병단 정치위원 겸 당 서기(부장급)

〈중앙기업(中央企業)〉

※ 중국의 국유기업은 정부의 관리권한에 따라 중앙정부가 감독·관리하는 국유기업을 중앙기업, 지방정부가 감독·관리하는 기업을 지방기업으로 분류한다.

- 린쭤밍(林左鳴, 1957년생, ★), 중국항공공업집단(그룹) 이사장 겸 당조 서기
- 쉬다저(許達哲, 1956년생, ★), 중국항천(우주)과학공업집단(그룹) 이사장 겸 당조 서기

〈해방군 및 무장경찰부대〉

- 류위안(劉源, 1951년생,) : 총후근부 정치위원 겸 당위 부서기(상장)
  ※ 류사오치(劉少奇, 1898~1969년) 전 국가주석의 아들
- 왕훙랴오(王洪堯, 1951년생, ★) : 총장비부 정치위원 겸 당위 부서기(상장)
- 류샤오장(劉曉江, 1949년생) : 해군 정치위원 겸 당위 서기(해군 상장)
- 톈시우스(田修思, 1950년생) : 공군 정치위원 겸 당위 서기(공군 상장)
- 장하이양(張海陽, 1949년생) : 제2포병 정치위원 겸 당위 부서기(상장)
  ※ 혁명 장성인 장전(張震, 1914년~) 상장의 아들
- 쑨젠궈(孫建國, 1952년생, ★) : 총참모부 부총참모장(해군 상장)
- 왕관중(王冠中, 1953년생, ★) 총참모부 부총참모장(중장)
- 치젠궈(戚建國, 1952년생, ★) : 총참모부 부총참모장(중장)

- 자팅안(賈廷安, 1952년생, ★) : 총정치부 부주임(상장)
- 두진차이(杜金才, 1952년생, ★) : 총정치부 부주임, 중앙군사위원회 기율검사위원회 서기, 당 중앙기율검사위원회 부서기(상장)
- 우창더(吳昌德, 1952년생, ★) : 총정치부 부주임(상장)
- 왕젠핑(王建平, 1953년생) : 무경(武警)부대 사령원 겸 당위 부서기(武警 상장)
- 쉬야오위안(許耀元, 1952년생, ★) : 무경부대 정치위원 겸 당위 서기(武警 상장)
- 장쓰포(張仕波, 1952년생, ★) : 베이징(北京)군구 사령원 겸 당위 부서기(중장)
- 류푸렌(劉福連, 1953년생, ★) : 베이징군구 정치위원 겸 당위 서기(중장)
- 왕쟈오청(王敎成, 1952년생, ★) : 선양(瀋陽)군구 사령원 겸 당위 서기(중장)
- 추이민(褚/솝옷 저/益民, 1953년생, ★) : 선양군구 정치위원 겸 당위 서기(중장)
- 쉬펀린(徐粉林, 1953년생, ★) : 광저우(廣州)군구 사령원 겸 당위 부서기(상장)
- 웨이량(魏亮, 1953년생, ★) : 광저우군구 정치위원 겸 당위 서기(중장)
- 차이잉팅(蔡英挺, 1954년생, ★) : 난징(南京)군구 사령원 겸 당위 부서기(상장)
- 정웨이핑(鄭衛平, 1955년생, ★) : 난징군구 정치위원 겸 당위 서기(중장)
- 자오종치(趙宗岐, 1955년생, ★) : 지난(濟南)군구 사령원 겸 당위 부서기(중장)
- 두헝옌(杜恒/영구히 항/岩, 1951년생, ★) : 지난군구 정치위원 겸 당위 서기(상장)
- 톈중(田中, 1956년생, ★) : 지난군구 부사령원·해군 북해함대 사령원 겸 당위 부서기(해군 중장)
- 류위에쥔(劉粤軍, 1954년생, ★) : 란저우(蘭州)군구 사령원 겸 당위 부서기(중장)
- 주푸시(朱福熙, 1955년생, ★) : 청두(成都)군구 정치위원 겸 당위 서기(공군 중장)

- 양진산(楊金山, 1954년생, ★) : 청두군구 부사령원(중장)
- 류야저우(劉亞洲, 1952년생, ★) : 국방대학 정치위원 겸 당위 서기(공군 상장)
- 류청쥔(劉成軍, 1950년생, ★) : 군사과학원 원장 겸 당위 부서기(공군 상장)
- 쑨스징(孫思敬, 1951년생, ★) : 군사과학원 정치위원 겸 당위 서기(상장)
- 펑용(彭勇, 1954년생, ★) : 신장(新疆)군구 사령원 겸 당위 부서기(소장)

〈대중(大衆) 및 경제 단체〉

- 쑹시우옌(宋秀岩,1957년생, 여) : 중화전국부녀연합회(약칭 : 全國婦聯) 당조 서기 겸 상무 부주석
- 선웨웨(沈躍躍, 1957년생, 여) : 중화전국부녀연합회 주석 겸 전인대 상무위 부위원장, 전 당 중앙조직부 상무 부부장 → 전인대 상무위원회 란
- 자오스(趙實, 1953년생, 여, ★) : 중국문학예술계연합회(약칭 : 中國文聯) 상무 부주석 겸 중화전국부녀연합회 부주석
- 린쥔(林軍, 1949년생, ★) : 중화전국귀국화교연합회(약칭:中國僑聯) 주석 겸 당조 서기
- 티에닝(鐵凝, 1957년생, 여, ★) : 중국작가협회 주석
- 왕신셴(王新憲, 1954년생) : 중국잔질(殘疾 : 장애)인연합회(약칭 : 中國殘聯) 당조 서기 겸 부주석
- 취안저주(全哲洙, 1952년생, 조선족, ★) : 중화전국공상업연합회(약칭 : 全國工商聯=中國民間商會) 상무 부주석 겸 중국민간상회 부회장 겸임
- 왕시아(王俠, 1954년생, 여, ★) : 중화전국공쇄합작총사(供鎖/공급·판매, 合作總社) 당조 서기 겸 이사회 주임, 전 국무원 국가인구·계획생육(計劃生育 : 가족계획)위원회 주임

【당 18기 중앙후보위원 171명 직무】

※ 2012년 11월 14일 제18차 당 대회에서 선출(득표 순, 같을 시 簡體字 성씨 획순)

1. 마젠탕(馬建堂, 1958) : 국가통계국 국장 겸 당조(黨組) 서기

2. 왕줘안(王作安, 1958) : 국가종교사무국 국장 겸 당조 서기

3. 마오완춘(毛萬春, 1961) : 산시(陝西)성 당 상무위원 겸 뤄양(洛陽)시 당 위 서기(이하 '당 서기'로 통일)

4. 류샤오카이(劉曉凱, 1962, 苗族) : 구이저우(貴州)성 당 상무위원 겸 조직 부 부장

5. 천지롱(陳志榮, 1957, 黎族) : 하이난(海南)성 부성장

6. 진전지(金振吉, 1959, 朝鮮族) : 지린(吉林)성 당 상무위원 겸 정법위원회 서기

7. 자오셴캉(趙憲康, 1953) : 중국공정(工程)물리연구원 원장, 중국 공정원(工程院) 원사(院士)

8. 셴후이(咸輝, 1958, 女, 回族) : 깐수(甘肅)성 당 상무위원 겸 부성장

9. 모젠청(莫建成, 1956) : 장시(江西)성 당 상무위원 겸 상무 부성장

10. 추이포(崔波, 1957) : 닝샤회족(寧夏回族)자치구 당 부서기

11. 수샤오친(舒曉琴, 1956, 女) : 국무원 판공청 부비서장 겸 국가신방(信訪)국 국장

12. 마순칭(馬順清, 1963, 回族) : 칭하이(青海)성 부성장

13. 왕젠쥔(王建軍, 1958) : 칭하이성 당 부서기 겸 정법위원회 서기

14. 주밍궈(朱明國, 1957, 黎族) : 광둥(廣東)성 정협(政協) 주석 겸 당 정법 위원회 서기

15. 류쉬에푸(劉學普, 1957, 土家族) : 충칭(重慶)시 당 상무위원 겸 정법위 원회 서기

16. 리창(李强, 1959) : 저장(浙江)성 당 부서기 겸 성장

17. 양충용(楊崇勇, 1955, 滿州族) : 허베이(河北)성 당 상무위원 겸 상무 부 성장

18. 위위안후이(余遠輝, 1964, 瑤族) : 광시장족(廣西壯族)자치구 당 상무위 원 겸 난닝(南寧)시 당 서기

19. 천우(陳武, 1954, 壯族) : 광시장족자치구 정부 주석 겸 당 부서기

20. 천밍밍(陳鳴明, 1957, 布依族) : 구이저우(貴州)성 부성장

21. 주옌펑(竺延風, 1961) : 지린성 당 부서기

22. 정췬량(鄭群良, 1954) : 난징(南京)군구 공군 사령원(中將)

23. 자오진(趙金, 1962, 彝/술그릇 이/族) : 윈난(雲南)성 당 상무위원 겸 선
   전부 부장

24. 자오리쓩(趙立雄, 1956, 白族) : 윈난성 정부 민족사무위원회 당조 서기

25. 자오수충(趙樹叢, 1955) : 국가임업국 국장 겸 당조 서기

26. 돤춘화(段春華, 1959) : 톈진(天津)시 당 상무위원 겸 비서장

27. 뤄상장춘(洛桑江村, 1957, 藏/티베트/族) : 티베트(시짱·西藏)자치구
   정부 주석 겸 당부서기

28. 첸즈민(錢智民, 1960) : 중국핵(核)공업집단공사 총경리

29. 가오진(高津, 1959) : 해방군 제2포병 참모장(소장)

30. 가오광빈(高廣濱, 1963) : 지린(吉林)성 당 상무위원 겸 창춘(長春)시 당
   서기

31. 량궈양(梁國楊, 1951) : 중화전국대만동포연의회(약칭 全國台聯) 당조
   서기, 중화전국귀국화교연합회(약칭 全國僑聯) 부주석

32. 천이친(諶貽/참 심, 줄 이/琴, 1959, 女, 白族) : 구이저우(貴州)성 당
   상무위원 겸 상무 부성장

33. 한융(韓勇, 1956) : 신장(新疆)위구르자치구 당 부서기

34. 란톈리(藍天立, 1962, 壯族) 광시장족자치구 정부 부주석

35. 잔원룽(詹/성씨 첨/文龍, 1955) : 중국과학원 부원장, 중국과학원 원사

36. 판량스(潘良時, 1957) : 선양(瀋陽)군구 39집단군 군단장(소장)

37. 아이후성(艾/쑥 애/虎生, 1951) : 청두(成都)군구 참모장

38. 단커(旦科, 1962, 藏族) : 칭하이(青海)성 당 상무위원 겸 위수티베트족
   (玉樹藏族)자치주 당 서기

39. 린쉬에펑(任学鋒, 1965) : 톈진(天津)시 부시장

40. 류성(劉勝) : 해방군 총장비부 부부장(중장)

41. 류후이(劉慧, 1959, 여, 回族) : 닝샤후이족자치구 정부 주석 겸 당 부서기

42. 리투샹(李士祥, 1958) : 베이징(北京)시 당 상무위원 겸 상무 부시장

43. 리바오산(李寶善, 1955) : 《구시(求是)》잡지사 사장

44. 리자양(李家洋, 1956) : 농업부 부부장 겸 중국농업과학원 원장

45. 양위에(楊岳, 1968) : 푸젠(福建)성 당 상무위원 겸 푸저우(福州)시 당 서기

46. 양쉬에쥔(洋學軍, 1963) : 국방과기대학 교장(총장) 겸 중국과학원 원사

47. 장지에(張杰, 1958) : 상해교통대학 교장(총장)

48. 장다이리(張伐梨, 1954, 여) : 후베이(湖北)성 당 상무위원 겸 통전부 부장

49. 장젠핑(張建平, 1956) : 광저우(廣州)군구 부사령원 겸 공군 사령원

50. 천촨핑(陳川平, 1962) : 산시(山西)성 당 상부위원 겸 타이위안(太原)시 당 서기

51. 하오펑(郝鵬, 1960) : 칭하이성 당 부서기 겸 성장

52. 커준핑(柯尊平, 1956) : 쓰촨(四川)성 당 부서기 겸 상무위원

53. 러우친젠(婁勤儉, 1956) : 산시(陝西)성 성장

54. 야오인량(姚引良, 1956) : 산시성 당 상무위원 겸 옌안(延安)시 당 서기

55. 샤지에(夏杰, 1960, 女, 回族) : 허난(河南)성 당 상무위원 겸 조직부 부장

56. 쉬쏭난(徐松南, 1956) : 충칭(重慶)시 당 상무위원 겸 조직부 부장

57. 장웨이례(蔣偉烈, 1955) : 광저우(廣州)군구 부사령원 겸 남해함대 사령원(해군 중장)

58. 만리쥔(萬立駿, 1957) : 중국과학원 화학연구소 소장, 중국과학원 원사

59. 왕후이충(王輝忠, 1956) : 저장(浙江)성 당 부서기 겸 정법위원회 서기

60. 뉴즈충(牛志忠, 1955) : 무장경찰(武警)부대 총부 참모장

61. 덩카이(鄧凱, 1959) : 허난(河南)성 당 부서기

62. 예홍좐(葉紅專, 1958, 土家族) : 후난(湖南)성 샹시(湘西)주 당 서기 겸 지쇼우(吉首) 군 분구(軍 分區) 당 제1서기

63. 얼컨장 · 투라훙(尔肯江 · 吐拉洪, 1964, 위구르족) : 신장(新疆)위구르자치구 당 상무위원 겸 중화전국총공회 부주석

64. 류위팅(劉玉亭, 1956) : 국가공상행정관리총국 부국장 겸 당조 서기

65. 류스촨(劉石泉, 1963) : 중국항천과공(航天/우주, 科工)집단 제4연구원 원장

66. 리캉(李康, 1957, 여, 壯族) : 광시장족자치구 정부 부주석

67. 리창핑(李昌平, 1861, 티베트족) : 쓰촨(四川)성 당 상무위원 겸 농공위원회 주임

68. 양웨이저(楊衛澤, 1962) : 장쑤(江蘇)성 당 상무위원 겸 난징(南京)시 당 서기

69. 천쭤닝(陳左寧, 1957, 여) : 해방군 총참모부 제56연구소 고급공정사 컴퓨터 전문가

70. 누얼란·아부둬만진(努爾蘭·阿不都滿金(1962, 하사크/哈薩克/족) : 신장(新疆)위구르자치구 정협 주석 겸 당조 서기

71. 린둬(林鐸, 1956) : 헤이룽장(黑龍江)성 당 상무위원 겸 하얼빈시 당 서기

72. 진좡룽(金壯龍, 1964) : 중국상용비행기유한책임공사 이사장 겸 당위 서기

73. 자오아이밍(趙愛明, 1961, 여) : 장시(江西)성 당 상무위원 겸 조직부 부장

74. 친이즈(秦宜智, 1965) : 공청단(共靑團) 중앙서기처 제1서기·중국청년정치학원 원장

75. 친인허(秦銀河, 1951) : 해방군 총후근부 부부장 겸 해방군 총의원(總醫院) 원장

76. 가오젠궈(高建國, 1954) : 선양(瀋陽)군구 정치부 주임(중장)

77. 궈젠보(郭劍波, 1960) : 중국전력과학연구원 원장 겸 당조 서기

78. 황쿤밍(黃坤明, 1956) : 당 중앙선전부 부부장

79. 황신추(黃新初, 1957) : 쓰촨(四川)성 당 상무위원 겸 청두(成都)시 당 서기

80. 차오수민(曹淑敏, 1967, 여) : 공업·정보화부 전신연구원 원장

81. 거후이쥔(葛慧君, 1963, 여) : 저장(浙江)성 부성장 겸 당 상무위원

82. 쩡웨이(曾維, 1956) : 랴오닝(遼寧)성 당 상무위원 겸 선양(瀋陽)시 당 서기

83. 위웨이궈(于偉國, 1955) : 푸젠(福建)성 당 부서기

84. 왕닝(王寧, 1960) : 베이징(北京)시 시청(西城)구 당 서기

85. 왕쥔(王軍, 1958) : 국가세무국 국장 겸 당조 서기

86. 왕젠(王健, 1954) : 베이징(北京)군구 부정치위원(중장)

87. 뤼시원(呂錫文, 1955, 여) : 베이징(北京)시 당 부서기 겸 조직부 부장

88. 롼성파(阮/나라 이름 완/成發, 1957) : 후베이(湖北)성 당 상무위원 겸 우한(武漢)시 당서기

89. 리시(李希, 1956) : 상하이(上海)시 당 부서기 겸 중국푸둥(浦東)간부학원 제1부원장

90. 리췬(李群, 1962) : 산둥(山東)성 당 상무위원 겸 칭다오(靑島)시 당 서기

91. 리윈펑(李雲峰, 1957) : 장쑤(江蘇)성 당 상무위원 겸 상무 부성장

92. 리궈잉(李國英, 1964) : 수리부 부부장

93. 우만칭(吳曼靑, 1965) : 중국전자과기(科技)집단공사 제38연구소 소장, 중국공정원 원사, 레이더 탐지기술 전문가

94. 선수리(沈素琍, 1958, 여) : 안후이(安徽)성 당 상무위원 겸 통전부 부장

95. 판장미(范長秘, 1955) : 란저우(蘭州)군구 정치부 주임

96. 어우양젠(歐陽堅, 1957, 白族) : 간쑤(甘肅)성 당 부서기

97. 자오위페이(趙玉沛, 1954) : 베이징(北京)시 협화(協和)의원 원장

98. 황리신(黃莉新, 1962, 여) : 장쑤(江蘇)성 당 상무위원 겸 우시(無錫)시 당 서기

99. 공커(龔克, 1955) : 남개(南開)대학(톈진 소재) 교장

100. 량리밍(梁黎明, 1961, 여) : 저장(浙江)성 부성장

101. 다오린인(刀林蔭, 1959, 여, 傣族) : 윈난(雲南)성 인대 상무위 부주임 겸 시쌍반나(西雙版納)주(州) 당 부서기 겸 주장(州長)

102. 마웨이밍(馬偉明, 1960) : 해군공정(工程)대학 교수, 항모 전자탐사 시스템 총설계사

103. 왕민(王敏, 1956) : 산둥(山東)성 당 상무위원 겸 지난(濟南)시 당 서기

104. 왕원타오(王文濤, 1964) : 장시(江西)성 당 상무위원 겸 난창(南昌)시 당 서기

105. 뉴훙광(牛紅光, 1951) : 해방군 총장비부 부부장(中將), 전 주천(酒泉)위성발사센터 부사령관

106. 마오차오펑(毛超峰, 1965) : 하이난(海南)성 당 상무위원 겸 정법위원회 서기

107. 궁바오자시(公保扎西, 1962, 티베트족) : 티베트(시짱·西藏)자치구 당 상무위원 겸 정협(政協) 부주석

108. 주산루(朱善璐, 1953) : 북경대학 당 서기

109. 렌훙빈(任洪斌, 1963) : 중국기계공업집단(그룹)공사 이사장 겸 당 서기

110. 탕타오(湯濤, 1962) : 산시(山西)성 당 상무위원 겸 조직부 부장

111. 리진청(李金城, 1963) : 중국철도건축총공사 제1탐사설계원 부원장, 청
     장(青藏, 칭하이성-티베트 간)철로건설총지휘부 부총지휘장

112. 리셴성(李憲生, 1954) : 하이난(海南)성 당 부서기

113. 리페이린(李培林, 1955) : 중국사회과학원 사회학연구소 소장

114. 우정룽(吳政隆, 1964) : 충칭(重慶)시 당 상무위원 겸 완저우(萬州)구
     (區) 당 서기

115. 장샤오밍(張曉明, 1963) : 중앙정부 주홍콩특별행정구 연락판공실 주임

116. 장시우(張喜武, 1958) : 신화(神華)집단 이사장 겸 당조 서기

117. 장레이민(張瑞敏, 1949) : 하이얼(海爾)집단 이사국 주석 겸 수석 집행
     관(중국의 대표적 CEO, 당 중앙후보위원 3선)

118. 장레이칭(張瑞清, 1949) : 무장경찰(武警) 베이징(北京)시 총대 정치위
     원 겸 당 서기

119. 상용(尚勇, 1957) : 장시(江西)성 당 부서기

120. 후허핑(胡和平, 1962) : 저장(浙江)성 당 상무위원 겸 조직부 부장, 전
     청화(清華)대학 당 서기

121. 니위에펑(倪岳峰, 1964) : 푸젠(福建)성 당 상무위원 겸 기율검사위원
     회 서기

122. 인팡룽(殷方龍, 1953) : 해방군 총정치부 부주임

123. 차오광징(曹廣晶, 1964) : 중국장강삼협(長江三峽)집단공사 이사장 겸
     당조 서기

124. 레이춘메이(雷春美, 1959, 여, 畲/사/族, 1959) : 푸젠(福建)성 정협
     (政協) 부주석 겸 당 통전부 부장

125. 왕용춘(王永春, 1960) : 중국석유집단 부총경리 겸 다칭(大慶)유전공사
     총경리

     ※ 2013년 8월 26일 당 중앙기율검사위원회는 왕용춘에 대해 엄중한 기율위반 행위로 조
     사 중이라고 발표, 낙마했음을 공식화했다.

126. 쉬린핑(許林平, 1957) : 베이징(北京) 군구 제3집단군 군단장(소장)

127. 쑨진롱(孫金龍, 1962) : 후난(湖南)성 당 부서기 겸 당교 교장

128. 진둥한(金東寒, 1961) : 중국선박중공업집단공사 제711연구소 소장 겸
총공정사

129. 허푸추(賀福初, 1962) : 해방군 군사의학과학원 방사의학연구소 소장

130. 샤더렌(夏德仁, 1955) : 랴오닝(遼寧)성 당 부서기 겸 정협(政協) 주석

131. 어징핑(鄂竟平, 1956) : 국무원 남수북조(南水北調)공정건설위원회 판
공실 주임

132. 장차오량(蔣超良, 1957) : 중국농업은행 이사장 겸 당 서기

133. 마정치(馬正其, 1959) : 국가공상행정관리총국 부국장

134. 스타이핑(石泰峰, 1956) : 장쑤(江蘇)성 당 부서기

135. 리위메이(李玉妹, 1956, 여) : 광둥(廣東)성 당 상무위원 겸 조직부 부장

136. 양후이(楊暉, 1963) : 난징(南京)군구 참모장(少將)

137. 우창하이(吳長海, 1954) : 난징군구 정치부 주임

138. 쑹리핑(宋麗萍, 여) : 선전(深圳)증권교역소 총경리

139. 장예수이(張業遂, 1953) : 외교부 상무 부부장, 전 주미 대사

140. 천룬얼(陳潤兒, 1957) : 헤이룽장(黑龍江)성 당 부서기 겸 상무위원

141. 장젠칭(姜建淸, 1953) : 중국공상은행 이사장 겸 당 서기

142. 메이커바오(梅克保, 1957) : 국가질량(質量=품질)감독·검사·검역총국
부국장 겸 당조 부서기

143. 판이양(潘逸陽, 1961) : 네이멍구(內蒙古)자치구 당 상무위원 겸 정부
상무 부주석

144. 딩쉬에샹(丁薛/쑥 설/祥, 1962) : 당 중앙판공청 부주임 겸 총서기(總
書記)판공실 주임

145. 우란(烏蘭, 1962, 여, 몽고족) : 네이멍구(內蒙古)자치구 당 상무위원
겸 선전부 부장

146. 쑨서우강(孫守剛, 1965) : 산둥(山東)성 당 상무위원 겸 선전부 부장

147. 리쟈(李佳, 1961) : 네이멍구자치구 당 부서기 겸 당교 교장

148. 자오융(趙勇, 1963) : 허베이(河北)성 당 부서기 겸 성 당교 교장

149. 쉬러쟝(徐樂江, 1959) : 보강(寶鋼, 寶山鋼鐵)집단유한공사 이사장 겸
당 상무위원

150. 차오칭(曹清, 1952) : 당 중앙경위(警衛=경호)국 국장

151. 차이전화(蔡振華, 1961) : 국가체육총국 부국장

152. 완칭량(萬慶良, 1964) : 광둥(廣東)성 당 상무위원 겸 광저우(廣州)시 당 서기

153. 인리(尹力, 1962) : 국가식품약품감독·관리총국 부국장 겸 국가위생·계획생육(計劃生育, 가족계획)위원회 부주임

154. 두자하오(杜家毫, 1955) : 후난(湖南)성 부성장(대리 성장으로 지명)

155. 리춘청(李春城, 1956) : 쓰촨(四川)성 당 부서기

   ※ 2013년 8월 26일 당 중앙기율검사위원회가 동명에 대해 엄중한 기율위반 행위로 조사 중이라고 발표, 낙마를 공식화했다.

156. 허리펑(何立峰, 1955) : 톈진(天津)시 당 부서기, 빈하이(濱海)신구 당 서기

157. 천강(陳剛, 1966) : 베이징시 당 상무위원 겸 부시장

158. 왕룽(王榮, 1958) : 광둥(廣東)성 당 상무위원 겸 선전(深圳)시 당 서기, 선전경비구(警備區) 당 제1서기

159. 지린(吉林, 1962) : 베이징시 정협(政協) 주석

160. 류젠(劉劍, 1970) : 신장(新疆)위구르자치구 하미(哈密)지구 당 서기

161. 리빙(李冰, 1949) : 중국작가협회 당조 서기 겸 부주석

162. 장셴(張軒, 1958, 여) : 충칭(重慶)시 인대 상무위 주임 겸 당교 교장

163. 후샤오롄(胡曉煉, 1958, 여) : 중국인민은행 부행장

164. 궈밍이(郭明義, 1958) : 중화전국총공회 부주석

165. 왕샤오추(王曉初, 1958) : 중국전신(電信)집단공사 이사장 겸 당조 서기

166. 장샤오쥔(江小涓/물 졸졸 흐를 연, 1957, 여) : 국무원 판공청 부비서장

167. 왕훙장(王洪章, 1954) : 중국건설은행 이사장 겸 당 서기

168. 후화이방(胡懷邦, 1955) : 중국교통은행 이사장 겸 당 서기

169. 이샤오광(乙曉光, 1958, 中將) : 총참모부 총참모장 조리(助理 : 차관보급), 전 난징(南京)군구 부사령원 겸 난징군구 공군 사령원

170. 처우허(仇和, 1957) : 윈난(雲南)성 당 부서기

171. 리샤오펑(李小鵬, 1959) : 산시(山西)성 당 부서기 겸 성장

   ※ 171. 리샤오펑은 리펑(李鵬, 1928년생) 전 총리의 장남. 국유전력기업인 화넝(華能)그룹 회장으로 일하다 2008년 정계 입문. 2012년 11월 14일 리샤오펑 산시성 상무 부성장이

중앙후보위원 지명자 중 꼴찌로 턱걸이 한 것은 부모의 후광에 의해 당의 요직에 등용되는 태자당(太子黨)들에 대한 당대표들의 거부감을 시사한다.

※ 15년 전인 1997년의 제15차 당 대회에서 중앙후보위원 꼴찌는 2012년 11월 15일 공산당 권력서열 1위인 총서기에 오른 시진핑(習近平, 1953년생) 당시 푸젠(福建)성 당 부서기였다는 사실도 같은 맥락이다.

2 공산당 정치보고와 국정 지도방침

제18차 당 대회 개막식 장면   정치보고를 하는 후진타오 총서기

2012년 11월 8일 베이징 인민대회당에서 개최된 공산당 제18차 전국대표대회에 정식 대표 2,268명과 특별초청 대표 57명 등 2,325명의 참석 대상 중 2,309명이 참석했다. 제18차 당 대회 개막식에서 후진타오(胡錦濤·1942년생) 당 총서기는 당 17기 중앙위원회를 대표해서 "중국 특색의 사회주의의 길을 따라 굳건하게 전진하고 샤오캉(小康 : 의식주 문제가 해결된 중등생활 수준) 사회 건설을 위해 분투하자"라는 제목으로 '정치보고'를 했다.

5년에 한 번 행해지는 당 대회 정치보고는 전체 당원에게 이전 단계의 활동을 총괄하고 향후 당의 활동 방침을 제시하는 것이다. 전 인민을 결집시키는 정치선언이자, 새로운 승리 쟁취를 위한 사상적 무기이며, 위대한 사업의 새 국면 창출을 위한 행동강령이고 당 자체 혁신을 위한 행동지침이다.

정치보고의 변천사를 알아보고, 후진타오와 시진핑 등 전·현직 총서기가 공동 작성에 관여한 제18차 당 대회 정치보고 내용을 분석한다.

당 대회 '정치보고'의 변천과 주요 특징

정치보고는 매년 전국인민대표대회(全人大) 전체 회의, 즉 정기 국회에서 총리가 발표하는 정부사업보고(政府工作報告, 總理 施政演說)와 함께 각각 공산당의 국정지도 방침과 이를 반영한 정부의 국정운영 방향을 볼 수 있는 중요한 정책 자료다. 전자가 다소 포괄적 내용을 담고 있다면 후사는 구체적인 경제·사회 개발 목표치를 제시한다.

천두슈 총서기

공산당 역사에서 '정치보고'란 이름이 붙은 문건은 손꼽을 정도다. 1926년 12월 13일 천두슈(陳獨秀, 1879~1942) 당(중앙위원회) 총서기가 당 중앙위원회 특별회의에서 행한 보고가 '정치보고'로 불렸는데, 국민혁명의 연합전선에 존재하는 각종 위험 요인과 이를 만회할 책략을 포함하고 있었다.

당 대회 보고에, '정치보고'라는 이름이 붙은 것은 1956년 9월 제8차 당 대회와 1977년 8월 제11차 당 대회 두 번뿐으로, 〈제8차 전국대표대회에 대한 중국공산당 중앙위원회의 정치보고〉, 〈제11차 전국대표대회에 대한 중국공산당의 정치보고〉가 있다.

매기(每期) 당 대회에는 사업 보고, 군사 보고, 당 규약 개정 또는 조직 문제에 관한 보고 등이 있다. 당사(黨史) 이론계에서는 이들 보고 중에서 주 보고, 또는 중요한 보고를 '정치보고'라 명했다. 모든 전당대회 보고에 '정치보고'란 단어가 붙은 것은 아니다. 1928년 6월 18일부터 7월 11일까지 모스크바 근교 별장에서 소집된 제6차 당 대회에서 취추바이(瞿秋白, 18

취추바이 총서기

99~1935) 당(중앙위원회) 총서기가 당 5기 중앙위원회를 대표하여 〈중국 혁명과 공산당〉이라는 제목으로 보고했는데, 당사 이론계에서는 이

보고를 최초의 전당대회 주 보고인 '정치보고'로 평가하고 있다. 이후 역대 당 대회의 주 보고를 '정치보고'로 불렀다.

때로는 중전회(中全會, 중앙위원회 전체회의)의 주 보고를 '정치보고'라고 명한 적도 있다. 1938년 9월 29일~11월 6일까지 산시(陝西)성 옌안(延安)에서 당6기 6중전회를 열었는데, 저우언라이(周恩來, 1898~1976) 중앙혁명군사위 부주석 등 몇 사람이 통일전선공작, 팔로군(八路軍) 등에 관한 보고를 했다. 그중에서 마오쩌둥(毛澤東, 1893~1976) 중앙혁명군사위 주석이 행한 〈신 계급을 논함(論新階級)〉이라는 보고만 '정치보고'로 불려졌다.

전쟁 중이었던 제6차(1928년 6월), 제7차(1945년 4~6월) 당 대회 때는 주변 환경의 제약으로 지도자 개인 의견이 구현되었다. 1945년 제7차 당 대회에서 행한 〈연합정부를 논함(論聯合政府)〉은 마오쩌둥이 장기간에 걸쳐 완성한 보고였다.

중국 정권 수립(1949년 10월) 후에는 집단의 지혜를 모으는 경우가 많아져 전문적인 기초(起草)위원회, 기초조(起草組), 기초소조(起草小組) 등을 구성하여 정치보고를 작성한 후, 정치국 회의의 심의에 넘겨 채택했다.

2006년 12월 당 정치국 회의 결정에 따라 12월 11일 중난하이(中南海) 화이런탕(懷人堂)에서 제17차 당 대회(2007년 10월 개최) 보고를 위한 기초조 제1차 전체회의가 열렸는데, 조장은 후진타오 총서기, 부조장은 당정치국 위원 중 류윈산(劉雲山·1947년생) 당 중앙선전부 부장, 쩡페이옌(曾培炎·1938년생) 부총리가 맡았고, 기타 당 중앙위원회·국무원·해방군·지방의 간부와 전문가·학자들이 조원으로 참가했다.

정치보고 기초와 관련, 의견대립을 보인 때도 있었다. 제12차 당 대회(1982년 9월 개최)를 앞두고, 정치보고를 준비하면서 후야오방(胡耀邦·1915~1989) 당시 당 주석(제12차 당 대회 시, 당 주석을 당 총서기 직위로 변경)은 '개혁의 전면 추진'을 주장했지만, '조정·개혁·정

돈·제고'의 8자(字) 방침을 주장하는 보수파들의 의견에 밀려 정치보고
에는 "1981~85년의 제6차 5개년 계획 중, 8자 방침을 견지한다."라고
정리할 수밖에 없었다.

역대 당 대회에서 주 보고자로는 마오쩌둥 당 주석뿐 아니라 당 부주
석이었던 류샤오치(劉少奇·1898~1969)·린뱌오(林彪·1919~1971)
도 있었으나, 지금은 당 총서기로 통일됐다. 장쩌민(江澤民·1926년생)
은 중국 정치 지도자 중에서 가장 많은 정치보고를 한 지도자로, 제14차
(1992년 10월)·제15차(1997년 9월)·제16차(2002년 11월) 당 대회
까지 총 3회 정치보고를 하였다.

중국 공산당이 1978년 12월 개혁·개방 정책을 채택한 이후, 현재까
지 총 6차의 전당대회를 개최했는데, 6차례 당 대회의 공동 주제어는
'사회주의'와 '건설' 두 가지였다.

【제14차 당 대회 이래 정치보고 제목】

당 대회	보고자	정치보고 제목
제18차 (2012.11.8~14)	후진타오 총서기	• "중국 특색의 사회주의의 길을 따라 굳건하게 전진하고 샤오캉 사회 건설을 위해 분투하자." • 〈堅定不移沿着中國特色社會主義道路前進, 爲全面建成小康社會而奮斗〉
제17차 (2007.10.15~21)	후진타오 총서기	• "중국 특색 사회주의의 위대한 기치를 높이 들고, 샤오캉 사회 전면 건설의 새 승리 쟁취를 위하여 분투하자." • 〈高擧中國特色社會主義偉大旗幟, 爲奪取全面建設小康社會新胜利而奮斗〉
제16차 (2002.11.8~14)	장쩌민 총서기	• "샤오캉 사회를 전면 건설하고, 중국 특색을 가진 사회주의 사업의 새로운 국면을 창출하자." • 〈全面建設小康社會, 開創中國特色社會主義事業新局面〉

당 대회	보고자	정치보고 제목
제15차 (1997.9.12~18)	장쩌민 총서기	• "덩샤오핑 이론의 위대한 기치를 높이 들고, 21세기를 향해 중국 특색을 가진 사회주의 건설 사업을 전면 추진하자." • 〈高擧鄧小平理論偉大旗幟, 把建設有中國特色社會主義事業全面推向二十一世紀〉
제14차 (1992.10.12~19)	장쩌민 총서기	• "개혁·개방과 현대화 건설의 발걸음을 빨리하여 중국 특색을 가진 사회주의 사업의 더욱 큰 승리를 쟁취하자." • 〈加快改革開放和現代化建設步伐, 奪取有中國特色社會主義事業的更大勝利〉

제18차 당 대회 정치보고의 요지 및 시시점

후진타오 총서기가 낭독한 보고는 총 12개 부분으로 나뉜다. 이 보고의 기조는 시진핑 집권 2기 10년간, 공산당 그리고 정부·전인대(全人大, 국회)·정협(政協, 국정자문기관)의 업무 중점 방향이 될 것이다.

(1) 지난 5년간의 사업과 10년 총결산

제17차 당 대회 이후, 당 중앙위원회는 총 7차의 전체회의를 소집하여, 행정관리체제 개혁, 농촌 개혁, 당 건설 강화, 제12차 5개년 계획 수립, 문화 개혁 등의 조치를 했다면서 다음 표와 같은 공산당의 사업 성과를 공개했다.

【제17차 당 대회 이후 당 사업 성과】

구 분	사업 성과 내용
경제 발전	• 2011년 GDP 47조 3,000억 위안 달성 • 식량 증산, 도농·지역 간 균형발전 추진
혁신형 국가 건설	• 유인 우주비행·월면 탐사·유인 심해잠수·슈퍼컴퓨터·고속철 분야
개혁·개방	• 농촌·집단삼림 소유권 및 국유기업 개혁 심화, 비공유제 경제 발전 • 재정·세무, 금융, 물가, 과학기술, 교육, 사회보장 및 보건 개혁 • 개방형 경제 발전으로 수출입 총액이 세계 2위 부상
민생 향상	• 도시·농촌 취업 지속 확대, 주민소득 증대 • 의식주 및 행용(行用, 교통·일용필수품) 상황 뚜렷이 개선 • 도·농 주민의 최저생계 보장 및 농촌 빈곤 구제기준 대폭 상향 조정 • 기업 정년 퇴직자들의 기본 양로금 지속 인상
정치체제개혁	• 도·농간 동등한 인구 비례로 인민대표대회 대표 선출 • 행정체제 개혁 심화, 사법체제·업무 메커니즘 개혁 진전
사회건설	• 도시·농촌 무료 의무교육 전면 실현, 보장성(서민) 주택 건설 증가 • 전 국민 의료보험제도 기본 실현
국방·군대 건설	• 군의 혁명화·현대화·정규화 건설 전면 강화, 군비 태세 정비
홍콩·마카오·대만 사업	• 홍콩·마카오의 번영·안정 유지 하에 중국과 새 단계 교류협력 추진 • 양안 간 3통(통상·통신·통항) 실현 및 경제협력기본협의 체결 등 전 방위적 교류구도 형성
당 건설	• 당의 집권능력·선진성 건설, 과학적 발전관 학습·실천, 당내 민주주의 확대, 인재육성 사업에 성과 • 우수 당 조직·공산당원 증가, 당 작풍·청렴도 제고, 부패 척결

한편, 해결해야 할 현안으로서는, 경제성장 과정의 불균형, 과학기술 혁신 능력 부족, 산업구조의 불합리, 농업기반 취약에 따른 자원·환경 상의 제약, 도농·지역 간 발전과 소득분배 격차, 교육·취업·사회보 장·의료·주택·생태환경, 식료품·의약품 안전, 노동안전·사회치안· 법 집행·사법 등 국민 이익에 직결되는 사안의 미비, 일부 기층 당 조 직의 무기력·해이, 소수 당원·간부들의 형식·관료주의와 사치·낭비 현상, 그리고 부정부패를 들었다.

지난 10년간의 업무를 평가하면, 가장 중요한 것은 공산당의 지도 이 념을 견지해 온 것이라고 밝혔다. 그리고 후진타오 총서기의 과학적 발 전관은 중국 공산당의 집단적 지혜의 결정체이며 당·국가의 모든 사업 을 지도하는 강대한 사상적 무기이므로, 마오쩌둥 사상, 덩샤오핑 이론, 장쩌민의 '3개 대표'의 중요 사상, 마르크스·레닌주의와 함께 장기 지도 이념으로 견지할 것을 강조했다.

(2) 중국 특색을 가진 사회주의의 새로운 승리 쟁취

중국 공산당과 인민이 지난 90여 년간 분투·창조 및 축적을 통해 이 룩한 성과는 중국 특색을 가진 사회주의의 '길·이론 체계 및 제도'로서 이를 시종 일관 견지하고 발전시켜 나가야 한다고 주장했다.

'길'은 공산당의 지도 하에 1개 중심(경제 건설)과 2개 기본점(4개 기 본원칙과 개혁·개방)을 견지하고, 사회주의 시장경제·민주정치·선진 문화·조화사회 및 생태 문명을 건설하는 것을 뜻하며, '이론 체계'란 마 르크스·레닌주의, 마오쩌둥 사상, 덩샤오핑 이론, 장쩌민의 '3개 대표' 중요 사상, 과학적 발전관을 포함한다. '제도'는 인민대표대회제도, 중국 공산당이 영도하는 다당(多黨) 합작 및 정치협상제도, 민족구역자치제 도, 기층(基層, 말단) 대중자치제도, 공유제를 주체로 각종 소유제 경제 가 공동으로 발전하는 경제제도 등을 말한다.

중국 특유의 사회주의 건설에 있어서는 '사회주의 초급단계'를 총체적 근거로 하고 '경제·정치·문화·사회·생태 건설의 5위 1체'를 총체적 구성으로 삼아야 하며, '사회주의 현대화 및 중화민족의 위대한 부흥'을 총체적 임무로 한다고 천명했다.

새로운 사회주의의 승리 쟁취를 위한 필수 요건으로, ① 인민의 주체적 지위 견지 ② 사회 생산력의 해방 및 발전 ③ 개혁·개방의 지속 추진 ④ 사회의 공평과 정의 수호 ⑤ 공동 부유화의 길 견지 ⑥ 사회의 조화 실현 ⑦ 평화적 발전의 길 견지 ⑧ 공산당의 지도 견지를 들었다. 이를 통해 공산당 창건 100주년(2021년)에는 '샤오캉 사회의 전면 실현', 신중국 창건 100주년(2049년)에는 '부강하고 민주적이며 문명화되고 조화로운 사회주의 현대화 국가'를 실현할 수 있다고 강조했다.

(3) 전면적 샤오캉 사회 건설 및 전면적 개혁·개방 심화

제16차(2002년 11월)와 제17차(2007년 10월) 당 대회에서 제시한 전면적 샤오캉 사회 건설 목표를 달성한 토대 위에서 2020년까지의 샤오캉 사회 전면 실현을 위한 목표를 제시했다.

① 경제의 지속적 발전 : 경제성장 방식의 전환 면에서 중대한 진전을 이룬 바탕 위에 GDP와 도·농 주민의 1인당 평균 소득을 2010년 대비 배증한다.

② 인민민주 제도의 지속적 확대 : 민주제도의 가일층 정비, 법치국가의 기본방략 관철, 법치 정부 건설, 사법 공신력의 부단한 제고, 인권의 확실한 존중과 보장을 추진한다.

③ 문화 소프트 파워 강화 : 사회주의 핵심 가치체계 확립, 국민과 사회의 문화교양 수준 향상, 문화산업의 국민경제 주력산업 육성, 중화문화의 해외 진출 확대 등을 통한 사회주의 문화 강국 건설 등을 도모한다.

④ 국민생활수준의 전면 향상 : 전 국민 교육 및 혁신형 인재양성 수준

의 획기적 발전을 통한 인재강국 반열 진입, 충분한 취업과 소득격차 축소, 중산층 지속 확대 및 빈곤 구제 대상자 대폭 감축, 사회보장 체제에 전 국민 수용, 주택보장 시스템 정비를 지향한다.

⑤ 자원절약형 · 환경친화형 사회 건설 : GDP의 단위당 에너지 소모와 단위당 이산화탄소 · 주요 오염물 배출량 대폭 감축, 삼림 녹화율과 생태계 안정성의 증대 및 주거환경의 현저한 개선을 모색한다.

(4) 사회주의 시장경제 체제 완비 및 경제발전 방식 전환에 박차

① 경제체제 개혁의 전면 심화 : 공유제 형태의 다양화, 국유기업 개혁 심화, 비공유제 경제 발전 장려 · 지원, 사회 공평에 유리한 조세제도 확립, 금리 · 환율의 시장화 개혁, 은행 · 증권 · 보험 등 업종의 경쟁력 향상을 촉진한다.

② 혁신을 통한 발전 : 과학기술 혁신에 주안을 둔 기술 통합 · 상호 제휴 · 산학연 결합에 의한 혁신 역량 제고, 장려 · 상용화 메커니즘 보완, 지재권 보호 강화를 추진한다.

③ 경제구조의 전략적 조정 : 수요구조 개선, 산업구조 최적화, 지역 간 균형발전 촉진, 도시화 추진 등을 중심으로 국내시장 규모 확대, 대 · 중형 기업의 핵심 경쟁력 향상, 과학기술형 소기업 · 영세기업 발전 지원을 모색하고 호적제도 조기 개혁으로 탈 농업인구의 도시민화를 추진한다.

④ 도시와 농촌의 통합 발전 : 3농(농업 · 농촌 · 농민) 문제 해결의 관건으로, 공업이 농업을 지원하고 도시가 농촌을 지원하며 적게 징수하고 규제를 풀어 농촌경제를 활성화한다. 농민 소득 증대를 위한 토지도급 경영권 · 택지 사용권 · 집체수익 분배권을 보호하고, 토지수용제도 개혁으로 농민에 대한 수익 배분비율을 제고한다.

⑤ 개방형 경제수준 전면 향상 : 경제 글로벌화에 맞춰, 개방모델 혁신과 연해 · 내륙 · 변경 지역 개방의 상호 보완, 외자 유치 · 기술도입 ·

인재 영입의 유기적 결합을 추진한다. 무역·산업정책 간 조율로 수출 경쟁의 새로운 우위를 확보하고, 대외 진출 확대로 세계 수준의 다국적 회사를 대거 육성한다. 양자·다자·지역·서브지역(次区域) 간 개방·협력을 확대하고 자유무역지대 전략을 조기 시행한다.

(5) 중국 특유의 사회주의 정치 발전 및 정치체제 개혁 추진

제도 건설에 주안을 두고, 중국의 사회주의 정치제도의 우월성을 남김 없이 발휘하며 인류 정치 문화의 유익한 성과를 적극 참조하되, 서방의 정치제도 모델을 절대 그대로 답습하지 말아야 한다고 못 박았다.

① 인민대표대회(인대)를 통한 국민의 국가권력 행사 보장 : 노동자·농민·지식인 등 기층 대표 비율을 제고하고 대신 당·정부 간부 대표 비중은 낮춘다. 인대 대표가 대중과 연계를 갖도록 인대 내에 대표 연락기구를 설치한다. 상무위원회·전문위원회 구성원의 지식·연령 구조를 최적화하고 업무수행 능력을 강화한다.

② 사회주의적 민주협상 제도의 완비 : 국가기관·정협·당파·단체 등의 경로를 통해 경제·사회 현안, 대중 이익과 직결되는 사안을 특정 주제·부문별·계층별·제안처리 협상 방식으로 광범하게 협상하고 대중의 의견을 널리 수용하며 공산당이 영도하는 (8개 민주제당파와의) 다당(多黨) 합작과 정치협상 제도를 견지·보완한다.

③ 기층 민주제도의 완비 : 기층 당 조직이 지도하는 기층 대중자치 메커니즘을 건전화하여 국민들의 참여 확대, 의사협상 강화, 권력 감독 강화 등 실제적 민주권리를 보장한다. 종업원들이 기업·사업체 종업원 대표대회를 통해 관리와 감독에 참여하는 민주적 권리를 보장한다.

④ 법치의 전면적 추진 : 과학적 입법, 엄격한 법 집행, 공정한 사법, 범국민적 준법을 추진하고, 재판·검찰기관의 법률에 의거한 독립

적 재판·검찰권 행사를 보장한다. 공산당을 비롯하여 어떤 조직이
나 개인도 헌법·법률을 초월하는 특권을 향유할 수 없다.

⑤ 행정체제 개혁 심화 : 정부의 공공관리 기능과 기업·국유자산관리
부문·사업체·사회기구와의 기능을 분리한다. 행정기구 간소화
및 권한 하부 이양을 통해 서비스형 정부를 건설하고 기구 편제의
엄격한 통제와 지도자 정원 감축 등으로 행정비용을 감축한다.

⑥ 권력 제한과 감독체계 정비 : 국민의 알 권리·참정권·의사표현권·
감독권을 보장한다. 정책 결정권·집행권·감독권의 상호 제약 및 협
력을 추진하고, 당무·정무·사법 및 기타 각 부문의 업무처리 공개
제도를 완비해나간다. 질의·문책·감사·해임·파면 등의 제도를 정
비하고, 당내 민주적 법률·여론에 의한 감독을 강화한다.

⑦ 광범위한 애국통일전선 발전 : 정당·민족·종교·계층·국내외 동
포 간 애국통일전선을 강화한다. 민주당파·무소속 인사와의 협
력, 비당파(非黨派) 인사들의 국가 지도직무 담임, 민족구역자치제
도를 통한 소수민족의 공동 발전, 종교계 인사·신도 간 적극적 역
할 발휘, 해외교포·귀국화교 및 화교 권속들의 국가 현대화 건설
참여 등을 적극 지지한다.

(6) 사회주의 문화 강국 건설

국가의 문화 소프트 파워를 증진하고 문화의 사회기풍 선도, 국민 교
육, 사회 봉사 및 발전 촉진 역할을 발휘해야 함을 역설했다.

① 사회주의 핵심 가치 체계 확립 : 중국 특유의 사회주의 이론 교육,
민족·시대정신 및 애국·집단·사회주의 진흥 교육으로 국민의 정
신적 역량을 함양하고 부강과 민주, 문명과 화합, 자유와 평등, 공
정과 법치, 애국과 직업관, 신의·성실과 우애 등 사회주의 핵심
가치관을 적극 배양하고 실천하게 한다.

② 국민의 도덕자질 향상 : 법치국가·덕치국가의 결
합, 공중도덕·직업윤리·가정 미덕·개인 품성 교
양 강화, 중화의 전통미덕과 새로운 시대 기풍 발
양, 법정의무·사회책임·가정책임의 자각적 이행,
대중적 정신문명 건설 및 자원봉사, 레이펑[1] 등
모범인물 따라 배우기 등의 활동을 전개한다.

모범사적의 대표 인물
레이펑

③ 국민의 풍요로운 정신문화생활 지원 : 샤오캉 사
회 건설의 요체로, 중점 문화혜민(惠民)사업 조기 추진, 농촌·저
개발지역 문화사업 지원, 공공문화 서비스시설 무료 개방, 우수한
중화 전통문화 고양, 범국민 독서활동 전개, 온라인 콘텐츠 건설
강화, 인터넷 규범화, 음란물·불법 출판물 단속, 범국민 건강증진
운동 전개, 대중 및 경기 체육의 전면 발전 등을 촉진한다.

④ 문화 역량 및 경쟁력 강화 : 국가 부강 및 민족 진흥의 주요 징표로
서 문화 사업 및 산업 발전을 촉진한다. 철학·사회과학, 보도·출
판, 라디오·TV 방송과 영화·문학·예술 사업 발전, 문화산업의
규모화·집약화·전문화 수준 향상, 문화 분야 대외개방 확대 및
외국의 우수 문화성과 도입, 명인대가(名人大家)와 민족문화의 대
표 인물 대거 양성 등을 도모한다.

(7) 민생개선과 관리혁신을 통한 사회 발전

민생 보장 및 개선을 중심으로 한 사회체제 개혁에 박차를 가할 것임을
다짐했다.

---

1) 레이펑(雷鋒·1940~1962)은 후난(湖南)성 왕청(望城)현 출신의 평범한 인민해방군
병사로 1962년 8월 15일 랴오닝(遼寧)성 푸순(撫順)에서 사고로 사망했다. "녹슬지
않는 못이 되어 조국을 위해 봉사하겠다. 조국의 번영 없이 개인의 행복은 없다."
는 내용의 일기장이 공개되면서 1963년 3월 5일 마오쩌둥 당시 공산당 주석이
"레이펑 동지를 배우자."고 선포하여, 이후 대대적인 학습 열풍이 확산되었고 매년
3월 5일을 '레이펑 학습 기념일'로 지정했다.

① 전 국민이 만족하는 교육 기회 제공 : 취학 전 교육, 9년제 의무교육, 고교·대학교육 및 평생교육의 진흥, 농촌·변경·빈곤·소수민족 지역에 교육자원 집중 배치, 농민공(農民工) 자녀에 대한 교육 기회 확대, 민간의 교육기관 운영 권장 등으로 학습형 사회를 건설한다.

② 더 높은 수준의 일자리 창출 : 다양한 경로와 형식의 근로자 취업·창업 권장, 대학 졸업생 중심 청년 취업지원, 농업 이탈 노동력·도시취업 애로계층·전역 군인에 대한 취업지원 사업을 강화한다. 직업기능 훈련, 근로보장 감찰과 분쟁의 조정 중재를 강화한다.

③ 가계소득 증대 : 소득분배제도 개혁을 통해 국민소득이 경제발전·노동생산성 향상과 더불어 늘어나게 하고, 조세·사회보장·이전지불을 주요 수단으로 하는 재분배 메커니즘을 완비한다. 기업·기관·사업체의 임금제도 개혁을 적극 추진하고 기업임금 단체협상 제도를 실시하는 등 근로소득을 보호한다.

④ 도농 사회보장시스템 전면 강화 : 기업·기관·사업체의 사회보험 제도를 개혁·보완하고 도농 주민의 기본 양로보험 및 의료보험 제도를 통합하여 내실화한다. 사회보장기금 재원을 확충하고 빈곤 가정 대상 보장성 주택 건설, 여성과 아동의 합법적 권익 보장, 고령자·장애인 권익 보호를 강화한다.

⑤ 국민건강 향상 : 의료 보장·의료 서비스·공공위생 및 의약품 공급 관리체제 개혁, 전 국민의료보험체계 정비, 중대 질병 통제 메커니즘 완비, 공립병원 개혁 및 민간 의료기관 설립 권장, 식품 공급 관리체제 완비, 계획출산(가족계획) 기조 하에 인구의 장기 균형발전 등을 도모한다.

⑥ 사회 관리 강화 및 혁신 : 유동인구·특수계층 관리 혁신, 당·정부 주도의 대중 권익 보호 메커니즘 구축, 서신 및 방문 민원처리 제도 보완, 대중의 요구 표현·이익 조율 및 권익 보장 경로 활성화,

대형 안전사고 대비 공공안전시스템 정비, 범죄 예방 및 처벌을 통한 국민의 생명·재산 보호, 국가안보전략 수립에 의한 적대 세력의 분열·침투·전복활동 제압 등을 도모한다.

(8) 생태문명 건설 전면 추진

생태문명 건설은 국민 복지와 민족의 미래와 관련되는 장기 대계라면서 철저한 계획과 시행을 강조했다.

① 국토 개발의 최적화 : 인구·자원·환경의 상호 균형, 경제·사회·생태효과의 상호 통일 하에 개발 강도를 통제하고 공간 구조를 조정하며 각 지역별 엄격한 주체 기능을 설정함으로써 합리적인 도시화·농업발전 및 생태안전 시스템을 구축한다. 국가의 해양 권익을 단호히 수호하여 해양 강국을 건설한다.

② 자원절약 강화 : 에너지·물·토지 소비 대폭 감축, 에너지 절약형 저탄소 산업과 신에너지·재생 가능에너지 개발 지원 등으로 국가 에너지 안보를 확립한다. 수원지 보호 및 용수 총량관리 강화, 경작지 보호 마지노선 엄수, 토지용도 엄격 통제, 광물자원 탐사 보호 및 합리적 개발 강화 조치를 취한다.

③ 자연생태계 및 환경 보호사업 강화 : 중대 생태복원 프로젝트 실시, 사막화·석막화(石漠化 : 토양 유실로 지면 밑의 암석이 표면으로 돌출되는 현상)·수토 유실에 대한 종합적 퇴치, 삼림·호수·습지 면적 확대와 생물 다양성 보호, 수리시설 정비를 통한 도시·농촌의 홍수 방지·가뭄 대처·배수 능력 향상, 재해방지체계 정비 강화에 의한 기상·지질·지진 재해 방어 능력 증강, 물·대기·토양 오염 퇴치, 세계적 기후 변화에 대응한 국제적 협력 강화 등의 조치를 취한다.

④ 생태문명제도 건설 강화 : 자원 소모·환경 오염·생태 효과를 경

제 · 사회 개발 평가시스템에 포함하고 국토 개발 · 경작지 보호, 자원 유상 사용 및 생태 보상 제도를 구축하며 수자원 관리 · 환경보호 · 생태환경 보호책임 추궁제도 및 환경침해 배상제도를 정비한다. 에너지 절감량 · 이산화탄소 배출권 · 오염물 배출권 · 용수권 거래의 시범사업을 적극 전개한다. 전 국민의 절약 의식 · 환경보호 의식 · 생태 의식 강화를 위한 홍보교육을 적극 전개한다.

(9) 국방 및 군 현대화

중국의 국제적 지위에 걸맞고 국가 안보에 부응하는 공고한 국방과 강력한 군을 건설하는 것은 중국 현대화의 전략적 임무임을 천명하고, 중국은 생존과 발전을 위한 전통 및 비전통적 안보 위협에 직면해 있으므로 2020년까지 군 기계화를 기본적으로 실현하고 군 정보화의 중대 진전을 이룰 것을 목표로 제시했다.

군 현대화 분야는 신 시기의 적극 방어의 군사전략 방침을 관철하고, 해양 · 우주 · 네트워크 공간의 안보를 고도로 중시하며, 군비 태세를 광범하고 지속적으로 심도 있게 진행하고, 정보화 조건에서의 국지전 승전 능력을 핵심으로 하는 다양한 군사임무 수행 능력을 향상시킬 것임을 강조했다.

군의 혁명화 · 현대화 · 정규화를 추진하고, 군에 대한 공산당의 절대적 영도를 견지하는 한편 혁명 군인의 핵심 가치관 배양, 선진적 군사문화 발전을 통해 인민군대의 기풍을 영원히 간직하도록 촉구했다.

첨단무기 · 장비 개발, 현대적 병참부대 건설, 군 인재 양성, 정보화 조건 하 군사훈련 강화, 정보 시스템을 기반으로 한 작전능력 증강, 법률에 의한 군 관리, 시대 흐름에 맞는 국방 및 군 개혁 추진, 국방공업 혁신 등으로 중국 특색을 가진 현대적 군사력을 갖출 것임을 천명했다.

군수 · 민수산업의 공동 발전, 무장경찰부대 현대화, 국방 동원 및 예비역량 증강, 군 · 정부 · 국민 간 단결을 촉구하는 가운데 국방 강화의 목적이 국가의 주권·영토 수호, 평화적 발전 보장에 있음을 분명히 했다. 세계 각국과의 군사협력, 상호 신뢰 증진을 도모하고 지역 및 국제적 안정 수호를 위한 적극적 역할 수행을 약속했다.

(10) '1국가 2제도'의 활성화 및 조국 통일 추진

홍콩·마카오의 중국 귀속 후, '1국가 2제도'의 성과를 세계적으로 공인받았으며, 앞으로도 1국가(1개 중국) 원칙 견지, 2제도 간 차이 인정, 중앙권력 수호, 특별행정구에 대한 고도의 자치권 보장, 내지의 든든한 후원자 역할 발휘, 홍콩·마카오 내부의 경쟁력 강화 등을 중시해야 한다고 강조했다.

기본법 실시와 관련, 중앙정부의 제도·메커니즘을 보완할 것과 특별행정구 행정장관·정부의 업무 수행 지지 및 지원을 다짐했으며, 내지와 홍콩·마카오 간 경제·무역관계 심화, 제반 분야 교류·협력 촉진, 외부 세력의 홍콩·마카오 사무 간섭 배제를 천명했다. 또한, 대만 문제 해결 및 조국의 완전 통일은 막을 수 없는 역사적 흐름이므로, '1국가 2제도' 하의 평화적 통일 실현은 대만 동포를 포함한 중화민족의 근본 이익에 가장 잘 부합되는 것이라면서 양안 관계의 평화적 발전이 선행되어야 한다고 강조했다.

대륙과 대만이 아직 통일되지는 않았지만 양안이 하나의 중국에 속한다는 사실은 예부터 변함이 없었고, 국가 영토나 주권도 분할된 적이 없었으며, 또한 그 분할은 용납할 수도 없으므로, 대만의 어떤 정당이든지 '대만독립'을 주장하지 않고 하나의 중국을 인정하기만 하면 그들과 교류·대화·협력할 용의가 있다고 강조했다. 양안 간 경제협력·문화교류·국민 왕래를 확대할 것이며, 국가가 아직 통일되지 않은 특수 상황에서 양안의 정치관계와 군사안보 상의 상호신뢰 메커니즘 등에 관한 협상을 진행하여 대만해협 지역 정세를 안정시키고, 양안 평화협정을 체결하여 양안 관계의 평화적 발전의 새 지평을 열어 나갈 것을 희망했다.

'대만독립' 책동을 단호히 반대하며, "중국 인민은 어떤 사람이나 세력을 불문하고, 어떤 방식으로든 대만을 조국으로부터 분할시키는 것을 절대 허용치 않는다. '대만독립' 분열 행위는 양안 동포들의 공동이익을 침해하는 행위기 때문에 필연코 철저한 실패를 자초할 것이다."고 언명했다.

(11) 인류의 평화와 발전 도모

오늘의 세계는 다극화와 경제 글로벌화, 문화의 다양화, 사회의 정보화, 과학기술 혁명의 거대한 성과 거양, 세계적 협력의 전 방위적 확대, 신흥국·개도국의 총체적 실력 증강 등으로 시대의 주제인 '평화와 발전'에 유리한 방향으로 전개되고 있다고 보았다. 동시에 국제금융 위기의 영향 등으로 세계 경제성장에 불안정·불확실 요소가 많아지고 패권주의·강권 정치 상존, 신간섭주의 대두, 지역분쟁 빈발, 식량·에너지자원·네트워크 안보 등 국제 현안들이 두드러졌다고 지적했다.

인류에게는 하나의 지구밖에 없으며 각국은 하나의 세계에서 공존하고 있으므로 국제관계에서 평등적 상호 신뢰, 포용적 상호 참조, 협력에 의한 상생의 정신을 발양하여 국제적 공평과 정의를 공동 수호할 것을 제안하였다. 중국은 시종일관 평화적 발전의 길을 걸으며 독립 자주의 평화적 외교정책을 변함없이 실행할 것을 천명했다.

사실 자체의 시비곡직에 근거하여 입장과 정책을 결정하고, 국제 분쟁과 쟁점의 평화적 해결을 지지하며 무력 사용이나 무력 위협, 타국의 합법적 정권 전복, 모든 형태의 테러리즘·패권주의·강권정치를 반대한다고 강조했다. 영원히 패권을 쥐지 않고 영원히 대외확장을 하지 않을 것이며, 보다 능동적인 자세로 국제사무에 참여하여 책임지는 대국으로서의 역할을 발휘할 것을 다짐했다.

호혜상생의 개방전략을 견지하고, 개도국·선진국 간 격차 축소, 개도국의 자기개발 능력 증강 지지, 주요 선진국과의 조율·협상을 통한 통상 마찰 해소 등의 노력을 다할 것임을 강조했다. 시종 평화공존 5원칙[2])에 기초하여 각국과의 친선협력을 전면 발전시켜나가는 가운데, 선진국과의 관계를 개선·발전시키고 협력분야를 넓히며 의견 차이는 적절하게 처리, 장기간 안정적으로 건전하게 발전하는 신형 대국관계를 수립할 것이고 인접국과는 선린·동반자 관계를 유지하면서 주변국에 보다 많은 혜택을 주도록 노력할 것을 다짐했다.

광범한 개도국과는 믿음직한 벗과 진정한 동반자가 될 것이고, 유엔·주요 20개국(G20)·상해협력기구·브릭스(BRICs) 등이 긍정적 역할을 발휘하도록 지지한다고 밝혔다. 공공외교·인문교류를 착실히 추진하고 각국 정당·정치단체와의 친선 교류를 전개하며 인민대표대회(인대)·정치협상회의(정협)·지방·민간단체의 대외교류 강화를 통해 국가관계 발전의 사회적 기초를 확고히 다져나갈 것임을 언명했다.

(12) 당 건설의 과학화 수준 전면 제고

새로운 정세하에서 공산당은 장기적이고 준엄한 집권, 개혁·개방, 시장경제, 그리고 외부환경의 시련에 직면하고 있으며 정신 해이, 능력 부족, 대중 이탈 그리고 부정부패의 위험에 노출되어 있다고 지적했다.

당의 집권 능력·선진성 및 순결성 강화 노선 고수, 사상 해방 및 개혁·혁신의 지속, 당에 의한 엄격한 당 관리, 당의 사상·조직·기풍·반부패·청렴·제도 건설 강화, 자체 정화·자체 완비·자체 혁신 및 자체 향상 능력 증강을 통해 학습형·봉사형·혁신형의 마르크스주의 집권당을 건설하고, 당이 시종 중국 특유의 사회주의 사업을 추진하는 강력한 지도적 핵심이 되도록 해야 한다고 천명했다. 이를 위해 시행할 8가지 주요 임무를 제시했다.

---

2) 평화공존 5원칙은 주권·영토보전의 상호 존중, 상호 불가침, 상호 내정 불간섭, 평등호혜, 평화공존으로 구성되어 있다. 1953년 12월 저우언라이(周恩來) 총리에 의해 처음 제시되었으며, 1954년 6월 저우언라이 총리와 인도 네루 총리 간 공동성명에서 중·인 관계를 규정하는 원칙으로 재확인되었다.

① 확고한 이상과 신념을 가지고 공산당원의 정신을 추구한다.

마르크스주의와 사회주의·공산주의에 대한 신념은 공산주의자들이 그 어떤 시련도 이겨낼 수 있도록 하는 정신적 지주다. 당의 훌륭한 전통과 작풍을 고양하며 당원·간부들이 올바른 세계관·권력관·사업관을 확고히 수립하고, 사회주의 도덕의 모범, 신의·성실 기풍의 선도자, 공평·정의의 수호자가 되도록 교육하고 인도해야 한다.

② 인간 중심, 인민을 위한 집권을 고수하고 당과 인민과의 혈연적 관계를 유지한다.

언제나 인민의 이익을 첫자리에 놓고 인민과 한마음으로 운명을 같이하며 전당적으로 위민·무실역행(務實力行)과 청렴 실천을 골자로 한 당의 대중노선 교육·실천 활동을 심도 있게 전개하고 인민 대중이 크게 주목하는 현안 문제를 적극 해결한다.

당·정부의 방침·정책과 정무 수행에 대한 대중의 의견과 건의를 물어 반영해야 한다. 공문·회의 기풍을 단호히 개선하고 해이·사치한 기풍을 시정하며 형식·관료주의를 철저히 극복하고 훌륭한 당 기풍으로 당심·민심을 결집시키며 정부사업·사회의 기풍을 인도한다.

공회(工會, 노조)·공청단(共靑團, 공산주의청년단)·여성연합회 등 대중단체가 교량의 역할을 남김 없이 발휘하여 대중의 목소리를 더욱 잘 반영하고 대중의 합법적 권익을 더욱 잘 수호하도록 지지해야 한다.

③ 당내 민주를 적극 발전시키고, 당의 창조적 활력을 증강한다.

당내 민주는 당의 생명이다. 당원의 주체적 지위를 보장하고, 당원의 민주적 권리보장 제도를 완비하며, 비판과 자기비판을 전개하고 민주 토론의 정치적 분위기와 민주 감독의 제도적 환경을 조성하며, 당원의 알권리·참여권·선거권·감독권을 보장한다.

당 대표대회 제도를 보완한다. 노동자·농민 대표 비율을 높이고 당 대표대회의 대표 임기 제도를 보완·시행하며, 현·시·구 당 대표대회 상임제도의 실험을 강화하고 대표 제안제도를 실시해야 한다. 지방 당위원회에서 중대 문제와 주요 간부 임용을 토의·결정하는 표결제도를 보완한다. 당원이 기층 당 조직의 지도부를 정기 평의하는 제도를 보완하고, 당원이 기층 당위원회 회의를 방청하며, 당 대표대회 대표가 동급 당위원회의 관련 회의에 참석하는 방법 등으로 당내 생활의 원칙성과 투명도를 높여야 한다.

④ 간부인사 제도를 심도 있게 개혁하고 자질 높은 핵심 인재풀을 구축한다.

중국 특색을 가진 사회주의 발전의 관건은 정치적 입장이 확고하고 능력이 뛰어나며 일하는 태도가 좋고 진취적인 중견 간부진을 양성하는 것이다. 지역에 관계없이 능력에 따라 발탁하고 재덕(才德, 재주와 덕행)을 겸비하되, 덕행을 우선시하며, 업무 실적과 대중의 공인 정도를 간부 발탁에 반영하는 원칙에 따라 간부인사제도 개혁을 심화한다.

민주·공개·경쟁·전형 방침을 전면 시행하는 가운데, 간부 선발임용의 공신력을 높여 성실한 사람이 손해를 보지 않고 잔꾀를 부리는 사람이 득을 보지 못하도록 해야 한다. 간부고과평가 체계를 보완하여 지도 간부들이 올바른 치적관을 수립하도록 촉진해야 한다.

공무원제도를 보완하고, 사회의 우수한 인재를 당·정 간부진에 영입하는 경로를 확대한다. 국유기업과 사업체에 대한 인사제도 개혁, 간부교육·훈련 강화 및 개선, 우수한 젊은 간부와 여성·소수민족 간부의 양성과 선발을 추진하고, 젊은 간부들이 말단과 근무환경이 열악한 지역에 가 단련하는 것을 장려한다.

⑤ 당의 인재관리 원칙을 고수하고, 각 분야 우수 인재들을 당과 국가 사업에 집중시킨다.

인재우선 발전전략을 조기 추진하여 중국을 인재 대국에서 인재 강국으로 발전시킨다. 중대 인재 양성 프로젝트를 시행하고, 혁신·창업·실용형 인재 양성을 적극 지원하며, 인재가 과학연구와 생산 일선에 유입되도록 한다. 국내외 인재를 개발·이용하고 해외 인재를 적극 영입·활용한다.

⑥ 사회 기층(말단)의 당 건설 사업을 혁신하고, 당의 조직기반을 공고히 한다.

당의 기층조직은 대중들을 결집시키고 당의 방침·정책을 관철시키며 당의 과업을 수행하는 전투적 보루이다. 농촌·도시지역의 당 조직 건설을 강화하며 비공유제 경제기구·사회기구 내 당 조직사업의 강도를 높인다. 대중을 위한 봉사와 대중사업의 수행을 주요 과업으로 하는 기층 봉사형 당 조직 건설을 강화해야 한다. 당성 강화와 자질 향상을 중점으로 당원들에 대한 교육 관리를 강화하고 유동 당원에 대한 교육·관리·봉사를 개선한다. 청년 노동자·농민·지식인 당원 영입을 중시하고 선진 인사 입당과 부적격자 퇴출 메커니즘을 정비하여 당원 대오의 구성을 최적화한다.

⑦ 부패에 결연히 반대하고 당원의 청렴·공정한 본성을 영원히 고수한다.

부패 척결 및 청렴 정치 구현은 당의 일관된 정치적 입장이며 국민들이 주목하는 중요한 정치문제다. 이 문제를 제대로 해결하지 못하면 당에 치명적인 상처를 줄 수 있으며 심지어 당과 국가의 멸망을 초래할 수도 있다. 종합적인 단속 관리, 징벌과 예방의 병행, 예방 치중의 방침을 견지한다. 반부패 교육과 청렴 정치 실천 문화를 확산시켜야 한다. 지도간부 특히 고위 간부들은 청렴 실천 준칙을 엄수하고 지도간부 중대 사항 보고제도를 확실히 시행하며 가족과 주변 임직원들에 대한 교육·단속도 강화하고, 특권 행사를 절대 불허해야 한다. 이들 지도간부의 권력행사에 대한 감독을 강화하고 부패척결 관련 법제 정비 및 국제협력을 강화한다. 당풍청렴 실천 책임제도, 기율검사 감찰체제, 순시제도를 강화하고 중대 사건을 결연히 조사 처리하며 대중 주변의 부패문제를 적극 해결한다. 직위 고하를 막론하고 당 기율과 국법을 어기면 가차 없이 엄벌한다.

⑧ 당 기율을 엄격하고 공정하게 집행하며, 당의 집중과 통일을 수호한다.

당의 집중과 통일은 당의 힘의 원천이며 경제·사회 발전, 민족의 단결, 국가의 장기 안정을 실현하는 근본적 보장이다. 각급 당 조직과 광범한 당원, 간부 특히 핵심 간부들은 자각적으로 당 규약을 준수하고 당의 조직 원칙과 당내의 정치생활 준칙에 따라 처신해야 한다. 그 누구도 조직 위에 군림해서는 안 된다. 중앙의 권위를 결연히 수호하고 사상·정치·행동 면에서 당 중앙과 고도의 일치를 유지한다. "상급에서 정책을 제정하면 하급에서 대책을 세우는 것(上有政策, 下有對策)", 명령에 따르지 않고 금지령에 복종하지 않는 것은 절대 허용치 않을 것이다. 당의 기율, 특히 정치기율을 엄격히 집행하고 기율 위반행위를 진지하게 처리한다. 기율 앞에서는 누구나 평등하고 기율 준수에 특권이 없으며 기율 집행에 예외가 없게 한다.

중국 공산당은 장기간의 험난한 투쟁을 거쳐, 근대 이후 내우외환에 시달리던 중국의 비참한 운명에 영원한 종지부를 찍고 반만 년의 문명 역사를 가진 중화민족이 새로운 모습으로 세계민족의 반열에 오르도록 했다. 더욱 확고한 신념을 가지고 더욱 굳건한 노력을 경주하여, 현대화 실현, 조국통일 위업 완수, 세계 평화 수호 및 공동 발전이라는 3대 역사적 과업을 계속 실행해나가야 한다.

이상과 같은 중국 공산당의 국정 지도방침은 앞으로 매년 3월 정기 국회 격인 전국인민대표대회(全人大) 회의에서 총리가 발표하는 시정연설이나 당 중앙위원회 전체회의, 중앙군사위원회 회의, 경제공작(사업)회의 등에서 심의·결정되는 각 부문의 정책에 꾸준히 반영된다는 점에서, 그 기조는 5년 내지 수십 년간 변함없이 유지될 것이다.

당 대회 정치보고가 절대 사문(死文)이 아닌, 중국 공산당의 '바이블'이라는 증거는 수없이 많다. 이 책 84쪽 ③에 "국민의 풍요로운 정신문화생활 지원을 위한…… '범국민 독서활동 전개'"라는 대목이 나온다. "무슨 말장난 같은 소리일까?"라고 생각할지 모른다. 절대 그렇지 않다.

중국에서는 2013년 8월 독서촉진법 제정을 추진한다는 소식이 있었고, 2014년 4월 8일 베이징시 동청(東城)구에 중국 최초의 '24시간 영업 서점'인 싼롄타오펀(三聯韜奮) 서점이 문을 열었다. 리커창(李克强) 총리는 '세계 도서 저작권의 날'인 4월 23일에 맞춰, 이 서점의 모든 직원에게 A4 용지 1장 분량의 편지를 보내, "심야 영업 서점은 범국민 독서활동을 적극적으로 실천하는 계기가 될 것이다."며, "국민들이 책에서 손을 떼지 않도록 사회적 분위기를 선도해 달라."고 격려했다.

2012년에 미국인들이 1인당 15권의 책을 반면, 중국인들은 6.7권에 그쳤다는 조사결과가 있었다. 이에 비춰 볼 때 범국민 독서활동 전개란 전 국민 의식 혁신 및 지식 증진을 통한 차이나드림(中國夢) 실현의 일환이 아니고 뭐겠는가?

싼롄타오펀 서점 입구

24시간 영업 서점 내부 모습

3 공산당 규약 개정의 함의

중국 당정치국은 2012년 10월 22일 공산당 규약(당헌, 원명 共産黨章程) 개정안을 심의했다. 동 개정안은 후진타오 지도부의 마지막 중앙위원회 전체회의인 당 17기 7중전회(7차 중앙위 전체회의, 2012년 11월 1일)에서 추가 논의를 거쳐, 제18차 당 대회(2012년 11월 8~14일)에 상정하여 확정되었다. 그 개정 내용에 담긴 함의를 진단한다.

역대 개정은 시대 상황과 조직 개편을 반영

오늘날 대부분의 국가는 법치국가로서 헌법과 각종 법률을 제정하고 있다. 헌법은 국가의 통치 조직·작용의 기본 원리 및 국민의 기본권을 보장하는 근본 규범이기 때문에 헌법을 읽는 것은 한 국가를 가장 쉽고 빠르게 이해하는 하나의 방편이다.

중국공산당 규약 수첩

중국 역시 법치국가로서 중국 헌법을 숙독하면 중국 이해에 도움이 된다. 중국 헌법은 전문(前文), 총강(總綱), 공민의 기본 권리와 의무, 국가기구, 국기·국장(國章)·수도로 구성되어 있다. 그러나 중국은 공산당 지도 아래 국가가 운영되는 당국가 체제이기 때문에 헌법뿐 아니라 공산당의 사상·행동 지침이 투영된 당의 헌법, 즉 당 규약을 살펴봐야 한다.

1921년 7월 당원 57명으로 창당한 제1차 당 대회에서는 500여 자로된 '중국공산당 강령'을 채택했다. 1922년 7월 제2차 당 대회에서 최초의 공식 당 규약 채택한 후, 2012년 11월의 제18차 당 대회까지 총 17차례 개정했다.

당 규약은 총강(總綱), 당원, 조직제도, 중앙조직, 지방조직, 기층조직, 간부, 당 기율, 당 기율검사기관, 당조(黨組), 공청단(공산주의청년단, 당의 청년조직)과의 관계, 휘장·당기(黨旗)를 포함하고 있다.

그간의 개정 요지를 보면, 1945년 6월 제7차 당 대회에서 마오쩌둥 사상을 당 지도이념으로 명문화하고, 당 총서기제를 폐지하는 대신 당 주석제를 신설했다. 1969년 4월 제9차 당 대회에서는 린뱌오(林彪, 1907-1971, 쿠데타 기도로 도주하다가 1971년 9월 몽골에서 비행기 추락사) 당시 당 부주석을 마오쩌둥의 '후계자'로 규정했다.

중국의 현행 당 규약은 1982년 9월의 제12차 당 대회에서 대폭 개정된 당 규약을 모체로 한다. 이 규약에서는 최초로 당은 어떤 형식으로든 개인 숭배를 금지한다고 규정했고, 당 주석 직의 부정적 이미지 쇄신을 위해 당 총서기 직을 부활했다.

1997년 9월 제15차 당 대회에서는 '덩샤오핑 이론', 2002년 11월 제16차 당 대회에서는 장쩌민 총서기의 '3개 대표사상'을 각각 당 지도이념으로 명시하였고, 2007년 10월 제17차 당 대회에서는 후진타오 총서기가 주창한 '과학적 발전관'과 조화사회 건설 방침을 당 규약에 포함시켰다.

【제12차 당 대회 이후 당 규약 수정 요지】

당 대회	당 규약 수정 요지
제12차 (1982.9)	• 당은 헌법·법률의 범위 안에서 활동해야 함을 최초 명확히 규정 • 당은 어떠한 형식의 개인숭배도 금지한다고 최초로 규정
제13차 (1987.10~11)	• 당선자 보다 후보자를 많이 추천하는 차액(差額)선거 제도 시행 ※ 이후, 차액 비율을 지속 확대
제14차 (1992.10)	• 사회주의 초급 단계 및 당이 이 단계에서 집행할 '1개 중심·2개 기본점'의 기본 노선을 당 규약에 포함 • 당의 부패 반대, 당풍 및 청렴정치 건설의 견지를 최초 천명

당 대회	당 규약 수정 요지
제15차(1997.9)	• 덩샤오핑 이론을 당의 지도이념으로 확립
제16차 (2002.11)	• 장쩌민의 '3개 대표 사상'을 당 지도이념으로 확립 • 각급 기율검사위원회는 당위원회의 반부패 사업에 협조하며 중대 사안은 집단 지도, 민주 집중, 회의 결정에 따름을 최초 포함
제17차(2007.10)	• '과학적 발전관'과 조화사회 건설 방침을 당 규약에 포함

마오쩌둥 사상의 존폐를 둘러싼 논란의 진실

2012년 11월 제18차 당 대회에서의 당 규약 개정 문제와 관련, 상당 수 국내외 언론은 중국이 당헌 개정안에서 당 지도이념 중 마르크스 · 레닌주의, 마오쩌둥 사상을 삭제하기로 한 것 같다고 보도하며, 그 배경을 중국 내 사상투쟁으로 풀이했다.

단초를 제공한 것은 홍콩의 영자지 사우스차이나모닝포스트(SCMP)의 2012년 10월 23일자 보도다. 관영 신화통신이 당정치국 회의 결과를 전하면서 "모든 당원은 중국식 사회주의의 위대한 깃발을 높이 들고, 덩샤오핑 이론과 '3개 대표 사상'(장쩌민), '과학적 발전관'(후진타오)을 진지하게 실천해야 한다."고 강조했는데, 마오쩌둥 사상 등을 언급치 않은 것은 당 지도이념에서 배제하려는 의도라는 것이었다.

프랑스 국제라디오(RFI), 자유아시아 방송(RFA), 그리고 10월 24일에는 상당수 국내 언론도 이에 동참하고 마오쩌둥 사상 배제 관련 다음의 분석을 내놓았다.

첫째, 덩샤오핑이 주도한 시장경제 도입 후 소외된 계층이 실각한 보시라이(薄熙來, 1949년생)[1] 전 충칭(重慶)시 당서기가 선도한 혁명가요 부르기 등 홍색(紅色) 문화운동을 지지했고, 일본의 센카쿠 열도(중국명

釣魚島, 댜오위다오) 국유화에 항의하는 일부 시위대가 마오쩌둥 초상을 들고 가두 행진에 나서는 등 마오쩌둥 사상으로 뭉치는 움직임을 보이자, 당 지도부가 '제2의 문혁(1966~76년, 문화대혁명)' 도래 가능성에 위기감을 느꼈다는 주장이었다.

둘째, 중국의 향후 발전 방향을 놓고 좌·우파가 대립하는 상황에서 개혁을 추진할 차기 지도자 시진핑(習近平, 1953년생)에게 힘을 실어주어, '중국식 사회주의 발전' 속도를 가속하려는 의도라는 것이었다. 덧붙여, 만약 이번 당 대회를 통해 마오쩌둥 사상이 당 규약에서 삭제된다면 개혁파·보수파 간 이념 대결에서 개혁파가 득세하게 되므로 중국의 경제뿐 아니라 정치·사회분야 개혁도 보다 탄력을 받을 가능성이 있다고 전망했다.

그러나, 중국 정세는 실사구시(實事求是)적 시각으로 봐야 한다. 관영 인민일보 인터넷판인 인민망(人民網)의 한국어판(kr.people.com.cn) 2012년 10월 23일자 기사를 보면, 정치국 회의에서는 "이번 당 대회가 샤오캉(小康, 중산층). 사회 건설, 개혁·개방, 경제발전 방식 전환 가속화라는 매우 중요한 시기에 열린다."고 하여 제18차 당 대회 개최 의의를 부각시켰다.

이어 "중국 발전상의 문제점과 국민의 최대 관심사에 초점을 맞춰 개혁·발전 방안을 수립하여, (후진타오의 통치이념인) 과학적 발전과 조화로운 사회, 그리고 민생 개선·국민 행복을 지속 추진하자는데 의견을 모았다."고 하여, 후진타오 체제의 국정운영 방향이 차기 시진핑 체제에 계승될 것임을 확인하였다.

특히, 당 규약 개정 방향과 관련, 정치국 회의에서는 "제18차 당 대회에서 확립될 중요 관점과 전략적 사상을 당 규약에 반영하고, 중국식 마르크스주의의 새로운 성과, 제17차 당 대회 이후 당 중앙의 중요한 전략

---

1) 한화 36억 원 상당 수뢰, 공금 횡령, 직권 남용 등 죄목으로 2013년 9월 무기징역 형을 받았다.

적 사상, 당 사업과 당 건설을 통한 새로운 경험들이 표현되어야 한다는 데 공감했다."고 하여 공산당의 마르크스주의 견지 방침을 적시하였다.

중국은 그간 기회 있을 때마다 8,512만 당원의 수칙으로서, 당 지도 노선인 1개 중심(경제건설) 및 2개 기본점(개혁·개방, 4개 기본원칙)을 견지하도록 강조해 왔다. 4개 기본원칙은 사회주의, 인민민주주의 독재, 공산당 지도, 마르크스·레닌주의와 마오쩌둥 사상이다.

그런데 중국식 사회주의를 전제로 당 이념을 거론할 때는 마르크스·레닌주의와 마오쩌둥 사상을 언급치 않는 것은 종종 있는 일이다. 낭 규약 총강 부분에 '마르크스·마오쩌둥·덩샤오핑·장쩌민' 사상 모두를 당의 행동지침으로 명시했고, "마르크스·레닌 주의는 인류사회의 발전 규칙을 제시한 것으로, 중국 인민들이 스스로 선택한 이데올로기다."고 규정하는 등 확고한 지도이념이기 때문이다.

이상과 같이 볼 때, 중국 공산당이 당 규약 개정을 통해 마르크스·레닌주의와 마오쩌둥 사상을 삭제한다는 것은 당의 기원과 창당(創黨)사를 부인하는 것이기 때문에 어불성설이다.

제18차 당 대회에서 당 규약 개정의 의미

제18차 당 대회에서의 당 규약 개정은 후진타오 총서기의 명예로운 퇴진 보장과 당 개혁에 초점이 맞춰졌다.

첫째, '과학적 발전관'을 당의 지도사상에 포함시켰다. 장쩌민의 경우처럼, 총서기직을 물러나는 후진타오에게 '영원한 당지도자'라는 역사적 지위를 부여하기 위해 당 규약 총강(總綱) 부분에 '당이 영원히 견지할 행동지침'으로서, '과학적 발전관'이 마오쩌둥 사상 등과 함께 병기된 것이다.

둘째, 중국 특유의 사회주의 건설 성과를 보다 충실히 하여, "중국 특

【중국 공산당의 지도 이념】

지도이념	당 규약 포함시기	주요 내용
마르크스·레닌 주의	1945년 4월 제7차 당 대회	폭력 혁명을 통한 생산수단의 공유와 인민 민주 독재의 실현
마오쩌둥 사상	1945년 4월 제7차 당 대회	사회주의 정부 수립 후에도 계급 투쟁과 자본주의 복귀의 위험이 존재하기 때문에 지속적으로 혁명의 모순을 극복
덩샤오핑 이론	1997년 9월 제15차 당 대회	사회주의 초급 단계론 : 자본주의 제도 도입을 위한 이론적 근거로, 생산력이 낙후되어 상품경제가 발달하지 못한 중국이 사회주의를 건설해나가는 과정에서 반드시 거쳐야 하는 특정 단계가 필요
장쩌민의 '3개 대표' 중요 사상	2002년 11월 제16차 당 대회	공산당은 선진 생산력(자본가), 선진문화 발전(지식인), 광대한 인민(노동자·농민)의 근본이익을 대표. 자본가의 공산당 입당을 가능케 해 당의 권력 기반을 확장
후진타오의 과학적 발전관	2012년 11월 제18차 당 대회	인간을 근본으로 사회와 조화를 이루면서 지속 가능한 발전을 추구. 개혁·개방 이후의 폐해 수정에 방점

유의 사회주의 제도를 확립했다."라는 구절이 추가되었다.

셋째, 개혁·개방의 견지 관련 내용이 보강되었다. "개혁·개방은 강국의 길로, 개혁·개방만이 중국을 발전시키고 사회주의를 발전시키며, 마르크스주의를 발전시킨다."는 내용이 더해졌다.

넷째, 소강 사회 실현을 위한 전략적 조치로서, 기존의 경제·정치·문화·사회 건설에 생태 건설이 추가되었다. "생태 문명 건설은 인민의 복지와 관계되고 민족의 미래와 관계되는 장기 대계다."라고 강조했다.

다섯째, 당 건설 강화를 위한 조치로서, "당의 사상·조직·제도 및 반부패 건설을 통해 학습형·서비스형·창신형의 마르크스주의 집권당을 건설한다."는 내용도 추가되었다.

당 건설 강화는 보시라이 사건 등으로 인한 당 위신 추락, 7%대 저성장대 진입 등 경제 위기, 계층·지역 간 격차를 조장하는 사회적 부조리 확대, 미·EU·일의 중국 견제 등의 도전 속에서 국민의 신뢰와 지지를 재결집하기 위해 절실하다. 그 조치는 2012년 10월 당 규약 개정안을 심의한 당정치국 회의 전후, 차기 지도자 시진핑이 교장으로 있었던 중앙당교(中央黨校) 중심의 개혁 논의나 인민일보 보도 등에서 실마리를 찾을 수 있다.

2012년 10월 22일, 중앙당교 기관지 학습시보(學習時報)는 '싱가포르의 서비스형 정부 경험'이 라는 제목의 논평에서 "여당인 인민행동당(PAP)이 경쟁선거와 외부인재 영입으로 당을 청렴하고 효율적 조직으로 만들어 경제 도약과 집권의 합법성을 확보했다"고 평가했다. 천바오성(陳寶生·1956

천바오성 중앙당교 부교장

년생) 중앙당교 부교장은 2012년 10월 23일 제18차 당 대회 관련 대담에서 "정치개혁은 지난 30년간 부단히 진행되어 왔는데, 장애와 도전을 극복하고 고칠 것은 과감하게 많이 고쳐야 한다."라며 당 대회에서 새로운 개혁 조치를 기대했다.

이어 인민일보는 2012년 10월 25일자 논평에서 "정신적 해이를 막고 개혁 피로증을 극복해야 한다. 도약의 길은 민주정치에 있다."라고 강조했다.

이로 볼 때, 당 규약 개정에 숨은 다른 줄기는 공산당 1당 지도체제를 유지하되, 외부 엘리트 흡수와 당내 민주·경쟁선거 도입 등을 통해 당 체질을 개선하고, 당내 법치 강화·부패 척결로 국가통치체제를 일신하는 것이다. 이는 시진핑 지도부가 풀어야 할 당의 개혁 과제다.

중국에는 공산당 외에도 민주제당파(民主諸黨派)라고 불리는 8개 정당이 있다. 그 대표들은 매년 3월 열리는 전국인민정치협상회의(政協, 국정자문기관)[1]에 위원으로 참가하여 의정활동을 벌인다. 그러나, 공산당 정권에 대한 야당도, 반대당도 아니기 때문에 일종의 '연립 여당'이라고 볼 수 있다.

8개 민주제당파의 연혁 및 발전 상황

민주제당파는 중국국민당혁명위원회(民革), 중국민주동맹(民盟), 중국민주건국회(民建), 중국민주촉진회(民進), 중국농공민주당(農工黨), 중국치공당(致公黨), 대만민주동맹(臺盟), 구삼학사(九三學社)를 말한다. 구삼은 항일전쟁 승리 기념일인 9월 3일[2]을 가리킨다. 이들은 1925~1948년 항일 전쟁 및 국민당 통치 반대 시기에 각각 상하이·충칭·홍콩·샌프란시스코에서 조직된 것으로, 국민당 안의 혁신파(民革)와 문화·교육(民盟), 경제(民建), 출판·과학기술(民進), 의학·보건(農工黨), 귀국 화교(致公黨) 등 각계의 지도층 인사들이 만든 비밀결사 내지 단체들이었다.

반제애국(反帝愛國)과 민주 구현을 슬로건으로 내건 그들의 정치적 주

---

1) 정협의 새로운 회기(임기는 5년)인 정협 제12기 전국위원회 제1차 회의가 2013년 3월 3일~12일까지 개최되었다.

2) 중국은 건국 초기에 미·영·중·소가 '일본의 무조건 항복'을 선언한 8월 15일(1945년)을 항일전쟁 승리 기념일로 했으나, 1951년 8월 "일본의 실제 투항일은 항복 조약에 서명한 1945년 9월 2일 후"라는 이유로 다음날인 9월 3일로 개정하였다. (국민당은 1946년 4월부터 9월 3일을 기념일로 지정)

장은 당시 공산당의 혁명 이념과 일치하였으므로, 공산당은 항일전쟁과 국공 내전 기간 중 이들과 협력 체제를 구축하고 공산혁명의 승리와 신 중국 건설에 활용하였다. 마오쩌둥은 1949년 10월 건국 당시 공산당과 8개 민주제당파 간 '9당파 연합'이라는 형태로 다당제를 수용했고, 이를 '연합정부'라 불렀다. 프롤레타리아 독재 아래 1당 지배체제를 구축한 구 소련과는 거리를 두었다.

중국 공산당과 8개 민주제당파는 '연합정부' 체제의 연장선상에서, 한 국전쟁이 한참이던 1950년 11월 4일 선전포고에 해당하는 '항미원조(抗 美援朝 : 미국에 대항, 조선을 지원) 연합선언'을 발표했다.[3] 그러나 '연 합정부' 체제는 오래 가지 못했고, 1957년의 '반우파(反右派) 투쟁'을 통 해 공산당 1당 지도에 대한 비판을 봉쇄하고 사실상의 1당 지배체제를 확립했다. 그렇지만 공산당은 사회 각 계층을 망라하는 민주제당파 인사 의 중용과 참정 보장 노력은 계속했다. 이에 따라, 그 인원이 큰 폭으로 증가하여 각 성·자치구·직할시에 지방조직, 주요 대도시에는 말단(基 層)조직을 두게 되었다.

가장 최근에 집계한 민주제당파 인원은 2009년 말 현재 80만 7,000 여명이다. 그중 중앙·지방의 인대(人大)·정협(政協)·정부·법원·검 찰 간부와 전문기술자 등 지도층 인사가 68만 4,000여명으로 84.8%를 점유한다. 과학기술·교육·문화·보건계 등의 지식인은 56만 1,000여 명으로 총인원의 69.5%를 차지한다. 민주제당파와 정당이 없는 무당파 인사, 즉 비공산당원 중에서 장관은 치공당(致公黨) 주석인 완강(萬鋼, 1952년생) 과학기술부장 등 2명, 정부·법원·검찰의 국장급 이상은 1 9명, 중앙 처장·지방 현장급 이상 간부는 3만 2,000여 명에 달한다.

---

3) 중공군은 항미원조 연합선언을 발표하기 전인 1950년 10월 19일에 이미 압록강을 도강하였다.

공산당은 집권당, 민주제당파는 참정당

공산당은 국가 시책, 경제·민생 현안 관련 중요 결정을 하기에 앞서, 민주제당파·무당파·소수민족 인사와 협의하고 반복적으로 의견을 구한 후 최종 결정을 내린다. 이것이 중국 특유의 다당(多黨) 협력 및 정치협상 제도의 모습이다.

이를 실행하는 두 가지 형태 중 하나가 정협이다. 매년 3월초 공산당·민주제당파·소수민족, 대만·홍콩·마카오 동포, 귀국 화교 등을 대표하는 정협 위원들이 한 자리에 모여 회의를 열고 국정 주요 방침을 협의한다. 이틀 뒤 열리는 전인대 회의도 정협 위원을 초청하여 의견을 폭넓게 수렴한다. 전인대·정협의 효율적 운영을 위해 당정치국 상무위원이 전인대 상무위원장·정협 주석을 맡고 민주제당파 주석 8명 모두 전인대 상무위 부위원장(현 제12기 13명 중 5명)이나 정협 부주석(현 제12기 23명 중 3명)을 맡는다.

전자는 완어샹(萬鄂湘, 1956년생, 民革)·장바오원(張寶文, 1946년생, 民盟)·천창즈(陳昌智, 1945년생, 民建)·옌준치(嚴儁琪, 여, 1946년생, 民進)·천주(陳竺, 1953년생, 農工黨) 주석이며, 후자는 완강(萬鋼, 1952년생, 致公黨)·한치더(韓啓德, 1945년생, 九三學社)·린원이(林文猗, 여, 1944년생, 臺盟) 주석이다.

다른 하나의 형태는 공산당 중앙 및 지방 위원회가 각각 소집하는 민주제당파·무당파 인사들과의 연석 좌담회다. 2달마다 한 번씩 모여 상황 통보, 인사 교류, 정책 제안 청취와 함께 특별 주제에 대해 토의한다.

민주제당파는 대외적으로 공산당과 한 목소리를 내고 있다. 2006년 3월 1일 합동 좌담회에서 천수이볜(陳水扁, 1951년생) 대만 총통의 대만분리 독립 시도를 규탄했고, 2012년 9월 16일에는 일본의 댜오위다오(釣魚島, 일본명 센가쿠 열도) 국유화 조치를 성토하는 성명을 냈다.

민주제당파는 대국민 지원 활동에도 참여

민주제당파는 국민들과의 거리를 좁히기 위해 2008년 3월부터 연례 정협 회의 계기에 합동 기자회견을 개최해 왔다. 그해 3월 6일 민주제당파 주석 등 지도부는 "민주제당파는 공산당 지도 아래 참정·의정활동을 한다."면서, "중국을 지도할 수 있는 것은 공산당뿐이다."라고 언명했다.

이때, 그러나 구삼학사 대표의 발언이 경색된 분위기를 깼다. "왜 당명이 구삼학사(九三學社)인 줄 아는가? 9월 3일이 항일전쟁 승리 기념일이기 때문이다. 한 언론이 아침 9시에 출근해 3시에 퇴근하기 때문이라고 보도했는데 명백한 오보다." 회견장에서는 그 순간 폭소가 터져 나왔다.

2013년 3월 6일의 기자회견에서는 민혁(民革) 주석이 향후 3대 업무 중점으로 ① 대만 각계 인사와의 교류를 통한 의견 수렴 및 의정 반영 ② 삼농(三農, 농업·농촌·농민) 관리 차원의 농업전문가·농업대학 확충 지원 ③ 법치 구현을 위한 조사활동 강화를 들었다. 민맹(民盟) 주석은 빈민·재해 구제와 사법교육·백내장환자 수술 지원, 민건(民建) 주석은 경제계 대표로서 국가 현대화를 위한 조사연구 활동 강화, 농공당(農工黨) 주석은 의약·보건·인구자원·생태분야 정책 제안 활성화, 대맹(臺盟) 주석은 조국 통일을 위해, 조국 분열 주장과 행동에 대한 단호한 반대를 각각 다짐했다.

중국 내 다당제 논의 및 향후 수용 전망

이상에서 본 것처럼, 공산당과 민주제당파간 정치협상은 일종의 '중국식 다당제' 형태다. 그러면 중국에서 서방식 다당제 논의는 없었는가?

1989년 6월의 톈안먼사건 이래 그 움직임이 표면화되었다. 1990년대 후반 민주운동가들이 '민주당' 이름이 붙은 정당 설립을 추진했으나 당국의 탄압을 받았다. 2008년 말에는 정치 민주화를 요구하는 지식인들에 의해 다당제 도입과 3권분립 확립을 제창한 '08 헌장'이 발표되었다. 헌장 기초에 참가했던 반체제 작가 류샤오보(劉曉波, 1955년생)는 2009년 12월 국가전복죄로 징역 11년형을 선고받고, 현재 라오닝성 감옥에 수감 중이다.

자오즈양(趙紫陽, 1919-2005) 전 당 총서기도 사후인 2009년 미국·대만·홍콩 등지에서 발간된 회고록에서 "현재 공산당이 정권을 잡고 있지만, 언젠가는 서방 선진국의 의회제도를 도입해야 할 것"이라고 주장한 것으로 밝혀졌다.

상해사회과학원 청소년연구소가 2005~2006년간 전국 28개 대학 학생 5,600명을 대상으로 실시한 설문조사에서는 '다당제를 실시해야 진짜 민주주의'라는 문항에 41%가 찬성, 49%가 반대했고, 잘 모르겠다가 10%였다. 반면 '공산당은 대체 불가한 지도세력'이라는 문항에는 75%가 찬성했다.

그러나 당국의 입장은 확고하다. 위정성(俞正聲, 1945년생) 신임 정협 주석은 2013년 3월 12일 제12기 정협 폐막식에서 "공산당 지도 아래 다당협력·정치협상 제도는 장기 불변의 국정 지도 방침으로 서방의 정치시스템은 절대 수용할 수 없다."고 확인했다.

이는 중국 정부가 2007년 11월 '중국의 정당제도'라는 최초의 정당 백서를 발표하여 밝힌 내용과 똑같다. "국내외에 있는 민주활동가들이여! 중국의 방침은 이처럼 확고하니, 절대 경거망동하지 말라."는 경고다.

【8개 민주제당파 개황】

명칭(약칭)	설 립	중앙주석	사 진	핵심 구성원
중국국민당혁명 위원회(民革)	1948년 1월 홍콩	완어샹(萬鄂湘) 1956년생 전인대 상무위 부위원장		• 국민당과 역사적 연계를 가진 인사, 대만 각계와 연계를 가진 인사 • 회원수 : 10만여 명
중국민주 동맹(民盟)	1941년 3월 충칭	장바오원(張寶文) 1946년생 전인대 상무위 부위원장		• 중국민주정단(政團)단동맹 발족 → 1944년 9월 현 명칭 • 문화·교육·과학기술계의 중상층 지식인 • 맹원수 : 23만여 명
중국민주 건국회(民建)	1945년 12월 충칭	천창즈(陳昌智) 1945년생 전인대 상무위 부위원장		• 경제계 인사 • 회원수 : 14만여 명
중국민주 촉진회(民進)	1945년 12월 상하이	옌준치(嚴雋琪) 1946년생 전인대 상무위 부위원장		• 문화·교육·출판계의 중상층 지식인 • 회원수 : 12만 7,000여 명
중국농공 민주당(農工黨)	1930년 8월 상하이	천주(陳竺) 1953년생 전인대 상무위 부위원장		• 중국국민당 임시행동위원회 발족 → 1935년 중화민족해방행동위원회 → 1947년 현 명칭 • 의학·보건계의 중상층 지식인 • 당원수 : 12만 5,600여 명

명칭(약칭)	설 립	중앙주석	사 진	핵심 구성원
중국치공당 (致公黨)	1925년 샌프란시스코	완강(萬鋼) 1952년생 정협 부주석 겸 과학기술 부장		• 해외화교 비밀결사인 洪門致公 黨이 원조 • 귀국 화교 및 귀국 해외동포 가족 • 당원수 : 2만 8,000여 명
구삼학사 (九三學社)	1944년 11월 충칭	한치더(韓啓德) 1945년생 정협 부주석		• 민주과학사 발족 → 1945년 9 월 현 명칭 • 과학기술계의 중상층 지식인 • 九(월)三(일)은 항일전쟁 승리 기념일 • 사원수 : 13만 2,000여 명
대만민주자치 동맹(臺盟)	1947년 11월 홍콩	린원이(林文猗) 1944년생 정협 부주석		• 대륙에 거주하는 대만 출신 친중국 인사 • 맹원수 : 2,100여 명

5 중국의 대통령, 국가주석

2013년 3월 5~17일간 개최된 중
국의 제12기 전국인민대표대회(全人
大, 국회) 제1차 회의는 3월 14일 시
진핑 당총서기를 국가주석과 국가중
앙군사위 주석으로 각각 선출(겸임)했
다. 중국의 최고 지도자가 당·정·군
3권을 장악하는 '삼위일체' 체제가 톈
안먼사태(1989년 6월) 이후 장쩌민,

후진타오 주석 자리를 승계한 시진핑

후진타오, 그리고 시진핑으로 이어지면서 중국 정치의 특징으로 굳게 자
리 잡게 되었다.

한편 시진핑 국가주석을 보좌할 국가부주석에는 리위안차오(李源潮, 1950
년생) 당정치국 위원이 선출되었다. 중국의 대통령·부통령에 해당하는
이 직책은 어떤 역사적 부침을 겪으면서 얼마만 한 정치적 비중을 가지
게 되었는지 알아본다.

국가주석 · 부주석의 연혁과 주요 권한

중국은 1949년 10월 건국과 동시에 중앙인민정부 주석·부주석제를
실시하여 마오쩌둥(毛澤東, 1893년~1976)이 주석을, 혁명 원로 주더
(朱德, 1886~1976)·류사오치(劉少奇, 1898~1969) 등 6명이 부주
석을 맡았다.

그러나 명실상부한 국가주석직은 5년만인 1954년 9월의 제1기 전인
대 제1차 회의에서 제정된 헌법을 근거로 설치됐다. 1959년 4월까지

약 4년 반 동안 동직을 수행한 초대 마오쩌둥 주석은 독립적인 행정권과 군 통수권 등 헌법이 부여한 막강한 권한을 가진 명실상부한 최고 실력자였다. 그러나, 제2대 류사오치(劉少奇, 1959년 4월~1966년 5월 재임) 주석이 문화대혁명(1966~1976년)으로 실각하여 1969년 옥사하면서 후임자가 임명되지 않아 유명무실하게 되었고, 결국 마오쩌둥은 1975년 제도 자체를 폐지했다.

국가주석직은 덩샤오핑(鄧小平, 1904~1997) 집권기인 1982년 헌법 개정으로 부활했다. 개혁 · 개방정책의 확대를 위해서는 국가를 상징적으로 대표할 직책의 설치가 필요했기 때문이다.

헌법상 국가주석은 전인대 전체회의에서 재적 대표 과반수의 찬성으로 선출한다. 임기는 전인대와 같은 5년이며 연임은 가능하나, 삼선(三選)은 불가하다. 법률을 공포하고 특사령 · 계엄령 · 선전포고 · 동원령을 내릴 수 있으며, 총리 임명 제청권, 총리 제청에 의한 부총리 · 각료 임면권 등을 행사한다. 그러나 과거 마오쩌둥 국가주석이 보유했던 독립적 행정권과 군 통수권은 삭제됐다. 그래서 당시 실권자였던 덩샤오핑은 군 통수권을 가진 중앙군사위 주석직은 죽을 때까지 놓지 않았지만, 상징적 국가원수인 국가주석직은 맡지 않았다.

제3대 리셴녠(李先念, 1983.6~1988.4월 재임), 제4대 양상쿤(楊尚昆, 1988.4-1993.3월 재임) 주석은 각각 72세 · 81세에 취임하여 상징적인 국가수반 역할을 했다. 당 원로 예우 차원의 '명예직'으로, 유력한 권한 행사 사례는 톈안먼사태 때 양상쿤 주석이 계엄령을 선포한 것이 유일하다.

국가주석이 국가 최고 지도자 자리로 복원된 것은 장쩌민 주석(1993년 3월~2003년 3월 재임) 때로, 톈안먼사태와 같은 국가비상사태 등에 대비하여 당 · 정 · 군 3권 겸임을 통한 강력한 리더십이 필요하다는 논리가 힘을 얻었기 때문이었다.

국가부주석의 권한은 주석을 보좌하고, 주석이 위임한 일부 직권을 대행하며, 주석 궐위 시 주석직을 승계하는 것이다. 부주석 궐위 시는 전인대에서 보선한다. 권한이 많지 않은 상징적 자리인데다 그 지위도 애매하다.

장쩌민 주석의 집권 1기에는 홍색자본가 룽이런(榮毅仁, 1916~2005), 2기는 차기 주석으로 내정됐던 후진타오 당정치국 상무위원이 담임했고, 후진타오 주석의 집권 1기(2003.3-2013.3월)는 '주석 감시' 역할을 했다는 쩡칭훙 당정치국 상무위원, 2기는 주석 제1 후보였던 시진핑 당정치국 상무위원이 맡았다.

당정치국 위원의 국가부주석 취임은 유례가 없었다. 리위안차오가 오는 2017년 제19차 당 대회에서 현 당정치 국 상무위원 7명중, 시진핑 국가주석·리커창(李克强, 1955년생)총리 외, 연령 정년으로 퇴임하게 될 5명의 한 자리에 오를 것이 유력시되는 이유

국가부주석에 선출된 리위안차오

다. 그는 최고 외교·안보정책 결정기구로서 국가주석이 조장으로 있는 '당 중앙외사공작영도소조'의 부조장을 겸하고 있다.

신임 국가주석·부주석에게 거는 기대

시진핑 내정자에 대한 전인대 대표들의 신임투표에서는 유효표 2,956표 중 찬성 2,952, 반대 1, 기권 3표로 99.9%라는 압도적 지지를 받았다. 리위안차오도 96.2%의 찬성표를 얻었다. 이와 같은 지지율은 전인대 대표들이 신임 지도부에 거는 절대적인 기대감을 반영한다.

시진핑 주석은 먼저 개혁 정책에 강한 드라이브를 걸 것으로 보인다. 그는 2012년 11월 당 총서기에 취임하면서 "공허한 말은 나라를 망치고

실질적 행동이 나라를 흥하게 한다.(空談誤國 實幹興邦)"는 말로 격식 파괴와 실사구시를 강조했다. 이후 '법치주의 실현, 부패 간부 엄벌, 민생개혁 우선' 등을 말하며 개혁 의지를 불태웠다. 이제는 강도 높은 부패와의 전쟁, 사법제도 및 후커우(戶口·호적) 제도 개혁, 의료 서비스 확대, 소득재분배 개선 등 관련 정책을 보다 가시화할 것이다. 경제문제와 부패대책에 정통하다고 하는 개혁 성향의 리위안차오 전 당 중앙조직부장이 부주석에 선출된 것도 이런 전망을 뒷받침한다.

【역대 국가주석·부주석】

국가주석(재임 기간)	국가부주석(재임 기간)
마오쩌둥(毛澤東, 1954년 9월~1959년 4월)	주더(朱德, 1954년 9월~1959년 4월)
류사오치(劉少奇, 1959년 4월~1966년 5월) * 정치 탄압으로 1968년 옥사	동비우(董必武)·쑹칭링(宋慶齡)이 1959년 4월~1975년(국가주석직 폐지)까지 재임 * 1966년 이후 국가주석직 대행
리셴녠(李先念, 1983년 6월~1988년 4월)	우란푸(烏蘭夫, 1983년 6월~1988년 4월)
양상쿤(楊尚昆, 1988년 4월~1993년 3월)	왕전(王震, 1988년 4월~1993년 3월)
장쩌민(江澤民, 1993년 3월~2003년 3월)	룽이렌(榮毅仁, 1993년 3월~1998년 3월)
	후진타오(胡錦濤, 1998년 3월~2003년 3월)
후진타오(胡錦濤, 2003년 3월~2013년 3월)	쩡칭훙(曾慶紅, 2003년 3월~2008년 3월)
	시진핑(習近平, 2008년 3월~2013년 3월)
시진핑(習近平, 2013년 3월~)	리위안차오(李源潮, 2013년 3월~)

리 부주석은 리커창 총리와 함께 공청단(공산주의청년단)파의 쌍두마차로 불리고 있으나, 태자당인 시진핑 주석과도 가까운 관계이다. 그의 부친은 1950년 상하이시 부시장을 맡았던 리간청(李幹成, 1909~1993)

이다. 또한, 그는 시진핑 주석이 저장성 당서기를 맡았던 2002~2007년에 바로 옆 동네인 장쑤성의 당서기를 한 인연도 있다. 정·부통령의 일사분란한 정책 추진을 예상할 수 있는 대목이다.

한국·중국의 '대통령' 간에는 지지율 면에서 크게 차이가 나지만, 국정개혁을 위한 실천의지는 강력하다는 공통점을 가지고 있다. 이같은 지도자 특성이 양국간 실질 협력관계 확대의 큰 전기로 작용하기를 기대한다.

6 중국의 국회, 전국인민대표대회

　중국의 2013년 최대 정치행사는 단연 3월 5일부터 17일까지 개최된 제12기 전국인민대표대회(全人大, 중국 약칭 全國人大) 제1차 회의였다. 2012년 11월 제18차 당 대회에서 시진핑 총서기 중심으로 당 지도체제를 개편한데 이어, 12대 정기국회 초년도 회의에서 행정·입법·사법부 수장 등 핵심 요직을 교체하고, 이들 제5세대 지도부의 대내외 정책 방향도 공개되는 등 '시진핑 체제 집권 10년'의 밑그림이 완성되었기 때문이다.

　모든 의안은 2013년 2월 23일 시진핑 총서기 주재 당정치국 회의, 2월 26~28일의 당 18기 중앙위 2차 전체회의(당 18기 2중전회)를 거쳐 사전 조율을 마쳤다.

전인대 제1차 회의 개막식 장면

권력교체를 앞두고 국가를 부르는 지도자들

전인대의 연혁·조직과 주요 권한

　중국은 건국(1949년 10월) 초기의 과도기를 거쳐, 1954년 9월 제1기 전인대 제1차 회의에서 헌법, 전인대 및 각급 정부 조직법을 제정했고,

마오쩌둥 국가주석·주더 국가부주석·저우언라이 총리 등 국가지도자를 선출하였다. 형식상으로 전인대가 최고 권력기관의 권한을 행사한 것이다. 그러나 그 기능은 실질적 최고 권력기관인 공산당의 통제 아래에서 공산당의 결정을 국가의 합법적인 의사결정으로 확정하는 역할을 했기 때문에 서방 의회와는 사뭇 다르다. 과거 '거수기'라고 불렸던 이유다.

수장인 상무위원회 위원장(통칭 : 상무위원장)은 제1기 류사오치(劉少奇, 1954년 9월~1959년 4월), 제2~4기 주더(朱德, 1959년 4월~1978년 3월, 1976년 7월 주디 사망 후 제5기 시작 때 까지 공석), 제5기 예젠잉(葉劍英, 1978년 3월~1983년 6월), 제6기 펑전(彭眞, 1983년 6월~1988년 3월), 제7기 완리(萬里, 1988년 3월~1993년 3월), 제8기 차오스(僑石, 1993년 3월~1998년 3월), 제9기 리펑(李鵬, 1998년 3월~2003년 3월), 제10~11기 우방궈(吳邦國, 2003년 3월~2013년 3월)였다.

명목상 최고 권력기관이라는 성격으로 인해 수장의 위상도 당시의 정치 상황에 따라 달랐다. 제6·7기의 펑진이나 완리는 정치국 상무위원이 아니었지만, 제8기 차오스는 당 서열 3위의 정치국 상무위원, 제9·10기의 리펑·오방궈는 당 서열 2위의 정치국 상무위원이었다. 공산당 내 서열 1위부터 7위의 정치국 상무위원(제16~17차 당 대회 때는 1~9위) 중 어떤 직책을 몇 번째 순위에 배정할 지는 법으로 정해진 바가 없다. 연임 규정에 따라 2기 임기 10년을 마친 사람도 우방궈(1941년생)가 유일하다.

전인대 대표는 31개 성·직할시·자치구, 대만성, 홍콩·마카오 특별행정구, 인민해방군 등 지방 및 직능별 35개 단위에서 간접선거로 최대 3,500명(제5기 전인대 3,497명)을 뽑는다. 이번 제12기 정수 2,987명은 제11기 정수와 동일하다. 임기 5년으로 연임할 수 있다.

매년 3월에 전체회의(정기 국회에 상당)를 개최하여 ① 헌법·법률의 제정과 개정 ② 국가주석·부주석, 총리(국가주석 제청), 부총리·국무위원 · 장관(총리 제청), 최고인민법원 원장 · 최고인민검찰원 검찰장의 임면 ③ 경제 · 사회발전계획, 예산 · 결산의 심사 · 승인 ④ 정부 · 전인대 상무위 · 법원 · 검찰원 업무보고의 심사 · 승인 ⑤ 성급 행정구역, 특별행정구의 설치 승인 등 직권을 행사한다.

상무위원회는 전인대의 상설기관으로 2008년 3월~2013년 3월의 제11기는 위원장, 부위원장 13명, 비서장 1명, 위원 159명 등 총 174명으로 구성되었다. 전인대 폐회 중에 전인대의 대부분 직권을 행사하지만 헌법 개정, 국가주석 · 총리 선출은 예외다. 전인대 아래 지방 인민대표대회(人大)로는 성급 인대(홍콩 · 마카오 특별행정구 및 인민해방군 인대 포함), 현 · 시(縣 · 市)급 인대, 향 · 진(鄕 · 鎭)급 인대를 두고 있다.

제12기 전인대 대표 구성 및 특징

제12기 전인대 대표 정수는 2,987명이며, 35개 지방(省급) 및 직능단위별로 인구 비례에 따라 베이징시 55명, 산둥성 175명, 티베트자치구 20명, 홍콩 특별행정구 36명, 마카오 특별행정구 12명, 대만성 13명, 그리고 인민해방군 대표 268명 등을 선출하였다.

당 서열 1~7위의 시진핑(習近平) · 리커창(李克强, 1955년생) · 장더장(張德江, 1946년생) · 위정성(俞正聲, 1945년생) · 류윈산(劉雲山, 1947년생) · 왕치산(王岐山, 1948년생) · 장가오리(張高麗, 1946년생) 등 정치국 상무위원은 각각 상하이시 · 산둥성 · 저장성 · 후베이성 · 네이멍구자치구 · 베이징시 · 톈진시 전인대 대표로 선출됐다. 이번 회기에는 지역을 바꿔 선출된 경우가 많았다. 위정성이 상하이에서 후베이로, 류윈산은 허난에서 네이멍구로, 왕치산은 산둥에서 베이징으로 옮겼다. 상무위원들에게 전에 근무했거나 인연이 있었던 곳을 '지역구'로 배정하여 지방의 소리를 직접 듣거나 상호 교류하는 데 도움이 되도록 한 것이다.

성광주(盛光祖, 1949년생) 철도부장·셰쉬런(謝旭人, 1947년생) 재정부장이 각각 장쑤·허난성에서 전인대 대표로 새로 당선됐고, 장샤오밍(張曉明, 1964년생) 중앙정부 홍콩 주재 연락판공실 주임도 새로 뽑혔다.

그러나 이러한 당·정 간부들의 전인대 대표 겸직에 대해, 그동안 일부 국민들은 당 지도부가 당 대표가 되는 것은 당연할지 모르지만 일반 국민을 대표하는 전인대 대표에도 무조건 당선되는 것은 문제가 있다고 비판해 왔다.

이런 와중에 리펑 전 총리의 아들 리샤오펑(李小鵬, 1959년생)이 대리 성장을 맡고 있었던 산시(山西)성 당국이 2013년 2월 성 인대 회의에서 인대 대표들에게 '정치 루머 유포, 고발 편지, 인터넷 폭로 및 인신 공격의 금지 등 8개 지침' 준수를 요구한 사건이 발생했다. 리샤오펑은 제18차 당 대회에서 171명의 중앙후보위원 중에서 가장 낮은 득표로 171위에 랭크되었는데, 당 대회 후 아버지의 후광으로 성장으로 승진한 후 잇따른 악재가 발생하여 사퇴 압박에 시달리고 있던 상황이었다.

네티즌들은 이 같은 행태에 대해 인민을 대표하는 인대 대표들이 민의를 반영하지 못하게 옭아매는 처사라며, 인대가 '거수기'나 '고무도장'이라는 오명을 재연시킬 것이라고 반발했다. 신화통신도 "문제를 적발하지 못하는 인대는 인대라고 부를 수 없다."고 동조했다. 이러한 논란들과 관련하여 중국 당국은 시진핑 총서기가 약속한 대로 제12기 전인대 대표 구성을 통해 상당히 괄목할 만한 개선책을 내놓았다.

노동자·농민(401명, 13.42%, 전기대비 5.18%p 증가), 여성(699명, 23.4%, 전기대비 2.07%p 증가), 소수민족(409명, 13.69%) 대표 등 일반 대중의 참여폭을 확대하고, 대신 당·정 고위간부(1,042명, 34.88%, 전기대비 6.93%p 감소) 비율을 대폭 줄인 것이다. 신임자가 65.6%에 달했다.

젊은 층의 발탁을 늘린 것도 특징이다. 관료사회의 주축이 된 1960년대 출생의 약진이 두드러진 가운데 1980년대 출생이 74명, 1990년대 출생도 2명이었다. 최연소자는 런던올림픽 다이빙 금메달리스트인 21살 천뤄린(陳若琳, 여, 1992년생)이었다. 또한, 전국 각 도시와 농촌에서 같은 인구 비율로 전인대 대표를 선출하여, 1명의 대표가 약 67만 명의 국민을 대표하도록 조정했다.

제12기 1차회의 의사 일정 및 채택 의안

통상 매기 전인대 제1차 회의는 ① 개막식 ② 정부·전인대·법원·검찰원 업무 보고 청취 → 전체회의 및 소위원회별 토의 및 표결 ③ 주요 인선 후보자 명단 검토 → 신임투표 ④ 폐막식 ⑤ 신임 지도자 상견례 순으로 진행된다.

(1) 개막식 (3월 5일)

제12기 전인대 1차 회의는 2013년 3월 5일 오전 9시(한국시간 오전 10시) 베이징의 인민대회당에서 개막되었다. 시진핑 총서기 등 정치국 상무위원도 전인대 대표로서 개·폐막식, 전체회의 및 소위원회 토의에 참석했다. 2013일 3월 3일부터 12일까지 정협(전국인민정치협상회의, 국정자문기관) 제12기 전국위원회 제1차 회의에 참석하고 있던 정협 위원(정수 : 2,237명)들도 전인대 개막식에 옵서버로 참석하여 정부사업보고를 청취한 후 오후부터는 자체 토의 일정을 진행했다.

(2) 정부 사업보고 (총리 시정연설, 3월 5일)

원자바오 총리는 임기 마지막의 정부 사업보고를 통해 과거 5년(2008~2012년)간의 경제·사회발전 성과를 밝혔다. 최대 성과로는 중국이 세계 제2의 경제대국, 세계 1위의 제조대국, 세계 1위의 수출대국으로 부상한 쾌거를 들었다. GDP 규모가 2007년 26.6조 위안에서 2012년

51.9조 위안으로 연평균 9.3%의 높은 성장률을 달성했고, 이러한 성장 과정에서 과거 5년간 5,870만 개의 신규 일자리를 창출했으며, 도시·농촌의 주민 소득도 각각 연평균 8.8%, 9.9%씩 증가했다고 강조했다. 그리고 지난 5년간 중국 경제에 8가지 질적 변화를 다음과 같이 평가했다.

① 글로벌 금융위기에 적의 대응하여 안정적이고 빠른 경제발전을 달성했다.
② 경제구조 조정을 가속화, 경제발전의 질적 수준을 제고했다. 특히 내수 확대 정책을 추진하여 대외 의존적 경제구조를 개선하고, 첨단산업·전략적 신흥산업·서비스산업 육성을 통해 산업구조를 고도화했다.
③ 삼농(三農, 농촌·농민·농업) 정책을 추진하여 농업 위상이 강화됐다. 농업 분야에 대한 재정 보조를 대폭 확대하여 농민소득 대폭 향상과 농촌지역 기초 인프라 개선의 성과가 있었다.
④ 과학 및 교육 강국화 정책을 추진하여 빈민계층에 대한 교육 기회를 증대하고 자주 혁신의 기반을 마련했다.
⑤ 취업 증대, 사회보장 및 의료보험 제도의 개혁, 도시 서민주택(보장성 주택) 건설을 통해 민생을 크게 개선했다.
⑥ 재정·세제 개혁을 통해 현급 이하 지방정부의 재정능력을 개선했고 기업소득세 단일화, 유통세 개혁, 위안화 무역결제 확대 등 대대적 개혁을 했다.
⑦ 적극적 대외 개방을 통해 수출시장을 다변화함으로써 세계 1위의 수출대국으로 부상했고, 적극적 해외진출(走出去) 전략을 통해 중국기업의 글로벌화를 추진했다.
⑧ 대부(大部)제의 정부기구 개혁, 법에 의거한 행정, 부패척결 등 개혁을 추진했다.

그러나 중국 경제·사회가 안고 있는 10대 현안으로 ① 불평등과 부조화에 따른 지속적 발전의 저해 ② 생산설비의 공급 과잉 ③ 기업의 경영비용 상승과 혁신능력의 부족 ④ 재정수입 증가속도 하락에 따른 재정 불균형 ⑤ 금융 리스크 ⑥ 불합리한 산업구조와 취약한 농업기반 ⑦ 경제발전과 자원·환경의 충돌 ⑧ 도농간 발전 격차와 계층간 소득 불균형 ⑨ 다양한 사회모순 ⑩ 정부 기능의 문제와 부패를 들었다.

국방과 관련해서는 굳건한 국방과 강군 건설로 국가의 주권·안전·영토를 수호하며 해양강국을 건설할 것을 다짐했다. 끝으로 시진핑 총서기 중심 당중앙위원회의 지도 아래, '샤오캉(小康 : 의식주 문제가 해결된 중등생활 수준) 사회의 전면적 실현', '중화민족의 위대한 부흥 실현'을 위해 분투하자고 촉구했다.

(3) 경제·사회발전계획 및 예산안 보고 (3월 5일)

국가발전·개혁위원회 주임, 재정부 부장 등 해당 장관이 각각 2012년 경제·사회발전계획 및 예산의 집행 결과와 금년도 계획안을 보고했다. 경제성장률 목표는 지난해와 마찬가지로 7.5%로 제시하되, 정책방향의 방점을 고도 성장보다는 안정 성장, 물가 안정, 형평성·조화성·지속발전성 강화, 생활수준 제고 및 국제수지 개선 등으로 잡았다. 중국 정부의 2012년 GDP 성장목표는 7.5%, 실제 성장률은 7.8%였다.

【2012년·2013년 거시경제 목표】

구 분	2012년	2013년	구 분	2012년	2013년
경제성장률	7.5%	7.5%	소비자 물가	4%	3.5%
수출입 증가율	10%	–	통화(M2) 증가율	14%	13%
신규 취업자	900만 명	900만 명	재정적자 규모	8,500억 위안	1.25조 위안
실업률	4.6% 이내	4.6% 이내	재정적자 비율	1.5%	2.0%

【2013년 경제 5대 목표와 10대 중점 업무】

5대 목표	10대 중점 업무	업무 중점 추진 방향
안정 성장	거시 조절 강화	• 적극적 재정정책과 안정적 통화정책 실시
	내수 확대	• 소비 중심 내수 확대를 추진하되, 투자의 성장 동력도 중시
	삼농(三農)사업 시행	• 주요 농산물의 안정적 생산 도모, 농업 및 농촌인프라 강화, 지속적 농가소득 증대 추진, 우량 품종 개발, 농민 보조금 지급 규모와 범위 확대
물가 안정	물가 안정	• 안정적 시장공급 보장, 시장 유통기능 강화, 가격 변화에 대한 감독기능 강화
형평성·조화성·지속발전성 강화	산업구조 전환 고도화 가속	• 과잉설비 해소, 혁신 강화, 유통체계 정비, 신재생 에너지 개발 촉진, 서비스 산업 발전
	도시화 적극 추진	• 도시화 추진, 호구제도 개선, 사회보장제도 개혁, 농민공 취업 보장 등으로 농민공 생활수준 향상
	지역간 조화로운 발전 촉진	• 서부 대개발 추진, 동북지역의 낙후 공업지역 개발, 중부지역 발전 추진, 동부지역 발전 적극 지지
	자원 절약 및 친환경사회 건설 촉진	• 에너지 소비 억제, 환경보호 정책 강화, 순환경제 발전 촉진, 생태환경 보호 강화, 효율적인 기후 변화 대응
생활수준 제고	민생 보장 및 개선	• 도시와 농촌의 사회보장제도 발전 추진, 보장성주택(서민주택) 건설 확대, 부동산시장 규제, 교육제도 개선, 의료 및 보건서비스 시스템 개선 • 대중문화 발전 프로젝트 추진, 문화유산 보호, 관광 인프라 개선
국제수지 개선	개혁·개방 심화	• 적극적 국유기업 개혁, 점진적 가격개혁, 사회보장제도 개혁 심화, 재정·조세제도·금융시장 개혁 촉진 • 안정적 무역 증대, 해외진출 강화, 외국인투자 효율 제고

재정정책에서는, 재정적자 규모(2012년 8,500억 위안 → 2013년 1조 2,500억 위안)를 늘려 민생 개선, 경제구조 조정 등에 대한 재정지출을 확대하는 적극적 재정정책을 금년에도 지속할 것을 밝혔다. 2013년 국가 재정수입은 12조 7,630억 위안으로 전년 대비 6.4% 증액되었고, 재정지출은 13조 9,630억 위안으로 전년 대비 9.2%가 증액되었다.

2013년도 국방예산은 전년 실적 대비 10.7% 증액한 7,406억 2,200만 위안(약 130조 원)을 계상했다. 금융위기 여파로 한자릿수 증가율을 기록한 2010년(7.5%)을 빼고 1989년 이래 24년째 두자릿수 증가율을 기록했다. 시진핑이 총서기 취임 후, 국정목표로 '중화민족 부흥'을 제시하고 강군 육성을 강조한 데 따른 것이었다.

늘어나는 중국 국방 예산
(단위=억 위안 · %)

연도	국방 예산
2007년	3482.7(18.2)
2009년	4950.0(18.4)
2011년	6026.70(13.0)
2012년	6691.2(11.0)
2013년	7406.2(10.7)

* 괄호는 증가율(전년대비). 자료=중국 재정부

(4) 국무원 조직개편안 제안 설명 및 채택 (3월 10일)

정부 부처를 통폐합하는 대부제(大部制) 개혁을 완만히 추진하기 위해 위생부와 철도부를 폐지함으로써 온자바오 2기의 27개 부처가 리커창 총리 1기 정부에서는 25개 부처가 되었다. 식·약품 안전사고 빈발에 대처, 약품감독국과 식품안전판공실이 폐지되고 국가식품약품감독관리총국이 신설되었다. 남·동중국해 등지의 영토 분쟁에 대응하기 위한 국가해양국 확대 개편, 에너지 안보에 대처키 위한 국가에너지국의 증편 등이 따랐다. 국무원 세부 인사 내용과 조직 개편 사항은 제2부 '**7** 국무원 및 기구개혁'에서 자세히 다루기로 한다.

(5) 입법·사법기관 업무 보고 (3월 8일, 3월 10일)

우방궈 전인대 상무위원장이 전인대 상무위원회 보고를 통해 그간의 입법 및 행정 감독 성과를 발표했다. 왕성쥔(王勝俊, 1946년생) 최고인민법원 원장과 차오젠밍(曹建明, 1955년생) 최고인민검찰원 검찰장이 각각 공직자 부패·강력범죄·민생침해 사범 척결 등에 주안을 두어 단속 성과 및 향후 사법제도 개혁방안 등을 밝혔다.

(6) 정부·국회 핵심 요직인사 선출 (3월 14~16일)

시진핑 당 총서기가 국가주석과 국가중앙군사위 주석을 맡으면서, 후진타오로부터 당·정·군 3권을 완전 승계했다. 국가부주석은 리위안차오(李源潮) 당정치국 위원이 발탁되었는데, 이는 2017년 제19차 당 대회에서 5석을 교체하게 될 당정치국 상무위원으로의 승진을 예약하는 의미도 있었다. 총리직은 당 서열 2위의 리커창 상무 부총리가 온자바오로부터 전권을 인수했다.

전인대 상무위원장직은 당 서열 3위의 장더장 부총리가 제17차 당대회에서 당서열 2위였던 우방궈로부터 인계받았다. 당 서열의 하락은 개인적 영향력의 차이일 뿐 전인대의 영향력이나 위상에는 별 영향을 미치지 않는다. 전인대 상무위 부위원장(13명) 중 제1 부위원장은 제18차 당 대회에서 당정치국 위원으로 승진한 리젠궈(李建國, 1946년생) 부위원장이 올랐고, 최고인민법원 원장 직에서 물러난 왕성쥔, 장관 정년 65세를 넘긴 장핑(張平, 1946년생) 국가발전·개혁위원회 주임 등의 후임 인선이 있었다.

부총리(4명)·국무위원(5명)·장관(25명)은 총리 제청을 거쳐, 전인대 대표들의 신임투표로 선출되었다. 당 서열 7위의 당정치국 상무위원 장가오리가 상무(常務, 제1) 부총리를 맡고, 나머지 3명의 부총리는 류옌둥(劉延東, 여, 1945년생) 교육·문화 담당 국무위원, 왕양(汪洋, 1955년생) 전 광둥성 서기, 마카이(馬凱, 1946년생) 국무원 비서장이 올랐다.

외교담당 국무위원(부총리급)에는 다이빙궈(戴秉國, 1941년생) 후임으로 양제츠(楊潔篪, 1950년생) 외교부장이 승진 임명되었다. 양제츠는 1977년 아버지 부시 대통령 일가 방중 때 통역한 것을 계기로 20년 넘게 부시 집안과 인연을 맺어 왔고, 주미 대사를 지낸 대표적 '미국통'이다. 외교부장은 왕이(王毅, 1953년생) 국무원 대만사무판공실 주임이 승진했다. 일본통이자 북핵 문제에 정통한 동명 발탁은 시진핑 지도부가 댜오위다오(일본명 센카쿠열도)와 북핵 문제 해결에 외교 우선순위를 두고 있다는 반증이었다.

(7) 폐막 일정 : 표결 및 신임 지도자 연설(3월 17일)

폐막일에는 정부를 비롯한 전인대 상무위·법원·검찰원 업무보고에 대한 표결이 이뤄졌다. 예년처럼 정부사업보고는 90%대 후반의 높은 찬성률을 보인 반면, 법원과 검찰원 보고는 70~80%대 지지율에 그쳤다. 전인대 대표들은 두 기관의 활동에 대한 불만을 표심으로 보여줬다.

이어지는 시진핑 신임 국가주석의 폐막식 연설은 후진타오 주석-온자바오 총리 시대의 마감을 선언하는 것이었지만, 시진핑은 당·정·군 3권을 아낌없이 넘겨준 후진타오 선배에게 최고의 경의를 표했다.

【역대 전인대 제1차 회의 개최 결과】

기수	일 정	대표수	위원장	주요 결정 사항
1기	1954.9.15 ~ 9. 28	1,226명	류샤오치	• 헌법, 전인대 및 각급 정부 조직법 제정 • 마오쩌둥 주석, 주더 부주석, 저우언라이 총리 등 국가지도자 선출
2기	1959.4.18 ~ 4. 28	1,226명	주 더	• 1959년 경제·사회발전계획 승인 • 티베트문제 결의안 채택 • 류사오치 주석, 쑹칭링·뚱삐우 부주석, 저우언라이 총리 선출

기수	일 정	대표수	위원장	주요 결정 사항
3기	1964. 12 .21 ~ 65. 1. 4	3,040명	주 더	• 1965년 경제·사회발전계획 승인 • 류사오치 주석, 쑹칭링·뚱삐우 부주석, 저우언라이 총리 선출
4기	1975. 1. 13 ~1. 17	2,885명	주 더	• 헌법 개정, 4개 현대화 제안, 저우언라이 총리 선출
5기	1978. 2. 26 ~3. 5	3,497명	예젠잉	• 헌법 개정, 신 국가 가사 채택, 국민경제 10개년 계획안 통과, 화귀평 총리 선출
6기	1983. 6. 6 ~ 6. 21	2,978명	펑 전	• 1983년 경제·사회발전계획 승인 • 리셴녠 주석, 우란푸 부주석, 덩샤오핑 군사위 주석, 자오쯔양 총리 선출
7기	1988. 3. 25 ~ 4. 13	2,970명	완 리	• 헌법 개정, 국무원 기구 개혁, 1988년 경제 사회발전계획 승인 • 마카오특별법 기초위, 해남성 설치 • 양상쿤 주석, 왕전 부주석, 덩샤오핑 군사위 주석, 리펑 총리 선출
8기	1993. 3. 15 ~ 3. 31	2,978명	차오스	• 헌법 개정, 국무원 기구 개혁, 마카오 관련 특별법 승인 • 장쩌민 주석, 롱이런 부주석, 리펑 총리 선출
9기	1998. 3. 5 ~ 3. 19	2,979명	리 펑	• 국무원 기구 개혁안, 마카오특별행정구 기본법 및 부속 문건 승인 • 장쩌민 주석, 후진타오 부주석, 주룽지 총리 선출
10기	2003. 3. 5 ~3. 18	2,985명	우방궈	• 후진타오 주석, 쩡칭홍 부주석, 장쩌민 군사위 주석, 원자바오 총리 선출
11기	2008. 3. 5 ~3. 18	2,987명	우방궈	• 2008년 경제·사회발전계획 및 2008년 중앙 예산 승인 • 최고인민법원·최고인민검찰원 업무 보고 승인

제12기 전국인민대표대회 중앙조직

상무 위원회(총원 : 175명, 2013. 3. 14 선출)

위 원 장 ☆ 장더장(張德江)
부위원장 ※ 리젠궈(李建國, 제1 부위원장), ◎왕성쥔(王勝俊), 천창즈(陳昌智),
(13명)   옌준치(嚴雋琪), ◎왕천(王晨), ◎선웨웨(沈躍躍), ◎지빙쉬안(吉炳軒),
         장핑(張平), 상바핑춰(向巴平措), 아이리겅 · 이밍바하이(艾力更 · 依明巴海),
         완어샹(萬鄂湘), 장바오원(張寶文), 천주(陳竺)
비서장 왕천(王晨, 겸임)
★ 범례 : ☆ 당정치국 상무위원, ※ 당정치국 위원, ◎ 당중앙위원

상무위 법제공작위원회	주임	리스스(李適時, 1953년생)
상무위 대표자격심사위원회	주임	황전둥(黃鎭東, 1941년생)
상무위 예산공작위원회	주임	랴오샤오쥔(廖曉軍, 1952년생)
홍콩특별행정구 기본법위원회	주임	차오샤오양(喬曉陽, 1945년생, 유임 미상)
마카오특별행정구 기본법위원회	주임	차오샤오양(喬曉陽, 1945년생)

민족위원회
주임위원 리징톈(李景田, 1948년생)
★ 전 중앙당교 상무 부교장

법률위원회
주임위원 차오샤오양(喬曉陽, 1945년생)
★ 홍콩특별행정구 기본법위원회 주임(겸임 미상)

내무 · 사법위원회
주임위원 마원(馬馼, 여, 1948년생)
★ 전 국가예방부패국장

재정 · 경제위원회
주임위원 리성상(李盛霖, 1946년생)
★ 전 교통운수부장(장관)

교육 · 과학 · 문화 · 위생위원회
주임위원 류빈제(柳斌杰, 1948년생)
★ 전 국가판권국장

외사(外事)위원회
주임위원 푸잉(傅瑩, 여, 1953년생)
★ 전 외교부 부부장

화교위원회
주임위원 바이즈젠(白志健)
★ 전 마카오특별행정구 주재 연락판공실 주임

환경 및 자연보호 위원회
주임위원 루하오(陸浩, 1947년생)
★ 전 간수(감숙)성 당서기

농업 및 농촌 위원회
주임위원 천젠궈(陳建國,1945년생)
★ 전 내무 · 사법위원회 부주임위원

【역대 전인대 상무위원장】

기수	성명 · 생년	사진	재임 기간	주요 경력
제1기	류사오치 (劉少奇 · 1898~1969년)		1954년9월~ 1959년 4월	• 건국 후 정부 부주석 • 1959년 4월 국가주석 취임 • 문혁(1966~76년) 중 탄압으로 1969년 사망 • 1980년 당 11기 5중전회, 복권
제2~제4기	주더(朱德 · 1886~1976년) 17년 3개월 재임		2기 : 1959.4~65.1 3기 : 1965.1~75.1 4기 : 1975.1~78.3 ※ 1976.7월 사망	• 1949년 10월 해방군 총사령관 • 1956년 9월 당 부주석 겸 정치국 상무위원 ※ 사망 이후 기간은 공석
제5기	예젠잉(葉劍英 · 1897~1986년)		1978년 3월~ 1983년 6월	• 1954년 국방위원회 부주석 • 1966년 당 정치국 위원 · 중앙 군사위원회 부주석 • 1975년 1월 국방부장
제6기	펑진(彭眞 · (1902~97년)		1983년 6월 ~ 1988년 4월	• 건국 후 초대 베이징시 당서기 • 제1~3기 전인대 상무위 부위원장 • 1979년 9월 당 정치국 위원 • 1980년 당 정법위원회 서기
제7기	완리(萬里 · 1916년생)		1988년 4월 ~ 1993년 3월	• 1956년 도시건설부 부장 • 1980년 부총리 • 1987년 당 정치국 위원 • 1990년 중국녹화기금회 명예주석

기수	성명 · 생년	사진	재임 기간	주요 경력
제8기	차오스(僑石·1924년생)		1993년 3월~1998년 3월	• 1986년 부총리 • 1989년 중앙당교 교장 • 당 13기(1987년)·14기(1992년) 당 정치국 상무위원
제9기	리펑(李鵬·1928년생)		1998년 3월 ~2003년 3월	• 1983년 부총리, 1985년 국가교육위 주임 • 1988~1998년 총리 • 당 13기(1987년)~15기(1997년) 당 정치국 상무위원
제10~11기	우방궈(吳邦國,·1941년생)		10기 : 2003년 3월~2008년 3월 11기 : 2008년 3월~2013년 3월	• 1991~92년 상하이시 당서기 • 1997~2003년 부총리 • 1997~2002년 정치국 위원 • 2002~12년 정치국 상무위원
제9기	장더장(張德江·,1946년생)		2013년 3월~2018년 3월(예정)	• 1995~98년 지린(吉林)성·당서기·1998~2002년 저장(浙江)성 당서기 • 2008~12년 부총리·정치국 위원 • 2012년 11월 정치국 상무위원

【전인대에 기대하는 중국 국민들의 관심사항】

* 런민왕(人民網) 조사, 2013.3.5, 125만 네티즌 참가

1	사회 보장	256,458표
2	소득 분배	182,693표
3	반부패·청렴	180,876표
4	주택 보장	105,420표
5	의료 개혁	104,782표
6	물가 안정	86,591표
7	식·약품 안전	79,657표
8	법치 구현	72,548표
9	행정체제 개혁	67,170표
10	국방 건설	61,212표

【제12기 전인대 상무위 지도부 약력】

〈☆ 당정치국 상무위원, ※ 당정치국 위원, ◎ 당중앙위원〉

직 위	성 명	사 진	출생연도	주요 경력(전직 및 현직)
위원장	☆장더장 (張德江)		1946년	• 현 당18기 정치국 상무위원(당 서열 3위) • 당16기·17기 정치국 위원, 광둥성·저장성·충칭시 당서기, 국무원 부총리 등 역임
부위원장 (13명)	※리젠궈 (李建國) 제1(常務) 부위원장		1946년 (유임)	• 현 당18기 정치국 위원, 중화전국총공회 주석 • 당16기·17기 중앙위원, 산시(陝西)성·산둥성 당서기 등 역임

직 위	성 명	사 진	출생연도	주요 경력(전직 및 현직)
부위원장 (13명)	◎왕성쥔 (王勝俊)		1946년 (유 임)	• 현 당18기 중앙위원 • 당16기·17기 중앙위원, 최고인민법원 원장, 당 중앙 정법위원회 비서장 등 역임
	천창즈 (陳昌智)		1945년 (유 임)	• 현 중국민주건국회(民建) 중앙주석, 부교수 • 국무원 감찰부 부부장 등 역임
	옌준치 (嚴雋琪)		1946년 (유 임)	• 현 중국민주촉진회(民進) 중앙주석, 교수, 공학박사, 중앙사회주의학원 원장 • 상해시 부시장 등 역임
	◎왕 천 (王 晨)		1950년	• 현 당18기 중앙위원, 당 중앙선전부 부부장, 당중앙 대외선전판공실 주임, 문학 석사 • 당16기·17기 중앙위원, 인민일보 사장, 국가인터넷정보판공실 주임 등 역임
	◎선웨웨 (沈躍躍)		1957년	• 현 당18기 중앙위원 • 당 중앙조직부 상무 부부장, 당17기 중앙위원, 안후이성 당부서기, 인사부 부부장 등 역임
	◎지빙쉬안 (吉炳軒)		1951년	• 현 당18기 중앙위원 • 헤이룽장성 당서기 겸 인대 상무위 주임, 당17기 중앙위원 등 역임

직 위	성 명	사 진	출생연도	주요 경력(전직 및 현직)
부위원장 (13명)	장 핑 (張 平)		1946년	• 국가발전·개혁위원회 주임(장관), 당16기 중앙 후보위원, 당17기 중앙위원 등 역임
	상바핑춰 (向巴平措)		1947년 (티베트족)	• 현 티베트자치구 당 부서기 • 티베트자치구 정부 주석(성장에 해당), 자치구 인대 상무위 수임, 당17기 중앙위원 등 역임
	아이리겅· 이밍바하이 (艾力更· 依明巴海)		1953년 (위구르족)	• 현 신강위구르자치구 인대 상무위 주임 • 신강위구르자치구 정부 부주석(부성장에 해당) 등 역임
	완어샹 (萬鄂湘)		1956년	• 현 중국국민당혁명위원회(民革) 중앙주석, 법학 박사, 교수 • 최고인민법원 부원장, 政協 제11기 상무위원 등 역임
	장바오원 (張寶文)		1946년	• 현 중국민주동맹(民盟) 중앙주석, 교수 • 정협 제9~11기 상무위원 등 역임
	천 주 (陳 竺)		1953년	• 현 중국농공민주당(農工黨) 중앙주석, 의학 박사, 교수 • 위생부장 등 역임

직 위	성 명	사 진	출생연도	주요 경력(전직 및 현직)
비서장	◎왕 천 (王 晨)		1950년	• 전인대 상무위 부위원장 겸임

【제12기 전인대 대표(2,987명) 지방 및 직능별 구성】

베이징(北京)시	55명	광둥(廣東)성	160명
톈진(天津)시	43명	광시좡족(廣西壯族)자치구	90명
허베이(河北)성	126명	하이난(海南)성	25명
산시(山西)성	70명	충칭(重慶)시	61명
네이멍구(內蒙古)자치구	58명	쓰촨(四川)성	148명
랴오닝(遼寧)성	102명	구이저우(貴州)성	73명
지린(吉林)성	65명	윈난(雲南)성	91명
헤이룽장(黑龍江)성	93명	티베트(西藏)자치구	20명
상하이(上海)시	59명	산시(陝西)성	70명
장쑤(江蘇)성	150명	간쑤(甘肅)성	54명
저장(浙江)성	96명	칭하이(靑海)성	22명
안후이(安徽)성	113명	닝샤후이족(寧夏回族)자치구	21명
푸젠(福建)성	68명	신장위구르(新疆維吾爾)자치구	60명
장시(江西)성	81명	홍콩(香港)특별행정구	36명
산둥(山東)성	175명	마카오(澳門)특별행정구	12명
허난(河南)성	172명	타이완(臺灣)성	13명
후베이(湖北)성	118명	중국인민해방군	268명
후난(湖南)성	119명		

7 국무원 인사 및 기구 개편

중국의 제12기 전국인민대표대회(全人大·국회에 해당) 1차 회의(2013년 3월 5일~17일)에서는 시진핑(習近平·1953년생) 신임 국가주석이 제청한 리커창(李克强·1955년생) 총리 임명 동의안을 3월 15일 통과시켰고, 3월 16일에는 리커창 신임 총리가 제청한 부총리(4명)·국무위원(5명)과 25개 부처 장관직에 대한 임명 동의안을 가결시켰다. 또한, 국무원 기구개편안도 심의, 승인함으로써 2013년 3월~2018년 3월을 임기로 하는 제12기 국무원이 정식 출범하였다.

2013년 3월 17일 인민대회당 3층 금색대청에서 신임 총리·부총리 내외신 기자회견 장면
맨왼쪽으로부터, 푸잉(傅瑩) 전인대 대변인, 왕양(汪洋) 부총리, 장가오리(張高麗) 상무 부총리, 리커창(李克强) 총리(중앙), 허사오렌(何紹仁) 전인대 신문(報道)국장, 류옌둥(劉延東) 부총리, 마카이(馬凱) 부총리

국무원, 즉 중앙인민정부는 무엇을 하는 곳인가

중국은 1949년 10월 1일 건국과 동시에 최고 행정기관으로 '중앙인민정부 정무원(政務院)'을 설립하고, 총리, 부총리 약간 명, 비서장, 정무위원 약간 명을 뒀다. 초대 총리는 저우언라이(周恩來)를 임명했다.

1954년 9월 개최된 제1기 전인대(全人大) 1차 회의에서는 '정무원' 대신 '국무원'을 설립키로 결정하고, 최초의 헌법과 국무원 조직법을 통과시켰다. 헌법에는 "전인대는 최고 국가권력기관이다. 국무원은 최고 국가권력기관의 집행기관으로, 최고 국가행정기관이다."라고 규정했다. 이 규정은 현재도 변함이 없으며, 국무원은 매년 전인대 전체회의(정기 국회 상당)는 물론 전인대 폐회 중의 상설기관인 상무위원회에 책임을 지고 업무활동을 보고하게 되어 있다.

국무원의 주요 권한은 ① 헌법·법률에 근거한 행정법규 및 명령의 제정·공포 ② 지방의 각급 행정기관 업무 지도 ③ 국민경제·사회발전계획 수립 및 국가예산 편성·집행 ④ 성·시 범위 내 일부 지구에 대한 계엄 결정 등이다.

국무원은 책임총리제를 시행한다. 행정부 수반인 총리는 국무원 업무에 대한 총괄적인 지도권, 최후 결정권과 인사 지명권을 가짐과 동시에 모든 책임을 진다. 총리가 막강한 권한을 가지고 있지만, 최후 결정권은 반드시 민주적인 절차를 거치도록 제한을 두고 있다.

각료의 임기는 5년이고, 총리와 약간 명을 두는 부총리·국무위원의 연임은 1회로 제한한다. 각료 인사를 전인대에서 결정하고 있어, 원론적으로는 감독-피감독의 종속 관계로 보이나, 당에서 마련한 국무원 인선 동의안을 전인대가 추인하는 형태를 띨 뿐이어서 실제 능력 면으로는 국무원이 우위다.

역대 최고 인기 지도자는 저우언라이 총리

저우언라이 총리는 정무원 총리(1949년 10월~1954년 9월)를 비롯, 제1기(1954년 9월~1959년 4월)·제2기(1959년 4월~1965년 1월)·제3기(1965년 1월~1975년 1월)를 거쳐 제4기(1975년 1월~1976년 1월) 총리 임기를 시작해서 1년 만에 서거하기까지 총 26년 3개월간 총리직을 수행한 중국의 '영원한 총리'였다. 항상 인민을 생각하고 마오쩌둥 앞에서는 나서지 않는 제2인자, 제3인자, 제4인자를 자임함으로써 정치투쟁을 피해갔다.

그에 대한 후세의 평가는 어떠한가? 장쩌민 총서기 집권 기간이었던 1991년, 국무원 산하 연구기관이 베이징·톈진시 간부 850명에게 '가장 존경하는 지도자' 10명을 지명하게 했다. 이를 집계한 결과, 1위는 저우언라이 전 총리 100%, 2위 덩샤오핑(1904~97) 전 중앙군사위 주석 97%, 3위 덩잉차오(鄧穎超·1904~92, 저우언라이 부인) 전 정협 주석 90% 등이었다. '가장 존경하는 지도자' 1명만을 뽑게 했더니 저우언라이 60%, 덩샤오핑 38% 였고, 마오쩌둥은 2% 미만이었다.

【역대 중국 지도자에 대한 인기 투표 결과】

① 저우언라이 전 총리	100%	② 덩샤오핑 전 중앙군사위 주석	97%
③ 덩잉차오 전 정협 주석	90%	④ 류사오치 전 국가주석	88%
⑤ 주더 전 전인대 상무위원장	84%	⑥ 완리 전 전인대 상무위원장	83%
⑦ 후야오방 전 당 총서기	80%	⑧ 양상쿤 전 국가주석	78%
⑨ 장쩌민 당 총서기	76%		

저우언라이 총리 서거 후, 뒤를 이은 화궈펑(華國鋒 · 1921~2008)은 비운의 총리였다. 그는 대리 총리에 이어 총리로 지명되으며, 마오쩌둥에 의해 이미 후계자로 지목되어 있었다. 1976년 9월 마오쩌둥이 사망하자 당 최고위 직인 당 주석으로 오르면서 1978년 3월까지 총리도 겸임했다. 화궈펑은 홀로서기를 위해 "마오가 내린 결정과 지시는 무엇이든 옳다."는 소위 '2개 범시론(凡是論)'이라는 마오 유훈 통치를 내세웠다. 그러나, 개혁 · 개방정책 추진 선언 등 중국 현대화의 역사적 계기가 된 1978년 12월의 당 11기 3중전회에서 최고 실세 덩샤오핑에게 권력을 넘겨줄 수밖에 없었다.

이후 당 주석 직은 1981년 6월 당 11기 6중전회에서 후야오방(1982년 9월, 당 주석 직이 폐지되고 대신 부활된 당 총서기에 취임)에게 인계해야 했고, 총리직은 1978년 제5기 전인대에서 추인 받았으나, 임기를 마치지 못하고 2년 반 만에 자오쯔양(趙紫陽 · 1919~2005)에게 넘겨야 했다.

자오쯔양은 덩샤오핑의 안배대로, 1980~1987년간 총리직을 원만하게 수행한 후, 1987년 11월 당 총서기 · 중앙군사위 부주석(주석은 덩샤오핑)에 취임했다. 그러나 1989년 6월 톈안먼사태 때 당의 강경 진압을 반대하는 입장을 취했다가 모든 직위에서 해임된 뒤, 연금 상태에서 생을 마무리했다.

후임자 리펑(李鵬 · 1926년생) 총리는 1988~1998년간의 2기 임기를 무난히 마쳤으나 톈안먼사태의 강경 진압 주동자라는 비판이 따라 다녔다. 1993년 3월 전인대에서 총리 신임투표 결과, 대표 2,900여 명 중 찬성 2,573 · 반대 210 · 기권 120표로 득표율은 88.63%[1]였다. 통상 각료 신임투표 시, 대부분 90% 후반을 기록한다는 점에서 일종의 거부권 행사였다.

---

1) 의결 정족수는 전인대 대표 정수의 2/3 이상 출석, 출석 대표의 과반수로 규정하고 있어 인기도가 낮을 지라도 낙선자는 사실상 전무하다.

1998년 3월 전인대에서 97.97%의 찬성표를 받은 주룽지(朱鎔기 · 1928년생) 총리는 자신에 앞서 상하이시 당서기 · 시장을 역임했던 선배인 장쩌민 당 총서기와 호흡을 맞춰, 한 단계 업그레이드된 개혁 · 개방 정책 확대에 노력했다. '경제 차르(황제)'라는 별명을 가졌던 그는 1991년 상하이를 방문한 덩샤오핑에게 개혁 구상을 보고한 뒤 '경제를 아는 인물'이라는 평가를 받고 국무원 부총리로 발탁된 바 있었다. 5년 임기 중, 세계무역기구(WTO) 가입 · 2008년 하계 올림픽 유치 등을 포함하여 국유기업 구조조정 · 은행 부실채권 정리 등을 불도저식으로 밀어붙여 중국 국민들의 신망을 얻었다.

2012년 음력설 기간, 상하이를 방문한 주 전 총리

2013년 8월 출판된
《주룽지상하이발언실록》

온자바오(溫家寶 · 1942년생) 총리도 동갑인 후진타오(胡錦濤) 국가주석과 함께 2003년 3월~2013년 3월까지 2기 임기 10년을 채웠다. 중국의 G2 부상이 결정적 공로로, 2009년 GDP 세계 3위에 이어 2010년 이후에는 세계 2위를 유지했다. 2012년 중국의 GDP는 51조 9,322억 위안(8조 2,622억 달러)으로 1인당 GDP는 6,102달러이며, 광둥(廣東)성 선전(深圳) 경제특구는 우리와 비슷한 2만 달러 수준이었다. 개인적으로는 '서민 총리'라는 친인민적 지도자상도 확립했다. 2008년 베이징 올림픽과 2010년 상하이 EXPO를 성공리에 개최했고, 2009년 미국에 이어 세계 2위의 국방예산을 투입하여 군사 강국으로 발돋움했다. 유인우주선 발사 등으로 우주강국에도 진입했다.

조각(組閣)은 정권의 안정성·연속성 확보에 방점

리커창 총리가 이끄는 새 국무원은 부총리 4명·국무위원 5명·각부(위원회 포함) 부장 25명으로 구성됐다. 국무위원을 겸직하는 국방부장과 공안부장을 빼면 총리 포함하여 모두 33명[2]이다. 33명의 평균 연령은 60.2세로 1940년대 생은 8명이며 리커창(1955년생)을 비롯해 25명은 1950년대 생이다. 박사학위 소지자는 13명으로 전체의 39%다. 각료 모두 전문대(1명) 졸업 이상 학력자들로, 법학·경제·역사·철학 등 인문계열 전공자가 25명으로 이공계 전공자 8명에 비해 훨씬 많았다.

리커창 총리, 궈성쿤(郭聲琨·1954년생) 국무위원 겸 공안부 부장, 왕이(王毅·1953년생) 외교부 부장 등 12명이 문화대혁명(1966~1976년) 기에 농촌으로 내려가 생활한 하방(下放) 경험이 있다. 각료 중, 고학력자와 하방 경험자가 다수 포진하면서 새 정부의 정책 추진 과정에서는 전문성이 두드러지고, 저소득·사회약자 층에 대한 관심이 높아질 것으로 보인다.

부총리와 국무위원은 모두 교체됐다. 장가오리(張高麗·1946년생) 정치국 상무위원, 류옌둥(劉延東·1945년생·여)·왕양(汪洋·1955년생)·마카이(馬凱·1946년생) 정치국 위원이 부총리로 선출됐다. 국무위원에는 양징(楊晶·1953년생) 국가민족사무위원회 주임, 양제츠(楊潔

---

2) 국무원 전체회의는 이들 33명이 모두 모이는 회의이며, 국무원 상무회의는 총리·부총리 4명·국무위원 5명·판공청 비서장(국무위원 1명이 겸임) 등 10명이 모이는 비공개 회의이다.

簏 · 1950년생) 외교부장, 창완취안(常萬全 · 1949년) 중앙군사위 위원, 귀성쿤 공안부장(연임), 왕용(王勇 · 1955년) 국유자산관리감독위원회 주임이 승진했다.

실제 정책을 집행할 부장(장관)급 각료로, 각부 부장 21명(중국인민은행 행장 포함), 국가발전 · 개혁위원회 등 위원회 주임 3명, 심계서(審計署, 감사원 상당) 심계장 등 25명을 선출했는데, 이는 5년 전 제11기 국무원 구성 때보다 2명 줄어든 숫자다.

이들 25명 중 절반이 넘는 16명을 유임시켜 정책의 연속성 · 안정성을 중시했다. 따라서 이번 내각은 후진타오 전 주석 중심의 4세대와 시진핑 현 주석 중심의 5세대가 섞인 4.5세대 성격이라고 할 수 있다. 정권이 바뀌면 각료를 거의 100% 교체하는 우리와는 크게 다르다.

경제 · 사회 분야에선 '전문성'을 강조한 인선이 눈에 띈다. 거시경제를 조정하는 국가발전 · 개혁위원회 주임에 오른 쉬사오스(徐紹史 · 1951년생)는 원자바오 전 총리의 '30년 측근'이다. 옌벤 조선족자치주에서 8년간 하방생활을 했기 때문에 조선족과 친분이 두텁다고 한다. 신임 재정부장에 기용된 러우지웨이(樓繼偉 · 1950년생)는 5,000억 달러 규모의 국부펀드를 운용하는 중국투자공사(CIC) 이사장을 역임했다. 가오후청(高虎城 · 1951년) 신임 상무부장도 파리 7대학 사회학 박사 출신으로 주콩고 중국대사관, 중국기계수출입공사 부사장 등을 거쳐 2003년부터 상무부에서 요직을 맡아왔다. 리빈(李斌 · 1954년 · 여) 신임 국가위생 · 계획생육위원회 주임은 2007년부터 2011년까지 국가인구 · 계획생육위원회 장 · 차관직을 역임한 바 있다.

인민은행 행장에 유임된 저우샤오촨(周小川 · 1948년생)은 2013년 장관 정년인 65세가 된데다, 2012년 11월 제18차 당 대회에서 당 중앙위원 3선에 실패했기 때문에 퇴임이 예상됐다. 그러나 금융 경험이 없는 장가오리 재정 · 금융 담당 부총리를 보좌하기 위해 2013년 현재 11년째 중앙은행장 자리를 지키게 됐다. 정년 규정에는 위배되지만, 부장에 대한 3선 제한은 없기 때문에 '미상'의 내규를 적용한 것으로 보인다. 저우 행장은 정협 부주석에도 선출됐다.

시진핑 시대 첫 외교사령탑엔 '미국통'인 양제츠 외교담당 국무위원(부총리급), 외교 일선엔 '일본통'인 왕이 외교부 부장을 전면 배치했다. 이 둘을 '양 날개'로 발탁한 것은 중국 외교의 중심이 미국과 일본에 있음을 시사하는 것이다. 양제츠 국무위원은 지난 1977년 조지 부시 전 대통령 일가의 방중 때 통역한 것을 계기로 20년 넘게 부시 집안과 인연을 맺어 왔다. 주미 대사도 지냈다.

왕이 외교부 부장은 일본 전문가다. 외교부 아주사장(亞洲司長, 국장 상당)을 지냈고 주일 대사(2004~2007년) 시절 고이즈미 전 총리의 야스쿠니 신사 참배로 얼어붙은 중·일 관계 해빙에 중요한 역할을 했고, 2006년 10월 당시 아베 신조(安倍晋三) 총리의 방중을 성사시키기도 했다. 왕이의 기용은 댜오위다오(釣魚島, 일본명 센카쿠 열도) 분쟁으로 최악인 중·일 관계의 돌파구를 마련하려는 포석이나, 향후 아베 정권의 국수주의 우경화 행태 저지라는 어려운 과제를 풀어야 될 것 같다.

신임 국방부장인 창완취안(常萬全·1949년생)은 유인우주선 프로그램 총책임자로 중국의 '우주 굴기(崛起)'를 주도해 왔다. 민족 정책을 담당할 왕정웨이(王正偉·1957년생) 신임 국가민족사무위원회 주임은 소수민족인 회족(回族)으로 정협 부주석도 겸임하게 되었다. 철도부를 흡수 통합하여 공룡 부서가 된 교통운수부 부장에는 양촨탕(楊傳堂·1954년생)이 유임됐다

예전과 마찬가지로, 2013년 3월 16일의 내각 투표에서도 많은 반대표를 받은 부처와 책임자가 있었다. 4명의 부장이 135~181표의 반대표를 받았다. 전인대 대표 2,959명이 투표했는데, 신임 저우성셴(周生賢) 환경보호부 부장이 찬성 2737·반대 171·기권 47·무효 4표, 연임한 장웨이신(姜偉新) 주택·도시·농촌건설부 부장이 찬성 2735·반대 181·기권 36·무효 7표로, 반대와 기권을 합한 이탈률이 각각 7.3

7%, 7.25%에 달했다. 저우성셴 부장은 92.63%의 찬성표를 받았지만 25개 부장 중 꼴찌였다. 연임한 위안구이런(袁貴仁 · 1950년생) 교육부 부장도 이탈률이 5.7%였다. 심각한 대기오염, 주택가격 폭등, 출신 호적(도시 · 농촌별)에 따른 교육 차별 등 관련 수습책의 미비에 대한 질타였다.

한 지방 대표는 "2014년에도 환경문제에 개선이 없으면, 환경보호부는 더 혼이 날 것"이라고 경고했다. 저우샤오촨 중국인민은행 행장의 경우, 10년 넘게 중앙은행장을 담당하게 되면서 금융계 전반에 적체가 예상됨에 따라 이에 대한 반감으로 158명이 반대표를 던졌다.

리커창 임기 10년 내 중국 GDP의 미국 추월 기대

리커창 신임 총리는 지난 30여년 이래 가장 젊은 총리이자, 정권 수립 이래 가장 학력(경제학 박사)이 높은 총리였다. 2013년 3월 전인대 대표들의 신임 투표에서 유효 2,949표 중, 찬성 2,940 · 반대 3 · 기권 6표로 99.69%라는 높은 지지를 받으면서 제7대 총리에 올랐다. 전임 온자바오(2008년 3월 98.88%, 2003년 3월 99.35%)나 주룽지(1998년 3월 97.97%) 총리보다 높은 지지율이었다.

소위 전국 인민의 대표들이 최고의 지지를 보내며 리 총리에게 바라는 것은 뭘까? 이들 전인대 대표나 학자들의 말을 빌리면, 그는 허난(河南) · 랴오닝(遼寧)성 등 2개 성의 당서기와 부총리를 지내 경제 경험과 능력이 뛰어나므로, 임기 10년 내에 중국의 GDP가 미국을 추월할 수 있을 것으로 기대했다.[3] 물론, 성장동력 지속 · 고인플레 탈피 · 산업구

---

3) 리커창 총리는 2013년 3월 17일 취임 기자회견에서 창당 100주년이 되는 2021년에 중화민족의 위대한 부흥이라는 중국의 꿈을 기본적으로 실현키 위해 "오는 2020년까지 연평균 7.5%의 경제성장률을 유지할 것"이라고 강조했다.

조 조정·국유기업 경영 정상화 등 현안이 많지만, 이러한 어려움을 헤쳐 나갈 내공이 충분하다고 생각했다.

특히 전임 온자바오(溫家寶·1942년생) 총리 보다 더 많은 지지를 받았던 것은 리커창 총리의 가정 배경이 단순하고 직계 가족 중에는 특별한 비즈니스맨이 없어서, 온자바오 전 총리처럼 큰 논란을 야기하지 않았기 때문이라고 분석했다. 온자바오 총리의 경우, 당정치국 상무위원직 교체가 이뤄진 2012년 11월의 제18차 당 대회 직전, NYT 등 일부 미국 언론은 원 총리 가족의 재산이 27억 달러(당시 약 2조 9,000억 원 상당)라고 보도한 바 있다. 물론 확인이 안 되는 설(說)이었다.

특대형 현안 수습에 중점을 둔 소폭 기구 개편

이번 국무원 기구 개편의 골자는 철도부, 위생부, 국가인구·계획생육(가족계획)위원회를 철폐하는 대신 위생·계획생육위원회를 신설하여, 기존의 27개 부를 25개 부로 축소한 것이다.

거대한 이권을 배경으로 '부패의 온상'으로 불렸던 철도부는 철도의 행정·기업(사업) 분리를 통한 비리 척결, 고속철 확대에 따른 부채(2012년 9월말 기준 2조 6,607억 위안)문제 해결이 관건이었다.

2007년 고속철 건설이 본격화된 후, 2012년 말까지 영업에 들어간 거리는 베이징-상하이, 허난성 정저우(鄭州)-산시성 시안(西安) 구간을 비롯하여 9.300km를 넘었고, 2013년도 3,0000km 개통을 계획했다. 그러나 이용객이 예상만큼 늘지 않아서 대부분의 노선에서 적자가 계속되었다. 더구나 안전관리 부실로 2011년 7월 저장(浙江)성 온저우(溫州)시에서 고속철 추돌 사건이 발생, 40명이 사망하는 참사도 있었다.

특대형 부패사건이 백일 하에 드러나, 2010년 10월부터 2011년 3월까지 철도부의 부장·운수국장, 장시(江西)성 난창(南昌) 철도국장 등 중앙·지방의 부국장 이상 간부 15명이 수뢰 등 혐의로 체포되었다. 특히, 류즈쥔(劉志軍·1953년생) 전 철도부장은 1986~2011년간 선양(瀋陽) 철도국장, 철도부 부부장 등을 거쳐 부장에 오르면서 직원 승진, 케이블 공사 발주, 철도화물 수송계획 유출·전달 등으로 총 6,460만 위안(한화 112억 원 상당)을 수뢰한 죄로 기소되어, 2013년 7월 8일 집행유예 2년의 사형 판결을 받았다.

산시(山西)성의 한 여성 실업가는 류즈쥔에게 4,000만 위안을 전달한 대가로 고속철 사업 투자에 도움을 받아, 30억 위안(한화 5,230억 원) 의 불법 이득을 챙겼다고 알려졌다.

중국 지도부는 결국 철도부를 폐지했다. 철도 정책 기획·시행은 교통 운수부(이전 도로·항공·수운 부문을 관장), 철도건설·여객 수송 등은 신설 국유기업인 중국철도(鐵路)총공사, 안전관리 등 행정기능은 신설 국가철도국으로 이관했다. 국가철도국은 교통운수부의 관리를 받는 국가 국에 편성했다.

국민의 관심이 높은 '먹거리 안전'을 위해 식품감독의 사령탑인 국무원 식품안전위원회 판공실과 실제 행동부대 격인 국가식품약품감독관리국 을 폐지하고 국가식품약품감독관리총국을 신설했다. 위생부·농업부· 상무부 등에 분산된 식약품 안전 감독기능도 통합하였다. 멜라닌 분유 파동, 독 콩나물, 배수구에서 기름을 회수하여 판매하는 하수유(下水油) 사건 등에 대처[4]키 위한 것이다.

댜오위다오(釣魚島, 일본명 센카쿠열도) 해양주권 분쟁 등으로 해양관 리의 중요성이 증대되고, 남·동중국해(남·동지나해) 등지에서 어선의 조업활동 지원 필요성도 높아짐에 따라 국가해양국을 증편했다. 국토자 원부 관리 국가국 편제에는 들어있지만, 국가해양국의 기존 '중국 해감'

---

4) 2012년 중국에서 식품 안전사건과 관련, 기소된 사람은 8,138명으로, 2011년 대비 5.2배로 증가(2013년 3월 10일 최고인민검찰원이 전인대 전체회의에 보고)했다. 하수유 사건 주범에게는 2014년 1월 사형이 선고되었다.

(海監 : 해양 감시), 공안부의 변방해경, 농업부의 '중국어정'(漁政 : 어업 관리), 해관총서(세관)의 해상밀수 단속 경찰의 해상 법집행 업무를 통합하여 '국가해경(海警)국'의 이름으로 활동하면서 공안부의 업무 지도를 받게 하였다.

인구정책의 재조정을 위해, 위생부와 국가인구 · 계획생육(計劃生育, 가족계획)위원회를 국가위생 · 계획생육위원회로 통폐합하고, 인구전략 등 정책은 국가발전 · 개혁위원회로 이관했다. 통폐합하여 신설한 위원회는 국가중의약(中醫藥)관리국을 관리하도록 조정했다.

국가에너지국도 직속 사업단위였던 국가전력감독위원회 직무을 흡수하여 증편되었고, 에너지 발전전략 입안 · 시행과 에너지체제 개혁에 관한 건의를 담당하게 되었다. 종전처럼 국가발전 · 개혁위원회가 관리하는 국가국에 편성되었다.

그러나 중국의 행정 전문가들은 리커창 총리가 향후 행정체제 개혁에서 겪게 될 어려움도 많다고 지적했다. 철도부 · 위생부 등이 폐지되었지만, 국무원 25개 부처에 직속 기구(15개) 및 사업단위(13개), 부 · 위원회가 관리하는 국가국(國家局) 16개까지 합하면 69개다. 그 산하 기구 운영도 방만해, 직속기구인 국가세무총국은 전국 31개 성 단위에 지국을 두고 있으며, 지국 규모도 방대하다고 지적했다. 이들의 중복 업무와 심사 · 승인권한 남용 등이 비효율과 부패를 조장해온 주범으로 지적되어 왔었다.

또한, 2013년 3월 10일 성광주(盛光祖 · 1949년생) 당시 철도부장의 언급대로 '인원 삭감 없이' 현장 작업원까지 200여만 명에 달하는 철도부를 해체, 재배치하는 데는 1년 이상이 소요될 것으로 보여 행정비용 삭감 효과가 불투명하다.

이처럼 리커창 총리가 해결해야 할 행정체제 개혁상의 문제도 많지만, 중국의 정부 개편은 국가질서를 혼란에 빠뜨린 문화대혁명 후 2013년까지 37년간 모두 7번으로, 5년에 1번에 개편한 셈이다. 반면 우리는 1948년 정부 수립 후, 2013년까지 65년간 정부 개편이 30여 회에 달한다.

2013년 폐지된 중국 철도부는 60년간 존속해온 부처다. 우리는 새 정부가 들어설 때마다 정부조직을 온통 뜯어 고치는데, 그런 악순환을 중단하고 명칭·조직의 변경보다는 인사와 운영 등 소프트웨어를 바꿔야 할 것이다. 노무현 정부의 산업자원부는 이명박 정부 때 지식경제부로, 박근혜 정부에서 산업통상자원부로 바꿨다. 국무위원들은 왜 그렇게 자주 바뀌는가? 인사청문회에서 부적격자를 거르거나 잘못이 있으면 바꾸는 게 당연하지만, 단지 임기 1년이 지날 때나 또 2년이 지날 때 국정운영 분위기 쇄신 차원에서 바꾸는 것은 지양해야 할 것이다.

중국의 국무원 인사 및 기구 개편 중, 중국인민은행 행장으로 11년째 봉직하고 있는 저우샤오촨 행장을 비롯하여 보통 특이한 부패 사건에 연루되지 않으면 보통 2기 10년 임기를 채우는 중국 각료들을 보면서, 본인의 업무에 얼마나 책임감과 자부심을 가지고 일할까 하는 부러움이 느껴진다.

【역대 국무원 총리】

기수	성명·생년	사진	재임 기간	주요 경력
제1~ 제4기	저우언라이 (周恩來· 1898~1976년)		정무원 총리 : 1949.10 ~54.9 제1기 : 1954.9~1959.4 제2기 : 1959.4~1965.1 제3기 : 1965.1~1975.1 제4기 : 1975.1~1976.1	• 외교부 부장(겸임) • 당 8기(1956년)~10기(1973~1976년) 정치국 상무위원 • 당 10기 부주석
제5기	화궈펑 (華國鋒· 1921~2008년)		대리 총리 : 1976.2.4.~4.7 총리 : 1976.4.7.~1978.3 제5기 : 1978.3~ 1980.9.10	• 1976~1981년 당 주석 • 당 16차(2002.11월)·17차(2007.10월) 당 대회 특별 초청 대표 ※ 1980.9.10 자오쯔양에 인계

기수	성명 · 생년	사진	재임 기간	주요 경력
제6기	자오쯔양 (趙紫陽 · 1919~2005년)		총리 : 1980.9.10~1983.6 제6기 : 1983.6~ 1987.11.24	※ 당11기 4중전회 총리직 인수 • 1987.11 당 총서기 · 중앙군사위 부주석 취임 • 1989.6 모든 직위 해임 (톈안먼사태 문책)
제7~ 제8기	리펑 (李鵬 · 1928년생)		대리 총리 : 1987.11.24 ~1988.4.9. 제7기 : 1988.4.9.~1993.3 제8기 : 1993.3~ 1998.3.16	• 1983.6 부총리 겸 1985년 국가교육위원회 주임 • 1998.3~2003.3 제9기 전인대 상무위원장
제9기	주룽지 (朱鎔基 · 1928년생)		제9기 : 1998.3.17~ 2003.3.16	• 1987~91년 상하이 시장 · 당서기 • 1993.6~1995.6 중국인민은행장
제10~ 제11기	온자바오 (溫家寶 · 1942년생)		제10기 : 2003.3~2008.3 제11기 : 2008.3~2013.3	• 1983~85년 지질광산부 부부장 • 1986~92년 당 중앙판공청 주임(자오즈양 · 장쩌민 보좌) • 2002~2003년 부총리
제12기	리커창 (李克强 · 1955년생)		제12기 : 2013.3~2018.3 (예정)	• 2002~2007년 허난(河南) · 랴오닝(遼寧)성 당서기 • 2008~13년 상무 부총리 • 2013년 국무원 삼협공정건설위원회 주임 등 겸임

【국무원 조직도(제12기, 2013년 3월)】

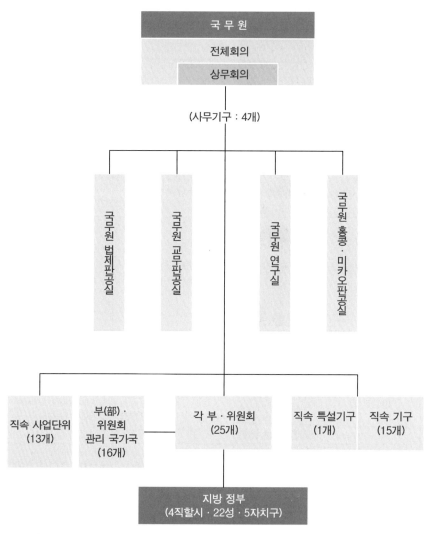

※ 국무원 사무기구 중, 국무원 대만사무판공실은 당중앙대만공작판공실, 국무원 신문판공실은 당 중앙대외선전판공실, 국무원 사교문제 대비처리 판공실은 당 중앙사교문제 대비 처리 영도소조 판공실과 간판만 다를 뿐 동일한 기구이기 때문에 당 중앙직속기관에 편성되어 있다.

【국무원(제12기, 2013년 3월) 각료 명단 및 약력】

※ 국무원 상무회의 구성원(9명)　　　　　　(☆ 당 정치국 상무위원, ※ 당 정치국 위원, ◎ 당 중앙위원)

직 책	성 명	사 진	출 생	학·경력
총리	☆리커창 (李克强)		1955년 7월 안후이(安徽)성 딩위안(定遠)현	• 북경대학, 경제학 박사 • 상무 부총리, 랴오닝(遼寧)성 당 서기 등 역임 • 국무원 당조(黨組) 서기 겸임
부총리 (4명)	☆장가오리 (張高麗) 상무 부총리		1946년 11월 푸젠(福建)성 진장(晋江)시	※ 업무 분장 : 재정·금융·세무 • 하문(廈門)대학 경제과 • 부총리, 톈진(天津)시·산둥(山東)성 당서기 등 역임
	※류옌둥 (劉延東)		1945년 11월 장쑤(江蘇)성 난퉁(南通)시	※ 업무 분장 : 교육·문화·과학기술 • 길림대학, 법학 박사 • 국무위원·정협 부주석 등 역임
	※왕 양 (汪洋)		1955년 3월 안후이(安徽)성 수저우(宿州)시	※ 업무 분장 : 국가발전개혁위·자원·건설 • 중앙당교, 공학 석사 • 충칭(重慶)시　당서기·안후이 (安徽)성 부성장 등 역임
	※마카이 (馬凱)		1946년 4월 상하이(上海)시	※ 업무 분장 : 농업·소수민족 • 중국인민대학, 경제학 석사 • 국가발전·개혁위원회 주임, 국가행정학원 원장 등 역임
국무위원 (5명)	◎양징 (楊晶)		1953년 12월 네이멍구(內蒙古) 준거얼(准格爾)旗, 몽고족	※ 국무원 판공청 비서장 겸임 • 내몽고대, 중어과 석사 • 네이멍구자치구 당 부서기, 국가민족사무위 주임 등 역임

직 책	성 명	사 진	출 생	학·경력
국무위원 (5명)	◎창완취안 (常萬全)		1949년 1월 허난(河南)성 난양(南陽)시	※ 국방부장·중앙군사위 위원 겸임 • 섬서성 웨이난(渭南)사범전문학교 졸업 • 선양(瀋陽)군구 사령원, 총장비부 부장 등 역임
	◎양제츠 (楊潔篪)		1950년 5월 상하이시	※ 당 중앙외사판공실 주임 겸임 • 남경대, 역사학 박사 • 주미 대사, 외교부 부부장·부장 등 역임
	◎궈성쿤 (郭聲琨)		1954년 10월 장시(江西)성 싱궈(興國)현	• 북경과기대학, 관리학박사 • 광시(廣西)장족자치구 당서기 등 역임 • 중앙정법위 부서기 등 겸임
	◎왕용 (王勇)		1955년 12월 랴오닝(遼寧)성 가이저우(盖州)시	• 하얼빈공업대학, 공학 석사 • 국가자산감독관리위원회 주임 등 역임 • 국무원 감재(재해감소)위원회 주임 겸임
(판공청) 비서장	◎양징 (楊晶)		1953년 12월 네이멍구(內蒙古) 준거얼(准格爾)旗, 몽고족	• 내몽고대, 중어과 석사 • 네이멍구자치구 당부서기, 국무원 국가민족사무위 주임 등 역임

※ **25개 부처 장관(+국무원 상무회의 구성원 = 국무원 전체회의 구성원)**

(건제순. ★ 신임(9명). ◎ 당 중앙위원. ○ 당 중앙후보위원)

직 책	성 명	사 진	출 생	학 · 경력
외교부 부장	◎왕이 (王毅) ★		1953년 10월 베이징(北京) 시	• 북경제1외국어학원, 경제학 석사 • 외교부 아주사장(亞洲司長, 국장 상당), 주일대사, 부부장 역임
국방부 부장	◎창완취안 (常萬全) ★		1949년 1월 허난(河南)성 난양(南陽)시	※ 국무위원 · 중앙군사위 위원 겸임 • 섬서성 웨이난사범전문학교 졸업 • 선양(瀋陽)군구 사령원, 총장비부 부부장 등 역임
국가발전 · 개혁위원회 주임	◎쉬사오스 (徐紹史) ★		1951년 10월 저장(浙江)성 닝보(寧波)시	• 장춘지질학원, 경제학 석사 • 국무원 비서장, 국토자원부 부장 등 역임
교육부 부장	◎위안구이 런(袁貴仁)		1950년 11월 안후이(安徽)성 구전(固鎭)현	• 북경사범대학 철학 석사, 교수 • 북경사범대학 교장(총장), 교육부 부부장 등 역임
과학기술부 부장	완강 (萬鋼)		1952년 8월 상하이시	※ 제12기 정협 부주석(2013~18년), 치공당 중앙 주석 겸임 • 독 클라우스탈대학, 공학 박사 • 동제(同濟)대학 교장(총장)등 역임
공업 · 정보(信息) 화부 부장	◎먀오웨이 (苗圩/제방 우)		1955년 5월 베이징시	• 합비(合肥)대학 내연기과 • 후베이(湖北)성 우한(武漢)시 당서기, 동풍자동차공사 총경리 등 역임

직 책	성 명	사 진	출 생	학·경력
국가민족사무위원회 주임	◎왕정웨이 (王正偉, 회족) ★		1957년 6월 닝샤회족 자치구 통신(同心)현	※ 12기 정협 부주석(2013~18) 겸임 • 중앙민족대학, 법학 박사 • 닝샤회족자치구 당 부서기·정부 주석 등 역임
공안부 부장	◎궈성쿤 (郭聲琨)		1954년 10월 장시(江西)성 싱궈(興國)현	※ 국무위원(2013~18년) 겸임 • 북경과기대학, 관리학박사 • 광시(廣西)장족자치구 당서기 등 역임 • 중앙정법위 부서기 능 겸임
국가안전부 부장	◎경후이창 (耿惠昌)		1951년 11월 허베이(河北)성	• 안전부 소속의 국제관계학원·현대 국제관계연구소 소장, 국가안전부 부부장 등 역임
감찰부 부장	황수셴 (黃樹賢) ★		1954년 9월 장쑤(江蘇)성 양중(楊中)시	※ 중앙기율검사위 부서기(2012~17년) 겸 국가예방부패국 국장(2013~18년) • 남경대학 졸 : 장쑤성 감찰청장, 감찰부 부부장 등 역임
민정부 부장	◎리리궈 (李立國)		1953년 11월 허베이(河北)성 위톈(玉田)현	• 동북공정원, 공학 석사 • 티베트자치구 당 부서기, 민정부 상무 부부장 등 역임
사법부 (司法部) 부장	◎우아이잉 (吳愛英)		1951년 12월 산둥(山東)성 창러(昌樂)현	• 중앙당교 • 산둥성 부성장·당 부서기, 사법부 부부장 등 역임
재정부 부장	◎러우지웨이(樓繼偉)★		1950년 12월 저장(浙江)성 이우(義烏)시	• 중국사회과학원, 경제학 석사 • 구이저우(貴州)성 부성장, 중국투자공사 이사장·수석집행관 등 역임

직책	성명	사진	출생	학·경력
인력자원· 사회보장부 부장	◎인웨이민 (尹蔚民)		1953년 1월 허베이(河北)성 링서우(靈壽)현	※ 국가공무원국 국장 겸임 • 해방군 측량학원, 경제학 석사 • 인사부 부부장·부장 역임
국토자원부 부장	◎장다밍 (姜大明)		1953년 3월 산둥(山東)성 룽청(榮成)시	※ 국가토지총독찰(督察) 겸임 • 흑룡강대학 철학 학사 • 산둥성 당 부서기·성장 등 역임
환경보호부 부장	◎저우성셴 (周生賢) ★		1949년 12월 닝샤자치구 우중(吳忠)시	• 중앙당교 • 닝샤회족자치구 정부 부주석, 국가임업국 국장, 국가환경보호 총국 국장 등 역임
주택·도시·농 촌건설부 부장	장웨이신 (姜衛新)		1949년 1월 헤이룽장(黑龍江) 성 푸위(富裕)현	• 북경대학 • 국가발전·개혁위원회 부주임, 건 설부 부부장 등 역임
교통운수부 부장	◎양촨탕 (楊傳堂)		1954년 4월 산둥(山東)성 위청(禹城)시	• 중국사회과학원 • 티베트자치구 당서기, 국가민족 사무위원회 부주임 등 역임
수리부 부장	◎천레이 (陳雷)		1954년 6월 베이징시	• 화북 수리·수전학원, 공학 석사 • 수리부 부부장, 신장위구르자치 구 정부 부주석 등 역임
농업부 부장	◎한창푸 (韓長賦)		1954년 10월 헤이룽장성 빈(賓)현	• 청화대학, 법학 박사 • 당 재경영도소조 농업조 조장, 지 린(吉林)성 부성장 등 역임

직 책	성 명	사 진	출 생	학·경력
상무부(商務部) 부장	◎가오후청 (高虎城) ★		1951년 8월 산시(山西)성 쉬(朔)현	• 북경제2외국어학원, 사회학 박사 (파리 제7대학) • 광시장족자치구 정부 부주석, 상무부 국제무역협상 대표 등 역임
문화부 부장	◎차이우 (蔡武)		1949년 10월 간쑤(甘肅)성 룽난(隴南)시	• 북경대학, 법학 박사, 중국인민대학 국제관계학원 교수(현) • 당 중앙대외연락부 부부장, 국무원 신문판공실 주임 등 역임
국가위생·계획 생육(가족계획)위 원회 주임	◎리빈 (李斌) ★		1954년 10월 랴오닝성 푸순(撫順)시	• 길림대, 경제학 박사 • 국가인구·계획생육위원회 주임, 안후이(安徽)성 성장 등 역임
중국인민은행 행장	저우샤오촨 (周小川)		1948년 1월 장쑤성 이싱(宜興)시	※ 12기 정협 부주석(2013~18년) • 청화대학, 공학 박사 • 인민은행장(2002.12~, 3선), 중국건설은행 행장 등 역임
심계서(審計署) 심계장	◎류자이 (劉家義)		1956년 8월 충칭(重慶)시	• 서남재경재학 재정학 박사 • 심계서 근무(1988년~) 25년, 상업무역심계사장(司長, 국장 상당) 부심계장 등 역임

【국무원 직속기구 및 국가국 (제12기, 2013년 3월)】

직속기구(15개)	직속 사업단위(13개)	부 · 위원회 관리 국가국 (16개)
해관(海關, 세관)총서(總署)	신화통신사	국가신방(信訪, 서신 · 방문)국
국가세무총국(總局)	중국과학원	국가양식(糧食)국
국가공상(工商)행정관리총국	중국사회과학원	국가에너지(能源)국
국가질량(質量, 품질)감독검사검역총국	중국공정원(工程院)	국가국방 · 과학기술공업국
국가신문 · 출판 · 라디오 · 영화 · TV총국	국무원 발전연구중심(센터)	국가연초전매국
국가식품약품감독관리총국	국가행정학원	국가외국전문가(專家)국
국가체육총국	중국지진국	국가공무원국
국가안전생산감독관리총국	중국기상국	국가해양국
국가통계국	중국은행업감독관리위원회	국가측량지리정보국
국가임업국	중국증권감독관리위원회	중국민용항공국
국가지식산권(産權, 재산권)국	중국보험감독관리위원회	국가우정국
국가여유(旅遊, 관광)국	전국사회보장기금이사회	국가문물(文物)국
국가종교사무국	국가자연과학기금위원회	국가철도(원명 : 鐵路)국
국무원 참사(參事)실	**직속 특설기구(1개)**	국가중의약(中醫藥)관리국
국무원 기관관리사무국	국무원 국유자산감독관리위원회	국가외환관리국
		국가탄광안전감찰국

※ 국무원 직속기구 중. 국가예방부패국은 감찰부와 같은 기구로 감찰부에 현판이 걸려 있다.
※ 각 부 · 위원회 관리 국가국 중. 국가당안관은 중앙당안관, 국가보밀(保密, 기밀보호)국은 당 중앙보밀위원회 판공실, 국가밀마(密碼, 비밀번호)관리국과 당 중앙밀마공작영도소조 판공실은 명칭만 다를 뿐 동일한 기구로, 당 중앙직속기관의 하급 기구에 편제되어 있다.

8 국정자문기관, 정치협상회의

2013년 중국의 최대 정치행사는 뭐라 해도 시진핑 당 총서기 중심의 제5세대 지도부가 권력 전면에 부상한 '양회(兩會)'였다.

'양회'란, 2013년 3월 3일~12일까지 개최된 전국인민정치협상회의(政協, 국정자문기관, 중국 약칭은 人民政協) 제12기 전국위원회 제1차 회의와 2013년 3월 5일~12일까지 개최된 제12기 전국인민대표대회(全人大, 국회, 중국 약칭은 全國人大) 제1차 회의를 말한다. 양회의 일정은 시진핑 당 총서기의 형식주의 타파 지침에 따라 제11기 보다 정협은 이틀, 전인대는 하루 단축되었다.

2013년 양회에서 국가·정부·전인대·정협의 핵심요직 인선, 정부기구 개편 및 정책운영 방안 등이 결정되었다. 양회에서 결정된 사항은 2013년 2월 23일 시 당 총서기 주재 당정치국 회의, 2월 26~28일의 당 18기 중앙위 2차 전체회의(당 18기 2중전회) 등을 거쳐 사전 조율을 마치고 상정된 것이었다.

정협 제12기 전국위원회 제1차 회의 개막식[1]

정협 휘장

---

1) 개막식 장면에서 중앙에 정협 휘장이 걸려있고, 오른쪽 화면에는 연설을 하고 있는 자칭린(賈慶林·1940년생) 제17기 정협 주석의 모습이 TV 화면에 비치고 있다.

정협의 연혁 · 조직 및 주요 권한

정협은 중국 건국(1949년 10월) 직전인 1949년 9월 통일전선(정치협상) 조직으로 설립되었다. 그 취지는 공산당 지도하에 각계 대표 인사들이 국정 방침 등에 대해 민주적으로, 평등하고 성실하게 협상한다는 것이었다. 당시 임시 헌법에 해당되는 '정협 공동강령' 제정 등 국회기능 대행과 함께 정부 탄생의 산파 역할을 했다.

1954년 전인대가 공식 설립된 이후에는 국정자문기관 및 홍콩 · 마카오 접수, 대만 통일을 위한 통일전선 업무 협의체의 기능을 수행해 왔다. 그 역할은 각계각층에 대한 공산당의 지도력 확립과 정치 · 사회적 동원 역량 확충이었다. 다양한 세력으로부터 민심을 수렴하여 정책 결정을 한다는 틀을 갖췄다. 임무가 막중하다 보니 실력자들이 주석을 맡았다.

제1기 마오쩌둥(毛澤東, 1949.10~1954.12월), 제2~4기 저우언라이(周恩來, 1954.12~1978.3월), 제5기 덩샤오핑(鄧小平, 1978.3~1983.6월), 제6기 덩잉차오(鄧穎超, 저우언라이 부인, 1983.6~1988.4월), 제7기 리셴녠(李先

政协全国委员会历届主席

■ **第一届主席**
(1949年10月~1954年12月)
毛泽东

■ **第二、三、四届主席**
(1954年12月~1978年3月)
周恩来

■ **第五届主席**
(1978年3月~1983年6月)
邓小平

■ **第六届主席**
(1983年6月~1988年4月)
邓颖超

■ **第七届主席**
(1988年4月~1993年3月)
李先念

■ **第八、九届主席**
(1993年3月~2003年3月)
李瑞环

■ **第十、十一届主席**
(2003年3月~)
贾庆林

역대 정협 (전국위원회) 주석

念, 1988.4~1993.3월), 제8~9기 리루이환(李瑞環, 1993.3~2003.3월), 제10~11기 자칭린(賈慶林, 2003.3~2013.3월)이었다.

정협의 중앙조직은 전국위원회와 상무위원회로 나눈다. 전국위원회는 공산당을 비롯, 중국민주동맹 등 8개 민주 제당파, 중국공산주의청년단 (共靑團) 등 7개 대중단체, 경제계·종교계 등 12개 계열, 소수민족, 홍콩·마카오동포 등 총 34개 부문을 대표하는 약 2,300명의 위원으로 구성되며, 1기의 임기는 5년이다. 매년 3월 회의를 개최하여 ① 주석·부주석(제 11기 25명)·비서장 및 상무위원(제11기 297명) 선출 ② 국성방침에 관한 토의 참여·제안 및 비판 ③ 상무위원회 업무보고 심의, 정협 규약 개정, 결의 채택의 직권을 행사한다.

상무위원회는 주석·부주석·비서장 및 상무위원 등으로 구성(제11기 총 324명, 모두 연임 가능)되는데, 전국위원회 전체회의 폐회 중, 전체회의의 결의를 집행하고 전인대·국무원(정부) 등에 제출할 결의안을 심의·채택한다. 지방의 성(직할시·자치구 포함)·시·현·구 단위 정협[2]은 약 3,000개를 헤아린다.

정협의 역할 제고 및 논란 사례

정협은 공산당 지도하의 ① 정치협상 ② 민주적 감독을 주요 직능으로 내걸었으나, 이에 대한 법적 보장이 부족하다 보니, 상당기간 '정치적 꽃병'이라는 불명예의 굴레를 벗어나지 못했다. 그러다가, 1993년 3월 ① 정협의 정치협상·다당(多黨)협력 제도 장기 보존·발전(헌법 개정) ② 정협의 참정·의정 직능 추가 ③ 정협 위원의 법률·기율 위반행위 적발·검사 권리 보장(이상 정협 규약 개정) 등 법·제도 정비를 계기로 그

---

2) 광둥(廣東)성 정협 위원 978명, 충칭(重慶)시 정협 위원 845명 등, 전국의 각급 정협 위원은 약 46만 명이다.

위상이 크게 제고되었다.

정협 외에 전인대(정협 위원 전원이 옵서버로 참석) 등의 각 종 회의에 참석하거나, 시찰·참 관·조사 활동을 통해 정책 건의 안을 마련한 후, 당 중앙위원 회·국무원·전인대·법원·검 찰과 각 성 정부에 송부하여3),

취재진에 둘러싸인 마신우 소장

정책 결정에 반영시켰다. 국가기관과 공무원 업무에 대해 비평이나 의견 을 제시하는 민주적 감독을 통해 부조리 및 부패 척결에도 기여했다.

정책 제안의 스타는 2010년 7월 최연소 군 장성인 소장(한국의 소장) 으로 승진해 화제를 모았던 마오신위(毛新宇, 1970년생)다. 그는 마오 쩌둥(毛澤東·1893~1976) 전 주석의 유일한 손자로, 정협 위원으로 선발된 2008년 정협 제11기 전국위원회 제1차 회의부터 빠짐없이 참석 했으며, 2010년 정협을 통해 정부에 송부한 '도시화 확대 방안'은 국가 발전·개혁위원회가 수립한 '도시화발전계획(2011~2020년)'에 반영되 었다. 그는 전공인 마오쩌둥 사상을 경제·사회·교육 등에 접목시켜 20 10년에는 창장(長江)·황허(黃河)간 1,000㎞의 화이허(淮河) 유역 정비 와 고향인 후난성 샤오산(韶山)시에의 공산당 간부학교 설립을, 2011년 에는 부정부패 척결 등을 위한 3가지 방안을 제안했다.

그러나 정협 운영에 대한 논란도 있었다. 베이징시·지린성·산둥성의 당위원회 부서기와 광둥성의 당위원회 상무위원이 해당 직할시·성의 정 협 주석을 겸임하고 있는데 대해, 일부 정협 위원은 "정협의 정부 견제 기능이 제약을 받는다. 우리가 거수기 역할을 하러 정협에 참석하는 것

---

3) 정협 위원이 제기한 특이 안건으로는 '이중국적 승인 건의'(2005년), '간체자(簡體 字, 약자) 폐지, 번체자(繁體字, 정자) 회복 제안'(2009년), '해양생태 피해 보상· 배상제도 구축 제안'(2011년) 등이 있다.

이 아니다."고 불평하고 있다.

이에 대해 왕위카이(王玉凱) 중국행정체제개혁연구회 부회장 등 행정 전문가들은 겸직이 오히려 강력한 지도력과 추진력을 발휘할 수 있는 여건을 조성할 수 있다며 옹호한다.

지방에서 '화려한' 위원들을 섭외하다 역풍을 맞은 경우도 있었다. 2013년 1월 광둥성 정협은 홍콩 코미디 배우 저우싱츠(周星馳·1962년 생)를 위원으로 영입했으나 그는 회의에 연속 불참하는 등 불성실한 태도로 일관했다. 간쑤성 정협은 홍콩의 포르노 배우 펑단(彭丹·1972년 생)을 위원으로 임명하여 어론의 집중 화살을 맞았다. 홍콩의 동방일보 등 언론은 "정협은 국가 대사를 논하는 곳이지, 연극 무대가 아니다. '꽃병'이란 오명을 벗으려 하면서 '꽃병'을 대거 흡수하고 있다."며 곱지 않은 시선을 보냈다.

저우싱츠(2004년 출연작품)

섹시 스타 펑단

정협 제12기 위원 구성 및 특징

2013년 회의에 참석한 정협 위원 정수 2,237명은 2008년의 제11기와 같고, 2003년의 제10기(2,238명)보다 1명 적다. 예전처럼 34개 부문 대표를 망라하고 있다. 공산당원이 893명으로 39.92%, 비공산당원이 1,344명으로 60.08%이다. 내규상, 공산당원 비율은 40% 이하를 유지한다. 평균 연령은 56.1세였다.

시진핑 당 총서기의 부인 펑리위안(彭麗媛· 1962년생)은 지난 20년간 문화·예술계를 대표하여 정협 위원을 지냈지만, 이번 위원 명단에서는 빠졌다. 최고지도자 부인의 전례에 따라 내조에 전념하기 위한 것으로 보인다.

영부인 펑리위안

정협 위원 중에는 노벨문학상 수상자 모옌(莫言), 전 NBA 농구스타 야오밍(姚明), 홍콩 영화배우 청룽(成龍)도 새롭게 이름을 올렸다. 영화감독인 천카이거(陳凱歌)·펑샤오강(馮小剛), 영화배우 장궈리(張國立) 등도 문화·예술계 대표 위원으로 뽑혔다, 정협의 이미지와 구심력을 제고키 위한 혁신조치였다.

【정협 12기 위원(2,237명) 분류】

공산당원	893명(39.9%)	소수민족	258명(11.5%)
비공산당원	1,344명(60.1%)	여 성	399명(17.8%)
재 임	1,157명(51.7%)	전문대 졸 이상	2,223명(94.9%)
신 임	1,080명(48.3%)	평균 연령	56.1세
민주제당파	380명(17.0%)		

의사 일정 및 의안 채택 내용

2013년 정협 제12기 전국위원회 1차 회의는 전례와 같이 개막일인 3월 3일 오후 3시 베이징의 인민대회당에서 열렸다. 주석단(의장단) 제1열에 자리 잡은 지도자 중, 전 당정치국 상무위원으로는 후진타오(胡錦濤) 국가주석, 우방궈(吳邦國) 전인대 상무위원장, 온자바오(溫家寶) 총리, 자칭린(賈慶林) 정협 주석이 있었다.

'양회(兩會)'를 통해 이들과 직책을 바꾼 현 정치국 상무위원 7인도 함께 자리했다. 시진핑(習近平) 당 총서기를 위시하여 총리직을 받은 리커창(李克強), 선인대 상무위원장 직을 이어받은 장더장(張德江), 정협 주석 직을 승계한 위정성(俞正聲) 그리고 류윈산(劉雲山) 당 중앙서기처 제1서기, 왕치산(王岐山) 당 중앙기율검사위원회 서기, 상무 부총리에 오른 장가오리(張高麗)였다. 이들은 분임토의, 폐막식 등 주요 행사에 참석했다. 관영 언론은 지도자 거명 순서로, 후진타오 다음에 시진핑을 들었고, 타 지도자는 우방궈 등 전직 정치국 상무위원 다음에 위에 적은 차례와 같이 현 당 서열 순으로 상무위원 이름을 들었다.

제11기 정협의 자칭린 주석이 정협 상무위원회 사업보고를 했다. 지난 5년 동안의 정협 사업 회고와 관련해서는 "당 중앙위원회의 영도 하에 당과 국가의 중심사업 관련, 정치협상·민주감독 및 참정·의정의 기능을 다했다."고 강조하면서, 지난 5년간 정협 위원들의 정책 제안 및 입안 상황과 대만·화교를 비롯한 세계 각국 인사와의 우호 교류 실적도 밝혔다.

향후 5년간 정협 활동의 중점 방향을 다음의 6가지로 집약했다.
① 제18차 당대회 정신 학습 : 정협 위원, 특히 신임 위원에 대한 강습을 강화, 협상과 의정에 관철시킨다.
② (후진타오 전 총서기의 당 지도이념인) 과학적 발전관과 조화로운 사회 실현 : 제12차 5개년 계획(2011~2015년)과 관련하여 당·정부의 정책 결정에 대한 신뢰성 있는 참고자료를 제공하고, 민의

를 반영하는 정책 제언 역량을 강화하며, 당정 · 민족 · 종교 · 계층 및 국내외 동포 관계의 조화 실현에 힘쓴다.

③ 사회주의적 협상 민주제도 완비 : 당위원회 · 정부와 협조하고, 민주제당파 · 상공업계 · 단체, 각 민족, 각계 인사, 지방 정협과의 협력 및 정치협상의 조율 강화로 정책 제언의 질을 제고한다.

④ 홍콩 · 마카오 특별행정구, 대만, 해외교포와의 단합 · 교류 확대 : 대만 정치 · 경제 · 과학기술계 등과의 폭넓은 교류를 추진하고, 당의 화교정책에 의거하여 해외 교포와 귀국교포 가족에 관심을 가지며 조국 현대화와 평화통일 위업에 참가토록 지원한다.

⑤ 대외 친선교류 확대 : 중국의 발전에 유리한 외부환경 조성을 위해 외국 고위층과의 상호방문을 활성화하고 관련 국가 · 국제기구와의 다각 · 쌍무협력을 심화시킨다.

⑥ 정협 사업의 혁신 발전 : 8개 민주제당파와의 단결 · 협력을 발전시키고 전문위원회 사업을 강화하며, 이론 연구 · 제안 · 시찰 · 민심 반영 등 업무 메커니즘을 증강한다.

사업보고 청취 후, 정협 위원들은 경제계, 농업계, 민주제당파, 무당파, 소수민족 등 각 부문별로 토론에 들어갔다. 당 정치국 상무위원들도 각각 다른 패널에 참석하여 위원들을 격려하면서 국정의 효율적 운영을 위한 적극적 참여와 지지를 당부했다. 정협 위원들은 각 패널에서 경제구조 조정, 사회보장, 반부패, 환경 보호, 소득분배 및 의료 개혁 등 국정 현안에 관한 제안 취지를 설명하고, 분임토의를 거쳐 정책 제안을 확정했다.

정협 폐막 전날인 3월 11일, 2,200여 명의 정협 위원들이 전체회의에서 주석 · 부주석을 표결로 선출했다. 정협 주석에는 당 서열 4위의 위정성(俞正聲, 1945년생) 정치국 상무위원이 뽑혔다. 부주석은 23명으로 11기보다 2명 줄었다. 장관 정년 65세를 넘겨 2012년 11월의 제18

차 당 대회에서 205명의 당 중앙위원 명단에서 빠진 저우샤오촨(周小川·1948년생) 중국인민은행장(겸임), 천윈(陳雲·1905-1995) 전 당 정치국 상무위원의 아들인 천위안(陳元·1945년생) 전 국가개발은행 이사장, 루잔궁(盧展工·1952년생) 전 허난(河南)성 당서기, 성장 직위였던 마뱌오(馬飆, 壯族, 1954년생) 전 광시(廣西)장족자치구 정부 주석, 왕정웨이(王正偉, 回族, 1957년생) 전 닝샤(寧夏)회족자지구 정부 주석, 왕자레이(王家瑞·1949년생) 당 중앙대외연락부 부장(겸임)이 새로 이름을 올렸고, 8개 민주제낭파에서는 완강(萬鋼·1952년생) 과학기술부 부장 겸 중국치공당(致公黨) 중앙주석을 비롯하여 8명의 중앙주석·상무 부주석이 정협 부주석으로 당선되었다.

상무위원은 11기 보다 2명 늘어난 299명이 선출되었다. 전직 지도자 측근으로는 후진타오 전 국가주석 비서였던 천스쥐(陳世炬·1963년생) 전 국가주석판공실 주임과 멍쉬에눙(盟學農·1948년생) 당 중앙직속기관공작위원회 부서기(겸임), 차오스(僑石·1924년생) 전 전인대 상무위원장 비서였던 천지핑(陳冀平·1946년생) 중국법학회 상무 부회장 등이 선출되었고, 조선족으로는 유일하게 취안저주(全哲洙·1952년생) 당 중앙위원 겸 당 중앙통일전선부 부부장(겸임)이 뽑혔다.

정협 위원 중, 태자당 출신은 24명으로 1%를 점유한 가운데, 덩샤오핑의 차녀인 덩난(鄧楠·1945년생) 중국지속발전연구회 이사장, 리셴녠 전 국가주석의 딸인 리샤오린(李小林·1953년생) 중국인민대외우호협회 회장 등이 상무위원으로 선출됐다.

마지막 날인 3월 12일에는 전체회의를 열고, 도시화를 위한 유동인구 관리방안, 식품 관리체제 강화를 위한 관련 법 제정 등 정책 제안(2012년 6,069건)을 의결했다. 위정성 신임 정협 주석은 폐막 회의에서 "중국은 앞으로 서구식 정치체제를 모방하지 않을 것"을 언명했으며, 사법부 분리 같은 삼권분립 방식의 정치개혁이 불가함을 확인했고 정협 위원들에게 "권력형 부패에 물들지 말라."고 경고하는 것도 잊지 않았다.

```
┌─────────────────────────────────────────┐
│  정협 제12기 전국위원회 조직(2013.3 선출)  │
└─────────────────────────────────────────┘
```

주　석 : ☆ 위정성(兪正聲, 1945년생) 〈☆ 당정치국 상무위원, ◎ 당중앙위원〉

부주석 : ◎두칭린(杜靑林), ◎링지화(令計劃), 한치더(韓啓德), 바바라·거레랑제(帕巴
(23명)　拉·格列朗杰), 둥젠화(董建華), 완강(萬鋼), 린원이(林文猗), 뤄푸허(羅福和), 허
　　　　 휘화(何厚鏵), ◎장칭리(張慶黎), ◎리하이펑(李海峰), 쑤룽(蘇榮), 천위안(陳元),
　　　　 ◎루잔공(盧展工), 저우샤오촨(周小川), ◎왕자루이(王家瑞), ◎왕정웨이(王正偉),
　　　　 ◎마뱌오(馬颷), 지쉬춘(齊續春), 천샤오광(陳曉光), 마페이화(馬培華), 류샤오펑
　　　　 (劉曉峰), 왕친민(王欽敏)

상무위원 : 299명

비 서 장 : ◎장칭리(張慶黎, 겸임)

```
┌──────────────┐
│   전문 위원회   │
└──────────────┘
```

제안위원회 주임
쑨간(孫淦, 1946년생)
★ 전(前) 당 중앙직속기관공작위원회 부서기

경제위원회 주임
저우보화(周伯華, 1948년생)
★ 전 국무원 국가공상행정관리총국장

인구·자원·환경위원회 주임
자쯔방(賈治邦, 1946년생)
★ 전 국무원 국가임업국장

교육·과학·문화·위생·체육위원회 주임
장위타이(張玉台)
★ 전 당11기 중앙위원

사회 및 법제위원회 주임
멍쉐농(孟學農, 1948년생)
★ 전 당 중앙직속기관공작위원회 부서기

민족 및 종교위원회 주임
주웨이췬(朱維群, 1947년생)
★ 전 당 중앙통일전선공작부 常務 부부장

홍콩·마카오·대만·화교위원회 주임
양총후이(楊崇滙, 1945년생)
★ 중화해외聯誼會 부회장 겸임

외사(外事)위원회 주임
판윈허(潘雲鶴, 1946년생)
★ 중국工程院 부원장 겸임

문화·역사 및 학습위원회 주임
왕타이화(王太華)
★ 전 당11기 중앙위원

【정협 제12기 전국위원회 지도부 약력】

☆ 당정치국 상무위원, ◎ 당중앙위원

직 위	성 명	사 진	출생연도	주요 경력(전직 및 현직)
주 석	☆위정성 (兪正聲)		1945년	당 정치국 상무위원(당 서열 4위) 전(前) 상하이시 당서기
부주석 (23명)	◎두칭린 (杜靑林)		1946년	당 중앙위원, 당 중앙서기처 서기 전 당 중앙통전부장
	◎링지화 (令計劃)		1956년	당 중앙위원, 당 중앙통전부장 전 당 중앙판공청 주임
	한치더 (韓啓德)		1945년	구삼학사(九三學社) 중앙주석 전 전인대 상무위 부위원장
	바바라 · 거 례량제		1940년 (티베트족)	티베트자치구 정협 주석 겸 중국불교협 회 명예주석(중국명:帕巴拉 · 格列朗杰)
	둥젠화 (董建華)		1937년	전 홍콩특별행정구 제1기 · 제2기 행정 장관(1996~2005년)
	완 강 (萬 鋼)		1952년	과학기술부장(장관) 중국치공당(致公黨) 중앙주석
	린원이 (林文猗)		1944년	대만민주자치동맹(臺盟) 중앙주석 칭화(淸華)대학 교수

166 제2부 핵심 권력과 통치기관

직 위	성 명	사 진	출생연도	주요 경력(전직 및 현직)
부주석 (23명)	뤄푸허 (羅福和)		1949년	중국민주촉진회(民進) 상무(常務, 제1) 부주석
	허훠화 (何厚鏵)		1955년	전 마카오특별행정구 제1기·제2기 행정장관(1999~2009년)
	◎장칭리 (張慶黎)		1951년	당 중앙위원 전 허베이성 당서기 겸 人大 상무위 주임
	리하이펑 (李海峰)		1949년	전 국무원 교무판공실 주임
	쑤 룽 (蘇 榮)		1948년	전 장시(江西)성 당서기 겸 人大 상무위 주임
	천위안 (陳 元)		1945년	전 국가개발은행 이사장 * 천윈(陳雲, 1905~95년) 전 당정치국 상무위원의 아들
	◎루잔공 (盧展工)		1952년	당 중앙위원 전 허난성 당서기 겸 人大 상무위 주임
	저우샤오찬 (周小川)		1948년	중국인민은행 행장
	왕자루이 (王家瑞)		1949년	당 중앙대외연락부 부장(겸임)

직 위	성 명	사 진	출생연도	주요 경력(전직 및 현직)
부주석 (23명)	◎왕정웨이 (王正偉)		1957년 (回 族)	당 중앙위원, 국가민족사무위원회 주임 (장관, 겸임) 전 닝샤(寧夏)회족자치구 당부서기
	◎마뱌오 (馬飈)		1954년 (壯 族)	당 중앙위원 전 광시(廣西)장족자치구 당부서기 겸 정부 주석
	지쉬춘 (齊續春)		1946년 (滿洲族)	중국국민당혁명위원회(民革) 상무 부주 석(부장/장관급 대우)
	천샤오광 (陳曉光)		1955년	중국민주동맹(民盟) 상무 부주석(부장급 대우)
	마페이화 (馬培華)		1949년	중국민주건국회(民建) 상무 부주석(부장 급 대우) 중화전국총공회 부주석 겸임
	류샤오펑 (劉曉峰)		1947년	중국농공민주당(農工黨) 상무 부주석(부 장급 대우)
	왕친민 (王欽敏)		1948년생	중화전국공상업연합회 주석 겸임 중국민간상회 회장 겸임
비서장	◎장칭리 (張慶黎)		1951년	정협 부주석 겸임

【정협 제12기 위원(2,237명) 출신별 구성】

중국 공산당	99명	중화전국공상업연합회(경제단체)	65명
중국국민당혁명위원회(민주제당파)	65명	문화·예술계	145명
중국민주동맹(민주제당파)	65명	과학기술계	112명
중국민주건국회(민주제당파)	65명	사회과학계	69명
중국민주촉진회(민주제당파)	45명	경제계	151명
중국농공민주당(민주제당파)	45명	농업계	67명
中國致公黨(민주제당파)	30명	교육계	108명
九三學社(민주제당파)	45명	체육계	21명
대만민주자치동맹(민주제당파)	20명	신문·출판계	44명
無黨派 인사	65명	의약·위생계	90명
중국공산주의청년단(대중조직)	9명	대외우호계	41명
중화전국총공회(대중조직)	63명	사회복지·사회보장계	36명
중화전국부녀연합회(대중조직)	67명	소수민족계	103명
중화전국청년연합회(대중조직)	65명	종교계	67명
중화전국대만동포聯誼會(대중조직)	15명	특별초청 홍콩 인사	124명
중화전국귀국화교연합회(대중조직)	28명	특별초청 마카오 인사	29명
중국과학기술협회(과학학술단체)	43명	특별초청 인사	166명

【정협 제12기 지도부 선출 방식】

※ 2013년 3월 11일 실시된 정협 제12기 지도부 선출 방식은 전당대회나 전인대 전체회의에서 당 및 정부 지도자를 뽑는 방식과 동일하기 때문에 여기에 소개한다.

① 2013년 3월 11일 현지시간 오후 3시, 인민대회당에서 열린 전체 회의에는 정협 위원 정수 2,237명 중, 2,194명이 참석했다.(의사 정족수는 전체 위원의 2/3)

② 선거 시작 전, 대회 집행위원장 겸 사회자인 두칭린(杜靑林, 정협 부주석으로 피선)이 회의 진행요원에게 총감표인(2명, 총 선거감독 관)과 감표인(監票人) 명단 낭독을 요청하자, 총감표인·감표인들 이 일어나 장내 23개 투표함 이상 유무를 조사 후, 전체회의에 조사 결과를 보고했다.

③ 진행요원들이 투표용지를 정협 위원들에게 배포하는데, 투표용지 는 붉은색, 분홍색 두 장으로 붉은색은 주석·부주석·비서 장 선거용, 분홍색은 상무위 원 선거용이다.

④ 무기명 투표로 당선자와 후보 자 수가 같은 동액(同額) 선거 였으며, 출석 위원의 과반수 찬성으로 가결한다. 진행 요 원들이 기입 요령을 낭독한 후, 위원들이 용지에 기입을 시작했다.

⑤ 15시 40분 투표가 시작되었 으며, 총감표인·감표인이 제 위치에서 먼저 투표를 했고,

2013년 3월 11일, 뜨겁게 악수를 나눈
전·현직 정협 주석

위원들은 좌석에 따라 각자 지정된 투표함에 투표했다. 투표 소요 시간은 약 26분이었다.

⑥ 진행 요원들이 회수한 투표용지 집계를 마친 후, 총감표인이 회의 사회자에게 투표 결과 보고서를 전달하고, 회의 사회자는 선거가 유효하다고 선포했다.

⑦ 진행요원이 투표 집계결과를 낭독했다. 선거 결과, 주석·부주석· 비서장과 상무위원 등 총 323명의 후보자들의 득표수가 전체 위원 총수의 과반수를 넘어 모두 당선된 것으로 확인됐다.

⑧ 신임 주석·부주석의 평균 연령은 63.7세였다, 부주석 23명 중, 공산당원이 11명, 비공산당원이 12명, 소수 민족 인사 4명, 여성 2명이 포함되었다. 신임 상무위원의 평균 연령은 59.4세였고 공산당 인사가 195명으로 65.2%, 소수민족 인사 38명, 여성 36명 으로 집계되었다.

9 사정 사령탑, 당 중앙기율검사위원회

중국의 시진핑 당 총서기는 제18차 당 대회(2012년 11월 8~14일) 다음 날, 총서기 취임 연설에 이어 2013년 1월 22일의 중앙기율검사위원회 (중국 약칭은 中央紀委 또는 中紀委, 이하 '중앙기율위') 회의에서 '당과 국가를 멸망시킬 수 있는 권력형 부패 엄단', '부패한 호랑이(중앙·지방 고위직)와 파리'

호랑이와 파리 타도를 풍자한 삽화

(중앙·지방의 중·하위직 공무원) 전원 척결'을 다짐했다.

제18차 당 대회를 계기로 새로 진용을 짠 중앙기율위도 '철완의 소방대장'으로 불리는 당 서열 6위의 정치국 상무위원, 왕치산(王岐山·1948년생) 서기의 지도 아래 대대적 사정과 정풍 작업을 벌여왔다. 중국이 이렇듯 부패 척결에 온 힘을 기울이는 것은 성난 민중과 가장 큰 공감대를 형성하면서 최소 비용으로 법치와 공정사회 건설을 주창할 수 있는 가장 효과적인 방법이기 때문이다. 중앙기율위의 연혁과 조직, 그리고 지금도 칼날을 휘두르며 주도하고 있는 매서운 사정 한파를 분석한다.

최고 사정·감찰기관으로 자리잡은 중앙기율위

중국 공산당은 1927년 5월 후베이(湖北)성 우한(武漢)에서 소집된 제5차 당 대회에서 '중앙감찰위원회' 설립을 결정했다. 이것이 중앙에 설치된 최초의 기율감찰기관이었다. 공산 혁명 과정에서 감찰기관 운영 여건이 좋지 않았기 때문에 명칭이 중앙심사위원회 → 중앙감찰위원회 → 중앙당무위원회 등으로 수시 바뀌었다.

1949년 10월 정권을 수립한 후, 11월 19일 당시 중국인민해방군 총사령관 겸 인민혁명군사위원회 부주석[1]이었던 주더(朱德·1886~1976)를 서기로 하는 '중앙기율검사위원회'를 설립했고, 정부에는 1954년 국가감찰부를 뒀다.

1955년 3월 공산당은 '중앙기율검사위'를 폐지하고 '중앙감찰위원회'를 설립하기로 결정했으며, 1956년 9월 당 8기 1중전회[2]에서 부총리·최고인민법원 원장 등을 역임한 동비우(董必武·1886~1975년)를 서기로 임명했다. 1966년 5월 16일 문화대혁명(1966~1976년)의 시작으로 당기율과 국법이 심각한 도전을 받게 되면서 당 기율검사기관은 힘을 잃었고, 1969년 4월 문화대혁명을 합법화한 제9차 당 대회에서 중앙감찰위원회는 공식적으로 폐지되었다.

그러다 개혁·개방정책의 신호탄을 쏘아올린 1978년 12월 당 11기 3중전회에서 당 기율검사기관 회복을 결정했다. 이때 설립된 '중앙기율검사위원회'는 현재까지도 변함없이 존속해오고 있는데, 당 중앙위원회의 지도를 받으며 임기는 5년이다. 공산당 내 핵심기관의 하나로, 매기 당 대회 때마다 중앙위원회 선출과 동시에 중앙기율검사위원회도 선출한다. 책임자인 제1서기 또는 서기는 정치국 상무위원이 담임했고 1회에 한해 연임이 가능했다.

1978년 제1서기로 선출된 당 부주석 겸 정치국 상무위원 천원(陳雲·1905~1995년)은 동직을 1987년 10월 제13차 당 대회 전까지 수행했다. 그 뒤 서기로 이름을 바꿔 1987~1992년간 차오스(僑石·1924년생), 1992~2002년간 웨이젠싱(尉健行·1931년생), 2002~2007년간 우관정(吳官正·1938년생), 2007~2012년간 허궈창(賀國强·1943년생)이 담임했

---

1) 중국인민혁명군사위원회는 1949년 10월 1일 정권 수립과 동시에 세워진 군 최고 지휘기관으로 군 통수권을 가진 주석은 마오쩌둥이 1949~1954년간 담임했고, 1949년 10월 19일 주덕 등 5명을 부주석으로 임명했다.

2) 1956년 9월 15~27일간 개최된 제8차 당 대회에서 중앙위원을 선출했고, 다음날 중앙위원 전체를 소집해 개최한 중앙위원회 제1차 전체회의를 말한다.

다.(역대 책임자 약력은 후면 첨부 참조)

약칭 '중앙기율위'의 주요 임무는 ① 당의 규약 · 법규 수호 및 당의 노선 · 방침 · 정책 · 결의 집행상황 검사 ② 당 위원회와 협조, 당풍 건설 및 부패척결 업무 수행 ③ 당원(8,512만 명)에 대한 기율준수 교육 실시 ④ 지도간부 · 당원의 권력행사 감독 ⑤ 당 조직 · 당원이 당 규약 · 법규를 위반하여 일으킨 비교적 중대하고 복잡한 사건에 대한 검사 및 처리, 해당 당원에 대한 처분 결정 및 취소 ⑥ 당원의 고발과 소원 수리 ⑦ 당원 권리 보장이다.

성역 없는 사정을 위한 법 · 제도 정비

중앙기율위는 이런 막중한 임무 완수를 위해 관련 법 · 제도를 지속적으로 보강해 왔다. 1991년 중앙의 1급 당 및 국가기관에 기율검사조(檢查組) 또는 기율검사원을 파견 · 상주시키고, 조장이나 기율검사원은 해당 기관의 당 조직 회의에 참석할 수 있도록 규정을 만들어 공포하고 파견을 시작했다.

1993년 2월 중앙기율위는 국무원 감찰부와 '합동사무'(合署辦公) 제도를 시행했다. 당 · 정 기구 간 편제는 다르지만, 업무 대상이나 성격이 유사하여 동일 장소에서 당의 기율검사 및 행정감찰 업무를 보는 제도다. 양 기관의 인원과 자원을 상급 기관인 중앙기율위의 지휘에 의거하여 업무상 필요에 따라 원활하게 운용하는 것으로 합병은 아니다. 현재 중앙기율위와 감찰부, 그리고 2007년 9월에 설립된 국가예방부패국[3]은 '합동사무' 제도를 시행하고 있다. 국무원 감찰부 부장은 통상 당 중앙기율위 부서기로서 국무원 국가예방부패국 국장을 겸임한다. 지방 당 · 정

---

3) 동 국은 국무원 직속기구로 편제되었는데, 감찰부와 간판만 다를 뿐 인원은 동일하다. 감찰부 부장이 동 국장을 겸임하고 부부장이 동 부국장을 겸임한다.

감찰기관도 동일하다.[4]

　1993년 5월 중앙기율위·감찰부는 중앙의 당 직속기관과 국가기관 5
2개 부서에 기율검사·감찰기구를 파견하여 상주시켰다. 양 기관 합동
또는 단독으로 파견했다. 2003년 8월 중앙기율위는 중앙조직부와 합동
으로 현대판 암행어사 제도인 '중앙순시조' 운영을 위한 '중앙순시공작 영
도소조'를 설립하고, 조장은 중앙기율위 서기가 겸임토록 했다. 순시조
는 5개 → 2007년 8월 11개 → 2013년 12월 현재 12개로 증편해 왔
는데, 2개는 국가기관, 4개는 금융·중앙기업(대형 국유기업), 6개는 지
방을 담당한다.(자세한 내용은 제4부의 '❸ 현대판 암행어사, 중앙순시
조' 참조)

　공산당 차원에서는 2003년 12월에 〈당 기율 처분 조례〉·〈당내 감독
조례(試行)〉, 2009년 7월에 〈당 순시공작 조례(試行)〉를 각각 공포·시
행했다. 중앙기율위는 2006년에 대변인 제도 시행, 2009년에 부패혐의
제보 홈페이지 개통 등 업무의 투명성 제고 조치를 취하면서 국민의 부
패 신고를 독려했다. 각급 기율위의 중요한 사건의 처리 결과 등은 동급
당 위원회에 보고하게 되어 있다.

　한편, 당 간부·당원의 부패혐의가 드러나면 경찰·검찰이 아닌 중앙
기율위에서 초기단계 수사를 한다. 필요하다고 판단되면 영장 없는 구속
과 마찬가지인 '쐉구이'(雙規)[5] 처분을 내리고 조사를 시작한다. '쐉구이'
는 '규정(規定)된 시간, 규정(規定)된 장소'라는 의미지만, '규정된 시간'
의 제한이 없어, 수개월은 물론 1년 이상 지속되는 경우도 허다하다. '규

---

4) 예외적으로 광둥성 선전(深圳)시정부 감찰국은 1987년 5월 전국적으로 행정감찰
　체제를 회복한 후, 가장 먼저 설치한 지방감찰기관이지만, 2013년 12월 말 현재
　전국에서 유일하게 시 당 기율검사위원회와 '합동사무'를 보지 않는 감찰기관이다.
5) 중앙기율위가 간부·관리들의 부정부패와 위법 행위를 조사할 때 쓰는 강력한 인신
　체포·구속절차로 일종의 체포·수사권 행사다. 이들과 '합동 사무'를 보는 감찰기관
　도 검사 및 조사권, 처분이나 포상 건의권, 행정처분권(책임자 경고·과오 기록·중
　대 과오 기록·강등·해임·파면 등 5가지) 등의 권한을 보유하고 있다.

정된 장소'란 통상 호텔을 의미하지만, 조사를 위한 독자 구금시설, 즉 안가일 수도 있다. '쌍구이'를 당하면, 사건을 확실히 소명할 때 까지 떠날 수 없어 사실상 연금 상태가 되며, 혐의가 입증되면 곧바로 사법기관으로 이송된다.

2012년 4월 '쌍구이' 처분을 받은 보시라이(薄熙來) 전 정치국 위원 겸 충칭(重慶)시 당서기의 경우를 보자. 그는 체포·수사권을 가진 중앙기율위 조사관들에 의해 안가로 연행되어 연금 상태에서 조사를 받았다. 고위간부라 상대적으로 시설이 좋은 안가였을 뿐이다. 2012년 9월 정치국 회의에서는 중앙기율위가 보시라이에 대한 당적과 공직 두 가지(雙)를 모두 박탈(開除)하는 '쌍카이(雙開)' 처분을 청구하자, 이를 심의·통과시키는 한편 사법기관 이송도 결정했다. 중앙기율위는 2012년 11월 1일~11월 4일간 베이징에서 개최된 당 17기 7중 전회에 보시라이에 대한 장편의' 심사 보고서'[6]를 제출하고, 2012년 9월 정치국이 내렸던 쌍카이 처분을 재확인했다.

보시라이는 검찰 기소 후, 2013년 9월 산둥성 지난(濟南)시 중급인민법원이 선고한 1심 공판에서 수뢰·공금횡령 및 직권남용죄가 병합되어 무기징역에 전 재산 몰수가 병과되는 중벌을 받았다. 보시라이가 불복하여 산둥성 고급인민법원에 항소했지만 2심은 이를 기각하고 원심을 확정했다.

이처럼 '쌍구이'란 통상 못된 짓이 드러나, 파면되고 법의 심판을 받는 것을 의미한다. 그래서 중앙기율위는 부패 관리들에게는 무시무시한 저승사자 같은 존재다. 한화 약 67억 원을 호화별장 신축 및 유흥비로 유용·횡령했다가 1998년에 징역 16년형을 선고받은 천시퉁(陳希東·1930-2013) 전 베이징시 당서기 사건에 대한 중앙기율위 조사가 시작되

---

6) 보고서에 적시된 동명의 혐의 요지는 ① 공직자 재직 중 청탁 처리 후 수뢰 ② 여성 수명과 부적절절한 관계 ③ 조직 및 인사 기율을 위반, 간부 기용 착오 ④ 기타 범죄 연루 등이었다.

자, 종범이었던 왕바오선(王寶森·1939~1995) 전 베이징시 상무 부시장처럼 절망감에 자살(권총)한 사례도 상당히 많다.

중앙기율위는 후진타오 총서기 집권 2기가 시작된 2007년 10월 제17차 당 대회 이후, 고위 공직자 1만 8,277명을 비롯한 66만 8,429명을 징계했다. 그중 사법기관에 넘긴 2만 1,900여명은 실형을 선고받았다. 중앙기율위는 내부 단속에도 나서, 2010년에는 한화 12억 원 상당의 거액을 수뢰해온 왕화위안(王華元·1948년생) 저장성 당 기율검사위 서기[7]를 적발하기도 했다. 그는 집행유예부 사형을 선고받았다.

당 18기 감찰은 최고 경제통 · 각계 전문가의 몫

제18차 당 대회 마지막 날인 2012년 11월 14일, 2,200여명의 당 대표(정수 : 2,268명)들은 2대 주요 기관인 중앙위원회(위원 205명·후보위원 171명)와 중앙기율검사위원회(위원 130명) 구성원을 선출했다. 신임 중앙기율검사위원들은 당 대회 폐막 다음 날인 11월 15일 당 18기 중앙기율위 1차 전체회의를 열어 위원 130명 중에서 상무위원 19명을 뽑고, 상무위원 중에서 다시 서기 1·부서기 8명을 뽑았다. 그리고 중앙위원회 전체회의의 승인을 받았다. 인원수는 5년 전의 당 17기 때와 같았으나, 인선에는 큰 차이가 있었다.(구성원 약력은 후면 첨부 참조)

서기에 왕치산(王岐山) 정치국 상무위원이 지명되었다. 주룽지(朱鎔基) 전 총리의 평에 따르면, 왕치산은 '공산당 내 최고의 경제통'인데, 왜 사정 총책임자로 발탁했을까? 그는 1997년 아시아 외환위기(당시 광둥성 부성장), 2003년 SARS 위기(베이징 시장), 2008년 금융위기(금

---

7) 1998년부터 2009년까지 11년에 걸쳐 저장성의 요직을 섭렵하면서 700여만 위안 (약 12억 2,000만 원)의 뇌물을 챙긴 것으로 밝혀져, 인민일보가 뽑은 '2010년 부패 관료 10인' 중, '비리를 가장 잘 은폐한 관료'로 선정되었다.

중앙기율위 제1차 전체회의 장면

융·무역 담당 부총리) 때마다, 특임 소방수로 임명되어 국난 극복에 탁
월한 능력을 발휘함으로써 '철완(鐵腕)의 소방대장'이란 닉네임도 얻었
다. 공안·감찰 등의 경력이 없는 왕치산의 발탁은 다소 의외였는데, 극
성을 부리고 있는 금융·증권분야 부패 범죄와 정경유착형 비리 확산에
대처하고, 뛰어난 경제운영 및 위기 대처 능력을 살려 '부패 해결사' 역
할을 완수해달라는 주문으로 풀이됐다.

부서기 8명 중 연임된 인사는 5명으로, 2013년 3월 감찰부 부장 겸
국가부패예방국 국장으로 임명된 황수셴(黃樹賢·1954년생), 감찰부 부
부장 등을 역임했던 리위푸(李玉賦·1954년생), 부장(장관)급 대우를
받는 우위량(吳玉良·1952년생), 최고인민법원 부원장 등을 역임한 장
쥔(張軍·1956년생), 푸젠(福建)성 당 부서기 겸 성 당 기율검사위 서기
를 역임했고 부장급 대우를 받는 천원칭(陳文淸·1960년생)이었다.

장쥔 부서기는 보시라이 전 충칭시 당서기를 적극 지지했다가 최고인
민법원 부원장직에서 면직됐으나, 당 18기에서 중앙기율위 부서기로 재
선됨으로써 극적으로 생환한 케이스다.

신임 3명 중 지방 당 책임자로는 유일하게 자오홍주(趙洪祝·1947년

생) 저장성 당서기가 뽑혔는데 성 당서기 직을 면제하면서 중앙기율위 부서기와 중앙서기처 서기를 겸임토록 중책을 맡겼다. 저장성 당서기 재임(2007~2012년) 중, 범죄와의 전쟁을 치루면서 이름을 날렸고, 전임 저장성 당서기 이었던 시진핑 당 총서기와의 친분도 두텁다.

군·정부에서는 각각 두진차이(杜金才·1952년 생·상장) 해방군 총정치부 부주임 겸 중앙군사위 기율검사위 서기, 왕웨이(王偉, 1960년생) 감찰부 부부장(겸임)이 발탁됐다. 왕웨이는 많지 않은 1960년대 생 부장급 관리로, 중앙기율위 판공청 주임도 겸임했지만 업무 시작 6개월 만인 2013년 4월 중앙기율위 부서기·상무위원 직을 더 이상 담임치 않는다는 중앙기율위 발표가 있었고, 5월에

사실상 강등된 왕웨이

는 국무원 삼협(三峽)공정건설위원회 판공실 부주임(부장급)으로 전근하는 인사조치가 취해졌다. 비록 장관급 대우와 중앙기율위 위원직은 유지했지만, 중앙기율위 부서기 의 중요도는 삼협위원회 부주임과는 비교할 수 없다.

당 18기 중앙기율위 구성 후 최초의 간부인사 이동으로 사실상의 강등 조치였는데, 개인적 부패보다는 보시라이 전 충칭시 당서기 조사과정에서 기밀을 누설한 것으로 알려졌다. 이는 "중앙기율위 문 앞부터 깨끗이 치우겠다."는 왕치산 서기의 의지, 즉 시진핑 지도부의 부패 척결 의지를 반영한 것으로 예전의 중앙기율위 분위기와는 사뭇 다르다. 현재 부서기는 7명이다.

상무위원(19명 → 18명) 중 서기·부서기(8명 → 7명)을 제외한 10명 중에서 장지난(張紀南·1957년생) 당 중앙조직부 부부장만 연임이고 나머지 9명은 신임이다. 그중 황샤오웨이(黃曉薇) 감찰부 부부장은 유일한 여성이지만 지난 5년간 중앙기율위 제7기율감찰실(상하이시·장쑤성 등 화동지구 6개 성 단위 감찰) 주임으로 활약한 베테랑이다.

이들 모두의 프로필을 보면 당 18기 중앙기율위는 경제전문가를 정점으로, 당 중앙조직부·국가기관공작위원회, 국무원 감찰부·심계서(審計署, 감사원에 해당), 군 총정치부, 최고인민법원, 최고인민검찰원의 기율검사 및 감찰 부서에서 오랫동안 일해 온 전문가들로 구성되어 있음을 알 수 있다.

창의·기획 수사로 호랑이 23마리를 때려잡다

왕치산 서기 지도 아래 당 18기 중앙기율위는 이전 장쩌민·후진타오 총서기 당시의 중앙기율위와 달리 몇 가지 창의적이고도 강력한 조치를 취했다. 가장 획기적인 것은, 2013년 9월 13일 중앙기율위·감찰부가 인터넷 홈페이지에 처음으로 중앙기율위 조직 및 업무 분장 등 정보를 공개했다는 사실이다. 기관의 실체를 알려, 부패 관리에게 경종을 울리는 한편 국민들의 전폭적 지지 아래 국민들과 함께 부패 고리를 단절시키겠다는 의도였다.

내부 업무부서(27개)로는 제1~제10 기율검사감찰실 외에, 감찰종합실·예방부패실·중앙순시공작판공실·사건감독관리실 등을 뒀다고 밝혔다. 기율검사감찰실 중, 제1~4실은 당·정 중앙부처와 중앙기업(대형 국유기업)의 부부장(차관)급 이상 간부를 대상으로, 제5~10실은 화북·화동·동북·동남·서남·서북 등 6개 지역의 부성장(차관)급 이상 간부를 대상으로 조사하도록 했다. 청·국장급 간부 조사는 해당 성의 당 기율검사위와 상주 기율검사조가 합동으로 처리토록 했다.

직속 사업기관으로는 중국감찰잡지사, 중국기율감찰학원(전문대학), 베이다이허(北戴河, 허베이성 친황다오시 소재 해변휴양지) 연수센터 등 9개를 두었다. 중앙기율위·감찰부가 기율검사·감찰기관을 파견하여 상주시킨 부서는 총 53개로, 33개 부서에는 양 기관이 공동으로 파견했고, 나머지 20개 부서에는 각각 단독으로 파견했다.

중앙기율위가 부부장·부성장 급 관리를 조사할 때는 중앙기율위 상무위원회의 동의를 얻어야 하지만, 부장·성장급 관리를 조사할 때는 정치국 회의의 승인을 받아야 한다. 중앙기율위 기율검사감찰실이 사건을 처리하는 단서는 상당 부분 중앙기율위 신방실(信訪室)이 접수한 민간의 서신·방문·전화 신고나 고발, 인터넷(트위터·메신저 포함), 중앙 지도층 시달 의견 또는 동급 당·정부·입법·사법기관이 이송한 사건 등이다. 각종 경로를 통해 기율 위반의 단서나 자료가 중앙기율위에 도착하면 중앙기율위 상무위원회, 어떤 경우는 당 중앙위원회의 집단 토의를 거쳐 초기 사실 조사 여부를 결정한다.

중앙기율위의 사건 처리는 8개 절차를 거치는데, 사건단서 관리 → 초기 사실 조사 → 입건 심사·승인 → 조사·채증 → 사건 심리 → 처분 집행 → 피조사인 소명 → 사건 감독·관리다. 다만 이것은 일반 절차이고, 상당 부분은 특별 처리하는데, 앞의 몇 단계를 생략하고 직접 입건하여 특별조사팀을 만들어 조사하기도 한다. 어떤 지방에서는 특별한 경우, 먼저 조사한 후 입건하기도 한다.

두 번째는 2013년 9월 2일, 부패혐의 제보 홈페이지(2009년 개설)를 대폭 정비하여 누구나 쉽게 접근할 수 있도록 개통하였다. 20일 동안 전국적으로 이 사이트를 통해 1만 5,253건의 부패 제보가 있었다. 하루 평균 762건이다. 이는 제보 사이트 정비 전, 중앙기율위에 접수된 하루 평균 300건의 배가 넘는다. 일반인들의 부패에 대한 생각을 수세에서 공세로 바꾼 쾌거였다.

산시성 윈청(運城)시 루이청(芮城)현의 량융안(梁永安) 인민검찰원 부검찰장은 2013년 9월 17일 딸 결혼식을 치렀다. 권력기관 고위 간부이다 보니 하객이 많아 20일까지 4일 동안 피로연을 치렀고, 축의금도 많이 받았다. 어찌 보면 당연한 중국의 고위 공직자 자녀 결혼 풍속이었다. 그런데 피로연에 참석했던 주민이 중앙기율위 부패 제보 사이트에 고발을 한 것이다. 량 부검찰장은 현 당 기율위의 조사를 받고, 현 인대의 결정을 통해 파면되었다. 시진핑 당 총서기 겸 국가주석이 척결을 강조하고 있는 공직자의 형식주의·관료주의·향락주의·사치풍조 반대 등 소위 '반4풍(反四風)'을 어긴 것이다. "자녀의 호화 결혼식을 주도, 연 4일간 100여 식탁씩 연회를 베풀고 거액의 축의금을 받았다."는 조사 결과가 전국적으로 뿌려졌다.

장쑤성 난징시 리수이(溧水) 저탕(柘塘)파출소의 옌웨이쥔(嚴維軍) 부소장은 시골 별장에 사람을 고용하여 200㎡ 규모의 지하실을 불법 굴착했다가 주민 제보로 적발되어 폐쇄했다. 그러나 조사 결과, 향후 이주 시의 보상금을 노린 것으로 밝혀져 해임되고 당내 '엄중 경고' 처분을 받았다.

불법 건축된 지하실

셋째, 중앙기율위는 2012년 12월 당 정치국이 발표한 '8개항 규정'과 '반4풍' 준수 여부를 엄격히 점검하여 위규(違規)자를 강력히 처리하고 있다. 공직사회의 '업무 기풍 개선 및 대중과의 연계 강화를 위한 8개항 규정'은 회의활동·문서·보고 간소화, 출장·순방 활동 규범화, 경호활동 개선, 언론 보도 개선, 서적·원고 발표 엄격 규제, 근검·절약 이행 등이다.

2013년 12월 중앙기율위는 홈페이지를 통해 2012년 12월~2013년 10월 말까지 '8개항 규정'을 위반한 사안은 1만 7,380건, 연루된 간부는 약 2만 명, 정확히는 1만 9,896명이었다고 밝혔다. 해당 간부는 중앙·지방의 국장급 35명, 처장·현장급 769명, 과장·향장급 1만 9,092명이었다. 이 중 국장급 이상 15명을 포함한 4,675명에게 당 및 행정 기율 처분을 내렸다고 덧붙였다.

사안별로는 공용차 관리 규정 위반자가 가장 많아 5,087명(25.6%),

호화 애경사(혼인·장례·출생 등)를 치른 경우 1,068명(5.4%), 공금으로 흥청망청 먹고 마신 공직자는 965명(4.9%)이었다. 기타 1만여 명은 공금을 이용한 국내·해외 관광과 유흥업소·스포츠센터 출입, 규정을 위반한 호화 건물·시설물 건축[8], 추석·국경절 등 경축일 계기, 공금을 이용한 선물·사례금 증정 금지 및 업무관계 상 보내오는 웨빙(月餅, 월병)·예물·유가증권·구매카드·회원카드 접수 금지 규정 위반, 무사안일주의 업무태도 등이 문제된 간부들이었다.

동시에 대표적 위반사례를 발표했다. 2013년에 12월 발표를 포함하여 총 4회에 걸쳐 규정 위반 사례 32건을 공개했다.

2013년 12월 발표 중, 맨 먼저 언급된 것은 2012년 부성장급인 헤이룽장성 야부리(亞布力)[9] 리조트 영도소조 상무 부조장으로 승진한 푸샤오광(付曉光) 사례다. 총 맞은 23마리 호랑이(차관급 이상) 중 하나다.

그는 가족과 함께 2013년 7월 23일 징보후(鏡泊湖) 관광지에 놀러갔다가 해당 지역 책임자인 둥징청(東京城) 임업국의 명칭안(孟慶安) 당서기와 국장의 영접을 받았다. 이들은 관광지의 루위안다오(鹿苑島) 호텔에서 징보후에서 잡은 고급 생선에 도수 높은 바이주(白酒)를 마셨다. 그런데 다음날 아침 술자리를 같이 했던 당서기가 호텔 방 안에서 심장마비로 숨진 채 발견되었다. 공금으로 술 접대하다 돌연사한 것으로 판명되었다.

중앙기율위는 당 중앙위원회의 승인을 얻어, 푸샤오광에게 "개인적 일로 공금을 쓰고 대량 음주로 동석자 중 1명 사망·1명 부상의 결과를 초

---

8) 규제 대상이 되는 건물·시설물은 청사(辦公樓)·회의빌딩·대강당·초대소·전시관·기념관·클럽·간부휴게소·양로원과 기타 비교적 고급스럽게 인테리어를 한 간부 숙소·간부 병실, 각종 센터(중심)의 이름을 붙인 시설물이 해당된다. 통칭 첫 글자를 따 루당관소(樓堂館所)라고 한다.

9) 야부리진(鎭, 면적 411km^2·인구 4만 6,810명)은 하얼빈시 동남쪽 200km에 위치하며, 1993년 헤이룽장성 정부가 성급 개발소구(小區)로, 1994년엔 건설부가 '전국 소도시 시범개혁 진'으로 각각 지정하였다.

래"한 책임을 물어 당적 보류 하 1년 관찰 처분을 내렸고, 절차에 따라 상무 부조장 직위를 해제했다. 부성장급 직위도 국장급으로 강등했다. 몸이 망가졌던 임업국장도 회복 후에 기율처분을 받았다.

교통운수부 종합규획사(司, 종합기획국 상당) 쑨궈칭(孫國慶) 사장의 공금 골프 및 관광, 산시(陝西)성 닝산(寧陝)현 부현장 등의 공금 해외여행과 농업부 중국수산과학연구원에서 연구비로 직원들에게 웨빙(月餅)을 선물한 사실 등도 적발됐다.

자제 성화에도 나서, 2013년 05월 27일 왕치산 서기는 전국 기율 및 감찰기관 화상회의에서 감찰 관계기관 공직자는 혜택성 회원 카드를 6월 20일까지 전부 폐기하라고 지시했다. 이 회원카드는 백화점·레스토랑 등 서비스 업체에서 각종 혜택을 받을 수 있는 카드로, 기업이 공직자들에게 은밀히 선물하면서 공직자들의 향락주의와 부정·부패를 키운다는 지적이 제기돼 왔다.

초대형 '호랑이' 사냥을 위한 카운트다운?

최근 중국 내 사정 회오리의 중심에 후진타오(胡錦濤·1942년생) 집권 시기, 권력서열 9위의 정치국 상무위원이었던 저우용캉(周永康·1942년생)이 있다. 저우용캉은 1961~66년 베이징석유학원(전문대학, 후에 중국석유대학으로 승격) 탐사과에서 지구물리탐사를 전공, 졸업한 후 1967년부터 헤이룽장(黑龍江)성 다칭(大慶)유전에서 3년을 보냈다. 이어 랴오닝(遼寧)성 랴오허(遼河)유전에서 탐사국장으로 오르면서, 판진(盤錦)시장으로 근무하기도 했다.

1985년부터는 석유공업부 부부장, 중국석유·천연가스총공사(현 중국석유·천연가스집단, 약칭 중석유〈中石油〉) 부총경리·총경리를 지냈고, 1998년 3월 신설 국토자원부 부장으로 전근, 25세부터 56세까지

32년간의 석유 인생을 끝냈다. 그 후에도 쓰촨성 당서기(1999~2002년), 공안부장을 거쳐 2007년 10월에는 정치국 상무위원으로 승진, 공안·사법 및 정보기관을 총괄 지휘하는 막강한 당 중앙정법위 서기를 담임했다. 2012년 11월 제18차 당 대회 계기, 시진핑 체제로의 정권 교체로 공직에서 물러났지만, 각지에 심어둔 그의 세력기반은 탄탄했다.

쓰촨성 당서기 때인 2001년 28세의 나이차를 극복하고 중국중앙TV(CC-TV)의 아나운서 자샤오예(賈曉燁·1970년생)와 재혼했다. 자샤오예는 장쩌민(江澤民·1926년생) 전 국가주석의 부인 왕예핑(王冶平) 여사의 외질녀다. 베이징대를 졸업, 1990년대 CC-TV 실습생으로서 '중석유'를 취재하다가 총리였던 저우용캉과 사랑에 빠졌다. 저우용캉과 전처 사이의 장남 저우빈(周濱·1972년생)보다 딱 2살 많다. 지금은 CC-TV를 떠난 상태다.

저우용캉이 받고 있는 비리 혐의는 지방정부·중석유 사업 비호 등을 통한 수천억 원대의 수뢰, 권력을 이용한 두 동생과 아들에 대한 사업편의 제공 등이다.

저우용캉의 두 동생은 원래 중졸 출신으로 고향인 장쑤(江蘇)성 우시(無錫)시 관내 시첸터우(西前頭)촌에서 농사 일을 했다. 그러다가 본명이 저우위안껀(周元根)인 큰형, 즉 저우용캉의 후광으로, 집안에 부가 굴러들어왔다. 바로 밑 남동생 저우위안싱(周元興·1944년생)은 장쑤성에서 중국술 우량예(五糧液) 독점판매로 큰돈을 벌었다. 둘째 동생 저우위안칭(周元靑·1948년생)은 관료의 길을 걸어, 우시시 후이산(惠山)구 국토국 부국장을 지냈으며 중석유 등과 합작, 각종 이권사업을 벌였다. 둘째 동생 부부는 2013년 12월 피포·조사 중이다.

장남 저우빈 관련 비리는 ① 중석유 인맥(석유방)을 통해 아들의 석유기업이 각 유전·석유회사와 거래토록 안배했고 ② 아들 부부가 엔터테인먼트 회사를 차려 여러 프로그램을 CC-TV에 편법 납품토록 주선했으며 ③ 아들의 쓰촨성 사업 후원을 위해 자신이 발탁했던 쓰촨성 고위

간부들을 동원한 점 등이다.

저우용캉 비리에 대한 본격적인 수사는 시진핑 체제에 들어서다. 2012년 11월 제18차 당 대회에서 선출된 엘리트 지도층인 당 중앙위원 205명·중앙후보위원 171중, 지금까지 저우용캉 측근인 당 중앙위원 2명, 중앙후보위원 2명이 실각했다. 이들 장관급 이상 인사 4명을 비롯하여, 당 중앙기율검사위 '조사관의 임의 동행식 연행 → 홈페이지를 통한 당 기율위반 사실 보도' 방식으로 '인생에 종친' 차관급 이상 간부만 15명이 넘는다. 측근세력이 거의 초토화된 수준이다.

저우용캉의 세력기반은 앞에서 언급한 그의 약력에서 볼 수 있듯이, 경제계에선 '석유방(석유기업 출신 고위인사)', 지역적으로는 '쓰촨방', 정부쪽은 '공안방'(공안부 인맥)이다.'방(幇)'은 계파를 지칭하는 용어로, 비서(보좌관) 출신은 '비서방'이라 한다. 실세한 그들의 면면은 다음 표와 같다.

【저우용캉 측근 낙마 사례 및 관련 체포자】

범례 : ◎ 당 중앙위원, ○ 당 중앙후보위원, ● 비서방

구 분	낙마 보도	성 명	낙마 당시 직책
석유(石油)방	2013년 3월	타오위춘(陶玉春 · 1962년생)	중석유(中石油) 산하 쿤룬(昆侖)천연가스공사 총경리
	2013년 8월	왕용춘(王永春 · 1960년생, ○)	중석유 부총경리 겸 당 중앙후보위원
	2013년 8월	리화린(李華林 · 1967년생, ●)	중석유 부총경리 겸 쿤룬에너지 이사회 주석
	2013년 8월	란신취안(冉新權 · 1965년생)	중석유주식회사 부총재 겸 창칭(長慶)유전분공사 총경리

구 분	낙마 보도	성 명	낙마 당시 직책
석유(石油)방	2013년 8월	왕다오푸(王道富 · 1954년생)	중석유 총지질사 겸 탐사개발연구원 원장
	2013년 9월	장제민(蔣潔敏 · 1955년생,◎) ※ 전 중석유 이사장	국무원 국유자산감독관리위원원회 주임 겸 당 중앙위원
	2013년 12월	온칭산(溫靑山 · 1958년생)	쿤룬에너지 이사장 겸 중석유 총회계사
	2014년 2월	선딩청(沈定成,●)	중석유 산하 중국석유국제사업공사 부총재
쓰촨(四川)방	2012년 12월	리춘청(李春城 · 1956년생,○)	쓰촨성 당 부서기 겸 당 중앙후보위원
	2013년 6월	궈용샹(郭永祥 · 1949년생,●)	쓰촨성 문학예술계연합회 주석, 쓰촨성 부성장 역임
	2013년 12월	리충시(李崇禧 · 1951년생,●)	쓰촨성 정치협상회의(政協) 주석
	2014년 2월 18일	지원린(冀文林 · 1966년생,●)	하이난(海南)성 부성장
공안(公安)방	2013년 12월	리둥성(李東生 · 1955년생,◎)	국무원 공안부 부부장(부장급) 겸 당 중앙위원
	2014년 1월	량커(梁克 · 1972년생)	베이징시 국가안전국장
수익사업 소개	2014년 3월 8일	선페이핑(沈培平 · 1962년생)	윈난(雲南)성 부성장
장남 저우빈 비리 관련인사 체포	2013년 3월	류한(劉漢 · 1966년)	사천성 사업 파트너로 조폭. 살인죄로 2014. 5월 사형선고(1심)
	2013년 8월	우빙(吳兵 · 1963년생)	쓰촨성 부호, 중석유 연계 사업 ※ 저우 일가 재산 관리인설
	2013년 8월	미샤오둥(米曉東 · 1970년생)	중국해양석유총공사 간부
	2013년 12월	저우빈(周濱 · 1972년생)	베이징중쉬(中旭)태양에너지과학기술회사 이사장

석유방의 핵심 측근은 중석유 이사장 출신인 장제민 국무원 국유자산 감독관리위원회 주임, 왕용춘 중석유 부총경리이었다. 전자가 당 중앙위원, 후자가 당 중앙후보위원이었다. 2013년 8월 26~27일 해임된 4명은 저우융캉의 비서나 부하 출신들로, 중석유의 돈줄인 석유 탐사 및 생산부서에서 함께 근무했던 인연으로 후에 중석유 고위층에 발탁되었다.

쓰촨방 중, 리춘청 쓰촨성 전 당 부서기는 저우의 안배로 쓰촨성 청두(成都)시장에서 쓰촨성 당 부서기로 승진했으며 저우 집안의 사업을 대대적으로 지원했다. 저우빈이 석유·부동산·쓰촨(四川)신탁공사에 투자, 막대한 이득을 챙기도록 했다. 리충시 성 정협(政協) 주석은 저우가 쓰촨성 당서기로 있을 때, 비서실장이었다.

공안방은 저우융캉이 2007년 당 중앙정법위 서기를 맡은 후 형성된 세력이다. 핵심 측근은 리둥성 공안부 부부장으로 2010년 8월부터 정법위 위원(총원 9명)으로 활동했다. 그는 과거 CC-TV 부사장 겸 유명 앵커로 이름을 날렸지만, 여 기자·아나운서 등과의 성추문으로 구설수에 올랐고, 이들을 저우융캉 등 고위층에 대한 성 접대에 동원, 요직에 올랐다는 의혹을 받았다.

또 한 사람은 저우융캉의 발탁으로 2008년 4월, 36세라는 약관의 나이에 베이징시 국가안전국장에 오른 량커(梁克)다. 시 안전국 첩보요원들이 수집한 저우 신변 관련 최고기밀을 저우융캉에게 수시로 불법 전달한 혐의를 받고 있다.

한편 저우빈은 부친 부하들과 학연으로도 얽혀져 있었다. 중국 제2위 석유 전문대학으로, '석유계의 황포(黃埔)군관학교'로 불리는 청두 소재 서남(西南)석유대학 출신인 리화린 중석유 부총경리는 저우빈의 동교 입학을 주선했으며, 이후 중석유 미국 휴스턴지사로 발령받아, 저우빈의 미국생활을 돌봤다고 한다. 리화린과 같은 날 추락 소식이 전해진 란신취안·왕다오푸도 저우빈의 대학 선배들이다. 선배들이 아버지를 모시고, 석유업계에 막강한 권력을 행사하는 세력을 형성한 만큼, 저우빈이

이 속으로 뛰어든 것은 너무나 당연했다.

저우용캉 근황에 대해서는 2014년 3월 16일자 홍콩의 중립계 '아주주간(亞洲週刊)' 잡지 기사를 인용한다. 저우용캉은 2013년 10월 1~2일간 거행된 모교인 중국석유대학 개교 60주년 기념행사의 첫날 모교를 방문한 후, 공식석상에서 사라졌다. 그리고 두 달이 지난 2013년 12월 1일, 시진핑의 비서실장이자 경호실장인 리잔수(栗戰書) 당 중앙판공청 주임 겸 정치국 위원이 자택에 있던 저우용캉을 '모시고' 은밀한 모처(안가, 安家)로 향했다고 알려진다.

중국석유대학 방문

모교 후배들과의 마지막 만남

이후, 저우 사건 발표가 초읽기에 들어갔다는 내용이 중국 언론뿐 아니라, 홍콩의 친중국계 언론에서도 저우용캉의 본명인 '저우원껀'을 들며, 보도했고 중국의 최대 검색포털 바이두(Baidu)에도 저우 실명 기사가 많이 실렸다.

그러면 저우용캉 사건 전모 발표는 왜 계속 늦어지는 것일까? 원래 1차 발표 시점으로 2013년 12월 중순을 잡았다 한다. 그러나, 2013년 12월 8일 북한에서 김정은 고모부인 장성택이 체포, 처형되는 상황이 발생했다. 전 세계가 경악해 하는 시점에서 저우 사건 공개는, 장성택 사건에 비견되어 중국 공산당 내 권력투쟁으로 비쳐질 수 있음을 우려한 것이라 한다.

2014년 3월초 개최된 전인대와 정협에 앞서서는 '개혁'과 '민생'이라는 양회(兩會, 2대 회의)의 '대주제'가 희석되지 않도록 양회 이후로 발표를 미뤘다는 것이 정설이다. 당 중앙기율검사위가 저우융캉 측근 체포 소식을 2014년 들어서도 1월에 한번, 2월에 두 번이나 알린 것은 저우융캉의 혐의를 입증할 충분한 증거를 계속 축적해왔으며, 이젠 "멀지 않았다"는 신호다.

당 중앙편역국 마르크스주의연구소 허쩡커(何增科 · 1965년생) 소장은 "새 지도부가 보여주는 반부패 역량은 개혁 · 개방 이후 당의 30여 년 역사에서 '최강'"이라고 평가했다. 그 말은 시진핑 체제가 출범한 2012년 11월부터 2013년 12월 말 까지 낙마한 호랑이(차관급 이상 간부)가 23명(후면 첨부 참조)에 달한다는 점에서 확실히 입증된다. 장쩌민 총서기나 후진타오 총서기 집권 시기에는 1년에 장 · 차관급 간부 6~8명 정도가 조사를 받았다고 하니, 그때의 3~4배에 상당한다.

저우융캉 사건이 공식 발표되면, 그간 당 정치국 위원에 한정됐던 성역 없는 사정이 당 정치국 상무위원에 까지 확대됨을 의미하는 것으로 "더 이상 성역이 없다"는 시진핑의 말이 헛된 말이 아님을 알게 될 것이다. 어쨌든, 2014년 이후도 중국의 부패 관료들에게는 무서운 세월이 될 것 같다.

【역대 중앙기율·감찰기관 책임자】

직 책	성명·생년	사진	재임 기간	주요 경력
중앙기율검사위원회 서기	주더 (朱德·1886-1976)		1949년 11월~ 1955년 9월	• 중국인민해방군 총사령·인민혁명군사위원회 부주석 겸임
중앙감찰위원회 서기	동비우 (董必武·1886-1975)		1955년 9월~ 1969년 4월	• 부총리·최고인민법원 원장 등 역임
중앙기율검사 위원회 서기	천윈 (陳雲·1905-1995)		1978년 12월~ 1987년 10월	• 당 부주석 겸임 • 정치국 상무위원
	차오스 (僑石·1924년생)		1987년 10월~ 1992년 10월	• 당 중앙조직부장·부총리 역임 • 당 정치국 상무위원
	웨이젠싱 (尉健行·1931년생)		1992년 10월~ 2002년 11월	• 국무원 감찰부장 등 역임 • 당 정치국 위원 → 정치국 상무위원 승진
	우관정 (吳官正·1938년생)		2002년 11월~ 2007년 10월	• 강서성·산동성 당서기 역임 • 당 정치국 상무위원
	허궈창 (賀國强·1943년생)		2007년 10월~ 2012년 11월	• 당 중앙조직부장 등 역임 • 당 정치국 상무위원
	왕치산 (王岐山·1948년생)		2012년 11월~	• 북경시장·부총리 등 역임 • 당 정치국 상무위원

【당 18기 중앙기율위 지도부 약력】

직 위	성 명	사 진	출생연도	주요 경력
서 기	☆왕치산 (王岐山)		1948년	△ 현 당18기 정치국 상무위원(당 서열 6위) △ 당17기 정치국 위원, 금융·무 역 담당 부총리, 베이징 시장, 하이난성 당서기 등 역임
부서기 (7명)	◎자오훙주 (趙洪祝)		1947년	△ 현 당18기 중앙위원, 중앙서기 처 서기 △ 저장성 당서기, 국무원 감찰부 부 부장, 당 중앙조직부 제1부부장 등 역임
	◎황수셴 (黃樹賢)		1954년 (연임)	△ 현 당18기 중앙위원, 국무원 감 찰부장, 국가예방부패국 국장 △ 감찰부 부부장 등 역임
	리위푸 (李玉賦)		1954년 (연임)	△ 당17기 기율검사위원회 부서기 (부장급)·감찰부 부부장 등 역임 △ 경제학 박사
	◎두진차이 (杜金才)		1952년	△ 현 해방군 총정치부 부주임 겸 중앙군사위 기율검사위 서기, 上將(우리의 대장에 해당) △ 성도(成都)군구 정치부 주임 등 역임
	우위량 (吳玉良)		1952년 (연임)	△ 당17기 기율검사위원회 부서기 (부장급) 등 역임

직 위	성 명	사 진	출생연도	주요 경력
부서기 (7명)	장 쥔 (張 軍)		1956년 (연임)	△ 최고인민법원 부원장, 사법부 부부장 등 역임 △ 법학 박사, 부교수
	천원칭 (陳文淸)		1960년 (연임)	△ 부장급(2012년 11월~) △ 푸젠성 당 부서기 겸 기율검사위 서기 등 역임

【10개 기율검사감찰실 분장 업무】

구 분	기율검사 및 감찰 대상
제1실	국가발전 · 개혁위원회, 공업 · 정보화(信息化)부, 국무원 국유자산감독관리위원회, 국가통계국, 국가식량국, 중국이동통신 등 66개 중앙 국가기관과 관련 중앙기업(대형 국유기업)
제2실	재정부, 상무부, 중국인민은행, 심계서(審計署, 감사원 상당), 국가세무총국, 해관(세관)총서, 중국공상은행, 중국은행업감독관리위원회, 중국증권감독관리위원회 등 26개 중앙 국가기관과 관련 중앙기업
제3실	교육부, 과학기술부, 문화부, 공안부, 국가안전부, 사법부, 최고인민법원, 최고인민검찰원, 신화사, 인민일보사, 당 중앙판공청 등 54개 당 중앙 직속기관 · 중앙 국가기관과 관련 중앙기업
제4실	외교부, 민정부, 수리부, 농업부, 환경보호부, 국토자원부, 국가민족사무위원회, 국무원 판공실 등 32개 중앙 국가기관과 관련 중앙기업
제5실	서남(西南) 지구 : 윈난(雲南) · 구이저우(貴州) · 쓰촨(四川)성, 충칭(重慶)시, 시짱(西藏, 티베트)자치구
제6실	화북(華北) 지구 : 베이징시, 톈진시, 허베이(河北) · 산시(山西)성, 네이멍구(內蒙古)자치구

구 분	기율검사 및 감찰 대상
제7실	화동(華東) 지구 : 상하이시, 안후이(安徽)·장쑤(江蘇)·저장(浙江)·장시(江西)·푸젠(福建)성
제8실	중남(中南) 지구 : 허난(河南)·후베이(湖北)·후난(湖南)·광둥(廣東)·하이난(海南)성, 광시장족(廣西壯族)자치구
제9실	서남(西南)지구 : 산시(陝西)·간쑤(甘肅)·칭하이(青海)성, 닝샤회족(寧夏回族)자치구, 신장(新疆)위구르자치구, 신장(新疆)생산건설병단
제10실	농북(東北)지구 : 랴오닝(遼寧)·지린(吉林)·헤이룽장(黑龍江)성

【중앙기율위·감찰부 조직도】

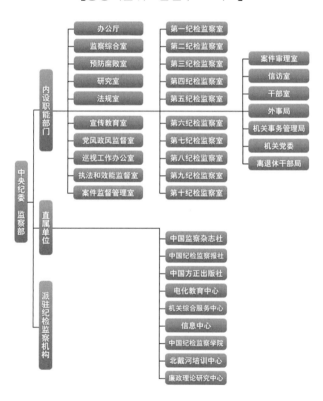

【공직기강 확립 지시 내용】

제 목	지시 요점	구체 시행 사항
8개항 규정 (업무기풍 개선 및 대중과의 연계 강화를 위한 8개항 규정)	출장활동 규범화	행장·접대 간소화, 수행원 축소, 환영 표어·플래카드·군중동원·레드카펫·화단 금지, 연회 불요
	회의활동 간소화	중앙 명의 전국적 회의·활동 엄격 통제, 중앙 승인 없이 정초식·경축회·박람회·기념회 등 참가 불가, 회의·담화 간소화, 빈말·상투적 말 금지
	문서·보고 간소화	문서 작성태도 개선, 실질내용이 없고 보내도 안보내도 되는 문서·요약보고는 일절 발송 금지
	순방활동 규범화	외교사무 필요도에 따라 순방활동 합리적 안배, 수행원 엄격 통제, 교통수단 이용 규정 엄수, 중국자본기관·화인·화교·유학생의 공항 출영 금지
	경호활동 개선	대중 연계에 유리토록 교통관제 감소, 일반 상황 하 도로봉쇄·장내 정리 및 폐관 불요
	언론보도 개선	정치국원의 회의·활동은 업무상 필요·보도가치·사회적 효과 등 고려 후 보도 여부 결정, 나아가 보도 횟수·글자수·시간 감축
	원고 발표 엄격 규제	중앙의 통일적 안배 외 출판·저작·연설단행본 공개 출판 불가, 축하편지·축전·題詞·題字 불가
	근검절약 이행	공직자 청렴 규정, 주택·차량 배치 및 관련 사무와 생활대우에 관한 규정 엄수
6개항 금지령	공금을 이용한 예방·선물·연회활동 엄금	다과회·연환회 간소화, 연말표창활동 규제, 기념일 경축활동과 공금 이용 선물·연회 초청 엄금
	상급기관에 선물공여 불가	토·특산품과 상품권 공여 불가, 각급 당·정 간부는 하급기관의 선물 수취 절대 불가
	재물 남발 및 낭비 엄금	연말 보조금 남발, 공금에 의한 유흥·헬스장 출입과 국내외 관광 불가, 공용차 이용 규정 엄수
	규정 위반 선물 수수 금지	규정에 어긋난 선물·축하금·유가증권·구매카드·회원카드 수수 금지, 관혼상제를 빙자한 축재 엄금

제 목	지시 요점	구체 시행 사항
6개항 금지령	접대 기준 엄수	지도간부의 기층(말단) 연구·회의 참가·활동 검사 시, 당 중앙과 성 당위원회의 접대기준 엄수
	도박활동 조직 및 참여 엄금	각급 당원·간부는 도박의 심각한 폐해를 인식, 어떤 형식의 도박활동 조직 및 참여 불가
반4풍(反四風) (4개항 척결)	형식·관료·향락주의, 사치풍조 배격	시진핑 : 각급 간부에게 노동모범 정신 고양, 실제적 업무 강구, 헛된 이름과 공을 쫓지 말라고 강조

【제18차 당 대회 이후 당·정부 숙정조치】

시 기	조 치	관련 내용
2012년 12월	8개항 규정 시행	• 12월 4일 당 정치국, 출장·회의·순방활동 간소화, 근검절약 등 8개항 규정 심의·통과
2013년 1월	사치·낭비 배격	• 시진핑, 당 18기 중앙기율위 2차회의에서 "전 간부는 사업은 검소하게, 겉치레와 사치·향략 풍조 배격" 강조
2013년 1월	혀끝 위 부패 일소	• 시진핑, "식음료 낭비가 놀랄 수준이므로, 절약에 힘쓰는 한편 낭비를 배격"토록 지시
2013년 2월	해외 재산도피 관리 감독 강화	• 왕치산 중앙기율위 서기, "배우자·자녀가 해외 이주한 국가 공무원에 대한 관리·감독 강화 방침" 언명
2013년 3월	청렴정부 구현 (約法三章)	• 리커창 총리, "정부 임기 내 청사·초대소·전시관 등 신축 불허, 공금 이용 접대·출국·차량구입(三公) 경비 감축"언명
2013년 5월	반부패의 천리안 (千里眼)역 수행	• 왕치산, "중앙순시조는 반부패의 천리안이 되어 권력과 돈의 거래, 권력남용 등 기율·법률 위반 적발" 강조
2013년 5월	중앙기율위 내부 혜택성 카드 정리	• 왕치산, "감찰 기관 공직자는 혜택성 회원 카드를 6월 20일까지 전부 폐기"토록 지시
2013년 6월	외교부장, 승용차 국산 홍기로 교체	• 왕이(王毅) 외교부장이 관용차를 홍기(紅旗)로 교체 • 타 부처 부장도 아우디 대신 홍기로 교체 중

시 기	조 치	관련 내용
2013년 6월	4풍(四風) 척결	• 당 중앙위, 당의 대중노선 교육 및 실천 활동 시동 • 형식주의·관료주의·향락주의 및 사치풍조 배격이 중점
2013년 12월	당·정 기관 공무 접대 관리규정 시행	• 접대 관련 38개 금지항목 규정 : 식사 시 고급 술·담배·안주 제공 불가, 샥스핀·마오타이·우량예 금지, 고급 식당·민간 클럽 이용 불가, 장관급 이하 출장 시 일반 객실 이용
2013년 12월	당·정, 장례(葬禮)개혁 의견 시달	• 장례식 검소화, 금품 수수 금지. 사후 장기 기증서약 제안, 인구밀접 지역에선 매장보다 화장 권장, 폭죽 등 전통 관습 대신 나무심기 권장, 묘지석 일정 기준 초과 금지
2013년 12월	공무원의 공기업 취업 제한	• 공무원의 공기업 임원 겸직을 1개로 제한하고 퇴직 후 3년간 근무지역의 공기업 취업 금지

【시진핑 체제 출범 후 차관급 이상 낙마자(23명)】

낙마 보도일	성 명	당시 직책
2012년 12월	리춘청(李春城·1956년생)	쓰촨(四川)성 당 부서기 겸 당 중앙후보위원 → 직무 정지
2013년 1월	우용원(吳永文·1952년생)	후베이(湖北)성 인대 상무위 부주임 → 중앙기율위, 매관매직 조사 중
2013. 1. 16	저우전훙(周鎭宏·1957년생)	광둥(廣東)성 당 상무위원 겸 통전부 부장 → 중앙기율위 조사 중
2013. 1. 17	이쥔칭(衣俊卿·1958년생)	당 중앙편역국 국장 ※ 혼외정사 문제 → 면직
2013. 5. 12	류톄난(劉鐵男·1954년생)	국무원 국가발전·개혁위원회 부주임 : 잔고 18억 원(한화) 통장·정부(情婦) 수명 발견 → 8월 당적·공직 박탈
2013년 5월	양쿤(楊琨·1966년생)	중국농업은행 부행장 ※ 당적·공직 박탈(쌍카이, 雙開)

낙마 보도일	성 명	당시 직책
2013. 6. 4	니파커(倪發科·1954년생)	안후이(安徽)성 부성장 ※ 9월 검찰, 수뢰 확인 → 당적·공직 박탈(雙開)
2013. 6. 23	궈용샹(郭永祥·1949년생)	쓰촨성 문학예술계연합회 주석, 부성장 역임 → 중앙기율위 조사 중
2013년 6월	왕쑤이(王素毅·1961년생)	네이멍구(內蒙古)자치구 당 상무위원 겸 통전부 부장 → 수뢰, 정부 수명
2013. 7. 6	리다추(李達球·1953년생)	광시장족(廣西壯族)자치구 정협 부주석 → 당적·공직 박탈(雙開)
2013. 8. 26	왕용춘(王永春·1960년생)	중석유 부총경리 겸 당 중앙후보위원 → 중앙기율위 조사중
2013. 9. 1	장제민(蔣潔民·1955년생)	국무원 국유자산감독관리위원회 주임 겸 당 중앙위원 → 직무 정지
2013. 10. 16	지젠예(季建業·1957년생)	장쑤(江蘇)성 난징(南京)시장 → 중앙기율위 조사 중
2013. 10. 29	랴오사오화(廖少華·1960년생)	구이저우(貴州)성 준이(遵義)시 당 서기 → 중앙기율위 조사 중
2013. 11. 9	천바이화이(陳柏槐·1950년생)	후베이(湖北)성 정협 부주석 → 중앙기율위 조사 중
2013. 11. 27	궈유밍(郭有明·1956년생)	후베이(湖北)성 부성장 → 당적·공직 박탈(雙開)
2013. 11. 28	쉬지에(許杰·1955년생)	국무원 국가신방국(國家信訪局) 상무 부국장 → 중앙기율위 조사 중
2013. 12. 6	천안충(陳安從·1954년생)	장시성 인대 상무위 부주임 → 중앙기율위 조사 중
2013. 12. 17	푸샤오광(付曉光·1952년생)	헤이룽장성 아부리(亞布力)리조트 영도소조 상무 부조장 → 조사 중
2013. 12. 19	퉁밍첸(童名謙·1958년생)	후난성 인민정치협상회의(政協) 부주석 → 중앙기율위 조사 중

낙마 보도일	성 명	당시 직책
2013. 12. 20	리둥성(李東生·1955년생)	국무원 공안부 부부장(부장급) 겸 당 중앙위원 → 중앙기율위 조사 중
2013. 12. 27	양강(楊剛·1953년생)	정치협상회의(정협) 경제위원회 부주임 → 중앙기율위 조사 중
2013. 12. 29	리충시(李崇禧·1951년생)	쓰촨성 정치협상회의(政協) 주석 → 중앙기율위 조사 중

⑩ 사법부·검찰 수장과 개혁과제

중국은 2013년 3월 15일, 제12기 전국인민대표대회(全人大, 국회) 제1차 회의(3월 5~17일)의 신임투표 절차를 걸쳐 대법원장 격인 최고인민법원 원장에 저우창(周强·1960년생) 전 후난(湖南)성 당서기를 선출했고, 검찰총장 격인 최고인민검찰원 검찰장에 차오젠밍(曹建明·1955년생)을 연임시켰다. 모두 1회에 한해 연임이 가능한 임기 5년의 부총리급 자리다. 이들의 인사에 얽힌 이야기와 두 기관의 향후 개혁과제를 살펴본다.

최고인민 법원 및 검찰원은 무엇하는 곳인가

최고인민법원은 최고 재판기관으로, 33개 고급인민법원(省급), 409개 중급인민법원(地區급), 3,117개 기층인민법원(縣급) 등 지방의 각급 법원과 군사·해사(海事)법원 등 특별인민법원의 재판활동을 감독하며 전인대 및 그 상무위원회에 책임을 진다.

기구로는 입안(立案 : 입건, 사건 등록) 제1·2정(庭), 형사심판 제1~5정, 민사심판 제1~4정, 행정심판정, 배상위원회 판공실, 심판감독정, 감찰실·연구실 등 총 24개 기구를 두고 있다.(후면 첨부 참조) 전국적으로 법관 수는 19만여 명에 달하는데, 그중 고급 법원에 7,000여명, 중급 법원에 3만 6,000여명, 기층 법원에 14만 6,000여명이 근무하고 있으며, 여성 법관은 24.8%를 점한다.

최고인민검찰원은 최고 검찰기관으로, 성급(성·자치구·직할시) 인민검찰원, 성급 인민검찰원 지원(지청에 해당), 자치주·성 직할시 인민검찰원, 현·시·자치현·시관할구 인민검찰원, 파출 검찰원, 성급 인민검

| 법원 휘장 | 최고인민법원 청사 | 검찰원 휘장 |

찰원 철로(철도)운수검찰원 지원 등 지방의 각급 검찰원과, 군사검찰원 등 특별 검찰원의 활동을 지도하며 전인대 및 그 상무위원회에 책임을 진다.

　최고인민검찰원에는 수사감독청, 공소청, 철로운수검찰청, 반 수뢰·횡령국, 독직·월권검찰청, 사형재심검찰청, 형사기소검찰청 등 21개 기구를 두고 있다.(후면 첨부 참조) 양 기관의 수장은 매년 정기 국회에 상당하는 전인대 전체회의나 정기 국회 폐회 중 열리는 전인대 상무위원회 회의에 참석하여 업무보고를 하는 방식으로 감독을 받는다.

법원·검찰 업무보고 관련, 전인대 대표들 반응

　2013년 3월 10일, 제12기 전인대 제1차 회의의 제3차 전체회의에서 왕성준(王勝俊·1946년생) 최고인민법원 원장이 최고인민법원 업무보고를 했다. 보고에서, 2008년부터 5년간 523만 5,000여명을 형사 처벌했으며, 이는 2003~2007년보다 25.5% 늘어난 것이라고 밝혔다. 유죄판결을 받은 형사범 가운데 185만 8,000여 명이 살인·강도·납치·폭파·인신매매·조직폭력 범죄를 저지른 강력범이라고 설명했다.

　멜라민 분유, 카드뮴 쌀, 하수구 기름(일명 쓰레기 식용유), 락토파민

(Ractopamine, 유해 사료첨가물), 공업용 소금 간장 등 유독·유해식품과 불량 일용품을 생산·유통시킨 혐의로 유죄 선고를 받은 피의자는 약 2만 명에 이른다고 언급했다. 장애인 소송 편의를 위한 인터넷 사건 예약 등록, 순회재판, 티베트·신장 등 서부지역 소수민족 법관 부족문제 해소를 위한 법관 증원 등 업무개선에 노력 중이며, 재판 집행권을 악용해 기율과 법규를 위반한 간부·사법경찰 1,548명을 적발·처벌했다고 밝혔다. 또한 법원이 사형판결에 신중을 기하고 있으며 최고인민법원도 사형을 엄격히 심리하여 사형선고를 받은 형사범은 극소수에 지나지 않는다고 강조하였다.

그리고 법원의 문제점으로 ① 재판권을 독립적으로 공정하게 행사하는 체제 미비 ② 국민이 요구하는 사법 공개·공정 수준과의 격차 ③ 일부 지방의 소송난·집행난 ④ 법원 이미지와 사법 공신력을 실추시키는 일부 법관의 재판 미숙, 부정부패 ⑤ 일부 기층법원의 법원 인재 유실, 법관 단층 문제 등을 들면서 사법개혁에 매진하겠다고 다짐했다.

한편 차오젠밍 검찰장도 최고인민검찰원 업무보고에서 2008~2012년간 성장급 30명, 국장급 950명을 포함한 21만 8,639명(2003~2007년 : 20만 9,487명)의 공무원을 수뢰·횡령 등 혐의로 입건했으며, 국민의 관심 사안을 집중 조사하고 처벌했다고 강조했다.

같은 기간 중, 밀수·다단계판매·금융사기 및 위폐 제조·유통 등 시장경제 질서를 파괴한 피의자 29만 730명을 기소했으며, 국민의 편의를 위해 인구가 집중된 향·진(鄕·鎭) 등에 2,405개의 파출 검찰실을 설치하고, 벽지의 향·진에는 순회검찰 제도를 실시했다고 밝혔다. 내부 자정활동을 통해 기율과 법규를 위반한 1,122명을 적발하여 124명을 형사 처벌했다고 밝혔다.

보고하는 차오젠밍 검찰장

2013년도 검찰 업무중점으로는 ① 경제의 지속적 발전을 위한 경제사범 단속 강화 ② 적대세력의 분열·침투·전복활동 색출 ③ 검찰권 행사 감독 체계 정비 ④ 부패 척결·청렴정치 위한 법제 집행 강화 ⑤ 중서부 지역 검찰인력 보강 및 우수·청렴 검찰 간부진 양성을 들었다.

그러나, 2013년 전인대 회의에서도 사법기관의 업무 처리에 대한 대표들의 인식은 상당히 부정적으로 나타났다. 대회 마지막 날인 3월 17일에 치러진 각 기관 업무보고에 대한 찬반투표에서 극명한 차이를 보였다.

온자바오 총리의 마지막 정부업무보고는 유효표 2,944표중 찬성 2,799, 반대 101, 기권 44표로 95.1%의 지지율을 보였다. 반면, 왕성쥔 원장의 최고인민법원 업무보고는 유효표 2,943표 중 찬성 2,218, 반대표는 2013년 전인대 투표 기록 중 최대인 605표, 기권 120표로 찬성률이 75.4%에 그쳤고, 차오젠밍 검찰장의 최고인민검찰원 업무보고는 유효표 2,945표 중 찬성 2,339, 반대 485, 기권 121표로 79.4%의 지지율을 보였다. 무효표는 표결기를 누르지 않은 것으로 각각 3~5표에 불과했다.

사법개혁이나 법치 확립이라는 국정목표가 현실로 잘 나타나지 않은데 대한 반대심리의 발로였다. 특히 왕성쥔 원장이나 신임 저우창 원장이나 '수석 대법관'이란 직책을 가지고 있지만, 왕 원장의 경우, 법학 전공 등 법적 배경 없이 사법·공안 부문을 관장하는 당 중앙정법위원회 경력만 가진데다, 임기 중 '당 사업 지상(至上), 인민 이익 지상, 헌법·법률 지상'의 법률관을 피력하여 네티즌들로부터 '수석 대법맹(大法盲)'이란 비판을 받을 정도로 인기를 얻지 못한 점도 한몫했다.

신임 사법부·검찰 수장 인선 배경

2013년 말 현재, 53세인 저우창은 충칭시 소재 서남정법대학(西南政

法大學)에서 민법을 전공한 법학 석사다. 대학 졸업 후 우리 법무부에 상당하는 사법부(司法部)에서 1985~95년까지 10년을 근무했으며, 기간 중 샤오양(蕭揚·1938년생) 전 사법부 부장의 비서를 지냈다. 샤오양 부장은 1998~2007년간 최고인민법원 원장을 역임했다.

이어 1995년 공산주의청년단(共靑團, 공산당 청년조직)으로 자리를 옮겼고, 1998년에는 리커창 현 총리의 후임으로 공청단의 최고위직인 중앙 제1서기를 맡아 8년간 봉직했다. 2006년엔 후난성장으로 임명되어 '법치 후난'의 실현에 주력하였고, 2010년 4월에는 신장위구르자치구 당서기로 전임한 장춘셴(張春賢, 1953년생, 현 당 정치국 위원)의 뒤를 이어 후난성 당서기로 승진했다.

그러나 후난성 당서기로 있던 2012년 6월 6일 후난성 사오양(邵陽)시의 한 병원에서 62세의 청각 장애인인 반체제 인사 리왕양(李旺陽, 1950년생)이 입원 병실 창틀에 목을 매, 사망한 채로 발견됐다. 이 의문사 사건에 대해 후난성 공안청은 자살로 발표했지만 유족들은 리왕양이 평소 삶에 의욕이 강했고 발견 당시 두 발이 땅에 닿아 있었다는 점과 당국이 가족 동의 없이 시신을 서둘러 화장한 점 등을 타살 증거로 주장했다. 동 건은 중국판 '박종철 군 고문치사 사건'으로 비화하여 2012년 6월 10일 이후 홍콩 시민 수천 명의 진상 규명을 요구하는 항의 시위 등이 잇따랐다.

리왕양과 여동생 리왕링(李旺玲)

거리를 가득 메운 홍콩 시민들의 시위

후난성 융저우(永州)시의 위대한 어머니 탕후이(唐慧·1972년생)에 대한 노동교양 처분사건도 발생했다. 탕후이는 2006년 10월 실종된 11살 딸이 현직 공안 2명을 포함한 괴한 7명에게 납치되어 매춘을 강요받은 사실을 확인하고, 약 6년간의 투쟁 끝에 마침내 범인들을 법정에 세워 2012년 6월 2명에게 사형, 4명에겐 무기징역, 1명에게는 15년형을 받게 했다.

그 후, 범죄를 비호한 공안과 성매매 업주 처벌을 당국에 청원했지만 2012년 8월 융저우시 노동교양위원회는 '사회 질서를 심각하게 해치고 사회에 부정적 영향을 줬다'는 이유로 8개월의 노동교양 형을 선고하고 수용소에 가뒀다. 변호사가 이 사연을 웨이보(중국판 트위터)에 올렸고, 이는 민중의 공분을 불러 수십만 명이 석방을 요구하면서 당국의 보복행위를 비난하자 8일 만에 석방됐다. 이들 사건과 관련, 일부 언론에서는 '법치 후난'을 외쳤던 저우창 후난성 당서기의 정치 생애에 오점을 남겼다고 평가했다.

그럼에도 저우창은 2013년 3월 전인대에서 전인대 상무위 부위원장으로 자리를 옮긴 왕성쥔의 후임으로 사법부 수장에 올랐다. 출석 전인대 대표 2,957명 중 찬성 2,908, 반대 26, 기권 23표로 98.3%라는 압도적 지지율로 당선됐다.

그에 대한 발탁 인사는 그의 실력을 인정한 상사들의 추천, 최근

업무 인수인계를 마친 왕성쥔(좌)과 저우창(우)

의 공청단파 약진 등을 기반으로 한 것으로 보인다. 후춘화(胡春華·1963년생) 광둥성 당서기, 쑨정차이(孫政才·1963년생) 충칭시 당서기와 함께 1960년대 출생 '3대 주자'로 불리는 그가 국가지도자 반열에 합류했다는 점에서 향후 거취가 주목된다.

한편 저우창 신임 법원장 당선 발표 후, 홍콩특별행정구를 지역구로 하는 일부 전인대 대표들은 저우창에게 다가와 "리왕양 의문사의 진상을 밝히라."고 요구했다. 이에 대해 저우창은 "향후 국민의 기대에 부응하여 공정한 사법을 추진하겠다."고 말하고 질의에는 답하지 않았다. 톈베이천(田北辰) 대표는 "이번은 저우창 법원장에게 기회를 주겠지만 향후 수년간 전국의 사건을 다루는 과정에서 국민의 요구를 충족시키지 못하면 전인대 대표들이 행동을 취할 것이다."고 경고했다.

한편 2013년 말 현재, 58세인 차오젠밍 검찰장노 제2기 임기 5년을 시작했다. 후진타오·온자바오 체제에서 추진해온 성역 없는 사정의 성과를 인정받은 연임 인사다. 그는 문화대혁명 기간 중이던 1972년 17세에 상하이시의 한 음식점 종업원으로 하방되었다가, 상하이시 정부 위생국 등에서 근무했다. 상하이 소재 화동정법학원에서 법학·국제법을 전공했으며, 1986년 국제법 석사를 취득한 후 교수·원장(총장에 상당)을 지냈다. 그의 석사 논문 〈외자기업의 토지 임대와 부동산사업 경영에 대한 법률적 고찰〉은 1988년 제7기 전인대 1차 회의에서 헌법 수정안에 포함되었을 정도로 실력을 인정받았다.

1999년 최고인민법원 부원장으로 발탁되어 9년을 재임했다. 2005년 9월 세계법률대회가 베이징·상하이에서 개최되었는데, 조직위 부위원장으로 대회 준비를 지휘하다가 불행히도 부인상을 당했으나, 매일 회의에 참석해 아무도 그 사실을 몰랐다. 이와 같은 열정과 책임감으로 그는 2008년 3월 역대 최고인민검찰원 검찰장 중 가장 젊은 53세의 나이에 검찰 총수에 올랐다.

또 다른 발탁인사 배경으로는, 저우융캉(周永康) 전 당 정치국 상무위원이 중앙정법위원회 서기로 재임(2007년~2012년) 시에 공안·사법기관의 수장 8명으로 구성된 위원 중 1인으로 활동하면서 저우융캉의 전폭적인 신임을 받은 것도 거론 된다. 현재 이들 '대법원장·검찰총장'은 명

젠주(孟建柱) 당 정치국 위원이 서기로 있는 당 18기 중앙정법위원회1)
의 위원(10명)으로 활동하고 있다.

사법 개혁 · 법치 확립은 장기적 과제가 될 것인가

시진핑 신임 국가주석은 2013년 3월 17일 취임 연설에서 국정목표의
하나로 '국민을 주인으로 하는 법치의 구현'을 들었다. 이어 행해진 당
서열 3위의 장더장(張德江, 1946년생) 신임 전인대 상무위원장(국회의
장)의 연설에서도 인민 민주주의 보장을 위한 법제 강화 차원에서 "민주
의 제도화 · 법률화를 통해, 지도자가 바뀠다고 제도와 법률이 변하거나,
지도자의 견해나 관심에 따라 바뀌는 일이 발생치 않도록 해야 한다."고
강조했다. 이들 사법부와 검찰 수장이 수행해야 할 법치 구현의 임무가
그만큼 어렵고 시간이 오래 걸릴 국정과제임을 예고하는 대목이었다. 사
법 개혁 관련 이들 두 사람의 입지가 지금은 어떤가?

중국 정권 수립 이래 이전 9명의 최고인민법원 원장과 비교할 때, 법
학과 출신으로 최고 학력인 서남정법대학 법학 석사인 저우창은 민중의
기대를 한 몸에 받았다. 이에 보답 하듯이 취임 후, '허난성 리화이량(李
懷亮)사건'과 '푸칭(福淸)시 당 기율검사위 청사 앞 폭발사건'등 오심을
잇따라 뒤집어 피의자들의 누명을 벗게 해줌으로써 대외적으로 사법개혁
의 신호탄을 쏘아 올렸다.

---

1) 2012년 11월 출범했으며, 2013년 말 현재 부서기는 궈성쿤(郭聲琨 · 1954년생) 공안부
부장, 위원은 저우창 최고인민법원 원장, 차오젠밍 최고인민검찰원 검찰장, 저우번순(周
本順 · 1953년생) 당 중앙사회관리종합치리(治理 : 정리)위원회 부주임, 겅후이창(耿惠
昌 · 1951년생) 국가안전부 부장, 우아이잉(吳愛英 · 1951년생 · 여) 사법부 부장, 리둥성
(李東生 · 1955년생) 공안부 부부장(현재 해임), 두진차이(杜金才 · 1952년생 · 상장) 해방
군 총정치부 부주임, 왕젠핑(王建平 · 1953년생 · 상장) 무장경찰부대총부 사령관, 천쉰치
우(陳訓秋 · 1955년생) 당 중앙사회관리종합치리위원회 판공실 주임, 왕용칭(汪永淸 · 19
59년) 국무원 판공청 부비서장(정법위 비서장 겸임) 등 10명이다.

‘리화이량’은 허난성 핑딩산(平頂山)시 예(葉)현 완리(灣李)촌의 가난한 농민으로 2001년 8월 한 촌민 아들의 피살 현장에 가까이 있었다는 이유만으로 고의살인죄로 기소되어 형사구류되었다. 예현 기층법원은 1심에서 징역 15년형을 선고했다. 항소했으나, 핑딩산시 중급법원 부원장은 피해자 가족의 상방(上訪, 베이징 요로에의 진정)을 막기 위해 그들에게 피의자 리화이량에게 사형을 선고하겠다고 구두 약속한 후, 실제 사형을 선고했다. ‘리화이량’은 또 항소했고 결국 2013년 4월 핑딩산시 중급 법원은 증거 부족으로 무죄를 선고하고 석방 판결을 하였다. 12년 만의 자유였다.

　또 하나의 사건은 2001년 6월 푸젠성 푸칭시 당 기율검사위원회 청사 현관에서 발생한 폭발사건이었다. 6월 24일 아침 8시 집에서 휴식하던 푸칭시 기율검사위의 차량 기사 우장슝(吳章雄)은 삐삐 호출을 받고 청사로 가던 중 청사 서신민원 창구 앞에 놓인 소포를 만졌다가 폭사했다. 동 사건은 당 기관에 대한 위협으로 받아져 범죄자에 대한 현상금까지 걸리는 등 중대 사건으로 취급되었다. 수사를 통해 푸칭시 중푸(中福)공사의 경리인 천커윈(陳科雲) 등이 영수증 발급과 관련하여 시 당 기율검사위원회의 조사를 받은 적이 있는 것으로 밝혀지면서 천커윈은 물론 처·운전기사와 폭발물을 다룰 줄 아는 외지 노동자 등 총 5명이 공범으로 체포됐다.

　수사 과정에서 강압에 의한 허위 자백을 받아 기소하여 2004년 1심 법원에서 주범 2명에게는 사형에 집행유예 2년, 기타 3인은 징역 3~10년에 처했지만, 피의자들은 간수소에 구류된 채 항소하여 증거 부족에 따른 원심 파기 등의 다툼을 거듭했다. 2013년 5월 3월 푸젠성 고급인민법원은 피의자 5명에게 12년 만에 무죄를 선고하고 석방했다. 2013년 9월 2일 푸저우(福州)시 중급인민법원은 국가가 이들 5명에게 인민폐 420여만 위안(한화 7억 3,400만 원 상당)을 배상하라고 결정했다.

　2013년 7월 4일 저우창 원장은 ‘전국 고급인민법원장 좌담회’에서 “만에 하나 잘못 처리한 사건이 있다면 당사자에게는 100% 불공평하다. 또한 판결문은 공개하는 것이 원칙이며, 비공개는 예외다."라고 강조했다. 그리고 2013년 7월부터 모든 판결문을 최고인민법원 사이트(http://www.court.gov.cn)에 올려 열람이 가능토록 했으며, 10월 24일부터는 재판에서 배상금 지불 등의 판결을 받은 자가 이행능력을 가지고 있음에도 고의적으로 회피하여 법적 의무를 이행하지 않는 피집행인들 명단도 사이트에 공표했다. 민간인들이 신용 상실자에 대해 거래를 회피하거나 미리 담보 제공을 요구할 수 있도록 한 것이다.

이 같은 일련의 움직임과 관련, 웨이보에서는 사법이 행정화되지 못하고 지방의 당·정 기관이 법원 인사 및 재정권을 가지는 등 체제에 변함이 없기 때문에 저우창의 개혁은 계란으로 바위를 치는 격이 될 것이라는 주장도 있었지만, 사법 독립과 공개의 결심을 실천에 옮기기 시작한 저우창에 대한 네티즌과 민간의 평가와 기대는 뜨겁다.

한편, 차오젠밍 검찰장은 2013년 10월 22일 전인대 상무위원회 회의에 참석하여 2008년 이후의 부패 단속 현황을 보고했다. 최고인민검찰원이 부패 단속 건만 특별히 보고한 것은 지난 1989년 이후 24년 만이다. 보고에 따르면 2008년 1월부터 2013년 8월까지 중국 전역의 검찰 기관에서 부패 혐의로 입건 수사한 사건이 15만 1,350건이었으며, 적발된 공직자는 19만 8,781명으로 20만 명에 가까운 숫자였다. 이 중 16만 7,514명이 기소되어 14만 8,391명이 유죄를 선고받았다. 적발 공직자 중 성장·부장급 간부는 32명, 시장·국장급 이상 간부는 1,029명이었다.

적발 경로는 일반 시민 제보가 전체의 32.1%인 4만 8,671건, 검찰 자체 단서에 의한 적발이 35.4%인 5만 3,532건, 범죄 용의자 자수나 타 기관이 검찰로 이송한 건이 23%인 3만 4,793건이었다. 아울러 "공직자 부패 수사를 통해 377억 위안(6조 5,602억여 원)의 국고 손실을 막았다."고 강조했다. 이 같은 업무 개선 노력에도 불구하고 차오젠밍 검찰장이 어려움에 처해 있다는 보도가 나온다. 저우융캉(周永康) 전 당 정치국 상무위원 겸 중앙정법위원회 서기의 부패 혐의를 내사 중인 사정 당국이 석유업계 출신들과 쓰촨성 당서기 재직 시 형성한 인맥에 이어 법조·공안 분야 측근들까지 조사하고 있다고 중화권 매체 보쉰(博訊)이 2013년 9월 4일 홍콩의 시사 잡지 '외참(外參)' 최신호를 인용 보도했다.

리둥성 부부장

현재 수사 대상에 오른 인물은 차오젠밍 검찰장으로, 저우융캉이 수장으로 있던 정법위의 위원직을 담임하면서 측근으로 활동했다는 것이다. 역시 저우융캉 시절부터 정법위 위원을 맡고 있는 리둥성 공안부 부부장(부장급)도 국영 중앙TV(CC-TV) 부사장 겸 유명 앵커로 재직 당시 여기자·여성 아나운서 등과 문란한 사생활로 구설에 올랐고, 이들을 저우융캉 등 고위층에 대한 성 접대에 동원하여 공안부 요직에 올랐다는 혐의까지 받고 있었다.

아이러니컬하게도 차오젠밍이 재혼한 아내는 CC-TV의 유명 아나운서인 왕샤오야(王小丫·1969년생)이고, 저우융캉도 왕샤오야의 동료 아나운서였던 자샤오예(賈曉燁·1970년생)와 재혼[2]했다.

왕샤오야 아나운서

외신 보도 내용을 입증 하듯이, 2013년 12월 20일 공산당 감찰기구인 당 중앙기율검사위원회는 리둥성을 '심각한 법률 및 기율 위반 혐의로 조사

---

2) 차오젠밍은 리둥성 부부장이 CC-TV 재직 시, 그의 소개로 13세의 나이 차이가 나는 왕샤오야(1997년부터 CC-TV 근무)를 만나 2009년 7월 재혼했다(두 사람 모두 재혼). 장쩌민 전 국가주석의 부인 왕예핑(王冶坪)의 외질녀인 자샤오예는 베이징대를 졸업하고, 1990년대 CC-TV 실습생으로 있으면서 당시 석유그룹에 있던 저우융캉을 취재하다가 2001년 28세의 나이 차이를 극복하고 쓰촨성 당서기로 전근했던 저우융캉과 결혼했으며, 현재는 CC-TV를 떠난 상태이다.

중'이라고 밝혔다.

업무에 대한 열정과 책임감으로 검찰총장에 오른 차오젠밍의 비리 혐의가 단순한 언론의 오보 해프닝이기를 바라며, 그가 저우창 최고인민법원 원장과 함께 중국의 사법개혁[3]을 선도해 가기를 기대한다.

---

3) 2013년 11월 당 18기 3중전회에서 채택된 〈전면적 개혁 심화 결정〉 중 사법개혁과 관련해서는 노동교양제도 폐지, 행정구역과 적당히 분리되는 사법관할제도 추진, 사형에 적용되는 죄목 점차 축소, 고문 등에 의한 자백 강요 엄금, 인권사법보장제도 완비 등을 규정했다.

【최고인민법원 고위 간부 약력】

직 위	성 명	사진	출생연도	주요 경력
원장 겸 黨組 서기	저우창 (周 强)		1960년	당 16·17·18기 중앙위원, 법학 석사, 수석 대법관
常務 부원장 겸 黨組 부서기	선더용 (沈德咏)		1954년	당 18기 중앙위원, 당 16·17기 중앙기율검사위원회 위원, 법학 박사, 부장(장관)급, 1급 대법관
부원장 겸 黨組 성원	장비신 (江必新)		1956년	당 18기 중앙기율검사위원회 위원, 법학 박사, 심판위원회 위원, 2급 대법관
부원장 겸 黨組 성원	리샤오핑 (李少平)		1956년생	제12기 전인대 대표, 법학 석사, 심판위원회 위원, 2급 대법관
부원장 겸 黨組 성원	시샤오밍 (奚曉明)		1954년	법학 박사, 심판위원회 위원, 2급 대법관
부원장 겸 黨組 성원	난 잉 (南 英)		1954년	법학 석사, 심판위원회 위원, 2급 대법관
부원장 겸 黨組 성원	징한차오 (景漢朝)		1960년	법학 박사, 심판위원회 위원, 2급 대법관
부원장 겸 黨組 성원	황얼메이 (黃爾梅)		1951년	법학 석사, 심판위원회 위원, 2급 대법관
기율검사조장 겸 黨組 성원	장젠난 (張建南)		1953년	심판위원회 위원, 2급 대법관

직 위	성 명	사진	출생연도	주요 경력
부원장 겸 黨組 성원	허 룽 (賀 榮)		962년	법학 박사, 심판위원회 위원, 2급 대법관
정치부 주임 겸 黨組 성원	쉬쟈신 (徐家新)		1964년	법학 석사
副部長급 전문위원	류쉬에원 (劉學文)		1954년	부부장(차관)급, 2급 대법관
副部長급 전문위원	두완화 (杜萬華)		1954년	법학 석사, 부부장급, 2급 대법관

【최고인민법원 기구 일람표】

기구 명칭	주요 업무
입안 1정	최고인민법원이 처리한 각종 사건에 대한 입안(사건 등록) 처리, 관할 쟁의사건 심리, 사법구조 신청 처리
입안 2정	
형사심판 제1정	국가안전·공공위해·국방이익 위해 죄 심판, 감형·가석방 업무 지도
형사심판 제2정	시장경제질서 파괴 죄, 독직·수뢰죄, 사형 재심사건 심리
형사심판 제3정	-
형사심판 제4정	-
형사심판 제5정	-
민사심판 제1정	혼인가정·노동쟁의·부당이득·토지양도 관련 건 심리, 중재취소 신청
민사심판 제2정	국내 법인간, 법인·타 조직간 계약분규, 증권·회사·파산 사건 심리
민사심판 제3정	저작권·상표권·특허권·기술계약·부당경쟁·지식재산권 사건 심리

기구 명칭	주요 업무
민사심판 제4정	법인 간, 법인·타 조직간 계약권리 침해, 홍콩·마카오·대만사건 심리
행정심판정	행정사건, 행정배심사건, 행정기관의 강제집행 신청사건 등 심리
배상위원회판공실	배상위원회가 수리한 국가배상사건 처리, 배상위원회 결정사항 집행
심판감독청	하급 법원이 내린 민·형사사건에 최고검찰원이 항소한 사건 등 감독
집행국	당사자가 최고인민법원의 구류·벌금에 불복, 재의 신청한 사건 등 처리
연구실	심판위원회 회무 처리, 사법 해석·종합문건 기초, 입법 활동 참여
판공청	지도간부의 법원 정무 처리 지원, 주요 회의 안배, 내부 간행물 발간
정치부	당 중앙과 급 성급 당위와 협조, 법원 내 당 건설과 사상·정치 활동 담당
심판관리판공실	심판사건 관리와 관련 관리·서비스·참모·감독 기능을 수행
감찰실	당 중앙기율검사위와 협조, 전 법원의 감찰업무 담당
외사국	법원의 대외교류와 국제사법 공조 담당. 전국 법원의 국제교류 지도
사법행정관리국	최고 법원 포함, 전 법원의 행정 관리업무 총괄
기관 당위원회	최고 법원 및 직속 사업단위의 당 조직 사업 담당, 당원·간부 감독
퇴·휴직간부국	퇴·휴직 간부의 의료·생활복지·휴양·차량사용·체육활동 등 안배

【최고인민검찰원 고위 간부 약력】

직 위	성 명	사진	출생 연도	주요 경력
검찰장 겸 黨組 서기	차오젠밍 (曹建明)		1955년	당 17·18기 중앙위원, 법학 석사, 교수, 수석 대검찰관
常務 부검찰장 겸 黨組 부서기	후저쥔 (胡澤君)		1955년	당 18기 중앙위원, 법학 석사, 부교수, 검찰위원회 위원, 1급 대검찰관

직 위	성 명	사진	출생 연도	주요 경력
부검찰장 겸 黨組 부서기	치우쉐창 (邱學强)		1957년	당18기 중앙기율검사위원회 상무 위원, 검찰위원회 위원, 1급 대검 찰관
부검찰장 겸 黨組 성원	주샤오칭 (朱曉淸)		1950년	검찰위원회 위원, 2급 대검찰관
부검찰장 겸 黨組 성원	손 쳰 (孫 謙)		1959년	법학 박사, 교수, 검찰위원회 위원, 2급 대검찰관
부검찰장	장쪤추 (姜建初)		1954년	검찰위원회 위원, 2급 대검찰관
부검찰장 겸 黨組 성원	장창런 (張常韌)		1953년	검찰위원회 위원, 2급 대검찰관
부검찰장 겸 黨組 성원	커한민 (柯漢民)		1955년	검찰위원회 위원, 2급 대검찰관
기율검사조장 겸 黨組 성원	모원쉬 (莫文秀)		1951년	관리학 석사, 당 중앙기율검사위 원회 최고인민검찰원 주재 기율검 사조장, 당 중앙사회치안종합치리 (治理, 정리)위원회 위원
정치부 주임 겸 黨組 성원	리루린 (李如林)		1955년	검찰위원회 위원, 2급 대검찰관
副部長급 전문위원	장더리 (張德利)		1954년	검찰위원회 부부장(차관)급 전문 위원, 2급 대검찰관
副部長급 전문위원	천롄푸 (陳連福)		1953년	검찰위원회 부부장급 전문위원, 2 급 대검찰관

【최고인민검찰원 기구 일람표】

기구 명칭	주요 임무
판공청	지도간부의 검찰정무 처리 지원, 주요 회의 안배, 내부 간행물 발간
정치부	당 중앙·성급 당위와 협조, 검찰 내 당 건설, 사상·정치 활동 담당
수사감독청	형사범죄 피의자 체포 승인, 수사활동 감독 지휘, 검찰출판사무 지도
공소청	전국 형사범죄에 대한 기소 심사·항소업무 지도, 검찰 기소규정 제정
반 횡령·수뢰총국	전국 검찰의 횡령·수뢰·해외예금 은익 사건 등 수사 지휘
독직·월권검찰청	공무원의 독직·불법구금·형사자백 강요·보복·모함사건 수사 지휘
감소(監所)검찰청	감옥·간수소 기관 불법 여부 조사, 감형·가석방 등 집행 변경 지도
민사행정검찰청	전국 민사경제심판·행정소송에 대한 감독사무 지도, 관련 규정 제정
공소검찰청	전국 검찰의 공소 및 신고 업무 지도, 관련 규정·업무세칙 제정
형사기소검찰청	전국 검찰의 형사기소·형사배상 업무 지도, 공민의 형사기소 수리
철로운수검찰청	전국의 철도운수 검찰 업무 지도, 관련 상황 분석 및 대책 수립
직무범죄예방청	각급 검찰의 직무범죄 예방활동 지도, 관련 상황 분석, 대책 수립
법률정책연구실	검찰 관련 국가 법률·법규·정책의 집행상황 조사·연구
사건관리판공실	사건 관리와 관련 관리·서비스·참모·감독 기능 수행
사형재심검찰청	최고법원 사형 재심사건에 필요시 이의, 성급 검찰원 2심 사형사건 지도
감찰국	일명 기율검사조. 전국 검찰의 감찰업무 지도
국제합작국	검찰의 대외교류와 국제사법 공조 담당. 전국 검찰의 국제교류 지도
계획재무장비국	검찰의 기술·통신·교통장비, 무기탄약·경비 관리, 물자 통일 구매
기관 당위원회	최고 검찰원과 직속 사업단위의 당 조직 사업 담당, 당원·간부 감독
퇴·휴직간부국	퇴·휴직 간부의 의료·생활복지·휴양·차량사용·체육활동 등 안배
사법체제개혁영도소조 판공실	최고검찰원내 동 소조의 비 상설 사무기구. 개혁 종합 연구 담당

【권력기관 총괄도】

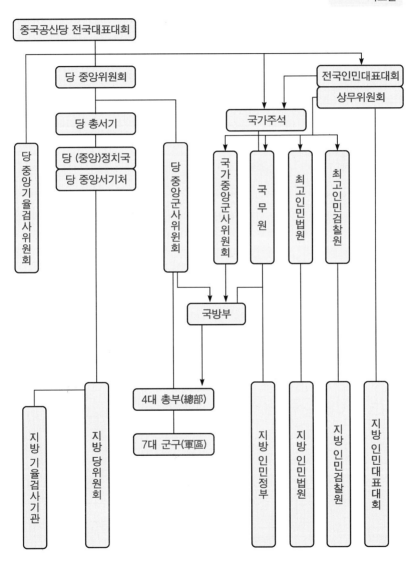

제3부

지도자의 꿈과 현실

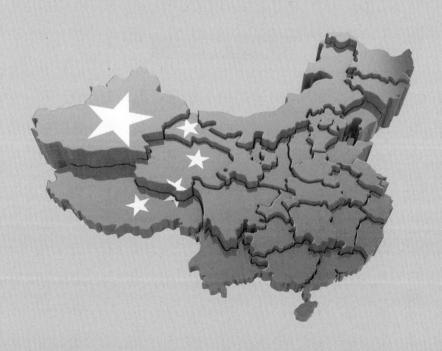

시진핑의

차이나 드림

1 시진핑의 '중국의 꿈'

시진핑은 2012년 11월 제18차 당 대회에서 총서기에 취임한 이후, 주요 회의·행사 등 계기시마다 향후 10년간 중국이 나아가야 할 비전으로 '중국의 꿈(中國夢, 차이나 드림) 실현'[1]을 천명해 왔다. 2014년 신년사에서도 예외가 아니었다. 2013년 12월 31일, 중국 중앙TV(CC-TV)는 시진핑 국가주석이 베이징 중난하이(中南海)에 있는 집무실에서 신년사를 하는 모습을 4분여 방송했다. 오바마 미 대통령처럼, 집무실 TV카메라 앞에서 G2에 어울리는 국제기준의 신년사를 한 것이다.

759자로 된 신년사의 주제어는 '개혁·희망·꿈' 3가지였다. 전문적으로 개혁을 언급한 부분이 182자에 달했는데, 개혁이란 단어는 5번, 희망과 꿈(夢想·中國夢)은 각각 3번 언급했다. 신년사 중, "중국 인민은 중화민족의 위대한 부흥이라는 '중국의 꿈'을 추구하고 있다."면서, "각국 인민도 각자의 꿈을 이루기를 기원"했다. 아메리칸 드림과 대비하여 차이니스 드림이 아닌, 차이나 드림 또는 더 드림 오브 차이나를 쓰는 등 민족주의 냄새가 풍기는 '중국의 꿈'의 실체를 조명한다.

---

1) '중국'의 영역(英譯)은 아메리칸과 대칭되는 차이니즈(Chinese)가 역사적으로 서방에서 폄의로 많이 사용했었다는 점을 감안, 차이나를 사용했다(China Dream 또는 The Dream of China). 실제로 2차 세계대전 시 영국군은 중국에 대한 이해 부족으로, Chinese를 비조직적·혼란 등 의미로 사용했다.(Chinese landing은 '중국식 착륙'이 아닌 '항공기 추락'을 의미한다.)

- 만리장성·오성홍기 : 강성 중국의 이미지, 중국의 꿈(中國夢) 실현 의지
- 최고 지도자의 사무 공간 공개 : 국민적 신뢰 확보, 소통의 국가경영 약속
- 좌우측 각 2장 가족사진, 위쪽에 부친·모친 사진 배열 : 가정·효 중시
- 책상 위 빨간색 전화기 한 대는 일명 홍기(紅機) : 당 중앙위원 205명, 중앙후보위원 171명 등 고위간부 연결 비화 전화. 다른 빨간색 전화기는 군용 보안전화기

'중국의 꿈'이 나오게 된 시대 및 이론적 배경

'중국의 꿈'은 아편전쟁(1840~42년)의 패배를 기점으로 170여 년에 걸친 중화 민족이 겪었던 좌절과 성공의 역정을 총괄하고, 이를 바탕으로 건국 100주년이 되는 2049년까지 '중화민족의 위대한 부흥'을 실현한다는 것이다.

중국은 수나라 때부터 '소국 및 주변 오랑캐'들로부터 천조(天朝)라 불리며 조공을 받았고, 근세에는 몽골과 시베리아 동부까지 통치하는 태평천국, 소위 '천조상국(天朝上國)'[2)이었으나 아편전쟁에 이은 중일전쟁(1884~85

년) 패배 후 제국주의 열강에 의해 반식민지 상태로 전락했다. 굴욕과 고난 탈피를 위해 19세기 중엽부터 '민족 부흥' 운동을 전개했으나, 1861년 왕실 주도로 군비 개혁 및 기술 도입에 주안을 두고 추진한 양무(洋務)운동, 1898년 지식인층 중심의 전 방위적 사회제

1841년 1월 7일. 동인도회사에서 제작한 철제 증기선 네메시스호(맨 오른쪽)에 의해 청나라 범선 15척이 궤멸됐다.

도 개혁인 변법자강(變法自疆)운동이 모두 실패로 돌아가고 말았다.

'중화 진흥'을 최초로 제기한 이는 국부 쑨원(孫文, 1866~1925)으로 1894년 하와이에서 결성한 혁명 비밀결사 '흥중회'(興中會)의 규약에 "회 설립은 오로지 '중화 진흥'을 위해서다."라고 명시한데서 유래했다. 19세기말 미국에서 '기회의 땅'을 의미하는 아메리칸 드림 용어가 등장한 것과 비슷한 시기였다. 쑨원은 1911년 청조를 무너뜨린 신해혁명에는 성공했다. 그러나 지도자의 숙원인 '대국의 지위 회복'은 이루지 못했고, 뒤를 이은 장제스(蔣介石, 1887~1975)나 마오쩌둥(毛澤東, 1893~1976)에게도 미완의 꿈으로 남았다.

이후 역대 중국 지도자들은 '민족 부흥'을 거듭 호소하면서, 그 실현을 위한 정치 지도이념을 구체화하였다. 덩샤오핑(鄧小平, 1904~97)은 문혁의 혼란을 뛰어 넘어 먹고사는 문제 해결을 위해 1978년 개혁·개방을 선언했다. 그때의 대표적 구호가 "단결하여, 중화를 진흥하자.(團結起來, 振興中華)"였다. 장쩌민은 소·동구 붕괴 여파를 차단하고 아시

2) 진(秦)시황 때는 100만 대군을 거느린 거대 제국이었고, 한(漢) 무제 때는 지금의 국토 규모와 육박했다. 당(唐) 태종 때 세계 GDP의 50% 이상을 점유했으며, 마지막 왕조 청(淸)나라 때는 1792년 영국 조지 3세의 특사가 건륭제(乾隆帝)를 알현했을 당시도 세계 GDP의 1/3을 점유한 최강 경제 대국이었다.

아 강국으로 부상키 위해 공산당에 자본가·지식인을 수용하는 취지의 '3개 대표론'(2001년), 후진타오는 고도성장을 최우선 과제로 하되, 에너지·환경·균형발전 등의 요구를 적극 해결한다는 '과학적 발전관'(2005년)을 제기하며 세계 강국으로 도약을 노렸다.

【중국의 국정 지도이념】

구 분	당규약 삽입	주요 내용
마르크스·레닌주의	1945년 4월 제7차 당대회	폭력혁명을 통한 생산수단의 공유와 인민민주(프롤레타리아) 독재의 실현
마오쩌둥 사상	1945년 4월 제7차 당대회	계속혁명론 : 사회주의 정부 수립 후에도 자본주의 복귀의 위험이 존재하기 때문에 혁명을 계속해 모순을 극복
덩샤오핑 이론	1997년 9월 제15차 당대회	사회주의 초급단계론 : 자본주의 제도 도입을 위한 이론적 근거. 생산력이 낙후돼 상품경제가 발달하지 못한 중국이 사회주의를 건설해 나가는 과정에서 반드시 거쳐야 하는 특정 단계 1개 중심·2개 기본점 : 당의 사상 통일 도모
장쩌민의 3개 대표론	2002년 11월 제16차 당대회	공산당은 선진 생산력(자본가), 선진문화 발전(지식인), 광대한 인민(노동자와 농민)의 근본이익을 대표. 자본가의 공산당 가입을 가능케 해 당의 권력기반을 확충
후진타오의 과학적 발전관	2012년 11월 제18차 당대회	인간을 근본으로 사회와 조화를 이루면서 지속 가능한 발전을 추구. 개혁·개방 이후의 폐해·부조리 수정에 역점

이제 시진핑은 후진타오 중심 제4세대 지도부로부터 ① 안정적 엘리트 정치체제 ② 경제적 위기관리 능력 ③ 고도성장에 힘입은 높은 국정수행 지지도 ④ 크게 높아진 국제적 위상이라는 좋은 조건을 물려받은 바탕위에 집권 직후 바로 '중국의 꿈'이라는 한 단어로 응축된 통치이념을 과감히 제시한 것이다.

시진핑을 안내하며, 서점을 둘러보고 있는 왕후닝

시진핑이 '중국의 꿈'을 구체화한 것은 유력 브레인인 진이난(金一南·1952년생) 국방대학 교수가 15년간의 공을 들여 집필한 《찬란한 고난(苦難輝煌)》을 읽은 후라고 한다. 상·하권으로 나뉜 이 책은 항일 투쟁에서 G2의 중국을 건설한 공산당의 리더십과 힘을 사실에 입각해 기술한 것으로, 당 중앙선전부와 중앙조직부 공동으로 전 당원과 간부에게 일독을 권한 책이다.

2009년 1월 출판된 후, 2012년 1월까지 3년 동안 총 110만 부 이상이 팔려 나간 밀리언셀러이자 '5성(五星)급' 도서라 한다.

한편 '중국의 꿈' 총괄 기획자로 후진타오의 '과학적 발전관'을 다듬은 왕후닝(王滬寧·1955년생) 당 정치국 위원 겸 중앙정책연구실 주임이 거론된다. 그는 2002년부터 12년째 당의 핵심 싱크탱크인 중앙정책연구실을 책임지고 있으면서 시 주석의 해외순방을 항시 근접 수행하는 핵심 브레인 역할을 하고 있다.

진이난 교수가 지은
《찬란한 고난(苦難輝煌)》

'중국의 꿈'의 색깔은? 좌(左)인가, 우(右)인가?

'중국의 꿈'은 추상적 구호가 아니라 구체적인 정책 프로그램으로, 시진핑 집권 후 동선·지시사항, 당·정 시책, 특히 당 18기 3중전회(2013년 11월 9일~12일) 결정에 잘 나타나고 있다. 국가 현대화를 위한 경제·사법 개혁, 국민생활과 직결된 소득 분배 및 사회안전망 강화, 공직기강 쇄신, 소프트파워 강화 그리고 중국 특유의 대국외교[3] 등이다. 시진핑은 2012년 11월 15일 총서기 취임 연설에서 반부패의 기치를 든 후, 2013년 12월 말까지, 장·차관급 간부 23명을 낙마시켜, 새 지도부의 반부패 척결 역량이 개혁·개방 이후 당의 30여년 역사에서 최강이란 평가를 받았다.

방중한 메드베데프 러 총리 접견(2013. 10. 22)

---

3) 신화통신은 2013년 10월 22일 러시아·인도·몽골 등 3개국 총리가 중국 정부 초청으로 동시 방중한 것과 관련, 먼저 접경국가들과의 관계 안정 후 미국과의 신형(新型) 대국 관계를 형성하려는 시진핑 국가주석의 중화부흥 외교전략이자 '중국 특색의 대국외교의 전조'라고 풀이했다.

범죄 행위 처벌뿐 아니라 공직기강 확립 캠페인도 병행하여 허례허식을 과감히 철폐하는 '8개항 규정(八項規定)' 시행, 공무원 사회의 관료·형식·향락주의 및 사치풍조 등 '4풍(四風)' 척결, '자아비판'을 통한 당내 모순 해결 지시 등이 잇따랐다. 이 때문에, 마오쩌둥의 대중노선과 유물을 수용했다는 평을 들었다.

최초 지방 시찰로, 2012년 12월 7일~10일간 광둥성 선전(深圳)·주하이(珠海)·광저우(廣州)시 등을 방문하여 흔들림 없는 개혁·개방 추진을 역설하는 등, 1992년 1월 18일~2월 21일간 덩샤오핑(鄧小平)이 선전·주하이·상하이 등 남부지방을 순시하고 개혁·개방을 촉구했던 '남순강화(南巡講話)'를 재현했다.

2013년 2월 민생개선책으로 분배제도 개선, 각종 세제 개혁, 사회보장제도 개선, 국민주택 보급 확대 및 농민소득 증가 방안 등을 발표했고, 2013년 9월엔 '제2의 개혁·개방'을 하겠다며 상하이 자유무역지대를 출범시켰다. 이를 두고 일각에선 시진핑이 집권 초반에 정치적으로 마오쩌둥의 좌파를, 경제적으로는 덩샤오핑의 우파를 따르는 모양새라면서, 이같은 '정좌경우(政左經右)' 행보가 더욱 뚜렷해질 것으로 전망했다. 2013년 11월 개최된 당 18기 3중전회를 앞두고, 좌우 이념갈등이 심각하다고 보도한 언론까지 있다.

그러나 지금의 중국 공산당은 과거의 시행착오와 장애를 딛고 강한 개혁 의지와 유례없이 단합된 정치적 리더십을 보여주고 있다. 이제는 보수파(좌파)와 진보파(우파)의 기계론적 양분법에 집착하는 것은 무의미하다. 다만, 덩샤오핑이 제시한 '중국 특색의 사회주의 건설' 대강이 1개 중심(경제건설)과 2개 기본점(개혁·개방과 4개 원칙) 견지이고, 4개 원칙이 ①사회주의 노선 ② 프롤레타리아 독재 ③ 공산당 지도 ④ 마르크스·레닌주의와 모택동사상 이다 보니, 외양은 '정좌경우(政左經右)'일 수밖에 없다.

따라서 시진핑의 '차이나 드림'을 실현하기 위한 치국의 길을 좌나 우

'중국의 꿈' 이미지 컷

의 논리로는 제대로 설명할 수 없다. 마오쩌둥 시대의 좌파적 길로 회귀하지는 않겠지만, 인민을 받드는 대중노선은 적극 채택하고 있다. 경제적으로 대담한 개혁·개방을 추진하지만 서방의 다당제·의회민주주의 방식을 도입하는 정치개혁은 절대 불허한다. 그는 공산당 일당 지도체제를 지키는 가운데 중국의 국정(國情)에 맞춰 나아가는 철저한 실용주의자다. 지금은 개혁·개방 심화에 앞서 사상 무장을 단단히 하고 있는 단계이므로, 좌편향으로 판단해서는 안된다.

1980년대 자오쯔양(趙紫陽·1919~2005) 총서기 시절 비서실인 당 중앙판공청 간부로서, 가장 개혁적이라는 제13차 당 대회(1987년 10월) 정치보고 기초에 관여했고, 천안문사태 후 베이징 친청(秦城)감옥에 수감된 적이 있는 진보파 학자 우자샹(吳稼祥·1955

중국 정세분석가로 활동하는 우자샹

년생)은 시진핑을 부친 시중쉰(習仲勳·1913~2003)의 개혁사상에 절대 반하는 행동을 할 수 없는 '개혁파 맹주'[4]로 평가했다.

---

4) 동명은 아주주간(亞洲週刊, 2013년 9월 22일 게재) 기자에게 최근 시진핑의 일부 좌파 신호는 진의가 아니며, 반대파들이 좌파 이미지를 조작하는 것이라고 지적했다. '부자(父子) 일치'는 중국의 오랜 전통으로, 부친 시중쉰의 개혁사상과 절대로 배치할 수 없다고 강조했다.

'중국의 꿈' 실현을 위한 2단계 시간표 공개

시진핑은 '중국의 꿈'을 실현할 2단계 시간표까지 공개했다. 1단계는 공산당 창건(1921년) 100주년인 2021년, 2단계는 건국(1949년) 100주년인 2049년이다. 주목할 것은 1단계 2021년이다. 2021년은 2002년 11월 제16차 당 대회 시, 장쩌민 총서기가 진입을 선언한 '소강(小康, 의식주가 해결된 중등생활) 사회'가 고도의 발전을 거듭해서 '전면적 소강사회'가 실현되는 시점이다.

중국이 매년 7% 이상 성장[5]한다면 2021년은 GDP가 미국을 추월할 것으로 예상되는 시점이기도 하므로, 시진핑 2기 정권 종료 직전의 2022년 11월 제20차 당 대회에서 전략적 목표 달성을 전면 선포함으로써 시진핑의 치적이자 '중화민족 부흥'의 상징으로 중국역사의 한 페이지를 장식할 수 있다.

2012년 11월 29일 혁명군사박물관 방문 시에는 "2049년은 '국가부강, 민족부흥, 인민행복'에 주안을 둔 사회주의 현대화 국가 목표가 달성되고, 중화민족의 위대한 꿈이 실현될 것"임을 강조했다. 경제력을 바탕으로 한 군사력과 소프트 강화를 통해 확고한 세계 강대국으로 부상할 것을 다짐한 것이다. 상기한 시진핑의 2단계 시간표는 덩샤오핑이 1978년 제시한 개혁·개방을 통한 3단계 국가발전(三步走) 전략의 연장선상에 있다.

---

5) 리커창(李克强) 총리는 2013년 3월 전인대 시정연설(정부사업보고)에서, 2020년까지 2010년 대비 GDP·개인소득 배증 계획 완수를 위해 연평균 7% 성장 목표를 설정했다고 설명했다. 다만, 2013년 성장 목표는 2012년과 같은 7.5%로 잡았다고 언명했다.

【덩샤오핑의 3단계 국가발전 전략】

구 분	발전 목표	실천 목표 및 진행 경과
1단계 (1979~1999년)	원바오(溫飽) : 의식주가 기본적으로 해결된 기초생활 수준	△ 1978년 당시 300달러의 1인당 GDP를 20세기 말까지 4배 증대 목표 △ 1980년대 말에 이미 목표를 달성
2단계 (2000~2021년)	샤오캉(小康) : 의식주가 해결된 중등 생활 이상	△ GDP 5,000달러 이상 목표를 2011년(5,432달러, 2012년 6,102달러)에 10년 앞당겨 달성(2010년 4,394 달러) ＊ 그러나 세계 90위권의 개도국 중간 수준 △ 장쩌민, 2002년 샤오캉 사회 진입 선언
3단계 (2022~2049년)	다퉁(大同) : 태평성대 의미, 선진국 진입	△ 2030~50년 사이 1980년의 16배 증대 목표 △ 2010년에 상기 목표를 통과, 20~40년 앞당겨 덩샤오핑의 목표 달성(2010년 5월, 류웨이(劉偉) 베이징대학 경제학원 원장)

'중국의 꿈'실현을 위한 구체 개혁시책 발표

매 5년마다 열리는 당 대회 개최 후, 통상 1년 만에 열리는 3중전회(중앙위원회 전체회의)6)에서는 당 지도부의 5년 임기 내 시행할 당과 국가의 주요 정책을 결정한다. 1978년 12월의 당11기 3중전회에서는 덩

---

6) 당 대회에서 선출된 당 중앙위원들이 심의·승인권을 행사하는 회의이다. 1중전회는 당 대회 폐막 다음 날 개최되어 총서기와 정치국(상무위원·위원)·중앙군사위 구성원 등을 선출한다. 2중전회는 다음해 3월 전인대에서 선출될 국가주석·총리·각료 인선안을 의결한다. 그 다음은 매년 1회 꼴로 중전회를 개최하여, 주요 현안을 심의·결정한다. 마지막 7중전회(또는 8중전회)에서는 차기 당 대회 심의에 상정할 당 지도부 인선안, 당규약 개정안, 정치보고안 등을 사전 심의·확정한다.

샤오핑 주도의 개혁·개방정책, 1993년 11월의 당 14기 3중전회에서는 장쩌민 총서기가 사회주의 시장경제체제 추진을 공식화했다.

제18차 당 대회(2012년 11월) 후, 세 번째로 열리는 중전회인 3중전회[7]가 2013년 11월 9~12일간 베이징 징시호텔(京西賓館)에서 개최되었다. 이번 중전회는 당연히 시진핑 체제의 10년 임기 내, '중국의 꿈'을 실현하기 위한 당의 개혁 및 정책 방향을 가늠할 수 있는 회의로 주목되었다. 3중전회에서는 시진핑 총서기가 당 정치국의 위임을 받아 행한 사업보고를 청취·토의했으며 시진핑이 제안 설명한 〈개혁의 전면적 심화와 관련한 약간의 문제에 대한 당 중앙의 결정〉(약칭 '전면적 개혁심화 결정')을 심의·채택했다. 3중전회의 키워드는 '개혁'이었다.

11월 12일 회의 폐막 후, 발표된 '3중전회 공보(公報, 코뮈니케, 성명)'에서 역대 최초로 언급된 것은 ① 국가 관리체제와 관리능력의 현대화 추진(경제·정치·사회·문화·생태 등 분야) ② 자원배치 중, 시장의 결정적 역할 발휘 ③ 입법 완비, 직권의 명확화, 조세부담 안정 ④ 자유무역지대 건설 촉진 ⑤ '중앙전면심화개혁영도소조' 설립 ⑥'국가안전위원회' 설립 ⑦ 2020년까지 중요 분야 및 관건적 부분의 개혁에서 결정적 성과 거양 등이었다.

'공보'가 기본 방향만 제시한 강령성 문건이라, 구체 조치는 향후 정부가 하나씩 풀어갈 것이라고 예상했다. 그러나 3일 후인 11월 15일, 기본 경제제도·정부 직능·개방형 경제체제·법치·사회사업·생태문명·국방개혁 등 16개 분야의 60개 개혁과제가 제시된 〈전면적 개혁심화 결정〉 전문을 공개했다. 경제·사회 부조리로 지목됐던, 소득·계층·지역 양극화와 인권 경시 풍조, 사법적 불공정 해소 등과 관련해서는 구체적 개혁조치를 적시했고, '1가구 1자녀 정책 완화' 등 방안의 구체적 시간표

---

7) 중앙위원(정수 205명) 204명, 중앙후보위원(정수 171명) 169명이 참석했다. 중앙기율검사위원회 상무위원(정수 19명), 유관기관 책임자, 제18차 당 대회 대표(정수 2,268명) 중 일부 말단기관 대표, 전문가·학자 등이 참관했다.

와 방법은 각 지방 기관이 현지 실정에 맞게 시행토록 재량권을 부여했다. 이같은 조치는 시진핑 지도부가 민생 향상과 사회개혁을 통한 체제 안정의 바탕 위에서 중국의 꿈 실현을 위한 부국강병에 매진할 것임을 시사한 것이다. 2개월여가 지난 2014년 1월말 현재 60개 개혁 항목 중 이미 23개(38%)가 제도화해 시행에 들어갔다고 한다.

【당 18기 3중전회 결정 주요 개혁조치】

- 부모 중 한쪽이 독자일 경우, 2자녀 출산 허용(35년간 유지해온 1자녀 정책 폐지)
- 퇴직 연령을 점진적으로 연장시키는 정책을 검토, 시행
- 중점 학교·중점 반(班)을 개설치 않고, 전국 통일시험 과목 감소 추진
- 관저(官邸) 제도를 검토, 관료들의 주택 다소 소유 금지. 규정 외 관용차 엄금
- 노동교양 제도 폐지 및 사형에 적용하는 죄목 점차 감소
- 행정구역과 적당히 분리되는 사법관할 제도 건립 추진
- 부동산세(현재 상하이·충칭시 시범 적용) 관련 조기 입법 및 적시 개혁 추진
- 농민의 주택 재산권 저당·담보·양도를 신중하고 합당하게 추진
- 국유자본의 공공재정 납입 비율을 2020년까지 30%로 인상(사회보장기금 출연 추진)
- 조건을 갖춘 민간자본의 중소형 은행 설립 허용
- 혼합 소유제 경제를 발전시키며, 비공유제 경제에 불합리한 규정을 철폐
- 석유·천연가스·전신·전력·교통 가격을 시장에서 결정
- 도시·농촌 통일의 건설용지 시장 건설(농민에게 더욱 많은 재산권 부여)

또한, 시진핑 총서기는 〈전면적 개혁심화 결정〉에 첨부된 별도 설명에서 지난 1992년 덩샤오핑이 남순강화(南巡講話) 시 언명했던 한 대목을 인용해, "개혁·개방을 하지 않고, 경제를 발전시키지 않고, 인민 생활을 개선시키지 못한다면 오직 죽는 길밖에 없다."고 고강도 개혁의 당위성을 역설했다.

2013년 12월 30일 당 정치국 회의에서는 '중앙전면심화개혁영도소조' 조장에 시진핑 총서기를 선임했다. 당·정·군·전인대·정협 합동회의 성격의 영도소조(구성원은 후면 첨부 참조) 아래에는 경제·생태문명 체제 개혁, 민주 법제 개혁, 문화체제 개혁, 사회체제 개혁, 당 건설제도 개혁, 기율검사체제 개혁 등 6개 전문소조가 설치됐다. 영도소조는 각 분야 개혁에서 중요 방침·정책, 총체적 방안을 수립하고 종합적으로 조율하며 시행을 독려한다. 각 지방·부서도 개혁 담당기구를 지정하고 책임자가 직접 관리토록 했다.

국내외에서 본 중국의 꿈 실현 가능성은?

시진핑의 정치적 기반과 중국의 경제적 여력이 탄탄하다는 판단 아래, '중국의 꿈'이 현실화될 가능성이 큰 것으로 보는 견해는 상당히 많다. 경제협력개발기구(OECD)는 2013년 3월 22일 발표한 '중국경제 서베이'(對中 경제심사 보고)에서 중국의 GDP 성장률이 2012년 7.8%로 가장 저조했지만, 2013년 8.5%, 2014년 8.9%로 회복하면서 2020년까지 8%대를 유지할 것으로 전망했다. 물가수준을 고려한 구매력평가지수(PPP)를 반영하면 중국의 경제규모가 시진핑 1기 임기 중인 2016년 미국을 추월할 것으로 진단했다.

한 일본 연구소는 중국의 GDP 규모가 2000년에는 일본의 1/4에 불과했으나 2010년 일본을 제치고 세계 2위로 부상했다며, 2011년에 미국 GDP의 48.4%, 2012년에는 미국(16조 2,446억 달러)의 50.6%(8조 2,210억 달러)까지 따라붙은 만큼, 양국 성장률 및 인민폐의 대미환율 추이 등에 비추어 빠르면 2017년 역전될 것이라고 내다봤다.

세계은행 부총재를 역임한 린이푸(林毅夫·1952년생) 베이징대 교수는 2013년 9월 한국고등교육재단이 마련한 차이나포럼 강연에서, "197

9년~ 2012년간 연평균 9.8%의 경제성장률을 달성한 중국은 세계 2위의 대국"이라며 "리커창 총리가 언급한 대로, 연간 7.0%의 성장률을 유지하면 2020년엔 GDP가 2010년의 두 배 이상 될 수 있다."라고 차이나 드림의 실현을 낙관했다.

시진핑 국가주석도 2014년 1월 22일 온라인 매체 '월드포스트'가 게재한 인터뷰에서 "170여 년 전 아편전쟁 이후 중국 부흥의 꿈에 이토록 가깝게 다가간 적이 없었다."면서 "추가 경기부양책 없이도 연 7% 성장률을 유지할 수 있는 만큼, 공산당 창건 100주년인 2021년에는 우리가 목표했던 대로 1인당 GDP를 2010년의 두 배로 늘릴 수 있을 것"이라고 밝혔다. "결코 '중진국 정체의 함정'에 빠지지 않을 것"이라며 자신감을 내비쳤다.

그러나 빛이 있으면 그림자도 있는 법이다. 중국의 꿈 달성을 위해서는 경제의 경착륙 가능성, 글로벌 불황이 중국이 미칠 영향을 극복해야 한다. 그래서 중국의 미국 추월이 쉽지 않을 것으로 보는 견해도 만만치 않다. 내수 확대를 막는 심각한 소득격차[8], 주택가격 급등, 지방정부의 거액 채무(2012년말 기준 2조 9,500억 달러), '미부선로(未富先老)'(부유화 전에 고령화가 먼저 진행)에 따른 노동연령 인구의 감소세 전환, 대기·수질 오염 등 지뢰가 곳곳에 매설되어 있는 것이 중국의 현실이다.

흥미 있는 것은 인터넷에도 민간 버전 '중국의 꿈'이 유포되고 있는데, ① 중국 축구 대표팀의 월드컵 대회 우승 ② UN 본부의 베이징 이전 ③ 원거리 작전을 마친 중국 항모의 하와이 보급기지 기착 ④ 일본 열도 침몰 및 일본인 몰살 등이다. 중국인들의 자기중심적 사고의 한 단면을 엿볼 수 있다. 이런 흐름이 배타적 애국·국수주의로 흐르지 않을 까 우려되는 대목이다.

---

8) 중국과 같이 공산당·정부의 간부와 가족 등 20%의 기득권층이 부의 80%를 소유하는 격차사회에서는 국가의 성장을 지탱하는 개인 소비의 폭발적 신장이 어렵다는 주장도 제기되고 있다.

【중앙전면심화개혁 영도소조 구성원】

〈☆ 당정치국 상무위원, ※ 당정치국 위원, ◎ 당중앙위원〉

직 위	부 문	성 명	현 직책
조장	☆ 시진핑(習近平·1953년생)		당 총서기·국가주석·중앙군사위 주석
부조장	☆ 리커창(李克强·1955년생)		국무원 총리
	☆ 류윈산(劉雲山·1947년생)		당 중앙서기처 제1서기·중앙당교 교장
	☆ 장가오리(張高麗·1946년생)		국무원 상무(常務) 부총리
조원	당중앙	※왕후닝(王滬寧·1955년생)	당 중앙정책연구실 주임
		※류치바오(劉奇葆·1953년생)	당 중앙선전부 부장
		※자오러지(趙樂際·1957년생)	당 중앙조직부 부장·당 중앙서기처 서기
		※리잔수(栗戰書·1950년생)	당 중앙판공청 주임·당 중앙서기처 서기
	국무원	※마카이(馬凱·1946년생)	부총리
		※류옌둥(劉延東·여·1945년생)	부총리
		※왕양(汪洋·1955년생)	부총리
	전인대 (全人大)	※리젠궈(李建國·1946년생)	상무(제1) 부위원장
		◎왕천(王晨·1950년생)	부위원장 겸 판공청 비서장
	정 협 (政協)	◎두칭린(杜靑林·1946년생)	상무(제1) 부주석
		◎장칭리(張慶黎·1951년생)	부주석 겸 판공청 비서장
	정 법 (政法) 공안/사법 /안전	※멍젠주(孟建柱·1947년생)	당 중앙정법위원회 서기
		◎궈성쿤(郭聲琨·1954년생)	공안부 부장
		◎저우창(周强, 1960년생)	최고인민법원 원장
		◎차오젠밍(曹建明·1955년생)	최고인민검찰원 검찰장
	사 정	◎자오훙주(趙洪祝·1949년생)	당 중앙기율검사위원회 상무(제1) 부서기
	군사위	※쉬치량(許其亮·1950년생)	당 중앙군사위원회 부주석(서열 2위)
	국무원/ 정협	◎왕정웨이(王正偉·1957년생)	국가민족사무위원회 주임 겸 정협 부주석
	국무원/ 정협	저우샤오촨(周小川·1948년생)	중국인민은행 행장 겸 정협 부주석
판공실 주임	왕후닝 당 중앙정책 연구실 주임(겸임)		

2 시진핑의 신 남순강화(南巡講話)

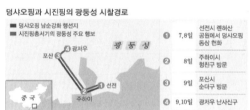

두째딸 덩난(鄧楠)과 함께 남순에 나선 덩샤오핑

시진핑은 총서기 취임 후, 최초 지방 시찰로 2012년 12월 7일~10일 간 광둥성 선전(深圳) · 주하이(珠海) · 포산(佛山) · 광저우(廣州)시를 방문하고 흔들림 없는 개혁 · 개방 추진을 역설했다. 1992년 1월 18일~2월 21일간 덩샤오핑(鄧小平, 1904~1997년)이 후베이성 우한시 우창구(武昌區)[1] · 선전 · 주하이 · 상하이 등 남부지방을 순시[2]하면서 개혁 · 개방을 촉구하던 담화를 연상시켰다. 2012년은 남순강화 20주년이었다.

개혁 · 개방의 총설계사 덩샤오핑을 롤 모델(role model)로 선정

---

[1] 우창은 중국 중부지방 최대 도시인 후베이성 우한(武漢)시의 중남부에 있는 시 관할구(현 면적 652㎢, 인구 250만 명)이다. 1911년 10월 우창에서 시작된 신군의 무장투쟁(우창 봉기)이 청조를 무너뜨린 신해혁명의 기폭제로 작용했다.

[2] 남부지방 순시란 ① 글자 그대로 중국의 동남부 지역을 방문했다는 의미도 있고 ② 수도 베이징 대비 남쪽을 순시했다는 차원에서 중부지역인 후베이성 우한도 포함된다.

과거 중국 지도자가 혁명이나 투쟁을 발동할 때면, 반대세력이 몰려있는 베이징이 아니라 개혁 성향이 강한 상하이(공산당 창건·문화대혁명)나 광둥성(남순강화), 혁명 성지인 후베이성 우한·상하이3)을 기점으로 불을 붙여 중앙을 포위, 공격하는 방식을 취했다. 1971년 마오쩌둥이 남순강화(첨부 참조) 지역으로 우한을 택했고, 덩샤오핑도 우한시 우창에서 불을 지폈다. 남순강화 당시 88세였던 덩샤오핑 등 연로한 지도자들이 매년 추운 겨울엔 따뜻한 남방에서 요양해 왔다는 점도 한몫했다.

덩샤오핑은 톈안먼사태(1989년 6월)와 소련·동유럽 붕괴(1991년) 등의 영향으로 '대문을 닫고 계획경제로 복귀하자'고 주장하는 당내 보수좌파가 세를 키우자, 남순강화를 통해 이들의 반대를 물리치고 개혁·개방 확대를 대세로 굳혔다.

담화 요지는 ① 개혁·개방과 사회주의가 없으면 죽음에 이른다. 그 길을 걷지 않는 자는 해임시켜라. ② 노인(원로 지도자)은 결코 젊은이의 장애가 돼서는 안 된다. ③ 자본주의에도 사회주의에 기여하는 것이 있으므로 자본주의를 두려워할 필요 없다. ④ 당 내부와 경제가 견실하면 화평연변(和平演變: 平和的 轉化, 서방에 의한 평화적 방식의 정권 전복)을 두려워할 필요 없다. 오히려 당내 형식·관료주의가 화평연변에 직결된다. ⑤ 사회주의에 부패를 침투시켜서는 안 된다 등이었다.

시진핑의 활동은 덩샤오핑의 전례를 많이 따랐다. 경제특구인 선전·주하이를 방문했고, 덩샤오핑이 부인 줘린(卓林, 1916-2009)을 대동한 것처럼, 부인 펑리위안(彭麗媛·1962년생)과 외동딸 시밍저(習明澤·1992년생)와 함께 선전에서 요양 중인 모친 치신(齊心·1926년생)을 문안했다. 중국을 대표하는 민영 인터넷기업 텅쉰(騰訊, 큐큐닷컴)도 참관했다.

---

3) 우한에는 마오쩌둥이 지도했던 '중앙농민운동강습소' 구지(舊址, 터)와 1911년 신해혁명의거 당시의 악군(鄂軍: 우한군)총독부, 상하이에는 1921년 7월 제1차 공산당대회가 열린 '일대회지(一大会址)' 등 혁명유적지가 있다.

덩샤오핑 동상이 있는 선전 렌화산(蓮花山)공원에 기념 식수한 품종도 덩샤오핑이 선전 식물원에 심은 상록수 고산용(高山榕)이었다. 관영 CC-TV나 신화통신 취재진을 동원하는 대신 남방일보 등 현지언론이 취재하도록 한 것도 같았다. 신화통신은 시진핑의 광둥성 방문이 끝난 2012년 12월 11일에야 현지에서의 동정을 간단히 보도했다.

기념 식수하는 시진핑

덩샤오핑의 부동의 개혁 강조, 관료주의 척결에 솔선

시진핑은 선전에서는 홍콩·외국첨단기업 유치 단지인 첸하이(前海)지구, 1984년 덩샤오핑이 방문했던 어민촌 등을, 주하이에서는 서비스산업 육성 단지인 헝친신구(橫琴新區)를, 포산에서는 저소득층 가정을 방문했다. 광저우에서는 중국판 청계천인 생태하천 둥하오융(東濠湧) 시찰, 기업인 좌담회 참석, 광저우(廣州)군구 방문, 남해함대 구축함 하이커우(海口)함 훈련 참관 등의 일정을 가졌다.

그의 담화는 '개혁'으로 일관했다. ① 덩샤오핑 동지가 걸어온 길을 견지하자. ② 중국의 발전과 진보의 원천인 개혁·개방노선을 흔들림 없이 추진하자. ③ 현재 어렵지만, 용기와 지혜를 발휘하여 실기(失期)하지 말고 필요한 개혁을 심화시키자. ④ 산업구조 개혁을 통한 지속 성장을 달성하자 등이었다. 특히, 그의 동선은 당내 형식·관료주의를 척결하라는 덩샤오핑 담화와 지도자의 시찰·회의 절차를 간소화하는 공직자 업무 관행 개혁안(2012년 12월 4일 정치국 결정) 등을 몸소 실천한 실사구시적이며 파격적인 친 서민 행보였다.

주변도로 봉쇄, 교통 통제, 환영인파 동원, 방탄차량 사용, 시민 격리 등의 조치 없이 선팅하지 않은 미니버스를 이용했고, 격의 없이 주민들과의 만나 악수했으며, 덩샤오핑 동상에 헌화할 때는 붉은 카펫도 깔지 않았다. 다만 경호팀은 근접 경호에 치중하면서도 경호·경찰차량은 눈에 띄지 않는 곳에 배치했다.

광동성 시찰은 전면적 개혁 시동을 위한 신호탄

시바이포 기념관 앞 동상. (중앙이 마오쩌둥)

후진타오는 2002년 11월 총서기 취임 후, 첫 방문지로 공산당의 혁명 성지인 허베이성 스자좡(石家庄)시 핑산(平山)현 소재 시바이포(西柏坡)를 찾았다.[4] 시바이포는 화북지방의 요지인 스자좡시에서 90km 떨어진 보통 산촌이지만, 1948년 5월~1949년 5월간 공산당 중앙위원회와 인민해방군 본부가 있었던 곳이다. 1949년 3월, 이곳에서 당 7기 2중전회를 개최하여 국민당과의 대결전을 결정한 후, 이곳을 기지로 국민당과의 전투에서 연승을 거두고 1949년 5월 베이징에 입성한 혁명사가 있다.

후진타오의 시바이포 방문 취지는 혁명 선열들의 청렴결백한 정신을 선양하고, 공산당 간부들의 부정부패를 일소하여 인민의 신뢰를 받는 공산당으로 거듭나겠다는 의지를 내외에 천명하려는 것이었다.

---

4) 시진핑 총서기는 첫 지방시찰지를 광동성으로 했고, 7개월 후인 2013년 7월 11일 시바이포를 방문했다.

그러면 시진핑 총서기가 다른 신임 총서기들과 달리, 최초 지방시찰 지역으로 광둥성, 특히 선전을 택하면서 '덩샤오핑'과 '개혁'을 화두로 던진 것은 어떤 의미를 가지는가?

'렌주구이종(認祖歸宗)'은 조상을 찾아 본가에 돌아온 것을 상징한다. 조(祖)는 덩샤오핑, 종(宗)은 부친인 시중쉰이다. 선전은 선친이 현역 은퇴 후 말년을 보낸 곳이며, 선전특구는 선친이 광둥성장 재임(1978~1980년) 시에 건설 의지를 불태운 곳이다. 덩샤오핑·시중쉰 등 선대가 볼 때, 시진핑은 자신들의 통치이념을 계승한 합격된 '개혁주의자'다. 그래서 시진핑의 '남순'은 다시 개혁·개방 정책을 전면적으로 확대하겠다는 의지를 내외에 선포한 것이었다.

시진핑 취임 당시는 전국적으로 인건비 상승에 의해 노동집약형 산업의 경쟁력이 저하되어 성장이 둔화되는 '중진국의 함정'에 빠질 위험이 큰 상황이었다. 양에서 질로의 개혁, 선 부유화에서 공동 부유화로의 이행, 전국의 개발 거점 중심 방사선식 개혁·개방 확대가 그 지향점이다.

특히, 광둥성에서 중국 최초의 공직자 재산 공개 시범 실시, 정부 부서를 줄이는 행정기구 개혁 등을 추진하고 있는 것은 체제에 압력이 될 수 있는 정치개혁은 지향하되, 공산당 지도체제의 약점을 보완할 수 있는 행정 중심의 제한된 정치개혁을 실험 후 도입하겠다는 신호였다.

당 18기 3중전회에서 '전면 개혁'을 구체화

시진핑이 신 남순강화에서 표명한 '전면적 개혁' 의지는 마침내 2013년 11월 9일~12일간 베이징에서 개최된 당 18기 3중전회에서 통과된 〈전면적 개혁 심화를 위한 약간의 중대 문제에 관한 당 중앙의 결정〉에서 구체화되었다. 당초 이 3중전회[5]는 향후 시진핑 2기 정권 10년간의 경제 등 정책 전반의 방향을 결정한다는 점에서 주목되었다.

〈결정〉의 골자는 ① '개혁 전면 심화를 위한 지도소조' 설치 ② 시장이 자원배분에 결정적 역할 수행 ③ 공유제(사회주의 요소)·비공유제(자본주의 요소) 경제의 공존 ④ 당 중앙위 산하 국가안전위원회 설립 ⑤ 사법권력 운용 메커니즘 개선 및 인권·사법보장 제도 정비 등 국정 전반에 대한 개혁·개방정책 방향이다.

그리고 11월 15일에는 시진핑 총서기 명의로 '〈결정〉에 관한 별도 설명문'6)을 공개했다. 시진핑 총서기는 설명문에서 "우리는 덩샤오핑 동지의 말을 더욱 깊이 이해할 수 있게 됐다."라고 밝히고, "사회주의 유지 없이, 개혁과 개방 없이, 경제 발전 없이, 인민생활 개선 없이는 그저 죽는 길밖엔 없다."라며 덩샤오핑이 남순강화 당시 밝혔던 말을 그대로 인용해 고강도 개혁의 당위성을 역설했다.

전문가들은 당 18기 3중전회가 개혁·개방정책 추진을 내외에 선포했던 1978년 12월의 당 11기 3중전회 만큼 중요하다고 지적한다. 시진핑 정권의 국정운영 방향이 확정된 만큼, 향후 중국 정부가 마련할 각 부문별 후속 시행계획을 철저히 분석하여 우리 국익을 극대화해 나가야 할 것이다.

---

5) 3중전회는 중앙위원(정수 205명) 204명, 중앙후보위원(정수 171명) 169명 등이 참석한 가운데 개최되었다. 2012년 11월 제18차 당대회 직후 개최된 1중전회는 당 지도부 인선, 2013년 2월의 2중전회는 2013년 3월 제12기 전인대 1차 회의에서 통과된 정부기관 개편안을 논의했다.

6) 보다 상세한 설명은 제3부의 **1** 시진핑의 '중국의 꿈' 참조

【마오쩌둥의 남순강화와 쟁점】

구 분		주요 내용
남순강화 요지 및 후속 조치		△ 마오쩌둥 당 주석은 1971년 8월 중순~9월 초순 후베이성 우한에서 후베이성과 인근 허난성의 당·정·군 책임자들을 소집하고, 5차례 담화(남순강화) 발표 △ "1959년 루산회의 시, 펑더화이(彭德懷) 국방부장과의 투쟁, 1961년 류사오치(劉少奇) 국가주석과의 투쟁이 '2개 사령부(2개 지도부)'의 투쟁"이라고 언명 △ "1970년 루산회의 투쟁도 2개 사령부의 투쟁으로 어떤 자(린뱌오(林彪) 당 부주석을 지칭)는 국가주석이 되고 싶어 당의 분열과 정권 탈취를 기도"하고 있다고 강조 △ 1971년 9월 10일 마오쩌둥은 상하이에서 기차를 타고 북경으로 급거 귀환. 쿠데타를 계획했던 린뱌오 일당은 급한 마음에 항공기로 중국을 탈출했으나 몽골 영공에서 추락사 ※ 마오쩌둥과 의견 대립을 한 류사오치·린뱌오 등의 실각은 제3부의 '**3** 지도자의 성공 8계명'에 수록된 '중국 정치국원 실각사례' 참조
쟁 점	1959년 7~8월 당 8기 8중전회 (루산 회의)	△ 펑더화이 국방부장은 마오쩌둥의 대약진운동·인민공사 운동에 비판적 의견 제기
	1961년 5~6월 당중앙공작회의 (베이징 회의)	△ 류사오치 국가주석은 대약진운동(1958~1960년) 후, 대기근 관련 '3할 천재(天災), 7할 인재(人災)'라며 마오쩌둥을 간접 비판
	1970년 8~9월 당 9기 2중전회 (루산 회의)	△ 린뱌오 등 반당집단은 류사오치 실각(1966년 5월)으로 사실상 폐지 상태였던 국가주석 직 부활을 기도했으나 실패

※ 루산은 장시성 쥬장(九江)시 소재 명산으로 1937년 국민당이 강당을 지어 군관 훈련단 연수원으로 사용한 곳이다. 공산당은 이곳에서 1959년·1961년·1970년 3회에 걸쳐 주요 당 회의를 개최했다. 1961년 8~9월의 중앙공작회의에서는 대만의 정보공작에 대한 보안강화 조치를 결의했다.

마오쩌둥 남순강화 요록

1959년 루산회의 장면(맨 왼쪽 마오쩌둥)

루산회의 유적지

【시진핑 총서기의 형제 관계】

관계 및 성명		생년	주요 경력
시중쉰 첫째 부인 하오밍주 (郝明珠, 1936년 결혼, 1944년 이혼) 소생 이복형제	형 시정닝 (習正寧, 시푸핑/習富平 으로도 부름)	1941~ 1998년 (심장병 사망)	• 산시성 당위 조직부 부부장 겸 청년 간부처 처장, 하이난(海南)성 당 정법위원회 서기 겸 사법청 청장 역임 • 1960년 중국과기대학 자동제어학과 졸업
	누나 시허핑 (習和平)	사망	• 문화혁명 중 박해를 받아 사망
	누나 시간핑 (習乾平)		• 1960~1965년 외교학원 불어과 • 〈국제상보(國際商報)〉사에 배치. 고급기자, 국제부 주임 담임

관계 및 성명		생년	주요 경력
시중쉰 첫째 부인 하오밍주 (郝明珠1936년 결혼, 1944년 이혼) 소생 이복형제	누나 시간핑 (習乾平)		• 남편 마바오산(馬寶善, 1941년생)은 〈법제일보(法制日報)〉 부사장, 〈중국법률보〉 상무 부편집장 등을 거쳐 현재 북경화샤이밍(華夏易明)서화원 원장, 화샤도시기자클럽 명예회장 담임
시중쉰 둘째 부인 치신(齊心, 1944년 결혼) 소생 친형제	누나 치차오차오 (齊橋橋)	1949년 3월 1일	• 치신의 모친(시진핑의 외조모)이 작명(옌안치얄거우/延安橋兒沟 중앙의원에서 출생했기 때문에 '차오(橋)'란 이름을 따옴) • 1952년 시중쉰이 베이징에 와 당 중앙선전부장 담임 시, 베이하이(北海) 유치원을 다님 • 모친의 성을 따름 • 남편 : 덩자구이(鄧家貴)
	누나 치안안 (齊安安)		• 시진핑과 동생 시위안핑은 어려서 누나들이 입던 옷과 진홍색 헝겊신을 물려받아 입고 다녔는데, 시진핑이 반 애들이 놀린다며 여자신발을 안 신으려 하자, 부친이 물들여서 신으라고 언급 → 근검절약이 시진핑의 가풍으로 확립 • 모친의 성을 따름
	남동생 시위안핑 (習遠平)	1956년 11월	• 베이징시 바이(八一)소학 졸업, 문화혁명 기간 중 허난성으로 하방되어, 그곳에서 중학교를 다님 • 16세에 베이징 귀환, 기계공장 노동자로 근무 • 1977년 해방군 뤄양(洛陽)외국어학원 입학. 졸업 후, 군·무역회사·정부기관에서 근무 • 현재 국제에너지·환경보호협회 회장 담임

※ 중국 공산당은 2013년 10월 15일 '시중쉰 동지(1913년 10월 15일~2002년 5월 24일) 탄신 100주년' 기념행사를 성대히 거행했다.

【시진핑 총서기 가족 사진】

앞줄 좌로부터 : 치안안(누나), 치신(모친),
치차오차오(누나)

시정닝(이복 형), 시중쉰(부친), 시진핑 (1980년대 초)

시위안핑, 치신, 시중쉰, 시진핑 (좌로부터)

앞줄 좌로부터 : 시중쉰, 시밍저, 치신
뒷줄 좌로부터 : 시진핑, 펑리위안

※ 위 사진 2장은 1997년 10월 15일을 전후, 시중쉰(習仲勳, 1913~2002) 전 전인대 상무위 부위원장이 1993년
　공직 은퇴 후 주로 머물던 선전영빈관(深圳迎賓館)에서 찍은 것이다. 당시 시진핑은 푸젠성 당부서기였다.

펑리위안, 시밍저, 시중쉰, 시진핑

3 지도자 성공의 8계명

중국에서는 2012년 11월의 제18차 당대회 및 2013년 3월의 제12기 전인대 1차 회의를 계기로 시진핑(習近平) 당총서기·국가주석·중앙군사위 주석, 리커창(李克强) 총리를 축으로 하여 향후 10년간 국정을 주도할 제5세대 지도부가 성공적으로 출범했다.

그러나 정치국 상무위원 진입이 유력시 됐던 보시라이(薄熙來, 1949년생) 전 충칭시 당서기가 뇌물 수수·직권 남용·공금 횡령 혐의로 2013년 10월 25일 무기징역, 정치권리 종신 박탈, 개인 전 재산 몰수라는 병합 판결을 받았다. 이로써 문화대혁명(1966~76년)을 단죄하기 위한 1981년의 장칭(江靑, 1915~1991) 등 4인방 재판 이후 최대 정치재판으로 불린 보시라이 사건이 종결됐다.

그러면 중국에서 후세에 성공적 지도자로 추앙받고 살아남기 위해 지켜야 할 계명(誡命)은 과연 무엇일까? 실례에 근거하여 다음의 8가지를 제시한다.

비극으로 끝난 보시라이 일생

첫째, 당 노선은 무조건 추종하라

실권자와 대립각을 세워서는 안 된다. 공산혁명을 거치면서 실권자적 카리스마를 갖춘 마오쩌둥(毛澤東)·덩샤오핑(鄧小平) 통치 시기에는 반대의견을 낸 고위 간부에게 너그럽지 않았다. 이들에게는 어김 없이 반당(反黨) 활동의 모자를 씌워 정치적 탄압을 가했다. 1954년의 '가오강(高岡, 1905-1954, 당시 중앙인민정부 부주석) 사건'은 사회주의 건국 이후 첫 당내 권력투쟁으로 기록된다. 그는 마오쩌둥 노선에 반기를 들다가, 반당주의자로 비판받아 자살했고 사후 출당 조치를 당했다. 그 외, 마오쩌둥 당 주석과 의견 대립을 보인 류사오치(劉少奇) 국가주석·펑더화이(彭德懷) 국방부장도 비극적 최후를 맞았다.

톈안먼 사건 당시, 자오즈양(趙紫陽) 당 총서기는 학생 시위대가 요구한 부패 척결·민주주의 요구를 민주와 법제의 틀 안에서 수용하고 더욱 개혁하여야 한다고 생각하면서 시위에 동정적 태도를 취했다. 이 같은 행태는, 학생 시위를 공산당 지도체제를 무너뜨릴 수 있는 '반당·반사회주의 동란(動亂)'으로 강경 진압을 결정한 실권자 덩샤오핑의 노선에 정면으로 맞서는 것이었다. 이로 인해 자오쯔양은 실각[1]하여 권력의 뒤안길로 사라졌다. 자오쯔양을 지지했던 후치리(胡啓立)도 정치국 상무위원직에서 물러났지만, 다행히 구제를 받아 국무원 전자공업부장, 정협 부주석을 거쳐 현재 쑹칭링(宋慶齡)기금회 주석 및 중국복리(福利)회 주석으로 활동하고 있다.

둘째, 해당(害黨) 행위를 하지 마라

---

[1] 가택 연금 상태에서 지내다가 2005년 1월, 85세를 일기로 사망했다. 2009년 5월, 미국·대만 등지에서 동명이 남긴 육성 테이프를 정리한 회고록 《국가의 죄수 : 자오쯔양 총리의 비밀 일기》가 발간되었다.

톈안먼사건(1989년 6월) 이후는 권력형 부패로 당의 얼굴에 먹칠을 한 정치국 위원들이 잇달아 낙마했다. 돈과 여자(情婦)·향락이 어우러진 진흙탕이었다. 1995년 9월 천시퉁(陳希同) 베이징시 당서기, 2006년 9월 천량위(陳良宇) 상하이시 당서기, 2012년 3월 보시라이 충칭시 당서기 등 3인이 입건되어 조사받은 후, 각각 16년~무기 징역형을 받았다.

특히 천량위·보시라이는 베이징·톈진과 함께 4대 직할시에 속하는 상하이·충칭에서 무소불위의 권력을 휘두르는 독립왕국 군주로 군림하면서 거액 수뢰·진인적 비리 방조 능 권력형 부조리 행위를 저지른 공통점을 가지고 있다. 청렴과 기율을 중시하는 중국 공산당의 전통과 체면을 구긴 것이다. 이들에 대한 중형은 당 총서기 등 최고 지도부가 반대파를 제거하기 위한 권력투쟁의 소산이라고 하지만, 사실은 성역 없는 사정 의지를 구현하는 차원에서 비롯된 것으로, 결과적으로는 반대파 세력의 약화를 초래하였다.

중국 지도부의 시퍼런 사정의 칼날은 고위 간부를 겨누어 고액 수뢰, 정부(情婦)와의 애정 행각 등에 연루된 후창칭(胡長靑) 장시성 부성장(차관직, 2001년 3월), 청커제(成克杰) 전인대 상무위 부위원장(부총리급, 국회 부의장 상당, 2001년 9월) 등이 형장의 이슬로 사라졌다. 이에 비추어 보면, 당 정치국원에 대해서는 최대한의 예우로서 적어도 사형이라는 극형은 피하는 듯하다.

셋째, 무색 무취하게 처신하라

덩샤오핑은 자신의 노선에 반기를 든 자오쯔양 후임으로 당시 상하이시 당서기였던 장쩌민을 발탁하였다. 장쩌민은 덩샤오핑이 후계자로 눈여겨 두었던 인물이 아니었기 때문에 파격적 인사로 주목을 받았다. 그러나 당시로서는 최선의 선택이었다. 상하이 지역의 학생시위를 신속히 진압하는 등 중앙의 방침을 확고히 지지하는 가운데 극좌도, 극우도 아닌 중립 성향으로 당 지도부 분열을 방지하면서 소련·동유럽 사회주의가 붕괴됐던 90년대 위기를 무난히 극복할 적임자였기 때문이다. 당시 무력 진압을 강력히 주장하는 등 극좌 보수 성향을 보인 리펑(李鵬) 총리가 톈안먼 학살의 주요 책임자로서 간부와 국민들로부터 오랫동안 비난을 받은 것과는 크게 대조된다.

넷째, 글로벌 시대에 맞는 전공을 연마하라

개혁·개방정책 추진 후, 중국의 간부 발탁 기준은 이전과 달리 '홍'(紅, 공산주의 사상·이념 무장)보다는 경제건설에 필요한 '전'(專, 과학·기술지식 습득)이 중시되었다. 후진타오 중심 제4세대 지도부 태반이 이공 계통의 기술관료 출신[2]임이 이를 입증한다.

이제, 시진핑 중심 제5세대 지도부의 전공은 큰 폭으로 진화했다. G2 부상에 따른 산적한 국내외 현안 해결을 위해서는 단순한 기술지식 만으로는 불가능하게 되었다. 이들의 전공과목이 경제학·법학·공학·농학 등으로 다양화하고 석·박사가 많은[3] 까닭이다.

---

[2] 정치국 상무위원 9인 중, 후진타오(胡錦濤) 총서기가 수리(水利)공학, 우방궈(吳邦國) 전인대 상무위원장이 무선전자학, 온자바오(溫家寶) 총리가 지질학, 쟈칭린(賈慶林) 정협 주석이 전력공학, 리창춘(李長春) 당 선전·사상 영도소조 조장이 전기, 허궈창(賀國强) 당 중앙기율검사위 서기가 무기화공(無機化工), 저우용캉(周永康) 당 중앙정법위 서기가 석유를 각각 전공했다.

[3] 정치국 상무위원 7인 중, 시진핑 총서기가 법학 박사, 리커창(李克强) 총리가 경제학 박사이며 장더장(張德江) 전인대 상무위원장이 경제학, 위정성(俞正聲) 정협 주석이 미사일공학, 왕치산(王岐山) 당 중앙기율검사위 서기가 역사학을 각각 전공했다. 상무위원을 제외한 정치국 위원 중, 리위안차오(李源朝) 국가부주석이 법학 박사, 쑨정차이(孫政才) 충칭시 당서기가 농학 박사다.

다섯째, 자본가에 친절하라

중국의 당·정부 초임 간부들은 지역개발 편차가 큰 변방 오지나 소수민족 집단 거주지역에 내려가 현지의 안정과 발전을 이루고 주민의 불만을 무마할 수 있는지에 대한 지도자 자질을 검증받는다. 여기에서 1차 통과하면 보다 발달된 지역에서 본격적으로 참신한 경제개혁·개방 조치로 현지 개발을 선도하는 임무가 부여된다. 대부분의 간부들은 이러한 루트를 통해 본인의 능력을 입증한 후, 비로소 중앙과 지방 요직을 거쳐 최고위층에 진입한다.

관내 경제발전의 성과는 국가의 지원을 받는 국유기업의 발전 보다는 자기자본으로 운영되는 민간기업·외자기업의 유치와 그 성과로 표현된다. 따라서 현지 당·정부 책임자는 이들 자본가와 절친한 관계를 유지하면서 국가시책 방향에 따라 사업계획을 내면, 적극 지원하고 납세 목표 초과 시, 이들 기업에 별도 지원금을 주는 등 혜택도 아끼지 않는다.

여섯째, 친구는 가려서 교제해라

법원 심리를 받는 리지저우 차관

고금을 막론하고 친구를 잘 사귀어야 한다. 중국에도 예외가 없다. 특히 부패·범죄·비리 사건에서 특정인이 혐의를 받으면 친인척뿐 아니라, 주변 친구들도 추가 조사 대상이 된다. 2001년 리지저우(李紀周) 공안부 부부장이 손아래 지기인 위안화(遠華) 그룹 라이창싱(賴昌星) 회장4)으로부터 밀수

---

4) 라이창싱은 1999년 캐나다로 도피했다가 2011년 국제 사법공조로 체포·송환되었다. 2012년 5월 무기징역에, 전 재산 몰수 판결을 받았다.

혐의 무마 조로 거액을 받았다가, 라이창싱이 중국 최대 밀수사건의 주범으로 확인되자 리지저우도 사형 집행유예 판결을 받은 사건은 큰 교훈이 되었다.

반면, 좋은 친구는 수렁에 빠진 친구를 구해내기도 한다. 기업인 사례이긴 하지만, 2008년 가을 멜라닌 분유 사건으로 중국 유제품 산업 전체가 위기에 직면하면서 선두기업이었던 멍뉴(蒙牛)그룹의 뉴건성(牛根生) 회장이 부도 위험에 처하자, 같은 '중국기업가클럽' 회원이었던 레노보·알리바바 그룹 회장들이 하루 만에 거액을 융통하여 구한 적도 있다.

일곱째, 춤·노래 실력은 기본이다

중국 지도자 덕목에 '조직 결집 및 화합'이 있다. 이를 극대화할 수 있는 수단의 하나가 춤과 노래인데, 사회주의 국가에서는 지도자부터 일반 국민까지 공통적인 소양으로서 적극 장려한다.

장쩌민 전 국가주석은 춤과 노래에 능했다. 상하이시 당서기 시절, 댄스 파트너는 16세 어린 천즈리(陳至立, 女) 시 당선전부 주임이었다. 일명 '철의 여인'이라고 불렸던 천즈리는 장쩌민과의 인연으로 후에 국무원 교육부장(교과부 장관에 상당)으로 발탁되는 등 승승장구[5]했다. 장 주석은 외빈과의 만찬 등 공식석상에서도 외국 가요를 부르는 등 돌발 행동을 한 것으로 유명한데, 노래를 매우 즐기는 성격에서 비롯된 듯하다.

후진타오 전 국가주석도 칭화대 학생회장을 지냈는데, 대학시절 춤 솜씨가 뛰어나기로 이름을 날렸다.

시진핑 국가주석의 노래나 춤 솜씨는 알려져 있지 않다. 대신 9세 연하의 부인 펑리위안(彭麗媛, 1962년생)은 빼어난 미모와 뛰어난 가창력

---

5) 천즈리는 국무위원과 제11기 全人大 상무위 부위원장(국회부의장 상당)을 거쳐 2013년부터 중화전국부녀연합회 주석, 중국아동소년기금회 이사장을 맡고 있다.

을 가진 유명한 국민 여가수이자 현역 인민해방군 장성6)이다. 외유에 나서는 시진핑 주석을 수행하면서 퍼스트레이디 외교의 진가를 남김없이 발휘하고 있다.

여덟째, 기밀 누설은 절대 금지하라

중국은 개혁·개방정책 추진을 계기로 미·일 등 서방의 중국내 첩보수집 활동이 크게 증가하자, 국가안전부 신설(1983년 6월), 국가안전법 제정 및 형법 내 간첩죄 처벌조항 보강 등 조치를 강구하였다. 그럼에도 불구하고 당·정·군 관리들의 국가기밀 누설행위가 빈발하자, 일벌백계 차원의

캉르신의 회색교역(灰色交易) 풍자 삽화

중형으로 다스리고 있다. 우리에게도 익숙한 이름인 리빈(李濱) 전 주한 중국대사가 김정일 방중 등 기밀사항을 한국과 일본에 유출시켰다고 하여 2008년 7년형을 선고받았다.

캉르신(康日新) 전 중국핵공업집단공사 총경리(당 중앙위원, 장관급)는 2007년 중국의 원자력산업 정보를 미국과 프랑스에 팔아넘긴 혐의로 2010년 초에 체포되어 2010년 11월 무기징역에 처해 졌다.

이로 인해, 중국 관리들은 혹시나 불똥이 튀길 것을 우려하여, 외국 공관원이나 기자·기업인들을 만나는데 극히 예민한 반응을 보인다.

---

6) 꼭꼭 숨어 그림자 내조를 하는 다른 중국 지도자들의 부인과 달리, 국내외에서 왕성하게 활동하고 있다. 전국문학예술계연합회 부주석, 세계보건기구 AIDS 결핵 예방 친선대사를 맡은 바 있으며, 인민해방군 총정치부 가무단 단장을 담임했다.

이상 8가지 상황은, 오히려 우리가 중국의 지도자 신분 상승 과정을 파악하고 중국 관리 면담이나 접촉 시 유의해야 할 사항임을 시사해 준다.

【역대 정치국원 실각 사례】

성명 및 직책	사 진	실각 사유	후속 결과
가오강(高岡, 1905~1954) 중앙인민정부 부주석		△ 마오쩌둥의 '당이 군을 지배한다'는 공산혁명 철칙 위반 △ 군이 당을 장악해야 한다는 '군당론(軍黨論)' 설파	△ 1954년 반당(反黨) 행위 비판을 받고 자살 △ 1955년 3월 당 제명, 모든 공직 박탈
류사오치(劉少奇, 1898~1969) 국가주석		△ 1962년 회의에서 대약진운동(1958~1960년) 후 대기근 관련, '3할 천재(天災), 7할 인재(人災)'라며 마오쩌둥 간접 비판	△ 문혁 때 '반 마오쩌둥파의 수령' 비판 △ 1968년 옥사, 1969년 당 제명, 1980년 복권
펑더화이(彭德懷, 1898~1974)부총리 겸 국방부장		△ 1959년 7월 루산(盧山)회의 시, 마오쩌둥의 대약진운동·인민공사에 비판적 견해 제기	△ 반당집단으로 비판, 공직 해임 △ 1974년 암으로 사망했고, 1978년 복권
린뱌오(林彪, 1907~1971) 당 부주석 겸 중앙군사위 부주석		△ 문혁 중 반당집단 결성 △ 1971년 마오쩌둥 암살 및 쿠데타 기도	△ 1971년 9월 중국 탈출, 몽골서 비행기 추락사 △ 1973년 당 제명, 1981년 반혁명사건 주범 판결

성명 및 직책	사 진	실각 사유	후속 결과
후야오방(胡耀邦, 1915~1989) 당 총서기		△ 1986년 학생 민주화 시위 관련, 온건한 대처로 덩샤오핑·보수파와 이견	△ 1987년 1월 총서기직 사임 △ 1989년 병사, 톈안먼사건 기폭제 작용
자오쯔양(趙紫陽, 1919~2005) 당 총서기		△ 1989년 톈안먼 시위를 '애국 운동'으로 평가, 동정적. 덩샤오핑·보수파와 이견	△ 1989년 6월 총서기 등 모든 공직 해임 △ 가택 연금 상태에서 2005년 1월 사망
천시통(陳希同, 1930~2013) 베이징시 당서기		△ 공금 유용(3866만 위안, 한화 67억원) 호화별장 신축 △ 외국 방문시 받은 선물(55.5만 위안 상당) 개인 소지	△ 1995년 9월 입건 조사 △ 1998년 7월 징역 16년 △ 2006년 5월 가석방 2013년 6월 병사
천량위(陳良宇, 1946년생) 상하이시 당서기		△ 수뢰죄(239만 위안/한화 4.2억 원) △ 직권 남용죄(사회보험기금 유용·손실, 친인척 사업 편의)	△ 2006년 9월 입건 조사 △ 2008년 4월 징역 18년, 개인 재산 몰수 30만 위안
보시라이(薄熙來, 1949년생) 충칭시 당서기		△ 수뢰죄(2,044만 위안/한화 35.6억 원) △ 공금 횡령(500만 위안), 직권 남용죄(아내 살해사건 은폐 시도)	△ 2012년 3월 입건 조사 △ 2013년 9월 무기징역, 개인 전 재산 몰수

4 지도부 권력투쟁설의 진실

국내외 언론은 중국의 당(2012년 11월 제18차 당 대회) 및 국가(2013년 3월 제12기 전국인민대표대회 1차 회의) 지도부 인사가 이뤄진 중요 정치행사를 앞두고 상하이방(上海幇)·태자당(太子黨)·공청단(共靑團, 공산주의청년단)파로 대별되는 주요 계파 간 권력 다툼이 가열되고 있다고 보도했다.

특히, 태자당으로 분류되는 보시라이(薄熙來) 전 충칭시 당서기 겸 정치국 위원이 2012년 3월 대형 부정부패로 낙마[1]하자, 우리 언론들도 중국 지도부 권력 투쟁설 관련 '특종 경쟁'에 불을 지폈다.

다시 초점은 보시라이를 지원했던 저우용캉(周永康) 전 당 정치국 상무위원 겸 정법위원회(공안·사법 부문 관장) 서기에게 맞춰졌다. 여기에서 저우용캉이 오랫동안 봉직했던 쓰촨성과 중국석유집단 등을 겨냥하여 쓰촨방·석유방등의 계파 이름도 등장했다.

보시라이의 충칭 범죄척결 캠페인을 높이 평가했던 저우용캉

---

1) 2013년 9월, 239만 위안(한화 67억 원 상당)의 수뢰죄, 아내의 살인사건 은폐 방조 등 직권남용죄 등이 병합되어 무기징역 및 전 재산 몰수의 형이 병과되었다.

2013년 12월 30일 시진핑 당 총서기 겸 국가주석이 향후 국정개혁 관련 정책 수립·조율·독려 등의 업무를 맡을 '중앙전면심화개혁영도소조' 조장으로 선임되자, 리커창 총리의 권한까지 가져가 1인 체제 굳히기에 나섰다고 보도한 언론들이 많았다.

이를 접하는 독자들은 재미있어 하면서, 친구들끼리 중국 지도부들의 권력 다툼의 실태가 이렇다며 화제 거리로 삼을 수 있겠지만, 과연 진위 여부를 알 수 있었을까? 독자들의 이해를 돕기 위해 몇 가지 사례를 살펴본다.

특급 기밀로 취급되는 중국 지도부 동정

중국에서 지도부 동정은 특급 기밀로 다뤄진다. 과거 중국을 방문한 김정일과 중국 지도자 면담 내용을 한국과 일본에 유출시킨 혐의로 리빈(李濱) 전 주한 대사가 2008년 징역 7년형을 받았다. 2007년 10월 중국의 제17차 당 대회 개막 전, 국내 언론이 보도한 중국 지도부 권력투쟁 설을 전재한 상하이 교민 소식지가 공안당국의 단속 및 제재로 폐간된 적도 있었다.

이렇듯 '금기' 사항을 몇몇 서방의 공신력이 없거나 반중국(反中國) 성향의 잡지·인터넷 매체가 중국의 당 정치국 비밀회의 등을 마치 현장에서 실황 중계하듯이 보도한다면, 믿을 수 있을까?

중국 당국은 정치계파의 존재를 철저히 부정한다. 예를 들어, 1992년은 1~2월에 덩샤오핑의 남순강화(南巡講話)가 있었고, 10월에는 제14차 당 대회가 열렸던 해였다. 당시 홍콩이나 미·일 등 서방 언론들은 중국내 개혁·보수파 간 갈등과 장쩌민 전 당 총서기가 중심인 상하이방의 권력 전횡 등을 주요 화제로 올렸었다.

이와 관련, 장쩌민 당시 총서기는 1992년 4월 1일 일본 기자단 회견에서 "일부 외국 인사들은 중국 지도부를 무슨 파, 무슨 파로 분류하는 것을 좋아하는데, 이것은 중국 국정(國情)에 대한 이해 부족의 소치다."
라고 반박했다.

1992년 7월 6일, 인민일보는 "중국에는 개혁에 완전 반대하는 파(派)
가 존재하지 않는다."라는 덩샤오핑의 발언을 인용하여 보혁 갈등을 줄
기차게 보도하던 일부 홍콩 매스컴을 정면으로 비판했다. 결국 중국 지
도부 내부의 동정 보도는 중국 당국이 공식 확인해주지 않는 이상, 역사
적 사례나 경험에 의거한 중립적 입장에서 평가할 수밖에 없다.

중국 3대 핵심 계파의 권력 향배

중국의 정치체제는 서방의 다당제나 의회민주제도와는 달리, 집권당
인 공산당의 1당 독재체제이다. 정권 수립(1949년 10월 1일) 전부터
공산당을 지지해온 중국농공민주당 · 대만민주자치동맹 등 각 분야의 지
식인들을 수용한 8개 민주제당파(民主諸黨派)라는 직능정당(위성정당)이
있으나 야당은 없다. 따라서 공산당 내에서 지도부의 세대교체가 이뤄질
뿐이며, 여야 간 이합집산을 통해 새로운 정권을 창출할 필요가 없으므
로 당의 안정과 화합이 최우선시 된다. 천안문사태(1989년 6월) 때, 시
위 대학생에 동정적이었던 자오쯔양 당 총서기의 실각도 당내 단합을 저
해했다는 명분에 따라 이뤄진 것이었다.

우리와 마찬가지로, 중국에서도 인사를 발탁할 때는 모르는 사람보다
는 지역 · 부서 등에서 같이 근무한 적이 있어 실력이나 인덕의 깊이를
잘 아는 연고자를 발탁한다. 다만, 연고를 발판으로 패거리를 만들어 시
종 다툼을 벌인다는 시각을 권력구도나 정치정세에 적용하면 곤란하다.

후진타오 · 장쩌민 전 국가주석과, 쩡칭훙 전 국가부주석이 각각 공청
단파 · 상하이방 · 태자당 등을 대표한다고 하는데, 이들 세력의 향배는
어떻게 될까? 공청단파의 부상이 대세가 될 것이다.

공청단파는 2012년 11월 제18차 당 대회에서 이뤄진 현 5세대 지도부 구성 시, 핵심 권력인 정치국 상무위원(7명)에 리커창 총리와 류윈산(劉雲山·1947년생) 당 중앙서기처 제 1서기 등 2명을, 정치국 위원(총 25명)에서 상무위원 7명을 뺀 18명 중 7명을 진입시켰다.(제3부의 ⑨ '파워 엘리트, 공청단파' 참조)

이들 공청단파 정치국 위원 7명은 2017년 열릴 제19차 당 대회에서 시진핑 총서기·리커창 총리를 제외하고 정치국 구성원 연령 정년(68세)에 걸려 퇴임할 5명의 정치국 상무위원을 교체할 가능성이 크다. 주상하이 총영사관의 공관원이 알려준 지방 사정도 마찬가지였다. 2009~2013년간 장쑤(江蘇)·저장(浙江)·안후이(安徽)성 관내의 시 당서기·시장 등을 면담한 결과, 상당수가 40·50대 공청단 출신이었다고 한다. 지방도 공청단파가 약진하고 있다는 증거다.

상하이방은 넓은 의미로 상하이시 당서기·시장 등 간부 역임자, 상하이교통대학·복단대학 등 명문대 졸업자, 건국 전 상하이의 공산혁명을 지도한 학생회 간부 출신 등을 통틀어 일컫는다.

장쩌민이 당 총서기(1989~2002년)·국가주석(1993~2003년)·군사위 주석(1990~2005년) 등 당·정·군 3권을 장악했던 약 16년간이 전성기였다. 당시 장쩌민 총서기는 상하이시 당·정부에서 함께 근무했던 부하 간부들을 대거 중앙당·정 요직에 앉혔다.

2005년 상하이를 방문한 황쥐 상무 부총리에게 시 개발현황을 설명하고 있는 천량위 시 당서기

그러나 2006년 9월, 수뢰·직권남용 등의 비리에 연루된 천량위(陳良宇·1946년생) 상하이시 당서기의 낙마, 2007년 6월 측근인 황쥐(黃菊·1938년생) 상무 부총리의 사망 등으로 세력이 약해졌으며, 우방궈(吳邦國,·1941년생) 전인대 상무위원장도 2013년 3월 퇴진하는 등 지

금은 '지는 달'의 판세다.

태자당은 혁명 원로나 고위 간부의 자제이다. 원래 항일(抗日) 및 국민당과의 고난의 전쟁 시기에 집안끼리 교류와 친분을 나누었고, 결과적으로 부모의 후광으로 발탁되어 당·정·군 고위직으로 고속 승진했거나 주변의 도움을 받아 짧은 시간에 경제계 요직에 올랐다. 신분이나 재력 상승의 기회가 남달랐으나, 태자당의 선두주자였던 보시라이의 불명예 퇴진, 원로 지도층 사망 및 자녀들의 고령층 진입에 따른 정계 영향력 감퇴로 향후 태자당의 행보는 정치보다는 비즈니스 분야에 초점을 맞출 것으로 보인다.

하지만 수뢰·직권 남용 등에 연루된 천량위·보시라이 등 상하이방·태자당 소속 정치국 위원의 몰락을 부패척결을 빙자한 반대파와의 권력 다툼으로 보아서는 안 된다. 성역 없는 사정은 공산당 예하의 모든 계파가 추구하는 공동의 국정목표이기 때문이다. 최근엔 그동안 관례처럼 제기하지 않았던 부패 정치국 상무위원에 대한 문책 문제까지 불거졌다.

2014년 초, 다시 불거진 권력투쟁설의 전말

시진핑 당 총서기는 취임과 동시에 '부패한 호랑이(고위직)와 파리(중·하위직) 전원 척결'을 지시했다. 그 와중에서 저우융캉 전 당 정치국 상무위원 사정설이 떠올랐다. 그의 주요 경력은 석유공업부 부장, 중국석유·천연가스그룹(약칭 중석유) 총경리, 쓰촨성 당서기, 당 중앙정법위 서기 등이었다.

2012년 9월부터 2014년 3월 말까지 총 15명의 저우융캉 핵심 측근들이 사정 사령탑인 당 중앙기율검사위에 '심각한 기율위반' 혐의로 소환되어 조사를 받았다. 물론 전부 해임되었다.

중석유에 관련된 석유방2)은 중석유 총경리를 역임했던 장제민(蔣潔

民 · 1955년생 · 당 중앙위원) 국무원 국유자산감독관리위 주임과 중석유 부총경리였던 왕용춘(王永春 · 1960년생 · 당 중앙후보위원) 등 8명이며, 쓰촨성 관련자인 쓰촨방은 리춘성(李春城 · 1956년생 · 당 중앙후보위원) 쓰촨성 당 부서기 등 4명이고, 공안 관계자는 리둥성(李東生 · 1956년생 · 당 중앙위원) 공안부 부부장 등 2명이었다.

당 중앙위원 2명과 중앙후보위원 2명이 직위 해제 상태에서 소환 조사를 받은 것은 중석유 · 지방정부로부터 수천억 원을 수뢰했다는 초대형 호랑이 저우용캉 사냥을 위한 카운트다운으로 볼 수 있다.

그러나 언론이 스토리를 너무 확대해서 보도한 것으로 보인다. 2013년 12월 2일 대만 연합보는 '최근 저우용캉이 체포되었는데 저우를 사법 처리할 경우, 저우의 아들 저우빈(周斌 · 1972년생)과 장쩌민 전 국가주석의 아들 장몐헝(江綿恒 · 1951년생)3)이 상하이에서 정유회사를 경영하는 동업자이기 때문에 장 주석마저 자유롭지 못할 것'이라고 보도했다. 결국, 저우의 사법처리는 중국 지도부가 우려하는 권력투쟁으로 이어질 수 있기 때문에 쉽지 않을 것이라는 이야기였다.

그러나 저우빈이 벌써 체포됐다는 소식이 있었고, 장몐헝이 차관급인 중국과학원 부원장으로 재직하고 있는데다, 상해공항그룹 등 대형 국유기업의 주요 임원을 역임한 점에 비추어 부친의 명성에 누를 끼치면서 20

---

2) 기존의 석유공업부 등 에너지부처나 중석유 등 국유 석유기업 간부 중심으로 형성된 정파이다. 1983~84년 중국해양석유총공사 남황해석유공사 당서기를 역임했던 쩡칭훙 전 국가부주석이 "석유 없인 안정적 발전이 없다."라고 강조한 이후, 석유방 인사들이 정계에서 급부상했다.

3) 1977년 상해 복단대학을 졸업하고, 1986년 도미하여 1991년 미 필라델피아 소재 DREXEL대학에서 전기공학 박사학위를 취득했다. 1999년 1월 중국과학원 부원장으로 취임했으며, 첨단기술연구소의 연구 및 개발업무를 담당(현재 서열 2위 부원장)하고, 중국연통(聯通, Unicom) · 상하이자동차그룹 · 상하이공항그룹의 주요 임원을 역임(현재 겸임 여부 미상)했다. 다음 페이지 사진의 촬영 시기는 미상이나, 위정성 전 상하이시 당서기, 한정 전 시장 이 배석한 것으로 보아 2007~2012년 11월 사이로 추정된다.

세 이상 차이가 나는 저우빈과 정유회사를 공동 경영했다는 것은 무언가 괴이한 스토리다.

다른 하나는 시진핑 국가주석이 2013년 12월 설립된 '중앙전면심화개혁영도소조'(제3부의  시진핑의 '중국의 꿈' 참조) 조장으로 선임되고, 부조장에 리커창 총리 등 정치국 상무위원 3명이 임명된 것이다. 언론은 이 영도소조를 사실상 국무원의 상위 기구

후진타오 전 주석과 자리를 함께한 장몐헝(맨 좌측)

로 보면서, 시진핑이 총리가 관장했던 경제·환경 권한까지 가져갔다고 주장했다.

2014년 1월에는 '국가안전위원회'(제5부의 **2** '중국판 NSC, 국가안전위원회' 참조) 주석에 시진핑, 부주석에는 리커창 총리·장더장(張德江) 전인대 상무위원장 등 정치국 상무위원 2명이 선출됐다. 이와 관련, 언론은 "시진핑이 '1인 체제' 구축에 나섰다.", "덩샤오핑과 같은 실권자 자리를 얻게 될 것이다.", "국가안전위원회가 공산당·국무원·전인대·정협에 버금가는 제5의 권력기관이 될 것이다."라고 분석했다.

그러나 시진핑은 임기 중인 2021년에 자신이 제시한 '중국의 꿈'의 1단계 실현 시기인 공산당 창건 100주년을 맞는다. 14억 인구의 1인당 GNP를 2010년 대비 배증시켜 1만 달러 대에 근접시키고 GNP 규모는 미국을 추월해야 한다.

신설된 두 기관은 이 목표 실현을 위한 전면적 안보 및 개혁 추진 최고위급 기구로, 당·정·군·정보기관 수뇌부 협의체의 기능을 갖는다. 시진핑은 과거 장쩌민·후진타오 집권 시기를 거쳐 마련된 정치안정과 경제발전을 기반으로 강력한 두 기관을 주도하면서, 국정 전반의 전면 개혁을 가로막는 기득권층인 홍색귀족(경제계 장악 태자당)이나 대형 국

유기업, 비리 관료층 등의 전횡을 과감하게 수술해야 한다.

장쩌민이나 후진타오가 미처 완수하지 못한 중·하위층의 공동 부유화가 목표이므로 기존과 같이 느슨한 형태의 집단지도체제로는 안 된다. 따라서 외견상 시진핑의 '1인 체제 강화'는 시진핑이 지향하는 '중국의 꿈'이나 '시진핑 개인의 꿈'은 절대 아니다. 어찌 보면, '중국의 꿈' 1단계 목표 완수를 위한 자기희생으로 볼 수 있으며, 타 정치국 상무위원 6인과의 컨센서스를 거친 것으로도 볼 수 있다.

공산당을 대표하는 총서기나, 군 통수권을 가지는 중앙군사위 주석직을 맡는 것만으로도 타 정치국 상무위원이 갖지 못한 권력을 가지고 있는데, 타 상무위원을 무시하는 듯한 월권행위를 한다면 그들의 협조를 얻는 것이 순조롭지 못할 것이다.

리커창 총리는 국무원의 수장으로서, 중앙재경(財經)영도소조·국무원 서부개발영도소조의 조장, 국가에너지위원회 주임 등을 맡고 있다. 권력 서열 3위인 장더장 전인대 상무위원장은 중앙 홍콩·마카오공작 협조소조 조장을, 4위 위정성(俞正聲) 정협 주석은 중앙 티베트공작 협조소조 조장을 맡고 있다. 그들도 국정 분담의 직책을 완수해야 한다.

신설 두 기관은 구성원으로 볼 때, 종래 안보·경제현안을 다뤘던 중앙외사영도소조나 중앙재경영도소조보다는 권한이 상대적으로 커졌지만, 오랜 역사를 가진 상설 권력기관인 공산당·국무원·전인대·정협을 초월할 수 없다.

중국 지도부 신변과 관련해서는 미확인의 유언비어가 난무하고 있다. 국내외 언론기관은 외신을 인용하여 책임이 없다고 하겠지만, 독자를 현혹시키는 가필이나 스토리 편집은 곤란하다.

1997년 2월 덩샤오핑 사망 전에 서방 언론·정보기관 등에서는 '덩이후 중국'이 공산당 내 개혁·보수파 간 정책 대립, 광둥·푸젠성 등 지방정권 할거, 소수민족 분리독립 등으로 몇 년 못 가서 분열할 것이라는 분석을 내놓았는데, 결국 몇 년 안 가 헛된 전망을 했음이 밝혀졌다.

'중국의 꿈' 실현에 분투하고 있는 시진핑 지도부에게도 분명 어려운 정치 · 경제 · 사회 현안이 있겠지만, 이를 굳이 포스트 덩샤오핑 시대와 연계하여 혼란 가능성을 부각시켰던 식의 전철을 밟을 필요는 없다.

5 신 지도부의 인사 원칙

중국은 2012년 11월 8~14일간 개최된 제18차 당 대회에서의 당 지도자 선출 결과를 토대로 2013년 3월 5~17일간 개최된 제12기 전국인민대표대회(전인대, 국회 격) 1차 회의에서 국가 및 정부 지도자 인선을 마쳤다. 이로써 향후 짧게는 1기 임기 5년, 길게는 2기 임기 10년간 국정을 담당할 지도부의 윤곽이 확정되었다. 인사에 나타난 원칙 등을 살펴보고 향후 최고위층 면모도 전망해 본다.

차액(次額) 경선 확대 및 '7상 8하' 내규 적용

당 지도부 인사는 당 대회 마지막 날, 8,512만 명의 공산당원을 대신하는 당 대표 2,268명(정수)이 중앙위원 205명·중앙후보위원 171명을 선출했고, 다음날 이들 전원이 참가하는 1중전회(중앙위원회 1차 전체회의)를 개최하여 중앙위원 중 25명의 정치국 위원을, 25명의 정치국 위원 중 7명의 정치국 상무위원을, 7명의 정치국 상무위원 중 총서기를 뽑는 절차로 진행되었다.

당 중앙위원·중앙후보위원 선거는 후보자를 당선자보다 많게 하여, 최소 득표순부터 탈락시키는 제한적 경선인 차액(次額)선거로 치렀다. 중앙위원 후보(224명) 중 탈락자는 19명으로 탈락률은 9.3%(제16차 당 대회 5.1%, 제17차 당 대회 8.3%)를 기록했다. 역대 당 대회에 비해 경선을 확대한 것은 중국 공산당이 강조하는 소위 '당내 민주화 확대' 조치의 일환이다.

정치국 위원·상무위원 및 총서기 선거는 당선자와 후보자수를 같이 하여, 찬반만 묻는 등액(等額)선거로 실시되었는데, 일종의 신임투표다.

중앙위원, 정치국 상무위원·위원, 중앙군사위원 등 선출 시는 당 대회 시점, '7상 8하'(67세는 올라가고 68세는 탈락한다)의 정년 내규가 엄격히 적용됐다.

당 중앙위원은 14억 중국인을 선도하는 통치 엘리트

당 중앙위원과 중앙후보위원은 총서기와 정치국 상무위원·위원, 당·정 부처 장관급 이상, 군 핵심 지휘관, 31개 성급 행정단위의 당서기와 성장, 중앙기업(중국병기공업집단공사 등 정부가 직접 관리하는 핵심 국유기업 117개사)의 책임자직 등을 담임한다. 당 중앙후보위원도 중앙위원회 전체회의(약칭 중전회)에 참가하나 투표권은 없다. 중앙위원의 사망 또는 비리에 의한 공직 해임 등 유고시, 당 대회에서의 득표순에 따라 순차적으로 보임된다.

조선족으로서는 지린성 부성장·옌벤 조선족자치주 주장(州長) 등을 역임했던 중앙후보위원인 취안저주(全哲洙·1952년생) 당 중앙통일전선공작부(약칭 중앙통전부) 부부장이 승진했다. 역시 옌벤조선족자치주 주장 등을 역임한 경제학 박사인 진쩐지(金振吉·1959년생) 지린성 당 상무위원 겸 정법위 서기는 신임 중앙후보위원으로 당선되었다.

1960년대에 태어난 젊은 피 3인방인 루하오(陸昊·1967년생) 공청단 제1서기(현 헤이룽장성 당서기 겸 성장), 누얼 바이커리(努爾 白克力·1961년생·위구르족) 신장위구르자치구 정부 주석 겸 당 부서기, 쑤수린(蘇樹林·1963년생) 푸젠(福建)성장도 새로 중앙위원에 진입했다.

링지화(令計劃·1956년생)는 후진타오 총서기 비서실장인 당 중앙판공청 주임으로 재임 중이던 2012년 3월, 아들이 9억 원대의 페라리 운전 교통사고로 사망하여 구설수에 올라 당 중앙통전부 부장으로 전근되었으나 간신히 중앙위원에 살아남아 정협 부주석도 겸하고 있다.

전철수 부부장   김진길 서기   루하오 성장   누얼 바이커리   쑤수린 성장   링지화 부장
                                              주석

　경제계에서는 국유기업인 중국우주과학기술집단공사의 마싱루이(馬興瑞·1959년생) 총경리(2013년 3월 공업·정보화부 부부장, 2013년 11월 광동성 당 부서기 겸 정법위 서기로 전근)와 민영 가전업체 TCL의 리둥성(李東生·1957년생) 이사장 겸 CEO 등이 산업계 대표로서 중앙위원에 당선됐다.

법학 전공 중앙위원·중앙후보위원 비중 13.8%로 급증

　중국 지도부 중 법학 전공자가 대폭 증가했다. 중앙위원과 중앙후보위원을 합한 376명 중 52명이 법학 학위를 가지고 있다. 1997년 제17차 당 대회 시, 1.7%였던 비중이 5년 만에 13.8%로 급증한 것이다.

　25명의 정치국 위원 중, 법학 전공자는 모두 6명이다. 시진핑 총서기 겸 국가주석이 칭화대 법학 박사, 리커창 총리가 베이징대 법학 석사(경제학 박사학위도 소지), 리위안차오(李源潮) 국가부주석이 중앙당교 법학 박사, 류옌둥((劉延東·여) 부총리는 길림대학 법학 박사, 왕후닝(王滬寧) 당 중앙정책연구실 주임이 복단대학(상하이 소재) 법학 석사다. 저우창(周强) 최고인민법원 원장이 서남정법대학(충칭 소재) 법학 석사이고 차오젠밍(曹建明) 최고인민법원 검찰장이 화동정법대학(상하이 소재) 법학 석사로 교수 출신이다. 중국 국민들은 이러한 지도자의 학력 배경이 법치 중국의 실현을 앞당기기를 기대하고 있다.

정치국 상무위원 9인에서 7인으로 감소 의미

그동안 정치국 상무위원 수는 다수결 원칙 아래, 모든 사안에서 결정을 낼 수 있도록 홀수로 해왔다. 지금까지의 상무위원 증원 추세(장쩌민 이전 5인, 장쩌민 체제에서 7인, 후진타오 체제에서 9인)에 반하여 상무위원수를 7명으로 줄인 배경은 계파 간 권력 투쟁의 산물이라는 시각도 있지만, 일단은 통치 권한을 집약적으로 운용하고 의사결정을 신속히 하려는 의도로 보인다.

상무위원은 외국 VIP 면담, 지방 시찰 등 공식 일정이 많아 9명이 함께 만날 기회가 점점 줄고 있는 반면, G2 중국에 대한 국제사회의 반응은 다양해서 순발력 있게 의사결정을 해야 할 때가 많다. 상무위원에게서 배제된 직무는 선전·사상 분야인 당 중앙선전·사상공작영도소조(小組) 조장 직과, 공안·사법·정보 분야를 관장하는 당 중앙정법(政法)위원회 서기직이었다.

2017년 제19차 당 대회 시의 정치국 상무위원 구도

2017년 제19차 당 대회에서는 현 상무위원 7명 중 시진핑 총서기와 리커창 총리 외, 가장 나이가 많은 위정성(俞正聲·1945년생) 정협 주석이 72세, 가장 나이가 적은 왕치산(王岐山·1948년생) 당 중앙기율검사위 서기가 69세가 된다. 5명은 정년 68세를 넘겨 은퇴해야 한다. 그 후임들로는 누가 유력한가?

현 정치국 위원 중 연임된 자는 리위안차오 국가부주석, 류옌둥·왕양(汪洋) 부총리 등 3명이다. 2017년 류옌둥은 72세가 되니 후보 군에서 탈락될 것이고, 나머지 두 사람은 승진 가능성이 아주 높다. 특히 리위안차오는 시진핑 총서기가 2인자 시절 가지고 있던 요직인 국가부주석에 당선되어, 소위 '제8의 정치국 상무위원'[1]으로 화려하게 부활했다.

신임 정치국 위원에 40대인 1963년생(2012년 11월 제18차 당 대회 기준, 49세)의 후춘화(胡春華) 네이멍구자치구 당서기(현 광둥성 당서기), 쑨정차이(孫正才) 지린성 당서기(현 충칭시 당서기)를 새로 발탁한 것은 차기 당 대회에서 정치국 상무위원으로 선출하고, 차 차기 당 대회에선 최고 지도자로 경쟁시켜, 10년 후 '포스트 시진핑'에 대비하겠다는 구상이다. 이들 네 유력 후보가 예상대로 승진한다면, 7인 상무위원 중 리커창을 위시하여 리위안차오·왕양, 그리고 '리틀 후진타오'로 불리는 후춘화 등 공청단파 4명이 최상층 권력 집단을 장악하게 될 가능성이 크다.

당·정 수뇌 인사를 맞춘 족집게, 명경망과 명보

미국에 본부를 둔 중화권 매체 명경신문망(明鏡新聞網)은 제18차 당 대회를 3개월 앞둔 2012년 8월 27일 중국 공산당이 정치국 상무위원 수를 9명 → 7명으로 줄일 것이라고 예보했고, 1개월 앞둔 10월에는 신임 정치국 상무위원 7명의 예상 명단을 보도했다. 11월 초 홍콩에서 출판한 단행본을 통해서는 신임 정치국 위원 25명의 명단도 밝혔다.

상무위원 명단에 유력한 후보로 거론돼 온 정치국 위원들인 리위안차오 당 중앙조직부 부장(현 국가부주석)과 왕양 광둥성 당서기(현 부총리)의 이름이 빠져 있어 신빙성을 의심케 했으나, 당 대회 폐막 다음날인 11월 15일 선출된 신임 상무위원 7인 명단에는 리위안차오·왕양이 빠져있는 등 명경망의 보도와 완전히 일치했다. 단행본에서 밝힌 정치국 위

---

1) 정치국 상무위원은 서열이 1~7위까지 정해져 있는 반면, 정치국 위원은 서열이 없지만 리위안차오는 차기 정치국 상무위원 후보 0순위라고 하여 '제8의 상무위원'이라고 지칭하고 있다.

원 25명의 명단도 100% 일치했다.

　명경신문망(明鏡新聞網)은 재미 화교 언론인 허핀(何頻·1965년생)이 1991년 홍콩에서 창업한 명경출판사가 모체이다. 이 출판사는 중국 정가 소식과 이면 스토리를 다룬 주·월간지와 단행본 등을 20년 이상 출판해 오고 있다. 《중공태자당(中共太子党)》, 《덩샤오핑 이후의 중국》, 《만년의 저우언라이》, 《인민 마음속의 후야오방》 등을 출판했다. 허핀은 2000년대 들어서는 미국에 서버를 둔 인터넷 언론인 명경신문망도 운영하면서 총편집장으로 활동하고 있다.

　국무원 인사와 관련해서는 홍콩 명보(明報)가 특종을 냈다. 2013년 3월 5일 개막될 전인대를 2일 앞둔 3월 3일 다음과 같이 국무원 주요 보직 명단을 보도했다.

　"국무원 수장인 리커창 총리 내정자 아래 장가오리(張高麗) 당 정치국 상무위원이 제1부총리 격인 상무 부총리를 맡아 재정·금융을 총괄하고, 류옌둥 정치국 위원이 제2부총리로, 과학기술·교육·문화와 홍콩·마카오 부문을 담당한다. 왕양(汪洋) 정치국 위원은 제3부총리로 국가발전개혁위원회와 자원·건설·상업 부문을 담당하고, 마카이(馬凱) 정치국 위원이 농·임업, 소수민족·종교 분야를 담당하는 제4부총리가 된다. 리 총리를 보좌할 국무원 판공청 비서장은 양징(楊晶·몽고족) 국무위원 겸 당 중앙서기처 서기가 겸임한다."

　2002년부터 중국인민은행(중앙은행, 국무원 25개 부처에 포함)을 이끌며 위안화 정책을 주도해 온 저우샤오촨(周小川) 행장도 유임된다고 명보는 전했다. 그는 65세의 고령에다 2012년 11월 제18차 당 대회에서 당 중앙위원(205명)에서 탈락하여 은퇴하리란 전망이 우세했다. 대신 행장 위에서 은행을 통제할 중국인민은행 당서기에 신임 당 중앙위원으로 승진한 샤오강 (肖鋼)이 임명되어 저우샤오촨을 견제하게 된다고 보도했다.

　두 신문의 보도는 하나를 제외하고 다 맞췄다. 샤오강은 중국은행 이사장 및 당서기로 있다가 2013년 3월 중국증권감독관리위원회 주석으로 자리를 옮겼고, 2013년 9월부터는 중앙은행 화폐정책위원회 위원도 겸하고 있다. 이들 명(明)자 돌림의 두 언론이 족집게 소리를 듣는 것은 중국 고위층에 소식통을 두고 정확하게 정보를 전달하고 있기 때문이다.

중국인민은행 로고

　앞으로도 중국의 주요 행사마다 나름 정확한 정보를 보도할 가능성이 그만큼 높다는 점에서 두 신문의 보도 내용을 주시할 필요가 있다.

6 지도자의 수입

중국 당 지도부가 교체된 2012년 11월 제18차 당 대회 직전, NYT 등 일부 외신은 당정치국 상무위원 중, 원자바오 총리 가족 재산이 27억 달러(당시 약 2조 9,000억 원), 시진핑 당 총서기 내정자 일가는 3억 6,700만 달러(약 4,041억 원)라고 보도했다. 미확인된 설(說)이다.

2013년 10월 25일 지난(濟南) 소재 산둥성 고급인민법원(고등법원, 최종심)에서 열린 상소심 선고공판에서 무기징역·재산몰수 형을 선고받은 보시라이 전 당정치국 위원 겸 충칭시 당서기의 비리혐의 중 하나가 수뢰였다. 중국 지도자의 수입은 도대체 얼마나 되기에 돈에 눈이 멀게 되는 걸까?

지도자 발언 등을 통해 추정한 급여 액수

중국 지도자 수입은 비공개다. 따라서 단편적인 각종 정보를 취합하여 추정하는 수밖에 없다. 중국 정부는 2006년에 단 한 번 '공무원 보수표'를 공개했다. 당정치국 상무위원으로 국가 1급 간부인 국가주석·총리의 최고 월급이 3,820위안(당시 약 46만 원)[1]이었는데, 위안화 기준으로 현재 베이징시 택시 운전사 월급에 상당한다. 따라서 동 액수는 기본급에 불과하며 근무 수당·보조금, 상여금(보너스) 등은 포함되지 않은 것으로 보인다.[2]

---

1) 당시 미 대통령 3,200만 원, 홍콩 행정장관 3,000만 원에 비해 터무니없이 적은 액수였는데, 중국 지도부가 대국민 봉사 이미지를 강조하기 위해 명목임금, 즉 기본급을 낮게 유지하는 것으로 평가됐다. 수당·의료지원 등이 있어 서방만큼은 아니지만 혜택은 상당할 것으로 보인다.

부총리에 상당하는 당정치국 위원의 경우를 보자. 2007년 우이(吳儀·여·1938년생) 당시 당정치국 위원 겸 부총리는 "연봉이 12만 위안(한화 약 2,088만 원, 환율 1위안=174원 적용 시) 전후"라고 언급했다.

2011년 여름 위정성(俞正聲·현 당정치국 상무위원·정협 주석) 당시 당정치국 위원 겸 상하이시 당서기는 상하이시 모 대학 강연에서 자신의 월급이 "당정치국 위원 기준에 따른 약 1만 1,000위안(약 191만 원)"이라고 밝혔다. 4년의 시차가 있지만 두 사람이 밝힌 금액 규모가 비슷한 점에서 신빙성이 크다.

한 단계 높은 당정치국 상무위원의 경우에는, 돈 만지기를 기피했던 마오쩌둥 전 당 주석을 대신 가계부를 관리했던 경호실장 리인차오(李銀橋)의 말년 회고록에 따르면 1960년대 초 당정치국 상무위원이었던 마오쩌둥의 월급은 404.8위안, 당정치국 위원이었던 처 장칭(江靑·1914~1991)의 월급은 342.7위안으로 1.2:1의 비율이었다.

이를 토대로 시진핑[3] 등 현 정치국 상무위원 7명의 월급을 추정하면 1만 3,000위안(226만 원, 2,133달러) 좌우로, 도시지역 봉급자의 평균 월급 6,000위안의 2배를 조금 상회한다. 연봉은 15만 6,000위안(2,714만 원, 2만 5,600달러) 정도다. 참고로 2013년 우리나라 대통령의 연봉은 직급 보조비 등을 제외하고도 1억 9,255만 원이었다.

---

2) 2013.3.4일자 홍콩 시사주간지 '아주주간(亞洲週刊)'은 중국 당중앙기관의 근속 9년차 대졸 과장(국장 → 처장 아래 직급, 지방의 향장(鄕長)과 동급)의 2013년 1월 보수 명세서를 입수·공개했다. 보수(5,833위안)중 봉급(기본급) 20%, 수당 80% 비율이며, 그중 근무수당이 보수의 약 56%로 최대 비중이었다. 10% 미만 공제가 있어 실 수령액은 5,259위안(상세 명세는 첨부 참조)이었다.

3) ① 2013.3.4 홍콩 시사주간지 '아주주간(亞洲週刊)'은 2)의 중급 공무원 사례를 바탕으로 시진핑 월급을 1만 위안 이상으로 추정했다. ② 2012.7.3 파룬궁(法輪功) 기관지 대기원시보(大紀元時報, 뉴욕 발행)는 후진타오 당시 주석의 월급을 2만 1,119위안(약 367만 원), 시진핑 부주석 월급을 2만 888위안이라고 보도했다. 이 신문의 반중(反中) 성격상 과장 가능성이 있다.

낮은 보수체계가 고위관리 부패의 원인?

베이징·상하이시의 아파트 가격이 1㎡당 3~4만 위안까지 치솟고 있다. 이렇다 보니 네티즌 사이에서는 "국가의 최고 권력자가 1년 일하고도 아파트 화장실 하나 사지 못하나?"와 "그들은 식사부터 의복까지 모두 국가에서 부담하는데 급여는 껌값이야!"라는 상반된 반응이 나온다.

훨씬 직급이 낮은 중앙·지방 관리들은 한번 본 돈맛을 뿌리치기 힘들다. 2011년 6월 저장성 고급인민법원의 사형 판결 후 한 달 만에 형장의 이슬로 사라진 쉬마이융(許邁永) 전 항저우시 부시장의 수뢰액은 3억 위안(약 522억 원)으로 정권수립 이래 최악의 탐관오리로 기록된다.

2011년 2월 고속철 건설공사 관련 수뢰 혐의로 구속된 장쑤광(張曙光) 전 철도부 운수국장의 경우, 미국에 3채의 고급주택을 보유하는 외에 미국·스위스에 28억 달러(약 2조 9,694억 원)의 예금을 숨겨 놓았다고 한다. '최악의 탐관오리' 명찰을 바꿔 달지 모르지만, 2013년 9월 베이징시 인민검찰원에 의해 기소되어 현지 심리 중에 있다. 네티즌들은 위와 같은 실상을 보고 "중국 고관의 연봉 대비 뇌물수수액 비율은 전 세계 1위일 것이다."라고 탄식한다.

의혹 투성이, 지도층 자녀들의 호화생활

후진타오 집권기의 최고위층 부패사범은 2012년 4월 낙마한 보시라이였다. 그의 혐의는 ① 공직자 재직 중 청탁 대가로 수뢰 ② 여성 수명과 부적절한 관계 ③ 조직·인사 기율을 위반한 간부 기용 과오 ④ 기타 범죄 연루 등이다.[4]

---

4) 2012.9.28 관영 신화통신은 유관부처 조사 결과, 보시라이가 다롄(大連)시 요직을 위시하여 랴오닝성장·상무부장, 정치국 위원 겸 충칭시 당서기를 맡는 동안 당 기율을 심각하게 위반했음을 확인했다고 보도했다. 보시라이의 1980년대 중반 이후 비리 전부를 엄벌할 것임을 시사한 것이었다.

당정치국 위원이었던 그의 연봉은 고작 2만 달러에 불과했지만, 외아들 보과과(薄瓜瓜·1987년생)는 13세에 영국으로 유학을 갔고, 19세 때 연 수업료가 4만 2,000달러인 옥스퍼드대학에 입학했다. 이어 연 수업료 7만 달러(생활비 3만 달러 별도)를 내는 미 하버드대학 케네디 스쿨에 들어가 2012년 5월 졸업했다. 현재는 미 콜롬비아대학 로스쿨에 재학 중이다.

보시라이 가족의 단란했던 한 때

유학 중 많은 외국 여성과 파티를 즐기는 등 방탕하고 사치스런 생활을 해 구설에 올랐고, 2011년 11월에는 헌츠만 당시 주중 미 대사의 딸과 데이

자신의 블로그에 파티 장면을 올린 보과과

트를 마치고 페라리로 대사 공관에 데려다 준 것도 외신 카메라에 잡혔다.

하지만 부자의 말은 달랐다. 2012년 4월 하버드대학 신문은 보과과가 이메일을 통해 "학비·생활비는 장학금과 어머니 구카이라이(谷開來) 지원으로 해결했다. 어머니는 변호사·작가로 성공해 저축한 돈이 있었다. 1998년 미국 비자를 받은 후로는 미 대사관에 간 적이 없다."라고 주장했다고 밝혔다.

보시라이는 그 전인 2012년 3월 9일 전인대 기간 중 기자회견에서 "아들이 페라리를 탄다는 것은 픽션이다. 아들뿐 아니라 나와 아내에게도 개인 재산은 전혀 없다. 학비는 전액 장학금이다."라고 강조했다. 거짓말이었다.[5] 일가의 해외 은닉 재산이 1억 2,600만 달러(약 1,336억

---

5) 보시라이는 재판 중, 증언을 통해 "보과과가 비싼 시계와 고급 자동차, 해외여행을 요구하고 한도 이상으로 신용카드를 썼다."고 시인했다.

원)라는 설도 있다.

후진타오 전 국가주석의 비서실장으로 막강한 권한을 행사했던 링지화(令計劃) 전 당 중앙판공청 주임의 아들 링구(令谷·1989년생)는 북경대 대학원생 2012년 3월 18일 새벽, 9억 원대 검은색 페라리에 반라의 여대생 2명을 태우고 베이징 순환도로를 질주하다가 교각을 들이받아 즉사했고 동승했던 2명은 중상을 입었다.

당 내외 비판에 직면한 링지화는 당 중앙통전부 부장으로 밀렸다가 2013년 3월 다시 한직인 정협 부주석(겸직)으로 자리를 옮겨 출세가도에서 벗어났다. 부인 구리핑(谷麗萍)도 2013년 1월 19일부로 잉(瀛)공익기금회 상무 부이사장 직을 사퇴했다.

2013년 1월, 쑹칭링(宋慶齡)기금회를 방문한 링지화 당 중앙통전부 부장

현재 중국청소년궁협회 부회장으로 봉사활동을 하는 구리핑

연봉 2만~2만 5,000달러 전후인 중국 당 정치국 위원이나 그 이하인 당 중앙위원 급료로는 자녀들의 구미(歐美) 유학비용을 충당할 수도, 페라리 등의 고급 승용차도 굴릴 수 없을 텐데, 어떻게 된 것일까?

지도층 비리 척결은 한·중 공통의 현안

그 배후에는 중국 기업들이 있다. 이들도 한국처럼 당·정 유력인사들의 스폰서가 되어, 로비 대상자에게 스포츠카·골프장 회원권 등을 제공하거나 로비 대상 자녀들을 해외로 유학 보내고 모든 경비를 대기도 한다.

다롄에서 보시라이와 각별했던 쉬밍

보시라이의 돈줄 역할을 해온 유력 스폰서는 보시라이가 다롄시 간부로 재직한 1980년대 중반부터 돈독한 관계를 유지해온 쉬밍(徐明·1971년생) 다롄스더(大連實德)그룹 이사장6)이었다. 보시라이 재판 과정에서 밝혀진 바로는, 보과는 쉬밍 이사장에게 고급 자동차와 전용기를 요구하고 하버드대학 부총장·교수들을 대거 초청하면서 모든 비용을 떠넘긴 것으로 드러났다.

보시라이의 뇌물 수수액은 2,179만 위안(37억 9,146만 원)인데, 최대 뇌물 공여자는 바로 쉬밍이었다. 보시라이 비리 조사가 시작된 2012년 3월 경제사범으로 구속되어 사법 처분을 기다리고 있다. 결국 중국 내 지도층 인사 비리 척결은 공직자 재산신고 의무화 법안이 채택되고 당 정치국원들이 솔선수범하여 재산을 공개할 때에 가장 극명한 성과를 보이겠지만, 보다 근본적인 해결책은 정경 유착의 고리 단절에 있다.

---

6) 다롄 태생으로 1992년 다롄스더 그룹을 창설했다. 2001년 30세의 나이에 고정자산 30억 위안(약 5,220억 원)의 대그룹을 휘하에 거느리고 중국 프로축구 리그의 최연소 구단주(다롄스더 클럽)가 되었으며, 당시 중국 50대 부호 중 1인으로 등극했다. 2005년 포브스가 선정한 중국 부호 8위에 기록했으며, 2011년 중국 조사기관이 작성한 '동북지방 부호 조사 보고'에서 130억 위안(2조 2,620억 원)의 자산으로 5위에 랭크됐다.

우리의 경우도 다를 바가 없다.

【중급 공무원의 월 급여 명세】

* 2013년 1월 기준, 근속 9년차 과장. 공무원의 급별 보수 차이는 800~900위안

구 분		내 역	총 액
보 수 (단위 : 위안) • 총액 : 5,833 • 공제 : 574 • 실수령 : 5,259	봉급(기본급)	△ 직무급 480위안 △ 직급급 498위안 등	1,173위안
	수 당	△ 근무 수당 3,250위안 △ 주택 구입 보조금 1,000위안 △ 교통 보조금 200위안 △ 통신 보조금 498위안 등	4,660위안
	공 제	△ 주택공공적립금 500여위안 등	574위안

【공무원 의료 혜택 내용】

• 공무원이 사용한 의료비는 90%까지 정산받을 수 있음
• 50세 이상 부국장급 이상, 지도직무가 있는 경우는 전문 의료카드 지급
  – 지정된 병원에서 간부 진료 및 치료 가능
  – 병실료 기준도 일반 공무원보다 높음

7 지도자의 지지율

2012년 대선에서 51.6%의 득표율로 당선된 박근혜 대통령의 국정수행 지지율은 취임(2013년 2월 25일) 한 달여 만에 일부 여론조사에서 41%까지 급락한 적이 있다. 여론조사 전문기관 리얼미터의 2014년 1월 첫째 주 주간 집계를 보면 박 대통령의 취임 45주차 지지율은 1주일 전 대비 6%p 상승한 54.5%를 기록하여 3주 반에 반등했다. 철도노조의 파업철회 소식 등이 복합 작용했다고 한다.

그러면 서방과 달리 지지율을 묻는 여론조사가 없는 중국에서 지도자 지지율은 무엇을 평가 기준으로 하며, 무엇을 의미하는가?

지도자 지지율은 신임투표 시 찬성률로 평가

중국에서는 5년마다, 그리고 통상 3월에 열리는 매기 전인대(전국인민대표대회, 국회) 1차 회의에서 정부·전인대·법원·검찰 요직, 그리고 매기 정협(인민정치협상회의, 국정자문기관) 1차 회의에서 정협 요직에 대해 임명 동의를 묻는 신임투표가 이뤄지는데, 그 찬성률을 지지율로 본다.

후보자와 당선자 수가 같은 등액(等額) 선거로, 의결 정족수는 재적 전인대 대표(또는 정협 위원) 2/3의 출석과 출석 대표(위원) 과반수 찬성이다. 그동안은 찬성 일변도여서 전인대는 당 결정사항을 추인하는 '고무도장, 거수기'이며, 정협은 동류의 '정치적 꽃병'이라는 불명예를 벗어나지 못했다.

그러나 투표 방식이 박수 → 거수 → 무기명 비밀투표(배포 받은 투표용지에 찬반 표기 후, 회의장내의 20여 개 투표함에 투입) 방식으로 진화하고, 또한 당내 민주화 진전으로 대표와 위원들의 의견 개진이 한결 자유로워짐에 따라 해를 거듭할수록 특정 인사에 대한 무더기 반대표가 쏟아졌다. 물론 과반수의 반대표가 나온 적이 없어 지금까지 탈락한 사람은 한 사람도 없다.

　일부 인원 보선(補選), 법안·의안 표결 시에는 무기명 비밀투표 대신 전인대 대표석이나 정협 위원석에 설치된 전자 표결기를 사용한다. 투표용지에 표기하지 않거나, 전자 표결기를 누르지 않은 경우에는 무효표가 되어 반대·기권표와 함께 광의의 '이탈'표로 분류된다. 찬성률이나 지지율 또는 득표율은 찬성·반대·기권표를 합한 유효표 중 찬성표 비율을 말한다. 지지율의 높고 낮음에는 다 이유가 있다.

시진핑 주석·리커창 총리는 근래 최고 지지율 기록

투표하는 시진핑 국가주석 후보자

　제12기 전인대 1차 회의(2013년 3월 5~17일)기간 중 시진핑 국가주석 후보자에 대한 3월 14일의 전인대 대표 투표 결과, 유효표 2,956표 가운데 반대는 단 1표, 기권 3표로 찬성률은 99.86%였다. 1954년 100% 찬성률로 국가주석에 당선된 마오쩌둥[1]에 이어 역대 두번째로 높다. 2003년 3월 후진타오 주석 선출 시(99.7%, 반대 4·기권

---

1) 1949년 9월 30일 중국 정권 수립 전야, 당시 전인대 대표 역할을 대행했던 정협 위원들이 마오쩌둥 중앙인민정부 주석 후보자에게 투표했는데, 반대표가 단 1표 나왔다. 마오쩌둥이 겸손을 보이기 위해 자신에게 반대표를 던졌을 것으로 추정했지만, 후에 아닌 것으로 판명되었다.

3표)와 1993년 3월 장쩌민 주석 선출시(97.8%, 유효 2,921표 중 반대 35 · 기권 25표)의 지지율을 앞섰다. 정계 일각에서는 민생 현안 해결을 바라는 민의의 반영이자 폭넓은 계파의 지지를 받은 것으로 풀이했다.

그러나 장밍(張鳴) 중국인민대학 정치과 교수는 "마오쩌둥 주석 선출 당시에는 투표자 중, 지금처럼 관료 비율이 높지 않아 민의를 더 잘 반영할 수 있었다."라고 말하면서 "이번 결과는 시진핑 주석이 관료들 가운데 인기가 높다는 걸 보여 주지만, 마오쩌둥의 권위에는 미치지 못 한다."라고 평가했다.

중국 현대화 및 지식인 문제를 연구하는 역사학자 장리판(章立凡)은 고득표 원인을 후진타오 집권 10년에 대한 피로감이 누적되어 강력한 지도자를 원했고, 혈통의식이 강한 중국인이 시진핑 같은 '홍이대'(紅二代, 혁명원로 자제)의 권력 승계에 거부감이 없기 때문이라고 분석했다.

역사학자 장리판

리커창(李克强) 신임 총리도 2,949표의 유효표 중, 찬성 2,940표, 반대 3표, 기권 6표로 99.69%의 높은 지지율을 기록했다. 전임인 온자바오(溫家寶, 2008년 3월 98.88%, 2003년 3월 99.35%) · 주룽지(朱鎔基, 1998년 3월 97.97%)나 리펑(李鵬, 1993년 3월 88.63%) 총리보다 다 높았다. 표결에 참가한 전인대 대표들은 리커창이 최초의 경제학 박사 총리로, 2개의 성(省) 당서기와 부총리를 역임했고, 경제 분야의 경험과 능력이 있기 때문에 재임 10년 중에 GDP 규모에서 미국을 추월할 것이라는 기대감을 내비쳤다.

낮은 지지율[2]은 신상관리 및 민생현안 대처 미흡 대변

인기도가 낮았던 리펑은 리커창과의 총리 신임투표 지지율이 11%p나 차이가 난다. 당시 반대가 210표, 기권이 120표나 됐다. 그는 1998년 3월 전인대 상무위원장 선거 시에도 88.8% 지지율에 머물렀다. 개혁·개방에 소극적인데다 톈안먼사태(1989년 6월) 때 무력진압을 적극 지지했다는 강경 보수파 이미지에 대한 전인대 대표들의 거부권 행사였다.

2008년 3월 제11기 전인대 1차 회의에서 전인대 대표 2,946명이 참가한 가운데 진행된 각료 임명동의안 표결에서 부장 지명자 4명이 100여 장 넘게 반대표를 받았다. 저우지(周濟) 교육부장이 무려 384표, 류즈쥔(劉志軍) 철도부장 211표, 저우샤오촨(周小川) 중국인민은행장 156표, 국가발전개혁위원회 주임에서 국무원 비서장으로 옮긴 마카이(馬凱)가 117표였다. 폭설재해 대처능력이 부족했던 철도 부처, 민생과 관련이 깊은 교육·거시경제 부처에 대한 국민의 불만이 높다는 반증이었다.

2013년 3월의 제12기 전인대 1차 회의에서도 '반란표 다발' 양상이 재연됐다. 3월14일 투표에서 리위안차오(李源潮) 국가부주석 후보자의 찬성률이 96.2%(반대 80·기권 31표)로 상대적으로 낮았다. 평론가들은 "장쩌민 전 주석을 지지하는 일부 보수파 인사들이 후진타오 중심 공청단파(共靑團派)인 리 부주석을 거부한 것으로 보인다."라고 밝혔다.

3월 11일 23명의 정협 부주석 선거에서 꼴찌로 당선된 링지화(令計劃) 당 중앙통일전선공작부장도 지지율이 94.9%(반대 90·기권 22표)

---

2) 아래 사례처럼, 지지율이 60~70%대면, 정치적 위신에 큰 타격을 받는다.

시기(대회)	성 명	생년	전직 → 신규 임용	찬성률
1998년 3월(제8기 전인대 1차 회의)	한주빈(韓杼濱)	1932년	철도부장 → 최고 인민검찰원 검찰장	65.1%(찬성 1,919·반대 687·기권 344)
1998년 3월(제8기 정협 1차 회의)	리구이셴(李貴鮮)	1937년	국무위원 → 정협 부주석	76.4%(찬성 1,560·반대 372·기권 110)

로 낮았다. 그는 2012년 3월 베이징에서 아들이 반나체 여성 2명을 페
라리에 태우고 음주운전 중 사망한 교통 사고를 은폐하려다, 후진타오
총서기의 비서실장 격인 당 중앙판공청 주임에서 중요도가 떨어지는 당
중앙통전부장으로 밀렸고, 당 정치국 진입도 물 건너갔다. 한직인 정협
부주석을 겸임하고 있다.

정협 주석·부주석 득표율. 빨간 표시가 링지화

3월 16일 각료 임명동의 투표에서 저우성쉔(周生賢) 환경보호부장이
반대 171·기권 47표, 장웨이신(姜偉新) 주택 및 도농 건설부장이 반대
181·기권 36표로 이탈율이 7.4%에 달했다. 심각한 대기오염 및 주택
가격 폭등 관련 수습책 미비에 대한 질타였다.
  한편, 저우샤오촨 중국인민은행장은 작년 당 대회에서 당 중앙위원에

서 탈락한데다 올해 장관 정년 65세에 달해 퇴임이 예상됐으나, 금융 경험이 없는 장가오리(張高麗) 제1부총리 겸 정치국 상무위원을 보좌하기 위해 유임되어, 이제 10년 넘게 중앙은행장을 담당하게 되었다. 이로 인해 금융계 전체의 인사 적체가 예상됨에 따라 158명이 반대표를 던져 반감을 표명했다.

3月16日选举结果									
职务	名字	赞成	反对	弃权	职务	名字	赞成	反对	弃权
国务院副总理	张高丽	2938	12	2	公安部长:	郭声琨	2918	25	9
	刘延东	2887	47	18	国安部长:	耿惠昌	2946	3	3
	汪洋	2928	20	4	监察部长:	黄树贤	2945	7	0
	马凯	2895	43	14	民政部长:	李立国	2936	8	8
国务委员	杨晶	2931	18	3	司法部长:	吴爱英	2924	24	4
	常万全	2934	16	2	财政部长:	楼继伟	2905	37	
	杨洁篪	2866	75	11	人社部长:	尹蔚民	2927	2	5
	郭声琨	2932	19	1	国土部长:	姜大明	290?	22	7
	王勇	2897	39	16	环保部长:	周生贤	2734	171	17
外交部长:	王毅	2933	17	2	住建部长:	姜伟新	2735	181	36
国防部长:	常万全	2931	19	2	交通部长:	杨传堂	2939	9	4
发改委:	徐绍史	2895	48	9	水利部长:	陈雷	2940	10	2
教育部长:	袁贵仁	2784	135	33	农业部长:	韩长赋		9	1
审计长:	刘家义	2935	15	2	商务部长:	高虎城	2938	10	4
央行行长:	周小川	2755	158	41	文化部长:	蔡武	2900	41	11
科技部长:	万钢	2888	53	11	卫计委主任:	李斌	2881	56	15
工信部长:	苗圩	2932	14	6					

亚军 / 冠军 / 季军

반대율 1위 장웨이신. 2위 저우성셴. 3위 저우샤오촨 표시

해외서 실시한 중국 대통령(총통) 모의 직선 결과

2012년 말부터 미 뉴욕에 거주해온 중국인 사회운동가 온윈차오(溫雲超, 1971년생)[3]는 중국의 관제선거에 대항하여, 중국 국민의 민주주의 정신을 배양한다는 취지로 중국 내외의 민주운동가들과 연대, 시진핑 국가주석 선출일인 2013년 3월 14일 0시를 기해 구글 도메인에 '중국 총

---

3) 하얼빈 공대를 졸업하고 광둥경제TV(현 남방TV) 기자로 활약했으며, 1996년 '북풍(北風)'이란 이름으로 인터넷에 글을 올리기 시작했다. 현재 미 컬럼비아대 방문학자로 있다.

통 인터넷 직선' 사이트를 개설했다.

중국 당국의 인터넷 규제에도 불구하고 3월 22일 자정까지 8,400여 명의 중국인 네티즌들이 투표에 참여했다. 1위는 복역 중인 인권 변호사 가오즈성(高智晟, 1966년생)이 차지했다. 그는 1,400여 표을 얻어 17%의 지지율을 받았다.

베이펑(北風)을 필명으로 쓰는 온윈차오

대만의 마잉주(馬英九, 1950년생) 총통과 국가전복죄로 수감 중인 반체제 작가 류샤오보(劉曉波, 1955년생)가 1,300여 표, 15%의 지지율로 2·3위를 다퉜다. 반체제 예술가 아이웨이웨이(艾未未, 1957년생)의 지지율은 13%대로 4위였다.

시진핑 주석은 600여 표, 7%대로 5위였다. 실각한 보시라이 전 충칭시 당서기가 4%대로 6위를 달렸고, 마오쩌둥의 손자인 마오신위(毛新宇, 1970년생) 인민해방군 소장도 10위권에 이름을 올렸다.

2013년 1월 로마교황청 방문길에 오른 마잉주 총통 부부

"실제 지지율이 10%대에 불과한 마잉주가 어떻게 중국을 통일할 수 있는가?"라는 야유도 있었지만, 모의선거 기획자인 온윈차오는 중국 네티즌들의 관심 표명은 중국의 민주주의 실천을 위한 일보 전진이라며 의미를 부여했다.

이와 같이 중국 내외에서 중국 지도자 지지율이 관제 선거의 결과라며 그 의미를 평가절하하려는 움직임도 있었지만, 반대표의 의미는 명확하다. 중국 지도자의 신상 관리나 국가현안 관련 대처 미흡 등에 대한 경고다.

8 지도자 수업 기관

중국의 시진핑 당 총서기와 후진타오 전 당 총서기는 지방 성급 당서기로 있다가, 중앙서기처 서기 겸 중앙당교 교장으로 중앙 정치무대에 데뷔했다. 이들은 이 2개 기관에서 각각 5년, 10년간 지도자 수업을 한후 최고 지도자인 당 총서기에 올랐다. 지도자 수업기관인 두 기구를 조명한다.

중앙서기처 : 당 일상 업무처리 최고기관

(1) 중앙서기처는 사무국 및 참모기구 역할 수행

중국 공산당은 1921년 7월, 상하이에서 대표 12명(당시 당원 53명)가 참가한 제1차 당대회를 열고 창설됐다. 사람도, 일도 적어 중앙기구로 3명의 중앙국을 두고 최고 지도자를 서기[1]라고 불렀다. 서기는 당시 최하위 관직으로, 공산당은 결코 백성 위에 군림하지도, 억압하거나 착취하지도 않겠다는 의지의 구현이었다.

공산당은 점차 세력을 확장하면서 서기와 중앙국을 폐지했다. 당원 30만·홍군 30만 규모가 된 1933년 초, 당 정치국(의사 결정)·중앙서기처(정치국 결정에 따라 일상 업무 처리)·총서기(최고 지도자) 라인의 중앙편제를 갖췄다. 당 총서기 직명은 1945년 당 (중앙위원회) 주석으로 바뀌 마오쩌둥이 취임했다.

마오쩌둥은 1956년 9월 제8차 당 대회에서 중앙서기처를 정치국과

---

1) 서기(書記) 명칭은 지금까지 계승되어, 총서기·당 중앙기율검사위 서기·상해시 당서기 등 중앙 및 지방의 주요 당 기관 책임자 직명에 사용되고 있다. 우리나라도 6급 이하 하위직 공무원 직명 중, 8급을 서기, 9급을 서기보로 불러오다가 2011년부터 하위직을 통틀어 '주무관'으로 부르고 있다.

분리하여 중앙위원회의 일상 업무 처리기관으로 만들었다. 즉, 행정기능을 담당하는 국무원(중앙정부)의 각 부처와 같이 당의 각종 업무부서인 중앙 직속기관을 지휘·감독하는 사무국 및 참모기구 역할을 하게 하였다.

또한, 서기처에 대해 중앙위원회의 모든 일을 담당하고 뭐든지 관여하는 큰 권력을 부여했다. 예를 들면, 당 부주석인 저우언라이가 총리를 맡은 국무원은 서기처의 지휘 감독을 받게 되어 있어, 서기처이 권력은 정치국 위원 심지어 당 부주석보다 높았다.

정치국 위원들은 통상 지방 업무를 주재하기 때문에 아주 중요한 사안이 아니면 베이징에 오지 않아 정치국 회의를 자주 개최할 수 없었다. 반면, 서기처는 대량의 일상업무를 처리하고 매주 3~4회 회의를 개최하면서 마오쩌둥으로부터 직접 지시를 받고 당 중앙위원회 의결사항을 확인했다. 일부 정치국 위원보다 정보가 빠를 수밖에 없었다.

1956년 9월 당 8기 1중전회(중앙위원회 제1차 전체회의)에서 63세의 마오쩌둥이 세 번째 당 주석(현 당 총서기)에, 52세의 덩샤오핑이 서기처 책임자인 당 총서기(현재의 중앙서기처 제1서기)[2]에 선출된다. 덩샤오핑은 6살 연상의 선배들로, 경력이나 명망이 높은 저우언라이·류샤오치(劉少奇, 1898-1969) 당 부주석을 대하기가 정말 고역이었다. 이에 마오쩌둥에게 중앙서기처를 정치국 사무기구로 하는 것이 좋겠다고 제언했으나 일언지하에 거절당했다.

이 같은 중앙기구 운영의 폐단을 깨달은 덩샤오핑은 집권 후인 1982년 9월 제12차 당대회를 계기로 당 주석·부주석제를 폐지하고, 당 총서기직을 부활하여 후야오방(胡耀邦, 1915~1989)을 임명한다. 당 중앙서기처도 정치국과 동 상무위원회 지도 아래 당 중앙위원회의 일상 업무를 처리하는 사무기구로 환원했다.

---

2) 중앙서기처 구성원은 모두 서기로 칭하나, 서열상 1위를 제1서기 또는 상무(常務) 서기로 부른다.

(2) 지도자 수업을 받는 기관의 기능도 수반

당 중앙서기처는 총서기 등 핵심권력을 지원하는 사무기구다. 총서기는 중앙서기처 업무를 주재한다. 서기는 총서기의 대리로서 하부에 지시할 권한과 많은 재결권을 가진다. 당내 기밀도 이들을 거쳐 정치국에 상보된다. 정보가 빠른 숨은 실력자들이다. 이들은 수시 회의를 개최하여 정치국이나 그 상무위원회의 결정에 관한 후속조치 방향을 협의한 후, 유관 부처에 시달한다.

당 운영을 한눈에 볼 수 있는 자리이기 때문에 후진타오는 간쑤 · 귀이저우성, 티베트자치구에서 20여년을 봉직한 후 1992~2002년간 중앙서기처 제1 서기 겸 중앙당교 교장으로서 지도자 수업을 했다. 시진핑도 허베이 · 푸젠 · 저장성, 상하이시에서 25년을 근무한 후 2007~2012년간 중앙서기처 제1 서기 겸 중앙당교 교장을 역임했다.

이들의 권력 상승 과정은 정치국 상무위원 겸 중앙서기처 제1 서기(통상 제1서기가 중앙당교 교장 겸임) → 국가부주석 → 중앙군사위 부주석(겸임)→ 당 총서기 겸 중앙군사위 주석 → 국가주석(겸임)의 순서를 거쳤다.

온자바오(溫家寶, 1942년생) 전 총리가 1992~2002년간, 우방궈(吳邦國, 1941년생) 전 전인대 상무위원장이 1994~97년간 중앙서기처 서기를, 쩡칭훙(曾慶紅, 1939년생) 전 국가부주석이 1997~2007년간 중앙서기처 서기에 이어 제1 서기를 역임했다는 점에서 지도자 발탁의 주요 경로임을 알 수 있다.

(3) 당 18기 중앙서기처 구성의 특징

제18차 당 대회(2012년 11월 8~14일) 다음날, 신임 중앙위원(정수 : 205명) · 중앙후보위원(정수 : 171명, 표결권은 없음)들이 참가한 당 18기 1중전회에서 중앙서기처 서기 7명을 선출했다. 5년 전의 제17차 당 대회 때에 비해 1명을 증원했다.

제1 서기(상무 서기)는 당 서열 5위의 류윈산(劉雲山, 1947년생) 당 정치국 상무위원이었다. 총서기에 오른 시진핑의 자리를 이어 받으면서, 3기 15년 연속 서기처 근무 기록을 세웠다. 다만, 시진핑처럼, 중앙당 교 교장·국가부주석직을 맡지 않은 것은 차기 당 대회에서 정년을 넘겨 정치국 상무위원직을 물러난다는 것을 의미한다.

신임 6명 중, 자오러지(趙樂際, 1957년생) 당 중앙조직부장, 류치바 오(劉奇葆, 1953년생) 당 중앙선전부장, 리잔수(栗戰書·1950년생) 당 중앙판공청 주임이 정치국 위원이다. 자오홍주(趙洪祝, 1947년생) 당 중앙기율검사위 부서기, 두칭린(杜靑林, 1946년생) 정협 부주석, 양징 (楊晶, 1953년생, 몽고족) 국무위원 겸 국무원 판공청 비서장은 중앙위 원이다.

당 18기 서기처 구성의 특징은 당 인사·사상·선전·감찰 및 정책 제 언 분야에서 큰 권한을 가진 서기를 증원, 정치국 의사결정 사항을 신속 히 시행토록 한 점이다.

특히 시진핑은 최측근 비서실장인 리잔수 중앙판공청 주임을 당 서열 25위 이내인 정치국 위원으로 발탁하는 인사를 성공시켜 자신의 조속한 권력기반 확립을 보좌토록 했다. 리 주임은 시진핑의 통신·경호·건강 관리 외, 기밀문서 보관 등을 담당한다. 지금까지 중앙판공청 주임은 당 서열 200위 내외인 중앙위원이 전담해왔다.

이번에 선출된 서기들은 기본적으로 정치 역량이 뛰어나다. 68세 정 치국원 정년을 감안하면 리잔수·자오러지는 2017년 제19차 당 대회에 서 정치국 상무위원으로 오를 가능성이 크다.

【공산당 제18기 중앙서기처 구성원 약력】

성 명	사 진	출 생	주요 경력
☆ 류윈산 (劉雲山) 常務(제1) 서기		1947년	△ 현 당18기 정치국 상무위원(당 서열 5위), 중앙당교 교장 △ 당17기 정치국 위원, 당 당부서기 등 역임
※ 류치바오 (劉奇葆)		1953년	△ 현 당18기 정치국 위원, 당 중앙선전부장, 경제학 석사 △ 쓰촨성·광시장족자치구 당서기, 공청단 서기 등 역임
※ 자오러지 (趙樂際)		1957년	△ 현 당18기 정치국 위원, 당 중앙조직부장, 중국포동(浦東)·정강산(井岡山)·연안(延安) 간부학원 등 3개 학원 원장 겸임 △ 칭하이성·산시성 당서기 등 역임
※ 리잔수 (栗戰書)		1950년	△ 현 당18기 정치국 위원, 당 중앙판공청 주임, 당 중앙직속기관공작위원회 서기, 공상관리학 석사 △ 구이저우성 당서기, 헤이룽장성장, 산시성 시안시 당서기 등 역임
◎ 두칭린 (杜青林)		1946년	△ 현 당18기 중앙위원, 12기 정협 부주석, 경제학 석사 △ 당 중앙통전부장, 국무원 농업부장, 쓰촨성 당서기 등 역임
◎ 자호홍주 (趙洪祝)		1947년	△ 현 당18기 중앙위원, 당 중앙기율검사위 부서기 △ 저장성 당서기, 국무원 감찰부 부부장, 당 중앙조직부 常務(제1) 부부장 등 역임
◎ 양징 (楊晶)		1953년 (몽고족)	△ 현 당18기 중앙위원, 국무위원, 국무원 비서장 △ 당 중앙통전부 부부장, 국무원 국가민족사무위 주임, 공청단 네이멍구 자치구 서기 등 역임

중앙당교 : 당 간부 사관학교

중국공산당 중앙당교('中共 中央黨校')는 공산당 최고 학부로, 고급 간부로 성장하기 위해선 꼭 거쳐야 하는 관문이다. 마오쩌둥과 마오의 후계자 화궈펑도 교장으로 있었고, 후야오방·후진타오·시진핑도 그 뒤를 이었을 정도로 중요한 기관이다. 교훈은 마오쩌둥이 만든 '실사구시(實事求是)'이며, 기관지는 매주 발행하는 학습시보(學習時報, 1999년 창간)다.

(1) 중앙당교의 연혁 및 비사

중앙당교는 1933년 3월 마르크스 사망 50주년을 기념하여 장시성 루이진(瑞金)에 세운 '마르크스 공산주의 학교'가 모체다. 1935년 '중앙당교'로 개명 후, 마오쩌둥 당 주석이 교장(1943년 3월~1948년 7월)을 역임했고, '중앙 마르크스·레닌 학원'으로 이름을 바꾼 다음에는 류사오치 당 총서기(현재의 중앙서기처 제1서기 해당 직위)가 1948년 7월~1953년 3월간 원장을 맡았다.

'중앙직속고급당교'로 한차례 더 이름을 바꿨다가 문화대혁명(1966~76년) 중 폐교되었다. 이듬해인 1977년 '중앙당교'로 부활하여 당 주석이었던 화궈펑이 교장을 역임(1977년 3월~1982년 4월)했다.

중앙당교에서는 국정 지도방침이 발표되기도 했다. 1977년 3월 당 중앙선전부장이었던 후야오방이 상무(제1) 부교장에 취임하면서 브레인들을 규합하여, 잡지《진리의 추구》등을 통해 각종 개혁 이론을 제기하고 당내 사상 해방을 촉구했다.

특히 그는 덩샤오핑의 '실사구시론'을 지지하여, 마오쩌둥 노선을 견지하고 개혁을 방해키 위해 "마오쩌둥이 생전에 내린 결정과 지시는 모두 옳다."고 주장하는 화궈펑의 양개범시론(兩個凡是論)을 비판했다.

이는 화궈펑의 실각과 덩사오핑의 권력 장악으로 이어지면서 1978년 12월 당11기 3중전회에서 개혁·개방정책 추진을 당 노선으로 확정되는 전기를 만들었다. 중국 공산당의 3대 싱크탱크로 중앙당교, 중국사회과학원, 당 중앙편역(編譯)국을 드는 이유다.

(2) 중앙당교 조직 및 운영 체제

중앙당교는 1980년대까지만 해도 지도에 나오지 않았고 전화번호부에도 등재되지 않았다. 그만큼 당 간부를 은밀하게 양성하고 싶어 했다. 하지만 이제는 베일을 벗어 당 간부는 물론

중앙당교 본관 건물

기업가·다국적 기업 경영인에게도 강의를 한다.

당 중앙위원회 직속기관에 편제된 중앙당교3)는 베이징시 하이뎬(海淀)구에 있다. 600여 명의 교수진이 매학기 약 1,600명의 학생을 지도한다. 다만, 정식 대학 과정이 아닌, 4~6개월간 한 학기 연수교육을 진행한다. 고급 공산당 간부반, 청년 간부반, 소수민족 간부반, 석·박사생반으로 나뉜다.

---

3) 공산당 산하에 중앙당교가 있다면 국무원은 국가행정학원, 최고인민법원에는 국가 법관학원, 최고인민검찰원에는 국가검찰관학원이 있으며, 8개 민주제당파는 중앙 사회주의학원을 두고 있다.

고급 당간부반은 다시 부장(장관)급반 · 청장급반 · 현 서기급반으로 나눈다. 부장급반은 당중앙 조직부가 직접 챙겨, 각 부처나 성에 입교 대상자 수를 할당하여 통보하면 해당 기관에서 미리 안배한 순서에 따라 고위간부들을 입교시킨다.

숙소는 3성급 호텔 수준으로 알려져 있다. 철학 · 경제학 · 과학적 사회주의 · 정법(政法, 공안 · 사법) · 중앙당 역사 · 당 건설 · 문사 등 7개 연구부서가 있다.

교장은 최근에는 중앙서기처 제1서기가 겸임하는 것이 관례화되고 있다. 현 교장은 당서열 5위의 류윈산 정치국 상무위원 겸 중앙서기처 제1서기이다. 2013년 9월 임명된 상무(제1) 부교장은 당 중앙위원인 허이팅(何毅亭)이다.

허이팅 상무 부교장

중앙당교 외에 각 성 · 직할시 · 자치구 등에 당교를 두고 있는데, 교장은 해당 지역 당 부서기가 겸직한다. 또한, 공산당 혁명 유적지 등에 당중앙위원회 직속으로 '중국 포동(浦東) · 정강산(井岡山) · 연안(延安) 간부학원'을 두고 있는데, 이 3개 학원의 원장은 자오러지 당 중앙조직부장이 맡고 있다.

(3) 고위간부 등용문 역할 매카니즘

중국 간부들에게 왜 중앙당교 입교나 교장 직무 담임이 중요할까? 중국 공산당은 고급 · 중급 간부가 시대의 흐름을 쫓아갈 수 있도록 5년마다 중앙당교에 입교하여 '지식 · 이론 · 이념' 등 3개 분야를 업그레이드해야 한다고 규정하고 있다. 그래서 유력 간부들과 접할 기회가 상대적으로 많다.

특히 4개월 과정에 50명 가량 모이는 부장급반에 들어가면, 부장 · 성장·대학 총장·기업 CEO 등이 모두 '동기생'이라는 '학연'을 맺게 되고, 다른 반에 들어가도 동등한 동급생이 되어 소위 '꽌시(關係)'를 형성하게 된다.

이들은 고위 공직자 간 끈끈한 연계를 가지게 될 뿐 아니라, 평소 수시로 찾아와 학생들과 대화를 나누는 당 정치국 상무위원들과 대화를 나누면서 확실히 눈도장을 찍게 되어 요직 발탁의 발판을 마련한다. 박근혜 대통령이 취임 전, 면담했던 인사들을 꼭 찍어두었다가 요직에 발탁하는 것과 같은 이치다.

교장이 된 정치국 상무위원들도 마찬가지다. 자신의 통치이념을 설파하기도 하고 인맥을 다지기도 한다. 시진핑도 당 총서기 취임 전, 정치국 상무위원·국가부주석직 수행 등으로 바쁜 일정에도 불구하고 교장으로서 입학식·졸업식 참석 뿐 아니라 수시로 중앙당교를 찾아 부장급 인사들과 교분을 쌓았다.

후진타오 전 당총서기도 1983년 41세 때 공청단(共靑團) 중앙서기처 서기로 있으면서 청년 간부반에서 직접 연수를 받은 적이 있고, 2004년에는 당 총서기로서 부장급 연수생들에게 자신의 통치이념인 '조화사회 건설'을 설파하고 철저한 이행을 당부하기도 했다.

중국 지도층 인사들이 이러한 성장 과정을 거친다는 점을 이해하고 중국인들과는 사회에 뛰어드는 초년병 시절부터 인연을 맺고, 오랫동안 친분이 이어지도록 관리하는 것이 절대적으로 필요함을 기억하자!

【역대 중앙당교 교장】

성 명	재임 기간	겸임 직책	비 고
장원톈 (張聞天)	1933년 3월~ ?	당 중앙국 선전부장	마르크스공산주의학교 교장
리웨이한 (李維漢)	1934년 1월~ ?	당 중앙국 조직부장	상 동
동비우 (董必武)	1935년말~1937년 5월	당 중앙당무위원회 서기	중앙당교 교장
리웨이한 (李維漢)	1937년 5월~1938년 3월	–	동 대리 교장
캉 성(康生)	1938년 3월~11월	당 중앙서기처 서기	동 교장
천 윈(陳雲)	1938년 11월~1939년말	당 중앙조직부장	동 대리 교장
덩 파(鄧發)	1939년말~1943년 3월	당 중앙직공위원회 서기	동 교장
마오쩌둥 (毛澤東)	1943년 3월~1948년 7월	당 주석	동 교장
류사오치 (劉少奇)	1948년 7월~1953년 3월	당 중앙서기처 서기	중앙마르크스·레닌학원 원장
카이펑(凱豊)	1953년 3월~1954년 11월	당 중앙선전부 부부장	상 동
리줘란 (李卓然)	1954년 11월~1955년 4월	당 중앙선전부 부부장	상 동
양셴전 (楊獻珍)	1954년 4월~1961년 2월	중국과학원 위원	중앙직속고급당교 (55.8~) 교장
왕충우 (王從吾)	1961년 2월~1963년 1월	당 중앙감찰위 부서기	상 동
린 펑 (林楓)	1963년 1월~1966년 8월	전인대 상무위 부위원장	상 동

성 명	재임 기간	겸임 직책	비 고
화궈펑 (華國鋒)	1977년 3월~1982년 4월	당 주석·국무원 총리	중앙당교 교장
왕 전(王震)	1982년 4월~1987년 3월	국무원 부총리	상 동
가오양(高揚)	1987년 3월~1989년 3월	당 중앙고문위 위원	상 동
차오스(僑石)	1989년 3월~1993년 2월	당 중앙서기처 서기	상 동
후진타오 (胡錦濤)	1993년 2월~2002년 12월	당 중앙서기처 제1서기	상 동
쩡칭훙 (曾慶紅)	2002년 12월~2007년 12월	당 중앙서기처 제1서기	상 동
시진핑 (習近平)	2007년 12월~2012년 12월	당 중앙서기처 제1서기	상 동
류윈산 (劉雲山)	2012년 12월~	당 중앙서기처 제1서기	상 동

9 파워 엘리트, 공청단파

【공청단 단기 및 휘장】

단기(團旗) : 홍색은 '혁명의 승리'를 상징하며, 좌측 상단에서 황색 오각별을 황색 원이 둘러싸고 있는 것은 중국 청년이 대대로 중국 공산당을 중심으로 긴밀히 단결할 것임을 상징한다.

휘장 : 공청단 단기, 톱니 바퀴., 보리 이삭, 막 떠오르는 태양과 빛, '中国共青团' 다섯 글자가 쓰여진 띠로 구성되어 있다.

중국 공산당의 청년조직인 공산주의청년단(共青團)은 2013년 6월 17~20일간 베이징 인민대회당에서 각계 대표(정수 : 1,506명)가 참석한 가운데 제17차 전국대표대회(약칭 : 團 17大)를 개최하고, 향후 5년간 공청단을 이끌 중앙서기처의 제1서기·서기(6명) 등 지도부를 선출했다.

후진타오 전 총서기 겸 국가주석, 리커창 총리가 역임한 공청단의 수장인 제1서기 직은 최고위층으로의 등용문으로 통한다. 이들 공청단파(약칭 : 團派, 퇀파이)의 권력 향배에 대해 알아본다.

공청단의 연혁은 공산당과 같은 궤도를 주행

중국공산당은 건당(1921년 7월)에 앞서, 1920년 8월 상하이에서 사회주의청년단을 설립했다. 이후 각지에서 공산당 창립 준비와 함께 청년

공청단 제17차 대회 개막식에 참석한 시진핑 당 총서기 등 당 정치국 상무위원 7인[1]

단 조직 확대에 나섰다.

전국적으로 통일된 공산당 하부조직망을 갖추게 되면서, 1922년 5월 광저우에서 '중국사회주의청년단' 제1차 전국대표대회를 개최했다. 당시 17개 지방에 설립된 청년단 조직의 단원은 5,000여 명이었다.

1925년 1월 제3차 전국대표대회에서 '중국공산주의청년단'으로 개명했고, 대일 항쟁기에는 항일구국청년단체로서 활동하다가 항전 승리 후인 1949년 1월에 '중국신민주주의청년단'으로 이름을 바꿨다.

정권 수립(1949년 10월) 후, 1957년 5월 '중국공산주의청년단' 이름을 회복하면서, 기 개최된 8차례의 청년단 전국대표대회들을 총괄하여 차기 대회를 공청단 제9차 전국대표대회(1964년 6월, 베이징)로 통일시키기로 했다. 문화대혁명(1966~76년) 기간 중 공청단 조직은 파괴되었는데, 공청단원들이 홍위병 조직 후 자체 활동에 나서, 공청단 지도가 불필요했기 때문이다.

---

1) 시진핑 총서기는 2013년 7월 21일 중난하이(中南海)에서 개최된 공청단 신 지도부와 좌담회에서 부정부패 척결 의지가 담긴 '싼선(三愼)'을 당부했다. '싼선'의 뜻은 다음과 같다. 선스(愼始) : 일을 시작할 때 신중히, 선두(愼獨) : 홀로 있을 때도 언행 삼가, 선웨이(愼微) : 아무리 사소한 일이라도 신중히 하라.

공청단은 문혁 종식 후 2년이 지난 1978년 10월 제10차 대회를 계기로 조직 재건에 나섰다. 특히, 1953~66년간 제1서기를 맡았던 후야오방은 1980년 총서기에 오르면서 공청단 인재를 중용했다. 그는 1964년 제1서기 재임 당시 후보서기로 있었던 후치리(胡啓立 · 1929년생)의 당 중앙판공청 주임(1982~87년)과 정치국 위원(1982~89년) 발탁을 강력히 추진했다. 그러나 후야오방은 정치개혁을 추진하면서 덩샤오핑과 의견 대립을 빚었고, 그 여파로 1987년 1월 실각하였다. 후치리는 1987년 당 서열 4위의 정치국 상무위원까지 올랐지만, 후원자였던 후야오방의 죽음으로 촉발된 1989년 톈안먼 학생시위 와중에 상무위원직에서 물러나야 했다[2].

이들 제1세대 공청단파의 실권(失權)으로 '퇀파이'는 1990년대 장쩌민 총서기가 이끄는 상하이방에 밀려서 한직을 떠돌며 은인자중하는 신세로 전락하고 말았다. 퇀파이의 부활은 1984~85년간 공청단 제1서기를 역임한 후진타오가 2002년 제16차 당 대회에서 총서기로 등극하면서 본격적으로 이뤄졌다.

공청단 운영체제는 공산당 지지역할 수행에 초점

공청단의 조직 · 운영 및 시대적 목표도 '공산당의 조수 및 예비군' 역할 수행과 젊은 엘리트 충원에 유리하도록 공산당의 그것을 따르고 있다[3].

단 규약에 따르면, 전국대표대회는 5년마다 개최(16기 대회는 2008

---

[2] 후치리는 후에 다행히 구제를 받아, 국무원 전자공업부장, 정협 부주석을 거쳐 현재 쑹칭링(宋慶齡)기금회 주석 및 중국복리(福利)회 주석으로 활동하고 있다.
[3] 단 17대에서 채택된 보고는 제18차 당 대회에서 채택된 당 지도방침에 따라 각계 청년들에게 "중화민족의 위대한 부흥이라는 중국의 꿈 실현을 위해 분투"할 것을 촉구했다.

년 6월 개최되는데, 전기 중앙위원회의 사업보고를 심사·승인하고, 단의 활동방침·현안을 의결하며, 단 규약을 개정한다. 또한, 전국대표대회 폐회 중, 단의 모든 활동을 지도할 새 중앙위원회 구성원(17기 중앙위원 165명, 중앙후보위원 110명)를 선출한다4).

이어 신임 중앙위원이 참석하는 중앙위원회 전체회의(中全會)를 열어, 상무위원회(17기는 제1서기·서기 포함, 상무위원 총 21명)와 중앙 서기처(17기는 제1서기와 서기 6명) 구성원을 뽑는다. 이 두 기관은 중앙위원회 폐회 중, 그 직권을 행사하여, 공청단의 일상활동을 책임지고 처리한다.

단의 중앙기관으로는 1청(판공청 : 사무국 상당)과 10부서(조직부·선전부·도시청년공작부·농촌청년공작부·학교부·소년부·통일전선공작부·청소년권익보호부·국제연락부·직속기관당위원회)를 두고 있다. 중앙 직속기관으로는 중국청년정치학원, 중국청년보사, 중국청년출판(총)사, 중국청년여행사총사, 중국소년선봉대 사업발전센터 등을 운영한다.

지방 및 군 조직으로는 31개 성 단위, 중앙국가기관·당중앙직속기관·전국철도·전국민항·중앙기업, 해방군·무장경찰에 공청단 위원회를 두고 있다.

기층(基層, 말단)단위, 즉 기업·농촌·기관·연구소·학교·사회단체, 해방군·무장경찰 중대 등은 단원이 3명 이상이면 단원수와 활동 필요에 따라 기층위원회·총지부위원회·지부위원회 등 기층조직을 둘 수 있다. 현재 단의 기층조직은 기층위원회 27만 1,000여 개를 포함하여 359만 개를 헤아린다.

단원은 14세부터 28세까지이며, 2004년 말 7,188만 명 → 2008년 말 7,859만 명 → 2012년 말 8,991만 명으로 증가했다. 공산당원 및

---

4) 275명 중, ① 단의 중앙·지방 및 군 조직 대표가 189명(68.7%), ② 단의 기층(말단) 조직 및 단원·선진모범인물 대표가 86명(31.3%)이었다. 기타 여성 75명(27.3%), 소수민족 24명(8.7%). 대졸 이상 학력자는 268명(97.5%)이었다.

간부 후보로 양성되는 공청단원은 학생이 약 50%이며, 기타 국유·비국유기업, 단체, 기관 등에 소속된 단원을 포함하는데 사회주의 이념 학습을 비롯하여 사회봉사·공산당 선전 등 각종 활동을 한다.

통상 단원에 속하지 않는 전임 간부는 약 20만 명이다. 공청단 유력 간부들은 기층 단위에서 출발하여 상급 공청단 위원회 간부를 거쳐 상급 당·정부 간부로 승진한다. 성급 공청단 서기를 마칠 경우는 본격적 실적 레이스를 통해 당·정부 고위층으로 발탁된다.

지도부 인사는 엘리트 충원·간부 교류 원칙에 의거

공청단 규약에 정한 간부 선발 중점은 "연소화·혁명화·지식화·전문화[5]를 지향하고, 덕(인품)과 재(능력)을 겸비하되, 재가 비슷하면 덕을 우선시(德才兼備·以德爲先)하며, 당·국가에 부단히 젊은 간부를 공급(수혈)"하는 것이다.

이 같은 인사원칙은 이번 공청단 서기처 구성원 7명에 대한 인사에도 그대로 적용됐다. 이들의 임기는 5년이며 연임이 가능하다.

장관급인 제1서기에는 2013년 3월 헤이룽장성 당부서기 겸 대리성장(2013년 6월 5일 성장 승진)으로 영전한 루하오(陸昊·1967년생) 후임으로 친이즈(秦宜智·1965년생) 전 티베트자치구 상무 부주석(제1 부성장에 해당) 겸 라싸시 당서기가 임명되었으며, 이번 단 중앙위원회에서 표결을 통해 추인되었다.

---

5) 단 11대(1982.12월)부터 현재까지 중앙서기처 서기 피선자 중, 연령 35세 이하인 자는 다음에 나오는 리커창(28세), 리위안차오(33세), 류치바오(32세), 후춘화(34세) 등 11명이다. 대학 학생회장(학생회 주석)을 맡은 경우도 많은데, 리커창·루하오가 베이징대학, 양위에(楊岳·1968년생) 푸젠(福建)성 푸저우(福州)시 당서기가 칭화대 학생회장을 역임했다.

【공청단의 간부 충원 방식】

충원 방식	주요 충원 사례
정부·교직·기업·IT·군대의 우수 청·장년 간부 영입	△ 후진타오 : 40세 때에 간쑤성 정부 건설위 부주임(부국장) → 공청단 간쑤성위원회 서기, 중앙서기처 서기·제1서기로 연쇄 승진 △ 저우창(周强·1960년생) 중국인민법원 원장 : 35세 때 사법부(법무부 상당) 법제국장 → 공청단 서기·상무서기·제1서기로 잇따라 발탁 △ 왕양(汪洋·1955년생) 부총리 : 21세 때 안후이성 수현(宿縣) 지구 5·7간부학교 교원, 26세 때 동 지구 당 학교 교원 → 28세 때 공청단 안휘이성위원회 부서기로 임명 △ 랴오페이(廖飛·1970년생) 구이저우성 쳰둥난(黔東南) 묘족(苗族)·동족(侗族) 자치주(인구 447만 명) 주장(州長) : 난징(南京)항공우주대학 졸업 후 구이항(貴航)그룹 엔지니어로 근무 → 32세 때 공청단 구이저우성위원회 부서기·서기로 연쇄 임용
대학의 직업 간부 경력자 발탁	△ 딩샤오창(丁小强·1972년생) 후베이성 셴닝(咸寧, 인구 251만 명)시 대리 시장 : 23세에 우한(武漢)대학 졸업 후, 2년간 대학 생명과학원 지도원(교관)으로 근무. 29세 때 대학 공청단위원회 서기, 35세 때 공청단 후베이성위원회 서기로 승진

서기 6명 중, 상무 서기는 차관급이며 나머지는 실·국장급이다. 허쥔커 (賀軍科·1969년생, 상무 서기로 승진), 뤄메이(羅梅·여·1969년생·티베트족), 왕훙옌(汪鴻雁·여·1970년생), 저우창쿠이(周長奎·1968년생) 등 4명이 연임했다.

신임 서기 2명에는 쉬샤오(徐曉·1972년생) 전 공청단 도시청년공작부장이 내부 승진했고, 푸전방(傅振邦·1975년생) 전 후베이성 수이저우(隨州)시 당 부서기 겸 시장이 새로 임명됐다. 친이즈 제1서기와 푸전방 서기는 이전에 공청단에서 일한 경력이 없다.

7명 중 1970년대에 태어난 '치링허우(70後)' 세대가 3명이며, 가장 어린 푸전방은 38세였다. 평균 연령은 43세로, 간부 '연소화'를 실현했다.

쉬샤오·푸전방이 경제학 박사이며, 천이즈·뤼메이·왕훙옌은 석사다. 중국우주과학공업그룹 제6연구원장직을 역임한 허쥔커는 우주 전문가다. 천이즈·푸전방이 이공계 명문인 칭화대학, 저우창쿠이는 베이징대학 사회학과 출신이다.

서기처 서기들은 중화전국청년연합회(약칭 全國靑聯, 공청단의 대외활동 명칭, 즉 NGO 명칭) 주석·부주석, 중국소년선봉대 전국공작위원회 주임, 중국청년지원자협회 회장, 중화전국체육총회 부주석 등 청소년단체 책임자직도 위촉받아 겸임하면서 관련 업무를 모니터링하고 지도자수업을 받는다.

청렴도·조정능력 우수, 행정·경제운용력 다소 미흡

'퇀파이'는 태자당과 달리, 태반이 평범한 집안출신으로 아래에서 성장했기 때문에 하위계층과의 소통에 능하며, 승진 때마다 검증을 거쳐 대부분 부패와 거리가 있다. 청렴은 부패가 만연한 중국 관료사회에서 최고의 경쟁력이다.

태자당과 마찬가지로 실체가 있는 조직은 아니지만, 젊은 시절 공청단 지도부에서 동고동락하여 끈끈한 인간관계를 맺고 있으며 선·후배 간 연대감이 강하다. 9,000만 명에 가까운 단원을 조직 및 지도해 본 경험이 있어 각 조직의 이익을 조정, 하나의 비전으로 묶는 정치역량도 강점이다.

티베트 등 정정 불안지역을 위시하여 주로 내륙지방에서 근무한 경우가 많아, 도시 보다는 농촌을, 기업인 보다 농민을, 연해보다는 내륙에 더 관심을 가진다. 이런 대중적 배경 및 성향6)에 대한 국민 반응은 호의

---

6) 리위안차오·류치바오 등의 인생 기점은 농촌이다. 리위안차오는 장쑤성 다펑(大豊)현 상하이농장 종업원 경력을, 리커창·저우창·류펑(劉鵬·1951년생·국가체육총국장) 등은 1960~70년대 초 농촌으로 하방된 지식청년·생산건설병단(변경 개척을 위한 군산(軍産)복합조직) 전사 경력이 있다.

적이다.

반면, 정치·리더십 분야 강점을 배양해온 만큼 행정관리 능력·경제 운용 능력은 다소 미진하다는 지적도 있고, 낙하산 인사로 지방간부에 임용되는 데 대한 반발도 있다. 이에 대처하여 전문분야 학업에 정진하거나, 기업·IT·교직·군대 우수 간부를 영입하는 조직 강화 노력도 지속하고 있다.

시진핑 이후 세대교체에 대비하는 공청단 4대 천왕

'퇀파이'는 2012년 11월 제18차 당 대회에서 이뤄진 현 5세대 지도부 인선 과정에서 태자당·상하이방과 경합을 벌려, 최고 권력인 정치국 상무위원 7명 중 리커창(당 서열 2위)과 류윈산(당 서열 5위, 당중앙서기처 제1서기)을 진입시키는 등 나름 선전했다.

그러나 지금까지 보다는 미래가 훨씬 밝다. 우선 리커창 총리 임용으로 국무원 내 '퇀파이' 약진이 기대된다. 그리고 핵심 권력인 정치국 위원(총 25명)에서 상무위원 7명을 뺀 18명 중, 7명이 '퇀파이'다.

그중 리위안차오(李源潮·1950년생) 국가부주석, 류치바오(劉奇葆·1953년생) 당 중앙선전부장, 후춘화(胡春華·1963년생) 광둥성 당서기, 한정(韓正·1954년생) 상하이시 당서기, 리잔수(栗戰書·1950년생) 당 중앙판공청 주임, 왕양(汪洋·1955년생) 부총리 등이 주목된다. 이들은 2017년 열릴 제19차 당 대회에서 시진핑 총서기, 리커창 총리를 제외하고 정치국원 연령 정년(68세)에 걸려 퇴임할 5명의 정치국 상무위원을 교체할 가능성이 크다.

또 다른 공청단 약진 기반은 지방이다. 현재 31개 성급 당서기·성장 62명 중 26명(42%)이 '퇀파이'다. 이들은 제19차·제20차 당 대회를 통해 당 정치국원·중앙위원 진입을 모색할 것이다. 차관급으로는 지린

(吉林·1962년생) 베이징시 당부서기, 쑨진롱(孫金龍·1962년생) 후난 성 당부서기, 가오젠민(高健民·1960년생) 산시성 상무 부성장도 주목 을 받는다.

누가 시진핑을 이어 6세대 지도부를 이끌 것인가? 현재로선 '퇀파이 4 대 천왕'이 유력하다. 리커창(1993.5~1998.6월)에 이어 연쇄적으로 공 청단 제1서기를 역임한 저우창(周强·1960년생, 1998.6~2006.11월) 최고인민법원 원장, 후춘화 굉둥성 당서기(2006.11~2008.5월), 루하 오 헤이룽장성장(2008.5~2013.3월), 친이즈(2013.3월~) 현 공청단 제1서기가 그들이다.

선두주자는 후진타오가 후견하는 '리틀 후진타오', 후춘화다. 그는 제 19차 당 대회에서 정치국 상무위원, 제20차 당 대회에서 총서기를 겨냥 한다. 친이즈도 티베트 근무 및 공청단 제1서기 경력을 가진 '쌍후(雙胡, 후진타오·후춘화) 계보'를 승계하고 있다. 저우창은 '법치 중국'을 이끌 적임자, 루하오는 국내외 정세 및 경제에 정통하다는 점에서 다크호스로 꼽힌다.

현재 태자당 그룹이 전반적으로 정치보다는 경제적 약진에 집중하고 있고 상하이방도 시간이 흐르면서 퇴조 추세에 있는 만큼, 중국의 제6세 대 지도부의 주력은 정계 최대 규모인 '퇀파이'가 될 가능성이 크다.

우리는 민관 차원에서 미래의 주역인 한·중(공청단) 청소년 간 교류 및 우의 증진 사업[7]을 지원하면서 주중 공관·기업을 중심으로 파워 엘 리트 예비군단인 공청단 간부와의 친분 관계를 지속 강화하는 노력을 경 주해야 할 것이다.

---

7) 한국청소년연맹은 2012.12월 공청단과 2008~12년간 연평균 500~600명 수준인 공청단 간부 방한 규모를 2013년부터는 3·5월에 각 500명, 8월에 200명으로 증 원키로 합의했다. 방한 중, 한국 대학생과의 토론, 각종 문화체험(방송국 참관 및 K팝 체험 포함) 등의 프로그램이 진행된다.

【건국 후 역대 공청단 중앙서기처 제1서기】

재임 기간	성명 및 생년	주요 직책
1949~1953년	펑원빈(馮文彬, 1911~1997년)	중앙당교 부교장 역임
1953~1966년	후야오방(胡耀邦, 1915~1989년)	당 총서기 역임
1966~1978년	문화대혁명(1966~76년)으로 활동 공백	
1978~1882년	한잉(韓英·1935년생)	석탄공업부 부부장, 선화(神華)그룹 부이사장 역임
1982~1984년	왕자오궈(王兆國·1941년생)	전인대 상무위 부위원장 역임
1984~1985년	후진타오(胡錦濤·1942년생)	당총서기·국가주석 겸 중앙군사위 주석 역임
1985~1993년	쑹더푸(宋德福, 1946~2007년)	국무원 인사부장, 푸젠(福建)성 당서기 역임
1993~1998년	리커창(李克强·1955년생)	국무원 총리
1998~2006년	저우창(周强·1960년생)	중국인민법원 원장
2006~2008년	후춘화(胡春華·1963년생)	광둥성 당서기
2008년~2013.3월	루하오(陸昊·1967년생)	헤이룽장성성장
2013.3월~	친이즈(秦宜智·1965년생)	공청단 제1서기

【주요 기관별 공청단파 진출현황】

기 관	성명 및 생년	현 직	과거 공청단 직무
공산당 (중앙· 지방)	류윈산(劉雲山·1947년생)	당 중앙서기처 제1서기(정치국 상 무위원, 당 서열 5위)	네이멍구자치구委 부서기
	리잔수(栗戰書·1950년생)	당 중앙판공청 주임(정치국 위원)	허베이성委 서기
	류치바오(劉奇葆·1953년생)	당 중앙선전부장(정치국 위원)	중앙서기처 서기
	링지화(令計劃·1956년생)	당 중앙통전부장(중앙위원)	중앙선전부장
	취안저주(全哲洙·1952년생)	당 중앙통전부 부부장(중앙위원)	지린성委 서기(조선족)
	뤄즈쥔(羅志軍·1951년생)	장쑤(江蘇)성 당서기(중앙위원)	중앙실업(實業)발전부장
	장바오순(張寶順·1950년생)	안후이(安徽)성 당서기	중앙서기처 후보서기
	위안춘칭(袁純清·1952년생)	산시(山西)성 당서기	중앙서기처 서기
	친광룽(秦光榮·1950년생)	윈난(雲南)성 당서기	후난성委 부서기
	왕싼윈(王三運·1952년생)	간쑤(甘肅)성 당서기	구이저우성委 서기
중앙 (국무원) 및 지방 정부	리커창(李克强·1955년생)	총리(정치국 상무위원, 당 서열 2위)	중앙서기처 제1서기
	리위안차오(李源潮·1950년생)	국가부주석(정치국 위원)	중앙서기처 서기
	류옌둥(劉延東·1945년생·여)	부총리(정치국 위원)	중앙서기처 상무서기
	왕 양(汪洋·1955년생)	부총리(정치국 위원)	중앙서기처 서기
	양 징(楊晶·1953년생)	국무위원(중앙위원, 몽고족)	네이멍구자치구委 서기
	장다밍(姜大明·1953년생)	국토자원부장(중앙위원)	중앙서기처 서기
	우아이잉(吳愛英·1951년생·여)	사법부장	산둥성委 부서기
	양촨탕(楊傳堂·1954년생)	교통운수부장	산둥성委 부서기
	황수셴(黃樹賢·1954년생)	감찰부장(중앙위원)	장쑤성委 서기
	리리궈(李立國·1953년생)	민정부장(중앙위원)	랴오닝성委 부서기
	한창푸(韓長賦·1954년생)	농업부장	중앙선전부장
	차이우(蔡武·1949년생)	문화부장	중앙국제연락부장
	류 펑(劉鵬·1951년생)	국가체육총국장	중앙서기처 서기
	황단화(黃丹華·1958년생)	국유자산감독관리위원회 부주임	중앙서기처 서기
	루하오(陸昊·1967년생)	헤이룽장성장(중앙위원)	중앙서기처 제1서기
	바인차오루(巴音朝魯·1955년생)	지린성장(몽고족)	중앙서기처 서기
	주샤오단(朱小丹·1953년생)	광둥성장	광저우시委 서기
전인대 정 협 법 원	지빙셴(吉炳軒·1951년생)	전인대 상무위 부위원장(중앙위원)	중앙서기처 서기
	선웨웨(沈躍躍·1957년생·여)	전인대 상무위 부위원장(중앙위원)	중앙서기처 서기
	장칭리(張慶黎·1951년생)	정협 부주석(중앙위원)	중앙工農청년부 부부장
	두칭린(杜青林·1946년생)	정협 부주석(중앙위원)	지린성委 서기
	첸윈루(錢運錄·1944년생)	정협 부주석(중앙위원)	후베이성委 서기
	리하이펑(李海峰·1949년생·여)	정협 부주석	중앙서기처 서기
	저우창(周强·1960년생)	중국인민법원 원장(중앙위원)	중앙서기처 제1서기

【공청단 '4대 천왕' 약력】

성 명	출 생	학 력	주요 경력	사 진
후춘화 (胡春華)	1963년 4월, 후베이(湖北)성 우펑(五峰)鎭	베이징(北京) 대 중문과, 중 앙당교 석사	△ 공청단 티베트자치구委 서기 △ 티베트자치구 당부서기 △ 허베이성장 △ 네이멍구자치구 당서기 △ 현 광둥성 당서기 △ 현 당 18기 정치국 위원	
저우창 (周强)	1960년 4월, 후베이성 황메이(黃梅)縣	서남(西南)정법 대학(시안 소재) 법률과, 법학 석 사	△ 국무원 사법부(司法部) 판공청 부주임, 법제국장 △ 후난성장, 성 당서기 △ 현 최고인민법원 원장 △ 현 당 18기 중앙위원	
루하오 (陸昊)	1967년 6월, 본적 : 상하이(上 海)시	베이징대 경제관리과, 경제학 석사	△ 베이징시 방직회사 부총경리 △ 베이징시 부시장 △ 현 헤이룽장성 당 부서기 겸 성장 △ 현 당 18기 중앙위원	
친이즈 (秦宜智)	1965년 12월, 허난(河南)성 신샹(新鄕)縣	칭화(清華)대 공정물리과, 석사	△ 판강(攀鋼)그룹 총경리 △ 쓰촨성 판즈화(攀枝花)시장 △ 티베트자치구 라싸시 당서기 △ 현 공청단 제1서기 △ 현 당 18기 중앙후보위원	

【공청단 중앙서기처 서기 6명 약력】

성 명	출 생	학 력	주 요 경 력	사 진
허쥔커 (賀軍科) 상무 서기	1969년 2월, 산시성 펑샹(鳳翔)현	국방과학기술대학 우주기술과 (로켓엔진 전공), 공학 석사	△ 1991~2000년 중국우주공업총 공사 4院 계획생산처장 등 △ 중국우주科工그룹 제6연구원장 △ 단 서기처 서기(2005.12월~ 2013년 6월) △ 현 전국靑聯 상무 부주석	
뤄메이 (羅梅, 티베트족) 서기	1969년 7월, 티베트자치구 바수(八宿)현	티베트민족학교 역사과, 중앙당교 석사	△ 티베트 郎縣 당부서기·현장 △ 단 티베트자치구委 서기 △ 현 소년선봉대 전국위 주임(200 9.2월~) △ 현 단 서기처 서기(2008.6월~) 겸 단 직속기관당위원회 서기	
왕훙옌 (汪鴻雁) 서 기	1970년 4월, 후베이성 샤오창(孝昌)현	우한(武漢)대학 법률과, 공공관리 석사	△ 단 후베이성 샤오간(孝感)시委 서기·단 후베이성委 부서기 △ 후베이성 어주우(鄂州)시 부시 장, 스옌(十堰)시 당부서기 겸 대리시장 △ 현 단 서기처 서기(2008.6월~)	
저우창쿠이 (周長奎) 서 기	1969년 5월, 산둥성 허저(荷澤)시	베이징대학 사회학과	△ 베이징시 하이뎬(海淀)區 정부 인사국 인재시장 간부 △ 단 중앙학교부장(중학처 부처 장·대학처 처장 역임)·중앙선 전부장 △ 현 단 서기처 서기(2009.1월~)	
쉬샤오 (徐曉) 서 기	1972년 8월, 장시(江西)성 난창(南昌)시	우한이공대학, 화중과기대학 공상관리 석사, 중남재경정법대학 경제학 박사	△ 1994~2003년 장강동력그룹 시 멘트기계공장 기술원~당부서기 △ 우한시 한양(漢陽)區 당부서 기·區長 △ 단 중앙도시청년공작부장 △ 현 단 서기처 서기(신임)	

성 명	출 생	학 력	주요 경력	사 진
푸전방 (傅振邦) 서 기	1975년 11월, 후베이성 스서우(石首)시	칭화대학 수리· 수력발전공학과, 중국사회과학원 경제학 박사	△ 1996~2011년 장강전력 재무총 감·후베이에너지그룹 총경리 △ 2011~13.6월 후베이성 샹양 (襄陽)시 부시장, 수이저우(隨 州)市 당부서기 △ 현 단 서기처 서기(신임)	

10 지역감정과 정치 계파

중국에는 사실상 선거가 없다. 그러면 선거 때마다 지역감정 용어가 등장하는 우리와 같은 지역감정이 존재하는 것일까? 그리고 이를 정권 장악에 활용한 정치 계파는 있었는가? 최근 시진핑 총서기를 위시한 산 시성에 연고를 둔 '산시방'이 '상하이방'을 내제하여 부상했다는데, 이를 알아 본다.

지역감정 원인과 대표적 뒷골목 속어

중국에도 지방색이 있고[1], 각종 지역감정이 존재한다. 다만, 우리나라처럼 지연·학연 등 연고주의와 이기주의를 내세운 일부 정객에 의해 놀아나거나, 극단적 대립 양상을 보일만큼 심각치는 않다. 그 발생 원인은 다양하다.

먼저, 수천 년에 걸쳐 수없이 많은 각종 전쟁으로 피비린내 나는 살육을 겪다보니, 자연적으로 타향인에 대한 거부감이 생겼다. 그 배타심은 지금도 대도시 내 신장춘(新疆村)·저장춘(浙江村) 등 동향인 집단촌의 존재에서 엿볼 수 있다. 해외라고 지역감정이 없는 것은 아니다.

단일민족이 아닌 한족(漢族)과 55개 소수민족이 공존하고, 31개 성·(직할)시·자치구 등 지방도 많아 각 민족·지역마다 고유한 전통·언어·종교 등의 차이가 현저하다. 같은 성에서도 지역에 따라 다른 말을 사용한다. 중국 전역을 7대 방언 사용지역으로 나누는데, 거기서 분화된

---

1) 강인한 기질의 쓰촨성은 덩샤오핑을 위시, 개국공신 주더(朱德) 등 군 출신, 산둥성은 군인(현재 군 장성의 20%)·경찰관·운동선수, 후난성은 마오쩌둥(毛澤東) 등 혁명가, 안후이성은 백화문(白話文)운동을 전개한 후스(胡適,1891~1962년) 등 학자를 많이 배출했다.

사투리 수는 100여 개를 헤아린다.

이탈리아 남부지역의 저장성 루이안(瑞安)시 동향회

한족 중에도 북방·남방계 간에는 골격·외모에 큰 차이가 난다. 북방계는 기골이 장대하고 전형적 몽골리언처럼 생긴데 반해, 남방계는 키가 작고 거무튀튀한 것이 마치 동남아인들 같다. 그래서 지역감정은 외모나 민성(民性)을 풍자한 뒷골목 속어에도 잘 묻어난다.

키가 크고 인물도 평균 이상이어서 군 장성과 스포츠 스타를 숱하게 배출한 산둥(山東)인에게는 '산둥다한'(大漢 : 키 큰 사람, 사나이)이 어울리지만, 타지방 사람들은 악의적으로 '산둥얼(山東兒 : 산둥 꼬마)'이라고 부른다.

키가 160㎝도 안됐던 덩샤오핑의 고향 쓰촨 사람에는 '쓰촨먀오즈'(四川苗子 : 사천 종자, 땅콩)라는 별명이 따라다녔다.

새로운 사상·문물을 잘 수용하지 않는 산시(山西), 눈앞의 이익에만 매달려 잔머리 굴리는 허난(河南, 당나귀 요리 유명), 남방인을 닮은 광둥(廣東) 사람들을 각각 '라오시얼'(老西兒 : 산시 촌뜨기), '허난뤼'(河南驢 : 허난 당나귀), '난만즈'(南蠻子 : 키 작고 못생긴 남방 오랑캐)라고 비웃었다.

속담에 '장시라오치, 후난뤄즈'(江西老妻 : 장시의 늙은 처, 湖南騾子 : 후난의 노새)'라는 말이 있다. 장시성은 예부터 농사하기 좋아서 쉽게 먹거리를 마련할 수 있어 사람들이 외지로 나가 새로운 일하기를 꺼린다는 점과 후난 남자는 고집이 세서 여간해서 길들이기 힘들다는 점을 비유한 것이다.

중국분열론 뿌리 제공 등 부작용 조장

베이징 사람들은 타지 사람들을 모두 아랫사람으로, 상하이 사람들은 시골뜨기로 여긴다는 우스개가 있다[2]. 양대 도시의 자존심 대결이 일종의 지역감정으로 나타나, 상하이 사람을 '돈만 밝히는 천박한 자들', 베이징 사람을 '아무 것도 없이 허세만 피우는 위선자들'로 서로 경멸하곤 한다.

같은 성에서조차 은근하게 반목과 질시를 한다. 사업 귀재들의 고향이라는 저장성의 원저우(溫州)시와 닝보(寧波)시가 대표적이다. 이곳 출신들은 해외에 나가서도 화합하기보다는 서로를 견제하는 것으로 유명하다.

지역감정은 다른 지방에 비해 경제적으로 낙후된 데 따른 '경제적 차별'에서도 비롯됐다. 2009년 9월 베이징시 한 수퍼마켓 내 분유 상점 앞 구인 광고판에 "허난(河南)사람, 둥베이(東北)인은 성가시게 굴지 말 것!"이란 문구가 실렸다. 언론 취재에 응한 매장 책임자는 솔직하게 이 규정을 인정하면서, "과거 둥베이인 몇 명을 고용했더니, 하나같이 사소한 일로 말썽과 분쟁을 일으켰다. 허난인을 고용하면 꼭 치약·콩기름 등이 없

---

2) 상하이인들의 배타성은 상하이방언(上海話)에서 두드러져, 두 명만 모이면 모두 들으라는 듯 상하이 방언으로 대화한다. 문화대혁명 당시, 상하이 청년들이 타지로 하방(下放)되었을 때도 상하이 방언을 쓰다가 현지 청년들에게 '건방지다'며 얻어 터지는 경우가 많았다 한다.

어졌는데, 물증은 없지만 심증은 있다."라고 강조했다.

허난성 개요

- **면적**: 16만7000㎢(남한의 1.7배)
- **인구**: 1억500만명(남한의 2.1배)
- **경제성장률**: 10.1%(2012년)
- **1인당 GDP**: 5025달러(2012년)
- **주요산업**: 금융, 자동차, 통신설비, 가전, 석유화학

이렇듯 유독 심한 차별을 받는 곳이 황허(黃河) 이남의 허난성이다. 허난성은 송나라 때는 중국 역사의 한 페이지를 장식했던 '중원(中原)'이었다. '중원을 얻는 자가 천하를 얻는다'라는 속담에서 보듯이 중화민족의 발원지 역할을 톡톡히 했고, 당시만 해도 모든 중국인들의 선망의 대상이었다.

하지만 현대에 와서 개혁·개방정책에서 소외되어 경제적 약자로 전락하면서, 중국 내 최고 궁핍 지역, 최대 에이즈 발병률 지역 타이틀을 달았다. '허난성 출신 가짜 술 제조상 검거' 등 범죄 연루 기사가 매번 언론에 등장했고, 허난성(1억 500만 명) 사람 열에 아홉은 도둑놈=사기꾼이라는 낙인이 찍힌 것이다.[3]

중국 정부는 이에 대처하여 지방 공무원 간 순환 인사교류, 소수민족·한족 간 통혼 장려 등의 정책을 통해 지역감정을 순화시키고 중화민족으로의 통합을 추진해왔다. 그러나 이는 오히려 소수민족 역사의 정체성을 파괴하여, 신장(新疆) 위구르인이나 시짱(西藏) 티베트인들의 분리독립운동을 부추기도 하였다.

정치무대에 부상한 지방세력 변천 추이

---

3) 뤄양(洛陽)·정저우(鄭州)·카이펑(開封) 등 고대 중국 역사의 주무대로, 산시성 시안(西安)과 함께 황하문명의 본거지이다. 현재는 '베이징역을 배회하는 거지의 태반은 허난 출신'이라는 언론의 편파 보도, 사원 모집 시 허난 출신 사절 공고, 극중 소매치기나 깡패가 사용하는 방언은 허난성 방언인 경우가 다반사인 등 대표적 지역차별 대상으로 부상됐다.

대표적 정치계파인 '상하이방' 등은 중국의 혁명원로 자제들의 친목단체였던 '연아자녀연의회(延安子女聯誼會)'나 우리 군의 정치장교 그룹이었던 '하나회' 같은 '실체'가 있는 것이 아니라, 언론 등이 만들어낸 용어다. 그렇지만 중국에서도 지도자가 요직을 인선할 때는 모르는 사람보다는 본인의 지역 기반에 연고가 있거나 같이 근무했던 사람을 선호하므로 현지의 당·정·군 요직 경력자, 명문대학 출신자 및 공산혁명 지도자 등을 중용하게 된다. 이 경우라도 반드시 능력이 지연·학연·혈연보다 우선시된다.

덩샤오핑은 문화대혁명(1966~76년)이라는 대혼돈에서 살아남아 70년대 말 극적으로 집권했으므로 믿을만한 측근이 많지 않았다. 그때 주목한 인물이 고향 쓰촨성의 당서기로 있던 자오쯔양(趙紫陽, 1919~2005년)이었다. 정치국 상무위원으로 급 발탁된 그는, 총리(1980년)에 이어 총서기(1987년)까지 오른다.

자오쯔양은 총리 재임 중, 전력공업부장이었던 리펑(李鵬, 1928년 상하이 출생, 원적은 쓰촨성)을 부총리에 발탁(1983년)하는 등 쓰촨성에 연고를 가진 후배들을 요직에 발탁하여 '쓰촨방'이라는 정치용어를 빛보게 만들었다.

1990년대는 상하이방의 시대였다. 1989년 6월 톈안먼 사태로 자오쯔양이 실각하자, 장쩌민 상하이시 당서기가 뒤를 잇는다. 그는 직전 상하이시 당부서기였던 쩡칭훙을 국가부주석, 상하이 시장·당서기 출신 황쥐(黃菊, 1938~2005)를 부총리로 기용한다.

장쩌민 집권기인 1995년 천시퉁(陳希同, 1930년생) 베이징시 당서기 겸 정치국 위원을 비롯한 시 간부 40여명이 시 재개발사업 관련 공금 유용·수뢰혐의(22억불 규모)로 입건되어, 천은 1998년에 징역 17년형(2004년 가석방, 2013년 6월 병사)을 받았다. 장쩌민이 반부패 드라이브로 '베이징방'을 제거했다는 소리도 들린다.

후진타오 총서기가 집권한 2002~12년간은 공청단(共靑團)파와 후진타오의 고향인 안휘이성 출신이 다수 부상한다. 현임 중에 리커창 총리는 후진타오처럼 공청단 제1서기를 지냈고, 왕양(汪洋, 1955년생) 부총리는 안후이성 공청단 부서기에 이어 부성장을 역임한 바 있다.

2006년 상하이방의 일원인 천량위(陳良宇, 1946년생) 상하이시 당서기 겸 정치국 위원이 수뢰 등 혐의로 입건되어 2008년 징역 18년형을 선고받았는데, 후진타오가 사정 명분으로 상하이방을 견제한 것으로 보는 시각도 있다.

지금은 시진핑을 위시한 당 정치국원 25명 중 28%인 7명이 산시(陝西)에서 출생, 공부 또는 근무했다고 해서, '산시방'이 떠올랐다고 한다. 시진핑은 부친의 고향인 이곳에서 문혁 중 7년간 하방생활을 했고, 왕치산 정치국 상무위원도 하방과 함께 서북(西北)대학을 다니며 10년을 살았다는 이유다. 이상은 덩샤오핑이나 자오즈양 이래 총서기 등 권력자를 중심으로 한 호사가적 분석이라는 측면도 있지만, 나름 일리가 있다고 이해하면 된다.

중국에는 우리보다 더 복잡한 지역적 특성과 민족·종교 간 갈등이 있어 갈등과 대립이 지속되고 있지만, 인사문제 등에서 능력과 상관없이 지연·학연 그리고 혈연을 따지지 않는 것이 우리와 큰 차이점이다. 이는 전국적 규모의 선거가 없었다는 것이 그 원인일 것이라는 추론도 해본다. 지금 중국에서는 허난성 사람을 무조건 악당으로 보는 편견을 해소하기 위한 바람이 거세다고 한다. '우리가 남이가'로 대변되는 한국의 지역감정을 뿌리 뽑기 위한 각계의 거국적 노력이 지속되어야 할 것이다.

【지역감정 관련 유머】

지 역	유머 내용	중국어 표현
베이징 (北京)	다른 곳을 모두 하부조직으로 생각한다.	北京看全國都是基層。
상하이 (上海)	다른 곳을 모두 시골로 생각한다.	上海看全國都是鄕下。
광 둥 (廣東)	다른 곳의 사람들은 모두 거지라고 생각한다.	廣東看全國都是窮人。
허 난 (河南)	다른 곳의 사람들은 모두 멍청하다고 생각한다.	河南看全國都缺心眼。
산 둥 (山東)	다른 곳의 사람들은 모두 의리가 없다고 생각한다.	山東看全國都不仗義。
장 쑤 (江蘇)	다른 곳을 모두 저개발 지역이라고 생각한다.	江蘇看全國都欠發達。
저 장 (浙江)	다른 곳을 개발준비 지역으로 생각한다.	浙江看全國都待開發。
쓰 촨 (四川)	다른 곳에는 아가씨들이 부족하다고 생각한다.	四川看全國都缺小姐。
산 시 (陝西)	다른 곳에는 문화(교양)가 없다고 생각한다.	陝西看全國都沒文化。
신 장 (新疆)	다른 곳이 너무 붐빈다고 생각한다.	新疆看全國都太擁擠。
시 짱 (西藏)	다른 곳의 사람들은 신앙이 없다고 생각한다.	西藏看全國都沒信仰。
둥베이 (東北)	다른 곳의 사람들이 열정이 없다고 생각한다.	東北看全國都沒熱情。

【7대 방언(方言) 분류】

명 칭	사용 인구	세부 분류	비 고
북방(北方) 방언	한족(漢族) 인구의 75%	△ 화북·서북·서남·강회(江 淮)방언 등 4종	△ 대표 방언인 베이징화(北京 話, 북경말)는 표준어인 푸퉁 화(普通話)의 기초 방언이나 표준어와는 다름
오(吳) 방언	동 8%	△ 장쑤성 일대에서 사용 △ 대주·무주·방언 등 5종	△ 쑤저우화(蘇州話)가 대표 △ 상하이화(上海話)도 해당
상(湘) 방언	동 5%	△ 후난성 일대에서 사용	△ 창사화(長沙話)가 대표
감(贛) 방언	동 3%	△ 장시성 대부분 지역에서 통용	△ 난창화(南昌話)가 대표
객가(客家) 방언	동 4%	△ 광둥성 메이셴화(梅縣話)가 대표	△ 다른 방언에 포위됐음에도, 내부적으로 언어 일치성을 보존
월(粵) 방언	동 4.5%	△ 춘추시대 저장·푸젠성에 있 던 월((越)나라가 초(楚) 나 라에 패망하자 사람들이 남 쪽의 광둥 등지로 이주하면 서 발달	△ 광저우화(廣州話)가 대표 △ 홍콩·마카오·동남아 화 교 대부분이 사용 △ 월·민 방언 사용지역은 베 이징과 멀리 떨어져, 고대 중 국어의 특징을 보존
민(閩) 방언	동 5%	△ 푸젠성 지역 통용 △ 민동·민남·민북·민중(閩 中)·포선(葡仙) 방언 등 5종	△ 푸저우화(福州話)가 대표 △ 중국 방언 중, 가장 복잡하 게 여러 갈래로 나뉘며 푸 통화와의 차이가 가장 큼

【상하이방과 산시방 요인 비교】

상하이(上海)방		산시(陝西)방	
사진 및 성명	① 전직 ② 생년 ③ 지역연고	사진 및 성명	① 현직 ② 생년 ③지역연고
장쩌민(江澤民)	① 당총서기·국가주석 ② 1926년 (☆정치국 상무위원) ③ 상해교통대학 졸, 상해시장·당서기 5년	시진핑(習近平)	① 당총서기·국가주석 ② 1953년 (☆정치국 상무위원) ③ 부친 고향, 7년 하방
주룽지(朱鎔基)	① 국무원 총리 ② 1928년(☆) ③ 상해시장·당서기 5년	왕치산(王岐山)	① 당 중앙기율검사위 서기 ② 1948년(☆) ③ 하방·서북대 등 10년 거주
쩡칭훙(曾慶紅)	① 국가부주석 ② 1939년(☆) ③ 시 당부서기 등 5년 근무	리젠궈(李建國)	① 전인대 상무위 부위원장 ② 1946년 (※정치국 위원) ③ 성 당서기 등 10년 근무
차오스(僑石)	① 전인대 상무위원장 ② 1924년(☆) ③ 상해 출생, 학생운동 지도	리잔수(栗戰書)	① 당 중앙판공청 주임 ② 1950년(※) ③ 성 당부서기 등 5년 근무
우방궈(吳邦國)	① 전인대 상무위원장 ② 1941년(☆) ③ 시 당서기 등 27년 근무	자오러지(趙樂際)	① 당 중앙조직부장 ② 1957년(※) ③ 시안(西安) 출생, 성 당서기 5년 근무

상하이(上海)방		산시(陝西)방	
사진 및 성명	① 전직 ② 생년 ③ 지역연고	사진 및 성명	① 현직 ② 생년 ③지역연고
리란칭(李嵐淸)	① 국무원 부총리 ② 1932년(☆) ③ 명문 복단대 졸업	창완취안(常萬全)	① 중앙군사위원 · 국방부장 ② 1949년(◎중앙위원) ③ 산시 47집단군 28년 근무
첸치천(錢其琛)	① 국무원 부총리 ② 1928년(※) ③ 학생운동 지도, 구(區) 당 위원 등 11년 근무	팡펑후이(房峰輝)	① 중앙군사위원 · 총참모장 ② 1951년(◎) ③ 산시 21집단군 35년 근무

제4부

경제 정책 및 사회 부조리

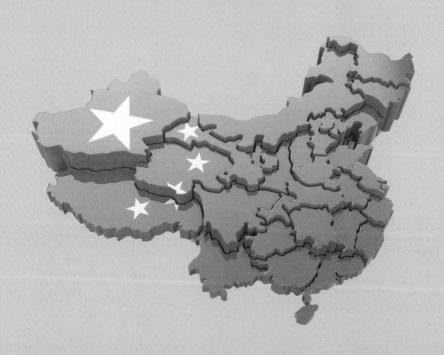

1 홍색귀족(紅色貴族) 스타일

중국 지도부가 교체된 2012년 11월의 제18차 당 대회를 앞두고, 2012년 6월 블룸버그 통신은 시진핑 당시 국가부주석(현 당 총서기 겸 국가주석) 일가의 재산이 총 4억 3,160만 달러(약 4,795억 원)에 달한다고 보도했다. 이후 블룸버그 웹사이트는 중국에서 접속이 차단됐다.

2012년 10월에는 미국 뉴욕타임스가 서민 총리로 알려진 원자바오 총리 일가의 은닉 재산이 27억 달러(약 3조 원)에 이른다고 폭로하면서 논란이 확산되었다.

온원쑹 중국위성통신 회장

폭로의 배후나 사실 여부는 알 수 없으나, 그의 아들 원원쑹(溫雲松·1971년생) 중국위성통신그룹 회장의 재산만도 한화 1조 원을 훨씬 넘는 것으로 알려져, 이 같은 보도를 계기로 혁명 원로나 고위간부를 부모 또는 조부로 둔 홍색귀족의 실체에 관심이 집중되고 있다.

홍색귀족은 개혁 · 개방의 부산물로 탄생

홍색귀족은 원래 마오쩌둥 전 당 주석과 함께 혁명을 이끌었던 '8대 원로'[1] 등 공산당 최고 간부들의 자손으로, 선대의 후광에 힘입어 귀족처럼 부·권력·명예를 다 누리는 특권계층을 말한다. 공산당을 상징하는 붉은색을 빗대어 '홍얼다이(紅二代)'라고 부른다.

혁명 원로 자제의 관계 진출이 줄어들면서 이제는 차관(부부장·부성장) 이상 당·정·군·기업 고위간부의 2세인 '관얼다이(官二代)'들도 홍색귀족에 포함된다. 홍색귀족에는 물론 사위·며느리, 그리고 3세노 낀다. 3세들도 상당한 부를 축적하고 있어 '푸산다이(富三代)'란 용어도 생겼다.

덩샤오핑의 절친한 친구이며, 덩샤오핑에게 경제특구 아이디어를 처음 내놓은 시중쉰(習仲勳, 부총리 등 역임)은 시진핑의 부친이다. 그래서 시진핑은 자신의 의지와는 상관없이 '홍얼다이'이며, 온자바오 전 총리의 아들 온윈쑹은 '관얼다이'다.

이들 홍색귀족의 탄생은 개혁·개방과 관계가 깊다. 1978년 12월 개혁·개방 착수와 함께 인민해방군 감축 및 현대화를 강력히 추진했는데, 이에 반발하는 당 원로 간부들을 설득할 방법을 찾아야 했다. 또 한 가지는 이들 건국 공신의 자녀들이 너도 나도 정치권에 줄을 대어 한 자리를 하자 이를 정리할 필요가 있었던 것이다.

이 문제는 8대 원로의 1인이며, 보시라이 전 충칭시 당서기의 부친인 보이보의 아이디어로 해결되었다. 혁명군 출신 고위급 간부, 즉 당 및 국가 지도자[2]·군 장성의 한 집 당 자녀 1명에게 부부장·부성장급 이

---

1) 덩샤오핑과 그의 혁명동지인 왕전(王震)·천윈(陳雲)·리셴녠(李先念)·펑전(彭眞)·쑹런충(宋任窮)·양상쿤(楊尙昆)·보이보(薄一波)를 일컫는다. 중국이 개혁·개방 노선을 걷기 시작한 1980년대 공식적 최고지도자는 당 총서기였던 후야오방(胡耀邦)과 자오쯔양(趙紫陽)이었지만 실권은 8대 원로가 장악했다. 이른바 '고문정치'를 통해 시장경제와 정치적 보수성을 함께 견지했다.
2) '당 및 국가 지도자'는 당 정치국원·중앙서기처 서기·중앙군사위원 이상과 행정 계통의 '4부양고(四副兩高)' 즉 국무원 부총리·국무위원, 전인대 상무위 부위원장, 정협 부주석 이상과 최고인민법원 원장·최고인민검찰원 검찰장 등을 지칭한다.

상의 고위직을 부여하고 나머지는 모두 사퇴하여 자리를 정화할 것을 건의했다. 이 제안은 당 원로와 덩샤오핑의 적극적인 지지로 채택되었다.

　관료로 남은 1명, 즉 좁은 의미의 태자당(太子黨)을 제외한 나머지 형제·자매들은 모두 관직에서 사퇴하고 산업계로 돈 벌러 나가면서, 권력을 가진 형·오빠·동생 등 태자당의 힘에 기대는 태자상(太子商)이 되었고, 일부는 군대로 진출하여 태자군(太子軍)이 되었다. 통칭은 태자당이다. 힘 있는 태자상들이 집중적으로 몰려간 곳이 바로 중국의 핵심 산업인 에너지와 금융 분야다. 돈과 권력이 서로 다른 차원에서 화학적으로 결합한 것이다.

　1980년대 보이보의 아들 세 명은 모두 공산당원으로 관료의 길을 가다가, 고심 끝에 가장 정치적 재능이 있었던 당시 다롄시 부시장 보시라이만 남고 두 아들은 재계의 길을 가게 되었다. 20 13년 9월 수뢰·직권남

구징성의 다섯 딸과 보시라이 등 사위들

용죄 등으로 무기징역을 선고받아, 인생을 거덜 낸 보시라이가 바로 좁은 의미의 태자당이다. 보시라이의 형인 광대(光大)그룹 부회장 보시융(薄熙永·1947년생)과 동생인 북경육합안(六合安)소방공사 이사장 보시청(薄熙成·1951년)이 태자상에 해당한다. 보시라이의 아내 구카라이(谷開來·1958년생)는 혁명원로로 군 소장, 신강위구르자치구 당 제2서기 등을 역임한 구징성(谷景生·1903-2004)의 딸이다. 이들 부부는 둘 다 '홍얼다이'였다.

　태자군(太子軍)도 당연히 넓은 의미의 태자당에 포함되는데, 마오쩌둥의 손자 마오신위(毛新宇·1970년생·소장) 군사과학원 전략연구부

부부장, 류사오치 전 국가주석의 아들인 류위안(劉源·1951년생·상장) 해방군 총후근부 정치위원, 장쩌민 전 국가주석의 차남인 장몐캉(江綿康·1954년생·소장) 해방군 총정치부 조직부 부장 등이 있다.

이들 홍색귀족은 끼리끼리 어울리는 취안즈(圈子, 패거리), 즉 커넥션 문화도 형성하고 있다. 결혼도 비슷한 집안끼리 성사되는 경우가 많다. 대체로 부모 세대 후광을 엎고 귀족처럼 생활하며, 본인이 큰 노력을 하지 않아도 경제적으로 큰 어려움이 없다. 부모의 영향력을 활용하며, 선배나 후배를 자처하면서 서로 밀어주고 끌어준다. 이런 문화가 대를 이어 반복되는 경우도 많다. 왕치산(王岐山·1948년생) 당 중앙기율검사위 서기는 주룽지(朱鎔基·1928년생) 총리로 부터 부총리로 중용되었다. 그는 은혜를 잊지 않고 주룽지의 아들 주원라이(朱雲來·1957년생)를 중국의 최대 투자은행인 중국국제금융공사 총재로 발탁했다.

주원라이 총재

저우샤오촨(周小川·1948년생) 중국인민은행 행장(장관직)은 혁명 원로인 저우젠난(周建南·1917~1995년)의 아들이다. 장쩌민 전 국가주석의 상해교통대학 대선배인 저우젠난은 기계공업부장으로 있으면서 장쩌민을 공업부 산하 연구소 부소장, 국장 등으로 승진시켰다. 장쩌민은 이에 보답, 국가주석으로 있으면서 저우샤오촨을 중국은행 부행장(1981년)·중국건설은행 행장(1998년) 등으로 발탁했다.

이들 홍색귀족은 덩샤오핑 등 혁명원로의 자녀·사위·며느리인 '홍얼다이', 그리고 '관얼다이' 등을 합하여 적게는 4,000명, 많게는 수만 명이 당·정·군 및 재계 고위층에 포진해있는 것으로 추산된다.

'권귀(權貴)자본주의'로 비판 받는 홍색귀족

태자당들에 대한 관직 배치가 안정적으로 마무리되면서 1990년대에는 홍색귀족들의 재계, 특히 금융·에너지 분야 진출이 급속히 증가했다. 현재는 국유기업들을 중심으로 재계에서 기반을 확실히 잡은 상태다.

이들은 대부분 해외유학 → 꽌시(關係, 인맥)을 통한 알짜배기 사업기회 획득 → 대형 국유기업 고위직 취임 등의 수순을 밟았다. 그야말로 '권력과 자본을 합해 이익을 창출'하는 권력을 가진 귀족들의 자본주의적 행태다.

원자바오 전 총리 아들인 원윈쑹(溫雲松)은 미 노스웨스턴대학 MBA를 마친 유학파로, 2007년 5월 '뉴 호라이즌 캐피탈'(新天域資本)이라는 사모펀드 설립에 참여했다. 중국에서 가장 성공적이었다는 이 펀드 운영으로 70억 위안(약 1조 2,600억 원)을 벌었으나, 권력을 이용해 특혜로 융자를 받고 싼값에 국유자산을 사들여 축재했다는 의혹을 받았다. 그럼에도 2012년 2월 중국 최대 위성통신 서비스업체로 국유기업인 중국위성통신그룹 회장으로 발탁되었다.

리창춘(李長春·1946년생) 전 정치국 상무위원의 경우, 딸인 리퉁(李彤)이 주홍콩 중국은행 사모펀드 대표로 있고, 아들 리후이디(李慧鏑·1968년생)는 2012년 2월 중국 최대 통신업체인 중국이동통신 부총재에 임명돼 입방아에 오르내렸다. 후진타오 전 국가주석의 아들인 후하이펑(胡海峰·1971년생)은 보안장비업체인 칭화통팡(淸華同方) 총재 보좌역을 맡았다가 저장(浙江)성 자싱(嘉興)시 당 부서기를 거쳐 지금은 자싱시 당정법위원회 서기(차관급)로 재직하고 있다.

귀족처럼 양손에 부와 명예를 거머쥔 것을 보여주는 대표적 사례는 리펑 전 총리의 딸인 리샤오린(李小林·1961년생) 중국 전력공사 CEO다. 2009년 7월 유명인사 소개 전문 잡지인 《환추런우(環球人物)》 표지 모델로 등장하여 세련된 중년 여성의 면모를 과시했다. 그녀는 전기공학을 전공한 부친의 뒤를 이어, 이공계 최고 명문인 칭화(淸華)대학 전력 자동화 학과에서 공학 석사까지 마친 후, 미대학에서 방문학자 자격으로 공부한 재원이다. 2009년 9월 〈파이낸셜 타임즈〉 선정 '세계 50대 여성 CEO'중

시진핑 주석과 악수를 나누는 리사오린

27위에 뽑혔고, 2011년 '아시아에서 가장 영향력 있는 비즈니스계 지도자 25명' 중 중국 여성 기업가로서는 유일하게 21위에 선발됐다. 그녀의 두 살 위 오빠 리샤오펑(李小鵬)도 전기공학을 전공하고 중국의 최대 전력회사인 화녕(華能)인터내셔날 회장을 맡았다가, 현재는 관직으로 방향을 바꾸어 산시(山西)성 성장으로 있다.

완리(萬里) 전 전인대 상무위원장의 아들 완지페이(萬季飛·1948년생)는 중국국제무역촉진회 회장을 맡고 있고, 주룽지 전 총리의 딸 주옌라이(朱燕來)는 중국은행 홍콩 법인 부총재이며, 사위 량칭(梁青)은 중국우광(五鑛)수출입총공사 사장이다.

그러면 '8대 원로'의 자녀들은 어떻게 변했을까? 마오쩌둥 탄생 119주년을 맞이한 2012년 12월 26일, 블룸버그 통신은 8대 원로 직계 자손과 그 배우자 등 103명의 학력·직업·가족관계 등을 상세히 조사하여 도표와 사진을 곁들이면서 이들이 홍색귀족이 되어 중국의 부를 독점하고 있다고 폭로했다.

8대 원로 자손들 중 26명이 중국 경제를 좌지우지하는 국유기업 CEO를 맡고 있다. 덩샤오핑의 사위 허핑(賀平, 전 중궈바오리(中國保利) 그룹 이사장, 총장비부 소장), 천원의 아들 천광(陳光), 왕전의 아들 왕쥔

(王軍·1941년생, 전 중국국제신탁투자공사 이사장) 등 세 사람이 보유하고 있는 자산만 1조 6,000억 달러로, 중국 GDP의 5분의 1에 이른다고 소개했다.

허핑은 국무원·중앙군사위의 승인을 얻어 총후근부 산하에 중궈신싱(中國新興)그룹, 총참모부 산하에 중궈바오리(무기거래·아프리카유전개발 등 참여)그룹, 총장비부 산하에 중궈신스다이(中國新時代)그룹을 창설한 군 장성 사업가다. 왕쥔은 중국이 처음 해외에서 채권을 발행한 거대 국영투자기관인 중국국제신탁투자공사(CITIC, 현재는 중국중신(中信)그룹으로 변경) 등을 일궜다. 현재는 중국골프협회 부회장, 북경임업대학 객좌교수로 활동하고 있다.

이밖에 8대 원로 자손들 중 43명은 자영업이나 민간기업 임원을 맡고 있으며, 최소 18명이 역외기업을 운영하고 있다. 이들은 1980년대 국유기업 경영을 맡았고, 1990년대에는 부동산·석탄·철강 등 인기 사업에 종사했으며, 최근에는 사모펀드 등 투자업계에서 활약하고 있다고 공개했다.

3세대는 실리주의적 생활과 자기 존재 과시가 특징

2012년 12월 26일 블룸버그 통신은 8대 원로의 손자·손녀나 이들의 배우자인 3세대, 즉 '훙산다이(紅三代)' 31명의 실태도 공개했다. 주력은 30~40대로, 가문의 연줄과 외국에서 받은 교육을 활용하여 민간부문에서 많이 일하고 있었다. 손자 중 공직자는 2명에 불과했다. 절반이 넘는 11명이 중국의 금융·IT 분야에서 직접 사업을 하거나 중역으로 활동하고 있었다. 일부는 씨티그룹·모건스탠리 같은 외국 금융회사, 사모펀드, 벤처캐피털회사 등에서 근무하고 있었다.

절반 가까이는 유럽·호주 등 외국에서 공부하거나 일하거나 살았다.

중국의 '패리스 힐턴', 예밍쯔

이들에게도 미국이 가장 인기 있는 곳으로 23명 이상이 미국 대학에서 공부했다. 18명이 미국기업에서 일했고 12명은 미국에 부동산을 소유하고 있었다고 보도했다.

3세대 손녀들의 상당수는 패션·예술계 등 자유분방한 업종에서 활약하고 있는데 물려받은 재능과 높은 수준의 교육 덕택에 두각을 나타내고 있다.

베이징에 '스튜디오 리걸(Studio Reg-al)'이라는 디자인 회사를 열고 활동 중인 디자이너 예밍쯔(葉明子·1979년생). 그의 친할아버지는 중국의 10대 원수(元帥)이자 8대 혁명 원로로 꼽히는 예젠잉(葉劍英) 전 전인대 상무위원장이다. 그는 개혁·개방의 총설계사 덩샤오핑의 복권에 결정적 역할을 했던 실력자였다. 예밍쯔는 7세 때 아버지 예쉔렌(葉選廉·1952년생)[3]을 따라 홍콩에 간 뒤 13세 때 영국으로 건너갔다. 영국의 유명 디자인 학교인 세인트 마틴(Saint Martins)을 졸업하고 홍콩에서 디자인 컨설턴트로 일하다 베이징으로 옮겨왔다. 화가인 어머니에게서 예술적 재능과 미모를 물려받았다는데, 화려한 옷차림과 명품 애용으로도 유명하다. 그녀는 '스튜디오 리걸'에서 영화감독·연기자·부유층 부인 등 신분과 돈이 보장된 인사

조부 예젠잉이 작명해준 예밍쯔의 결혼식 사진

3) 예쉔렌은 예젠잉의 셋째 아들로, 중궈바오리(中國保利)그룹 산하 카이리(凱利)회사 이사장 겸 총재, 선전궈예(深圳國業)회사 이사장으로 재직 중이다. 중궈바오리그룹은 국무원 국유자산감독관리위원회가 관리하는 155개 대형 중앙기업(국가가 관리하는 국유기업)의 하나이다.

들만을 위해 최고급 의상을 제작한다.

그녀는 2009년 9월 9일이란 9(9의 중국어 발음 지우가 오랠 久자와 같음)가 세 번 있는 길일을 잡아 베이징시 둥청구(東城區) 소재 태묘(太廟 : 명·청대 황제의 종묘)에서 자기가 만든 웨딩드레스를 입고 미국인 은행가와 호화 결혼식을 올려, 언론이 대대적으로 취재한 적이 있다.

완리(萬里) 전 전인대 상무위원장의 손녀 완바오바오(萬寶寶·1981년생)는 자기 이름을 딴 '바오바오완'이라는 고급 보석 세공업체를 운영하고 있는 보석 디자이너다. 16세 때 ABC도 모른 상태에서 여행가방 두 개를 들고 미국으로 유학 간 그녀는 19세 때 프랑스 파리 상류사회에 진출해 사교계에서 유명 인사가 됐다. 2003년 중국인으로는 처음으로 서구 상류 사회의 사교 파티인 파리의 크리옹 데뷔턴트 볼(무도회)4)에 초대되어 성가를 높였다.

완바오바오는 신 중국의 궁궐이라는 중난하이(中南海)에서 자랐다. 다섯 살 때 이미 외국 원수들과 한 식탁에 앉아 식사를 할 정도로 할아버지의 총애를 받았다. 중난하이를 출입할 때는 경찰차가 호위했고, 여행을 갈

활달하고 쾌활한 성격의 완바오바오   할아버지와 단란했던 한때

때는 할아버지의 전용기를 이용했다고 회상한다. 그렇지만 평온함에서 탈출하여 자기의 세계를 구축한 데 만족하고 있다.

---

4) 1992년 프랑스 사교계의 대표 오필리아가 전 세계 명문가문의 어린 딸들에게 문을 연 무도회다. 매년 11월 파리 콩코르드 광장에 있는 크리옹 호텔에서 개최되며 초대받는 사람은 단 250명뿐이다. 자칭린(賈慶林·1940년생) 전 정협 주석의 외손녀 리모리(李茉莉·Jasmine Li)도 2009년 신분을 숨긴 채 크리옹 데뷔턴트 볼에 참석했다가 AFP가 신분을 공개했다.

8대 원로 천윈(陳雲)의 손녀이자, 천위 안(陳元) 정협 부주석(전 국가개발은행 이 사장)의 딸인 천샤오단(陳曉丹·1988년 생)은 18세 때인 2006년 파리에서 열린 크리옹 데뷔턴트 볼에 나타나 벨기에 왕 자, 이탈리아 백작과 함께 춤을 췄다. 그 후 보시라이의 아들인 보과과(薄瓜瓜·19 87년생)의 손을 잡고 하루 종일 클럽에 들 락거리며 춤을 추고 술을 즐기는 모습이 목격됐다. 2012년 2월 두 사람이 다른 친 구들과 함께 티베트 여행을 할 때에는 경

2006년 18세 때의 천샤오단

찰차 에스코트 같은 특별 대우를 받기도 했는데, 그때 찍은 사진 수백 장 이 인터넷에 돌면서 열애설로 떠들썩하기도 했다. 그녀는 미 펜실베이니 아대학을 졸업하고 현재 하버드대학에서 MBA 과정을 밟고 있다.

일부는 국내외의 문란하고 호화스런 사생활로 빈축

미 유학 시의 리허허

홍색가족의 결혼은 적당한 홍색가 족이나 유력인사 집안과 보통 호화스 럽게 이뤄진다. 리자오싱(李肇星) 전 외교부장의 아들 리허허(李禾禾·19 78년생)는 유명 가수인 옌웨이원(閻 維文)의 딸 옌징징(閻晶晶)과 결혼했 다. 2009년 1월 중국 언론들은 리허 허가 왕푸징(王府井)의 5성급 호텔에서 테이블 당 밥값이 8,880위안(한 화 160만 원 상당) 하는 화려한 결혼식을 했다고 떠들썩하게 보도했다.

지도층 인사 자녀의 호화 결혼식이 이처럼 자세하게 전해지긴 처음이었고, 특히 두 사람을 맺어준 사람이 당시 차기 중국 지도자로 예정된 시진핑 국가부주석의 부인 펑리위안(彭麗媛)으로 알려져 화제를 모았다. 리허허는 미국 펜실베이니아대학 수석 졸업에다 하버드 MBA 출신의 수재라는 것 외에도 수려한 외모 때문에 많은 관심을 받아왔다. 그는 졸업 후 미국 유명 컴퓨터회사에서 근무하고 있다.

쩡칭홍(曾慶紅) 전 국가부주석의 아들 쩡웨이(曾偉 · 1970년생)가 2008년 호주 시드니 오페라하우스 근처 고급주택을 3,240만 달러(당시 377억 원)에 구입해 인터넷상에 큰 화제가 되었다.

낙마한 보시라이(薄熙來)의 아들 보과과(薄瓜瓜 · 1987년생)는 13세 때 영국으로 유학을 갔고, 19세 때 1년 학비가 4만 2,000달러나 되는 옥스퍼드대학에 입학했다. 이어 연간 7만 달러를 내는 미 하버드대학 케네디스쿨에 들어가 2012년 5월 졸업 했다. 그간 승마 · 펜싱 · 럭비를 즐기면서 유학 모범생으로서 2009년 '영국 내 걸출한 10대 중국청년'으로 시상받기도 했다.

그러나 많은 외국 여성들과 고급 파티를 즐기는 사진을 블로그에 올리고, 고급 스포츠카를 타면서 유흥비로 많은 돈을 탕진하는 모습을 보여 중국인들의 미움과 불만을 샀다.

2012년 3월 보시라이가 입건이 되면서 어려움을 겪은 가운데, 영국인 사업가를 살해한 어머니 구카라이는 2012년 8월 고의살인죄가 적용되어 사형 집행유예 2년형이 선고되었고, 아버지는 2013년 10월 뇌물수수 · 직권남용 · 공금횡령 죄가 병합되어 무기징역형이 확정되었다. 이제 보과과는 천애의 고아로 전락한 것이다.

홍색귀족들에 대한 민간의 반감은 크다. 2011년 11월 인민일보 인터넷 매체인 인민망 조사에 따르면 설문 대상자들의 91%가 "모든 재벌가들은 다 정치적 배경이 있다."고 응답했다. 지금까지는 잘 알려지지 않았으나, 이제는 정치 · 경제적 실세로 떠오른 홍색귀족들의 정통성 문제가 불거지면서 이들에게 분개하고 있는 것이다.

특히 2012년 12월 26일 인터넷 게시판을 통해 전해진 블룸버그 보도
는 중국 네티즌들에게 큰 충격을 줬다. "만약 이 보도가 없었다면, 우리
중국인들은 죽었다 깨어나도 중국이 누구의 중국인지 몰랐을 것이다."
등 반응은 뜨거웠다.

8대 원로 쑹런충(宋任窮)의 아들인 쑹커황
(宋克荒)5) 중국빈곤구제개발협회 라오취(老區,
중국혁명 근거지)기금 이사장은 같은 태자당이
지만, 다른 동료들의 끝없는 탐욕에 우려의 목
소리를 내고 있다. "우리 세대와 아래 세대는
중국 혁명에 어떠한 공헌도 하지 않았는데 윗
세대의 권력을 이용해 거액의 축재를 한다면
대중은 당연히 분노할 것이다. 그들은 분노할
권리가 있다."라고 말했다.

민중의 분노에 공감하는 쑹커황

홍색귀족들은 중국경제의 고비용·저효율 구조의 주범으로, 발전을 가
로막는 국유기업을 장악하고 있는 것은 개혁의 큰 걸림돌이다. '중화민
족의 부흥이라는 중국의 꿈'을 실현하기 위해 이들 기득권층 타파에 나선
시진핑 지도부의 개혁이 얼마나 성공을 거둘지 주목된다. 합법적인 사업
은 손대기가 어렵지만, 이들의 부정과 비리가 적발된다면 용서 없을 것
같다.

---

5) 1970년 청화(淸華)대학을 졸업했지만, 문혁(1966~76년) 4인방의 핵심 멤버 장칭
   (江靑)과 반란을 도모했던 린뱌오(林彪) 당 부주석 등에 반대하자 반동학생으로 몰
   려 대학에 잔류하여 심사를 받았다. 전인대 외사위 판공실 부주임 등을 거쳐 200
   5년 은퇴했다가 2010년 현 이사장 자리에 올랐다. 쑹런충 자제 중 상당수는 문혁
   의 혼란을 피해 미국행을 선택했으며, 자손들 중 최소 5명은 미국에서 생활하고
   있다.(현재 3명은 미국 시민권 소지)

2 기러기 관료의 해외 먹튀

후진타오 국가주석 집권 10년은 G2로 불릴 정도로 경제·군사 등 각 분야에서 국력을 크게 신장시킨 황금기였다. 그러나 대형 부패범죄가 터지면서 고위 관료들의 해외 도피 및 재산은닉 실태가 잇달아 폭로되자, 부패를 척결하지 못하는 정부에 대한 민간의 반감이 네티즌의 조롱 등으로 표출되었다.

2012년 11월 제18차 당 대회를 계기로 출범한 시진핑 체제 들어서도 이들의 수법은 더욱 교활하고 정교해지고 있는데, 그 면모와 정부의 특단의 대책 등을 살펴본다.

뤄관 행태를 풍자한 만화 : 두 번째, "여보 오래 기다렸지, 나 왔으니 행복하게 잘 지내자고!", 세 번째, "가족들 다 안배해 놨으니, 걱정 없이 느긋하게 관리 생활 해야지!"

부정 축재해 돈 빼돌리고 들통 나면 해외 도주

중국에서는 가족과 부정 축재한 재산을 미리 해외로 빼돌리고 홀로 생활하는 관료들이 많은데, 이들을 '뤄관'(裸官, 벌거벗은 관리)이라고 부른다. 한국의 '기러기 아빠'와 비슷한 형태지만, 자녀교육보다는 검은 재산 도피가 주목적이다. 처자식 외에 둘째·셋째 부인까지 데려간 이도 있다고 한다. 자신도 언제든지 튈 수 있게 개인 여권 등을 챙겨둔다.

이들 기러기 공무원을 '야거쯔'(野鴿子), 즉 들비둘기라고 부른다. 가족들이 해외에 있다 보니, 들비둘기처럼 아무데나 다닐 수 있고 또 아무 음식이나 마음대로 먹을 수 있다. 그러다가 정부나 주변 눈치가 심상치 않으면 가족이 있는 것으로 날아가면 된다.

2012년 3월 전인대(국회 격)의 한 토의 석상에서 린저(林喆) 중앙당교 교수는 '뤄관' 문제와 관련, "언론 보도를 빌리면, 1995~2005년 재직 공무원 중, 118만 명의 부인과 자녀가 해외에 살고 있다는데, 이들의 거주·유학비용은 누가 대는 것인가?"라고 울분을 터뜨렸다.

한 언론은 관계자의 말을 빌려, 2003년까지 비리 공무원 4,000여 명이 공금 50억 위안(약 8,750억 원)을 가지고 도피 중인데, 그중 일부는 해외로 탈출했을 것으로 추정된다고 보도했다. 그러나 실제 규모는 엄청날 것이다.

중앙은행인 중국인민은행이 2008년 공개한 '부패사범의 해외도피 재산' 자료에 따르면 1990년대부터 해외 도주 또는 해외 출장 중 사라진 당·정·공안·사법기관 관리, 기업 고위층 및 해외주재 자금관리원은 1만 6,000~1만 8,000명으로 잠정 집계되었고, 반출 자산은 8,000억 위안(약 140조원)에 달했다. 1인당 평균 5,000만 위안(약 87.5억 원) 전후였다.

또한, 미 워싱턴 소재 부패·돈세탁 전문 연구기관인 '글로벌 파이낸셜 인테그리티'(GFI)는 2012년 10월 25일, 지난 11년간 중국에서 불법 유출된 외화는 3조 7,900억 달러(약 4,150조 원)로 상당부분은 부유층의 도피 자산이며, 이 중 약 5%인 1,900억 달러(약 210조원)를 관료들의 부패자금으로 추정했다. 11년간 2014년도 우리 예산(355.8조 원)의 60%가량을 빼내간 셈이다.

시진핑 지도부가 출범한 제18차 당 대회를 앞두고 부패 관료에 대한 대대적인 사정(司正)이 이뤄질 것으로 보고 출장·여행·휴가 등의 형태로 해외로 출국한 뒤 연락이 두절된 관료가 적지 않았다 한다.

미국에 서버를 둔 중화권 사이트 보쉰(博訊)은 2012년 12월 17일 국가민항총국(國家民航總局) 소식통을 인용하여 "2012년에 베이징 당·정 기관의 과장급 이상 간부 중 베이징 공항을 통해 해외로 도주한 인원은 총 354명으로 사상 최고 기록을 세웠다."고 보도했다. 가장 많이 택한 도피처는 미국·캐나다였다고 한다.

'뤄관'은 장기간 치밀하게 해외 도피를 준비

'뤄관'은 힘이 있을 때 돈을 끌어 모으고, 가족을 먼저 외국에 이주시켜, 부정 소득 이전 및 부패행위 발각 시 도피 장소를 마련하려 한다. 설사 배가 뒤집혀 국외 탈출에 성공하지 못 했더라도, 혼자만 어려움을 당하면 가족의 안전과 풍요가 보장된다는 생각이다. 앞으로 승진 기회가 없으니 한몫 잡아 튀자는 생각이 많고, 기본적으로 국가에 대한 충성심은 전혀 없다.

'뤄관'은 해외 도피를 위해 3단계 전략을 짠다. 첫 단계는 해외 시찰이다. 공무를 이용한 해외 출장 기회를 만들어 어디가 살기 좋은지 살핀다. 두 번째는 가족 이주다. 먼저 자녀를 유학 보내고, 부인은 아이를 돌본다는 핑계로 내보낸다. 그리고 그곳 영주권을 따게 한다. 세 번째는 재산 빼돌리기로, 해외에 세운 페이퍼 컴퍼니를 이용하는 방식을 선호한다.

이들의 해외 도피는 장기간 치밀한 계획 아래 이뤄진다. 돈세탁에서부터 비자를 얻어 세관을 통과하기까지 매 절차마다 공무원들의 '도움'을 받는다. 때문에 도피 관리들을 둘러싼 서비스업도 수면 아래에서 성업 중이라고 해도 과언이 아니다.

신분증을 위조한 경우도 있었다. 지린성장·윈난성 당서기 등을 역임한 가오옌(高嚴·1942년생·당 중앙위원) 국가전력공사 사장은 2002년

9월 부정 축재한 재산을 정부(情婦)를 시켜 빼돌린 후, 호주로 달아나면서 다른 이름으로 된 신분증 3개와 여권 4개를 소지했다. 그는 '실종 관리' 중 최고위직으로 꼽힌다. 그가 사라진 이후 국가전력공사를 감사한 결과, 국유자산 46억 위안(8,050억 원)의 손실이 뒤늦게 발견됐다.

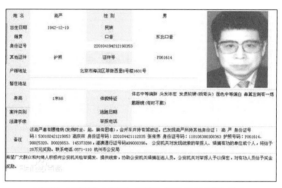

가오옌 수배령에 사투리, 신체적 특징 등이 적혀 있다.

적게 챙긴 이는 주변 국가로 향한다. 챙긴 금액이 상대적으로 적은 하위직 탐관들이 맨 먼저 찾는 곳은 태국·미얀마·말레이시아·몽골·러시아 등이다. 도주와 생활비용에 그렇게 많이 들 리가 없기 때문이다. 아프리카·남미 등 개도국도 전환기에 있거나, 법제가 불완전하여 이들이 이름을 숨기고 챙겨 나온 돈으로 안락한 생활을 누릴 수 있는 곳이다.

많이 먹은 이에게는 서방 선진국 중 이민을 받아들이는 미국·캐나다·호주 등이 최상의 도피처다. 미국의 LA·뉴욕·하와이·휴스턴이나 캐나다의 몬트리올·토론토 등지에서는 호화로운 고급 승용차를 굴리고 보석으로 치장한 중국 남녀들이 패거리를 이뤄 다니는 것을 볼 수 있다. 현지 중국인 사회의 활동에는 참석치 않고, 사람이 많은 곳에는 나타나지 않는 등 신비로운 행적을 보이지만, 고급 레스토랑에서 함께 술을 마시고 담소하는 것을 심심찮게 볼 수 있는데, 이들이 바로 '뤄관' 패밀리들이다.

해외 도피가 다 성공하는 것은 아니다.[1] 구이저우성 교통청장 루완리(盧萬里)는 2002년 1월 뇌물 2,500여만 위안(약 44억 원)을 챙겨 남태평양 피지로 달아났다가 3개월 만에 중국으로 압송돼왔다. 재판을 거쳐 2005년 사형에 처해졌다.

역대 최고액 먹튀 사건을 일으킨 자는 위전동(余振東) 중국은행 광둥성 카이핑(開平)지점 전 지점장이었다. 그는 2001년 당시 지점장 쉬궈쥔(許國俊), 전전 지점장 쉬차오판(許超凡)과 짜고 공금 4.82억 달러를 사전에 빼돌려 해외로 도피시킨 후 3명이 홍콩을 경유, 캐나다와 미국으로 도망갔다. 사전에

중국으로 압송된 위전동

미국적 중국인과 결혼하고, 가짜 홍콩 여권을 입수하는 등 도피 준비도 철저히 했다.

그러나 그는 중국 경찰이 인터폴에 수배 협조를 요청하여 미 LA 경찰에 체포되었다. 범죄를 볼 때 당연히 사형감(부정축재 10만 위안 이상 사형 가능)이었지만, 미국이 처형하지 않고 최장 징역 12년형에 처한다는 인도 조건을 내걸자, 이를 수용하고 2004년 중국으로 압송해왔다. 수뢰 및 공금 유용 등 20억 위안(한화 3,500억 원 상당)의 범죄를 물어 2006년 징역 12년형을 선고했다. 공범 쉬궈쥔은 2009년 미 법원에서 돈세탁죄 등으로 징역 22년을 받았다.

---

1) 2013년 3월 최고인민검찰원은 지난 5년간 도피 중 붙잡힌 관리는 6,220명, 환수 금액은 553억 위안(약 9조 6,775억 원)에 이른다고 발표했다.

시진핑 시대에도 뤄관의 고단수 '먹튀' 지속

시진핑 국가주석을 필두로 한 새 지도부가 연일 '부패와의 전쟁'을 강조하고 있지만 일선에서는 거액의 공금을 들고 자취를 감추는 관리들이 속출하고 있다. 2013년 8월 12일자 신경보(新京報) 보도에 따르면, 2013년 5월 이후 광둥성 광저우(廣州)시 화두(花都)구 정치협상회의 왕옌웨이(王雁威) 주석, 후난성 리링(醴陵)시 왕셴(王仙)진 재정소 정위안화(鄭元華) 소장, 후베이성 궁안(公安)현 목축국 차이다오밍(蔡道明) 국장 등은 당국이 부패 조사를 시작하자, 이를 눈치 채고 자취를 감췄다. 왕옌웨이 · 차이다오밍은 모두 "병원에 간다.", "아내가 아프다." 등의 핑계를 대고 휴가를 냈으나 아직도 행방이 묘연한 상태다.

정위안화는 2013년 6월 휴가도 내지 않은 채, 공금 300만 위안(5억 2,500만 원 상당)을 가지고 도망간 것으로 알려졌다. 조사 결과, 도박에 빠져 거액을 잃은 것으로 밝혀졌다.

역대 2위 먹튀 기록을 세운 왕궈창 당서기

최근 가장 고액을 들고 해외로 탈주한 부패 사범은 2012년 4월 미국으로 사라진 랴오닝성 펑청(鳳城)시의 왕궈창(王國强 · 1960년생) 당서기로, 공금 2억 위안(350억 원 상당)을 들고 미국으로 도주했다. 그는 2010년 7월 미국에 재학 중인 자녀 졸업식에 참석한다며 개인 여권을 만들었고, 2012년 3월에는 선양(瀋陽) 소재 미 총영사관에서 복수 비자를 받았다. 그리고 4월 24일 단둥(丹東)세관 주임과원이던 부인을 데리고 상부 허가가 필요한 공무 여권 대신 개인 여권으로 선양공항 출국심사대를 당당히 통과해 미국행 비행기에 올랐다.

그는 거액의 뇌물 수수, 불법 영리활동 등으로 당 중앙기율검사위원회 조사를 앞둔 상태였다. 주민들에 따르면, 왕 서기가 몇 년 전 펑청시 난 방공급회사를 민영 하이더(海德)회사에 매각한 후 펑청시 주민들은 매년 혹독한 겨울을 보내야 했다. 특히, 최근 2년간 하이더 사는 난방비를 걷 고도 시설 정비를 이유로 난방 공급을 중단해 항의시위도 벌였다고 한다.

네티즌들은 관료 부패를 야유하면서 대책 촉구

인터넷에는 당국의 통제에도 불구하고 "최고 지도층을 포함해 관료 재 산을 공개하라."는 부패 성토의 글이 계속 올라오고 있다. 또 '유일한 부 패 견제세력은 웨이보(微博·중국판 트위터) 상의 네티즌'이라면서 5억 네티즌의 관료부패 척결 캠페인 동참을 호소하고 있다.

관료 부패를 야유한 글 중에 '힐러리 장관의 경고'가 화제가 되었다. 2 012년 9월 4~5일간 중국을 방문한 힐러리 미 국무장관이 중국 지도자 면담에서 "귀국이 필리핀·베트남·일본과 전쟁을 한다면, 미국은 1명의 병사도 쓰지 않고 중국을 굴복시킬 6가지 비책을 가지고 있다."고 전했 다는 것이다.

'싸우지 않고 중국을 이기는 방법'은 중국 정부의 아킬레스건을 건드리 는 것이었다. ① 중국 고관의 해외은행 계좌 잔고를 공개하고 동결한다 ② 미국행 복수 비자를 받은 중국 관료 명단을 공표한다 ③ 미국에 거주하 는 중국 고관 가족의 명단을 공개한다 ④ LA 거주 고관 정부(情婦)들의 거주 지역을 철거한다 ⑤ 미국 거주 고관 가족을 관타나모 수용소로 보낸 다 ⑥ 중국 내 실업 노동자 등 불만분자에게 무기를 제공한다 등이었다.

해외도피 관리의 이주 희망지로는 중국 수사기관의 손이 미치지 않는 미국이 단연 인기다. 2011년 2월 검거된 장쑤광(張曙光·1956년생)[2]

---

2) 장쑤광은 수뢰 등 혐의로 기소되어, 2013년 9월 10일 베이징시 제2 중급인민법원 에서 심리를 받았으며, 범죄 사실을 전부 인정했다.

전 철도부 운수국장의 경우, 200
0~2011년 사이 고속철 건설 관
련 민간기업 등에 특혜를 제공하
는 대가로 4,755만 위안(약 83억
원)의 뇌물을 챙겼는데 미 LA에
총면적 약 4,800㎡의 호화 별장
을 소유하고 있다는 사실이 확인
됐다고 한다.

법정에 선 장쑤광 전 국장

이에 따라 공직자들의 해외재산 조사가 필요하다는 목소리가 크다.
장쑤광 국장의 사례는 빙산의 일각에 불과하다. 따라서 미국이 중국 고
위관리의 해외재산 명단을 공개한다면 정부에 대한 민중의 분노가 극에
달해 대혼란에 빠져들게 되므로 외국과 전쟁을 치룰 수 없게 된다.

하버드대학 구내의 시밍쩌

당시 시진핑 국가부주석은 미 하
버드대학(2010년 입학)에 외동딸 시
밍쩌(習明澤 · 1992년생)를 유학시
키고 있었고, 리커창 상무 부총리 역
시 외동딸을 미국에 유학시키고 있었
다. 차기 지도자 가족들이 미국에 인
질로 잡혀 있는 이상, 미국에 강하게
맞설 수 없다는 것이다.

고관의 정부들이 살고 있는 LA 지역이란, 많은 고관이 처를 미국에
이주시키는 외에도 정부에게도 LA 주변에 집중적으로 호화주택을 사준
현실을 비유한 것이다. 가족을 수용소로 이송하는 것도 중국 고위관리들
에게는 큰 타격이다.

불만분자에 무기를 제공하는 것은 미 · 유럽이 시리아 반군에 무기를
제공했음을 빗댄 것이다. 중국에서는 불법 토지수용 등에 반대하는 시
위 · 폭동이 한 해에 약 18만 건 이상 일어난다고 한다. 이들에게 무기를

제공하면 인민해방군을 상대로 내전을 시작한다는 의미다.

이 글은 중국내 많은 사이트로 전파되었는데, "충격적이다. 이런 아이디어를 절대로 미국에 알려주면 안 된다." 등의 댓글이 붙었다.

시진핑 체제는 '뤄관' 단속체제 강화에 나서

중국은 과거 해외도피 관리와 친한 인사를 외국에 보내, 도피 자산을 반납하고 귀국하면 처벌을 대폭 경감 또는 사면하겠다고 설득했다. 그렇지만, 한계가 있었기 때문에, '뤄관' 차단을 위한 법·제도적 장치 강화는 계속 이뤄졌다.

가장 독창적인 것은 경제특구인 지정된 광둥성 선전(深圳)시 정부의 조치였다. 2009년 11월, 업무상 필요가 아닌 이유로 배우자와 자녀가 외국에 거주하거나, 외국 국적이나 영구 거주권을 취득한 경우, 해당 간부는 각급 당·정 기관의 장이나 핵심부서의 구성원으로 선출될 수 없도록 한 것이다. 이를 지지하는 네티즌들의 성원은 뜨거웠다.

중앙 차원에서는 2010년 2월 국무원 감찰부가 연도 업무 중점에 최초로 '뤄관 감독 및 관리'를 포함시켰고, 2011년에는 '뤄관'을 등록하여 특별 관리하겠다고 발표했다. 구체적으로 가족이 해외에 거주하는 부현장(副縣長·부군수)급 이상 공직자에 대한 여권 발급을 엄격하게 통제했고, 당장에 불법 의혹은 없지만, 가족이 해외에 있으면 재산관계에 대한 철저한 조사를 받도록 했다. 조금의 의혹이라도 있으면 승진에서 제외되고, 업무 정지 조치도 받을 수 있었다.

그러나 '뤄관'은 근절되지 않았다. '위에서 정책이 내려오면, 아래에서는 이를 피해나갈 대책을 강구했기 때문'이었다. 은퇴 후 해외에서 풍족한 삶이 보장되는데 규제가 대수냐는 것이었다.

그래서 외국과의 사법 공조를 통해 강제로 송환해 오기도 했다. 201

3년 3월 전인대 상무위 부위원장으로 전근해간 왕성쥔(王勝俊) 최고인민법원 원장은 2012년 3월 전인대에 대한 업무보고에서 2011년 중 외국과의 사법 공조를 통해 해외도피 관리 1,631명을 잡아들였고, 은닉 현금과 자산 77억 9,000만 위안(약 1조 3,630억 원)을 압류했다고 밝혔다.

시진핑 체제에 들어와서도 '뤄관' 단속이 강화되었다. 사정기관 수장인 왕치산(王岐山) 당 중앙기율검사위 서기는 2013년 2월 '뤄관'들에 대한 관리와 감독을 강화하겠다고 밝혔다. 그 첫 조치로 2013년 5월, 장관급 고위직은 '해외 유학 중인 자녀가 있으면 학업을 마치고 1년 내 귀국'시키도록 했다. 이 방안은 2014년에는 차관급 이상, 2015년에는 청장급 이상으로 확대할 방침이다.

홍콩 명보(明報)는 2013년 3월, "시진핑 국가주석·리커창 총리·마카이(馬凱) 부총리의 딸, 리위안차오(李源潮) 국가부주석의 아들 등이 지도부의 솔선수범 의지에 따라 2012년 11월 제18차 당 대회를 전후해 잇따라 귀국했다."라고 보도했었다.

시진핑 주석의 딸 시밍저는 하버드 재학 시절 신분 노출을 피하려 가명을 사용했고 중국인 경호원이 24시간 보호했다고 한다. 부친과 같은 베이징대를 졸업하고 하버드로 유학 갔던 리커창의 딸도 미국 생활을 정리하고 다시 베이징대에서 일하고 있다고 한다. 리위안차오의 아들 리하이진(李海進)은 상하이 복단(復旦)대 졸업 후 예일대 경영학 석사 과정을 밟다 귀국했다고 하고, 마카이의 딸은 미국에서 직장을 다니며 일찌감치 자리를 잡았지만 부친이 부총리에 오르자 귀국해야 했다. 이들 대부분은 귀국 전 현지의 집과 자동차를 처분하고 은행계좌까지 폐쇄했다고 한다. 다만 확인은 안 되는 설이다.

향후 중국 정부의 '뤄관' 척결 구상은, 선전시 단속조치 등 효과 있는 제도를 전국적으로 확대 시행하고, 해외 가족과 떨어져 있는 '뤄관'인 경우에는 부처장(副處長)급 이상 간부 담임 금지, 민간의 감시·신고 등 참여 독려 등이다. '호랑이'(고위 부패 공직자) 사냥에 개가를 올리고 있는 시진핑 지도부가 '뤄관' 척결에도 큰 성과를 거두기를 기대해 본다.

【주요 뤄관(裸官) 먹튀 사건】

성 명	당시 직책	혐의 및 '먹튀' 행태
팡자위 (龐家鈺)	산시(陝西)성 정치협상회의 주석	• 2007년 1월 심각한 기율위반 혐의로 입건 • 2008년 6월 수뢰죄 등으로 징역 12년 • 가족은 2002년 캐나다로 이민
란부(藍甫)	푸젠성 샤먼(廈門)시 부시장	• 1999년 12월 수뢰사건 조사가 시작된 것을 알고, 처의 중병 치료 명분, 개인여권을 만들어 호주로 도피 → 수배령 하달 • 2001년 1월 주 캔버라 중국대사관에 자수 • 2001년 4월 수뢰(505.7만 위안)죄 등으로 사형 집행유예 2년 판결
위전둥 (余振東) * 먹튀 최고액	중국은행 광둥성 카이핑(開平)지점 전 지점장	• 2001년 쉬궈췬(許國俊) 지점장 등과 짜고 공금 4.82억 달러를 빼돌려 미국행 • 위전둥은 2004년 중국에 압송, 2006년 징역 12년 * 쉬궈췬은 2009년 미 법원이 돈세탁죄 등으로 징역 22년 선고
장지팡 (蔣基芳)	허난성 연초전매국 국장	• 2002년 공금 수백만 위안 들고 미국으로 도피
청산창 (程三昌)	허난성 위깡(豫港)공사 이사장	• 공금 1,000만 위안(17.5억 원) 이상 빼돌리고 2001년 5월 정부와 함께 뉴질랜드 행, 호화 생활 • 허난성 관계자가 찾아가 자수를 권했으나 불응
천촨보 (陳傳柏)	윈난성 쿤밍(昆明) 담배공장 공장장	• 1992년 직무태만·공금 횡령 등의 조사 기미가 보이자 1,600만 위안을 빼돌리고 미국행
둥야오진 (董躍進)	중국통신건설총공사 총경리 보좌(처장급)	• 2011년 3월 공금(5.8억 위안) 유용 및 수뢰(175만 위안)죄로 무기징역 선고 * 베이징 시에서 역대 최고 유용 금액을 기록 • 가족은 모두 미국 이주, 기타 재산도 도피

성 명	당시 직책	혐의 및 '먹튀' 행태
뤄칭창 (羅慶昌)	윈난성 관광그룹공사 이사장	• 3,385만 위안 상당의 공금을 유용 및 수뢰 후, 1999년 8월 미국으로 도주
양쉬주 (楊秀珠·여)	저장성 건설청 부청장, 온저우(溫州)시 부시장 역임	• 2003년 4월 딸·사위·외손녀와 함께 상하이 포동 공항에서 싱가포르 경유 미국행(거액 수뢰혐의) • 2004년 2월 인터폴 통해 적색 수배령 발령 • 2005년 5월 네덜란드에서 검거됐다는 설 유포 • 수뢰·횡령액 2.532억 위안 중 4,240만 위안 회수
루완리 (盧萬里)	구이저우성 교통청장 겸 고속도로개발총공사 사장	• 도로 건설입자 등에게 33회에 걸쳐 2,559만 위안 수뢰 • 2002년 1월 가명 장웨이량(張維良)으로 만든 개인 여권으로 광동에서 홍콩 경유, 피지 행 • 2002년 4월 압송, 사형선고 후 집행(2005년 12월)

3 현대판 암행어사, 중앙순시조

중국 공산당은 건국(1949년) 후 60여 년을 거치면서 혁명세력에서 기득권 세력으로 변했다. 이와 관련, 공산당 지도부는 당 내부 정화만이 국민의 재결집과 집권당의 정통성 재확립에 가장 유효하다고 판단한 것 같다. 이제 시진핑 지도부는 10년 전 후진타오 지도부가 정당(整黨)운동 시동의 일익을 맡겼던 공산당 중앙순시조(中央巡視組)를 다시 최전선에 세웠다.

2013년 5월 17일 현대판 암행어사로 불리는 중앙순시조 출동을 신고하는 2013년도 발대식에서 왕치산(王岐山) 당 중앙기율검사위원회(이하 중앙기율위) 서기는 "당 중앙의 천리안(千里眼)이 되어 '호랑이(고위직)'와 '파리(중하위직)'를 색출하라."라고 훈시했다. 반(反)부패 전선의 선봉장인 왕치산은 중앙순시공작영도소조 조장이다.

명나라 '순안어사'의 현대판 버전

중국의 순시제도는 유래가 오래되었다. 진·한(秦·漢)대에 설립되어 성당(盛唐)시기에 정비됐고, 명·청(明·淸)조에 강화되었다. 황제의 특명을 받은 '순안어사(巡按御使) 또는 흠차대신(欽差大臣)'이 전국의 탐관오리나 부조리를 색출함으로써 순시관을 '치관(治官)의 관, 백관의 으뜸'이라 칭했다.

신 중국의 순시제도가 본격 도입된 것은 2002년 11월 제16차 당 대회를 계기로 출범한 후진타오 체제가 당 대회 정치보고에 순시제도 확립 방침을 명시하면서 부터다.

마침내 2003년 8월, 국가 사정 총괄기관인 당 중앙기율위와 국가간부 인사를 관장하는 당 중앙조직부가 합동으로 운영하는 '순시조'가 창설되었다. 총 5개 순시조(총원 : 45명)로, 1개 순시조는 조장 1명·부조장 1명·순시원 7명 등 총 9명으로 구성됐다. 2007년 8월에는 11개 순시조로 증편되었고, 2009년 7월 '중국공산당 순시공작 조례(試行)'가 공포·시행된 후 2009년 12월에 '중앙순시조'로 개명했다. 2010년 6월에는 순시제도 시행대상을 인민해방군까지 확대했다.

현재는 12개 중앙순시조를 운영하는데, 6개는 지방, 4개는 기업·금융, 2개는 중앙국가기관을 담당한다. 상급 지도기관으로 차관급의 중앙순시공작 판공실이 있다. 최고 지도기관은 중앙순시공작 영도소조인데, 조장은 당 중앙기율위 주임이 겸임하며, 부조장은 당 중앙조직부 부장, 당 중앙기율위 부서기 등 2명이 담임한다.

지난 10년간 차관급 이상 탐관오리 색출에 성과

중앙순시조는 중앙 및 성(省) 단위 당·정부·의회·정협(政協)·법원·검찰 고위층1)의 당 기율 및 국법 위반사건을 적발한다. '조례'는, 이들 기관의 5년 임기 내 1~2회 순시를 시행하되 정상업무는 간섭치 못한다고 규정하고 있다.

조장은 일선에서 물러나 당내 '관시'(關係)와 이해관계에서 자유롭고, 당·조직업무 경력이 풍부하여 '허점'을 잘 아는 70세 미만의 퇴직 또는 퇴직 전 장관급 관리가 담당하며, 부조장·조원은 각각 국장·처장급 간부가 맡는다.

---

1) 중앙순시조의 원래 감찰 대상은 차관급 이상이다. 통상 장관급 이상 직위를 담임하는 당 중앙위원(18기, 205명)·중앙후보위원(동 171명) 외, 중앙 및 지방의 당·정부·인대·정협·군대·대형 국유기업의 차관급 이상은 1,500~2,000명으로 추산된다.

중앙순시조는 보통 감찰 기관·지역에 각각 1달, 2달 정도 머무는데, 차관급 이상 간부와 당 기율검사위·조직부 책임자들과 면담 후 언론 등을 통해 조장·부조장 명단, 순시조의 당직전화·핸드폰·사서함 등 연락방법을 공개한다. 이렇게 순시조 도착 사실을 알려 서신·통화 등을 통한 신고를 독려한다는 점에서는 암행감찰은 아니지만, 외압 배제 등을 위해 사무실 위치·구체 활동사항은 비밀에 부친다.

감찰 대상자의 평판과 민심 동향 수집을 위해 자료 요구, 회의 방청, 서신 수리, 설문조사 등 공개활동 외, 민원인·제보자 면담과 도시·공장·농촌 방문 조사도 한다. 고위·중하위직 간부, 농민·노동자 등을 대상으로 보통 100~200명, 많게는 300~400명과 개별 면담을 한다. 감찰 대상 권력으로부터 "조용히 있다 떠나라."라는 협박을 받기도 하나, 이들은 개의치 않는다.

그들의 직책은 문제 발견이지, 사건 처리는 아니다. 감찰과 처벌의 분리는 중앙순시조의 월권을 막는 장치다. 고위간부 비리 단서 등 감찰 자료는 정리하여 당 중앙기율위·중앙조직부에 보고한다. 이 두 기관은 다시 당 중앙위원회에 보고 후, 부패관리에 대한 사법 및 행정처분의 수순을 밟는다.

지난 10년간, 감찰 4대 중점인 ① 당 노선·결정, 특히 덩샤오핑·장쩌민·후진타오 지도사상 이행 ② 민주집중제 집행 ③ 당 기율·청렴정치 준수 ④ 간부 임용 상황 등을 집중 점검하여, 이를 위반한 '호랑이'들의 덜미를 잡았다. 수뢰죄·직권남용죄 등으로 기소된 천량위(陳良宇) 전 당 정치국 위원 겸 상하이시 당서기, 리바오진(李宝金) 전 톈진시 검찰장 등이 그들이다.(첨부 참조)

2008년, 부총리급인 천량위는 징역 18년 형, 차관급인 리바오진은 집행유예부 사형을 선고 받았다. 거액 수뢰, 고가 부동산·다수 정부(情婦) 보유가 공통사항이었다.

2008년 4월 법정에 선 천량위 전 정치국 위원

시진핑 지도부, '호랑이' 사냥 선봉에 서다

2012년 11월 제18차 당 대회를 통해 집권한 시진핑 총서기는 성역 없는 사정을 국정목표의 하나로 제시하면서 "중앙순시조의 활력 강화로 비위 관료들을 벌벌 떨게 만들어, 부패 확산 기세를 꺾어라."고 강력히 주문했다.

중앙순시공작영도소조 조장인 왕치산 당 중앙기율위 서기(당 서열 6위 의 정치국 상무위원)는 부조장인 자오러지(趙樂際) 당 중앙조직부 부 장·자오홍주(趙洪祝) 당 중앙기율위 부서기 등과 함께 중앙순시조 활동 쇄신방안을 마련했다.

2013년 5월 왕치산은 2013년 중앙순시조 발대식에서 감찰을 차관급 이하 실국장·처장까지 확대할 것임을 분명히 하면서, 새로운 4대 감찰 중점으로, 지도간부의 ① 반부패 기율·법규 위반 ② 당풍 개선을 위한 8개항 규정2)에 반하는 형식·관료·향락 주의 및 사치풍조 ③ 당 정치

---

2) 시진핑 총서기가 2012년 12월 정치국 회의에서 시달한 당 간부 행동규범으로, ① 조 사·연구 활동 개선 ② 회의활동 간소화 ③ 문서·브리핑 간소화 ④ 외국방문 활동 규범화 ⑤ 경호활동 개선 ⑥ 뉴스보도(정치국원의 회의 참석·활동 관련) 개선 ⑦ 개 인 출판·축하서신 규제 ⑧ 근검절약 이행(숙소·차량 배치 등 관련 규정 엄수)이다.

기율 위반 ④ 간부 임용 비리를 제시했다.

2013년부터 중앙·성 단위 지도간부가 보고하는 개인사항에 대한 표본추출 조사를 추가했다. 조장 임기를 만 70세까지 계속토록 했던 것을 해당 감찰에 한 해 한 차례만 맡도록 해, 조장의 전횡 예방조치도 보탰다. 2013년 상반기에 파견된 10개 순시조는 후베이(湖北)·장시(江西)·구이저우(貴州)성, 충칭(重慶)시, 네이멍구(內蒙古)자치구 등 5개 지방 팀, 중국 양곡비축관리총공사3)·수출입은행·출판그룹 등 3개 기업·금융 팀, 수리부·중국인민대학 등 2개 중앙기관 팀이다. 5월 27일 ~6월 3일간 배치 완료 후, 두 달간 보고 청취·개별 면담·자료 열람·제보 수집·설문조사·비밀 실사 등을 통해 비리를 수집했다.

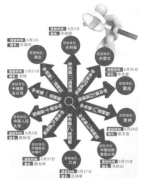

10개 순시조 파견 개념도

충칭시 현지 조사활동을 벌이는 제5 순시조

내몽고에 파견된 제4 순시조(조장 : 비옌쫑 산시성 정협 주석)는 6월 말 차관급인 왕쑤이(王素毅·1961년생·몽고족) 내몽고자치구 당 상무위원 겸 통전부장의 한화 180억 원대 수뢰, 정부와의 불륜 등 부패사건을 적발했다.4) 후베이(湖北)성에 파견된 제2 순시조(조장 : 두더인 베이

---

3) 국무원 직속의 특설기구인 국유자산감독관리위원회가 직접 관리하는 대형 국유기업(일명 중앙기업)으로 국가식량 비축 및 운반업무를 관장한다. 임직원수는 1만 7,600여명이다.

징 인대 상무위 주임)는 궈유밍(郭有明) 후베이성 부성장 비리 사건, 구이저우(貴州)성에 파견된 제6 순시조(조장 : 장원웨 전 랴오닝성 당서기)는 랴오사오화(廖少華·1960년생) 준이(遵義)시 당서기 비리사건을 적발했다. 2013년 하반기에도 다른 지역·기관을 대상으로 10개 순시조를 파견했다.

2014년에는 순시조 파견 강도를 높여, 3월 31일까지 파견을 마친 중앙순시조는 총 13개로 증편했다. 지역은 베이징(北京)·톈진(天津) 직할시, 랴오닝(遼寧)·푸젠(福建)·산둥(山東)·허난(河南)·하이난(海南)·간쑤(甘肅)성, 닝샤(寧夏)회족자치구, 신장(新疆)위구르 자치구·신장생산건설병단이었다. 상주 기간은 2개월인데, 신장에는 '중앙 제6 순시조'가 할당되었다.

기관·기업은 과학기술부, 상하이 소재 복단(復旦), 푸단대학, 중량그룹(中糧集團) 등으로 상주 기간은 1개월이다. 중량그룹은 1949년에 설립된 국유기업으로 농산품·식품 공급 및 관련 서비스를 제공한다. 경영 범위는 무역·금융·부동산까지 광범한데, 2013년 세계 500대 기업 중, 357위에 오르기도 했다.

순시조는 감찰뿐 아니라 하급기관에 중앙의 방침·업무 방향을 전파하는 지도활동도 한다. 순시조 미파견 지방에서도 자체 순시조를 운영하는데, 광둥성은 2013년 6월 중순부터 10개 순시조를 관내 20개 시·현·구에 파견했다.

일부 중국 전문가들은 순시조가 핵심 권력층의 정보원으로 전락할 수 있고 감찰 결과가 반대파 제압을 위한 도구[5]가 될 수 있음을 들어, 일부

---

4) 왕쓰이의 비위는, 한 정부(情婦)가 인민폐 1억 위안(한화 175억 원)대의 뇌물수수, 수십 채의 부동산 보유, 정부 수명과의 불륜사실 등을 고발하면서 알려졌다.

5) 역대 정치국 위원 실각(첨부 참조)을 권력투쟁 차원에서 보는 시각도 있다. 예를 들면, 장쩌민 전 총서기의 최측근이었던 천량위 상하이시 당서기 실각은 후진타오 전 총서기의 공청단 세력과 장쩌민 선도 상하이방 세력 간 권력 다툼의 산물로, 표적 사정이었다는 설이 제기되었다.

예외를 두더라도 대중에게 감찰보고서와 처리상황을 공개해야 한다고 주장한다. 또한 만성적 관료부패 척결은 산발적 고위 공직자 비리 색출 보다는 오랜 숙제인 '고위 공직자 재산공개 제도' 도입에 달려 있다면서, 2013년부터 시작된 성급 지도간부 보고사항 표본조사가 사전준비 같다며 기대감을 표명한다.

우리나라의 2013년도 국가청렴도 순위[6]는 46위로, 3년 사이 7계단이나 하락했다. 최근 수억 원대 수뢰 혐의가 밝혀진 한국수력원자력·금융감독원 간부, 건설사·대기업에서 거액을 챙긴 국정원장·국세청장 등의 공직자 비리를 보면 뇌물공화국으로서 창피스럽다.

국가청렴도 순위 80위(2012년, 2013년 동일)의 불명예 탈바꿈을 위한 시진핑 총서기의 성역 없는 사정 의지를 볼 때, 중국의 비위 공직자 색출은 더욱 속도를 낼 것이다. 우리도 중국 '중앙순시조'의 강도 높은 암행감찰 활동을 새겨보자.

---

6) 국제투명성기구(TI)가 각국 공공부문 청렴도를 평가해 매기는 부패인식지수(CPI)에서 한국은 2013년 100점 만점에 55점으로 전체 조사대상국 177개국 중 46위. OECD 회원국 중에서는 2012년과 같은 최하위권인 27위. 2009년·2010년 39위, 2011년 43위, 2012년 45위로 계속 하락해 우리 사회의 권력부패 현상이 심화하고 있음을 시사했다. 북한·아프가니스탄·소말리아는 100점 만점에 8점을 얻어 175위로 공동 꼴찌를 기록했다.

【중앙순시조 적발 고위층 부패사범】

성 명	생 년	사 진	당시 직책	형 량
천량위 (陳良宇)	1946년		정치국 위원 겸 상하이 (上海)시 당서기	2008년 4월 징역 18년
허우우제 (侯伍杰)	1945년		산시(山西)성 당 부서기	2006년 9월 징역 11년
두스청 (杜世成)	1950년		산둥(山東)성 당 부서기 겸 칭다오(靑島)시 당서기	2008년 2월 무기징역
리바오진 (李宝金)	1942년		톈진(天津)시 인민검찰원 검찰장	2008년 2월 사형 집행유예
황야오 (黃瑤)	1948년		구이저우(貴州)성 정협 (政協) 주석	2010년 12월 사형 집행유예
쑹 융 (宋勇)	1955년		랴오닝(遼寧)성 인대 (人大) 부주임	2011년 1월 사형 집행유예

【2013년 상반기 중앙순시조 편성표】

조	파견 대상 기관	조 장	조장 성명 및 직책
제1	중국양곡비축관리총공사 (中儲糧總公司)		류웨이(劉偉·1958년생) 산둥성 정협(政協) 주석
제2	후베이(湖北)성		두더인(杜德印·1951년) 베이징시 인대(人大) 상무위 주임
제3	국무원 수리부 (水利部)		쑨샤오췬(孫曉群·1944년생) 전 당 중앙직속 기관공작위원회 상무 부서기
제4	네이멍구(內蒙古)자치구		비옌쭝(薛延忠·1954년생) 산시성 정협 주석
제5	충칭(重慶)시		쉬광춘(徐光春·1944년생) 전 허난성 당서기
제6	귀이저우(貴州)성		장원웨(張文岳·1944년생) 전 랴오닝성 당서기
제7	중국출판집단 (集團, 그룹)		마톄산(馬鐵山·1946년생) 전 광시장족(廣西壯 族)자치구 정협 주석

조	파견 대상 기관	조 장	조장 성명 및 직책
제8	장시(江西)성		왕훙쉬(王鴻擧··1945년생) 전 충칭(重慶)시장
제9	중국진출구 (進出口, 수출입)은행		천광린(陳光林·1946년생) 전 네이멍구(內蒙古) 자치구 정협 주석
제10	중국인민대학		천지와(陳際瓦·1954년생·여) 광시장족자치 구 정협 주석

* 제8조에의 연락(예시) : 우편은 장시성 난창(南昌)시 526호 사서함 중앙순시조 앞.
　이메일은 zyxsz8z@mos.gov.cn. 당직 전화는 0791-86240916, 핸드폰은 18720926526

4 보시라이 사건과 서부 대개발

중국의 서부 거점도시 충칭(重慶)은 2012년 3월 보시라이(薄熙來 · 1949년생) 전 시 당서기의 낙마 등으로 일시 정치 · 경제적 재난에 직면했었다. 그가 충칭직할시와 쓰촨성 정부 소재지 청두(成都)시를 중심축으로 한 서부 대개발의 빅 브라더 역할을 했다는 점에서 그의 낙마로 개발 정책이 후폭풍을 맞을 것이라는 우려가 제기되었다.

그러나 충칭의 경제부흥에 전념해온 황치판(黃齊帆 · 1952년생) 시 당부서기 겸 시장은 2012년 11월 시 당서기로 부임해온 차기 6세대 지도자군의 대표주자 쑨정차이(孫政才 · 1963년생)와 함께 시진핑 당 총서기 등 지도부의 두터운 신임 아래 충칭의 재도약을 견인하고 있다.

서부 대개발은 충칭 · 청두(成都) 경제권이 선도

중국의 31개 성 · 직할시 · 자치구를 권역별로 구분하면, 동남부 연안의 발전지역인 10개 성 · 직할시(베이징 · 톈진 · 상하이), 동북부 3개 성, 낙후지역인 중부 6개 성, 또 하나의 낙후지역인 서부 내륙의 12개 성 · 직할시(충칭) · 자치구로 나뉜다.

중국은 2000년, 동 · 서 격차 축소를 위해 50년 예정의 중국판 '고 웨스트(Go West)' 정책인 서부 대개발 추진을 결정했다. 서부 대개발의 견인차는 충칭(8.2만㎢, 3,280만 명, 약칭 渝)시와 쓰촨성 청두(成都, 1.2만㎢, 1,200만 명, 약칭 成)시 주변지역을 통합한 '청위 경제권(成渝經濟圈)'이다. 면적 20.6만㎢, 상주인구 9,960만 명으로, 면적과 인구가 한국의 2배 규모다.

서부 충칭 · 청두 · 시안시 위치도

중국 정부는 이 지역을 최첨단 산업 도시권역으로 변신시키기 위해 상하이 푸둥신구(浦東新區), 톈진 빈하이(濱海) 신구에 이어, 세 번째로 2010년 6월 충칭 량장(兩江 : 長江+嘉凌江)신구를, 네 번째로 2011년 4월 청두 톈푸(天府 : 쓰촨성의 별칭, '천혜의 땅, 하늘의 곳간'을 의미)신구를 국가급 개발 특구로 지정했다.

또한, 중서부 지역에 대한 대대적 재정 지원 차원에서, 2008년 금융위기 후, 총 4조 위안(한화 약 714조 원)의 경기활성화 자금 중 70% 이상을 중·서부에 투입했다. 그 결과 동부 지역은 세계 경제 침체의 여파로 성장세가 크게 둔화된 데 반해, 서부 지역은 10% 이상의 고성장을 달성했다. 하지만 인프라를 갖추는 1단계를 끝내고 2030년까지의 가속 발전단계에 들어서는 시기에 터진 보시라이 사건은 충칭을 일시 정체의 나락에 빠트렸다.

중국 서부 3대 경제권 성장률 (단위=%)

■ 충칭시 ■ 쓰촨성
■ 산시성 ■ 중국 평균

17.1
16.4
14.9 15.1 15.0
14.1 14.5 13.9 13.6
13.6 12.9
10.4 12.6
9.1 9.3
7.8

*전년 동기 대비
2009년 2010년 2011년 2012년

'보시라이' 사건이 충칭 시정(市政)에 미친 충격파

충칭 개발의 주역으로는, 상하이시 푸둥(浦東)개발판공실 부주임 등을 역임하다, 푸둥 성공의 경험을 충칭 개발에 접목시키기 위해 2001년 10월 충칭 부시장으로 발탁된 황치판(2009년 11월 시 당부서기, 2010년 1월 시장 승진)을 들 수 있다. 그는 보시라이 사건 발생 전, 10여 년간 허궈창(賀國强 전 정치국 상무위원)·황전둥(黃鎭東)·왕양(汪洋, 현 정치국 위원·부총리)·보시라이(전 정치국 위원) 등 4명의 충칭시 당서기를 보좌하면서, "오로지 부단한 시정 현안 해결을 낙으로 삼는다."라는 신조 아래 충칭 개발을 위해 밤낮으로 뛰었다.

내륙 21개 성·직할시·자치구 중 외자도입 1위를 달렸던 충칭시는 2012년 외자 110억 달러(한화 약 12조 4,143억 원) 유치계획을 세웠다. 황 시장은 그해 초, 세계 최대 전자제품 위탁생산업체인 대만 팍스콘의 궈타이밍(郭台銘) 회장과의 투자 상담도 성사시켰다. 그

2010년 3월 전인대에서의 보시라이와 황치판

다음 눈을 돌린 것이 한국의 삼성이다. 2012년 초, 삼성 본사를 시찰하고 돌아와 2월 6일 충칭에서 삼성 고위층과 총액 70억 달러(한화 약 7조 9,000억 원) 규모의 차세대 플래시메모리 공장 유치를 위한 구체적 협의를 진행했다. 삼성의 중국 내 최대 투자 사업이자 중국 서부지역의 역대 최대 외자유치 프로젝트였다.

상담 중, 비서가 보시라이 시 당서기에게서 전화가 왔다고 전했다. 그는 "중요한 상담이니 조금 있다가 전화를 걸겠다."라는 말을 전하라고 했으나, 비서가 다시 와서 급한 일임을 알렸다. 윈난성에 가 있던 보시

라이는 "즉시 주 청두(成都) 미국 총영사관으로 가라."고 지시했다. 보시라이의 심복이었던 왕리쥔(王立軍) 시 공안국장(부시장 겸임)이 보시라이의 아내 구카이라이(谷開來)의 영국인 사업가 독살사건을 보고했다가 보시라이의 분노를 불러 직위 해제 처분을 내린 것을 알고는 신변의 위협은 느끼고, 이날 미국 망명을 시도했던 것이었다.[1]

상담은 깨지고, 삼성은 결국 경쟁 도시였던 산시성 시안(西安)시와 MOU를 체결하고 2012년 10월 착공식을 거행했다. 원래 삼성의 평점은 충칭시 95.5점, 시안시 75섬이었나.

보시라이 사건의 후폭풍으로, 그간 대규모 프로젝트 유치를 위해 대출에 의존하면서 급격히 늘어난 부채문제와 투자 위축 등 충칭의 경제냉각 우려가 제기되었다. 월스트리트저널(WSJ)은 보시라이 당서기 재임 시절의 충칭시 부채가 3,460억 위안(한화 약 61조 7,610억 원)에 달했다고 보도했다. 충칭의 중·장기 지하철·모노레일 확장 공사 등 상당수 프로젝트가 은행들의 융자 거부로 자금난에 빠졌으며, 일부 외국 투자가·기업인들은 충칭에 대한 투자를 중단한 채, 관망세로 전환했다.

황치판 시장 등 관리들은 투자 유치를 위해 홍콩 대기업들을 접촉하고 충칭의 부실 부동산 매각을 추진하는 등 자구책을 강구했다. 마침내 2012년 8월 국가개발은행과의 협상을 거쳐, 2015년까지 충칭시의 자동차·전자정보 등 7대 산업 육성을 위한 1조 5,000억 위안(한화 약 267조 7,500억 원)의 투자를 따냈다.

외국인 투자 관망세를 반전시킨 또 하나의 전기는 2012년 10월 삼성물산이 산동 루이(如意)그룹과 공동으로 충칭시에 '충칭싼샤(重慶三峽)유한공사'라는 섬유제품 생산 및 판매 기업을 설립한다고 발표한 것이었다. 이같은 노력의 결과로, 2012년 충칭시의 GDP(1조 1,000억 위안)

---

1) 직권남용·도망·수뢰죄 등으로 기소되어, 2012년 9월 징역 15년형을 받았다. 보시라이는 2013년 10월 수뢰·직권남용죄 등으로 무기징역, 정치권리 종신 박탈, 개인 전 재산 몰수의 중형을 선고받았다.

성장률은 전국의 7.8% 보다 훨씬 높았다. 전국 1위인 톈진시의 13.8%에 이어 전국 2위, 서부지역 1위인 13.6%를 기록했다. 2013년에는 전국의 7.7%보다 4.6%P 높은 12.3%였다.

시진핑 주석은 적극적인 충칭 지원 의지 구현

충칭시의 화려한 야경

이와 같은 성과의 이면에는 왕치판 시장에 대한 당 지도부의 신뢰와 지지가 있다. 후진타오 지도부는 2012년 3월 보시라이 해임과 동시에 후임에 장더장(張德江) 부총리를 임명해 충칭시의 안정을 도모했다. 장더장 신임 시 당서기는 2012년 6월 시 당 대표대회에서의 인사를 계기로 보시라이가 충칭에 부임하면서 데려온 랴오닝성장·상무부장 시절의 측근 부하들을 전면 축출하는 공직자 숙정작업을 단행했다.

그러나 당 중앙에서는 황치판 시장에게 보시라이와 시정의 맥을 같이한데 대한 책임을 묻지 않았고, 오히려 2012년 11월 제18차 당 대회에서 소위 중국의 '당 서열 205위' 안에 드는 중앙위원(정수 205명)으로 전격 승진시켰다. 이 인사에 의문을 제기하는 사람도 있었지만, 황 시장이 중대한 정치·부패 사건에 연루됨이 없이 10여년을 하루 같이 충칭의 경제발전에 온 정력을 쏟아온 기술자·학자형 관료라는 홍콩 기자들의 취재담이 답변을 대신한다.

황치판에 대한 지도부의 신임은 대단했다. 시진핑 신임 당 총서기는 제18차 당 대회(2012년 11월 8일~14일) 마지막 날 인민대회당에서 신임 당 중앙위원 회견 시, 황치판과 악수하면서 "정말 대단합니다."라고 치하하여 황 시장에게 감동을 주었다. 주룽지(朱鎔基) 전 총리도 인민대회당에 들어서다가 멀리서 알아보고 큰 소리로 "훌륭한 황치판(동지)"라고 불렀다. 그리고 다가와 어깨를 다독이면서, "대단해! 시련을 이겨냈구먼!"라고 격려하여 황치판이 눈물을 글썽이게 만들었다.

충칭 재약진을 위한 인사 보강조치도 잇따랐다. 제18차 당 대회 전, 황치판의 국무원 국가공상관리총국장 전보설이 있었지만, 2012년 11월 당 정치국 상무위원(2013년 3월 전인대 상무위원장 취임)으로 승진하여 북경으로 자리를 옮긴 장더장이 충칭시장으로 계속 일하도록 강력 천거했다.

장더장 후임으로, 시진핑을 이을 제6세대 선두주자로 꼽히는 쑨정차이(孫政才, 1963년생) 신임 정치국 위원을 충칭시 당서기로 임명한 것도 같은 맥락이다. 쑨정차이는 광둥성 당서기로 임명된 후춘화(胡春華)와 동갑내기인 '류링허우'(60後, 1960년대 출생자)로, 두 사람은 포스트 시진핑의 유망주다.

2013년 3월 전인대(정기 국회) 후에는 '류링허후' 세대인 장궈칭(張國淸, 1964년생, 당 중앙위원) 중국병기공업집단공사 총경리을 충칭시 당 부서기로 발령하여, 1952년생인 황치판(장관 직 정년 65세)을 지원하면서 그의 후임으로 양성하려는 수순을 밟았다.

이 같은 버팀목을 발판으로, 황치판 시장은 2013년 4월 충칭시 경제무역대표단을 인솔하여 홍콩을 방문했다. 아시아 최대 재벌인 리카이싱(李嘉誠) 청쿵(長城)그룹 회장, '아시아의 워런 버핏'으로 불리는 리자오지(李兆基) 헝지부동산(恒基兆業)그룹 회장 등을 면담하고, 충칭의 낮은 세금·부채율과 싼 노동력 등 우세를 강조하면서 투자하면 자신이 철저히 책임지겠다고 약속했다. 또한 비즈니스 설명회를 개최하고 경제기관 방문 등 투자유치 활동을 활발히 전개했다. 다수의 MOU 체결 등 성과를 거두고 이틀 후 오일 달러 유치를 위해 중동으로 이동했다.

황치판은 지난 수년 동안 충칭시의 국유기업·민영기업 성장, 외자유
치 분야에서 전국 1~2위를 기록하고, 재임 중 '충칭의 꿈'이라고 할 수
있는 편리한 주거, 삼림 조성, 빠른 교통, 건강, 치안 등 5개의 '꿈'을
모두 실현시켜, '충칭 모델'을 실질적으로 만들었다는 평가를 받았다.

중국 지도부와 황치판 시장에 초점을 맞춘 전기적 스토리가 전하는 메
시지는 간명하다. "여러분, 충칭을 비롯한 서부 대개발 정책은 적어도 5
0년 불변의 국정 방침으로 여러 우대조건이 있으니, 머뭇거리지 말고 투
자하세요!"다.

서부 지역의 내수에서 신 성장 동력 확보해야

중국은 제12차 5개년 경제계획(2011~15년) 기조를 기존의 수출 주
도 성장에서 내수 진작과 내륙 개발을 통한 균형발전으로 전환했다. 단
점이었던 내륙 입지가 풍부한 지하자원, 저렴한 노동력, 넓은 시장과 어
울려 장점으로 부각된 것이다.

현재 동남부에 집중 진출한 우리 기업들은 높은 임금상승률, 외국기업
우대 폐지 등으로 새로운 기회를 모색해야 한다. 더구나 내수 소비시장
도 베이징·상하이·광저우 등 1선 도시에서 내륙의 충칭·청두·시안
등 2선 도시로 빠르게 확대되고 있다. 서부지역, 특히 충칭을 새로운 성
장 동력으로 주목해야 할 이유다.

그러나 2010년 말 누계 기준으로 우리 기업의 충칭 투자액은 대중 총
투자액의 0.3%에 불과했다. 홍콩·일본·미국 등에 많이 뒤져 있지만,
개발 초기인 만큼 기회를 잃은 것은 아니다. 다행히도, 우리나라 기업의
충칭 진출은 2011년 이후 본격적으로 이루어지고 있다. 충칭에 진출한
국내기업은 POSCO, 한국타이어, SK하이닉스, 금호석유화학, LG디스

플레이, 두산인프라코어, 롯데마트 등 20여 개 기업에 달한다.

　POSCO는 2013년 9월 22일 국유 철강회사인 충칭(重慶)강철집단과 연산 300만t 규모의 파이넥스 일관제철소를 건설하는 합작협약(MOA)을 체결하는 등 사업 규모도 확대하고 있다.

　섬서성에서는 삼성전자가 2012년 9월 시안에 10나노급 낸드플래시 메모리반도체 공장을 착공했는데, 2014년 4월 가동에 들어갈 전망이다. 삼성SDI는 2014년 4월 시안에 중국과 합자하여 전기차용 배터리공장을 설립하는 등 향후 6년간 6억 달러를 투자한다.

　현대자동차는 2012년 8월 쓰촨성 쯔양(資陽)시에 총 6,000억 원을 투입해 한·중 합작 상용차 공장을 착공한 데 이어 4번째 승용차 공장을 충칭에 세우기로 확정하고 2014년 3월 27일 충칭시와 기본합의서를 체결했다.

　또한, 충칭은 '내륙의 홍콩'으로 제2의 상하이를 지향할 만큼 소비력이 월등하고 산시성 시안이나 청두도 소비시장 잠재력이 충분하므로, 고급 소비재 판매와 함께 아이돌 공연·태권도 시범, 건강·음식 한류 보급 등을 통해 이곳들을 서부지역 한류 확산의 거점으로 발전시켜 나가야 할 것이다.

【중국 서부지역 진출 주요 외국기업】

행정구역	도 시	주요 외국기업 진출 사업
충칭(重慶) 직할시	충칭 직할시	포스코 : 자동차용 강판 가공센터(2008년 5월 가동) ※ 충칭강철과 제철소 합작 건설 추진
		SK차이나 : 리튬전지용 양극제 생산라인(2013년 8월 가동)
		한국타이어 : 타이어 생산 공장(2013년 7월 가동)
		HP : PC 생산 공장(2010년 가동) 현대자동차 : 중국 내 4번째 승용차 공장 건설(2014년 3월 MOU 체결)
쓰촨(四川)성	청두 (成都)시	인텔 : 반도체 조립 공장(2005년 가동)
		델 : PC 생산 공장(2013년 6월 가동)
		폭스바겐 : 중국 이치(一汽)자동차와 합작 공장(2011년 가동)
		도요타 : 중국 이치(一汽)자동차와 합작 공장(2011년 가동)
	쯔양 (資陽)시	현대자동차 : 한·중 합작 상용차 공장(2012년 8월 준공)
산시(陝西)성	시안 (西安)시	삼성전자 : 10나노 급 낸드플래시 메모리 반도체 공장(2012 년 9월 착공, 2014년 4월 가동 예정)
		삼성SDI : 한·중 합작 전기차용 배터리공장(2014년 4월 착 공 예정)

5 중·서부 경제권과 제4의 성장축

2013년 3월의 제12기 전국인민대표대회(全人大, 국회 격) 1차 회의를 통해 출범한 시진핑 국가주석·리커창 총리 체제가 경제발전을 위해 어느 지역을 새로운 경제성장축으로 지정할 지가 큰 관심거리다.

이런 가운데 서부 대개발을 견인하고 있는 충칭(약칭 渝)·쓰촨성 청두(成都, 약칭 成) 중심의 청위(成渝)경제구와, 중부 굴기를 선도하는 후베이성 우한(武漢) 중심의 장강(長江) 중·하류 도시들이 주삼각(珠三角, 주강 삼각주)·장삼각(長三角, 장강 삼각주) 및 환발해(環渤海) 경제권에 이어 국가의 전략적 지원을 받는 제4의 경제성장축으로 지정받기 위해 열띤 경쟁을 벌이고 있다. 그 진행 과정과 의미를 진단한다.

덩샤오핑 이래 3대 지도자와 경제성장축

덩샤오핑이 1978년 12월 개혁·개방정책을 선포한 후, 3대 지도자에 걸쳐 각자 독창적인 경제발전 선도 지역을 지정, 성과를 거뒀다. 1980년대 덩샤오핑은 광둥성 경제특구들을 우선적으로 개발하여 주삼각 경제권을 일궜다. 1990년대 초 장삼각의 중심인 상하이 푸둥(浦東)신구 개발은 장쩌민 총서기·주룽지 총리의 작품이었다. 후진타오 총서기·온자바오 총리는 환발해 경제권의 핵심인 톈진(天津) 빈하이(濱海) 신구 건설을 밀어붙여, 10여 년 동안 중국 경제성장의 한 축을 담당케 하였다.

이들 3대 경제권(아래 지도 상에는 도시군(城市群)으로 표시)은 지난 30여 년간 중국의 경제성장을 이끈 3대의 엔진이자, '경제성장극'(經濟成長極 : 경제성장축)이었다.

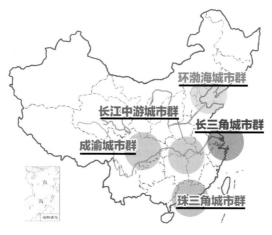

중국의 5대 경제권

'경제성장극' 이론은 1950년대 프랑스 경제학자 프랑소와 페리(Francois Perroux)가 최초 제기한 것으로, 도시 성장을 경제 발전의 공간적 분극 현상과 관련시켜 해석하려는 접근이었다. 경제성장은 통상 하나 또는 여러 개의 '성장 중심'에서 다른 부문이나 지역으로 전도되기 때문에 특정한 지리적 공간을 성장축으로 삼아 전체의 경제발전을 유도해야 한다는 논리였다.

톈진 빈하이 신구는 '성장극' 이론에 입각하여 후진타오 · 온자바오가 이룩해낸 경제정책의 총아였다. 일부 개방정책, 예를 들면 톈진의 취약한 금융발전 분야에 집중적 정책지원이 이루어졌는데, 이 같은 지원은 1980년대와 1990년대에 각각 선전(深圳) 경제특구와 상하이 푸둥신구의 개혁 시범사업에 우선적으로 제공되었던 것과 같았다.

민간, 특히 톈진 사람들은 톈진이 중앙정부의 대폭적 지원을 받은 것은 톈진 출신인 온자바오가 총리가 되자 고향을 특별히 배려한 것으로 생각했다. 그러나 톈진이 북방의 경제중심이자 중국경제의 새로운 성장축이 된 것은 지도자들의 집단적 결정으로, 새로운 성장 모델을 통해 경제성장의 전략적 균형을 이루려는 의도였다.

　남부지방에 있던 주삼각 및 장삼각 경제권은 발전을 거듭하여 그 경제력은 중국 전체의 절반을 상회할 정도였다. 반대로, 중국 정치·문화 및 국방의 요지인 화북(華北)지방은 줄곧 낙후된 상태로, 90년대 초 환발해 경제권 개발에 이어 90년대 말에는 동북진흥 대전략을 제시했지만 개발 효과가 미흡하여 경제 활력은 남부지방에 미치지 못했다. 남부지방의 경제력 발전에 따른 중앙·지방간 분권화 구도와 남방의 자주 의식 증대에 따른 지방주의가 중앙 권위에 도전하게 됨에 따라 남북 간 경제격차 지속은 베이징의 중앙집권체제에 충격을 주고 중국의 정치·사회 안정을 저해하게 될 것은 자명했다.

　이에 대처하여 북부지방 발전을 위한 새로운 방식과 돌파구가 필요하게 되었는데, 톈진을 북부지방의 경제중심이자 새로운 성장 축으로 개발한 것은 이러한 배경에서 비롯됐다.

시진핑·리커창 지도부도 신 경제성장축 모색

　이제 시진핑·리커창도 당시 후진타오·온자바오 지도부처럼 경제적 선택을 해야 할 상황에 직면해 있지만 문제는 더 복잡해졌다. 새로운 성장축을 찾아 경제의 지속 발전을 추진하면서 날로 심화되고 있는 환경문제도 해결해야 한다. 이 새로운 성장축은 '청위(成渝)'를 핵심으로 하는 '서 3각'(西三角 : 충칭·청두·시안)[1]이냐? 아니면 장강 중류의 '중 4각'(中四角 : 우한·창사·난창·허페이)이냐? 아니면 오래전에 제기됐지만,

---

1) 서 3각 경제권은 중국의 도시학자 류빈푸(劉斌夫)가 2004년에 쓴 《중국도시발전방향(中國城市走向)》(2007년 4월 중국경제출판사 발간)에서 최초 제기한 개념이다. 지방 차원에서는 황치판(黃齊帆) 충칭시장이 2009년 3월 전인대 계기에 중앙정부에 최초로 경제권 개발을 제안했다.

368 제4부 경제 정책 및 사회 부조리

별 진전이 없던 '동 3각'(東三角 : 동북 3성)이냐? 로 귀결된다.

서 3각 경제권 개념도

동 3각은 북한문제의 불안정성으로 인해 시진핑·리커창 지도부가 선택할 가능성은 많지 않다. 나머지 2곳이 선택 가능성이 크다. 서 3각의 핵심 지역인 충칭은 중서부 지역에서 유일한 직할시이기 때문에 경제개발에 유리한 조건이 많았다.

반면 장강 중부 3성(후베이·후난·장시성)은 오래전부터 성도인 우한(武漢)·창사(長沙)·난창(南昌)을 중심으로 중 3각 확립을 위해 노력해 왔지만 큰 힘을 얻지 못했다. 그런데 당 지도부가 교체된 2012년 11월 제18차 당 대회 후, 리커창 총리 내정자가 12월 하순 첫 시찰지로 후베이·장시성 등 중부지방을 방문하면서, 안후이성을 중 4각에 가맹시키는 것이 어떠냐고 언급한 것이다.

그리고 장시성 쥐장(九江)시에서 열린 현지 성·시 책임자들과의 좌담회에서 "지역 격차 축소를 위해서는 중서부 지역의 개혁·개방이 중요하며 중부 지역, 특히 장강 유역 도시들이 지역격차 축소의 돌파구를 마련해야 한다."라고 강조했다.

중 4각 : 분홍색 지역 안의 4개 도시

안후이성 정위안(定遠)현 출신인 리커창의 발언 후, 안휘성은 신속히 움직였다. 성도 허페이시는 2013년 새해가 되자마자, 기존의 중 3각을 발전시킨 중 4각 구상을 제안했다. 안후이성은 역사적으로는 화동지방과 밀접한 관계를 맺고 있었지만, 수십 년간 발전이 지연되면서, '동(東)' 도 아니고 '중(中)'도 아닌, 어정쩡한 상태였다. 안후이성이 중부지방으로 들어온다면 역사상 처음있는 일로, 앞으로 중국 경제판도에 중대한 지각 변화가 있을 것임을 예고하는 것이었다. 이에 중 3각은 지체 없이 중 4각 제안을 수용했다. 그리고 전략적 연계를 강화하기 시작했다.

서 3각과 중 4각의 제4 성장축 확보 경쟁

새로 결성된 중 4각의 각 지방 성도(省都) 지도자 8명은 2013년 2월 20일 우한에서 모여, 장강 중류 도시군을 제4의 경제성장축으로 발전시킨다는 취지의 '우한 합의'를 이뤄내고 3월 전인대에서 한 목소리를 내기로 했다.

2013년 2월 우한 개최 4개 성도(省都) 제1차 비즈니스 회의

2012년 2월의 왕리쥔(王立軍) 충칭시 공안국장의 주청두 미국 총영사관 진입 및 망명 기도, 보시라이 당서기 낙마 사건의 영향으로 2013년 3월 전인대에서 황치판(黃齊帆) 시장을 중심으로 한 충칭 대표단은 언론의 스포트라이트를 받았다.

그러나 황치판 시장은 경제문제를 제기하여 기자들의 주의를 끌었다. 그는 전인대 충칭대표단 제1차 전체회의에서 '청위(成渝)경제구'의 제4 도시군 지정2), 즉 경제성장축 지정을 충칭대표단의 '전체 제안'으로 채택, 전인대에 제출했다.

이에 뒤질세라, 후베이·후난성 대표단은 장시·안후이성 대표단과 공동으로 "장강 중류 도시군 건설을 국가전략으로 승격하여 제4의 경제성장축으로 발전시킨다."라는 문제에 대해 열렬한 토의를 벌임으로써 매스컴의 관심과 취재를 유도했다.

---

2) 확장된 개념의 서 3각 경제권의 총칭은 '서부의 촨(川, 쓰촨성)·산(陝, 산시성)·위(渝, 충칭시)·룽(隴, 간쑤성) 금삼각(金三角)'으로 충칭을 중심으로 한 청위(成渝) 도시군, 시안을 중심으로 한 관중(關中) 도시군, 란저우(蘭州, 간쑤성 성도)를 중심으로 한 시란인(西蘭銀) 도시군을 포함한다. 총면적은 38만㎢, 인구는 1억 3,000만 명으로 60개 도시를 포함하며, GDP는 1조 9,000억 위안으로 전국의 7%, 서부지역의 40%를 점유하고 있다.

이들을 거든 것은 2013년 3월 전인대 폐막 전전날, 총리에 선출된 리커창 당시 상무 부총리였다. 3월 7일 후난성 대표단 회의에 참석하여 "중부지역은 중국 지역발전의 전략적 위치를 차지하고 있다."면서, "산업구조 조정과 개발노력을 통해 지역발전을 촉진하고, 도시화 추진과 함께 저소득층 지원을 통해 소득균형을 이뤄야 한다."라고 강조했다. 내수 활성화를 위한 도시화 정책의 핵심에 '중부굴기'(中部屈起 · 중부내륙 발전정책)가 자리 잡고 있기 때문이었다.

중 4각은 리커창 총리의 발언에서 감을 잡고, 4개 성도(省都) 간 전략적 협력을 적극 추진하고 있다. 교통 · 과학기술 · 비즈니스 · 보건 등 11개 분야서 협력협정을 체결하고 개별 경험도 공유하고 있다. 2013년 5월 19일 중국 관광절을 맞아, 4개 성도가 공동 주최하는 관광 박람회 · 전시회 등 행사도 가졌다.

그러나 현재는 단합하고 있지만, 제4의 성장축 지정이라는 전략적 목표를 달성한 후에는 협력 보다는 경쟁이 앞서 통합이 어려울 것으로 보는 시각도 있다. '우한 합의'라는 용어에서 보듯이 우한은 중부지방의 용머리가 되고 싶어 해서 주변 성시의 불만을 살 것이라는 지적이다.

이제 중국 내수시장 진출의 관건 지역인 서 3각과 중 4각이 어떠한 복안을 가지고 시진핑 · 리커창 지도부의 낙점을 받아, 새로운 제4의 경제 성장축이 될 지 관심 있게 지켜보자. 중국 진출 우리 기업의 차세대 먹거리가 달려 있기 때문이다.

【중부 내륙지방 개황】

구 성	후베이(湖北)·후난(湖南)·장시(江西)·허난(河南)·산시(山西)·안후이(安徽)성 등 6개 성
개 황	• 인구 3억 5,000만 명(전체의 26.7%) • GDP : 5조 2,040억 위안(전체의 20.86%) • 면적 : 102.75만㎢(전체의 10.7%)

중부굴기
정책
(2006년
4월 발표)
	• 2006년 4월 국무원이 중부 내륙지역을 '내수시장 발전지역'으로 지정
	  – 동부 연안지역에 비해 성장단계가 느려 빈부격차가 심하고 저소득층 비율이
	    높아 저소득층의 가처분 소득을 높여 내수를 촉진시키는 것이 주요 목표
	  – 저소득층 복지 강화 대책으로, 복지 대상자 조건 완화 및 불명확했던 심사과
	    정 규범화
	• 주요 발전 목표(2008년 → 2015년)
	  – 1인당 지역 총생산(GRDP·위안) : 1만 7,833 → 3만 6,000
	  – 식량 생산량(만) : 1억 6,400 → 1억 6,800
	    * 농업 위주에 공업이 어느 정도 갖춰진 지역
	  – 도시화율(%) : 40.3 → 48.0
	    * 2012년 45%로 중국 전체 평균 51%에 미달
	  – 도시 주민 1인당 가처분 소득(위안) : 1만 3,156 → 2만 4,000
	• 중심지 : 후베이성 우한(武漢)

【중 4각 도시 개황 (2012년 기준)】

도 시	성 격	거리(km)	인구(만 명)	GDP(억 위안)	재정수입(억 위안)
우한(武漢)	중심도시	우한 기점	1,002	8,000	2,000
창사(長沙)	부 중심도시	300	705	6,510	1,509
난창(南昌)	부 중심도시	260	505	3,000↑	500↑
허페이(合肥)	부 중심도시	320	708	4,100↑	694.4

6 수많은 공정(工程) 뒤에 숨은 진실

우리말에서 '공정'은 일의 진척 정도, 물품 생산 과정에서의 각개 작업을 의미한다. 중국에서는 공정이 본연의 뜻 외에, 공사(工事)·공학(工學)·프로젝트·사업 등 여러 가지 의미로 사용된다. 그 사용 례를 보면, 대부분 긍정적이나 부정적인 경우도 상당히 있다.

이공계 공정과(工程科) 출신 지도자가 교체되다

전임 4세대 지도부 중, 후진타오(胡錦濤·1942년생) 전 국가주석은 청화대학 水利工程(공학)科, 온자바오(溫家寶·1942년생) 전 총리는 북경지질학원(學院=단과대학) 지질구조과, 국회의장격인 우방궈(吳邦國·1941년생) 전인대(全人大, 전국인민대표대회) 상무위원장은 청화대학 무선전자학과를 졸업했다. 모두 기사(工程師) 자격을 가진 기술관료(테크노크라트)들이었다.

전인대에서의 후진타오 등 3인

뒤를 이은 현 5세대 지도자 중, 시진핑(習近平·1953년생) 국가주석은 청화대학 인문사회학원 법학 박사, 리커창(李克强·1955년생)총리는 북경대학 경제학원 경제학 박사, 그리고 정치국 위원인 리위안차오(李源朝·1950년생) 국가부주석은 중앙당교 법학 박사 학위를 가지고 있다. 이같이 인문·사회과학을 전공한 고학력의 차세대 지도자 부상은 기존 세대가 기술관료로서 수행했던 국가기반시설 건설 임무가 완성된 만큼, 이젠 개혁·개방이 낳은 부작용을 치유하고, G2 부상과 사회 다원화 추세 등 국정 현안에 적극 대처해야 한다는 시대적 요청에서 비롯됐다.

시진핑 중심 정치국 상무위원 7인

자발적 기부 및 농민 지원을 위한 희망 및 양광 공정

희망공정(希望工程, Project Hope)은 1989년 10월 공산주의청년단(공산당 청년조직)과 중국청소년발전기금회가 정부, 사회 각층과 함께 시작한 청소년 교육 지원 사업이자, 중국의 대표적 민간 주도 복지 사업이다. 성금 모금을 통해 경제난으로 학업을 중도 포기해야 하는 빈곤·

재난 지역 학생들에게 ① 학비를 지원하고,
② 낙후지역에 희망 소학교·도서실 등을 설
립한다.

주된 기부자들은 중국의 국내·외자기업,
해외 화교들이다. 삼성·현대·LG·SK·두
산·금호아시아나 등 많은 그룹들이 희망공
정에 지속적으로 기부금을 출연하고 있다. 삼
성은 2004년 말 희망공정 삼성 에니콜 기금
을 설립했고, 현재까지 28개 성·2개 직할시
에 101개 삼성 에니콜 희망소학교를 건립했
다. 금호타이어·아시아나항공의 '1사(社) 1
교(校)' 자매결연도 한 예다. 2012년 9월 난
징(南京)시 푸커우(浦口)구 용평소학교와 6
번째 '아름다운 교실'을 개설하는 자매결연을
하고 컴퓨터·피아노·도서 등 교육 기자재
를 기증했다.

희망공정 로고

또 다른 사회복지 프로젝트는 양광공정
(陽光工程)이다. 중국엔 35세 이하 '청년 농
민'이 2억 명에 달하지만, 직업교육을 받은

양광공정 로고

사람은 5% 정도에 불과하다. 정부 재정 지원으로 이들 학력·전문기술
이 없는 농민들에게 무료 취업교육을 실시하고, 공장·호텔 등의 비농업
산업, 특히 도시에 노동력을 공급하며, 이를 통해 취업 안정과 농민소득
증대를 도모한다.

농업부·재정부·교육부·과학기술부·건설부 합동으로 2004~2005
년간 식량 주산지, 주요 노무 수출지역, 빈곤지역 등의 농민들을 대상으
로 단기 직업기능교육을 실시하여 연간 250만 명씩, 총 500만 명의 농
촌노동력을 양성했다. 2006~2010년에는 이를 전국적으로 확대하여

연간 600만 명씩 총 3,000만 명의 노동력을 양성했다. 민관 합동의 새 농촌 건설사업의 일환으로, '1사(社) 1촌(村)' 지원활동 등도 전개한다. 허베이성은 2011년 11월부터 4개월간 성내 17만여 명의 농민을 대상으로 무료 교육을 실시했다.

주요 국책과제인 중화문명 뿌리 찾기 공정

건국 후, 중국 지도부의 최대 국정운영 목표는 '중화 진흥'이었다고 할 수 있다. 1840년 아편전쟁 후 100여 년 이상 열강에 유린당했던 치욕의 역사를 극복하고, 강대한 중화제국을 부흥하는 것이다. 현재 중국은 경제·외교무대에서 G2로 부상했고, 이제는 문화 분야에서 슈퍼 파워로 거듭나려 한다.

이를 위해 추진하고 있는 프로젝트가 2003년 6월부터 시작된 '중화문명탐원공정'(中華文明探源工程)이다. 황하(黃河)문명보다 빠른 요하(遼河)문명을 중화문명의 뿌리로 규정하고, 중국의 역사와 문명의 기원을 세계 최고(最古)로 만드는 것이다.

중원 지역에서의 대대적인 고고학적 발굴 작업을 통해, 신화로 알려진 삼황오제(三皇五帝) 시대를 모두 역사적 사실로 만들어 중국문명의 역사를 5000년에서 최고 1만 년까지 끌어 올리려는 것이다.

문제는 중국이 신석기·청동기시대 우리 민족의 활동 무대였던 요하지역의 역사를 '중화문명의 원류'로 독점할 경우, 요하 일대에서 기원한 고조선·단군·해모수·주몽·고구려·발해까지 통째로 중국사로 편입될 수 있다는 점이다.

그 세부내용과 하부 개념인 하상주(夏商周) 단대(斷代)공정, 동북·서남·서북 공정은 제6부의 '**2** 동북공정의 근황'에서 다뤘다.

중국 위협론을 대변하는 공정들

중국 위협론은 1990년 8월 일본 방위대 무라이 도모히데(村井友秀) 교수가 《쇼쿤(諸君)》이라는 잡지에 〈중국의 잠재위협을 논함〉이라는 논문을 발표하면서 등장했다. 그리고 2년 후에 미국에서 로스 먼로(Ross H. Munro) 교수가 〈깨어나는 거룡(巨龍), 아시아의 위협은 중국에서 온다〉라는 논문을 발표하면서 본격적으로 사용되기 시작했다.

중국으로서는 반박할 일이지만, 국내외적으로 어떤 사안이 중국이라는 거대한 세력의 지배를 당하게 될 상황이 오면 '공정' 용어를 사용해 그 위협을 경고하는 사례가 많아졌다. 명품·식량·김치 및 해양 공정 등이 그것이다.

영국 파이낸셜타임스(FT)는 2012년 4월 8일, 명품 소비시장이 급팽창하고 있는 중국이 자체적으로 명품이라고 주장하는 브랜드를 내놓는가 하면, 재정위기로 휘청대는 유럽의 명품업체를 인수하는 등 세계 명품시장에서 장악력을 키우고 있다면서, 이를 '명품공정'으로 명명했다.

그 실례로, 2012년 3월 말, 마오쩌둥의 유니폼과 군복을 만들던 국영기업 차이나 가멘츠(China Garments)가 베이징 호텔에서 남성 명품 브랜드를 표방한 '서지(社稷)-솔제리(Sorgere)'를 선보이면서, 처음으로 패션쇼를 연 사실을 들었다. 이 옷의 디자인은 중국에서 했지만, 생산은 명품의 본고장인 이탈리아에서 하여 '메이드 인 이탈리아' 딱지를 붙였다. 중국 소비자들의 지지를 받아 세계 명품시장의 판세를 바꾸겠다는 의도로 봤다. 중국의 최대 불도저 생산기업인 산둥 중공업그룹(山東重工集團)이 2012년 1월, 1억 7,800만 유로에 이탈리아 명품 요트 생산업체인 페레티를 인수한 것도 마찬가지라는 것이었다.

현해남 제주대 교수는 2012년 4월 27일자 〈농민신문〉을 통해 중국이 동북공정·김치공정에 더해 식량공정을 시작하려고 한다고 주장했다. 남아공 월드컵 때, 김치가 절임김치인 쓰촨 파오차이(泡菜, 영문명 Pick-

표준형 쓰촨 파오차이

les)[1]에서 시작되었다면서 김치공정을 시작하더니, 이제 한·중 FTA를 통해, 중국의 싼 농·축산물을 수출하여 우리 농업을 서서히 붕괴시키고 식량 공급을 조절하면서 우리나라를 주무르기 위한 작업에 들어 갔다는 것이다

중국의 저의는 식량이 핵무기보다 더 무서운 무기라는 것을 알기 때문이라고 분석했다. "아이티·알제리가 식량폭동이 발단이 되어 무너졌고, 필리핀이 1990년대에 쌀 생산량이 충분하다며 농업에 대한 투자를 줄이더니, 지금은 연간 200만 톤의 쌀을 수입하고 있다. 농업을 포기하고 필리핀이 얻은 것은 식량전쟁에서 수출국의 눈치를 보는 것" 뿐이라는 점을 지적했다.

1947년 국민당 정부 때부터 시작된 해양공정을 중국이 승계하여, 2003년부터 우리가 해양과학기지를 건설하여 실효지배하고 있는 이어도를 자국 관할 해역이라고 주장하는 등 해양공정을 이어도까지 북상시켰다는 논조도 있다. 2013년 11월 23일 중국이 동중국해 상공 일부를 자국의 방공식별 구역으로 선포하면서 이어도를 포함시킨 것도 같은 맥락이라고 판단했다.

한·중 실질협력 증진을 위한 공정 활용 기대

---

1) 쓰촨 파오차이 협회는 2008년에 한국 김치가 110여 개국에 24억 달러어치를 수출한데 반해 김치보다 더 영양분이 많은 쓰촨 파오차이는 100만 톤, 75억 위안 어치를 생산했으면서도 수출은 20여 개국, 280만 달러에 불과하다고 지적했다. 동협회는 2009년 10월 중국정부의 지원을 받아 '쓰촨 파오차이'의 지역 브랜드 육성 작업에 착수했다.

한·중 신정부 출범을 계기로 여러 분야에서 상호 협력증진의 기회가 확대되고 있다. 양국은 중국에서 '공정'이란 이름이 붙은 여러 가지 프로젝트를 추진하는 과정에서 상호 불필요한 오해가 발생치 않도록 상시 관심을 가져야 한다.

희망공정은 중국의 사회공익에 앞장서는 기업으로 인정받을 수 있는 최상의 협찬 활동이다. 많은 우리 기업들이 각종 기부에 참여하여 중국 각계의 칭송을 받는 것이 자랑스럽다. 중국인들과 가까이 하는 기업이 되어야 할 것이다.

한 가지 짚고 넘어가야 할 것은 2008년 쓰촨성 지진피해 당시, 한국과 중국에 주재한 민관·기업들이 물심양면의 구호지원 활동을 했지만, 초기에는 홍보 부족 등으로 중국 내 우리 기업이 수익의 사회 환원에 인색하다고 비난받은 사례가 재연되어서는 안 된다는 점이다.

7 정부가 공개를 꺼리는 두 가지 통계

중국 정부가 공개를 꺼리는 통계가 두 가지 있다. 소득 불평등 정도를 나타내는 지니계수의 경우, 국가통계국이 2000년 0.412라고 발표한 후 12년째 소식이 없다가, 2013년 1월에 2012년부터 그 이전 지니계수를 소급해서 발표하는 해프닝을 벌였다.

일명 '군체성 사건'(群體性 事件)이라는 집단시위 건수는 2003년 6만여 건이라는 발표가 마지막이었다. 공개하게 되면 워낙 파장이 커서 심각한 체제 불안을 야기할 수 있기 때문이었다.

민간·서방 조사 지니계수는 폭동 직전 상황

지니계수는 이탈리아의 인구통계학자 코라도 지니(1884-1965)가 개발한 것으로, 0~1 중 숫자가 클수록 불평등 정도가 심함을 나타낸다. 0.4 이상이면 사회불안을 야기하고, 0.5 이상이면 폭동 같은 극단적 사회갈등도 일어날 수 있다고 본다.

상위 1% 소득이 전체 소득의 12%를 점유하는 한국의 경우, 통계청은 지니계수를 2006년 0.305 → 2009년 0.320 → 2012년 0.307로 집계했다. 2013년의 지니계수는 2006년 이후 가장 낮은 0.302였다. 소득 불평등 현상은 갈수록 심화되고 있지만, 통계청 발표는 실상을 제대로 반영하지 못하고 있다.

세계은행이 발표한 2010년 전 세계 평균 지니계수는 0.44였다. 선진국 중 비교적 높은 미국(상위 1%의 소득이 전체 소득의 20% 점유)이 0.46이었고, 빈부 격차로 유명한 브라질도 꾸준한 소득 재분배로 1990년대 0.6 이상에서 2010년 0.53으로 낮췄다.

한편, 중국의 국가통계국 발표는 개혁·개방이 시작된 1978년 0.32

에 머물렀으나 도시화가 진전되면서 10년 후인 1988년에는 0.39였다. 다시 10여 년이 지난 2000년엔 0.412로 사회 불안정의 경계선인 0.4를 넘자, 발표를 중단했다.

그러면 2012년 말 현재 상위 10% 가구의 소득이 전체의 57%를 차지하는 등 소득 양극화 현상이 심해진 중국의 지니계수를 중국 학계나 서방에서는 어떻게 보고 있을까? 중국이 세계 최악이라는 관측까지 나오고 있다.

쓰촨성 청두(成都)시 소재 서남재경(西南財經)대학과 중앙은행인 중국인민은행 금융연구소가 공동 설립한 중국가정금융조사연구센터는 2012년 12월 9일, 2010년 25개 성내 80개 현의 8,438가구의 소득 자료를 근거로 2010년 지니계수가 0.61이라는 결과를 내놨다. UNDP(유엔개발계획)는 중국의 지니계수를 2005년 0.45, 2007년 0.496, 2012년 0.55로 추계했다.

중국 학계는 역대 중국 왕조나 정권 말기에는 지니계수가 크게 높았다고 본다. 명(明)나라 멸망의 계기가 된 1630~1640년대의 농민반란인 리즈청(李自成·1606~1645)의 난 당시가 0.62, 청말(淸末) 홍쉬취안(洪秀全·1814~1664)이 태평천국 건립을 표방한 농민반란인 태평천국의 난(1851~1864년) 때가 0.58, 1940년대 공산당 집권 전 국민당 통치 시기는 0.53 정도로 추정한다. 위의 중국가정금융조사연구센터가 밝힌 수치는 청(淸)나라 멸망 전 상황을 능가한다.

농촌에서는 가장의 건강문제로 인한 근로능력 상실, 낮은 교육·사회보장 수준이 빈곤 가정을 양산한다. 토지사용권을 지방정부에 싸게 수용당한 농민들은 예전보다 더 가난해진다. 2012년 10월 현재 1억 명 이상이 UN이 정한 1일 생활비 1.25달러 이하의 극빈 생활을 하고 있는데, 태반이 중·서부 농촌에 산다. 도시로 나간 농민공(農民工, 가족 포함 2억 3,400만 명)도 대부분 도시 빈민이 된다.

또한, 공룡화한 국유기업(약 14만 5,000개, 전체 기업수의 1% 미만)이 산업생산의 약 40%를 차지하면서 중소기업·개인기업은 부진을 면치 못하고 있다. 근로자 임금이 경제성장·물가상승을 못 따라 가는 것도 한 요인이다. 2009년 중국의 GDP 대비 근로소득 비율은 8%로, 미국(58%)·한국(44%)에 비해 턱없이 낮았다. 부패로 인한 부의 편중 심화도 한 원인이다.

중국의 인력자원·사회보장부가 2012년 10월 발표한 〈2011년 중국 급여발전보고〉에 따르면 급여가 많은 업종은 금융·부동산업, 중앙기업 (핵심 국유기업) 그리고 자원 관련 독점기업이었다. 한 보험회사 사장의 연소득은 6,616만 위안(한화 116억 원)으로 노동자 평균의 2,751배, 농민공 평균의 4,553배에 달했다. 상하이 푸둥(浦東)발전은행의 근속 10년차 직원의 평균 연소득은 29만 6,600위안(5,200만원)으로 노동자 평균의 약 10배였다.

그러다 국가통계국이 갑자기 12년 만에 지니계수를 발표했다. 2013년 1월 18일 마젠탕 (馬建堂) 국가통계국 국장은 기자회견을 자청해 2000년 0.412 발표 이후 중단했던 수치를 밝혔다. 그는 "2003년 0.479 → 2008년 0.491로 정점을 찍은 후,

지니 계수를 발표하는 마젠탕 국장

2012년 0.474로 떨어졌으며 소득분배 개혁으로 격차가 축소되었다."라고 설명했다.

지니계수 발표 재개는 2012년 11월 제18차 당 대회 〈정치보고〉에서 2020년 개인소득을 2010년 대비 배증한다는 목표를 제시했으나, 지니 계수 관련 논란이 계속되자 의혹을 해소하고 정부의 국정방침에 대한 신뢰도를 높이려는 의도였다. 2014년 1월 20일, 국가통계국은 2013년 지니계수는 0.473으로 2004년(0.473) 이후 9년 만에 최저치라고 밝혔다.

세계은행 고문을 지낸 쉬샤오녠(許小年) 중어우(中歐) 국제공상학원 (상하이 소재) 교수 등 학자와 민간에서는 "조작된 수치다. 소설 쓰지 말라."고 비난했다. 이상에서 본 빈부의 대물림과 악순환이 소득 양극화로 이어지면서, 이에 대한 불만이 각종 폭동이나 데모로 분출되는 등 사회 불안의 주범이 되고 있다.

2011년 집단 항의시위는 2003년의 3배

중국 정부가 2003년 집단시위 건수를 6만 건이라고 발표한 이후 추가 발표는 없었다. 비공식적으로는 2005년에 8만 7,000여건, 2006년에는 9만 건을 초과했다는 통계가 나돌기도 했다.그러다 2012년 9월 한 일본 언론이 중국 정부의 내부 보고서를 입수했다. 2011년 빈부격차, 관료 부패, 환경오염, 강제 철거, 임금 체불 등에 항의하는 체제불만 및 생계형 시위, 티베트·위구르족의 분리독립 요구 시위까지 합하면 18만여 건에 이른다는 것이었다. 단순 계산으로도 하루 평균 500건에 육박했다.

그중 10만 건 이상이 농촌에서 일어났다. 도농 간 소득격차가 3.3배 이상으로 높아져 중국은 더 이상 농민의 나라가 아니라는 좌절감이 소요를 확산시켰다.

베이징 일간지 신징바오(新京報)가 시진핑 체제가 출범한 2012년 11월의 제18차 당 대회를 앞두고, '중국이 향후 10년 내 해결해야 할 과제'를 설문조사(복수응답 가능)했더니 빈부격차(81.3%), 부패문제(75.5%), 환경오염(69.6%), 의료개혁 등 민생(61.4%), 도시주택가격(57%), 공권력 남용(52%) 등 순으로 답했다.

중국의 노동분쟁 건수 단위:건

2005년	31만4000
2007	35만
2009	68만4000
2011	131만5000
2012	151만

2011년 11월 우칸촌의 선거 부정 항의 연좌 데모

이는 집단시위 유발 원인과 직결된다. 빈부격차·임금 체불[1] 등에 항거한 시위는 2011년 6월 광둥성 광저우 교외에서 벌어진 농민공 폭동이 대표적이다. 부패와 관련해서는 2011년 11월 광둥성 우칸(烏坎)촌에서 촌 간부의 선거 부정에 항의하는 소요사태가 일어났다.

토지수용(收用)을 둘러싼 주민과 지방정부 간 충돌도 부패와 관련된 것이다. 2012년 2월 저장성 원저우시에서 발생한 폭동은 촌 정부가 농민들이 보유한 토지 사용권을 반강제적으로 헐값[2]에 사들여 개발업자에게 아파트·레저단지 건설용으로 재분양하여 엄청난 이익을 본 데 대한 불만에서 비롯됐다.

2013년 1월에는 후난(湖南)성 홍장(洪江)시 뤄커우진(鎭)에서 진 정부 관계자 10여명이 마을 주민들에게 발전소 가동을 위한 이주 동의서에의 서명을 요구하고, 말을 듣지 않으면 노동교양소로 보내 강제노동을 시키겠다고 위협했다. 현지 정부가 농민들에게 제시한 보상금은 집을 짓는데

---

1) 2012년 중국 지방정부의 노사중재기관이 수리한 노동쟁의 건수는 전년 대비 6.4% 증가한 151만 2,000여 건(2013년 1월 25일, 중국 인력자원·사회보장부 발표)이다. 노동쟁의 빈발, 인건비 상승은 중국내 외자기업이 생산거점을 동남아 등으로 옮기는 주요 요인으로 작용했다.

2) 조사 결과, 지방정부가 농민 보유 토지사용권을 수용하는 가격은 시가의 3~10% 수준이었다.

경찰차를 파손한 성난 시위대

필요한 비용의 1/10에 불과했다. 결국, 서명을 거부한 농민 4명이 건물 옥상에서 투신하거나 목을 매 자살했다.

최근엔 환경오염 반대 데모가 급증하고 있다. 2011년 8월 화학공장 이전을 요구한 랴오닝성 다롄(大連) 시의 데모, 2012년 7월 쓰촨성 쓰팡(什邡)시에서의 금속제련 공장건설 반대, 장쑤성 난퉁(南通) 시민의 공장 배수관 설치 반대 시위가 잇따랐다. 2012년 10월에는 하이난성 러둥 여족(樂東 黎族)자치현의 화력발전소 건설과 저장성 닝보(寧波)시 주민들의 화학공장 증설 등에 반대하는 항의 행동이 이어졌다.

2012년 9월에는 일본 정부에 의한 센카쿠열도(중국명 釣魚島 · 댜오위다오) 국유화 조치에 항의하는 중국 민중의 반일 감정이 전국적인 폭력시위로 확산되었다. 폭력 시위의 주모자는 상당수가 무직자 · 농민공들이었다.

시진핑의 과제는 약자 보호 위한 분배 · 공평목표 실현

중국 정부는 2013년 2월 5일, 2004년부터 검토해온 〈소득분배 개혁 문제에 관한 국무원 의견〉(후면 첨부 참조)을 확정하여 유관 부처와 지방정부에 시달했다. 그 요지는 저소득층에는 최저임금 인상3)과 함께 사

---

3) 2012년 베이징 · 상하이시, 쓰촨성 등 25개 성 단위 정부의 법정 최저임금의 평균 인상률은 20.2%였고, 2011년 24개 성 단위 정부의 평균 인상률은 22%였으며, 2010년 30개 성 단위의 평균 인상률은 22.8%를 기록했다.(2013년 1월 25일 중국 인력자원 · 사회보장부 발표)

회보장을 강화하고, 고소득층에는 부자 증세와 함께 보수 인상을 제한하는 것이다. 또한 국유기업의 독점적 이익을 사회에 배분토록 했다. 2011년~15년간 최저임금을 연평균 15%씩 인상, 5년 동안 2배 수준으로 끌어올릴 계획이다.

노동자·농민의 정치적 권익 보호에도 나섰다. 제18차 당 대회에서는 당대표 2,268명 중 노동자 대표를 169명으로 하여 2007년 제17차 당대회(51명)의 3배 이상으로 증원했고, 최초로 농민공 대표 26명도 선출했다. 향후 전국인민대표대회(全人大, 국회 격) 대표 중 당·정부 대표를 줄이는 대신, 노동자·농민 비율을 높여 이들 의견을 국정에 반영시킬 계획이다.

빈민구제 대상자도 확대했다. 2010년 빈민구제 기준을 연소득 1,274위안(약 22만원)으로 하여 대상자가 2,688만 명이었으나, 2011년 연소득 2,300위안(약 40만원) 이하로 인상하여 구제 대상자를 1억 2,800만 명으로 늘렸다.

또한, 환경오염 등에 관한 대정부 불신이나 불안감 해소를 위해 화학 공장 건설 등은 계획단계에서부터 일반인에게 정보를 공개하기로 했으며 농민에 대한 토지 수용 보상금도 대폭 인상하는 방안을 추진 중에 있다.

그러나, 소득분배 개혁 방안 시행 과정에서 국유기업·고소득자 등 기득권층의 반발이 예상되는 가운데, 지속 성장을 위해서는 개혁·개방을 통한 성장 드라이브 정책도 추진해야 된다는 점에서 시진핑 체제가 분배와 성장이라는 두 마리 토끼를 잡을 수 있을지 주목된다.

【주요 소득분배 개혁 조치】

시 기	주요 조치 내용
2013년 2월	〈소득분배 개혁에 관한 국무원 의견〉 • 최저 임금을 도시 근로자 소득의 40% 이상으로 인상 • 고급 레저 활동과 사치품에 대한 소비세 부과 • 부동산세 부과 확대, 고소득자 소득세 징수 강화 • 장기적으로 상속세 도입 방안 검토 • 국유기업 간부 급여 총액과 인상률 한도 설정 • 국유기업의 이익 대비 기부금 비율 5%포인트 인상 • 새로운 금융상품 개발로 다양한 소득원 발굴 • 농민공에게 직업·기능교육 무상 실시 • 근로자 급여 관련, 노사 단체협상 의무화
2011년	• 극빈층 기준을 연 소득 2,300위안으로 규정(2009년 대비 92% 인상) • 개인소득세 면세점을 2,000위안에서 3,500위안으로 인상
2008년	• 개인소득세 면세점을 1,600위안에서 2,000위안으로 인상 • 국민소득에서 노동소득이 차지하는 비중을 높이기로 결정
2005년	• 개인소득세 면세점을 800위안에서 1,600위안으로 상향 조정 • 28개 성에서 농업세 면제, 목축업세 폐지
2004년	• 국무원 국가발전·개혁위원회와 재정부 등, 소득분배 개혁방안 제정키로 합의

8 독성 스모그와 베이징 천도론

　2013년 1월 중 베이징에서 중금속과 초미세먼지[1]를 동반한 '독성 스모그'가 발생하지 않은 날이 5일에 불과했다. 1954년 베이징시의 기상대 관측 이래 스모그가 가장 극심했던 1961년의 기록을 깨고 52년 만에 세운 신기록이었다. 경보 발령만 네 차례나 이어지는 등 최악의 스모그가 발생했다. 베이징의 초미세먼지 농도가 세계보건기구(WHO)가 정한 기준인 25㎍/㎥보다 무려 40배나 높은 993㎍/㎥을 기록하면서, 국가적 이슈로 떠올랐다.

　베이징 시민들이 공기청정기와 마스크를 사재기하는 현상을 빚기도 했고, 환경규제를 무시하고 기준치에 못 미치는 고유황 자동차 연료를 생산한 중국석유·천연가스그룹 등을 비난하기도 했다. 중국석유그룹은 개선을 약속했다.

대낮인데도 한밤같이 어두운 베이징 거리

중국 대기오염 실태　　*자료=NASA

초미세먼지 농도(색이 진할수록 심각)

2013년 1월 대기오염 실태

---

1) 일명 PM 2·5로, 직경 2.5㎛(마이크로미터, 1㎛=100만분의 1m) 이하 미립자형태 물질을 말한다. 입자 크기 10㎛의 미세먼지(PM 10)도 호흡기 질환을 일으키지만, 초미세먼지는 기도에서 걸러지지 않고 사람 폐포 깊숙이 침투해 특히 위험하다. 환경부의 미세먼지 기준치는 하루 평균 100㎛/㎥, 초미세먼지는 동 50㎛/㎥이다.

화북 지방을 주무대로 하는 스모그는 매년 석탄 난방 등이 시작되는 곳을 옮겨가며 불을 붙인다. 2013년 10월 헤이룽장성에서는 '손잡은 연인의 얼굴이 안 보일 정도'였고, 11월 2일 베이징에서는 심각한 스모그로 주변 고속도로 10여 곳을 폐쇄했다. 이 같은 재앙적 상황이 발생할 때면 등장하는 것이 베이징 천도론이다.

정부는 독성 스모그의 근본 원인 치유에 주력

2013년 1월의 독성 스모그는 중국 북부를 덮친 42년만의 기록적 한파로 난방용 석탄 사용[2]이 급증한 데다, 535.4만대(2013년 7월 말, 서울은 296.9만대)의 자동차와 베이징 서부에 집중 분포된 석탄 화력발전소[3]들의 배기가스 등이 가세한 것으로 기관지·안질환 유발, 고속도로 통행 차단, 항공기 운항 장애, 공장 조업 중단, 물류마비 사태를 일으켰다.

동 기간 중 스모그에 휩싸인 중국 북·중·동부 지역 면적은 240만㎢로 한국 면적(10.0만㎢)의 24배, 중국 전체 면적(960만㎢)의 1/4이며, 전 인구의 절반에 상당한 6억 명에 영향을 미쳤다. 다급해진 중국 각급 정부는 잇따라 각종 환경 관련 규제와 지원책을 봇물처럼 쏟아냈다.

국무원은 1만 5,000여 개 사업장에 대해 오염물질 배출량 등 31개 항목을 인터넷에 공개토록 했고, 검찰도 환경사고 유발자에 대한 엄벌 방침을 발표했다. 2014년 중, 대기오염 물질을 유발하는 1,700여 개의 소규모 탄광을 폐쇄키로 했다.

---

2) 중국은 발전·난방 등 에너지의 65~70%를 석탄에 의존하고 있다. 산시(山西)성·네이멍구(內蒙古) 등에 석탄이 풍부하기 때문에 그동안 저렴하게 전기와 난방 문제를 해결했다.

3) '중국의 지역별 석탄 소비량'에서 보듯이, 베이징의 석탄 소비량(연간 0.25~0.50억t)은 그리 많지 않지만, 주변에 연간 1.75~3.80억t를 소비하는 성들로 둘러싸여 있기 때문에 독성 스모그가 심각해지는 상황이다.

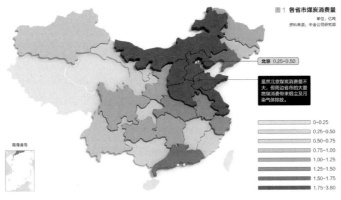

北京 0.25-0.50

虽然北京煤炭消费量不
大, 但周边省市的大量
燃煤消费带来粉尘及污
染气体排放。

0-0.25
0.25-0.50
0.50-0.75
0.75-1.00
1.00-1.25
1.25-1.50
1.50-1.75
1.75-3.80

南海诸岛

중국의 지역별 석탄 소비량

　베이징시는 2013년 9월 〈2013~17년 공기정화 행동계획〉을 발표했
다. 5년간 총 1조 위안(175조 원)을 투자, 2017년 PM 2·5의 연평균
농도를 2012년 대비 25% 감축한다는 것이 목표다. 난방 연료를 석탄에
서 천연가스·석탄가스로 교체하는 것을 비롯하여 시 인구·자동차수 감
소, 굴뚝공장 1,200곳 폐쇄 등이 포함됐다.

　타 지방정부도 발 벗고 나섰다. 광둥성 선전(深圳)시는 2013년 6월
탄소배출권 거래제를 중국 최초로 도입했고, 하얼빈시는 2013년 5월 중
국에서 처음으로 시내에 원탄 판매 금지구역을 지정했다. 석탄 연료로
인해 대기의 질이 악화되자, 공단 등에 원탄을 팔지 못하도록 하고 이를
어기면 벌금을 부과했다.

　오염시설 반대 시위에 대한 당국의 태도도 변했다. 2012년 4월 톈진
(天津) 시민들의 파라크실렌(PX)공장 착공 반대, 2012년 10월 저장
(浙江)성 닝보(寧波) 시민들의 화학공장 증설 반대 시위에 대해, 현지
정부가 공장건설 취소를 발표했다. 과거 국유기업의 시설 건설에 우호
적이던 지방 정부가 환경오염 문제에 대해선 시민과 시위대의 손을 들
어준 것이다.

베이징 정도(定都) 이후 '도시병' 증상 심화

2,000여 년 전, 베이징 일대는 중국 동북부 국경지대의 중요한 군사·교역 중심지였다. 원(元, 1271~1368)나라 때, 칭기즈칸의 손자 쿠빌라이가 1267~85년간 이곳에 다두(大都)라는 신도시를 건설하고 행정수도로 삼았다. 명(明, 1368~1644)나라 태조 주원장(朱元璋)은 난징(南京)에 도읍을 정한 후 다두를 베이핑(北平)으로 개명했다. 제3대 영락제는 1407년 베이핑으로 천도하고, 베이징(北京)으로 새로 개명했다. 북방 유목민족의 침략 방어가 주목적이었다.

그 후 베이징은 국민당 정부가 난징을 다시 수도로 삼았던 짧은 기간(1929~49년, 제2차 세계대전 중에는 충칭(重慶)으로 수도 이전)을 제외하고는 지금까지 8세기 동안 수도의 지위를 지키고 있다.

공산당의 베이징 정도는 정치·전략적 고려가 있었다. 1948~49년간 국공(國共) 내전의 3대 전역(戰役)인 랴오선(遼瀋, 랴오닝+선양)·핑진(平津, 베이핑+톈진) 및 화이하이(淮海, 장쑤성 화이허(淮河) 이북) 전투에서 국민당군을 격파하고 정권 수립의 발판을 마련했는데, 그 중심에 베이징이 있었다. 또 군사원조를 받을 수 있는 베이징 후방에 맹방인 소련·몽골이 있었다는 점도 배려했다.

그러나 베이징은 지난 60여 년간 환경을 무시하고 발전을 추구한 탓에 수자원 부족, 인구 증가, 교통 체증, 대기 오염 등 소위 '도시병' 치유에 실패했다. 2012년 말 현재 인구 2,069만 명(서울 1,020만 명), 면적 1만 7,000㎢(서울 605㎢의 28배)의 슈퍼 메가시티가 됐지만, 수도로서의 수용능력에 한계가 왔다는 평가를 받고 있다.

환경 및 기후 재앙 시마다 천도론 비등

1980년 수도(首都)경제무역대학의 왕핑(汪平) 교수가 최초로 천도문제를 제기했다. 심각한 물 부족사태로 상당기간 제한 급수가 실시되어 공황 상태에 빠졌기 때문이었다. 그러나 당시는 경제개혁·개방에 주안을 두고 있을 때라 문제 제기에 그쳤다.

이후 30여 년간 민간·학계는 물론, 정부·의회 차원에서도 관심을 보였다. 황사 피해가 거듭되자, 2001년 주룽지(朱鎔基) 총리가 "대처가 미흡할 경우, 천도 위기를 맞게 될 것임"을 경고했다. 2006년 3월에는 전국인민대표대회(국회) 대표 479명이 연명으로 수도 이전 건의안을 제출하기도 했다.

2010년 12월 상하이 화둔(華頓)경제연구원의 선한야오(潘晗耀) 원장은 "베이징은 정치·경제, 금융·비즈니스, 문화·오락 및 교통·물류의 중심 등 너무 많은 기능을 떠안아 과부하 상태"라면서 "수도를 내륙 또는 창장(長江)유역으로 옮길 것"을 주장했다. 지역균형 발전에 유리할 것이란 이유에서였다.

선한야오 원장의 천도 주장을 보도한 TV 화면

선한야오 원장은 후베이성 성도 우한(武漢)에서 북쪽으로 약 300㎞ 떨어진 허난성 신양(信陽)시를 최적의 선택으로 꼽았다. 이곳은 수자원이 풍부하고 중부 지방에 위치해 교통이 편리하며, 지세가 평탄하여 중서부지역 개발에도 유리하다는 논리였다. 신양시는 지구(地區)급 시로, 면적이 1만 8,925㎢나 된다. 인구는 454만 명이며, 허난·후베이·안후이 등 3개성의 정중앙에 있다.

베이징에 악성 스모그가 침범했다는 보도가 나오면, 인터넷에는 "2015년 신양시로 천도한다며?"라는 소문이 돌 정도로 인기가 많다. 그러나 신양 주민들은 "오지 마세요. 우리 위대한 신양시에 그렇게 많은 오염을

가져오다니요! 거주에 가장 쾌적한 도시란 명예를 잃고 싶지 않아요!"라
며 손사래를 친다.

허난성 남단에 위치한 신양시

그 외에 천도 후보지로 거론된 곳은 베이징을 제외한 7개의 옛 수도
(古都)가 있다. 허난성의 카이펑(開封)·정저우(鄭州)·뤄양(洛陽)·안양
(安陽), 산시성 시안(西安), 저장성 항저우(杭州), 장쑤성 난징(南京) 등
이다. 그러나 대기 악화문제로 천도를 추진한다면 모두 탈락할 것이다.
이곳들 모두가 초미세먼지 기준치를 상당히 상회하고 있기 때문이다.

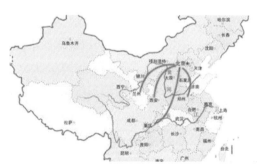

인터넷에서 강력 추천된 천도 후보지 : 좌측에서 우측으로
란저우(蘭州), 시안, 충칭(重慶), 정저우

천도문제를 가장 체계적으로 분석한 탕아이민

탕아이민과 《중국천도론》

2012년 7월 21일 베이징 폭우가 내려 도시계획의 구조적 결함으로 인해 시민 77명이 사망하자, 민간에서 천도 여론이 비등했다. 이때 크게 주목받은 것이 2012년 홍콩에서 출판된 탕아이민(湯愛民)4)의 저서 《중국천도론(中國遷都論)》이었다. 천도문제에 관한 한, 최고작으로 꼽힌다.

그는 1996년부터 후베이·후난·산시·간쑤성을 현지 조사하고 각국의 역사적 천도 사례를 검토, 천도의 타당성과 장래 가능성 등을 연구했다. "베이징의 정치·경제 및 문화 기능 분리를 위해 '1국가 3수도'일 필요는 없다. 문제 기능은 분리하더라도 수도는 하나여야 한다. 그러나 베이징의 문화적 기능은 확실히 유지하여 세계적인 문화도시로 발전시켜야 한다."라고 주장했다.

또한, 새 수도는 '남이·서천(南移·西遷)' 원칙에 따라 창장(長江)과 황허(黃河) 중간인 한수이(漢水) 강 유역이 가장 적합하다며, 후베이성 중부의 샹양(襄陽, 2010년 샹판/襄樊시를 개명)·징저우(荊州)·징먼(荊門)·이창(宜昌) 등 4개 시를 잇는 삼각지대를 으뜸으로 꼽았다.

후베이성 서부 고지에 자리 잡고 큰 산과 강이 있으며, 인구가 조밀하지 않으며, 가용 토지가 비교적 넓다. 역사·문화자원도 풍부하고 동서·남북의 교차지점에 위치하는 등 자연지리·문화·사회자원 등 분야에서 장점을 가지고 있다고 판단했다. 아직은 낙후지역이나, 경제발전여지가 큰 곳이어서, 주변 중서부 지방과 신장·티베트·윈난(雲南) 등 소수민족 집중 거주지역의 경제발전에 방사선형 촉매역할을 수행하여 중국

---

4) 1968년생. 톈진 난카이(南開)대학 역사학 석사학위를 가지고 있다. 신화사 광저우(廣州) 지사, 광저우시 사회과학원에 근무했었으며, 현재 딩진(鼎金)발전과학기술공사 이사장으로 재직하고 있다. 《중국천도론》은 1996년부터 저술을 시작했는데, 15년간 각지를 돌아다니며 고증·연구를 거쳐 탄생했다.

동서남북 간의 격차를 해소할 수 있다고 분석했다.

탕아이민이 주목한 후베이성 중부의 4개 거점 도시군

【후베이성 4개 거점도시 제원】

도시 명	인구(만 명)	면적(만㎢)	GDP(억 위안, 2012년)
샹양(襄陽)	550 (2010년)	1.97	2,501
징저우(荊州)	645.7 (2010년)	1.41	–
징먼(荊門)	301.9 2012년	1.24	1,085.26
이창(宜昌)	408.8 (2012년)	2.16	2,508.89

천도는 외국사례에 비추어 적어도 20～30년의 검증 과정을 거쳐 기술적 장애 극복 후 시행 가능하다. 광둥성 선전(深圳)의 비약적 발전처럼, 천도 후 30～40년이면 중서부·동부 간 격차를 효율적으로 축소하고, 중화민족 부흥과 양안 평화통일에 기여할 수 있다고 주장했다. 그러나 최후 결단은 지도자 몫으로 넘겼다.

허난성 신양시의 결점으로는 남쪽에 대별(大別, 다비에)산이 있고 북쪽에 화이허(淮河)가 있는데 풍수 측면에서는 북쪽에 산, 남쪽에 물이 있는 것이 비교적 좋다고 지적했다.

이밖에 많은 학자들이 화샤(華夏)문명의 발원지로 많은 왕조들이 도읍했던 중원(中原), 즉 허난성 중심 황허(黃河) 중하류 지역이 최적지라고 주장했다. 최근에는 수도를 이전치 않더라도 베이징의 일부 기능을 건설이 추진되고 있는 주변 위성도시로 이전해야 한다고 주장하는 개발 전문가들도 있다.

중국발 검은 재앙 대비, 한·중·일 공조 강화해야

그러나 베이징이 누리는 많은 특권과 유리한 조건들 때문에 단기 내 수도 이전이 쉽지는 않을 것 않다. 중국 지도자들의 관심을 끌지 못하고 있고, 정부가 천도 건의에 대해 침묵하고 있으니 말이다. 중국과학원 대기물리연구소는 '독성 스모그' 제거를 위한 인공강우 등을 검토할 수 있지만, 이는 미봉책일 뿐이라며 근본적으로는 환경 친화적 정책을 세우고 오염물질 배출을 줄이는 방법 외에 묘안은 없다고 진단했다.

중국의 대기오염 악화가 일시적이 아닌 장기적 환경 재해로서, 편서풍에 편승한 중국 발 미세먼지 유입5)에 대처하여 2013년 5월 한·중·일

---

5) 전문가들은 국내 미세먼지 오염 중, 중국 발 스모그 비중을 30~50%로 추정하고 있다. 중국발 스모그는 북서풍을 타고 빠르면 6시간, 보통은 1~2일 내에 한국에 도착한다. 중국에서 발생한 양의 40~50%가 한반도에 유입되고 있으며, 납과 카드뮴, 비소 등 중금속 성분을 다량 함유하고 있다. 미국 예일대 환경법·정책센터 등이 2014년 1월 25일 세계경제포럼(WEF, 1월 22일~25일 스위스 다보스)에서 발표한 '2014년 환경성과지수(EPI)'에 따르면 우리나라 환경지수가 178개국 중 43위를 기록했다. 2012년에 비해 수질, 어획량, 기후변화와 에너지 등 부문에서 상당한 개선이 있다. 그러나 대기 질은 2012년 51위에서 2014년은 중국발 스모그 등의 영향으로 166위로 하락했다.

2014 환경성과지수(EPI) 국가별 순위		(단위: 점)
순위	국가	점수
❶	스위스	87.67
❷	룩셈부르크	83.29
❸	오스트레일리아	82.40
❹	싱가포르	81.78
❺	체코	81.47
❻	독일	80.47
❼	스페인	79.79
❽	오스트리아	78.32
❾	스웨덴	78.09
❿	노르웨이	78.04
㊸	한국	63.79

자료: 서울대 기후변화대응연구원

3국간에 신설된 당국 정책대화 등을 통해 정보를 교환하고, 공동 조사·연구를 진행하는 등 공동 해결 방안을 모색해야 한다. 2014년 4월 말 대구에서 열린 '제16차 3국 환경장관회의'에서 ① 대기오염 방지 정책과 저감 기술 등의 상호 교환 ② 미세먼지 문제 해결을 위한 '대기 분야 정책 대화' 연례화에 합의한 것은 무척 다행한 일이다.

아울러 중국 수출 및 현지 생산 자동차의 배기가스 기준 강화, 공기청정기 및 호흡기 의료시장 진출도 적극 추진해야 한다. 현재 진행 중인 자유무역협정(FTA) 체결 협상을 통해 친환경 산업계의 중국 진출에 유리한 조건을 만들어 가야 할 것이다.

【심각한 대기오염의 영향과 사례】

파급 영향	구체 근거 사례
국민건강 저해	• 도시 주민 77%가 호흡기계 이상(2013년 6월 〈중국도시주민건강백서〉) • 지난 30년 동안 중국인 폐암 사망률은 4배로 증가 – 매년 35~50만 명이 조기 사망(2014년 1월 7일 〈21세기 경제도보〉) • 동절기에 석탄을 주된 난방 연료로 사용하는 화이허(淮河) 이북 주민의 평균 수명은 이남 지역보다 5.5년 짧음(2013년 7월 BBC 중문판) • 2010년 대기오염에 따른 조기 사망 중국인은 120만 명(2013년 3월 WHO) • 출산 가능연령의 불임률이 1990년 3%에서 2010년 12.5%(4,000만 명)로 급증(2013년 12월 신화통신) • 베이징에서 향후 10년 내 폐암 환자가 60% 증가 전망(2013년 1월 광저우 호흡기질병 연구소) • 스모그가 사망률 제고, 만성 질병·호흡기·심장계통 질병 악화, 생식 기능과 인체 면역체계에도 악영향(2013년 11월 중국사회과학원) • 장쑤성에서 2013년 10월 폐암 진단을 받은 8세 여아에 대해 의사가 스모그 속의 미세먼지를 발병 원인으로 지목
해외 우수인재 유치 저해	• 중국과학원에서 새로 선발한 미국 연구인력이 중국 스모그를 우려, 미국 잔류를 결정(2013년 10월) • 중국에서 일하는 외국인 귀국 증가
중국인 해외 이민 증가	• 2011년 중산층 지식인 중심 15만 여명 해외 이주 • 1978년~2011년 간, 이민자는 450만 명
국가안보·치안 위협	• 스모그로 일부 도시의 가시거리가 3m 이내로 떨어져, 도심의 CC(폐쇄회로)TV가 제 기능 수행 불가 • 스모그를 틈탄 테러·강력사건 등 발생 가능

중국 방문 여행객 감소	• 2013년 1~9월간 방중 외국인 여행객 : 1,936만 3,100명
	(전년 동기 대비 5.0% 감소)
	  – 지역별 : 아시아 -5.9%, 유럽 -4.5%
	  – 국가별 : 한국 -3.7%, 미국 -2.5%, 일본 -23.8%

각종 국제행사 진행 차질	• 2013년 10월 미 여자프로골프(LPGA) 레인우드 클래식대회가 개최된 베이징 파인 밸리 골프장에서 선수들이 코·입을 마스크로 가린 채 경기 • 2013년 10월 미 유명 재즈가수가 심각한 호흡기 장해로 병원에 후송, 북경 공연 중지 • 일본의 한 학교는 저장(浙江)성 사오싱(紹興) 지역과 지난 30여 년간 진행해 왔던 학생교류 프로그램을 2013년 들어 잠정 중단

【중앙 및 지방 정부의 대기오염 개선책】

구 분	개선 대책 요지
국무원 및 법원·검찰	• 환경보호부, 2013년 9월부터 1만 5,000여개 오염 통제대상 사업장에 오염물질 배출량 등 31개항 세부 정보의 인터넷 공개 의무화 • 법원·검찰, 환경사고로 30명 이상 중독 시, 재산 피해액 30만 위안(약 5,400만원) 초과 시, 불법 투기 위험물질 3t 초과 시, 엄벌
베이징시 (2013년 9월)	• 2013~2017년 공기정화 행동계획 발표 : 총 1조 위안(175조 원) 투자 - 2017년 PM 2·5의 연 평균 농도를 2012년 대비 25% 감축 - 난방 연료 : 석탄 → 천연가스·석탄가스(네이멍구 생산) 교체 - 석탄 사용량 : 연 2,300t → 1,000으로 감축 - 전기 자동차 : 20만대 보급(현재 1,600대) - 자동차 수 : 600만대로 제한(2013년 7월말 535.4만대), 연간 증가 차량 : 24만대 → 15만대로 감축(2014~17년 간) - 굴뚝 공장 : 1,200여 곳 폐쇄 - 버스 전용차로 480㎞ 추가(버스 수송비율을 52%까지 제고) - 시 인구 : 2,600여만 명 → 2017년까지 1,800만 명으로 감축 - 2014년부터 시외차량은 통행허가증 받고 베이징 시내 진입 - 시내 중심가 통행 차량에 대한 혼잡 통행료 부과 추진 • 경보등급 4단계 중, 가장 심각한 홍색(紅色) 경보 시, 휴교 포함, 승용차 홀짝제(현재 5부제), 기업체 탄력 근무제 실시 • 석탄 사용 감축 위해 2014년까지 477억 위안(8조 5,860억 원)을 들여 기존 화력발전소를 천연가스 발전소로 교체 계획
상하이시 (2013년 10월) : 대기오염 개선 행동계획 발표	• 2017년 PM 2·5의 연 평균 농도를 2012년 대비 30% 감축 • 에너지·산업·교통·건설 등 6개 분야의 대책 제시 - 석탄 소비량 감축 : 2015년까지 석탄 보일러 사용 중지 - 화력발전·철강·석유화학·시멘트 등 업종에서 오염물질에 대한 특별 배출기준을 엄격 적용
광둥성 선전(深圳)시	• 2013년 6월 18일 탄소배출권 거래제를 중국 최초로 도입 ＊ 베이징·상하이·톈진 등도 2013년 내, 시범 도입 추진
톈진·충칭·청두·항저우·선전·칭다오 등 8개 도시	• 2013년 내 차량구입 할당제 실시 : 매월 판매되는 신차 대수 제한 • 스좌장(石家庄) 시, 2013년 말부터 한 가정의 3대 이상 자동차 보유 금지, 2015년부터 자동차 구매 추첨제 도입
헤이룽장성 하얼빈시	• 2013년 5월 중국 최초로, 원탄 판매 금지구역 지정. 공업지역과 개발구 등에 원탄 판매 금지, 이를 어길 시 벌금 부과

9 지진 대응 메커니즘과 교훈

중국의 톈푸(天府), 즉 땅이 비옥하고 천연자원이 풍부한 '천혜의 땅'이라는 쓰촨성을 일컫는 말이다. 이를 시기했을까? 2008년 5월 12일, 8만 7,150명의 사망자와 실종자를 낸 리히터 규모 8.0의 원촨(汶川)현 대지진이 발생했다.

다시 2013년 4월 20일에는 원촨에서 남쪽으로 100km 떨어진 산간지대인 야안(雅安)시 루산(蘆山)현에서 규모 7.0의 지진이 발생하여 사망·실종 217명, 농가 등 약 16만 가구 붕괴 등의 피해가 났다. 이렇듯, 대규모의 지진을 맞이하는 중국의 지진 대응체제의 명암을 조망한다.

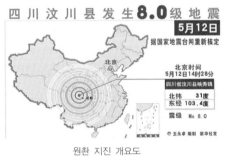

원촨 지진 개요도

2008년과 2013년 지진 경제적 피해 비교		(단위=위안·%)
구분	2008년 원촨 대지진	2013년 야안 대지진
GDP	30조670억	51조9.322억
경제손실	8.451억	100억~1,000억
GDP대비 손실비율	2.81	0.019~0.19

※ GDP는 2008년과 2012년 통계 사용.
자료=중국 매일경제신문

2008년·2013년 지진의 경제피해 비교

2013년 지진 발생 시, 신속·효율·투명화된 대응체제 가동

2008년 대지진이 발생했을 때 당국의 대응에 대해 ① 정보 공개 ② 인권 보호 등의 문제점이 지적되었다. 대표 사례로 주요 피해지역의 하나였던 두장옌(都江堰)시의 신축 초등학교 교사(校舍)가 속이 빈 벽돌 등을 쓰는 소위 두부공정(豆腐工程·두부공법)으로 지어진 부실·날림 공사 탓에 붕괴되어, 약 270명의 어린 생명을 앗아간 사건이 꼽힌다.

현지 당 간부를 비롯하여 아무도 책임을 지지 않았고, 폐허가 된 터는 유족들의 반대에도 불구하고 상업지역으로 재개발되었다. 이를 고발한 이는 새 둥지 모양의 베이징올림픽 주경기장을 공동 설계한 반체제 미술·건축가 아이웨이웨이(艾未未)[1]였다. 그는 "교사 붕괴의 진상이 은폐되는 것을 볼 때, 중국의 민주화는 아직 멀었다."라고 당국의 허술한 대처를 비판하다가 감시와 탄압을 받아왔다.

원촨 대지진 피해 현장 　　　　　 아이웨이웨이

　2013년의 대응은 과거보다 신속하고 효율적이었으며 투명해졌다. 4월 20일 8시 2분 지진이 발생하자, 시진핑 국가주석은 즉시 군경 동원령을 내려 당일 1만 명 이상의 장병이 재난 구조에 투입되었고, 리커창 총리는 현장 구조 및 복구 작업을 진두지휘하기 위해 전용기에 이어 헬리콥터에 올랐다.

야안 지진 개요도 　　　 천막에서 왕양 부총리(좌) 등과 구조작업을 협의하는 리 총리

---

1) 1957년 8월 베이징 태생이다. 저명한 시인 아이칭(艾青, 1910~1996년)의 아들로, 한국을 비롯하여 미국·일본·스웨덴 등 많은 국가에서 개인 미술전을 개최했다.

지진 발생 28분 만인 8시 30분, 공안·민정(民政)·위생부 등 유관 부처 합동의 비상대응체제가 가동되어, 텐트·간이침상·식수·비상식량 등 구호품 수송, 구조의료팀 파견, 생존자 탐색을 위한 생명탐사기·잔해수색 로봇 현장 투입이 단계적으로 이뤄졌다. 이 모두가 5년 전 보다 3~10시간 빠른 신속 대응이었다.

리커창 총리는 피해지역으로 향하던 전용기 안에서 왕양(汪洋) 부총리 등 관계자와 대책회의를 주재하면서 '피해 상황·사상자수 신속 공개'를 지시했다. 이에 따라 오전·오후로 나누어 피해규모를 밝히는 한편 후속 상황 신속 공개 및 의혹 사항 규명으로 국민의 불신 해소에 주력했다.

지진 진앙지가 루산(蘆山)현 지하 13km에 불과했기 때문에 야안·청두(成都) 등 12개 시, 33개 현 등 광범한 지역에서 건물·가옥 붕괴, 압사 등의 크고 작은 피해를 보았다. 최종 집계 결과, 사망 196명·실종 21명·부상 1만 1,470명 그리고 이재민은 231만여 명이었다.

무너진 집터에서 넋을 잃고 있는 주민

반관영인 중국홍십자회(中國紅十字會, 대한적십자사에 해당)도 원촨 대지진 이후 광범하게 제기되어온 성금 유용 의혹과 관련하여, 5월 6일 오후 5시까지 모집 금액 및 물품은 약 7억 7,070만 위안(한화 약 1,361억 원)이라고 상세 내역을 공개했다.

특히 홍십자회 감찰부는 원촨 대지진 성금 유용 혐의를 받은 20대 여직원인 '궈메이메이(郭美美)' 사건을 재조사하여 6월 9일 총회에 보고하겠다고 밝혔다. 그녀는 2011년 자신이 '홍십자회 상업(사업부) 경리'라면서, 웨이보에 별장과 고급 스포츠카 등 호화생활을 자랑하는 사진을 올려 성금 유용 논란을 확산시킨 바 있었다.

그 밖에도 의료진이 환경이 열악한 노천에서 응급수술을 하고 전국적으로 많은 중국인들이 자원봉사·헌혈에 적극 나서는 등 인본적 재난구조의 미담도 줄을 이었다. 불행 중 다행이었던 것은 이번 재난지역에 중국의 주요 핵 및 수리 시설 요충지가 포함되어 있었는데, 이들 시설이 별 피해를 입지 않았다는 점이다.

민관의 '연출 쇼', 부실공사, 성금 횡령 등 논란

그러나 두 번의 쓰촨성 지진 처리 및 복구 과정에서 미진한 점도 여러 곳에서 드러났다. 첫째, 재난 구조 절차문제이다. 지진·산사태 등으로 인한 매몰사고 구조의 마지노선은 지진 발생 후 72시간이다. 이 골든타임에는 질서 유지가 무엇보다 중요하다. 민간 구조대·자원봉사단 차량에 대한 통제 미흡으로 최대 재난지역인 루산현 길이 막혀 응급 구조대와 구호물자 투입이 제때 이뤄지지 못했다. 또 리커창 총리가 루산현에서 하루 묵는 바람에 '경호' 문제로 구호물품을 실은 트럭이 진입을 못하고 국도 입구에 7㎞가량 줄지어 정차한 사진들이 인터넷에 떠돌기도 했다.

"마실 물도, 먹을 음식도 부족한데 아무도 돌보지 않는다."라고 적힌 종이판을 든 아이

둘째, 민관이 연출한 '쇼'도 비난의 표적이 되었다. 긴급 구호물자와 이재민 생필품이 적시 공급되어야 함에도 불구하고 일부 관리들은 선전 효과가 큰 구호품 전달 장면을 보도할 TV 기자가 도착하지 않았다는 이유로 구호품을 늦장 배분하는 사례가 있었다. 또한, 중앙 및 지방지도자가 방문하지 않은 피해지역은 언론이 다루지 않아 지원도 후순위로 밀렸다. 낙석 등으로 도로가 끊긴 재해지역도 며칠씩 고립되어, 추위와 굶주림에 떨어야 했다.

물적 피해는 크지만 인적 피해가 적은 지역은 '주요 피해지역'으로 보지 않아 텐트·비상식량·식량 분배가 크게 지연된 반면, 사상자가 많은 곳은 구호품이 넘치는 기이한 상황도 있었다. 야안(雅安) TV의 여성 앵커는 지진 당일 결혼식을 준비하다가

여성 앵커 보도 장면

웨딩드레스 차림으로 현장 뉴스를 전달하는 프로정신을 보여줬다. 하지만 당일 오전, 여진이 잇따르는 상황에서 예식장 직원들의 안전을 무시한 채 결혼식을 강행했고, 식을 끝내고 카메라 앞에 섰다는 것이 밝혀져 눈살을 찌푸리게 했다.

한편, '자선왕'으로 불리는 천광뱌오(陳光標) 장쑤황푸(江蘇黄埔)그룹 (자원재활용회사) 회장은 4월 21일 루산현 도착 후, 솜이불 1,000채와 손전등 500개, 1t가량의 빵을 풀었다. 다음 날 오전 길거리에서 이재민들에게 1인당 200위안씩 모두 30만 위안(약 5,298만 원)을 직접 나눠줘, '최고의 자선가 쇼'를 연출했다. 그러나 동명이 그동안 기부 내용을 과하게 부풀려 왔다는 점에서 재차 '억지식 폭력 자선'이라는 논란이 일었다.

셋째, 소위 '두부 공법으로 지어진 두부 찌꺼기' 건물 문제였다. 원촨 대지진 후, 정부는 쓰촨성 전체 복구비용으로 약 1조 7,000억 위안(약 300조 원)을 투입하여, 2012년 2월 복구 완료를 선언했다. 그러나 진도 8.0에 견딜 수 있는 8급 내진(耐震) 설계로 재건축된 건물도 야안 대지진에는 잇따라 붕괴됐다. 일본의 2011년 '311 지진'은 규모 9.0에 쓰나미까지 덮쳤고 건물은 7급 내진 설계로 지어졌지만, 사상자는 원촨 대지진의 1/7에 불과했다.

루산현에서 다른 건물은 다 무너져 내린 중에도, '루산현 인민의원' 건물은 유리창 한 장 깨지지 않고 꿋꿋이 버텼다. 그 이유는 마카오 정부

의 구호 성금과 내진 설계로 지어졌기 때문이다. 이는 중국의 건축 기준·형식·시공·감리 등 분야에서 일대 혁신이 불가피함을 시사한다. 단층대 위에 세워진 건물은 전면 조사를 거쳐 보강해야 하며, 건축 규범 수정, 시공기술 및 공사 감독 강화조치도 필요하다고 지정되었다.

마지막으로 구호성금 유용 및 횡령 문제다. 2013년 대지진 발생 시, 중국인과 전 세계 화교뿐 아니라 외국인도 모금 행렬에 동참했다. 렁춘잉(梁振英) 홍콩특별행정구 장관은 2013년 4월 24일, 1억 홍콩달러(한화 약 142억 7,000만 원) 기부 계획을 발표했으나, 원촨 대지진 때처럼 중국 정부기관·중국홍십자회와 관련된 부패 관리들의 배만 채울 것이라는 홍콩의 일부 의원과 시민들의 반대로 5월 3일에야 홍콩의회를 통과했다. 이는 원촨 대지진 구호 성금으로 홍콩 정부가 90억 홍콩달러(당시 약 1조 2,024억 원), 민간에서 130억 홍콩달러(약 1조 7,368억 원) 이상을 보냈는데, 지출 내역이 의혹투성이 였기 때문이다.

원촨 대지진 후, 중국 정부는 원촨 피해 구호기금으로 400억 위안(당시 한화 5조 9,620억 원)을 방출했는데, 2009년 기금을 횡령한 관리 246명을 적발했고, 2010년에는 유용 기금 3억 2,000만 위안을 찾아냈다. 이렇다 보니, 민간의 공신력 있는 자선단체를 찾아 성금을 맡겨야 된다는 여론이 강하다. 영화배우 리렌제(李連杰)가 2007년 4월 발기하여 설립한 '일기금(壹基金)' 등 투명성이 확보된 비정부기구(NGO)에 지원해야 된다는 이야기다.

우리의 재해 대응 및 외국 재해 지원 관련 교훈

유관 부처는 2차에 걸친 쓰촨 대지진 구호 과정에서 밝혀진 문제점을 검토하여, 국내에서 유사 재해가 일어날 경우2)에 대비한 지진 방재 연구와 지진 재해를 줄이기 위한 반복 훈련 등의 대책을 강구해야 할 것이다.

또 하나 새겨봐야 할 것은 2008년 원촨 대지진 당시, 한·중 관계가 일시 불편해진 점이다. 당시 한국이나 중국에 있던 우리 민·관·기업 모두가 힘을 합해 성금 모금, 의료진 파견 등 지진피해 구호에 동참했다. 그러나 중국 민간 일각에서는 "한국 기업이 중국에서 돈을 벌고도 성금에 인색하다."라는 유언비어가 돌면서 한국 물품 불매운동을 벌이자는 구호까지 나왔다. 실제로는 중국에 있던 우리 기업·은행 등이 중국 정부로부터 여러 가지 감사의 표창을 받았는데도 말이다.

반면, "일본은 거액을 기부했을 뿐 아니라, 일본 구조대가 발굴한 시신 앞에서 경건하게 묵념을 올렸다."라며 관련 TV화면을 몇 번이고 방영했다. 중국인 가슴속에 잠재돼있던 반일 감정이 일순 친일 무드로 역전된 상황이었다.

왜 이런 일이 벌어졌을까? 국내의 일부 몰지각한 네티즌들이 "티베트인들을 탄압하더니, 중국인이 천벌을 받았다. 꼴좋다." 등의 악플을 올린 까닭이다. 그래서 사단법인 선플운동본부가 중국 인민일보의 인터넷 사이트인 인민망과 공동으로 2008년에 이어 2013년 4월 '중국 쓰촨성 지진 피해자들을 위한 추모와 위로의 선플달기 캠페인'을 벌였던 것은 정말 시의적절했다.

중국 삼성이 이재민 구호 성금 지원 등으로, 2013년 4월 19일 중국 국무원 산하 민정부로부터 자원봉사·자선·기부에 뛰어난 활동을 한 단체에 주는 중화자선상(中華慈善賞) '최고애심(愛心) 기업'으로 선정된 것도 흐뭇하다. 중국에서 우리 기업의 성공은 현지에서 '사회적 책임'을 얼마나 성실히 구현했고, 그것을 중국인들이 얼마만큼 체감하느냐에 달려

---

2) 한국은 유라시아판 경계에 있는 일본에 비해 지진 발생이 적어 대부분의 건물에 내진설계가 적용되지 않았다. 따라서 작은 지진에도 큰 피해가 발생할 수 있다. 소방방재청이 2011년 3월 컴퓨터 시뮬레이션으로 분석한 결과, 규모 7.0의 야안 대지진보다 작은 규모 6.5의 지진이 서울에서 발생할 경우, 피해는 사망 7,726명, 부상 10만 7,524명, 이재민 10만 4,011명으로 예상되었다.

있음은 두말할 나위 없다.

원촨대지진 5주년을 기려, 건물의 80%가 붕괴되는 등 최대 피해지역이었던 베이촨 강족(北川羌族)자치현 취산(曲山)진에 2013년 5월 9일 문을 연 '례펑'(裂縫 : 균열 의미) 기념관. 갈라진 땅을 형상화했다.

10 전방위 환경오염의 현주소

중국에선 2012년 말부터 대기오염에 이은 수질오염 악화가 신종 조류 인플루엔자(AI) 확산, 폐사 가축 무단 투기 등 악재와 겹쳐 불안감을 증폭시키면서 중국인 해외 이민이나 외국인의 귀국을 조장하는 상황까지 발생했다. 환경오염 문제는 시진핑 체제가 해결할 핵심 현안의 하나[1]로 부각됐다.

대기 오염에 따른 폐암 등 사망 원인 1위로 부상

중국에서 발생한 스모그에는 고농도 초미세먼지(PM 2.5)뿐 아니라 납·카드뮴·비소 등 맹독성 중금속이 함유되어 있다. 2012년 말부터 2013년 초까지 전 국토의 1/4, 전 인구의 절반에 가까운 약 6억 명이 스모그의 영향을 받았다.

2013년 초 발간된 중국환경 보고서에 따르면, 세계 10대 환경오염 도시 중에는 베이징·충칭(重慶)·란저우(蘭州) 등 7개

2013년 1월 15일 기준

중국 도시가 포함되었다. 반면에 중국의 500개 도시 중 세계보건기구(WHO)의 환경 기준치를 충족시킨 도시는 1%인 5개도 안 된다. 2013년 1월 베이징의 공기오염도는 WHO 기준치의 35배 정도였다.

---

1) 니께이 신문은 2013년 3월 6일자 기사에서, 시진핑 체제가 경제정책 운영에서 직면할 3대 리스크로 ① 고령화에 따른 노동력 부족 ② 환경문제 ③ 기술혁신 지연 등을 제기했다.

또 중국은 대기오염으로 인한 질병으로 해마다 GDP의 1.2%에 달하는 6,000억 위안(105조 원)의 경제적 손실을 본다고 지적했다. 여기에 질병 치료를 위해 사람들이 추가로 부담할 의사가 있는 비용까지 포함하면 최대 중국 GDP의 3.8%인 1조 9,000억 위안(333조원)의 손실이 발생할 수 있다고 추정했다. 2013년 4월 2일 〈21세기 경제도보〉는 2010년 대기오염으로 건강을 해쳐 사망한 중국인은 123만 4,000여 명으로, 그해 총 사망자의 약 15%를 차지했다고 보도했다.

중국의 대기오염이 극심한 이유는 중국 북부를 덮친 42년만의 기록적 한파로 인한 난방용 석탄 사용 급증, 자동차의 급증[2]과 환경 기준치에 미달되는 고유황 연료 사용에 따른 유독가스 배출(대기오염원의 60% = 연료용 석탄 + 자동차 배기가스), 석탄 화력발전소(에너지의 66% 공급)의 과다[3] 등이 꼽힌다.

수돗물 · 지하수 음용 기준에 대한 국민 불신도 증대

수질오염 또한 심각하다. 2013년 1월 15일, 《중국경제주간(中國經濟周刊)》 잡지는 중국의 7대 강에 흐르는 물의 절반이 공업용수로도 쓸 수 없고, 정수처리시설 중 수원(水源)이 음용수 기준에 적합한 곳은 50%도 안 된다고 보도했다. 중국 당국은 이 수치를 70~75%까지 올렸지만, 실제 마실 수 없는 3급수까지 포함시킨 것이다. 중국 기준 3급수는 양식장 등이 포함된 어업수역이나 수영이 가능한 수역의 물이다. 미국 기준으로는, 이런 3급수에 포함된 유기화합물은 암을 유발하고 인체의 면역 · 생식 능력도 떨어뜨릴 수 있다.

---

2) 2012년 말 현재 중국의 자동차 보유대수는 2억 4,000만 대(그중 승용차는 1억 2,000만 대)이며 자동차 운전자는 2억 명이다.(2013년 1월 30일 중국 공안부 발표)
3) 2012년도 중국의 발전능력(11억 4,491만kw)을 전원(電源)별로 보면, 화력이 71.5%, 수력이 21.7%, 풍력이 5.3%, 원자력이 1.1%, 태양광이 0.3%, 기타 0.1%이다.

그러나 "도시의 공장폐수와 생활하수, 농촌의 농약 오염수 등으로 인해 오염이 계속 확대되는 상황에서 1·2급수로만 수원을 한정하면, 현실적으로 수돗물 공급이 불가능해, 중국도시 중 수돗물을 직접 마실 수 있는 곳은 하나도 없다."고 말한다.

악취를 풍기는 농촌 하천 : 암 마을로 변한 허난성 둥쑨러우(東孫樓)촌

또한, 수돗물을 끓이면 미생물을 죽일 수 있지만, 유기화합물 제거는 불가능해 취수 과정에서 유기화합물을 제거할 수 있는 고도의 정수처리 공정을 도입해야 한다. 중국 내 4,457개 정수장 중, 이런 고도 정수처리가 필요한 곳은 전체의 80%에 이르나, 실제 공정이 도입된 정수장은 2%에 불과하다.

한편, 지하수는 중국 수자원의 1/3을 차지하는데, 당국은 조사 결과 "전국 지하수의 90%가 오염됐고, 그중 60%는 오염 정도가 심각하다."라고 밝혔다. 지하수 오염의 주범은 각종 공장 폐수(廢水)다. 쓰레기 매립지의 침출수 외, 각종 공장의 오·폐수를 임시 저장하는 구덩이에서 오염 물질이 땅속으로 스며들어 지하수를 오염시키는 것이다. 심지어 일부 화학 공장과 종이제조 공장은 고압 펌프를 이용해 폐수를 지하수층으로 밀어 넣는다.

대규모 식수난·어민 생계난 등을
유발한 카드뮴 오염사건

어떤 기업은 종유동에도 폐수를 버린다. 2012년 1월, 남부 광시(廣西)장족자치구 룽장허(龍江河)의 카드뮴 오염사건이 바로 이런 연고에서 비롯된 것이다. 중금속 기준치의 5배를 초과하는 물줄기가 100여km에 이르렀다. 폐수배출 기업 책임자 13명과 감독 공무원 2명이 최고 징역 4년, 벌금 100만 위안의 처벌을 받았다.

베이징을 비롯하여 각 지방이 관내 수돗물·지하수가 마시는 물 기준에 부합된다고 밝히지만, 믿는 시민은 많지 않다. 그 와중에 리푸싱(李富興) 전 국가발전개혁위 음용수(飮用水)산업 연구위원이 20년째 수돗물은 먹지 않고 생수로만 생활해온 사실이 2013년 초 언론에 공개돼 파문이 확산된 적도 있다.

관영 신화망(新華網) 마저 "양심이 없는 기업들이 폐수를 수년째 지하로 버리고 있고, 시민 고발도 계속 이어지고 있는데, 개선되지 않고 있다."며 당국의 '감독 부실'을 비판했다.

연쇄적 환경재해로 내외국인 상당수가 공황 상태

중국 환경보호부는 2013년 2월 7일 지방정부에 시달한 〈화학품의 환경오염 방지에 관한 5개년 계획〉에서 "많은 곳에서 유독·유해 화학물질이 물과 대기를 심각히 오염시켜 '암마을 (癌症村)'을 만들어 냈다."고 '암 마을'의 존재를 최초로 공식 인정했다.

민간과 언론은 '암 마을'이 연안 및 내륙 공업지대를 중심으로 200곳 이상, 하급 행정 정단위인 '촌(村)'으로는 최대 400여 곳에 달하는 것으로 추정하고 있다.

중국의 암 마을 분포도

산둥성 서북쪽 해안가에 있는 라이저우(萊州)시는 2009년 중국노년학회가 '장수마을'로 선정한 곳이다. 관내 투산진(土山鎭)은 '국가 생태마을'로 지정되기도 했으나, 2000년대 중반 이후 '암 마을'로 변했다. 투산진 하이창 2촌(海滄二村)에선 2007년 후 매년 10~20명의 암 환

공장 폐수로 빨갛게 물든 헤이룽장성 훙허(洪河) 지류

자가 발생하여 지금까지 간암·폐암 등으로 30명 이상이 숨졌다. 인근의 농약제조회사 등 화공공장이 배출하는 페놀 폐수와 오염된 공기가 주요인이다. 주민들은 "역한 냄새 때문에 밤에도 젖은 수건으로 입과 코를 가리고 자야 한다."라고 말했다.

게다가 2013년 3월에는 조류인플루엔자 감염이 확산되는 가

2013년 3월 돼지 사체를 처리시설에 투입하는 작업원. 상하이

운데, 상하이 황푸(黃浦)강에 약 1만 마리의 돼지 사체, 쓰촨(四川)강에 약 1,000마리의 오리 사체가 떠내려 왔고, 4월에는 충칭(重慶)강에는 폐사한 대량의 물고기가 떠올랐다.

당국은 배후를 밝히지 못한 채, 수질에 별 영향이 없다고 했지만, 음용수 및 식품안전에 대한 시민의 불신은 더욱 깊어만 갔다.

이런 민감한 시기에 2013년 2월 12일 북한은 3차 핵실험을 강행하여 방사능 오염을 우려하는 중국인들의 반북(反北) 여론을 격화시키는 자충수를 두었다.

"숨 막혀 못 살겠다."던 중국인과 외국인들이 마침내 행동에 나섰다. 파이낸셜타임스(FT)는 2013년 4월, "지난 겨울 베이징 등 주요 도시를 휩쓸었던 스모그가 올 여름 재발할 것으로 보여, 외국인과 상류층을 중심으로 많은 사람들이 베이징을 떠날 채비를 하고 있다."라고 전했다. 또 중국의 대기오염이 불편 수준을 넘어 파멸을 가져올 것이라며 '에어포칼립스(airpocalypse : 공기 air + 세계종말 apocalypse의 합성어)'라는 신조어를 만들어냈다.

특히 환경오염으로 인해 먹거리와 건강, 자녀 교육과 삶의 질까지 위협받으면서, 중국에서 일하는 외국인의 귀국과 중산층 지식인을 중심으로 한 중국인들의 해외 이민[4], 즉 '차이나 엑소더스(중국 대탈출)'도 가시화되고 있다. 2011년 해외 이민 길에 오른 중국인은 15만여 명에 달했다.

'돈보다 환경'이라며 공해를 일으키는 공장건설을 반대하는 각 지방 주민들의 항의 시위도 급증했다. 상하이 시민 1,000여 명은 2013년 5월 13일 쑹장(松江)구

진압 경찰과 대치 중인 시위대

---

4) 중국의 개혁·개방(1978년 12월) 이후 2011년까지 해외 이민자는 450만 명이며, 미국 투자이민 신청건수는 2007년 270건 → 2011년 2,969건으로 11배 증가했다.

에서 대규모 가두 시위를 벌이면서, 구(區) 정부에 대기 · 수질 오염을 야기할 수 있는 리튬전지 공장 건설계획을 취소하라고 요구했다.

2013년 5월 4일에는 윈난성 쿤밍(昆明)시 주민 3,000여 명이 중국석유천연가스집단공사(CNCP)가 유독성 물질인 파라크실렌(PX) 등을 생산하는 공장 건설에 반대하기 위해 집회를 벌여 결국 파라크실렌 생산계획을 철회시켰다.

중국의 환경오염 대책과 우리의 대응 방향

시진핑 국가주석 · 리커창 총리 체제가 공식 출범한 2013년 3월의 제12기 전국인민대표대회 제1차 회의(정기 국회)에서는 환경대책 강화가 포함된 정부사업보고가 채택되었다. 주요 대책은 ① 에너지 절약 및 환경 보호 예산 증액 ② 화력발전 비율(현재 71.5%) 감소 ③ 탈 석탄 차원에서 신형 천연가스의 하나로, 세계 3위의 매장량을 가진 탄층(炭層)가스 개발 강화 ④ 자동차 배기가스 기준 강화 ⑤ 연료 품질 개선 ⑥ 전기자동차(EV) · 플러그인 하이브리드 차(PHV) 등 화석연료 소비를 감소시킬 차세대 친환경차 보급 추진 등이었다.

덧붙여 리커창 총리는 3월 17일 취임 연설에서 초미세먼지(PM 2.5)지수를 직접 언급하면서 "대기 · 수질 및 식품안전 위반업체들은 강력한 단속에 따른 높은 대가를 지불해야 할 것"이라고 경고했다.

우리의 자동차 · 가전 및 식품 업체들은 중국의 환경오염 대책 추진 등을 호기로 삼아, 자동차 설비 · 정수기 · 지하수 정화시설 · 안전 식품의 중국시장 진출을 적극화해야 할 필요가 있다. 아울러, 중국의 환경오염으로 생기는 피해를 참고 침묵할 것이 아니라 문제 삼아 개선을 촉구하되, 중국의 환경오염 감소를 위한 지원 및 협력방안을 모색해야 한다. 그것이 이웃 나라를 돕고, 환경도 함께 지키는 길이다.

【중국 정부의 환경 대책(2013년 3월 5일 발표)】

- PM 2.5의 감시·측정 및 수치 데이터 공개 강화
- GDP 1단위당 에너지 소비량·CO_2 배출량을 3.7% 이상 감축
- 에너지 절약 및 환경 보호 예산 증액 : 전년 대비 12%(세출 증가율 : 9.1%) 증액된 3,286억 4,700만 위안 책정
- 환경문명 선도 시범지역을 정비
- 도시의 오수 처리율을 86%, 생활쓰레기 무해화 처리율을 82%로 제고
- 자원을 종합적으로 이용하는 모델 기지 100개소와 중견기업 100개사를 육성하는 제2기 프로젝트 개시
- 발전소 전원(電源) 구성의 개선 : '탈 석탄' 노력 가속
  - 화력발전 중, 석탄 대신 오염물질 배출이 적은 신형 천연가스 이용
  - 신형 천연가스 중, '셰일가스'보다 채굴 쉽고, 세계 매장량 3위인 '탄층(炭層)가스' 개발 촉진
  - 태양광 1,000만kw·풍력 1,800만kw·원자력 324만kw·수력 2,100만kw의 발전설비 용량을 증설
  * 연내, 태양광은 4배로, 풍력·원자력·수력 능력은 각각 10~30% 강화
- 자동차 배기가스 규제 강화
  - 2017년까지 유럽 수준 연료 품질기준 달성(유황성분 감소)
  - 전기자동차(EV)·플러그인 하이브리드 차(PHV) 등 친환경차 보급

【위성으로 측정한 PM 2.5 분포 (2013년 3월)】

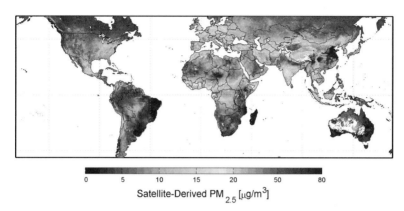

Satellite-Derived PM$_{2.5}$ [$\mu g/m^3$]

| 0 | 5 | 10 | 15 | 20 | 50 | 80 |

* 서울 지역은 자체 오염과 중국발 오염이 중복되었고, 중국은 빨갛다 못해 검붉은 색으로 표출

【환경오염 반대 집단시위 사례】

시 간	장 소	항의시위 경과	당국 조치
2013년 7월	광둥(廣東)성 장먼(江門)시	주민 2,000여명은 중국핵공업그룹(CNNC)이 장먼시 산하 현급 시인 허산(鶴山)시에 지으려던 우라늄 처리공장 건설에 반대, 시 청사 앞까지 시위하며 경찰과 대치	장먼시 정부는 공장 건설 계획 철회
2012년 10월	저장(浙江)성 닝보(寧波)시	완탕(灣塘) 촌 주민 등 200여명은 중국석유화공(化工)그룹이 전하이(鎭海)구에 지으려는 화학공장이 마을에서 너무 가깝다며 구 정부에 촌락 조기 이전을 요구	구는 공사가 환경평가에 부합된다며 환경지구 내 20개 촌락 건설 약속
2012년 7월	쓰촨(四川)성 스팡(什邡)시	시민들이 시정부 청사 앞에 집결, 몰리브덴-구리 합금공장 증설에 반대하는 시위를 벌였고, 일부는 경찰저지선을 돌파하여 정문과 진열대를 파괴	시 정부는 홍다(宏達) 합금공장 건설 중지 결정

시 간	장 소	항의시위 경과	당국 조치
2012년 4월	톈진(天津) 직할시	시민 수천 명이 중사(中沙)회사의 파라크실렌(PX)공장 건설공사 착공을 반대하는 가두시위 전개	시 정부는 시공 중지와 재심사를 결정
2011년 12월	광둥성 산터우(汕頭)시	하이먼(海門)진 주민 수백 명이 허뎬(華電)그룹의 발전소 공사에 따를 오염을 우려, 시 정부 청사와 고속도로 진입로에 진출, 차량 출입을 차단	시 정부는 동 공사를 잠정 중단, 재검토 결정
2011년 9월	저장(浙江)성 하이닝(海寧)시	시민 8,000여 명이 징커(晶科) 미(美) 태양광 제품 회사가 수년간 오수를 배출, 한 촌이 암 마을로 변하자 회사로 몰려가 간판·시설물 등 파괴, 경찰과 충돌	시 정부는 동 회사에 대해 의법 처분
2011년 8월	산둥(山東)성 다롄(大連)시	시민 수만 명이 파라크실렌(PX)공장 가동에 반대, 시 정부 청사에 몰려가 항의 시위를 전개	시 정부는 공장 가동 중단 및 이주 결정
2009년 11월	광둥성 광저우(廣州)시	시민 수백 명이 시 정부 청사에 몰려가 판위(番禺)구 내, 광르(廣日)그룹의 대형 쓰레기소각장 건설 반대 시위를 전개	시 정부는 쓰레기 소각 발전소 건설을 잠정 중단하고 부지를 재선정
2008년 8월	윈난(雲南)성 리장(麗江)시	싱촨(興泉)촌 주민 300여명은 수원을 오염시킨 가오위안(高源)건재공사의 직원들과 충돌, 촌민 6명이 부상하고 차량 13대가 파손	현 정부는 동사에 400만 위안의 처리보증금을 2회 분납토록 처분

제5부

외교 · 국방 및 안보체계

차이나 드림

1 국가의 핵심이익

시진핑 중국 당 총서기 겸 국가주석은 2013년 1월 28일 '평화발전의 길 견지'를 주제로 한 당정치국 집체학습[1]에서 "중국은 평화발전의 길을 견지할 것이지만 우리의 정당한 권익을 절대 포기할 수 없고 국가의 핵심이익을 절대로 희생할 수 없다."라고 강조했다.

'국가의 핵심이익 수호'는 시진핑이 창당(1921년) 및 건국(1949년) 등 두 가지 100주년 시점의 국정목표로 내세운 '중화민족의 부흥 = 중국의 꿈 실현'을 위한 굳건한 초석으로서, 시진핑 지도부 출범(2012년 11월 제18차 당대회) 이후 전 방위적 양상으로 구체화되고 있다.

국가이익 개념 및 함의의 진화

국가이익의 개념은 17세기 중엽 유럽에서 민족국가 출현 이후에 점진적으로 형성된 것이다. 프랑스의 정치사상가인 리슐리외(Richelieu, 1585~1642, 루이 13세 때 총리·추기경)는 국가주권이 모든 것 위에

---

1) 동 집체(집단)학습은 시진핑 지도부가 출범한 제18차 당대회 이후, 세 번째 개최된 것으로 강사는 양제츠(楊潔篪, 현 국무위원) 외교부장과 왕자루이(王家瑞) 당 중앙대외연락부장(현재는 정협 부주석 겸임), 천더밍(陳德銘) 현 해협양안관계협회(海峽兩會 회장) 3명이었으며, 정치국 집체학습 9년 만에 외교문제를 주제로 다뤄, 신사유(新思維)를 제기했다는 평가를 받았다.

있다는 '국가지상(國家至上)론'을 제시하여 '왕권 지상'의 봉건사상에 반대했다. 이후 그 개념은 수백 년에 걸쳐 진화되어 왔다. 현재 서방의 국제정치학계에서는 국가이익을 내용에 따라 정치·안보·경제 및 문화 이익 등으로, 중요도에 따라서는 핵심·중요 및 일반 이익으로 나눈다.

국가이익의 개념과 함의는 국경·국력·인구 등 요소의 변화에 따라 끊임없이 변화해 왔다. 통상 국력이 강할수록 핵심이익은 더욱 많다. 미국에게 있어서 해외 군사기지의 설치, 주요 해양항로의 군사적 안전 등이 모두 핵심이익이지만, 절대다수 국가의 핵심이익은 아니다. 일부 중국학자들은 해양 석유운송 안전 등을 중국의 '중요 이익'으로 간주한다.

중국에 있어, '핵심이익'이란 국가의 존망에 관련되어 거래하거나 양도할 수 없는 중대한 이익, 즉 '타협의 여지가 없는 국익'이다.

중국 언론에 핵심이익 단어가 빈번히 등장한 것은 대만·티베트(西藏)·신장(新疆) 및 동·남중국해 문제 등이 국제 여론화된 2009년 여름부터로, 중국 지도자들은 이때부터 이들 사안이 "국가 핵심이익에 관계된다."라고 주장해 왔다.[2]

특히, 다이빙궈(戴秉國) 당시 외교담당 국무위원은 2009년 7월 미·중 전략경제대화에서, 핵심이익을 ① 기본제도·국가안전의 유지·보호 ② 국가 주권과 영토보전 ③ 경제·사회의 지속적 안정·발전 등 3가지로 요약했다.

중국의 국가 핵심이익 범위 확대

중국이 '핵심이익' 범위를 확대 및 확정한 것은 그로부터 2년 후로, 2011년 9월 6일 발표한 《중국의 평화발전》 백서를 통해서다. "중국은 결

---

[2] 주중 외국특파원들의 금기사항 중 하나인 "3T(Taiwan·Tibet·Tianmen, 대만·티베트·천안문)를 주의하라."는 취재 시 중국의 '핵심이익'에 저촉될 수 있다는 경계감에 기인한다.

코 평화 발전의 길에서 벗어나지 않을 것"이라면서, "타국 내정 불간섭, 어떤 국가나 단체와의 동맹 불체결, 패권주의·강권정치 반대"를 강조했다.

《평화발전 백서》이미지 컷

하지만 국가 핵심이익이 갈수록 커지고 있음을 분명히 해, 다이빙궈의 3대 핵심이익을 ① 국가주권 ② 국가안전(안보) ③ 영토보전 ④ 국가통일 ⑤ 헌법에 기초하는 국가정치제도와 사회 안정 ⑥ 경제·사회의 지속 발전에 대한 기본적 보장 등 6가지로 세분하면서 그 수호 의지를 강력히 천명했다. 정부 차원에서는 영유권 분쟁, 서방의 인권 비난 소지 등을 의식해 구체적 내용을 적시하지 않았으나, 학계 전문가들이 밝힌 설명은 비교적 소상하다.

'국가주권'은 960만㎢에 달하는 중국 본토 외에 역사적으로 자국 영토인 동중국해의 댜오위다오(釣魚島·일본명 센카쿠열도), 남중국해의 난사(南沙)·시사(西沙) 군도에도 미치고 있다고 보며, 영토·영공·영해를 침범 받지 않음을 의미한다.

'국가안보'에는 정치체제 수호, 국방 외 인터넷 안보도 포함되어 있다. 북핵 문제도 포함시키는 학자들이 상당수다. '영토보전'은 소수민족의 분리독립 투쟁이 끊이지 않고 있는 신장과 티베트를 결코 중국에서 분리시킬 수 없다는 의지를 담고 있다. '국가통일'은 '대만과의 통일'을 의미한다.

그리고 '정치·사회 안정'은 공산당 1당 지도 같은 기본제도 유지 및 서구 민주주의 도입 방식의 정치개혁 배제를, '경제·사회의 지속발전 보장'은 개혁·개방의 부조리인 부패·범죄·지방채무·부동산버블 등의 해소를 의미한다. 국정 영향력이 큰 모든 현안이 핵심이익에 직결된다.

시진핑의 국가 핵심이익 수호 스타일

시진핑 취임 후의 통치스타일을 보면, 국가 핵심이익을 지켜내겠다는 강력한 지도자상이 돋보인다. 장쩌민(江澤民)·후진타오(胡錦濤) 등 선배 지도자들의 집권 초반 분위기와는 사뭇 다르다. 주요 사례를 보자.

최근 남중국해 영유권을 둘러싸고 베트남·필리핀 등 인접국들과의 갈등은 소강 상태를 보이고 있는 반면, 일본과는 댜오위다오(2013년 4월 26일 중국 외교부 대변인, '국가 핵심이익'으로 규정) 영유권을 놓고 매 건 마다 격돌, 악화되고 있는 관계의 끝이 보이지 않는다.

중국이 2013년 10월 18일부터 서태평양에서 폭격기와 전함 편대를 동원한 대규모 군사훈련을 실시하며 무력을 과시하자, 일본은 육·해·공 자위대 3만 4,000여 명과 함정·항공기(380여 대)를 동원하며 11월 1~18일간 소위 '센카쿠 열도 탈환 군사훈련'을 벌였다. 중국은 서태평양 훈련을 정례화하겠다고 맞대응했다.

훈련에 참가한 중국 함대 전단

중국은 2011년 초, '아랍의 봄'(중동의 민주화 혁명) 여파가 국내 정치 체제 변화 요구를 자극할 수 있음을 우려하여 인터넷 검열을 강화해 왔다. 2013년 들어 그 조치는 더욱 강화됐다. 2013년 10월 9일자 관영 신징바오(新京報)는 유관 부처·언론이 약 200만 명의 '여론 분석관'이라는 인터넷 감시요원을 운용하고 있다고 공개했다.

캐머런 영 총리는 2012년 5월 '종교계의 노벨상'이라 불리는 템플턴상 수상을 위해 런던을 방문한 달라이 라마를 공식 접견했다. 중국이 '반중 분열인사 접대는 내정간섭'이라며 공식 사과를 요구하자 영국은 거절했다. 이로 인해 그해 가을로 예정됐던 영국 총리의 방중 취소, 2013년 초로 계획된 리커창(李克強) 총리의 방영 연기, 중국의 투자 중단 등의 외교·경제적 보복을 당했다.

달라이 라마 접견으로 예정보다 1년 넘게 지연된 시진핑 면담

결국, 캐머런 총리는 대중국 관계 회복을 위해 1년 반 가까이 공을 들인 후, 2013년 12월 1~3일간 각료 6명과 기업인 150여명 등 사상 최대 경제사절단을 이끌고 방중하였다. 그리고 리커창 총리에게 "티베트는 중국의 일부이며 티베트 독립을 지지하지 않는다."라고 말하여, 중국의 주권을 존중하겠다는 뜻을 밝혔다.

대신 중국과 투자 확대·우주 공동 탐사 등 경제·과학 분야에서 10여 개의 상호 협약에 서명했고, 중국으로부터 최대 500억 파운드(약 86조 원) 규모에 이르는 고속철·원자력발전 분야 투자 약속을 받았다. 경제적 실익 앞에 소신도 내던진 것이다.

중국 당국은 2013년 10월 28일 베이징 톈안먼(天安門) 차량돌진 테러사건(차에 탄 위구르인 3명 포함 5명 사망, 38명 중경상) 배후에 위구르 독립운동 단체인 '동투르키스탄 이슬람 운동(ETIM)'이 있음을 밝힌 후, 연계조직에 대한 대대적 소탕작전을 감행할 것임을 시사했다. 이에 앞서 2013년 9월에는 신장위구르자치구에서 테러 혐의로 7명을 사살한

적도 있었다.

차량 자폭테러 관련, 전
국 주요 도시와 티베트·
신장 지역, 주요 정부기
관·산업시설 등을 대상으
로 검문·검색 및 보안 조
치가 대폭 강화된 가운데,
2013년 11월 6일까지 베

톈안먼 차량 자폭 현장

이징·신장위구르자치구에서 '국가분열 선동, 불법 종교활동 참여' 등을
이유로 위구르인 200여 명이 구속됐다 한다.

한편, 미국 정부가 2010년 1월 64억 달러 상당의 블랙호크 헬기·
요격미사일의 대만 판매 계획을 발표하자, 중국은 양국 군 고위 인사
방문일정 잠정 취소, 군 교류 업무와 차관급 전략적 안보군축 및 핵확
산방지 협상 잠정 연기와 함께 대대만 무기판매 참여회사에 대한 제재
를 결정했다.

무장한 블랙호크 헬기

양제츠 당시 외교부장(현
국무위원)이 2011년 3월 기
자회견을 통해 미국이 대만
에 대한 무기판매를 재개할
경우, 중국과의 관계 개선에
심각한 위험을 부담하게 될
것이라고 경고한 것도 이 같
은 핵심이익을 염두에 두었기 때문이다.

군 통수권자(중앙군사위 주석)인 시진핑은 국가 핵심이익 수호 논리
를 앞세워 군사력 증강의 목소리도 높이고 있다. 2013 3월 11일, 제
12기 전인대(전국인민대표대회) 1차 회의 시, 해방군 대표단 회의에 참
석하여 새로운 시기의 강군(強軍) 목표로 "당의 지휘를 받들고, 싸움에

선 이겨야 하며, 우수한 기풍을 발양한다.(廳党指揮,能打勝仗,作風優良)"라는 12자 방침을 제시했다. 그중 핵심은 "싸움에선 이기는 것"임을 강조했다.

군 대표단을 접견하는 시진핑

　그러나 중국의 국가 핵심이익은 이해 당사국에도 중대한 사안이라는 점에 비추어, 소위 '국가 핵심이익 수호' 과정에서 주변국은 물론 국제사회와의 충돌과 갈등이 끊이지 않을 것으로 보인다. 당장에 우리와 갈등을 일으킨 것이 '이어도' 문제다. 중국 국방부는 2013년 11월 23일 동중국해 상공에 중국 방공식별구역(CADIZ)을 설정하면서, 센카쿠(중국명 : 댜오위다오)열도를 비롯해 제주도의 서남쪽 바다와 일본·대만 등으로 둘러싸인 동중국해 상공 대부분을 포함시켰다.

　우리 군의 방공식별구역(KADIZ : Korean Air Defense Identification Zone)과 제주도 서쪽 상공에서 남북 20km와 동서 115km, 면적으로는 제주도 1.3배 수준이 중첩됐다. 특히 CADIZ에는 이어도 상공도 포함됐다. 우리 정부는 일방적인 CADIZ를 인정하지 못하겠다며 조정을 촉구했지만, 중국 외교부 대변인은 2013년 11월 25일, "이어도는 수면 아래에 있는 암초로 영토에 해당되지 않는다."라고 말하고, 영토가 아니기 때문에 방공식별구역 문제로 다툼이 있을 수 없다는 입장을 보였다. 다만, "한국과 대화·소통으로 문제를 풀어나가겠다."라고 밝혔다.

우리 국방부는 2013년 11월 28일 서울 개최 제3차 한·중 국방전략
대화(제1차 2011년 7월 서울, 제2차 2012년 7월 베이징) 계기에 "우리
국익에 저해되지 않는 방향의 조정 필요" 입장을 분명히 전했지만, 아직
까지 문제는 해결치 못하고 있는 상황이다. 중국 정부는 오래전부터 해
양법 학자·연구원들을 앞세워 주중 한국 공관원들을 면담 유출하는 방
식으로 이어도에 대한 한국의 입장을 파악하고 연구해 왔다. 우리가 이
어도 영토분쟁에 대비한 사전 대응책을 숙고해야 할 이유다.

【이어도 문제 관련 한·중 입장 비교】

구 분	한 국	중 국
영토 귀속	이어도는 한국의 영토	이어도는 영토가 아니라 암초
실효 지배	해양과학기지 건설(2003년 6월) 후	해양과학기지는 법적 효력 없음
대륙붕 위치	한국 영토가 연장된 대륙붕에 위치	중국 영토가 연장된 대륙붕에 위치
경계 획정 근거	역사적으로 17세기 《하멜 표류기》 당시 제주도 설화 등에 등장	형평의 원칙상, 국토 면적과 인구수 고려해 획정
포함 수역	국제법상 배타적 경제수역에서 중간선 원칙 적용 시, 한국수역 포함	한·중 배타적 경제수역(EEZ) 중첩 수역이므로 협상 필요

【이어도 일반 제원】

- 명칭 : 국내에서는 이어도·파랑도, 중국어권에서는 쑤옌자오(蘇岩礁), 영어권에서는 소코트라 암초(Socotra Rock(Reef) : 1900년 영국 상선 소코트라/Socotra호 발견)
- 경위도 좌표 : 북위 32°07′22.63″, 동경 125°10′56.81″

- 인접 유인도에서의 거리
  - 제주도 남쪽 마라도에서 서남방으로 149Km
  - 일본 도리시마(鳥島)에서 서쪽으로 276Km
  - 중국 서산다오(余山島)로부터 북동쪽으로 287Km
  * 무인도이자 바위섬인 퉁다오(童島, 공식명 하이자이다오/海礁島)에서는 245km
- 위치 : 동중국해 북서쪽의 한·중 잠정 조치 수역 내
- 이어도 종합해양과학기지
  - 한국해양연구원이 기상관측과 해양자원 연구를 목적으로 1995년부터 12억 원을 투입, 2003년 6월 완공
  - 총 면적은 400여 평, 총 높이는 수중 암반으로부터 76m(수상 36m)
  - 한국해양연구원 직원들이 2~3개월에 한 번씩 1주일 정도 머물며, 관측장비 점검작업 실시
  - 기지에는 최첨단 기상관측장비 13종, 해상관측장비 20종, 환경관측장비 6종, 구조물 안정성 계측장비 4종 등 설치
  - 관측된 각종 자료는 무궁화 위성을 통해 안산 소재 한국해양연구원·기상청에 실시간 제공

※ 중국은 한국이 이어도 종합해양과학기지 건설에 착수한 후 배타적 경제수역(EEZ)을 거론하며 이의를 제기했다. 이어도는 우리의 EEZ 내에 있으나, 우리와 중국은 EEZ협상을 통해 해양 경계를 아직 확정하지 않은 상태다.

2 중국판 NSC, 국가안전위원회

중국 공산당 정치국은 2014년 1월 24일 회의를 열어 당 18기 3중전회(중앙위원회 제3차 전체회의, 2013년 11월)[1]의 결정에 따라, 중국판 국가안전보장회의(NSC)로 불리는 '중앙 국가안전위원회'(중국 약칭 : 中央國安會, 이하 '국안회'로 약칭)를 창설한다고 발표했다.

'국안회' 주석과 부주석

'정국안방(定國安邦, 국가를 안정시키고 공고히 한다)을 강조한 '국안회' 개념도

동 위원회 주석은 시진핑(習近平) 당 총서기, 부주석 2명은 리커창(李克强)총리와 장더장(張德江) 전인대 상무위원장이 맡으며, 상무위원과 위원 약간 명을 두기로 했다. 이 기구는 국가안보 사무에 관한 당 중앙의

---

1) 시진핑 지도부는 3중전회에서 향후 집권 10년의 국정운영 청사진을 제시하고, 이를 시행할 2개 대책기구, 즉 '국안회'와 경제 · 정치 · 문화 · 국방 등 6개 분야 개혁을 총지휘할 '전면심화개혁영도소조'의 신설을 발표했다. '소조'는 2013년 12월에 설치됐다.(조장 : 시진핑)

정책 결정 및 의사(議事)·협조기구로, 정치국과 동 상무위원회에 책임을 지며, 국가안보의 중대 사항과 중요 업무를 총괄 기획한다고 덧붙였다.

중국의 국가안보 기구로는 중앙군사위원회(군 지휘)·중앙 국가안전영도소조(=중앙외사공작영도소조)·중앙 해양권익영도소조 그리고 국가안전부·공안부·국방부 등 국무원 부처가 있는데, 왜 '국안회' 설립이 필요했을까?

시진핑 총서기는 당 18기 3중전회 이후, 확실하게 설명한 바 있다. "국가안보와 사회 안정이 보장되어야만, 부단한 개혁과 발전이 가능하다. 대외적으로 국가주권·안보·개발이익을 수호하고, 대내적으로는 정치적 안전과 사회 안정을 수호해야 할 2중 압력을 받고 있다. 각종 위험 요소가 부단히 늘어나고 있어, 현 안보체제로는 대처할 수 없다. 국가안보를 총괄할 수 있는 보다 강력한 기구, 즉 '국안회'를 설립하여 안보사무를 집중적·통일적으로 지도 관리하는 것이 급선무다."고 강조했다.

국가안보·외사문제 협의기구 설립 경과

중국 정권 수립(1949년) 후, 국가안보 및 외사문제를 다뤘던 협의기구로는 1958년에 설립된 '중앙외사공작영도소조'(中央外事工作領導小組 : 소조는 '소위원회'나 T/F를 의미)가 있었다. 그러나 문화대혁명(1966~76년)의 혼란기에 폐지되었다가, 개혁·개방정책 추진으로 외사 업무가 급증하자 1981년 다시 부활되었다. 대외교류 확대에 따른 해외첩보 수집 및 방첩 강화 차원에서 1983년 7월 국가안전부(국정원에 해당)를 창설한 것과 같은 맥락이다.

중앙외사공작영도소조는 당 정치국 산하 외사·안보 업무 논의(議事)·협조기구로, 2000년 9월 당 기관이 아닌 국가 기관으로 간판만 달리 해서 설립된 '중앙국가안전영도소조'와 구성원이 같은, 동일한 기구다. 국가주석·국가부주석을 조장·부조장으로 하며, 조원은 외교·국방·공안·국가안전·상무부 부장, 대내외 선전·홍콩·대만·마카오·화교 사무 총책임자, 당 중앙대외연락부 부장, 유사시 신속한 무력 동원이 가능토록 해방군 총참모부 부총참모장까지 포함시켰다. 총 16명의 고위층 관계자로 구성된 소위원회로, 국가안전 위해 문제가 발생할 경우 소집됐다.

동 소조의 사무국은 '중앙외사공작영도소조 판공실'(약칭 '중앙외시판공실')로, 1998년 8월 국무원 외사판공실을 흡수·증편했으며, 당 중앙위원회 직속기구로 편입되어 있다.

주임은 외사 담당 국무위원이 겸해왔는데, 다이빙궈(戴秉國·1941년생)를 거쳐, 2013년 3월부터 양제츠(楊潔篪·1950년생) 국무위원이 맡고 있다. 부주임은 주 불란서 대사를 역임한 공취안(孔泉·1955년생) 등 2명이 담임한다. 치우위안핑(裘援平·1953년생·여) 전 부주임은 2013년 3월 부장(部長, 장관)급인 국무원 교무(僑務)판공실 주임으로 영전했다.

외사판공실의 업무는 ① 국제정세·외교정책 현안, 외사관리 업무에 관한 조사·연구 및 건의 ② 외사공작영도소조 전체회의 위임 아래 회의 결정사항 집행 독려 ③ 중앙·지방의 외사규정 심의, 결정 ④ 외사공작영도소조 및 국무원에 상보되는 중앙·지방의 주요 외사문제 보고 처리 및 지시 하달 ⑤ 외사공작영도소조와 국무원이 이관한 기타 유관사항 처리 등이다.

새 외사·안보 사령탑 설립 배경

중국이 '중앙외사공작영도소조'를 더 발전시킨 중국판 NSC 검토를 시작한 것은 장쩌민 국가주석이 1997년 미국을 방문했을 때, NSC(Na-

【중앙외사영도소조 구성원】

(★정치국 상무위원 ☆정치국 위원 ◎중앙위원 ○ 중앙후보위원)

구 분	직 책	2012년 11월 이전	2012년 12월 이후
조 장	국가주석	★ 후진타오(胡錦濤)	★ 시진핑(習近平)
부조장	국가부주석	★ 시진핑(習近平)	☆ 리위안차오(李源潮)
조 원	당 중앙정법위 서기	★ 저우용캉(周永康)	☆ 멍젠주(孟建柱)
	당 중앙선전부 부장	☆ 류윈산(劉雲山)	☆ 류치바오(劉奇葆)
	당 중앙대외연락부 부장	◎ 왕자루이(王家瑞)	왕자루이(王家瑞)
	외사 담당 국무위원	◎ 다이빙궈(戴秉國)	◎ 양제츠(楊潔篪)
	군사 담당 국무위원 겸 국방부 부장	◎ 량광례(梁光列)	◎ 창완취안(常萬全)
	외교부 부장	◎ 양제츠(楊潔篪)	◎ 왕이(王毅)
	공안부 부장	◎ 멍젠주(孟建柱)	◎ 궈성쿤(郭聲琨)
	국가안전부 부장	◎ 겅후이창(耿惠昌)	◎ 겅후이창(耿惠昌)
	상무부(商務部) 부장	◎ 천더밍(陳德銘)	◎ 가오후청(高虎城)
	당 중앙대만공작판공실 = 국무원 대만사무판공실 주임	◎ 왕이(王毅)	◎ 장즈쥔(張志軍)
	국무원 홍콩·마카오 판공실 주임	◎ 랴오후이(廖暉), 2010년 → ○ 왕광야(王光亞)	◎ 왕광야(王光亞)
	국무원 교무(僑務) 판공실 주임	◎ 리하이펑(李海峰, 여)	치우위안핑(裘援平, 여)
	국무원 신문(新聞) 판공실 주임	◎ 왕천(王晨)	◎ 차이밍자오(蔡名照)
	해방군 총참모부 부총참모장	◎ 마샤오톈(馬曉天)	미 상
중앙외사판공실 주임		◎ 다이빙궈(戴秉國)	◎ 양제츠(楊潔篪)

tional Security Council, 국가안전보장회의)2) 운영을 보면서부터다. 그러나 당시는 실행되지 못했다. 일부 언론에서는 권력이 1인에게 지나치게 집중된다는 이유로 당내 또는 원로들이 반대했기 때문에 번번이 좌절됐다고 했는데, 그보다는 당시로는 긴박한 안보상황의 발생이 지금보다 훨씬 적어 별도의 기구를 설치할 필요성이 덜 했다는 판단이 옳을 것이다.

그러나 이제는 중국이 G2에 오르면서, 그리고 시진핑 집권 기간 중 '중화민족의 위대한 부흥'이라는 '중국의 꿈(中國夢)'을 실현하기 위해서, 대내 안정을 굳건히 해야 할 뿐 아니라 미국의 아시아 회귀전략과 센카쿠 열도(중국명 : 댜오위다오)를 둘러싼 일본과의 분쟁, 동남아 국가들과의 남중국해 영유권 분쟁 등에 보다 강력히 대처해야 할 필요성이 커졌다.

당 18기 3중전회(2013년 11월)를 앞두고, 일본이 일본판 NSC 출범3)을 서둘렀고, 10월 28일 베이징 심장부인 톈안먼(天安門)에서 발생한 위구르족의 차량 돌진 테러, 11월 6일 베이징에서 서쪽으로 약 500km 떨어진 타이위안(太原)시 소재 산시(山西)성 공산당위원회 건물 입구에서 사제폭탄으로 추정되는 폭발물이 연쇄적으로 터져, 1명이 사망하고 8명이 부상(1명은 중상)한 테러 사건 등도 '국안회' 탄생을 부채질했다.

기구 창설 필요성은 중국 국방대학 전략연구소 진이난(金一男) 소장이 2013년 11월 18일 중국 언론사 인터뷰에서 밝힌 내용에 주목할 필요가 있다.

---

2) 미 NSC : 미국의 외교정책과 군사정책의 통합, 정부 각 기관의 활동과 국방정책의 통합·조정에 대해 대통령에게 조언하는 것을 임무로 하는 최고회의. 1947년 국가안전보장법에 따라 구성됐으며 구성원은 대통령(의장), 부통령, 국무장관, 국방장관이며 사무국장은 국가안보 담당 대통령보좌관. 대통령은 다른 부(部)의 장·차관들을 구성원으로 임명 가능
3) 일본은 '국가안전보장회의'를 설립 예정일보다 한 달 앞당겨 2013년 12월 4일 발족

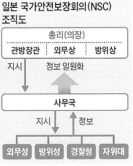

위구르족에 의한 톈안먼 자폭 테러 현장 　　　　일본 국가안전보장회의 조직도

　"국가안보와 관련된 내용은 매우 다원적이고 복잡해서, 군사력 사용, 외교활동 외에도 교통·항공·해운 부서의 장거리 수송 지원도 필요하다. 안보 관련 부서의 합동작전을 위한 거액의 자금 조달에는 국가발전·개혁위원회의 재무부서 협조가 필요하고, 어떤 때는 공안부 지원이 필요하는 등 여러 부서의 역량 규합이 필수적이다.

　국가안보 위기와 관련, 예전처럼 중앙군사위 주석이나 총리에만 의지한 ① 명령 하달 ② 회의 소집 ③ 자원 조달 완성의 전통적 처리 방식으로는 대응이 너무 늦다. 이럴 때, '국안회'가 있다면 각 역량을 신속히 규합하고, 더욱

'국안회' 로고(2013년 11월 18일, 中新網)

효과적으로 자원을 동원, 안보위기에 더욱 더 잘 대처할 수 있다. '국안회'는 결코 허수아비 기구나, 논의기구가 아니라, 국가안보 방안의 ① 제정자 ② 선택자 그리고 ③ 집행자라는 삼위일체 기구다."

　'국안회'의 설립 배경을 유추해 볼 수 있는 다른 사례는 없을까? 2005년 5월 설립된 '국가에너지(能源)영도소조'를 2010년 1월 '국가에너지위원회'로 승격시킨 경우가 있다.

중국은 에너지 관련 산업에 대한 지도를 강화하기 위해 당시 온자바오 총리를 조장으로 하는 '국가에너지영도소조'를 창설하고, 사무기구로 정부 부처인 국가발전·개혁위원회 산하에 '국가에너지영도소조 판공실'을 두었다. 부조장은 부총리 2명, 조원은 국가발전·개혁위원회 및 국방과학공업위원회 주임, 외교부·상무부·재정부 부장이 포함되었다.

그 후, 에너지업무 전담 '에너지부'로의 승격 요구가 계속되었으나, 2008년 3월 단행된 정부기구 개혁에서는 국가발전·개혁위원회 산하에 '국가에너지국'을 설립하고 '국가에너지영도소조'의 업무를 귀속시켰다. 그러나 차관급 기구로는 힘이 크게 부친다는 의견이 계속 제기된 끝에 2010년 1월 최고위 국가에너지 대책기구로 '국가에너지위원회'가 창설되었다.

주임은 총리, 부주임은 상무 부총리, 위원은 국무원 판공청 부비서장을 위시, 외교부·국가안전부·재정부·국토자원부·상무부·과학기술부·환경보호부·교통운수부·수리부의 부장, 해방군 총참모부 부총참모장 등 장·차관 20명이었다.

소조 인원 8명에서 위원회 인원 22명으로 증편된 것이다. 위원회의 직책은 국가에너지발전 전략 수립, 에너지 안보 및 에너지 발전 관련 중요 사안 심의, 국내 에너지 개발 및 국제 에너지 협력에 관한 중대 사항 총괄·협조다. '국안회'의 직책과 유사하다.

'국안회'의 조직과 임무

중국판 NSC[4], '국안회'는 '국가에너지위원회' 창설 경과에서 보았듯

---

4) 현재 NSC 설립국은 미국·일본·브라질·칠레·남아공·터키·태국·말레이시아 등으로 국가안보·외교에 관한 중요 전략 및 정책 협조, 국가원수에 대한 국가안보 관련 건의 등이 주 임무다. 구성원은 군사·외교·정보·법률 수행 등 국가안보 관련 고위인사들이다.

이, 국내외 안보 및 외교문제를 총괄하는 '중앙외사공작영도소조'를 더욱 실체화하고 고위 직급화하여, 부처 간 절차 문제나 업무 중복의 낭비를 피하면서 신속한 업무 협조로 정책 결정의 효율성을 극대화하려는 것이다.

전통 안보인 군사 분야뿐 아니라 비전통 안보인 대중시위·테러·자연재해와 각종 식품·의약품 안전사고, 정보 안보인 미국 등 외국의 도·감청과 해킹, 해양·금융·생태·에너지·식량 안보, 신안보인 우주 안보에 이르기까지, 국내외 안보 외에 사회·경제·환경 문제 등을 망라하는 범국가 위기 대응기구로 확대 개편한 것이다.

따라서 '국안회' 상무위원·위원 인선은 밝히지 않았지만, 앞에서 도표로 제시한 중앙외사공작지도소조 구성원 16명 중 조장인 시진핑을 제외한 부조장과 조원 15명 중에서 당 정치국 위원인 경우는 상무위원으로, 당 중앙위원인 경우는 위원으로 임명될 것으로 보인다. 그 외, 교통·민정·해양·환경·위생 등 부처와 무장경찰·사법부의 수뇌부, 정보·방첩부서인 해방군 총참모부 2부(정보부)·3부(전자정찰부)·4부(전자·레이더 대항부)와 해방군 총정치부 연락부의 책임자급 장성들이 대거 참석해 구성원은 30명을 넘을 것으로 보인다. 기존 외교·군사·공안 부서 중심 '소조'보다 사법·정보·경제부서 기능을 대폭 보강한 것이다.

'국안회' 설립 준비는 당 정치국 위원인 멍젠주(孟建柱·1947년생) 중앙정법위원회 서기와 왕후닝(王滬寧·1955년생) 중앙정책연구실 주임 등이 주도했다고 하므로, 이들은 상무위원을 맡을 가능성이 크다. 사무총장에 상당하는 판공실 주임은 시진핑의 신임을 받고 있는 리잔수(栗戰書·1950년생) 당 중앙판공청 주임 겸 정치국 위원이 맡은 것으로 밝혀졌다.

2013년 11월 13일 외교부 친강(秦剛) 대변인이 기자회견에서 "국안회 창설로, 테러리스트·민족분리주의자·극단적 종교주의자들이 긴장할 것임은 의심의 여지가 없다."라고 밝힌 것은 그 임무의 한 단면을 보여준다.

'국안회' 창설에 대한 찬반 시각

중국 '국안회' 창설에 대한 기대와 우려가 교차되고 있다. 일단은 2013년 10월의 톈안먼 차량 폭발 테러 등 소수민족 문제와 치안 불안 등 국내 안보에 더 효율적으로 대처할 수 있을 것으로 보인다. 중국 학계에서는 '국안회' 주석·부주석 인선에 대해 공산당·국무원·전인대 등 3대 권력기관의 수장이 '국안회' 주재를 책임지고 '연석회의(連席會議)'식 소통을 원활하게 함으로써 권력 균형을 유지하는 것은 현대적 국정 운영 방향에 부합된다고 평가했다.

또한, 서방에서 상투적인 '중국위협론'을 들고 나올 수 있지만, 시진핑을 중심으로 한 당 중앙은 "중국이 결코 패권주의를 칭하거나 패권 확장을 추구하는 일은 없을 것"임을 천명했다면서, '위협론'을 전면 부인했다.

그러나 중국이 당 18기 3중전회 폐막일인 2013년 11월 12일 '국안회' 창설을 발표하자, 일본은 일본판 NSC인 '국가안전보장회의'를 예정일보다 앞당겨 2013년 12월 4일 발족시켰다.

박근혜 정부도 2013년 12월 12일 북한의 장성택 전 노동당 행정부장 처형 등 일련의 사태에 대비하기 위해 2013년 12월 16일 NSC 상임회의(김장수 청와대 국가안보실장 총괄)를 6년 만에 부활토록 지시했다. 이에 따라, 한·중·일 3국이 안보전략을 짜는 최고기구인 NSC를 무대로 열전을 벌이는 형국이 펼쳐졌다는 분석이다.

그래서 향후 북핵 문제, 역사·영토문제를 둘러싼 3국간 이해와 갈등이 더욱 치열해질 것이라는 부정적인 전망이 나온다. 센카쿠 문제를 둘러싸고 중·일간 긴장이 더 고조될 수 있다. 북핵 위기 등 역내 안보문제가 발생할 경우 중국이 자국의 핵심 이익을 이유로 강경책을 채택할 가능성이 커졌고 그만큼 한반도 긴장이 고조될 수 있다.

안보에 공안·경제를 얹은 중국 NSC 출범으로, 소수민족·인터넷 통

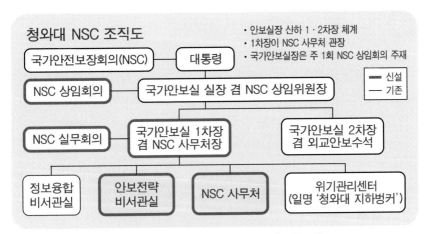

청와대 NSC 조직도(출처 : 매일경제, 2013년 12월 21일)

제가 강화되고 인권 탄압에 대한 비난도 고조될 수 있다. 중국의 저명 인권 운동가인 후자(胡佳·1973년생)는 '국안회'가 악명 높았던 구소련의 KGB를 더 발전시킨 것이라며, 앞으로 중국의 인권·시민운동에 타격을 줄 것이라고 주장했다. 이처럼 논란이 많은 중국 '국안회'의 향배가 주목된다.

3 퍼스트레이디 외교

중국에서는 국가원수의 부인을 '제1 부인(第一夫人)'이라 부른다. 이는 '퍼스트레이디(First Lady)'를 직역하여 부르는 명칭이다. 서방과 달리, 시진핑 이전 국가주석의 '제1 부인'들은 그림자 내조로 일관했다.

그러나 시진핑 주석과 동반하여 2013년 3월 22~30일간 러시아 · 탄자니아 · 남아공 · 콩고를 순방하면서 외교 무대에 데뷔한 펑리위안(彭麗媛, 1962년생)[1]여사는 그러한 전통을 깨고, 미국 오바마 대통령의 부인 미셸 여사에 버금가는 세계적 '화제'를 몰고 있다.

2014년 3월 22일 네덜란드 방문 시, 국왕 부부와 함께한 시 주석 부부

---

1) 재미있는 것은 현 정치국 상무위원 7명 중 시진핑 주석의 부인 펑리위안을 비롯, 리커창(李克强) 총리, 장덕장(張德江) 전인대 상무위원장 등 당 서열 1~3위 지도자의 부인 모두가 산동성 출신인 점이다. 첨부한 펑리위안 신상정보 및 이들 '산동성 3 시스터즈' 개황을 참조하라.

중국 정권 수립 전, '제1 부인' 위상은 미완성

중국의 첫 '제1 부인'은 1911년 신해혁명으로 청(淸)나라를 무너뜨리고 중화민국 임시 대총통이 된 쑨원(孫文, 1866~1925)의 부인 쑹칭링(宋慶齡, 1892~1981) 여사였다. 쑨원은 위안스카이(袁世凱, 1859~1916, 중화민국 초대 대총통)의 군사적 위압에 밀려 중국을 떠나 도쿄로 망명하면서, 1915년 26세나 어리며 미모가 출중했던 영어 비서 쑹칭링에게 구혼해 부부가 됐다. 쑹은 쑨원이 59세 나이로 일찍 세상을 떠나면서 '제1 부인'의 지위를 제대로 누리지 못했다. 쑹칭링은 후에 중화인민공화국(중국) 명예주석의 자리까지 올랐다.

쑨원 대총통과 쑹칭링 여사

장제스 총통과 쑹메이링 여사의
다정한 한때

실질적 첫 '제1 부인'은 쑹칭링의 동생 쑹메이링(宋美齡, 1897~2003)이었다. 그녀는 시원한 외모, 능숙한 영어와 적극적인 성격으로 파티에서 만난 10세 연상의 장교 장제스(蔣介石, 1887~1975)의 마음을 단번에 사로잡았다. 두 사람이 1927년 상하이 호텔에서 2,000여 명의 하객이 모인 가운데 올린 결혼식은 타임지에까지 실렸다. 그녀는 국공내전 때 국민당군이 공산당군에 밀리자, 미국 의회를 찾아가 유창한 영어로 지원을 호소하기도 했다. 대만 천도 후, 중화민국 총통 부인의 영예를 누렸다.

정권 수립 후, '제1 부인' 수난사와 대외활동 위축

1949년 중국 정권 수립 후, 첫 번째 '제1 부인'은 배우 출신 장칭(江靑, 1913~1997)이었다. 장칭은 1934 ~36년의 대장정 때 산시성 옌안(延安)에서 마오쩌둥(1893~1976)과 결혼했다. 그녀는 1972년 1월 〈인민일보〉에 실린 "수도에서 거행된 천의(陳毅)[2] 동지 추도대회에 위대한 지

마오 주석과 함께 일본 공연단을 접견한 장칭

도자 마오 주석이 참가했다."라는 머리말 기사에서 마오 당 주석, 저우언라이 총리에 이어 세 번째로 거명된 정치국 위원으로, 권력 상층부에 진입했다.

그러나 마오 주변의 수많은 여자 때문에 결혼생활은 불행했다. 더구나 마오는 해외방문 때, '제1 부인'을 동반하는 일이 없었다. 장칭에게는 큰 불만이었다.

그러다가 퍼스트레이디 외교활동 추진에 서광이 보인 것은 1960년대 들어 공산당이 외교무대에서 '부인(夫人, 레이디) 외교'의 중요성을 인식하게 되면서부터다. 이에 1961년 9월 '부인 외사활동 지도소조'(夫人 外事活動 指導小組) 설립을 승인하고, 부조장에는 당시 천의 부총리 겸 외교부장의 부인인 장첸(張茜)를 임명했다.

지금부터 50여 년 전인, 1963년 4월 13일 당시 국가주석 류샤오치(劉少奇, 1898~1969)는 부인 왕광메이(王光美, 1921~2006) 그리고 천이(陳毅, 1901~72)부총리 겸 외교부장과 함께 인도네시아를 방문했다. 하이힐·진주 목걸이와 몸에 붙는 흰 치파오 차림의 왕광메이는 우

---

2) 생년 1901~1972년. 중국 10대 원수 중 1인으로, 국무원 부총리·중앙군사위 부주석·외교부장과 상하이시 초대 시장 등을 역임했다.

아한 외모, 석사 학력에다 영어 통역 실력까지 갖춰 지금의 펑리위안 이상으로 세계 언론의 조명을 받았다. 왕광메이는 그 후에도 1966년 3~4월간 류사오치를 따라 파키스탄·아프카니스탄·버마를 순방했다. 중국에서 실질적인 '퍼스트레이디 외교' 활동을 시작한 것이다.

인니 방문 시의 류사오치 부부

그러나 왕광메이의 일거수일투족은 실제로 '제1 부인'의 영예를 누리지 못한 장칭의 질투를 촉발했다. 장칭은 문화대혁명(文革, 1966~76년) 발생 이듬해인 1967년 4월 홍위병을 동원하여 "딸(류핑핑)이 교통사고를 당했다."라는 거짓말로 왕광메이를 납치한 후 그녀에게 강제로 치파오·하이힐을 착용케 하고, 탁구공으로 만든 목걸이를 걸게 한 뒤 10시간 넘게 이리저리 끌고 다니며 조리돌림을 시켰다. 표면적으로는 '부르주아 반동'이라는 비판에 따른 것이었지만, 왕광메이가 동남아 순방 때 찬사를 받은 모습을 재연시켜 모욕을 준 보복이었다.

탁구공 목걸이를 매고 홍위병에게 조리돌림을 당한 왕광메이 여사

문혁 때 류샤오치가 고문 끝에 1969년 감옥에서 병사하고 왕광메이가 10년 넘게 베이징 교외 정치범 수용소에 수감된 것도 모두가 장칭의 질투 때문이었다는 게 정설이다. 그녀는 문혁 후, 정권 찬탈을 노린 '문혁 4인방'의 우두머리로 체포되었고, 인민 폭동 교사 등 죄목으로 집행 유예부 사형을 선고받았다가 무기징역으로 감형되었다. 그리고 1997년 가택연금 상태에서 화장실 욕조 위에서 목을 매어 자살하여 비참하게 생을 마감했다.

정권 수립 후, 첫 번째 퍼스트레이디였던 장칭에 대해 한 네티즌은 '붉은 수도의 황후 장칭, 하마터면 당 주석이 될 뻔 했다!'(紅都女皇, 江青差點成了黨主席)라는 평을 달았다.

'제1 부인' 치욕사에 따른 스텔스형 내조로 전환

말년의 덩샤오핑 부부

문혁이라는 정치 풍랑으로 외교활동도 큰 충격을 받았다. 왕광메이 치욕사, 장칭의 비참한 최후에 영향을 받아, 훗날 '제1 부인'들은 남편 뒤에 있는 듯 없는 듯 그림자처럼 지냈다. 왕광메이 이후, 사실상 반세기 동안 중국에서 서구적이고 세련된 퍼스트레이디는 사라진 것이다.

덩샤오핑(鄧小平, 1904~1997)의 세 번째 부인 쥐린(卓琳, 1916~2003) 여사는 윈난성 출신으로 덩샤오핑과 옌안에서 결혼한 12세 연하의 띠동갑이었다. 쥐린은 덩샤오핑의 1978년 일본 방문과 1979년 미국 방문 때 동행했지만, 엄밀히 따져 '제1 부인'의 신분은 아니었다. 덩샤오핑이 실권자였지만, 당시 '부총리' 직함으로는 국가를 대표할 수 없었다.

쥐린 여사가 세간에 드러난 것은 세 딸과 함께 1992년 1~2월 덩샤오핑의 광둥성·상하이시 시찰 및 담화, 즉 남순강화(南巡講話)에 동행하면서다. 영낙없는 시골 할아버지·할머니의 모습이었다. 덩샤오핑 집권 때는 일종의 명예직이었지만, 대외적으로 국가를 대표한 국가주석 직을 맡은 리셴녠(李先念, 1909-1992)의 부인인 린자메이(林佳媚)가 1983~88년간 '제1 부인'역을 대신했다.

장쩌민(江澤民, 1926년생)이 국가주석을 맡은 다음부터 국가 지도자 부인이 해외순방에 따라 나서는 것이 점차 관례가 되었다. 1994년 9월 2일부터 12일까지, 왕예핑(王冶坪, 1928년생) 여사가 처음으로 국가주석 부인 신분으로 장쩌민을 수행하여 러시아·우크라이나와 프랑스를 순방했

장쩌민 국가주석·부시 대통령 부부
2002년 미 텍사스주 크로퍼드 목장에서

다. 이를 두고 한 언론은 '중국 유사 이래, 국가주석이 부인을 대동하고 해외로 나간 두 번째 사례'로 평가했다. 장쩌민과 두 살 어린 왕예핑은 장쑤성 양저우(揚州)시 동향이다. 왕예핑은 장쩌민 양모의 조카 딸로 인척간이다. 상하이외국어학원을 나온 후, 27세 때인 1951년 결혼식을 올렸다.

그러나 그녀도 해외 무대에서는 시골 할머니나 다름없었다. 장쩌민이 자서전에서 "상하이시 당서기 시절, (아내는) 평범한 외모로 관사 고용원으로 오해 받기도 했다."라고 말했다. 고령에 건강까지 좋지 않아 매력 있는 퍼스트레이디는 아니었으며, '스텔스(stealth)형 퍼스트레이디'로 불렸다.

국제무대에서의 후진타오 부부

후진타오(胡錦濤, 1942년생) 주석보다 한 살 연상인 부인 류융칭(劉永淸, 1941년생)은 베이징 출신으로, 후진타오와는 청화(淸華)대학 수리공학과 동기 동창이다. 안경을 쓰고 신체가 아담한 전형적인 중국 여성상으로, 2011년 11월 방미에는 동행하지 않았지만, 다른 나라에 동행할 때에도 항상 조역의 위치에 머물렀다. 조용하고 외계에 잘 알려져 있지 않아 신비감이 들지만, 비공식적인 자리에서는 친화력이 있다고 한다. 인터넷에 관심이 많으며, 이를 통해 국내외 정세를 잘 아는데, 후 주석에게도 상당한 영향을 미쳤다고 한다.

【중국의 역대 퍼스트레이디】

마오쩌둥 부인 장칭. 덩사오핑 부인 줘린. 장쩌민 부인 왕예핑. 후진타오 부인 류융칭. 시진핑 부인 펑리위안

후진타오 주석 재임(1993년 3월~2013년 3월) 중, 2008년 베이징 올림픽·2010년 상하이 EXPO 등을 치루면서 탕장(唐裝, 당나라 복장)을 착용하고 주최국의 퍼스트레이디로서, 각계 VIP를 접대함으로써 나름 평가를 받았다. 한국에는 2005년·2010년·2012년 세 번이나 방문했다.

신 정치문화 도입 시사 및 중국 호감도 제고

시진핑 국가주석의 부인 펑리위안 여사가 중국 정가에서 주목받은 것은 2007년 6월 30일 홍콩 반환 10주년 전야제에서다. 분홍색 여왕드레스를 입은 펑리위안은 '향강명월야(香江明月夜)'란 노래를 특유의 애간장 녹이는 고음으로 불렀다. 펑리위안은 공연 직후 기념식에 참석한 후진타오 당시 주석과 악수했다. 이날 펑리위안의 왼쪽에는 후진타오 주석, 오른쪽에는 도널드 창 홍콩특별행정구 행정장관이 자리를 잡았다.

그로부터 4개월 뒤인 2007년 10월 제17차 당 대회에서 시진핑 당시 상하이시 당서기는 최대 라이벌인 리커창 당시 랴오닝성 당서기를 꺾고 당 서열 6위의 당정치국 상무위원으로 발탁됐다. 리커창은 당 서열 7위로 지명됐다. 시진핑은 2013년 3월에는 국가부주석으로 올라서며 차기 대권을 예약했다.

미모와 세련미를 갖춘 가운데 한 손에 중국제 핸드백을 들고 다른 손으로는 남편의 팔짱을 끼고 당당하게 걷는 펑리위안은 외부 활동을 극도로 자제해 온 이전 중국 최고 지도자의 부인들과는 확연히 달랐다. 중국인들은 그녀가 입고 나타난 중국산 브랜드에 열광한 가운데, "마침내 '국모(國母)'라고 부를 만한 퍼스트레이디가 생겼다."고 환호했다. 이런 모습은 시진핑이 강조하는 '중화민족 부흥'이나 '중국의 꿈'과 교묘하게 오버랩되면서 중국 대륙을 뜨겁게 달구었다.

신혼 시의 시진핑 부부

외신은 '중국에 대한 호감도를 제고시킬 퍼스트레이디'라며 극찬을 아끼지 않았고, '중국판 미셸 오바마, 중국판 브루니(사르코지 프랑스 대통령 부인)'로 비유했다. 그녀는 중국이 세계 2위의 경제대국이며, 경제·군사 분야를 넘어 문화 소프트파워에서도 세계 일류를 지향하고 있음을 알리는 아이콘이 됐다.

이를 예상한 듯, 홍콩 〈밍바오(明報)〉는 2013년 3월 22일, "미국에 유학 중이던 시진핑 주석의 딸 시밍저(習明澤, 1992년생)와 리커창 총리의 딸 등이 작년 말 현지 차량을 처분하고 계좌를 폐기하는 등 유학생활을 청산하고 영구 귀국함으로써 중국 지도층은 이제 가족과 재산을 외에 공개하는 새로운 정치문화의 도입 준비를 마쳤다."라고 보도했다.

중국의 《남방인물주간(南方人物週刊)》·《남도주간(南都週刊)》 등 중국의 유력주간지들도 2013년 4월 첫주 커버스토리로 시진핑과 펑리위안의 로맨스 등을 다루면서, 베일에 쌓였던 중국의 고위층 가정을 더욱 밝은 햇볕 속으로 드러냈다.

앞으로 중국은 퍼스트레이디 외교 효과를 국익 창출에 적극 활용할 것으로 보인다. 펑 여사는 시 주석의 해외 방문에 대부분 동행해 외국인의 마음을 얻는 '공공외교'의 한 축을 담당할 것이며, 국내에서는 농민공(農

民工)·에이즈환자 등 소외계층을 돕는 다양한 자원 활동으로 새 지도부의 친 서민 이미지 구축을 지원할 것이다.

중국이 퍼스트레이디를 화려하게 꾸며 국가 이미지 제고와 패션·디자인 산업 홍보에 총체적으로 나서고 있는 마당에, 우리가 국가 지도자의 옷과 가방에 대해 50년 전 중국인이 왕광메이에게 한 것과 같은 고가 사치품 논쟁을 벌이는 것은 뭔가 크게 잘못된 것이다.

2012년 1인당 GDP를 기준으로 하더라도 우리가 2만 3,679달러로 중국(6,102달러)의 4배나 되는데도 말이다. 방한한 외국 패션 디자이너들이 "한국 여자들 옷 잘 입는다."라고 입을 모으는데 그런 옷을 만드는 나라 대통령이 초라해 보여야 할 이유는 전혀 없다. 차라리 과시하는 편이 더 낫고 국익에도 부합한다. 펑리위안 여사 못지 않은 멋진 모습으로 세계무대에 선 박근혜 대통령 모습을 기대한다.

【펑리위안(彭麗媛) 여사 신상 정보】

출 생	△ 1962년 산둥(山東)성 허저(菏澤)시 윈청(鄆城)현 △ 부농 집안에서 태어나, 문화대혁명 때, 출신성분으로 인해 고초
가족 사항	△ 1987년 당시 푸젠(福建)성 샤먼(廈門)시 부시장이었던 시진핑과 결혼 　※ 시진핑은 재혼. 첫 번째 부인은 전 주영대사 커화(柯華)의 딸 커링링 　(柯玲玲)으로 현재 영국 거주 △ 슬하에 1녀, 시밍저(習明澤·1992년생)
학·경력	△ 1976년, 14세에 산동예술학원 입학 △ 1980년 중국 인민해방군 문공단(문예공작단) 문예병으로 입대 △ 현 총정치부 가무단 단장 겸 군 예술학원 원장(계급 : 소장) △ 유명 소프라노 가수, 오페라 예술가, 중국음악학원 민족성악 석사. 중국 　민족성악 학파 창시자의 1인
공개활동	△ 2008년 8월 딸 시밍저와 쓰촨(四川) 대지진 피해지역 자원 봉사 △ 2011년 3월 정치협상회의(政協) 회의에 정협 위원(2013년 3월 사임)으로 　참가 △ 2011년 7월 세계보건기구(WHO) 결핵 및 에이즈 친선대사로 활동 시작 △ 2011년 12월 에이즈 환자 돕기 공익광고 방송 중단 △ 2013년 3월 시진핑 주석, 러시아·탄자니아·남아공·콩고 방문 동행 △ 2013년 5~6월 시진핑 주석 순방(트리니다드토바고·코스타리카·멕시 　코·미국)에 동행 △ 2014년 3월 22일~4월 1일 시진핑 주석 유럽 순방(네덜란드·프랑스·독 　일·벨기에)에 동행
친분 및 성공 역정	△ 산동예술학원 입학 권유 등 후원자는 덩샤오핑의 셋째 딸 덩룽(鄧榕)의 　음악 선생으로 있던 리링(李凌) 전 중앙음악학원장 　* 덩룽은 덩샤오핑이 총애했던 덩씨 집안의 실세 △ 리링이 원장으로 있던 베이징 중앙음악학원에 입학 △ 졸업 후, 인민해방군 문공단 입대, 위문공연 등으로 두각 △ 1982년 시청률이 가장 높은 중국중앙방송(CC-TV) '춘완(春晩)' 출연 기 　회를 잡고 '희망의 들판에서'란 노래로 전국적 지명도 획득 △ 태자당(太子黨)의 좌장인 쩡칭홍(曾慶紅) 전 부주석의 둘째 동생으로 　문화계의 마당발인 쩡칭화이(曾慶淮) 등과 친분

【1~3위 지도층 부인, '산둥성 3 시스터즈'】

남 편	부 인	사 진	출생지	학·경력
시진핑 (習近平· 1953년생) 국가주석	펑리위안 (彭麗媛· 1962년생)		허저(菏澤)시 윈청(鄆城)현	△ 베이징중앙음악학원, 　민족성악 석사 △ 해방군 총정치부 가 　무단 단장, 중국음악 　학원 객좌 교수 △ 1녀 : 시밍저, 항저우 　(杭州)외국어학교 졸 　업 후 미국 유학
리커창 (李克强· 1955년생) 총리	청훙 (程虹· 1957년생)		린이(臨沂)시 쥐난(莒南)현	△ 뤄양(洛陽)해방군외 　국어학원, 중국사회 　과학원 문학박사 △ 수도경제무역대학 외 　국어학부 영어과교수 △ 1녀 : 베이징대학 졸 　업 후 미국 유학
장더장 (張德江· 1946년생) 전인대 상무위원장	신수선 (辛樹森· 1949년생)		옌타이(烟台)시 직할 하이양 (海陽)시	△ 동북재경대학 국민경 　제학 석사, 고급 경제 　사 △ 중국건설은행 부행장 △ 1녀

※ 청훙의 부친 청진레이(程金瑞)는 공청단(共靑團) 허난(河南)성위원회 부서기, 국무원 빈곤부조개발 판공실 고문
　등 차관급 역임. 모친 류이칭(劉益淸)은 신화사 기자
※ 청훙 여사도 2014년 5월 4~11일간 리커탕 총리의 아프리카 4개국(에티오피아·나이지라아·앙골라·케냐) 순
　방에 최초로 동행

4 신형 대국관계와 '주동작위' 외교

시진핑 시대 외교의 특징은 크게 '신형 대국관계'와 '주동작위(主動作爲) 외교'를 들 수 있다. 용어 자체가 추상적이고 원론적이지만, 실제 운용 과정에서 적극화·구체화되고 있는 양상이다. 그 함의를 분석해 본다.

신형 대국관계 개념도

신형 대국관계는 중국의 전략적 선택

'신형 대국'이라는 용어는 1990년대 장쩌민 전 주석이 "세계 다변화와 글로벌 경제 추세에 맞춰, 상호 신뢰·호혜·평등·협력 기조 하에, 동맹을 맺지 않고, 대항하지 않으며, 제3자를 겨누지 않는 신형의 대국관계를 적극 발전시켜야 할 것"을 강조한 가운데 처음으로 사용했다.

이에 따라, 중국은 러시아와의 전략적 협력관계를 맺었고 미국·캐나다·독일·한국[1] 등 국가, 그리고 EU·ASEAN 등 경제·지역 연합체

---

1) 한·중 관계는 1998년 21세기를 향한 '협력 동반자관계'에 이어 2003년 '전면적 협력 동반자관계'를 수립했고, 2008년에는 '한·중 전략적 협력 동반자관계'로 격상됐다.

와 '동반자 · 전면적' 등의 수식어
가 붙는 각각 다른 형태의 협력
관계를 결성했다.

대국이 주로 미 · 중 양국에 무
게를 둔 것은 후진타오 전 국가주
석 시대에, 다이빙궈(戴秉國) 국
무위원이 2010년 5월 제2차
중 · 미 전략 · 경제대화에서 "글

오바마 대통령과 회견하는 후진타오 주석

로벌시대를 맞아 사회제도 · 문화전통과 발전단계가 다른 중 · 미가 서로
존중하고 조화와 협력으로 윈-윈하는 신형 대국관계를 열어가야 한다."라
고 강조한 것이 시초였다. 이후, 2011년 1월 후진타오 전 주석의 미국
국빈 방문 시, 신형 대국관계 형성 원칙에 기본적으로 합의했고, 시진핑
국가부주석도 2012년 2월 방미 시 "양국이 협력 동반자관계를 바탕으로
21세기의 신형 대국관계를 만들자."고 강조했다.

그리고 2012년 11월의 제18차 당 대회 정치보고에 "선진국들과의 관
계를 개선 · 발전시키고, 협력 범위를 확대하며, 이견을 원만히 처리하여
장기적으로 안정되고 건전한 신형 대국관계를 추진한다."고 명시함으로
써 신형 대국관계는 중국 외교 전략의 요체가 되었다.

시진핑 신임 국가주석은 2013년 6월 미국 캘리포니아주 휴양지 서니
랜즈에서의 첫 정상회담에서 오바마 대통령에게 "대립 · 갈등 배제, 상호
존중, '윈-윈'하는 상호협력을 바탕으로 신형 대국관계를 만들어 가자."
고 제안했다.

"광활한 태평양은 중국과 미국이라는 두 대국(의 국가이익)을 수용할
만큼 넓다"라는 말도 전했다. "동아시아 지역이 미국의 앞마당이 아니
다".라는 강력한 메시지로, 결국 태평양의 반은 중국의 것이라는 의미
다. 미국은 떨떠름하고, 마뜩잖았을 것이다.

시진핑 주석은 가벼운 옷차림으로 오바마와 함께 걸으며 미국과 어깨를 나란히 할 수 있는 신흥 강대국 위상을 세계에 과시했다.

미·중 관계가 '건설적 협력 동반자관계'에서부터 '책임 있는 이해 당사자(2005년 9월 죌릭 국무부 부장관)', '상호존중, 공영협력' 등을 거쳐 신형 대국관계로 정립되는데, 많은 어려움과 장애가 있었음을 의미한다. 중국 전문가나 언론들은 신형 대국관계에 관해 다양한 해석을 내놨다. 신화사는 "전통적인 대국관계를 버리고 국제관계의 이론·실천면에서 중대한 혁신을 한 것"이라고 설명했다.

즉 역사적으로, 미국은 국가의 지리적 위치나 크기에 관계없이 독일·소련·일본 등 20세기 제2강국이었던 국가에 경계심을 유지, 마찰을 빚었는데, 과거에 반복됐던 신흥 강대국(중국)과 기존 강대국(미국) 간 제로섬적인 대립과 충돌을 피하기 위해 신형 대국관계 구축이 필요하다는 것이다. 미국으로부터 중국의 부상을 인정받아 미국의 '아시아 복귀'(Pivot to Asia) 정책에 따른 갈등을 최소화하면서, 종합 국력을 신장시켜 시진핑의 국가발전 목표인 중국의 꿈(中國夢), 즉 '위대한 중화 민족의 부흥'을 이룰 최대한의 전략적 공간을 확보하기 위한 선택이라는 분석도 있다.

다시 말해, 미국의 글로벌 파워를 인정할 테니 미국도 중국의 핵심이익을 존중해 달라는 의미다. 핵심이익은 크게 3가지로, ① 기본제도(공산당 1당 지도)·국가안보(정치체제 수호·국방) 유지 ② 국가주권(대만문제, 댜오위다오·난사·서사군도)과 영토(티베트·신장) 보전 ③ 지속적 경제·사회발전이다. 이 핵심이익의 범위가 워낙 광범해, 이를 수호하기 위해서는 보다 공세적인 태도를 취할 수밖에 없는 배경이 되고 있다.

시진핑 시대, 외교의 공세적 전환 가속

(1) '주동작위(主動作爲)'의 외교활동 지도방침 채택

중국은 위 ③항의 실현을 위해 미국과 비교적 우호협력의 관계를 유지해 왔다. 그러다가 2008년 미국발 세계금융위기 이후 공세적 외교로 전환했다. 2010년 중, 달라이 라마 방미(2월), 미국의 대만에 대한 무기판매, 동중국해에서의 중·일 어선 분쟁, 천안함 폭침(3월)·연평도 포격(11월)에 따른 한·미 서해합동훈련 등에 대한 반대로 한국·미국·일본 등과 충돌했다.

다이빙궈 국무위원이 2010년 12월 6일 외교부 홈페이지에 "평화발전노선을 견지하자."라는 글을 올려, "중국은 여전히 개도국으로서, 역내 패권이나 공동 패권(먼로주의)을 추구하지 않을 것"임을 밝혔지만, 센카쿠(댜오위다오) 열도를 놓고는 일본과, 남중국해의 남사·서사군도를 놓고는 동남아(베트남·필리핀·말레이시아·브루나이)와 미국과의 대립이 심화되어 왔다.

2012월 11월 제18차 당 대회를 계기로 출범한 시진핑 중심 제5세대 지도부의 외교는 어떻게 바꿨을까? 전임 지도부와는 달리 G2(주요 2개국)로 성장한 국력을 배경으로, 과거와는 다른 적극적인 '주동작위'(主動作爲 : 해야 할 일을 주도적으로 한다)의 대국 외교정책2)을 구사하고 있다. '주동작위'는 2013년 초, 중국 외교부가 만드는 주간지 《세계지식(世界知識)》이 중국 외교가 "도광양회(韜光養晦 · 빛을 감추고 어둠 속에서 힘을 기른다)에서 '주동작위'로 바뀌고 있다."라고 밝히면서 최초로 제기한 개념이다. '도광양회'는 1991년 덩샤오핑이 제시한 외교전략이다.

이를 대변하듯, 시진핑 주석은 2013년 1월 '평화발전의 길 견지'라는 주제로 열린 정치국 제3차 전체학습에서 "중국 외교가 세계 규칙의 추종 (追從)자에서 세계 규칙의 제정(制定)자로 변하고 있다."고 강조했다고 한다.

(2) 미국 주도 세계질서 개편 위해 우호세력 확보 주력

아 · 태지역 패권 경쟁국인 미국과는 신형 대국관계를 내세우며 평등에 기초한 양자관계 구축을 강조하고 있다. 전략 · 경제대화를 포함한 각종 교류를 통해 양국 현안과 주요 국제사안에서의 소통과 협력을 강화하고, 특히 양국 합동군사훈련 개최 등 그간 소홀했던 군사 교류도 활발히 추진하고 있다.

그런 가운데도, 미국의 아시아 복귀정책에 따른 역내 경제 · 군사 진출 강화를 '중국 포위전략'으로 간주하고, 이를 뚫기 위한 자체 군사력 강화 외에도 브릭스(BRICS, 브라질 · 러시아 · 인도 · 중국 · 남아공) 기금 및 브릭스 개발은행 설립을 주창하면서 브릭스 중심 세계 우호 세력 확보에 주력하고 있다.

---

2) 시진핑 국가주석은 2013년 10월 열린 '주변국 외교공작 좌담회'에 참석하여 "분발 유위(奮發有爲 · 분발해서 성과를 내다), 여시구진(與時俱進 · 시대와 함께 전진하다), 갱가주동(更加主動 · 더욱 주동적으로 움직이다)" 등 외교활동 12자 방침을 직접 제시했다.

2013년 3월 제5차 브릭스 정상회의

　시진핑 주석은 취임 후 첫 해외순방으로 2013년 3월 모스크바를 방문했다. 그리고 남아공으로 날아가 푸틴 대통령과 함께 제5차 브릭스 정상회의에 참석했다. 2014년 첫 순방국으로 또 러시아를 택했다. 소치올림픽(2월 7일~23일)에 서구 정상들이 불참을 선언한 가운데, 중국 정상으로서는 스포츠행사에 이례적으로 참석3)한 것이다. 2014년 2월의 러시아 방문은 시진핑 주석 취임 이후 첫 단일국 순방이었다.

　2013년 4차의 해외 순방은 모두 3~4개국 연쇄 순방이었다. 그만큼 러시아를 배려했다는 의미로, 미국에게 가장 우호적인 대국 관계인 중·러 관계 수준의 양국 관계 실현을 요구하는 의미도 있다. 중국과 러시아가 주축인 상하이협력기구(SCO)의 결속을 강화하여 회원국인 중앙아시아 국가들과 묶어, 준 동맹체제로 전환하려는 노력도 펼치고 있다. 시진핑 주석은 2013년 9월 키르기스스탄에서 열린 SCO 정상회의에서 "교통·무역·에너지 등 분야에서 협력을 강화하면서 공동운명체가 되자."

---

3) 시 주석의 소치 방문은 스포츠 외교의 일환이었다. 관영 신화통신은 이를 보도하면서 '더 빨리, 더 높이, 더 힘차게'라는 올림픽 표어가 '중국의 꿈'과 비슷하며, '단결·우의·평화'라는 올림픽 정신이 중국이 주장하는 조화세계 구현과 일맥상통하기 때문에 중국이 올림픽을 중시한다고 강조했다.

2013년 5월 리커창 총리 인도 방문

고 제안했다.

인도와는 2013년 10월 싱 총리 방중을 통해, 국경 분쟁을 평화적으로 해결하기 위해 군 지휘부간 소통 강화를 위한 '핫라인' 설치 등이 포함된 '국경 협력협약'에 서명했다. 해묵은 분쟁을 털고 관계 개선 길에 올랐다.

특히 미국과의 관계가 소홀하거나 중립적인 국가를 향해 '적극적인 러브콜'을 보내고 있는데, 이런 국가들을 우군으로 끌어들여 미국에 맞설 수 있는 국제적 영향력을 키워 세계 질서 개편을 추구하겠다는 구상이다. 시진핑 주석의 방문 국가를 보면 이런 경향이 뚜렷이 드러난다. 미국과 러시아를 비롯하여 아프리카의 탄자니아·콩고·남아공, 중남미의 트리니다드토바고·코스타리카·멕시코, SCO회원국인 중앙아시아의 카자흐스탄·우즈베키스탄·키르기스스탄, 동남아의 인도네시아·말레이시아 등이다.

(3) 핵심 국익 사안에는 실효적·주동적 조치로 신속 대응

중국은 2013년 8월 한국 관할인 이어도와 일본과 영유권 분쟁이 계속되는 센카쿠(다오위다오) 열도를 포함한 동중국해 상공에 방공식별구역(CADIZ)을 선포했다. 홍콩 주간지 아주주간(亞洲週刊)은 중국 국방부가 수년 전부터 당 중앙군사위원회에 방공식별구역 설정을 건의했는데, 후진타오 지도부는 별다른 조처를 하지 않았지만 시진핑 주석은 8월에 결단을 내렸다고 밝혔다.

방공식별구역 설정은 미국의 '아시아 복귀' 전략에 대응하여 최대 안보 핵심지역인 동중국해에서 미·일의 패권을 뒤집기 위한 근거를 만든 것이다. 일본의 방공식별구역을 노골적으로 크게 파고들어 갔다는 점에서, 상대국 군용기가 사전 통보 없이 구역에 진입할 경우 군사 대응도 불사하겠다는 의지를 표명한 것이다. 유사시 무력 충돌 가능성이 더욱 커졌다. 한국·일본·대만 상공에 방공식별구역을 설정한 주체는 냉전시대 미국이어서, 중국의 조치는 70년 가까이 관철되어 온 역내 미국 중심의 질서에 대한 첫 도전이었다. 카디즈(CADIZ) 선포 이틀 후, 미국이 첨단 B-52 전략 폭격기를 발진시켜 무력 시위를 벌인 것도 중국의 도전에 대한 응전 의지를 보인 것이다.

아베 총리의 야스쿠니 신사 참배(2013년 12월 26일)에는 신속한 국제 여론전으로 강력히 대응했다. 2013년 12월 26일~2014년 1월 12일간 청용화(程永華) 주일 대사를 위시하여 해외 주재 중국 대사 32명이 언론 인터뷰·기고 등 방식으로 일본을 강하게 비판했다. 2014년 1월 14일 지린성 기록보관소가 일본군 만행을 보여주는 일본군측 자료를 폭로했고, 1월 16~17일간 외교부는 6개국 외신기자 38명을 초청하여 랴오닝성 선양(瀋陽)의 '2차 대전 연합군 포로수용소 유적지', 푸순(撫順)의 '핑딩산(平頂山) 주민 3,000여 명 학살 기념관'을 참관케 했다.

특히 중국 정부는 안중근 의사의 이토 히로부미 저격 장소에 표지석을 세워달라는 박근혜 대통령의 요청(2013년 6월 방중 정상회담 시)에 대해 헤이룽장성 하얼빈역 앞 귀빈실을 개조해 아예 기념관을 건립하여 2014년 1월 19일 개관하는 등, 통 큰 선물로 화답했다. 중

하얼빈역 앞 안중근의사 기념관 개관식

국 정부에 표지석 건립 요청은 아주 오래전부터 있었다는 점에서 한·중이 과거사를 부정하는 일본에 공동 대응했다는 의미가 컸다.

2014년 티베드 문화교류단의 토론토 방문 기자회견

티베트인의 연쇄 분신자살(2014년 1월 말 현재 125명) 사건과 관련해서도 적극적인 진실 규명 및 홍보전에 나섰다. 라싸시의 티베트인 시장·부시장·학자 등으로 구성된 '중국티베트문화교류단'이 2013년에 독일·스위스·호주 등을, 2014년 1월에는 미 LA·샌프란시스코와 캐나다 등지를 순회하면서 분신자살의 배후에 달라이 라마 등 망명 정부 세력이 있음을 근거로써 폭로했다. 면담 인사 중에는 방문단이 과연 티베트인이 맞는지 신기하게 여겼고, 전후를 모르고 중국 정부를 비난했다가 진실을 알게 됐다고 고마워한 사람도 있었다고 전한다.

새로운 외교 컨트롤타워와 2014년 외교 중점

2012년 11월 제18차 당 대회에서의 당 중앙위원(205명) 인선 결과를 토대로 당 및 정부(2013년 3월)의 외교 핵심 포스트 인사가 이뤄졌다.

【외교 4대 핵심 포스트】

〈※ 당 정치국 위원, ◎ 당 중앙위원 ○ 당 중앙후보위원〉

시기(연도)	외교 실무사령탑	외교부장	당 중앙외사판 공실 주임	당 중앙대외 연락부장
1998~2003	※ 첸치천(錢其琛·1928년생)부총리	◎ 탕자쉬안(唐家璇·1938년생)	◎ 류화추(劉華秋·1939년생)	◎ 다이빙궈(戴秉國·1941년생)

시기(연도)	외교 실무사령탑	외교부장	당 중앙외사판 공실 주임	당 중앙대외 연락부장
2003~2008	◎ 탕자쉬안 국무위원	리자오싱(李肇星·1940년생, ~2007)/양제츠(楊潔篪·1950년생)	◎ 류화추(~2005)/◎ 다이빙궈(2005~)	○ 왕자루이(王家瑞·1949년생)
2008~2013	◎ 다이빙궈 국무위원	양제츠(1950년생)	◎ 다이빙궈 국무위원(겸직)	◎ 왕자루이
2013~	◎ 양제츠 국무위원	◎ 왕이(王毅·1953년생)	◎ 양제츠 국무위원(겸직)	왕자루이

외교 실무사령탑에는 새로 당 중앙위원으로 발탁된 양제츠 외교부장이 외교 담당 국무위원으로 선임되는 등, 외교 4대 핵심 요직 인선이 2003년 이래 큰 변화 없이 예년과 비슷하게 이뤄진 것으로 나타났다. 근년 들어, 중국 외교의 공세적 형태에 비추어 그간 꾸준히 제기됐던 사령탑의 당·정 지위 업그레이드 가능성이 일축된 것이다.

미국·동남아제국과의 남중국해 분쟁이나, 일본과의 동중국해 분쟁·과거사 문제에 대한 군부와의 조율이 원활치 못하다는 지적이 있었는데, 외교 담당 국무위원의 지위가 당 정치국 위원이 아닌 당 중앙위원이라는 점에서 동급 지위의 타 부처 수장들이나, 당 정치국 위원이 2명이나 있는 군부와의 의견 조율이 매끄럽지 못할 것이라는 분석이었다. 과거 저우언라이 총리 때는 총리가 외교부장을 겸하면서 당 내 직위도 정치국 상무위원이었다. 첸치천(錢其琛) 부총리까지는 외교부장이 부총리를 겸하면서 당내 직위도 정치국 위원이었다. 첸치천 부총리 퇴임 후에는 외교 담당 부총리(또는 국무위원)가 외교부장과 분리되면서 외교 핵심 요직이 정치국 위원에 진입하는 사례가 없어진 것이다.

지금같이 외교·안보문제가 중대 현안으로 부상하고 있는데 별 대안이 없는 것일까? 이에 대해 중국판 NSC인 국가안전위원회 창설 추진

(2013년 11월 발표)과 관련하여 책사 왕후닝(王滬寧·1955년생) 당 중앙정책연구실 주임의 거취가 관심을 받고 있다. 그는 장쩌민부터 후진타오를 거쳐 시진핑에 이르기까지 3대에 걸쳐 당 중앙정책연구실에서 핵심 대내외 정책 입안 및 결정에 참여해 왔다. 시진핑 국가주석이 주관하는 각종 외교행사에 빠짐없이 참석하더니 2013년 4차의 해외순방에도 모두 동행했다. 순방 때 공식적인 외교 실무 사령탑은 양제츠 국무위원이 맡고 있지만 시진핑 주석의 외교 참모로서는 오히려 왕후닝 주임에게 더 무게가 실리고 있다는 평가다.

외교 핵심 포스트 4인 : 왕후닝 · 양제츠 · 왕이 · 왕자루이(좌로부터)

시진핑 주석이 순방을 앞두고 순방 국가 언론들과 공동 인터뷰를 할 때도 왕후닝 주임이 시 주석 옆자리에서 메모하는 모습이 포착됐다. 당초 왕 주임이 외교담당 부총리를 맡아 외교를 총괄할 것이라는 관측도 나돌았으나 외교 부총리직은 신설되지 못했다. 그러나 그의 최근 행보를 감안할 때 공식 직함은 없지만, 이미 외교 분야 실세 역할을 하고 있다는 관측이 설득력을 얻고 있다.

한편 왕이 외교부장은 2014년 외교활동 중점 방향으로 다섯 가지를 제시했다. 2013년 12월 16일 중국공공외교협회 등이 주최한 '2013 중국과 세계'라는 포럼에서다.

첫째가 신형 대국관계다. 2013년 6월 정상회담에서 시진핑 주석의 제의에 오바마의 적극 찬성을 끌어내지 못했기 때문에, 미국과의 동등한 외교관계 정립을 위해 전력투구하면서 미국에 댜오위다오(센카쿠 열도) 영토분쟁 개입 중단과 대만에 대한 무기 판매 금지 등을 적극 요구할 것이다.

둘째 주변국 외교다. 특히 장성택 처형 이후 불안한 북한 정세와 일본·동남아 각국과의 영토분쟁에 보다 적극 대처, 불안요인을 최소화할 것이다.

셋째, 개도국 외교 관련, 왕의 부장은 2013년 9월 뉴욕 개최 G77 외교장관 연차회의에서 "중국은 현재 확실한 개도국이며, 앞으로 강대해져도 개도국의 일원으로 남을 것"이라면서, 영원히 개도국의 파트너가 될 것임을 강조한 바 있다. 자원 확보와 함께 우군을 확보할 수 있는 확실한 방안이다.

넷째, 경제외교는 신설된 외교개념이다. 2012년 10월 외교부 내 국제경제국 설치 후, 세계 각국과의 자유무역협정(FTA) 체결 등 경제이익 확보에 공세적 입장을 취하고 있다. 우리와의 FTA 협상에서도 공세적 접근이 예상된다.

다섯째, 개최국 외교는 아시아 교류 및 신뢰구축회의(CICA) 정상회의 (2014년 5월 상하이), 아태경제협력체(APEC) 비공식 정상회의(2014년 가을 베이징)의 성공적 개최로 '홈 그라운드 외교'의 진수를 보여주겠다는 것이다.

그는 "이 다섯 가지는 평화적 외교 발전을 의미하지만 국가 핵심이익의 희생은 없다는 것이 전제다."고 강조했다. 국익을 위한 분쟁이나 충돌을 피하지 않겠다는 의미로 앞으로도 '주동작위' 외교가 더욱 강화될 것임을 시사하는 대목이다.

【역대 외교정책 지도이념】

구 분	주창자	주요 내용
평화공존 5원칙	1954년 저우언라이 (周恩來) 총리	• 네루 인도 총리와 회담 후 발표 아시아·아프리카 신생국의 전폭적 지지를 받았으며, 현재까지 중국의 외교원칙으로 확립 • 주권과 영토 보전의 상호존중, 상호 불가침, 상호 내정 불간섭, 평등호혜, 평화공존
도광양회 (韜光養晦)	1991년 덩샤오핑(鄧小平) 중앙군사위 주석	• 톈안먼사태(1989년 6월), 소련 붕괴의 단서를 제공한 쿠데타(1991년 8월)를 보고 당에 내린 24자 방침 - 冷靜觀察(냉정하게 관찰한다) - 穩住陣脚(발판을 튼튼히 한다) - 沈着應付(침착하게 대처한다) - 韜光養晦(빛을 감추고 어둠속에서 힘을 기른다) - 善於守拙(적절하게 상대한다) - 絶不當頭(실력이 될 때까지 절대 리더가 되지 않는다) • 도광양회는 대중(對中) 견제를 강화한 서방 선진국과의 정면 대결 회피 전략. 20년 넘게 외교의 기본틀 역할을 수행
유소작위 (有所作爲)	장쩌민(江澤民) 당 총서기	• "필요한 일에는 적극 참가 한다, 할 말은 하고 필요한 역할을 한다"는 의미로, 책임대국(責任大國·책임감 있는 대국)의 역할도 동시에 수행 • 중국의 국익에 걸린 일은 적극 개입한다는 뜻으로 2004년 이후 외교정책 이념으로 본격 적용
화평굴기 (和平崛起)	후진타오(胡錦濤) 당 총서기	• "평화적으로 우뚝 일어선다"는 의미로 '화해세계' (和諧世界·세계와 조화롭게 발전)의 실현도 병행 • 고도성장에 따른 국제적 위상 강화, 자신감을 바탕으로 제기. 중국위협론에 대응하여 평화를 삽입 • 2003년 10월 정비젠(鄭必堅) 중앙당교 상무 부교장이 하이난(海南)성 보아오포럼에서 처음 언급

구 분	주창자	주요 내용
주동작위 (主動作爲)	시진핑(習近平) 당 총서기	• "해야 할 일을 주도적으로 한다"는 의미로 세계의 규칙에 중국의 이익을 반영하겠다는 뜻 • 2013년 초 중국 외교부 주간지 〈세계지식(世界知 識)〉에 처음 등장

※ 도광양회 전략은 실제로 서방과의 대립 회피, 내정 불간섭 원칙 유지, 홍콩·대만 문제 외에, 자국 이익과 직접
관련이 없는 지역 및 국제 현안 불개입 등으로 나타났다. 그리고 UN 안전보장이사회 상임이사국이면서도 기권
으로 일관한 사례가 많았다.

5 중·일의 상호 반대 심리학

2012년 9월 일본 정부의 센카쿠 열도(중국명 : 댜오위다오) 국유화 등을 계기로 시작된 중국 관·민의 반일 감정 및 행동으로 중·일간 모든 교류 사업이 동결되었다.

2013년 가을부터는 교류를 재개하는 쪽으로 가닥을 잡아가던 중, 2013년 12월 26일 아베 총리가 야스쿠니 신사 참배를 감행하면서 양국 관계는 끝이 보이지 않는 나락으로 떨어진 것 같다. 이제는 승자 없는 자존심 대결 양상으로 발전하고 있어 관계 회복의 실마리를 찾기가 정말로 쉽지 않을 것 같다. 중·일 상호간 반대 심리의 배경과 시진핑 체제에서의 반일 행태 변화상을 진단한다.

 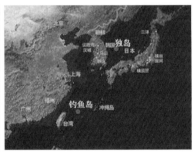

센카쿠열도(중국명 : 釣魚島) 전경　　　　　댜오위다오·독도 위치(빨간 점)도

2012년의 반일 행동은 관제 시위 성격으로 추정

센카쿠 열도에 일본 극우단체 상륙(2012년 8월) 및 국유화(9월)에 반대, '주권 수호, 일 제품 불매, 일 제국주의 타도'를 외치는 중국인들의 시위가 베이징·상하이·선전 등 전국 100여 개 도시로 비화되었고 일

부 시위대는 일제 차 및 일식당 기물 파괴 등의 폭력을 행사했다. 일본인들은 상당 기간 인신공격과 신체적 위협도 받았다.

주베이징 일 대사관 앞 1만여 명 항의 시위   일본 차를 불태우는 시위대

2012년 8월 27일 오후에는 중국인이 탄 BMW · 아우디 승용차 2대가 베이징시 도로에서 니와 일본대사가 탄 공용차를 앞뒤로 가로막고, 차 깃봉에 단 일장기를 탈취한 사건까지 발생했다.

공안당국은 지도부 교체가 결정되는 2012년 11월의 제18차 당 대회를 앞두고, 사회 안정 최우선 방침에 따라 경비는 강화하되 제어 가능한 범위의 항의활동은 묵인하여, 시민들이 반일감정을 발산하도록 '배려'했다. 일본 대사 승용차 모욕사건의 용의자에 대한 조사도 3일 만에 마무리하여 일본에 '우발 · 개인적 사고'였음을 통보했고, 일장기를 탈취한 20대 남성 2명에게는 경범죄를 적용하여 구류 5일의 행정처분을 내리면서 사건을 조기 매듭지었다.

한편, 후진타오 국가주석은 2012년 9월 9일 러시시아 블라디보스토크에서 열린 APEC 정상회의에서 노다 일본 총리에게 "댜오위다오 매입은 불법이자 무효"라고 경고했다. 그럼에도 불구하고 일본이 예정대로 국유화 결정을 내리자, 9월 10일 이 섬을 영해기선으로 한다고 선포, 실질적 주권 행사에 들어갔다.

첫 조치로, 9월 10일 국가해양국은 댜오위다오를 비롯한 영유권 분쟁지역에서 상대국 순시선·어선 감시를 위해 인공위성·항공기 및 지상 감시 장치를 동원한 '해역동태 관측·제어 시스템'을 가동했다. 중국 중앙TV(CC-TV)는 다음 날부터 댜오위다오 지역 일기예보를 시작했고, 9월 17일에는 "일본이 댜오위다오를 자국 현에 강제 편입한 1895

센카쿠 열도(중국명 : 釣魚島) 위치도

년 당시 일본 관리가 댜오위다오에 대해 중국 영토임을 인정했다는 사료를 중국 학자가 찾아냈다."고 보도했다.

중·일 상호 반감의 저변에 깔린 대국 의식

2000여 년의 중·일 관계사에서 일본이 중국을 압도한 것은 1868년 메이지 유신을 통해 100여 년 이상, 아시아 유일의 선진 공업국으로 군림했던 때이다. 이 기간 중 일본은 만주사변(1931년 9월)·중일전쟁(1937년 7월)을 도발하고, 중국인 30여만 명을 살해한 난징대학살(1937년 12월~1938년 2월)을 일으켜 중국에 뼈아픈 상처를 남겼다.

그러던 중국이 2010년 GDP 규모에서 일본을 제치고 명실상부한 G2로 부상하면서 일본을 만만한 라이벌로 볼 자신감을 회복한 것이다. 물론 근세의 치욕에 대한 반일감정이나 일본 내부의 과거사 부정에 대한 불신감은 여전하다.

반일 정서의 또 다른 배경은 1989년 6월 톈안먼사건, 1990년대 소·동구 붕괴의 파장을 막기 위해 청소년에게 실시한 애국·민족주의 교육이다. 청소년들이 "일본이 댜오위다오를 강탈했으니, 조만간 진수할 항모(랴오닝호, 2012년 9월 25일 실전 배치)를 동원, 과거 중국 땅이었던 오키나와도 탈환해야 한다."라는 극단적 주장을 편 것도 그 영향 때문이었다. 따라서 앞으로 중국에서 반일 데모가 완전히 사라진다면 그것은 일본이 쇠락하여 중국의 맞수가 되지 않을 시점이 될 것이다.

랴오닝(遼寧)호

랴오닝호 갑판을 이륙하는 젠(殲)-15 함재기

일본은 어떤가? 1990년대 이후 '잃어버린 20년'의 쇠락이 가져온 무력감과 상실감, 혼란의 돌파구가 바로, 민족감정에 기댄 극우경화이자 군국주의로의 회귀다. 과거사 부정에 그치지 않고 평화헌법 폐기, 무장의 공식화를 획책하고 있다. 중국에게 아시아의 1인자를 뺏겼다는 상실감이 우경화를 부추긴 것이다. 미국과 대등한 관계를 유지하면서, 유사시 중국과 맞장 뜰 수 있음을 보여주려는 것이다.

이러한 상황은 공산당 기관지 인민일보(人民日報)의 국제시사 자매지인 〈환구시보(環球時報)〉가 2013년 11월 30일 사설에서 "중·일은 이제 이야기할 거리가 없다. 있다면 상호 공격과 경고뿐이다. 중·일이 이렇게 계속 치고 받는다면, 서로 전략적인 적수가 될 것이다."고 지적한 것이 잘 대변한다.

【2013년 아베 총리의 극우 행보】

1월	헌법 96조(평화헌법) 개정 착수 발언
2월	국가 가치관 주입하는 도덕과목의 정식 교과서화 추진
4월	야스쿠니 신사 춘계 예대제에 공물 봉납
8월	집단적 자위권 지지자 등용 종전일(8월 15일)에 맞춰 야스쿠니 신사에 봉납
11월	문부성, 사회교과서 검정기준 개정안 발표
12월	적극적 평화주의 선언, 국가안전보장전략 제정 무기수출 3원칙 완화 방침 표명, 야스쿠니 신사 참배

일본 언론은 반일 행동 배후로 시진핑 지목

2012년 9월 일 정부의 센카쿠 열도 국유화에 대한 중국의 강력한 반발과 관련하여, 베이징 주재 일본 특파원들은 그 배후를 진단하고 다음과 같이 공개했다.

첫째, 중국 정부의 강경책은 대일(對日) 협조 자세를 보여 온 후진타오 국가주석이 아니라, 보수적인 차기 지도자 시진핑 당시 국가부주석이 주도했고, 당내 보수 세력이 동조했다는 것이다.

2012년 8월초, 중국의 전·현직 지도자가 모인 베이다이허(北戴河) 회의[1])에서는 "댜오위다오를 개발하지 않는다면"이라는 조건하에 일 정부의 국유화를 용인하는 온건 대응 방향으로 가닥을 잡았다 한다.

---

1) 베이징에서 약 300㎞ 떨어진 허베이성 친황다오(秦皇島)시 소재 하계 휴양지. 전·현직 지도부는 하계 휴가철에 이곳에 모여 주요 노선·정책을 결정했다. 이들이 머무는 숙소는 베이다이허 서남쪽 시하이탄루(西海灘路)에 위치한 중즈(中直, 중앙 직속)요양원. 주요 지도자는 이 요양원 내에 자신만의 별장을 지급받으며 이 특권은 사망 때까지 유지하고, 동 지도자가 숨겨도 배우자와 가족은 예우 차원에서 3년 동안 해당 특권을 향유한다고 한다.

베이다이허 소재 중앙지도자 별장

　그러나, 이명박 대통령이 2012년 8월 10일 독도를 방문하자, 시진핑은 "왜 우리만 일본에 약하게 대해야 하는가?"라며, 강경 대응을 주장했다고 한다. 2012년 9월초, 총서기 비서실장에 해당되는 당 중앙판공청 주임에 시진핑의 오랜 지기인 리잔수(栗戰書 · 1950년생) 귀이저우성 당서기가 전근해온 것도 힘을 얻는 계기가 됐다.

　권력 서열 4위의 정치국 상무위원인 쟈칭린(賈慶林 · 1940년생) 정협주석이 2012년 9월 18일 장쑤성 난징(南京)에서 면담한 롄잔(連戰 · 1936년생) 전 대만 총통과 "일본에 대해 양안(중국 · 대만) 공동으로 국가영토를 수호해야 한다."는데 합의한 것을 비롯하여 정치국 상무위원 9명 태반이 일본 비판 입장을 표명했다.

　시진핑은 당 · 정 · 군내 보수파의 지지 확보를 위해, 일본 제품 불매운동과 대규모 시위를 용인 내지 독려했으며, 주변 해역을 배타적 경제수역(EEZ)으로 선포하는 것을 관철시켜, 일본과의 자원 공동개발 소지도 원천 봉쇄했다는 것이다.

도심을 가득 메운 중국인 시위대

　둘째, 일본 언론은 중국 당국이 민간의 반일행동도 지원했다고 지적했다. 2011년 2월 관영 신화사가 발행하는 시사잡지 〈요망 신문주간(瞭望新聞週刊)〉을 인용하여, 중국의 영세 어민은 센카쿠 주변해역까지 항해할 자금도, 능력도 없지만 분쟁해역에 보내기 위해 당국이 엔진 개조용 명목으로 거액의 보조금을 지급했다고 밝혔다.

　2012년 9월 출항한 어선단에는 중국 해군의 훈련에 정기적으로 참가하는 일부 위장한 해상 민병(海上 民兵)들이 숨어 있었는데, 이들은 식별이 어려워, 공격을 받으면 '무고한 어민을 살상했다'며 국제적 공분을 유도한다는 것이었다. 이들은 1974년 베트남이 영유하고 있던 서사군도 내 용러다오(永樂島)를 어민을 위장하여 점령하기도 했다.

　허베이성 랑팡(廊坊)시 관내 구안(固安)현 농민 600여 명이 인접지역인 북경 시위에 동원됐고, 장시성 성도 난창(南昌)시 소재 경찰학교 남학생 전원에게는 사복으로 갈아입고, 시 중심의 데모를 통솔하라는 지시가 내려졌다는 등 관제 데모 의혹도 제기했다.

　한편, 일본의 중국 전문가들은 신문 기고를 통해 일본 정부에 대중국 외교상의 대응방향을 제안했다.

첫째, 중국이 상대국의 철저한 저항과 국제사회 비난에는 취약하다는 점을 들면서 강경하게 맞대응할 것을 주문했다.

2012년 4월 남지나해 스카보러 섬(중국명 : 황옌다오 · 黃巖島)에서 중국 어선이 필리핀 함정의 입국검사를 받은 것이 발단이 되어 중국은 순찰함을 파견했다. 필리핀은 미 · 일을 방패로 하여, 한 치 양보도 없이 1개월 이상 대치한 바 있었다.

2012년 3월에는 태평양의 도서국가인 파라오의 해양순찰대가 인근 해역에서 불법 조업을 하던 중국 어선에 발포하여 중국인 어부 1명이 사망했고, 25명은 체포 · 수감됐다. 이는 중국의 수치스러운 대패배 사례로 기록되고 있다.

둘째, 중 · 일 충돌 사태가 노다 민주당 정권의 정보력 취약에 따른 오판, 즉 만주사변 발발일인 9월 18일과 지도부가 교체될 제18차 당 대회를 앞둔 시점이었지만, 지일파(知日派)인 후진타오 주석 체제하에서는 일본의 센카쿠열도 국유화 조치에 대한 반발이 소폭에 그칠 것으로 잘못 진단했다는 반성을 토대로 한 대책이었다.

수상 관저와 직접 연결되는 전문 정세분석 기구를 강화하고, 관저 · 정치인들 간 연대를 강화하는 등 정보 수집 및 접촉 루트 확충이 긴요하다는 것이었다. 또한, 중국의 당 · 군 · 지방 등의 다양한 계층과 비선을 구축하고, 정치 · 외교 · 민간 레벨에서 양국 간 의사소통과 신뢰 구축 조치를 확대함과 아울러 평소 중국 국민들에게 정확한 일본 정보를 전파할 것을 주문했다.

셋째, 일단 일본이 센카쿠열도를 국유화한 이상 외교카드로 활용해야 한다는 의견도 있었다. "중국계 활동가와 어민들이 상륙할 수 있기 때문에 무인도였지만, 이제 경찰을 상주시킬 수 밖에 없다."는 논리로 중국과 교섭해야 한다고 주장했다.

넷째, 중국의 대일 경제제재 관련, 대일 무역에 종사하는 중국 기업인이나 일본기업에 근무하는 중국 근로자들로 하여금 "일본 고객을 잃을 수도, 조업 중단으로 실직할 수도 있다."라는 진정을 넣어 보복을 완화시키자는 것이었다.

시진핑의 대일 외교, 이성적 · 주동적으로 변화

2013년 3월 시진핑 국가주석 집권 후 중국의 외교, 특히 대일 외교는 어떻게 바꼈을까? 시 주석은 2013년 10월 열린 '주변국 외교공작 좌담회'에 참석하여 "분발유위(奮發有爲 · 분발해서 성과를 내다)", "여시구진(與時俱進 · 시대와 함께 전진하다)", "갱가주동(更加主動 · 더욱 주동적으로 움직이다)" 등을 강조했다.

이는 덩샤오핑의 외교 전략이던 '도광양회(韜光養晦 · 빛을 감추고 어둠 속에서 힘을 기른다)'와 큰 거리를 둔 것이었다. '여시구진' 방침은 장쩌민 · 후진타오 주석 때도 있었다. "더욱 주동적으로 움직여 성과를 내라."라는 뜻으로 요약되는 시진핑 주석의 방침은 대일관계 악화의 제2 분수령이 된 2013년 12월 아베 총리의 야스쿠니 신사 참배 후, 2014년 들어서 더욱 구체화 되었다.

북해함대 소속 제1 핵잠수함 부대 훈련 장면

아베 총리가 2013년 10월, 영공을 침범한 외국 무인기(無人機 · 드론)에 격추 등 강제 조치를 하겠다는 방위청 방침을 승인하자, 중국 공군기들이 오키나와 주변 상공을 비행하고, 탄도미사일 탑재 핵잠수함과 훈련 사진 등을 42년 만에 처음 공개하면서 "중국 해군의 비장의 무기"라고 표현하는 등 무력시위를 벌였다.

공개된 둥펑-31 발사 장면

이어 중국군은 2014년 1월 21일 기관지 해방군보(解放軍報)의 웹사이트를 통해 미국 서해안을 타격할 수 있는 사정거리 1만km의 대륙간탄도미사일(ICBM) '둥펑(東風)-31'의 발사 훈련 사진을 처음 공개하면서 "발사한 11기가 모두 목표물을 명중했다."라고 밝혔다.

미국이 2014년 1월 중순 F-22 스텔스 전투기 12대를 일본 오키나와 기지에 배치하고, 일본 요코스카 기지의 항모를 조지 워싱턴호에서 신형인 레이건호로 교체하기로 결정한 것과 관련, 중·일 분쟁 개입 의사가 있는 것으로 의심하고 있어 미국의 일본 내 군사력 증강에 대한 대응 차원에서 경고 메시지를 보낸 것으로 풀이된다.

신속한 국제 여론전으로 강력히 대응한 것도 새로운 양상이었다. 아베 총리가 야스쿠니 신사를 참배한 2013년 12월 26일, 왕의(王毅) 외교부장은 "일본이 마지노선까지 간다면 중국 역시 끝까지 갈 것"을 강조했고, 뤄위안(羅援) 인민해방군 소장은 "난징대학살기념관에 A급 전범들이 무릎 꿇고 사죄하는 청동상을 건립해야 한다."고 강력히 규탄했다.

2013년 12월 26일~2014년 1월 12일까지 청용화(程永華) 주일 대사를 위시하여, 해외 주재 중국 대사 32명이 각국의 유력 언론과의 인터뷰·기고 등을 통해 동시다발적 벌떼공격식으로 일본을 강하게 비판했다. 2014년 1월 10일 영국 BBC 방송에서는 중·일 대사가 서로 보기를 원치 않아 사상 초유의 칸막이 대담도 이뤄졌다.

2014년 1월 14일 지린성 기록보관소[2)]는 일본군의 만행을 보여주는 일본군 측의 자료를 추가 폭로했다. 2차대전 당시 중국을 점령했던 일본

---

2) 이 기관은 지난 1937~1944년 작성된 일본군 우정검열월보 217권(1만 7,442페이지 분량)을 보유하고 있는데, 그 중 160권이 일제 만행 연구에 사용할 수 있는 상태라고 발표했다.

군 병사들이 가족·친구에게 보낸 편지 중 불온서신으로 검열에 걸린 것을 모아놓은 책자에 나오는 내용으로, "어린이까지 모두 살해하라는 명령을 받았다.", "동료들이 만주 여성이라면 무조건 강간한다." 등의 내용이었다.

1월 16~17일간, 중국 외교부는 중국에 상주하는 6개국 외신기자 38명[3]을 랴오닝성 선양(瀋陽)의 '2차 대전 연합군 포로수용소 유적지'에 안내하고, 미국·영국·캐나다·호주 등 6개국의 연합군 포로 2,000여 명에 대한 학대와 세균무기 실험 등의 실상을 공개했다. 이어서 '9·18(만주사변) 역사박물관'에서는 일본군의 고문 기구, 세균 폭탄 등을 설명했다.

둘째 날은 푸순(撫順) 소재 '핑딩산(平頂山) 주민 3,000여 명 학살사건 기념관' 참관이 있었다. 일제의 만행을 고발하는 행사였다.

학살사건 기념관에서 학살당한 중국인의 명복을 비는 일본 승려

이 같은 국제여론전은 큰 효과를 거뒀다. 에드 로이스 미 하원 외교위원장이 1월 9일(현지시간) "역사를 있는 그대로 솔직히 인정하고 그로부터 교훈을 얻어라."며 일본을 공개 비판했다. 하토야마 유키오 전 일본 총리도 2013년 11월 11일 홍콩 시티대 강연에서, 야스쿠니신사 참배, 난징대학살 부인 등 일본의 과거사 왜곡을 다시 한 번 목소리를 높여 비판했다. 특히 제2차 세계대전 당시 일본군의 잔학행위에 대해 중국인들에게 거듭 사과했다.

반면, 일본은 2013년 11월 2일 도쿄에서 러시아와 첫 '2+2회담'(외

---

3) 한국·일본·영국·스페인·인도·싱가포르 등 6개국 20개 언론사가 참가했다. 한국과 일본 기자가 각 16명과 15명으로 전체의 81.6%였고, 서방 기자는 영국·스페인 기자 2명뿐이었다.

교 · 국방장관 회담)을 했다. 일본은 아태 지역에서 중국의 안보 위협을 강조했으나, 러시아 측은 '중국이 없는 자리에서 중국 문제를 논의하지 않는다'는 입장을 고수했다. 러시아를 끌어들여 중국을 견제하려다 면박만 당한 꼴이었다.

이상에서 볼 때, 시진핑 시대의 중국은 과거처럼 관제시위를 앞세운 감정적 대일외교는 하지 않을 것이다. 강력한 부패 척결 등 내치에서도 보이고 있듯이, 보다 강경하고 실효 있는 조치로 문제를 해결하는 등 G2에 걸맞은 '대국외교'를 전개해나갈 것이다.

아쉽게도 아베 내각의 대변인 스가 관방장관이 2014년 1월 3일 "일본 입장을 희생하면서까지 한 · 중과 회담할 필요가 없다."고 했다는 점에서 한 · 중 · 일 3국 간 진정한 협력은 어렵고 긴 터널을 지나야 할 것 같다.

【센카쿠열도(다오위다오) 제원】

구 분	구체 내용
위치 및 면적	• 오키나와에서 약 300km, 타이완 지룽(基隆)에서 약 188km, 중국의 온저우(溫州)에서 358km, 푸저우(福州)에서 388km 거리 • 동중국해 남쪽에 있는 무인도. 주도인 센카쿠(釣魚島, 4.38㎢) 외 북소도(北小島) 등 작은 섬 4개, 산호초 3개로 구성 • 도서(8개) 총면적 : 6.34㎢, 주변 해역 면적 : 17만㎢ • 북위 25.75°, 동경 123.47°
명 칭	• 중국 : 조어도 또는 釣魚臺 군도, 별칭 : 조어군도 · 조어열도 · 尖角열도 • 일본에서는 센카쿠(尖角)열도 • 국제 : 센카쿠 섬, 영어권에서는 피나클 제도(Pinnacle Islands)
역사 기록	• 명(明)나라 영락(永樂) 원년인 1403년 《순풍상송(順風相送)》에 최초 등장
영유권 주장 근거	• 중국 : 역사기록에도 있고 1534년 중국인들이 발견했으며, 1873년에 출판된 지도에 중국 영토로 명기 • 일본 : 1895년(청일전쟁 다음 해) 오키나와 현에 정식 편입된 일본 영토로 현재 일본이 실효 지배

구 분	구체 내용
영유권 분쟁 경과	• 1945년 2차 세계대전 종료 후, 1951년 샌프란시스코 강화조약에서 센카쿠는 오키나와의 일부로서 미국 관할로 귀속 • 그 후 타이완과 일본 어부들 간에 고기잡이 문제로 마찰 빈발 • 1970년 이후 '전 세계 화인(華人)의 민간 댜오위다오 보호운동' 확산 • 1971년 중국과 타이완이 각각 영유권 주장 ※ 1971년 유엔 조사에서 센카쿠 주변해역의 석유 매장 가능성 제기 • 1972년 미군이 오키나와에서 철수 시, 오키나와와 함께 센카쿠 행정관할권을 일본에 이양 • 1978년 일본 극우단체가 센카쿠에 등대를 설치, 분쟁 격화 • 1978년 8월 덩샤오핑 당시 부총리는 방중한 소노다 외상과의 회담에서, "지금처럼 10년이건 20년이건 100년이건 방치해둬도 좋다"고 언급. 10월 방일 시, "현명한 다음 세대에 맡기자"고 제안 • 1992년 중국이 댜오위다오와 남사(南沙)·서사(西沙) 제도의 영유를 명시한 영해법을 채택, 일본이 즉각 항의 • 1996년 일본 극우단체가 북소도(北小島)에 태양전지 등대를 설치 • 2010년 9월 중국 트롤어선과 일본 해상보안청 순시선이 충돌, 중국인 선장을 업무방해죄로 구속했다가 석방
전략적 가치	• 지정학적으로 군사전략의 요충지에 해당하고, 큰 어장이며, 엄청난 양의 해저자원이 매장

【중·일간 경제 및 민간 교류 소원화 실태】

중·일 경제 손실 증가	※ 2013년 1~9월 기준, 전년 동기 대비 증감 • 일본의 대중 무역 : 134억 달러 감소 • 일본의 대중 투자 : 36.6% 감소 – 일본의 대 대만투자는 150% 증가
중·일 방문객 감소	※ 2013년 1~9월 기준, 전년 동기 대비 증감 • 일본 방문 중국인 : 99만 5,000명(21% 감소) • 중국 방문 일본인 : 213만 명(24% 감소)
중·일 민간교류 급속 냉각 (2014년 초)	• 중국 국무원 신문판공실·일본 일중우호회관 주관 중국 언론인 90여명 방일 프로그램(2014년 1월 13~20일), 중국 측 요청으로 연기 • '서예'를 주제로 한 중국 중학생들의 방일(1월 18~25일) 계획 연기 • 중국 대학생과 일본 농업계 간 교류활동(1월 20~27일) 연기 • 일본 주요 여행사 임원 20여 명 방중 일정(1월) 연기

6 첩보기관과 외사 방첩활동

중국의 공산정권 수립이나, 서방의 첨단 산업·군사기밀 절취를 통한 신제품·무기 개발 등 부국강병 정책 추진에 있어서, 중국 당·정·군 첩보기관의 공은 절대 과소평가할 수 없다. 역으로 방첩기관들은 정책정보나 산업·군사기밀 유출 방지를 위한 외사 방첩에도 주력하고 있다.

《손자병법》은 중국의 첩보활동에 규범을 제시

중국에서 최초로 첩보활동의 중요성을 설파한 사람은 춘추시대의 손자(孫武, BC 544~496)다. 그는 《손자병법》의 제13편 용간(用間) 편에서 "현명한 군주나 명장이 승리를 위해 적의 동정을 알기 위해서는 귀신·전례(前例)·경험·법칙이 아닌 사람을 통해야 한다."며 '밀정·간첩' 등을 통한 첩보 수집을 강조했다.

손무(孫武) 초상화

그는 첩보활동을 다섯 가지로 분류하면서, 전쟁에서의 필승을 위해 첩

【손자의 5대 첩보활동 유형】

구 분	주요 내용	공작 유형
향간(鄕間)	학연·지연·혈연 등을 동원해 적국 내 협조자 발굴	포섭공작
내간(內間)	적국 내 관리 등을 매수, 첩보원으로 활용	매수공작
반간(反間)	적국의 첩보원을 포섭, 역이용	역용공작
사간(死間)	허위사실을 유포, 적국을 기망(欺罔)	심리전공작
생간(生間)	첩보원을 직접 적국에 파견	침투공작

보활동에 돈을 아끼지 말라고 당부했다. 이후 역대 왕조와 근대의 국민당·공산당이 《손자병법》을 활용하여, 각종 첩보활동을 수행했다.

공산정권 수립에 크게 기여한 중앙정보부

연안 시기, 마오쩌둥과 함께한 캉성

중국 공산당 창건(1921년) 이후, 당의 비밀 정보활동을 제창한 사람은 저우언라이(周恩來·1898~1976) 총리였다.

"그는 계급투쟁이 있는 한, 정보활동과 보위(방첩)활동은 매우 중요하다."라고 강조하면서, 인사·기술·전술·전략정보 등 모든 형태의 정보활동에 많은 자원을 투입했다. 이런 노력의 결과가 빛을 발해, 공산정권 수립은 제2차 국공합작(1936~37년), 그리고 일본 패망 후 국공내전(1945~49년)에서의 당 첩보기관의 활약에 힘입은 바 크다고 할 수 있다.

1935~1948년의 산시(陝西)성 연안(延安)시기에, 1939년부터 정보·보위 총책인 당 중앙사회부(1939년 2월 설립, 보위활동 담당) 부장, 당 중앙정보부(1941년 9월 설립, 정보활동 담당) 부장 직을 겸한 캉성(康生·1898~1975)[1]은 중국 각지에 비밀조직을 설치하고, 반당분자·국민당 간첩의 색출·처치와 함께 국민당 내부·군사 정보를 수집했다.

---

1) 마오쩌둥 열렬 추종자였던 캉성은 장칭(江靑)·린뱌오(林彪) 등과 결탁, 문화대혁명(1966~76년)을 발동했고, 류사오치(劉少奇)·덩샤오핑 등의 숙청을 주도했다. 당 부주석·전인대 상무위 부위원장직에 올랐으나, 죽은 후 문혁 발동과 관련 '중국 인민의 적'으로 규정되어 출당, 추도사 취소, 팔보산(八寶山) 혁명열사능 퇴출처분을 받았다. 공산당에서 역대 최대의 모략가이자 간신으로 평가되며, 누명을 씌워 죽인 사람이 많아 별명은 회자수(劊子手, 망나니)였다.

또한, 1946년에는 국민당 정보책임자인 다이리(戴笠 · 1897~1946) 국민정부 군통국(軍統局, 군사위원회 조사통계국의 약칭) 국장을 비행기 추락사고로 위장하여 암살했다. 중국의 게슈타포, 중국의 히믈러[2]라는 별명을 가진 다이리 장군은 공산당 간부 암살 등을 직접 지휘했었다.

장제스(蔣介石)의 신임을 받은
다이리 국장

공산당 중앙정보부는 침투공작도 전개했다. 중국 최고의 여성 스파이로 평가받는 선안나(潘安娜 · 1915~2010)는 상하이난양(上海南洋)상고 재학 중, 공산당 정보요원으로 활동하고 있던 화밍즈(華明之)를 알면서 공산당 혁명에 발을 들여놓게 된다.

공산당 부부 간첩단이었던 화밍즈와
선안나(1946년 난징)

학비를 벌기 위해 속기사 공부를 했던 그녀는 저우언라이의 지시에 따라 장제스(蔣介石) 국민당 총재가 집무하던 국민당 저장(浙江)성 정부에 속기사로 취직했다. 속기 능력이 출중한데다 미모까지 겸비해 장제스 총재의 각별한 총애를 받았다. 당 간부회의에 빠짐없이 참석하여 기록한 국민당 고급 정보를 후에 결혼한 화밍즈를 통해 고스란히 저우언라이에게 넘겨주었다.

중국 정권 수립(1949년) 후, 부부는 1955년 새로 설립된 중앙조사부를 거쳐 선안나는 국가안전부, 화밍즈는 상하이시 국가안전국에서 근무했다. 그녀는 2010년 사망 후, 베이징의 '팔보산 혁명열사릉'에 안장되

2) 히틀러의 최측근인 하인리히 히믈러는, 나치 제3제국 소속 SS친위대 총사령관이자 게슈타포의 총책임자로 유태인 학살의 주범 중 한 명이다.

고, 실화가 영화 《첩보전의 장미(諜戰玫瑰)》[3]로 제작되는 등 명예를 누렸다.

국민당 복장의 리창

2009년 TV 드라마로 제작되어, 중국을 뜨겁게 달궜던 〈첸푸(潛伏)〉는 1939~49년 간 국민당 쓰촨성 최고 정보(特務)합동기관인 '성특회(省特會)'에 잠입하여, 국민당 고급 기밀을 수집하고 수많은 공산당원의 생명을 구한 공산당 첩보원 리창(黎强 · 1999년 사망)의 실화를 토대로 한 것이었다.

중국 정권 수립 직전, 중앙정보부와 중앙사회부가 폐지되었고, 1950~55년간은 군사정보 부서든 지방 정보부서든 모두 해방군이 관리했는데, 명칭은 중앙군사위원회 총참모부 연락부(聯絡部)였다.

당이 관할하는 첩보기관의 부활도 저우언라이 당시 총리 겸 외교부장이 주도했다. 저우 총리는 양상쿤(楊尚昆 · 1907~1988) 당시 당 중앙판공청 주임(마오쩌둥 당 주석의 비서실장) 등과 협의하여, 1955년 6월 총참모부 연락부를 당 중앙서기처의 직접 지도하에 두고, 그 이름을 당 중앙조사부[4]로 명명했다. 초대 부장은 리커눙(李克農) 외교부 부부장이 담임했다.

---

3) 2007년 히트 영화 《색계(色界)》는 1939년 상하이에서 일어난 실화를 소재로 제작되었다. 1937년 일본의 상하이 점령 후, 친일 괴뢰정권(왕징웨이/汪精衛 정부) · 국민당 · 공산당 간에 치열한 첩보전이 전개되었다. 국민당 정보기관인 군통국(軍統局)은 공산당 → 국민당 → 친일 괴뢰정권의 비밀공작기관 '76호' 책임자로 변절한 딩모춘(丁默邨 · 1901~47년)을 암살하기 위해 장쑤성 고등법원 수석검찰관의 딸로 미모가 출중했던 정핑루(鄭蘋如 · 1918~40년)를 포섭하여 미인계로 딩모춘을 유혹하는데 성공했으나, 신분이 발각돼 상하이 교외에서 총살되었고, 딩모춘도 국민당 군에 의해 총살되었다.

《좋은 친구(良友)》 표지 모델로 나온 정핑루

4) 당 중앙조사부는 원자폭탄 개발 등에 관한 정보 획득을 위해 미국에서 일하고 있던 중국계 과학자들을 대거 포섭하여 중국으로 귀환시키는 공작과 해외 고정간첩 공작을 주도했다.

개혁·개방 이후 세계 유수 첩보기관으로 도약

현재 중국의 첩보기관은 대외에 공표된 유일 정보기관인 국무원 직속 국가안전부를 비롯, 당·정·군 3원(元)체제로 운영된다. 첩보역량으로 따지면 미국에 뒤질 수 있지만, 군 정보부대의 하나인 사이버전 부대 병력만 40만 명이라고 하니, 첩보 인력으로 보면 미국·러시아를 능가할 수도 있다. 첩보전도 인해전술 양상을 띠고 수많은 기관이 저인망식으로 훑어낸다.

앞에서 본 바와 같이 중국의 첩보기관은 먼저 당에서 만들어진 뒤, 해방군을 거쳐, 개혁·개방 이후, 정부기구로 발전해갔다.

당 중앙대외연락부는 당의 대외관계 주무부서로서 전 세계 공산당·좌파 정당 및 단체와의 관계를 유지·발전시키는 것이 주 임무로, 대외정책 결정 과정에서의 위상은 외교부보다 높다. 당의 대외정보 수집을 전담하는데, 특히 북한과의 당(黨) 대 당(黨) 관계는 모두 여기서 도맡는다.

당 중앙통일전선공작부(통전부)는 대만·홍콩·마카오 및 전 세계 화교단체와 대만과의 수교국인 경우, 대만대표부를 상대로 공작을 편다.

국무원 정보기관인 국가안전부는 개혁·개방과 대외교류 확대에 따른 정보수요에 대처키 위해 1983년 6월 당 중앙조사부를 모체로, 공안부 정치보위국, 당 중앙통전부·국방과학기술공업위의 일부 부서를 통합, 발족했다.

베이징 소재 국가안전부 청사

국가안전부 휘장

【당 · 정 · 군 첩보기관도】

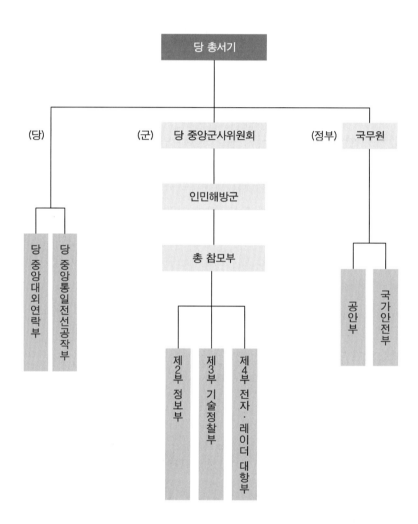

당 총서기

(당)　　　　　(군) 당 중앙군사위원회　　　　　(정부) 국무원

인민해방군

총 참모부

당 중앙대외연락부　　당 중앙통일전선공작부

제2부 정보부　　제3부 기술정찰부　　제4부 전자 · 레이더 대항부

공안부　　국가안전부

설립 초기인 1985년 4월, 공안부·국가
안전부의 주도권 다툼 과정에서 류창성(俞
強聲)5)정보처장이 미국으로 망명했다. 이
를 계기로 1952년 당 중앙조사부의 지령을
받아 미 CIA 분석관·문서관리관 등으로 3
0년간 장기 침투하여 중국에 고급 정보를
넘겨오던 진우다이(金無怠·1922~1986)
가 FBI에 체포되는 등 '호된 신고식'을 치렀
다. 진우다이는 역대 최고의 반미 스파이로
불린다.

진우다이 체포 현장. 1985년 체포,
1986년 옥중 자살

국가안전부는 창설 이후 중국의 대외 접촉이 증가하고 컴퓨터·정보통
신·위성·무인항공기(UAV) 등 첨단기술을 이용한 첩보활동이 늘어 나
면서 업무 범위와 조직을 크게 늘렸다. 현재 해외 및 국내 정보 수집 및
분석, 보안, 방첩, 수사, 반테러 담당 등 18개 국(局)을 두고 있다. 해
외 첩보 수집·공작을 전담하는 미 CIA 보다 한국의 국가정보원(NIS)에
가깝다.

해외공관에 파견되는 국가안전부 백색요원은 주재국 공안기관의 1차적인
방첩활동 대상이 되기 때문에, 주요 첩보활동은 언론인(신화통신사/약칭 신
화사 직원), 외곽단체(현대국제관계연구원) 연구원, 기업인 등으로 위장한
흑색요원을 통해 진행한다.

공안부는 경찰업무 이외에 국경수비, 출입국관리, 소방 및 산불 예방,
민간항공, 산아 제한, 정보 수집 등 각종 업무를 담당한다. 베이징에 있
는 주중 한국대사관의 청소부·운전수가 중국인이면 100% 공안부 소속

---

5) 류창성은 류정성(俞正聲) 현 정협 주석의 친형. 류창성의 부친은 제1기계공업부 부
   장·톈진시 당서기 등을 역임한 황징(黃敬·본명 俞啓威·1912~1958). 3남 2녀
   중 류창성이 장남, 류정성이 셋째. 미국에 망명한 류창성은 1987년 남미에서 추격
   조에 의해 피살됐다.

정보원이라고 봐도 무방하다.

국무원 직속 신화사는 언론사·정보기관 역할을 겸한다. 중국 소식을 대외에 전파하고, 외국 소식을 국내에 보도하는 일반 통신사 기능 외, 112개 해외지사를 통해 전 세계 소식을 수집·분석, 관계 부처에 수시 상보한다.

군 정보기관은 총참모부와 총정치부에서 운영한다. 총참모부는 작전·기획·정보·훈련·동원을 담당하는 군 지휘기관이다. 총참모부 2부(정보부 : 군사첩보 수집·분석), 3부(기술정찰〈조사〉부 : 일명 감청부, 통신첩보 수집·분석, 사이버전)·4부(전자·레이더 대항부 : 전자전 담당, 1990년 창설)가 각종 첩보를 수집, 처리한다.

우리 기무사에 상당하는 총참모부 2부(부장 : 양후이/楊暉 소장)의 첩보활동 수준은 국가안전부보다 높다고 알려져 있다. 홍군(紅軍) 시절부터 지금까지 첩보활동을 해왔기 때문에 실력을 인정받아, 중국의 CIA로 불린다. 군사정보 수집을 위한 해외 위장 첩보원 파견, 외국 간행물 내 군사정보 분석, 해외무관 파견 등이 주 임무다.

총참 3부(부장 : 우궈화/吳國華 소장)의 감청·사이버전 능력은 미국의 NSA(국가안보국)에 필적한다. 상하이 푸둥(浦東)의 빌딩가에는 제3부 산하 정예부대인 61398부대의 12층 청사가 자리 잡고 있다. 이 부대는 2013년 2월 대미 해킹을 주도한 것으로 알려지면서 유명해졌다. 약 2,000명이 상주하면서, 미 IT업계·우주항공업체를 주 공격대상으로 하여, 2006년 이후 140건 이상의 기술정보를 해킹했다. 미국도 2009년부터 중국 해킹 등 반격에 나섰다.

포동 소재 61398부대 청사

　사이버부대6) 병력은 61398부대 등을 포함하여 약 40만 명(중국 자료에는 십몇만 명)이라는데, 이들의 사이버 해킹을 통해 한국의 차세대 전투기종으로 40대 도입 계획이 확정된 F-35 전투기, 패트리어트 미사일, 글로벌 호크 무인기 등의 설계도가 중국에 유출된 것으로 알려졌다.

　2014년 1월 중국 네티즌은 '송골매(鶻鷹)'로 명명된 중국의 제5세대 스텔스전투기 젠(殲)-31이 선양(瀋陽)항공기공업그룹에서 제작됐다면서 그 성능은 미국의 F-35 보다 우수하고, F-22에 근접하다고 전했다. 중국 최초의 스텔스전투기인 젠-20은 2011년 1월 쓰촨성 청두(成

선양 비행장에 모습을 보인 젠(殲)-31

都)에서 최초 시험비행에 성공한 바 있다. 사이버부대 수집 설계도로 개발된 것인지는 불분명하다.

　한국정보보호진흥원이 2008년 한 달 동안, 국내에 유입된 해킹 및 유해 트래픽의 인터넷주소(IP)를 국가별로 분석한 결과 중국 33.6%, 미국

---

6) 중국군은 미얀마·라오스·쿠바의 협조로 이들 국가 내 해외 감청시설도 운영한다.

19.4%, 유럽연합(EU) 4.9%, 일본 4.8% 등의 순이었다는 발표가 있었다.

중국 해커의 상당수는 '부대(部隊)형' 해커 집단, 즉 총참모부 3부 소속이다. 이들은 우리 국방과학연구소의 어뢰·함대함 미사일·훈련기 정보에 눈독을 들였고 해양경찰청의 '서해 경비현황' 등 방위전략을 노렸다는 점에서 상당 부분이 유출됐을 것으로 추정된다.

총참모부 4부(부장 : 쩡잔핑/曾占平 소장)는 전자정보, 전자 대항, 레이더 관제를 담당한다.

총정치부는 군 내 정치사상 업무, 당무(黨務) 활동을 관장하는데, 정보업무는 예하 연락부에서 담당한다. 연락부는 건국 전, 적공부(敵工部 : 적군와해공작부)로 불렸는데, 대적(對敵) 선동·심리전 공작, 포로교육 등을 담당했다. 항일전쟁 시기, 신화(新華)방송국의 일본어 심리전 방송을 진행했고, 국공내전 기에는 많은 국민당 부대를 귀순시키는 성과를 거뒀다. 한국전쟁 때도 한국군·연합군에 대한 귀순, 심리전, 포로수용소 관리를 맡았다. 건국 후에는 주로 대(對) 대만정보를 다뤘고, 홍콩·마카오와 한국·일본·북한 고위층과의 협력관계 조성에도 주력했다. 현재 연락부(부장 : 량홍창/梁宏昌 소장)의 기능은 당 중앙통전부와 유사하다.

'중국국제우호연락회'는 연락부의 민간 기구다. 그 이사회는 경륜이 있는 공무원·외교관·기업가·교육가·예술가·학자들로 구성되어 있는데, 상당수는 고위간부 자제, 저명인사들이다. 이사였던 왕칭(王慶) 대교(우리의 준장에 해당)가 일본인에게 군사기밀을 누설했다가 2007년 11월 체포 후, 사형에 처해졌다 한다. 기타 중국사회과학원 산하 각 연구소, 외국과 거래하는 국유기업도 첩보활동에 동원된다.

미국의 첨단 군사기밀 획득으로, 25년의 개발비 절약

중국 첩보활동의 최대 표적은 미국이다. 2009년 미 의회의 정책자문 기관 주최 공청회에서 "미국을 표적으로 활동하는 140여국 첩보기관 중, 중국이 가장 활발하다."라는 증언이 있었듯이, 미국은 중국의 간첩 활동을 국가안보의 최대 위협으로 여긴다.

미 FBI는 미국 등 해외에서 활동 중인 중국 첩보원을 약 3,500명(2010년 기준)으로 추정하면서, 그들의 최대 표적은 미국의 군사기밀이라고 분석했다. 경제적으로는 G2에 오른 중국이지만, 군사전력 면에서는 미국에 비해 약하기 때문에 미군의 첨단기술을 절취하는 것이 25년의 개발비용과 시간을 단축할 수 있어, 비용도 싸고 합리적이라고 판단하고 있다.

위에서 언급한 미 첨단무기 설계도 외에, 트라이던트 전략 핵잠수함의 장비인 핵미사일 탄두 W88의 경량화, 핵무기 기능 제고, 미사일 명중도 향상, 잠수함 항행 시 음량 억제 등에 관한 기술 입수에 필사적으로 매달린 결과, 큰 성과가 있었다고 한다.

중국의 첩보활동은 미국만이 겪고 있는 문제가 아니다. 중국 국가안전부는 영국·프랑스·네덜란드·독일 등지의 연구소와 대학에 네트워크를 만들어 첩보활동을 벌이고 있다.

중국의 스파이들은 아시아에서도 활발하게 활동하고 있다. 대표적인 국가가 '조국통일'의 대상인 대만이다. 대만 군장교들의 간첩 연루사건이 끊이지 않는 걸 보면 중국 첩보당국의 대(對)대만공작이 얼마나 집요한지 알 수 있다.

2013년 1월 중국 남부 푸젠성과 대만 사이에 있는 펑후(澎湖)제도에 주둔하고 있는 대만 해군 146함대의 함대장인 쉬중화(徐中華) 소장(우리의 준장)이 2012년 9월 대만 잠수함의 해도(海圖) 등 기밀정보를 중국 정보당국에 넘긴 전직 해군 장교 3명의 간첩 사건에 연루된 혐의로 군 검찰의 조사를 받았다. 동 함대에는 '항공모함' 킬러라는 초음속 대함 미사일인 슝펑(雄風) 3호를 장착한 호위함 2척, 미사일 쾌속정 등이 배치되어 있어 주목을 받았다.

중국의 첩보전술은 손자의 '밀정' 사용을 바탕으로, 미인계(Honey Trap)와 '중국민족'의 동질성을 활용하여 동포애를 호소하고, 여기에 '자금'을 혼용하는 교묘한 수법을 쓴다. 최근 사이버 공격에 의한 첩보수집도 강화하고 있다.

【해외 첩보수집 및 공작 사례】

활동 유형	첩보 · 공작 활동 및 피 검거 사례
미인계(Honey Trap) + 자금 : 가장 빈번히 사용하는 전통적 수법	미 태평양사령부 민간인 방위분야 조달자 벤저민 비숍(1954년생, 미군 특수부대 중령 출신)은 27세의 중국 여성에게 2012~13년 초까지 미국의 핵무기 · 군사계획 등 특급기밀을 전달
	대만 뤄셴저(羅賢哲) 소장은 2011년 2월 태국서 만난 중국 여성에게 약 100만 달러를 받고 육군의 통신 · 전자 · 무기정보 전달
중화민족의 동포애에 호소, 중국계 기술자 · 연구원 포섭 + 자금	1999년 미 로스알라모스 국립연구소 근무 대만계 미국인 리원허(李文和)는 핵탄두 설계 · 미사일 기타 군사기밀정보 다량 유출
미국사회에 반감을 가진 미국인 포섭 + 자금	2008년 3월 미 국방부 분석관 그렉 버거슨은 미국 무기판매에 관한 비밀정보를 중국 당국자와 자료를 공유하는 한 사업가에게 인도
	2008년 2월 보잉사의 중국계 기술자가 우주왕복선 · 로켓에 관한 비밀문서를 중국 첩보원에게 전달
중국인의 직접적 기술 절취	2013년 2월 미 위스콘신 의대 연구원으로 일하던 중국인 의학자 자오화쥔(趙華軍 · 1971년생)이 대학에서 개발 중이었던 항암 특허물질 시료(890억 원 상당)을 절취
중국 공관원의 영향력 공작 추진	상대국의 기밀 절취 뿐 아니라, 상대국 정부의 결정과 여론에 영향을 미쳐 중국 측에 유리하게 유도

중국은 엄청나게 늘어난 민간 교류를 활용하여 낮은 수준에서 광범위하게 정보를 수집한다. 중국 정보원은 주로 언론사 · 항공사 · 합작기업

같은 주재국 내 중국 상주직원으로 위장하며, 직접 움직이지 않고 협조자를 이용하는데, 현지인보다는 화교를 많이 쓰는 편이다.

체제 방위 위한 외사 방첩 및 보안 활동에도 주력

중국 국내는 외국보다 첩보활동이 더 치열하다. 민간 주택단지뿐 아니라, 공장·학교·연구소·공공기관 등 모든 곳에 감시원이 상주한다. 중국 방첩기관은 일시 또는 오래 머무는 외국인을 24시간 감시하고 도청한다. 외국인에게 제공되는 숙박시설·회의장도 무제한적으로 도청된다.

중국에서는 외국 공관원·특파원·기업 간부 등에 대한 도청이나 인터넷 감시가 집요하다. 수만 명의 인터넷 감시단이 중국 및 외국인의 네트워크를 24시간 감시한다. 방첩기관의 외사방첩 활동도 적극 전개된다. 국가안전부를 주축으로 군 총참모부·공안부 등이 합동작전을 펴기도 한다.

국가안전부는 양안 관계가 극한으로 치달았던 2003년 12월, "대만의 3개 간첩망을 일망타진, 대만인 21명과 중국인 15명을 체포했다."고 발표한 적이 있다. 천수이볜(陳水扁·1951년생) 대만 총통이 2003년 11월 선거유세 중 "중국이 대만을 겨냥, 496기의 미사일을 배치했다."면서, 중국 내 5개 미사일 기지와 각 기지 배치 미사일 숫자를 거론한 것이 간첩 색출의 계기가 되었다. 지금은 양안관계가 우호적인 만큼, 간첩 사건이 검거했더라도 일부러 대외 공개치 않는 경우가 많다.

외국 공관원과 외신 기자도 국가기밀 탐지 혐의를 씌어 단속해왔다. 2003년 중·대만 관계가 악화되어 맞대응 군사훈련이 실시되고 있던 상황에서, 광저우(廣州)군구 훈련 상황을 조사하던 미 대사관 무관이 체포되어 추방당했다.

외신기자의 경우, 국가기밀 소지를 구실로 1998년 독일과 일본 기자

를 추방한 이후, 14년 만인 2012년 5월 아랍권 위성방송 알 자지라의
베이징 특파원을 추방했다. 구체 이유는 밝히지 않았지만, 이 특파원이
중국 교도소 죄수들이 생산한 제품의 서방 수출 관련, 중국의 인권탄압
에 초점을 맞춰 보도한 것과 연관이 있는 것으로 보고 있다.

【국가기밀 누설 관련 단속 및 처벌 사례】

시 기	혐의자	혐의 내용	처 벌
2013년 7월 체포	일본 동양학원대 교수 주젠룽(朱建榮·1957년생), 27째 일본 거주	저서와 일본 매체에 보낸 메일에 미발표 자료와 미공개 외교문서 인용 혐의. 2013년 7월 상하이 개최 참석차 출국	상하이시 구속, 저장성 조사 후 2014년 1월 석방
2010년 체포	국무원 세계발전연구소 한반도연구센터 주임 리둔추(李敦球·조선족)	간첩 혐의로 체포	미상
2009년 초 체포	중국사회과학원 일본연구소 진시더(金熙德·조선족·1954년생) 부소장	김정일 치료 위한 중국 의료진 파북을 한·일 기관에 누설	2011년 2월 징역 14년 선고
2007년 말 체포	신화사 위자푸(虞家復) 외사국장	미국과 한국에 기밀을 누설한 혐의로 부인과 함께 체포	미상
2007년 11월 체포	중국국제우호연락회 이사 왕칭(王慶)	인민해방군 대교(준장 상당). 일본에 군사기밀을 누설	사형 선고
2007년 2월 체포	리빈(李濱·1956년생) 웨이하이(威海)시 부시장	주한 대사(2001년 9월~2005년 8월) 역임. 2006년 1월의 김정일 방중 일정 누설	2008년 징역 7년
미상 시기 체포	당 중앙대외연락부 아주국 장류청(張留成·조선족) 남·북한처장	2005년·2006년 후진타오·김정일 간 정상회담 통역 시, 지득한 기밀을 한국 정보기관에 누설	사형 선고, 집행

2013년 3월 공식 출범한 시진핑 지도체제는 명실상부한 부국강병의 실현으로 과거의 중화민족의 부흥을 재현하겠다는 것을 국정목표로 삼고 있다. 특히 대내외 안보체제 확립을 위해 2014년 1월 24일 '국가안전위원회' 창설을 선언하고 주석에는 시진핑, 부주석에는 리커창(李克强) 총리와 장더장(張德江) 전인대 상무위원장이 취임한 만큼, 이를 보좌키 위한 중국 당·정·군 첩보기관의 활동이 더욱 힘을 받게 될 것이다.

우리가 선진국 진입을 위한 차세대 전략기술을 연구 개발하는 것도 중요하지만, 중국 등 타국의 산업·전략기술 절취에 맞서, 산업 보안 및 방첩활동을 대폭 강화해야 하는 이유다.

7 중국군이 싸워야 할 '두개의 전쟁'

중국에서는 인민해방군 통수권자인 시진핑 중앙군사위 주석이 '몸통에서 꼬리까지'의 부패 척결을 다짐한 가운데, 뤄위안(羅援·소장) 군사과학학회 부비서장, 류밍푸(劉明福·대교) 국방대학 교수[1] 등 군사전문가들은 "중국군이 향후 10년간 군사전쟁과 반부패 전쟁에 직면할 것"으로 진단하면서, "후자에 승리치 못하면 전자도 결코 이기지 못할 것임"을 경고하고 '군 고위층 정화'를 촉구하고 나섰다.

【역대 중앙군사위 주석】

직 책	주석 및 재임 기간
당 중앙군사위 주석	마오쩌둥(毛澤東, 1954~1976년), 화궈펑(華國鋒, 1976~1981년), 덩샤오핑(鄧小平, 1981~1989년), 장쩌민(江澤民, 1989~2004년), 후진타오(胡錦濤, 2004~2012년), 시진핑(習近平, 2012년~)
국가 중앙군사위 주석	덩샤오핑(鄧小平, 1983~1990년), 장쩌민(江澤民, 1990~2005년), 후진타오(胡錦濤, 2005~2013년), 시진핑(習近平, 2013년~)

군 부패의 원초적 배경은 군 영업활동

중국군의 경제활동은 공산혁명 시절, 생산을 통해 부대 운영에 필요한 제반 물자·경비를 자급자족하던 전통에서 비롯된 것으로, 군부대에 대

---

1) • 뤄위안 소장(우리의 소장) : 혁명 간부 뤄칭창(羅青長, 1918년~) 전 당 중앙조사부(첩보기관) 부장의 아들, 정협(政協) 위원. 미 워싱턴대 방문학자 역임
 • 류밍푸 대교(大校, 우리의 준장) : 국방대학 군건설연구소 소장

뤄위안 소장   류밍푸 대교

한 예산이 대폭 삭감된 1980년대 초반 덩샤오핑 당시 중앙군사위 주석이 허용하면서 본격화되었다. 국방예산이 많지 않으니까 농·공업과 서비스 기업을 운영, 부대 운영 및 군인복지 비용에 충당하고 군인 가족 취업 확대에도 활용하라는 취지였다.

총후근부(보급 및 동원)·총참모부(작전 계획 및 지휘)·총정치부(인사 및 선전) 등 3대 총부는 물론, 해·공군 사령부 등도 자회사를 두고 식당·호텔 운영, 대외무역 등에 나서면서 1980년대 말 생산액이 국방예산 210억 위안의 30%에 달하기도 했고, 군 기업 숫자는 한때 2,000 ~ 3,000개에 이르렀다.

그러나 군 기업이 면세혜택과 함께, 원료획득과 금융 면에서 특혜를 받은 데다, 토지·자원 등 조달 과정에서 지방 관료들과의 유착이 심해져, 부패의 온상이 되었다.

1993년에는 산둥(山東)성 세관과 육·해군이 공모, 한국·러시아제 자동차 2,000여 대를 산둥반도로 밀수한 사건도 발생했다. 또한, 군의 기업 활동으로 군 전문화가 안 돼 전력이 약화될 것이란 우려가 확산됐고, WTO(세계무역기구) 가입과정에서, 미국이 중국군 기업이 일반기업과 달리 특혜를 받고 있다며 불공정경쟁 문제를 제기하는 일까지 생겼다.

이런 배경에서 1997년 말 장쩌민 중앙군사위 주석은 3대 총부와 7개 대군구, 성(省)군구, 집단군의 기업 활동을 금지시켰다. 많은 기업이 민영화되었다. 대형 기업은 국유기업이 되었는데, 총참모부 산하 바오리(保利)그룹은 현재 군수품, 문화·예술 공연, 부동산 개발 까지 취급하고 있다. 군의 민간산업 참여 금지와 동시에, 증액시킨 전투력 강화비용을 통합 관리하기 위하여 1998년 총장비부를 신설하여 4대 총부로 만들면서, 지방 군구 자체의 자금사용 자율권을 크게 축소시켰다. 이런 노력에도 불구하고 중국군의 부패는 근절되지 않았다.

홀연히 사라진 비(非)스텔스 무기의 비밀

2007년 1월 홍콩의 월간지 《동향(動向)》은 중국군 최고 지휘기관인 중앙군사위 예하 조사팀의 '2004~2005년 특별사건 수사자료'를 입수하여 보도했다. 위 소제목에서 '홀연히 사라진'은 밀매(密賣)를 의미한다. 조사팀장은 국방부장, 부팀장은 병참을 관리하는 총후근부의 부부장(차관)들로 구성되었다.

다음은 군이 거액의 부수입을 올린 사례다. 산시성 군수창고에 보관된 미그-15 전투기 385대가 25대로 감소되었다. 장비 갱신용으로 처리되야 할 360대가 해체되어 알루미늄 합금은 기업에 밀매됐고, 기록은 전부 소각됐다. 쓰촨성 군수창고는 1996년 이래 지상전력 갱신계획에 따라 폐기할 전차·장갑차·트럭의 50%를 보관해 왔는데, 전차·장갑차 1,800대가 분해된 후, 엔진은 1기당 1만 위안에(한화 175만 원) 팔렸고, 강철은 제철회사에 넘겨졌다.

후난성 군수창고에선 구 소련제 자동소총과 반자동소총, 미국제 카빈총과 권총 등 총 27만 3,000여정이 사라졌다. 고위 장교와 지방정부 관리가 결탁, 전매한 것으로, 일부는 총기밀매조직에 의해 해외로 수출되었다.

20만㎡의 윈난성 군수창고는 재해 구호용품과 연료 5억 위안 이상의 물자가 매년 추가 비축되는데, 11년분의 비축물자가 허가 없이 반출된 것으로 확인됐다. 2006년 연료가격 급등 시, 경유 1만 7,000배럴이 3회에 나눠 팔렸는데, 서류엔 '예비역 훈련용, 재해구조 활동용'으로 기재되어 있었다. 야전침대·군화·텐트 각 20만 세트씩이 보관된 광시장족(廣西壯族)자치구 군수창고에서도 수시 밀매된 흔적이 역력했다.

연간 250억~500억 위안의 병기·군수물자(2013년 국방예산은 7,201억 6,800만 위안)가 후송 후 폐기되는 과정에서 군수품을 관장하는 중앙의 총후근부, 성군구 등 지방 상급 부대에 소속된 후근부의 고위 간부와 지방정부 관리들이 결탁, '부수입이라는 전리품(戰利品)'을 횡령한다고 한다.

초대형 군 부패사범은 군수 관장 총후근부 부부장

그동안 중국은 군 부패문제를 비공개로 처리했다. 2001년, 란저우(蘭州)군구 부정치위원 샤오화이수(蕭懷樞) 중장이 경제범죄 등으로 구속됐으나, 구체 내용은 공개되지 않았다. 2004년 공군지휘학원(공군 간부 재교육기관) 학원장인 류광즈(劉廣智) 소장이 간첩 및 수뢰 사건에 연루, 구속되었지만, 연말 전인대(全人大) 대표 자격 박탈사실만 발표(후에 징역 17년형 선고 사실 확인)됐다.

해방군은 항상 '강철로 만든 만리장성'으로 선전되어 온 까닭에 군 이미지에 영향을 줄 것을 우려하여, 군 부패에 관한 언론 보도를 불허했을 뿐 아니라 장교들의 군사법정 송치도 군사기밀로 취급, 대외에 공개치 않았다.

그러다 후진타오 총서기 겸 중앙군사위 주석이 '성역 없는 사정'을 추진하면서, 2006년 6월 관영 신화사는 왕서우예(王守業·1943년생·중장) 해군 부사령관의 부패 사건을 보도했는데, 고위 장성의 경제범죄 사실 발표는 처음이었다.

왕서우예와 정부 장원(蔣雯)

그의 비리는 1995~2001년, 총후근부 병영기초건설부(基建營房部) 부장 및 전군 병영개조판공실 주임 재임 시절에 집중적으로 이뤄졌다. 병영기초건설부는 병영·군항·막사 등 군 기초시설 건설에 전권을 행사했기 때문이었다. 베이징·난징 소재 주택에서 5,200만 위안[2]과 미화 250만 달러를 몰수했고, 5,000여만 위안이 예치된 비밀계좌도 발견됐다.

또한, 군 '문예선전공작단' 소속 미녀 장교 5명을 정부(情婦)[3]로 두고 있음도 밝혀졌다. 사건 전모는 왕이 30대의 정부 장원(蔣雯)과 헤어지기로 마음먹고 둘 사이에 낳은 아들에 대한 후견을 주장한 것과 관련, 장원이 500만 위안(약 6억 원)을 요구했는데, 왕이 거부하자 비위 사실을 사정기관에 고발하면서 백일하에 드러났다.

톈진(天津)대학 토목건축공학과를 졸업한 왕서우예가 군사경험이 부족한 병참 간부에서 일약 해군 부사령관(2001년 8월~2006년 3월)으로 승진 가도를 달린 것은 중앙군사위원회 내 '방패' 때문일 것이라는 관측이 많았지만 수수께끼는 풀리지 않았다. 그는 역대 최고액인 1억 6,000만 위안(280억 원)을 수뢰한 군 최고위직 간부[4]로, 중앙군사법정에서 집행유예 부 사형을 선고 받았다.

6년 후, 기록을 갱신하는 초대형 부패 스캔들이 터졌다. 2012년 5월 직위 해제 후 조사를 받고 있는 구쥔산(谷俊山·1956년생·중장) 총후근부 부부장은 1990년대 후반부터 초고속 승진을 해, 성 군구 후근부장 등을 거쳐 2007년 6월부터 왕서우예가 맡았던 총후근부 병영기초건설

---

2) 2006년 말 1위안≒119원 적용 시, 한화 61억 원 상당이었다.

3) 2012년 11월, 사정활동의 컨트롤 타워인 당 중앙기율검사위원회 보고에 따르면, 당국이 조사 중인 대형 부패사건에 연루된 관료의 95%가 정부를 두고 있는 것으로 확인되었다. 왕서우예 사건은 이들 중 창을 거꾸로 돌릴 수 있는 낭자군(娘子軍)이 적지 않음을 시사했다.

4) 2011년 5월, 중국 경제매체 차이신왕(財新網)은 '억대 탐관 리스트(億元貪官排行)'를 공개했다. 중국은행 광둥성 카이핑(開平)지점 위전둥(余振東) 전 지점장이 재직 시절 40억 위안(7,000억 원)을 챙겨 1위, 왕서우예 중장은 1억 6,000만 위안(280억 원)으로 10위에 랭크됐다.

부(基建營房部) 부장 및 전군 병영개조판공실 주임 등을 거쳐 2009년 12월 총후근부 부부장으로 승진했다.

구쥔산과 정부로 알려진 군문예공작단 가수 탕찬(湯燦)

홍콩의 친중국계 대공보(大公報), 중립성향 명보(明報) 등은 2013년 1월 소식통을 인용, 수뢰액이 200억 위안(약 3조 5,000억 원)대, 부동산 300여 채 외에 가수, 여배우 2명, TV 사회자, 관리직 여성 등 총 5명의 정부를 두었고, 집에선 1병에 한화 18만 원 정도 하는 마오타이(茅台)주 1만여 병과 거액의 현금이 발견됐다고 전했다. 시진핑 주석이 "전쟁 준비하는데 이런 물자도 필요한가?"라고 개탄했다는 바로 그 당사자다.

총후근부가 '돈줄'을 쥔 부서다 보니 부패에 쉽게 노출되어 왔다. 구쥔산 중장은 매년 10억 위안(약 1,750억 원) 이상의 막사 건립 예산과 전군의 토지관리 권한을 장악하고 있었다.

류위안 정치위원

2014년 1월 15일 경제매체 차이신왕(財新網)은 구쥔산 전 부부장이 상하이에서 군 부대 토지를 20여억 위안(약 3,500억 원)에 팔면서 리베이트로 6%(210억 원 상당)을 챙겼고, 2013년 1월 저택을 압수 수색했을 때 금으로 된 세숫대야와 배, 조각상 등을 비롯해, 이틀 동안 트럭 4대 분의 압수품이 나왔다고 보도했다. 구쥔산은 2014년 3월 31일 드디어 군사법정에 기소되었다.

류사오치(劉少奇, 1898~1969) 전 국가주석의 아들인 류위안(劉源·1951년생·上將, 대장에 해당) 총후근부 정치위원이 이번 사건 수사를 지휘하고 있는 것으로 알려졌는데, 군 간부들의 지지를 받고 있어, 일각에서는 이번 사건이 중국군 내 부패 척결의 시발점이 될 수 있으리라는 관측을 내놓고 있다.

시진핑 주석, 군 비리 수사 및 정군 강화 지시

강력한 군 숙정을 지시한 시진핑 주석

중국 중앙군사위는 구쥔산 중장 사건이 터진 뒤 2012년 6월 전군 지휘관급 간부들에게 개인재산을 전부 신고하도록 명령을 하달했다. 2012년 11월 제18차 당 대회를 계기로, 중앙군사위주석에 올라 군 통수권자가 된 시진핑은 부패·비리 관련자들은 '호랑이(고위직 간부)'든, '파리(중·하위직 간부)'든 모두 색출토록 지시했다.

또한, 중앙군사위는 정치국에서 2012년 12월 〈업무기풍 개선 및 대중과의 연계 강화를 위한 당 18기 정치국의 8개항 규정(일명 黨八條)〉을 발표하자, 이를 근거로 즉각 〈자체 기풍 혁신을 위한 중앙군사위의 10개항 규정(일명 軍十條)〉을 마련하여 통지했다. '중앙군사위 동지'(구성원)들을 대상으로 한 형태이지만, 주석 1명, 부주석 2명, 위원 8명에 기타 요원들을 합치더라도 그렇게 많은 수는 아니다. 결국, 전군의 간부를 대상으로 한 정군(整軍) 관련 지침이다.

이 10개항 규정은, ① 공무 집행 시 연회·음주, 고급호텔 이용 및 기념품 증송 불가 ② 병사들을 동원한 환영행사 개최 및 레드 카펫 깔기 엄금 ③ 일반 상황에서의 지방시찰 시 교통통제 및 경찰차 동원 불가, 경광등·사이렌 사용 엄금 ④ 배우자·자녀·주변인물 관리 강화 및 이들의 특권을 이용한 수뢰 엄금 ⑤ 중앙군사위 부주석·위원 등 군 수뇌부는 개인적 입장 및 중대 문제에 관한 입장 발표 시, 사전 중앙군사위

허락 획득 등이다.

군 번호판을 장착한 고급차들의 고의 교통신호 무시 및 고속도로 통행료·주차장 요금 지불 거부, 군용차 번호판 밀매매 및 위조 등 부조리를 근절하고 군의 근검절약 캠페인 확산을 위한 조치도 잇따랐다. 2013년 5월 1일을 기해, 전 군·무장경찰 번호판을 교체하면서 군에서 벤츠·BMW 등 배기량 3,000cc 이상 차량, 45만 위안(약 7,900만 원) 이상 고급차량을 사용치 못하게 했다. 군 직위를 겸임하는 지방간부 사용 차량은 군 번호판 대신 일반 번호판을 달도록 했다. 전군 장교를 대상으로 차량보유 현황 조사 후, 시행한 이번 조치로 총 45만 대의 고급차가 사용 금지됐다.

또한, 부패 조사를 전담하는 중앙군사위 산하 순시조(巡視組)를 7대군구에 파견토록 지시했는데, 2014년 4월 1일 베이징군구와 지난(濟南)군구에서 여러 건의 중대한 비리사례가 적발되었다는 보도가 있었다.

시진핑 주석의 잇단 정군 조치로, 마오쩌둥 시대의 "군대는 고기이고, 인민은 물이다."라는 표현처럼, 중국군이 다시 '인민의 군대'로 거듭나면서, 인민해방군 이미지가 쇄신될지, 주목된다.

【중앙군사위의 정군(整軍) 10개항 규정】

핵심 사항	구체 시행 내용
조사·연구 활동 개선	• 군사위 구성원은 과학적이고 정확한 주제 설정, 실제 상황 이해, 부대 의견 경청, 형식·관료주의 배격, 통일적 활동 기획으로 중복 방지 • 조사·연구 시 마다 문제점과 건의사항을 군사위에 보고, 반영 • 행장과 수행원, 영접과 환송을 간소화
회의 기풍 대폭 개선	• 회의는 줄이고 짧게, 문제 해결에 주력하며, 말은 짧고 쓸모 있게 • 중앙군사위 명의로 소집하는 전군(全軍)성 회의 엄격 통제 • 4대 총부가 준비하는 전군성 회의·집단훈련 등은 엄격 심사·승인 • 중앙군사위는 현장회의·참관회나 평범한 활동 안배 회의 등 불 소집 • 토론·발언 시, ~체하는 것, 토론 위한 토론, 상투적 언동은 배제 • 회의장 배치는 간소하게 하며 회의 내용과 무관한 활동 준비는 불요
사무(事務)성 활동 감소	• 큰일에 정력을 집중 : 당 중앙·군사위가 통일적으로 안배한 것 외, 각종 경축회·기념회·표창회·토론회·시사회·최초 발행식 등에의 참석 금지 • 촬영·표창·테이프커팅·정초(定礎)·개막 등 활동에의 참가·접견 금지 • 축하편지·축하전보 발송 및 제사(題詞)·제자(題字) 행위 금지
문서 간소화	• 문서·전보·간행물·브리핑을 간소화하며, 정책·법규에 정한 경우는 문서 발송 금지 • 일반 경험성 자료나 상황 보고는 전보·문서 형식으로 시달 금지 • 내부 간행물·브리핑의 종류와 분량을 대폭 감축
해외순방 활동 규범화	• 군사외교 활동상의 필요에 따라 해외순방을 합리적으로 안배 • 수행원을 엄격 통제하고 교통수단 이용 규정 엄수 • 외국 측에 전달할 선물은 당 중앙의 관련 규정에 따라 처리
경호활동 개선	• 국민·군에 번거로운 상황은 회피, 군의 정상적 활동·생활질서 유지 보장 • 경호차와 불필요한 경광등·경보기(사이렌) 사용을 엄격 통제
언론 보도 간소화	• 중앙군사위 부주석·위원이 일반 회의나 활동 참석 시는 비보도 • 중요 회의나 활동에 참석, 보도가 필요할 때는 자수·시간을 단축. 어떤 때는 단신이나 표제 뉴스만 보도

핵심 사항	구체 시행 내용
원고 발표 엄격 관리	• 중앙군사위 구성원이 군사위를 대표, 행하는 담화나 글, 중대·민감한 문제에 대한 개인적 담화나 글은 반드시 군사위에 보고, 승인 획득 • 중앙군사위가 통일적으로 안배한 것 외, 공개 출판·저작 금지
접대 업무 실질적 개선	• 중앙군사위 구성원의 회의·조사연구 등 각종 공무활동 안배 시는 접대 업무 규정을 엄격히 집행, 기준 초과 금지 • 관련 기관은 현수막·표어·구호 게시, 채색 깃발 게양, 전문 참관대·영접 카펫·화단 설치, 열병식·특별 공연·연회 진행, 음주·고급요리 식사, 기념품·토산특산품 증정 등 엄금 • 숙소는 지방 호텔이 아닌, 고급 용품이 비치되지 않는 초대소 이용
자율적 반(反) 부패 선도	• 중앙군사위 구성원은 자율적 청렴 구현 위한 각종 규정 준수, 사리·특권 불추구, 자각적 감독 접수, 주택·차량 제공 및 생활대우 규정 엄수 • 배우자·자녀·신변인물 관리 철저, 선물·사례금·유가증권 수수 엄금 • 하급 기관 간부인사 불개입, 경비지출·자산처리 규정 엄수, 공사·장비구매 및 군용 토지 처리 등에의 관여 엄금, 승진 위한 행동 엄금

【역대 억 위안(億元)대 탐관 명단】

순위	성 명	전 직무	범죄 사실	범죄액	양형·처리결과
1	위전둥 (余振東)	중국은행 광둥성 카이핑(開平)지점 전 지점장	공범인 쉬귀쥔(許國俊) 당시 지점장, 쉬차오판(許超凡)과 함께 수뢰 및 공금 4.82억 달러 훔쳐 미 도피	20억~40억 위안	2004년 압송, 2006년 징역 12년(사형감이나, 미국이 인도조건으로 최장 징역 12년 제시)
2	황칭저우 (黃淸洲)	광둥성 국제투자공사 홍콩지사 부총경리	수뢰, 공금 13억 홍콩달러 유용	14억 위안	태국으로 도피, 2003년 10월 중국으로 압송
3	천만슝(陳滿雄)·천취위안(陳秋園) 부부	중산(中山)시 실업발전공사 경리, 법정 대표	공금 4.2억 위안 유용	4.2억 위안	각각 무기징역, 징역 14년
4	스쉐에 (石雪)	다롄(大連)증권유한책임공사 이사장	공금 2.6억 위안 수뢰, 공금 1.2억원 유용	3.8억 위안	사형, 집행유예 2년
5	왕바오선 (王寶森)	베이징(北京)시 부시장	공금 25만 위안·2만 달러 수뢰, 공금 1억 위안·2,500만 달러 유용	3억여 위안	처벌이 두려워 자살, 형사책임 불 소추
6	왕청밍 (王成明)	상하이전기그룹 이사장	옌진바오(嚴金寶)·류톈밍(陸天明)과 공동으로 3억 위안 수뢰, 21.23만 위안 상당 타인 재물 약취	3억 위안	사형, 집행유예 2년
7	쉬마이융 (許邁永)	항저우(杭州)시 부시장	1.6억여 위안 수뢰, 5,300만여 위안 횡령	2.13억 위안	2011년 5월 사형 선고, 7월 집행

순위	성 명	전 직무	범죄 사실	범죄액	양형·처리결과
8	천통하이 (陳同海)	중국석유화공 집단공사 총경 리	타인 재산 1.9753억여 위안 횡령	1.9753억여 위안	사형, 집행유 예 2년
9	진젠페이 (金鑒倍)	후베이(湖北) 성 대외무역청 판공실 주임	공금 1억 8836.75만 위 안 수뢰·유용	1.9억여 위안	사형 선고
10	왕서우예 (王守業)	해군 부사령관 (副司令員)	1.6억 위안 수뢰	1.6억 위안	사형, 집행유예

※ 리스트 등재 기준은 2011년 5월 말 현재. 위와 같은 주요 부패 사범에 대해서는 통상 정치 권리 종신 박탈 및
　전 재산 몰수의 형을 병과한다.

8 중국군 계급과 문예공작단

최근 중국에서는 군부대에 술을 납품한 기업 회장이 예비역 준장급 계급을 수여한 데다 '문예병'으로 입대하여 승진이 빠른 문예공작단 소속 고위급 여장교들이 수백억~수조 원대 부패를 저지른 고위층 장성들과 부적절한 관계를 유지해온 것으로 밝혀져, 군 계급 운영과 '연예 장교' 등을 둘러싼 논란이 일고 있다.

중국의 군 계급제도 변천 및 운영 경과

중국 공산당은 공산주의 국가에서는 군 계급이 필요 없다고 생각했으므로 창군(1928년 8월 1일) 초기에는 계급 자체가 없었다. 1955년 9월, 원수(元帥)와 대장·중장·소장 등의 장성급을 포함한 계급제도가 처음 시행[1]됐지만 "군 계급은 인민군대의 본질에 위배 된다."는 반대 세력의 주장이 지속되다가 극좌파가 맹위를 떨치던 문화혁명(1966~76년) 직전인 1965년 군 계급제도가 취소되었다.

그러다가 1977년 집권한 실용주의자 덩샤오핑은 군의 전문성 강화 및 현대화를 위해서는 계급이 꼭 필요하다고 판단했고, 특히 1979년 중·베트남 전쟁에서 지휘체계 문란이 문제되자 계급제도 부활을 본격 추진하였다. 오랜 준비 끝에 1988년 '1급 상장'이 포함된 11단계의 군관(장교) 계급, 각 3단계의 사관(준사관) 및 군사(부사관)계급, 2단계 병 계급으로 구성된 계급제도를 만들었으며, 이후 1999년까지 네 차례의 수정을 거쳐 지금의 계급제도를 확립했다.

---

1) 1955년부터 계급제가 취소됐던 1965년까지 총 1,614명에게 소장 이상 계급이 수여됐다.

장성은 상·중·소장으로, 상장(上將)이 우리의 대장(大將)에 해당된다. 중·소장은 우리의 중·소장에 상당하다. 영관은 대·상·중·소교(校) 4단계인데, 대교(大校)가 우리의 준장에 상당한다. 위관은 상·중·소위이며, 사관(준사관)·군사(부사관) 계급은 통합되어 6급~1급 사관까지 6단계다. 병 계급은 상등병과 열병(列兵) 2단계다.

우리의 해·공군 참모총장에 해당하는 해·공군 사령원(司令員)들도 상장이 아닌 중장 계급을 부여받은 경우가 많다. 지상군의 최상급 제대인 대군구(大軍區) 사령원 들도 중장 계급인 경우가 흔하다. 상장 승진도, 중장인 사령원 임명 후, 6개월에서 1년 등 일정 기간이 경과하여 이뤄지는 사례가 대부분이다.

군장(軍長, 군단장) 계급은 소장, 사장(師長, 사단장)과 여장(旅長, 여단장)의 기준 계급은 대교다. 단장(團長, 연대장)은 상교, 영장(營長, 대대장)은 중교, 연장(連長, 중대장)은 소교나 상위 급이 맡는다.

【중국군 군종별 견장】

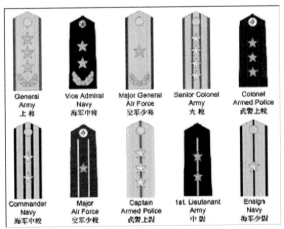

- 위쪽 열 좌로부터 : 육군 상장, 해군 중장, 공군 소장, 육군 대교, 무경(武警, 무장경찰) 상교
- 아래쪽 열 좌로부터 : 해군 중교, 공군 소교, 무경 상위, 육군 중위, 해군 소위

민간인에 대한 계급 수여 및 네티즌 비판

2013년 5월 29일, 장쑤성 군구는 장쑤성 소재 양허(洋河)그룹의 장위바이(張雨柏·1964년생) 회장 등 17명에게 예비역 대교 계급장을 수여했다. 양허그룹은 마오타이(茅臺)·우량예(五良液) 등과 나란히 중국 10대 명주에 꼽히는 양허다취(洋河大曲)를 생산하는 유명 주류업체다.

대교 계급장을 받은 장위바이 회장(우측)

계급 수여 사유는 "해방군과 정부 정책을 옹호하고 군인가족과 인민을 애호, 군과 국방에 현저히 기여했다."는 것이었다.

'예비역 군관 법'에 따르면 그는 예비역 장교 중, 비군사 부문 간부로, 사단장급 직위이며 55세까지 복무할 수 있다. 군사훈련을 받으며, 소속기관이 주는 봉급·보로금과 복지 대우는 불변이다. 동 법을 근거로 보면 대교 계급 수여가 억지는 아니다.

그러나 군부의 심각한 부패 때문에 시진핑 중앙군사위 주석이 금주령까지 내린 상태라, 네티즌들은 "술 제조로 국방에 기여해?", "양허그룹 회장이 대교라면 마오타이·우량예 회장에게는 최소한 소장 계급을 줘라!", "알코올로 단련된 군인들이 전쟁을 해?"라며 '블랙유머'라고 비난하고 나섰다.

예친 해군 대교

중국에서는 군과 관계가 없을 것 같은 사람이 의외로 높은 군 계급을 받았던 경우가 종종 있었다. 만년의 덩샤오핑 그림을 그린 화가 류다웨이(劉大爲, 중국미술협회 주석)는 수년 전 소장이 되었다.

한편, 국가대표팀 감독 10년 경력이 있는 예친(葉瑾·여·1956년생)이 해군 대교인 것도 특별 발탁 케이스로 보나, 그녀는 16세에 입대, 20세부터 수영코치로 활동하면서 해군 수영단장 등을 역임한, 엄연한 3급 문관직 간부다. 현역 군간부는 ① 현역 군관 ② 문관직 간부, 두 가지로 분류된다.

군이 장위바이 같은 기업인이나 류다웨이 등 예능인을 많이 배려하는 것은 군인의 생활을 풍요롭게 하고 군 이미지를 일신하려는 의도지만, 일반 국민들은 "이런 군이 싸울 수 있을 까?", "국방예산을 낭비하고 있다."고 비판하고 있다.

문공단의 고속 승진과 여성 장교 스캔들

최근 군 장성 부패사건과 관련, 주목을 받고 있는 것이 문공단(文藝工作團)[2]이다. 중국군은 공식적으로 문예병(우리의 '연예사병', '홍보지원대원'에 상당)을 선발한다. 일반 병사와 달리 유명해지기 쉽고 승진이 빨라, 지원자가 많고 경쟁이 치열하다. 문예병으로 선발되어 노래·무용·연극 등에서 두각을 나타내면 문공단에 선발되어, 일선 위문공연 등 선전활동에 나선다.

시진핑 주석의 부인 펑리위안(彭麗媛·1962년생)은 18세 때 문예병에 입대해, 중국 최초 민족성악 석사를 취득한 소프라노 가수이자, 해방군 중에서 가장 젊은 2급 문관직 소장으로, 총정치부 가무단(歌舞團) 단장이다. 시진핑 주석과 함께 외국을 순방하여 중국 '퍼스트레이디' 외교의 진가를 발휘했다.

펑리위안 소장

---

2) 문공단은 중국 공농(工農, 노동자·농민) 홍군 선전대의 전통을 계승한 것으로 노래·무용·연극 등 각종 형식으로 선전활동을 하는 종합 문예단체이다. 대표적인 탄광(煤礦) 문공단은 1947년 동북 해방구의 지시(鷄西, 흑룡강성)시에서 창건되었다. 후미의 군 문공단 분류표를 참조하라.

그러나 고위층 장성 부패사건의 이면에 문예공작단 소속 고위 여장교들이 있음이 밝혀지면서, 문예병 제도에 대한 비판의 봇물이 터졌다.

2006년 6월 신화사가 처음 보도한, 군 부패사범 왕서우예(王守業, 1943년생, 중장) 해군 부사령관의 수뢰액은 1억 6,000만 위안(약 280억 원)대였고, 총정치부·남경군구·북경군구 문공단 소속 미녀 장교 등 5명을 정부로 두고 있었다.

2012년 2월 파면된 구쥔산(谷俊山·1956년생·중장) 총후근부 부부장의 수뢰 액은 200억 위안(약 3조 5,000억 원)대였으며 북경군구 문공단 소속 장교(3급 문관직 대교)[3] 외, 여배우 2명, TV 사회자, 관리직 여성 등 총 5명의 정부를 거느리고 있었다. 이들 정부에 대해서는 제5부 **7** 중국군이 싸워야 할 두 개의 전쟁에서도 잠깐 언급한 바 있다.

이 때문에 일반 장병 사이에서는 "문예병은 우리와 달리 힘든 훈련도 받지 않고, 그저 노래하고 춤추고 연극하는 것만으로 장성급까지 고속 승진하는 등 위화감 조성의 주범이다. 전쟁에서 사지로 뛰어드는 용맹한 장병들에 대한 모독"이라는 비판이 드세다고 한다. 한국의 '연예사병'이나 중국의 '문예병' 모두가 빛과 그림자가 있는 것 같다.

---

3) 북경군구 산하 전우(戰友) 문공단 소속 탕찬(湯燦·1975년생) 대교는 구쥔산 중장의 정부로 알려졌는데, 2011년 말부터 행방불명이다. 당 중앙기율검사위에서 조사를 받은 후, 2013년 봄 징역 7년을 선고받고 복역 중이라는 설이 있다.

【문공단(文藝工作團) 분류】

구 분	소 속	명 칭	약 칭
제1급	총정치부	총정치부 문공단	총정(總政) 문공단
제2급	군종 부대	공군 정치부 문공단 해군 정치부 문공단 第2炮兵 정치부 문공단 武警총부 정치부 문공단	공정(空政) 문공단 해정(海政) 문공단 이포(二炮) 문공단 무경(武警) 문공단
제3급 (대군구)	北京군구 濟南군구 蘭州군구 瀋陽군구 成都군구 廣州군구 南京군구	전우(戰友) 문공단 전위(前衛) 문공단 전투(戰鬪) 문공단 전진(前進) 문공단 전기(戰旗) 문공단 전토(戰土) 문공단 전선(前線) 문공단	- - - - - - -
일반	주요 기관	중화전국총공회 문공단 탄광(煤礦) 문공단 이검(利劍) 문공단 철로(鐵路) 문공단	- - - -

중국군 총정치부 문공단 공연 종료 후 인사 장면

20대 여성 문예병들의 공연 연습

9 외국 발전모델 벤치마킹

중국의 외국 발전모델 학습은 1978년말 개혁·개방을 선포한 덩샤오핑의 지시로 이뤄졌는데, 대상은 싱가포르였다. 그러나 소강상태를 보였던 벤치마킹의 열기 확산은 1992년초 개혁·개방 가속화를 촉구한 덩샤오핑의 남순강화(南巡講話, 남부지방 순시 담화)가 계기가 되었다.

특히 동년 8월 한국과의 수교 이후, 한국 발전모델도 중국의 학습 내상에 추가되어 알게 모르게 한국을 배우려는 벤치마킹 사례가 이어졌다. 이제 중화민족의 부흥이라는 '중국몽(中國夢)' 실현을 제창한 시진핑 정부는 어느 모델에서 중국 발전의 밑그림을 찾고 있을까?

중국의 벤치마킹 교본엔 한국의 경제·유교문화 포함

중국의 한국 발전모델 탐구는 수교 전에도 있었다. 중국의 경제·사회 발전 5개년 계획(현재 2011~15년간의 제12차 계획 추진)은, 지금은 유명무실하지만 한국의 성장 동력이 된 경제개발 5개년 계획(제1~4차 1962~81년) 및 경제·사회개발 5개년 계획(제5~7차 1982~96년)을 벤치마킹한 흔적이 역력하다.

중국이 선진 외국기업의 자본·기술·경영기법을 도입하기 위해 1979~80년 동남부 연안의 선전(深圳)·주하이(珠海)·산터우(汕頭)·샤먼(廈門)에 세운 4개 경제특구는 덩샤오핑의 직접 벤치마킹 지시에 따라, 마산·익산 수출자유지역을 모델로 한 것이었다.

수교 후에는 한국 카운터파트의 환대 속에, 중국 관료·기업인·학자들의 공적·사적 방문이 잇따르면서, 전방위적 벤치마킹이 추진되었다.

첫째, 1970년에 시작된 새마을운동은 덩샤오핑의 선부론(先富論)에 입각한 경제개발로 확대된 도농격차(개혁·개방 초기 1.8:1 → 2007년

3.33:1) 해소책으로 2005년부터 추진된 중국의 신농촌(新農村) 건설운동에 투영되었다. 중국 정부는 2005년 5월 중앙농촌공작영도소조 판공실·재정부·건설부 관계자로 구성된 한국 새마을운동 시찰단을 파견했다. 그들의 시찰 결과 보고서를 토대로, 2005년부터 신농촌 시범마을 조성을 시작했고, 2006~09년간 매년 공무원 1만 명을 한국에 보내 연수를 시켰다.

최근에는 한·중 지방간 연수교류 사업 방식의 교류가 이뤄지고 있다. 2011년 10월 칭하이성 신농촌건설 시찰단(16명)의 충남 새마을운동 현장 연수, 2012년 6월에는 광둥성 공무원(20명, 4주) 및 랴오닝성 부시장급 고위공무원(12명, 2주)의 경기도 도정 및 농정 연수 등이 그것이다.

하이난성 새마을운동 연수단 임실 방문(2011월 6월)

둘째, 부동산정책에서 한국의 국민주택(임대·보금자리·반값 아파트 등) 정책을 원용했다. 정부 싱크탱크인 국무원발전연구중심은 2007년 1월 TF를 조직했는데, 한국과 같은 소형 평수 주택을 전국적으로 보급해야 한다는 결론을 내리고, 중국식 서민 아파트인 '경제 적용방'(經濟適用房, 90㎡ 이하, 한국은 25.7평인 약 85㎡ 규모) 보급계획을 공식화했다.

셋째, TCL·레노보(聯想)·하이얼(海爾) 등 중국 기업은 2004년부터 해외 M&A를 통해 다국적 경영에 적극 나섰는데, 기업관리 모델, 브랜드 확장방식, 인재전략 등 측면에서 삼성을 최고의 벤치마킹 표본으로 삼았다.

중국이 원조(元祖)인데, 한국에만 있고 중국에는 없는 것을 한국에서 복제해간 경우도 있다. 공자를 비롯한 유교 성인을 추모하는 행사로 성균관에서 거행하는 석존대제(釋尊大祭)다. 문화대혁명(1966~76년) 시기, 비림비공(批林批孔, 임표·공자 비판) 운동 과정에서 공자를 사탄시했지만, 공지의 고향 산동성 취푸(曲阜)시의 공자 후손들은 한국의 도움으로 조상 제사를 완전 복원했다. 이제는 매년 600만 명의 국내외 관광객을 끌어모으는 국제행사로 격상시켰다.

그러나 과거 "한국을 배우자"는 슬로건은 최근 "장강(長江)이나 주강(珠江) 삼각주 경제권이 조만간 한국을 추월할 것"이라는 보도로 바뀌었다. 이같은 변화는 한국의 두 번의 경제위기, 소득 양극화 현상 심화, 청년 실업자 100만 명 돌파, 정치권의 포퓰리즘적 복지정책 입안에 따른 재정 건전성 악화, 복수노조 도입으로 인한 사회갈등 가능성 등을 예의 주시해온 결과로서, 한국 발전모델의 대안으로 싱가포르 모델을 더욱 주목하는 이유다.

중국은 싱가포르의 개혁 이론과 실제를 철저히 구현

덩샤오핑은 1978년 12월 싱가포르를 방문해 리콴유(李光耀, 1923년생) 당시 총리를 만나 "싱가포르 발전 모델을 배우겠다."고 언명했다. 싱가포르가 중국계(華人)·말레이계·인도계 등 10여개 종족으로 구성된 다민족 국가인데다, 건국(1965년) 이래 인민행동당(PAP)의 1당 집권이 이뤄지는 등 중국과 정치상황이 비슷한 상황에서 부패가 거의 없는 청렴한 공직사회를 건설했고, 노사갈등·파업 없이 성장기반을 다지고 있다는 판단에서였다.

　그러나 당시의 연수생 파견은 극소수에 그쳤다. 싱가포르 모델 학습이 본격화된 것은, 1992년 덩샤오핑의 남순강화(南巡講話) 이후로, 현지 연수를 통한 개혁 실무 습득과 중국·싱가포르 합작 공단 운영에서 눈부신 성과를 거둔다.

　첫째, 중국 관리들의 연수는 핵심 무대인 난양(南陽)이공대학(NTU : Nanyang Technological University)이 1991년 공학·이학·상학·문학원 등 4개 대학과 산하 12개 스쿨을 운영하는 종합 국립대학(첨부 참조)으로 승격한 후 속도를 받게 된다. NTU 연수는 초기의 '중국프로젝트반', 1998년 개설된 중·고급 관리 석사 과정반(후에 市長班으로 명명), 2008년 설립된 연수 전문대학인 공공관리연구생원(公共管理研究生院) 등을 통해, 20여 년간 1만 3,000여 명이 다녀갔다.

난양이공대학 로고　　　　　　싱가포르 개혁의 산실. 난양이공대학 전경

　연수는 중국 관리들의 국제적 시야 확대, 실제와 연계된 이론 학습, 중국 현실에 맞는 과정 편성 등에 중점을 두어, 중국의 현안인 환경문제, 응급·시스템 관리, 민족 화합, 반부패 관련 싱가포르의 개혁 노하우를 배우게 했다. 과외활동도 중시, 중국 관리·외국 유학생간 교류를 적극 지원했다. 중국의 파워엘리트 대부분이 싱가포르의 개혁 모델을 공부한 셈으로, 배운 것을 중앙 및 지방의 시정 개혁에 적극 활용했다. NTU가 미 하버드대학에 이어 중국의 중앙당교에 해당하는 제2의 '해외 당교(黨

校)'로 불리는 이유다.

 NTU는 이상의 성과를 토대로, 베트남 · 캄보디아 · 미얀마 등 동남아 개도국 관리들에 대한 연수프로그램을 시작했으며, 중국 기업의 자금을 유치하는 합작 방안도 강구(후면 첨부 참조)하고 있다.

 둘째, 중국은 1994년 5월 장쑤성 쑤저우(蘇州)시 동부의 288㎢ 구역 (서울 면적의 48%)를 '쑤저우 공업원구'(工業園區, SIP, Suzhou Ind-ustrial Park)라는 국가 관리 경제기술개발구로 지정하고 싱가포르 정부와 공동 개발에 나섰다.

쑤저우공업원구 로고

쑤저우공업원구 야경

 개발 목표는 첨단산업 · 외자를 집중 유치하여, 국제적 경쟁력을 가진 첨단과학기술 공단 및 현대화 · 정보화된 녹색 생태도시로 건설하는 것이었다. 2012년 말 쑤저우시 면적(8,488㎢)의 3.4%, 인구(1,065만 명) 의 7.1%(약 76만 명)에 불과하나, 도시 지역총생산액(GDRP)은 중국 랭킹 6위[1]인 쑤저우시(1조 2,000억 위안)의 14.5%, 외자유치 · 수출입 총액의 25%를 담당[2]하면서, 최초의 신형 산업화 시범지구, 중국내 최고 경쟁력을 가진 개발구라는 찬사를 받고 있다.

---

1) 상하이 · 베이징 · 광저우 · 톈진 · 선전 · 쑤저우 · 충칭 · 항저우 등의 순
2) 2012년 말 현재 SIP 통계 : GDRP 1,738억 위안(전년비 10.7% 증가), 외자이용액 19.6억 달러(동 1.3% 증), 수출입총액 95억 달러(동 3.3%). 2013년초 상무부는 90개 국가급 경제기술개발구 중 종합 순위 2위라고 발표했다. 세계 500대 기업 중 88개 기업이 148개 프로젝트에 투자했으며, 2012년 2월 현재 4,619개 외국기업(한국 300여 개)과 외자 431.3억불(계약)을 유치했다.

시진핑의 차이나 드림 밑그림은 싱가포르 발전 모델

최근의 싱가포르 학습 열풍은 시진핑 총서기가 주도하고 있다. 2010년 10월 당시 국가부주석으로서 중국·싱가포르 수교 20주년을 기념하여 싱가포르를 방문하고, 리콴유 고문장관과 만나, "중국은 과거는 물론 현재도 미래도 싱가포르를 공부할 것"이라고 밝혔다. 덩샤오핑의 유훈 계승을 선언한 것이다.

그의 정치·사회개혁 방향은 총서기 취임(2012년 11월 제18차 당대회) 직전, 중앙당교 교장을 겸임했던 10월 22일, 중앙당교 기관지 학습시보(學習時報)의 '싱가포르의 서비스형 정부 경험' 제하 논평에서 엿볼 수 있다.

싱가포르 여당인 인민행동당(PAP)이 1968년 이래 선거 압승으로, 안정적인 1당 집권 체제를 유지한 요인으로 ① 차세대 인재를 영입, '특수 공무원 그룹(Administrative Service)'으로 관리하는 개방형 정당 운영 ② 당내 충분한 경쟁·선거를 통한 민주화 및 부패 척결 ③ 지도층·국민 간 원활한 소통을 통한 국가 화합 등을 들었다. 향후 시진핑식 개혁에의 접목을 예고한다.

시진핑의 싱가포르 모델 선호는 리콴유 주도의 장기 개발독재 및 개방 경제를 통해 아시아의 네 마리 용(싱가포르·한국·홍콩·대만)의 선두 위치를 확고히 하고 있어, 멘토로 삼을 국가모델3)이기 때문이다.

---

3) ① 국내 정치권·학계에서는 싱가포르에서 얻는 교훈으로 생존을 위한 지혜, 지도자의 결단과 통합의 리더십, 합리성과 법치주의의 존중, 발빠른 지식산업으로의 성장전략 전환, 국제화 마인드와 정부의 유연한 정책 집행 등을 제시했다.

② 왕이저우(王逸舟·1957년생) 베이징대 국제관계학원 부원장은 한·미동맹의 한 축인 한국이 미·중 사이에서 취할 입장 관련, 작지만 동남아의 평화·안정에서 중심축 역할을 하는 싱가포르 모델을 참고하라고 제언했다. 한국도 국제안보포럼인 '샹그릴라 대화' 주관, ASEAN 사무국 조직시 주도적 역할 수행, 영토분쟁 중인 난사(南沙)군도에서 각국의 행동규범 제정 선도 등으로 한국도 미·중 두 강대국의 갈등 조정 역할을 할 수 있다며, 어느 때는 미국에 가깝게, 어느 때는 중국과 더 많은 대화를 해야 한다고 강조했다.(2013.5.24)

싱가포르의 면적은 서울(605㎢)보다 조금 넓은 710㎢이며, 인구는 서울(약 1,042만 명)의 절반 수준인 약 518만 명이다. 그러나 IMF가 집계한 2012년 1인당 GDP는 싱가포르가 5만 323달러로 세계 11위를 기록하여, 세계 16위인 일본(4만 6,972달러)을 제치고 아시아 1위를 차지했다. 한국은 2만 3,679달러로 세계 34위[4]였다. 싱가포르가 면적이 협소하고, 자원도 별로 없지만, 정원식 도시 건설과 교통질서 확립에 성공해, 연간 1,040만 명의 관광객들을 유치하는 관광왕국[5]의 지위를 점하고 있는 섬도 중국 관리들에게 귀감이 되고 있다.

중국의 우리 전환기 관리경험 전수 요청에 대비 필요

시진핑은 '차이나 드림' 실현을 위한 멘토로 싱가포르를 택하고 있어 앞으로 중국 관리들의 싱가포르 학습을 더욱 독려할 것이다.

그러나, 중진국 함정을 돌파한 한국의 경험도 배우고 싶어 한다. 부가가치의 고도화, 녹색 신성장, R&D 등이 대표적 학습 희망 분야이며, 정치개혁에 대한 관심도 크다.

중국이 경제개혁 및 성장전략 추진 차원에서 우리에게 멘토 역할을 요구할 분야도 많다. 1,000만 개를 훌쩍 뛰어넘는 중소기업의 현대화를 위한 한국과의 산업협력, 신도시화 정책의 일환인 위성 신도시 개발에 필요한 한국의 신도시(분당·일산 등) 건설 경험 등이다. 우리가 앞으로 자신감을 가지고 중국과의 새로운 협력모델을 준비해야 하는 이유다.

---

4) 1인당 GDP가 우리의 3배 이상인 국가는 세계 1위 룩셈부르크(10만 6,958불, 한화 1억 2,500만원 상당)에서 카타르, 노르웨이, 스위스 등 4위까지. 2배 이상 국가는 일본, 핀란드, 네덜란드, 미국, 싱가포르, 호주 등. 비슷한 국가는 바하마, 그리스, 바레인, 대만 등이다.

5) 유엔 세계관광기구(UNWTO) 집계, 2012년 외국인 관광객 유치 순위는 1위 프랑스(8,300만 명), 2위 미국(2011년 6,270만 명), 3위 중국(5,770만 명)…… 23위 한국(1,110만 명)…… 25위 싱가포르(2011년 1,040만 명)였다.

【난양이공대학(NTU) 제원】

구 분	관련 내용
연 혁	△ 1955년 사립 난양대학 → 1981년 난양기술학교 → 1991년 난양이공대학 △ 공학대학 국제연맹 창립 멤버
교직원	△ 5,877명(40여 개국에서 초청한 2,500여 명의 교수·연구진 포함)
학생수	△ 학부생 2만 3,000여 명, 대학원생 1만여 명 * 유학생은 약 20%, 중국·인도·인니·베트남 등지 출신
세계순위	△ 2012년 9월 영국 대학평가기관 QS(Quacquarelli Symonds) 발표 : 2012년 47위(2011년 58위) * 1위 MIT(미), 2위 켐브리지(영), 3위 하버드(미), 23위 홍콩대(홍), 25위 싱가포르국립대, 30위 도쿄대, 37위 서울대, 63위 카이스트
해외 학생 교류(글로벌NT U프로그램)	△ 해외 교환 학생 유치 △ NTU 학생 해외 파견 * 국제교환학생프로그램(INSTEP), 글로벌여름학기(GSS), 글로벌집중 어 학연수프로그램(GIP) 등
해외교류	△ 자매결연 : 37국 200여 대학. 학생에게 해외교육 옵션 제공 * MIT·스탠퍼드·코넬대학(미), 북경대학·상해교통대학(중), 와세다 대학(일), 임페리얼칼리지(영), ETH취리히(스) 등 △ 해외 사무실 : 북경 中關村·상해 張江高科技園區
4개 단과대학 (12개 스쿨)	△ 문학원(3) : 예술·설계·미디어 학원, 인문과학 학원, 사회과학 학원 △ 이학원(2) : 생명과학 학원, 수리과학 학원 △ 공학원(7) : 토목·환경공학 학원, 기계·우주항공공학 학원 등 △ 상학원 : 會計科, 商科(MBA 과정은 세계 MBA 100위권 진입)
장학 제도	△ 총장 장학상 : 성적·리더십 최상위자 △ 연구 장학상 : 1·2등급 학생, 박사과정생 △ 싱가포르 국제대학원 상 : 해외 유학생
전문성 및 취업	△ 첨단기술·경영관리·실무형 우수인재 양성, 세계 정상급 △ 산학협력 프로그램 활성화로 졸업 한달 내, 100% 근접 취업
지도자 자녀 취학	△ 수실로 밤방 유도요노 대통령(인니), 호세 라모스 오르타 대통령(동티모 르), 응우엔 민 찌엣 국가주석(베트남)

【NTU의 동남아 국가 공무원 연수 내용】

구 분	관련 내용
강 사	△ 리콴유 총리와 함께 일했던 전임 부총리·장관, 교수 등
베트남 공무원	△ 2012년 연수 공무원 150명 중, 100명은 싱가포르 테마섹(Temasek)기금회가, 50명은 NTU가 자금을 지원 △ 2013년은 장관·실국장급 120명을 5기로 나눠, 2주 과정 진행. 테마섹 기금회가 학습 경비를, 베트남이 왕복항공편을 부담 △ 연수 이수자는 귀국 후 멘토로서 4명에게 교육내용을 전파, 눈덩이 효과 기대(측정 결과, 연수내용 전파률 1 : 125명) △ 노동자연합회 간부는 노사분규 없는 싱가포르 경험을 노동법 개정에 반영했고 8,000만 노동자에 대한 서민주택 보급 제안
캄보디아 공무원	△ 첫해 고위공무원단 105명을 4기로 나눠 2주씩 연수 △ 공무원 출국이 용이하지 않은 점을 감안, 1주는 캄보디아에 강사를 파견했고, 1주는 싱가포르 NTU에서 연수
미얀마 공무원	△ 세인 미얀마 대통령이 5년내 GDP 8배 증대 계획을 선언하면서 NTU에 싱가포르 개혁 및 건설 경험 전수 요청 △ 미얀마에 강사를 파견, 실국장급 공무원 대상 연수 진행
중국과의 협력 추진	△ NTU는 중국이 동남아 국가와 관계가 긴밀하고 동질성도 높은 만큼, 중국이 주변국 연수에 동참하기를 희망 △ 자금력이 있는 중국 기업이 개도국 공무원 연수에 동참하고 중국 전문가·학자들이 연수에 참가하기를 기대
참고 사항	△ 동남아 공무원 연수배경 : 현재 1980년대 개혁·개방 초기의 중국과 흡사한 동남아 개도국이 싱가포르 발전모델 학습 희망 △ 한국, 미얀마에 새마을운동 노하우 전수키로 합의(2013년 6월 한·미얀마 경제협력공동위) – 미얀마 농촌개발에 필요한 도로와 전기, 농업·공업시설 등을 포괄한 패키지 형태의 사업을 1~2개 시범지역에서 시행

10 티베트인 연쇄 분신의 비극

2013년 12월 19일 간쑤(甘肅)성의 간난(甘南)티베트족(藏族)자치주 샤허 (夏河)현에서 승려 출트림 자초가 티 베트의 정신적 지도자 달라이 라마의 귀환과 600만 티베트인의 복지 향상 등을 요구하며 자신의 몸에 불을 붙였 다.

티베트인의 분신

자초는 분신 후 즉각 숨졌고 그의 유해는 인근 티베트사원으로 옮겨져 화장됐다. 사원 안의 승려 400여 명은 경찰의 제지를 무릅쓰고 자초의 명복을 비는 기도를 올렸다. 자초 의 분신은 쓰촨성 아바(阿壩)티베트족·강(羌, 발음은 창)족자치주에서 12월 4일 티베트인 콘촉 체텐이 분신한 지 보름 만에 발생한 것이었다.

서방 언론의 표현처럼, '현대사에서 가장 위대하지만, 가장 참혹한 정 치적 항의행동'을 택한 티베트인이 2009년 이후 2014년 1월 말까지 125명이다. 사망자는 100명을 넘는다. 무엇이 이들을 극단의 선택으로 내몰고 있는가?

600만 티베트인의 대중국 고도 자치 요구는 거부

중국은 한족과 55개 소수민족으로 이뤄진 다민족 국가다. 소수민족 인구는 총인구의 8.4%에 불과하지만, 중국이 13억이 넘는 인구 대국이 다 보니, 약 1억 1,400만 명을 헤아린다. 집단거주 지역은 전 국토의 64%를 차지한다.

현재 고도의 자치 보장이나 분리 독립을 요구하며 대정부 시위나 항쟁을 벌이고 있는 소수민족은 티베트(藏)인과 위구르(維吾爾)인이다. 티베트불교[1] 승려 주축의 티베트인들이 달라이 라마의 설법에 따라 비폭력 저항으로 맞선 반면, 위구르인들은 테러 등 폭력 항거 양상을 보여왔다.

2011년 7월 백악관 맵룸(Map Room)에서 오바마와 면담한 달라이 라마

중국내 약 600만 명의 티베트인은 대부분 낙후된 서부지역에 산다. 티베트(西藏)자치구(면적 : 120여만㎢) 인구 300여만 명의 90%가 티베트인이며, 주변 쓰촨성의 간쯔(甘孜)티베트족자치주, 아바(阿壩)티베트족·강(羌)족자치주 등지에 122여만 명이 집중 거주하고 있다.

칭하이성의 황난(黃南)티베트족자치주, 간쑤성의 간난티베트족자치주, 윈난성의 디칭(迪慶)티베트족자치주 등도 집단거주지역이다. 베이징·상하이시 등 동부지역의 대도시 거주자는 그야말로 극소수다.

티베트자치구 접경 지역에는 1959년 대중(對中) 봉기에 실패한 달라이 라마 14세(1935년생)[2]가 피신하여 망명정부[3]를 세운 인도 북부 다

---

1) 티베트의 토속신앙인 뵌뽀교와 불교가 결합된 티베트 고유의 불교다.

람살라에 약 6,000명, 네팔에는 2만여 명의 망명 티베트인 이 거주하고 있다.

그러나 2008년 3월 티베트 유혈사태 후, 중국이 티베트 탈출 루트이 자 망명정부로의 진입 통로인 네팔4)에 대한 국경 관리를 강화하면서 티베트인 난민이 급감했다. 2008년 이전 매년 약 2,000~4,000명이 국경을 넘어 네팔에 정착하거나 인도·미국 등으로 새 삶을 찾아 떠났으나, 2011년 월경자는 800여 명, 2012년에는 400여 명으로 줄었다.

이로 인해 지원단체의 기부금을 받아, 티베트인 유치원생부터 고교생까지 가르치는 다람살라 소재 '티베트인 청소년 촌'이 2012년 1학기에 받아들인 신입생은 69명으로 2011년의 절반이며, 2008년 이전까지의 연평균 700~800명의 1/10에 불과했다.

망명정부로서는, 중국에선 정부가 정한 한족 교육 커리큘럼만 가르치는데, 중국 탈출이 어렵게 됨에 따라 티베트 고유의 교육을 받을 기회가 박탈된 데다 티베트 지식인과 정치가를 육성할 망명 티베트인 사회가 형성되지 않고 있다는 위기감이 커졌다.

이에 대해 달라이 라마는 2003년과 2005년 중국에 특사를 파견하여 후진타오 정부와 티베트 장래문제 협상을 벌였다. '하나의 중국'을 수용하겠으니, 1965년 티베트자치구 지정 당시 타성에 편입한 티베트 북부

---

2) 티베트불교 교리에 따르면, 달라이 라마는 관음(觀音)의 전세(轉世)이고, 성지인 포탈라 궁의 포탈라는 관음의 성지인 푸퉈산(普陀山 : 상해 인근 舟山群島 소재)의 다른 음역이다.

3) 망명 정부는 미국 뉴욕, 일본 도쿄, 인도 뉴델리, 네팔 카트만두, 대만 타이베이, 남아공 프리토리아, 호주 캔버라, 영국 런던, 프랑스 파리, 스위스 제네바, 헝가리 부다페스트, 러시아 모스크바 등 세계 주요 도시에 대표 사무소를 설치하고 있다. 망명 정부를 외교적으로 승인한 나라는 아직 없으나 유럽 사회나 대만에서 일정한 지지와 공감을 획득하고 있다.

4) 중국은 티베트와 접경한 최빈국 네팔에 대한 경제원조로 협조를 유도하고 있다. 네팔은 2012년 1월 온자바오 총리 방문 시, 반정부 시위를 막는다며 티베트인 수십 명을 구금했다. 온자바오 총리는 이때 네팔에 3년 동안 11억 8,000만 달러 지원을 약속했다.

의 간쑤·칭하이성, 동부의 쓰촨·윈난성 내 티베트인 집거지역을 티베트자치구와 합해, 홍콩특별행정구처럼 고도의 자치를 허용하는 대장구(大藏區·대티베트구)로 지정해 줄 것을 요구했다.

그러나 중국은 여타 소수민족의 유사 요구를 촉발시킬 수 있다는 점을 우려하여 단호히 거부함으로써 협상은 난항을 거듭했다. 이 과정에서 2008년의 대규모 유혈사태가 발생했고, 결국 2010년 1월의 접촉을 끝으로 양자 대화는 중단됐다.

티베트인 연쇄 분신에는 시대·경제적 배경이 내재

2008년 3월 14일, 티베트 수도 라싸(拉薩)지역에서 발생한 시위는 1989년 3월 라싸 일원에서 티베트 승려 주도로 열린 고립된 시위와는 상황이 완전히 다른, 대규모 집단 항의행동이었다. 중국은 '3·14 동란(動亂)'(1989년 6·4 톈안먼사태 수준의 비상사태)으로 규정하고 계엄령을 선포했다.

2008년 3월 라싸에 진주한 시위 진압군

티베트인 승려·시민 항의 → 군경 진압 → 티베트인 시위대, 한족 상점·자동차 방화 등 폭력 행사 → 발포 등 무력 진압이라는 악순환의 반복이었다. 중국 정부가 공식 발표한 사망자수는 13명이었지만 망명정부는 80여 명이라고 주장했다. 시위는 티베트자치구 외에 인접 칭하이·쓰촨·간쑤성의 티베트족 집단거주 지역으로 확산되어 항의·충돌·진압 사건이 동시다발적으로 발생했다.

티베트 시위대의 폭력에 많은 한족들이 격렬한 비난을 퍼붓자, 평소 한족과 잘 지냈던 티베트인들도 불쾌해 하면서 한족에 대한 반감을 가졌고, 이주한 한족이 돈이 되는 상권은 모조리 장악했다는 사실과 맞물려, 한족과 티베트인 간의 반목의 골은 더욱 깊어졌다.

더구나 중국 당국은 한족 관리의 티베트 촌락·사원 감시 강화, 라싸 외 지역 거주자의 라싸 진입 불허, 여권 발급 금지, 승려 대상 애국주의 교육 실시 등 새로운 통제정책을 썼다. 중국어로 진행된 교육은 중국 법률을 가르쳤고 달라이 라마와 티베트 분리 독립 세력을 싸잡아 비판하는 것이었다.

당국의 탄압으로 내부 투쟁조직과 역량이 와해되고, 언론 등 항의의 배출구도 없게 된 티베트인은 2009년 2월 20대 승려 분신 후, 연쇄 분신의 길을 택했다. 티베트 불교는 자살을 포함한 모든 살생을 금지하고 있음에도, 교리를 어기면서까지 국제사회에 티베트문제를 알리는 극단행동에 나선 것이다. 특히, 중국의 지도부 교체가 이뤄진 제18차 당 대회(2012년 11월 8일~14일) 전후인 10~11월에만 37명이 분신했다. 중국의 최대 정치행사 계기에 새 지도부에는 티베트정책의 전환을, 국제사회에는 티베트 현실에 눈을 돌려주도록 호소한 것이다.

2012년 10월까지 티베트자치구에서는 라싸의 2명을 포함하여 8명이 분신했고, 칭하이성은 황난 자치주 퉁런(同仁)현 15명 등 42명, 쓰촨성에서는 아바 자치주 36명 등 43명, 간쑤성에선 간난 자치주 뤼취(碌曲)현 3명 등 인접 티베트인 거주지역으로 확산됐고, 2011년 11월에는 인도 · 네팔에서 동조 분신이 시작됐다.

2012년 10월 말까지의 중국내 분신 지역

분신자는 남성 85%, 여성 15% 비율이다. 전 · 현직 승려가 대다수이지만, 농부 · 택시 기사 · 유목민 · 시인 · 주부 · 학생(최연소 14세) · 식당 종업원 등 다양한 계층을 망라했다. 이들의 구호는 "중국 통치 반대! 티베트에 자유를! 달라이 라마 귀환을!" 등이었다. 사회 · 경제적 불평등과 압제를 조장하는 한족 동화정책을 중지하고, 종교의 자유와 달라이 라마 귀환 등을 허용하라는 뜻이다.

이와 함께 중국 통치 반대, 티베트어 사용의 자유 등을 주장하는 대학생 · 시민들의 추모집회 · 항의시위, 지식인들의 단식투쟁 등이 이어졌고, 중국 공안당국의 해산 · 진압 과정에서 또 다시 다수의 사상자가 발생했다.

천관중과 한족 · 티베트인 관계를 다룬 소설 《뤄밍》

이와 관련, 한족으로 티베트문제 전문가이자 시사 평론가인 왕리슝(王力雄)[5]이나 베이징으로 이주한지 13년째인 홍콩 작가 천관중(陳冠中)[6] 등은 중국 정부의 티베트 정책이 합당한 지에 대해 의문을 제기했다.

티베트인, 시위와 분신으로 불만을 토로

중국 정부에 대한 티베트 주민의 불만은 크다. 오랫동안 자급자족형 농·목축업에 종사해왔던 티베트인에게 강력한 도시화 및 유목민 정착 정책을 추진한 결과, 전례 없는 빈부격차·실업난·물가고에 시달리게 되었다.

일반 티베트인들은 부가가치가 낮은 전통산업에만 머물러 있는 경우가 많고, 동충하초·송이버섯 등 현지 특산물 유통마저 티베트 개발을 쫓아 이주해온 한족에게 빼앗겨, 돈 벌 기회를 잡지 못했다. 얼굴 생김이나 생활 습관이 한족과 달라 한족들처럼 대도시로 나가 구직하기도 어렵다. 어린 시절 티베트학교에 다닌 경우가 많아, 상당수 티베트인에게 표준 중국어는 외국어나 다름없다. 중국어가 약해 관광객의 95%를 점하는 외지 중국인을 대상으로 가이드도 할 수 없다.

중국을 세계의 공장이라고 했지만, 티베트에는 변변한 공장도 없어 청년들은 학교를 졸업해도 번듯한 일자리를 찾기 어렵다. 승려 외에 젊은이·학생들의 분신과 시위 가담이 늘어나는 이유 중 하나다. 티베트

---

5) 베이징에서 유명 작가로도 활동 중이며 부인은 티베트인 작가이다. 1999년, 종말 문학 작품인 소설 《황휘》(黃禍, The Yellow Peril)가 잡지 아시아 위클리가 선정한 가장 영향력 있는 중국 소설 100위 중 41위로 선정되었다. 여러 경로를 통해 중국 정부의 티베트 정책을 비판하고 있다.

6) 2012년 12월, 한족·티베트인 관계를 다루면서 글 중에 티베트인 분신사건을 최초로 올린 장편소설 《뤄밍》(裸命)을 발표했다. 그는 상방자(上訪者, 중앙정부를 찾는 민원인), 베이징의 사설감옥 등 민감한 정치현안도 이슈화했다.

자치구의 1인당 GDP는 2011년 2만 152위안(당시 1위안=176원, 약 355만 원)으로 중국 평균 3만 5,083위안의 57%에 불과했다. 분신 다발지역인 칭하이성 퉁런(同仁)현7)은 1만 6,341위안(연 287만 원)에 그치고 있다.

퉁런현 룽우사원 앞 계단의 분신 흔적과 오체투지하는 티베트인들

칭하이성 정부가 2010년 9월 티베트 학생 중장기 교육발전의 일환으로 기존 티베트어 위주에 중국어를 배우는 2중 언어교육을 중국어 위주로 전환하여 학생들의 성적이 떨어지자, 2012년 11월에는 5,500여 명의 티베트인 교사·학생들이 중국어교육 의무화 중단을 촉구하는 서명운동을 벌였다. 한족 동화 교육정책에 대한 반발이었다.

티베트불교 승려는 교리인 전생활불(轉生活佛·환생 부처) 지정 관련, 중국 정부가 달라이 라마에 대항하여 판첸 라마 11세 등 친 중국 인사를 앞세워 조종하고 일반 사찰의 활불 지정까지 간섭하는 것에 대한 불만이 극도로 크다.

결국, 가난·불평등에서 점화된 불만이, 오체투지(五體投地, 두 무릎·

---

7) 퉁런현은 1301년 건립된 룽우(隆務) 사원이 있는 티베트 불교의 성지여서 분신이 빈발하고 있다. 인구 7만 3,000여 명 중 78%가 티베트인이다.

두 팔·머리를 땅에 대고 하는 절) 등 경건한 신앙생활을 하는 티베트인에 대한 노골적 종교문제 개입, 민족차별을 받고 있는 젊은이들의 진로 고민, 이질적 한족문화 등과 얽히면서 때로는 분리 독립 시위로, 때로는 죽음의 항거로 치닫는 것이다.

중국, 당근책 속에서도 분신엔 강경 일변도

티베트의 랜드마크 뽀따라(포탈라) 궁전

중국은 분신사태가 장기화되면서, 세계가 티베트 인권문제에 주목하는 자체가 부담인 만큼 당근과 채찍을 병행하는 상황 진정 노력을 기울이고 있다. 티베트 경제 및 관광업8) 진흥을 위해 세계 최장의 고원철도인 칭짱(靑藏)철도 (2006년, 해발 5,072m)·베이징-라싸 직항 항공노선(2011년 12월) 개통과 함께 2012년 7월에는 투자액 300억 위안(약 5조 2,800억 원)의 라싸 문화관광 단지(242만 평 규모, 3~5년 내 완공)9)와 티베트 상징 동물인 야크 박물관(2014년 완공 목표) 착공 등이 이뤄졌다.

---

8) 티베트를 방문한 내외국인 관광객은 2010년 685만 명, 2011년은 전년 대비 24% 증가한 850만 명이었다. 2012년 7월 티베트자치구 인대(人大, 의회)는 5년 내 관광객 1,300만 명 유치, 관광수입 175억 위안(약 3조 800억 원) 달성을 위해 전통문화·불교 사원·자연 풍경 등의 독특한 관광 상품을 개발한다는 계획을 확정했다. 2013년 상반기, 전년 동기 대비 21.8% 증가한 343만 명(내국인 340만 명·외국인 3만 명)을 유치했다.

9) 단지에는 티베트인 수공예품 전시장·특산품 판매장, 민속촌, 야외공연장, 역사교육관 외에도 7세기 초 티베트 최초의 제국인 토번(吐蕃·트루판)제국의 왕 손챔감포에게 출가한 당 나라 문성(文成) 공주를 모티브로 한 테마공원도 조성할 계획이다.

2012년부터 60세 이상 티베트 승려들에게 매달 은퇴 연금 120위안을 지급하고 있고, 일상적 종교 활동은 대부분 허용한다. 2015년까지 티베트 전역의 방송·출판물에 티베트어와 중국어를 병용한다는 계획도 추진 중이다.

그러나 온자바오 총리는 2012년 12월 31일, 약 3,000명의 사망·행불자를 냈던 2010년 4월 칭하이성 지진의 피해지역인 위수(玉樹)티베트족자치주 위수(玉樹)현 시찰 중, 재건된 티베트불교 사원에서 "승려는 계율을 지기고 사회에 좋은 이미지를 줘야 한다."며 분신을 우회적으로 비판했다.

공안·사법당국은 사회치안 차원에서 분신을 공공안전에 위해를 가하는 범죄로 간주하여 강경 일변도로 대처하고 있다. 분신자의 가족·친척에 대한 감시를 강화하며, 관련자를 엄벌한다. 티베트인이 사원의 종교집회에 참가하는 티베트력(曆) 설(음력 설 다음 날, 2013년엔 2월 11일)인 '로싸' 등 민감한 시기를 앞두고는 승려 등 요주의 인물 격리, 외부 정보 차단, 분신 기도·선동자 검거 등 통제를 일층 강화했다.

2013년 1월 중순 라싸에서는 3개 주요 사원의 고승과 불전(佛典·대장경) 강사 15명에게 정치 강연을 한다는 명분으로 연행, 사실상 구금하였다. 분신 다발지인 칭하이성 황난 자치주 정부는 2012년 11월 분신자 가족에 대한 생활보호 서비스를 취소했다. 12월에는 분신 관련 ① 현장 저지 시 20만 위안(약 3,500만 원) ② 선동자 고발 시 10만 위안 ③ 계획자 고발 시 5만 위안 ④ 불을 끄면 1,000위안의 포상금을 지급한다는 계획을 발표했다. 포상금은 상호 감시·고발을 부추겨, 저항운동의 조그만 불씨마저 꺼트릴 수 있는 액수다.

2013년 1월부터는 '반중(反中) 정보' 유입 방지를 위해 각 민가·사원의 위성안테나를 압수했고 광장 등 인파가 모이는 곳에는 무장경찰 순찰조를 증원 배치했다. 주요 길목마다 소화기도 비치했다.

라싸시 법원은 분신자 사진을 휴대전화에 보존했다가 불심 검문에서 적발된 티베트인 남성에게 '민족단결 위해 죄'를 적용하여 징역 2년을 선고했고, 칭하이성 공안청은 2013년 2월, 인도 소재 티베트독립 급진파인 '티베트 청년회의'의 지령을 받아 "분

증원된 무장경찰 순찰조

신은 티베트 독립을 쟁취하는 영웅행위로, 많을수록 국제사회의 큰 관심을 끌 수 있다."라고 선동한 승려 등 70명을 체포했다.

쓰촨성 아바(阿壩)티베트족·강(羌)족자치주 법원은 2013년 1월, 티베트인 8명의 분신을 교사한 승려 뤄랑궁추(羅讓貢求·1972년생)에게 고의살인죄를 적용하여 사형에 집행유예 2년을, 18~22세의 승려 4명에게는 미상 죄목으로 징역 2년~10년을 선고했다. 수형자는 고문에 시달려 출소 후에는 환속하거나 다시는 반정부 시위에 나서지 않는다고 한다.

당국이 인터넷 실명제를 시행하겠다고 발표한 후, 전국 31개 성 단위에서 최초로, 2013년 6월 티베트에서 유선·휴대전화 사용자 276만 명과 인터넷 사용자 147만 명의 실명 등록을 마쳤다. 인터넷을 기반으로 활동하는 티베트 분리세력을 철저하게 감시하려는 목적이 더 크다고 볼 수 있다.

티베트인의 분신 관련, 중국 외교부 대변인은 "분신은 법률·도덕 및 불교 교리에 반하는 비인간적·반사회적 행위"라면서 "분신사건의 막후 기획자인 달라이 라마 등 티베트 분리주의 세력은 음모를 중단하라."고 비난했다.

해외 티베트인, 국제사회에 대중(對中) 압력을 촉구

　망명정부는 티베트인에게 "분신 같은 극단적 선택을 하지 말라."고 촉구하면서, 중국의 티베트인 탄압 저지를 호소하는 현지 주민의 음성, 분신 장면이 담긴 비디오테이프를 만들어 인터넷에 공개했다. 동시에 티베트 문화 홍보를 위한 연례 이벤트인 '미스 티베트 선발대회' 취소 등 자숙조치도 취했다.

　망명정부는 2012년 12월 롭상 상가이 총리(1968년생 · 2011년 8월 취임) 주재로 분신사태 방지를 위한 T/F 회의를 열어, 비폭력과 중국과의 대화만이 유일한 해결 방법이라는 결론을 내렸다.

　이에 따라 2013년 2월초 담화 및 일 니께이 인터뷰 등을 통해, "티베트의 분리 독립이 아닌, 중국 헌법 범위 내 고도 자치를 요구한다. 분신 사태를 막기 위해 중국 정부는 대화를 조속히 재개하고, 미국과 국제사회는 양자 대화가 이뤄질 수 있도록 중국에 압력을 행사해 달라."고 요청했다. 그리고 그는 방미 중, 2013년 5월 9일 워싱턴 미국외교협회(CFR)에서 열린 강연회에서 위 내용을 재천명한 가운데, 시진핑 국가주석이 이끄는 새 지도부에게 조속한 대화를 촉구하는 등 대화 물꼬를 트기 위해 노력했다.

롭상 상가이 티베트 망명정부 총리

　해외 티베트 단체도 2012년 7월부터 세계인권의 날이자 노벨상 시상일인 12월 10일(달라이 라마가 1989년 이날 노벨평화상 수상)까지 세계 각지를 순회하며 티베트를 위한 '진실의 불꽃 릴레이' 행사를 전개했다. 마지막 날은 망명정부의 호소에 따라 국제연대캠페인을 세계 각지에서 일제히 전개했다. 미국 뉴욕 UN본부 앞 공원에서는 재미 티베트인·외국인 지지자 등 약 4,000명이 "중국은 티베트에서 물러가라! 달라이 라마의 귀환을! 티베트에 자유를! 티베트 취재를 허가하라!"라는 구호를 외치며 중국의 압제를 성토했다. 스웨덴·인도 티베트협회 멤버들은 1912년에 제정된 티베트 국기를 흔들며 시가행

티베트국기(雪山獅子旗)

진을 하면서 중국 측에 티베트 망명정부와의 대화를 요구했다.

2013년 10월, 4년마다 주요국 인권을 논의하는 스위스 제네바의 UN 인권이사회(UNHRC) 분회를 앞두고는, '티베트 자유를 위한 학생기구' 회원들이 제네바 유엔 유럽본부 건물에 "중국 인권-유엔은 티베트를 지지하라."고 쓴 현수막을 내거는 시위를 벌였다. 2013년 6월 UNHRC 진출을 추진하던 중국은 이 회의에서 많은 이사국과 인권단체로부터 "시진핑 집권 후에도 반체제 인사 체포, 사형제도 존속, 재소자 고문 등 중요한 인권 문제에 있어 오히려 역행하고 있다."는 비난을 받았다.

미국의 관심 고조와 일본의 정면 대응

그간 미국은 테러와의 전쟁에서 중국의 지지를 얻기 위해 소수민족 인권 문제에 대한 개입 정도를 낮췄었다. 서방국가들도 2008년 세계 금융위기 이후 중국의 국제적 입김이 급격히 쎄지자 티베트문제에 소극적으로 접근했다. 그러나 티베트 분신 항거가 100회를 넘자, 세계의 눈길은 일시적이나마 티베트로 향했다.

중동에서 한 발을 뺀 미국은 중국에 대한 외교적 지렛대로 티베트 문제를 거론하고 있다. 국무부는 분신이 잇따르자, 중국 정부에 티베트 주민들의 인권을 존중하고 달라이 라마와의 전제조건 없는 대화에 나서도

록 촉구했다. 이어 게리 로크 당시 주중 미국대사가 2012년 9월말 최다 분신지역인 쓰촨성 아바 자치주를 전격 방문10)했고, 11월엔 마이클 포스너 국무부 인권담당 차관보가 미상 장소에서 티베트 분신 주민의 유족 3명을 만나 애도의 뜻을 전하는 등 오바마 대통령 집권 2기에는 티베트 문제에 더욱 강력히 대응할 것을 시사했다.

일본 정부와 정치권은 달라이 라마 초청 등으로 중국 정부에 정면 대응하고 있다. 달라이 라마는 2012년 11월 3일~14일간 방일하여, 일본 국회의원들에게 분신사태 해결 방법은 국제사회의 적극적 개입과 중국 정부와의 대화밖에 없다고 역설하고 티베트 방문 및 분신사태 조사를 요청했다.

일본 의원들은 '티베트를 지원하는 의원연맹'을 결성했고, 아베 신조 자민당 총재(현 총리)는 "티베트 인권 상황 개선을 위한 모든 노력을 다 하겠다."고 약속했다. 이같은 적극적 관심 표명은 중국과의 센카쿠열도(중국명 댜오위다오) 영유권 문제 관련, 중국을 압박하기 위한 것이다.

이에 대해 중국 외교부 대변인은 "티베트 승려 분신사건을 핑계로 중국의 내정에 간섭하지 말라."고 반박했다. 티베트가 대만문제처럼 중국의 핵심 이익인 만큼 기존의 정책을 바꾸는 일은 없을 것11)이란 점을 분명히 했다.

일본 민간·종교단체는 2014년 4월 6~18일간 달라이 라마의 방일을 초청했다. 달라이 라마는 일본 정치인들은 만나지 않고, 2011년 3월 발생한 대지진과 쓰나미 생존자를 위로했고 도쿄와 교토에서 설법을 했다. 물론 정부 초청도 아니었고 정치인들을 만난 것도 아니었지만, 역사문

---

10) 중국계 미국인인 그는 2013년 6월 중국 정부의 협조로 대사 가족과 대사관 직원들과 함께 3일간 라싸와 인근 지역을 방문했다. 중국이 미국을 비롯한 외국 대사관 관계자들에게 티베트 방문을 허용한 것은 2010년 9월 이래 처음이었다.

11) 중국의 티베트 분리 독립 절대 불허 이유는 ① 중국 내 다른 소수민족의 독립 열망 조장 소지 ② 광대한 자원의 보고(2007년 초 티베트고원에서 1,280억 달러 상당의 아연·구리·납 등 광물자원 발견 발표) ③ 창장(長江)의 발원지로 중국의 중요한 수자원 공급지 ④ 인도·네팔·미얀마 등과 접경한 군사요충지 등이다.

제, 센카쿠(중국명 댜오위다오) 영유권 분쟁, 중국의 동중국해 방공식별구역 선포와 맞물려 중·일 관계가 더욱 악화될 것임은 자명했다.

시진핑 시기에 티베트 문제 관련, 대내외 홍보공세 강화

2013년 10월에는 1951~2012년간, 티베트의 1인당 GRDP(지역내 총생산)가 연평균 8.5% 증가했다는 내용 등이 담긴 《티베트의 발전과 진보》제하 백서를 발표했다. 2011년 《티베트 평화해방 60년》 백서 이래 두 번째다. 중국 통치로 티베트가 번영을 구가하고 있으니 끼어들지 말라는 얘기다.

그리고 적극적인 해외 홍보전에도 나섰다. 2014년 1월 '중국 티베트 문화교류단'이 미국 LA·샌프란시스코와 캐나다 등지를 순회하며 언론 인터뷰, 현지 대학 중국전문가 면담, 현지 티베트 동포 접견 등의 일정을 가졌다. 교류단 멤버는 티베트인인 잔두이(占堆) 라싸시 부시장, 뽀따라궁(宮) 관리처의 쉬랑항단(索朗航旦) 부처장과 중국티베트학연구센터의 롄샹민(廉湘民) 박사 등이었다. 이들은 해외순방 목적으로 "달라이 라마를 우두머리로 하는 티베트 망명정부가 구미(歐美)에서 티베트의 이미지를 제멋대로 훼손시키고 있어, 국제적으로 티베트의 올바른 이미지를 정립하기 위한 것"이라고 답했다.

티베트인 분신에 대한 상세한 분석 결과도 내놓았다. 발생 지점은 티베트가 아닌 쓰촨·간쑤·칭하이성의 티베트인 집거지역이고, 20세 전후 젊은이가 많은데 대부분 승려다. 분신에는 매우 강력한 정치목적이 내재되어 있어, 그들이 외치는 구호는 망명정부의 목표와 흡사하다. 분신이 가장 많이 이뤄진 사원은 쓰촨성 아바(阿壩)티베트족·강(羌)족자치주에 있는 거얼덩(格爾登)사인데, 이곳의 분신과 망명정부가 긴밀히 연계되었다는 증거는 수없이 많다고 했다.

달라이 라마 집단은 이들을 영웅이요, 모범이라고 한껏 부추기면서, 인터넷을 통해 분신 지침서를 배포하는데, 분신을 어떻게 조직하고 기획, 행동할 것인지가 담겨있다고 주장했다. 잔두이 라싸시 부시장은 2013년 독일 방문 시는 자신이 티베트인임을 믿으려고 하지 않는 독일 사람도 만났고, 호주에서는 티베트어도 할 줄 모르는 2세대 티베트 젊은 이가 티베트 정책을 비난하는 경우도 있었다고 부언했다.

한편으로는, 2013년 12월 라싸시 당서기가 대표단을 이끌고 스위스를 디녀갔는네, 티베트력 설에 맞춰 다시 스위스에 티베트공연단을 파견, 현지 티베트 동포들과 설을 맞이할 계획이라고 밝혔다. 중국이 티베트 망명정부 총리의 대화 요구에 반응을 보이지 않은 채, 티베트 망명정부의 분신 사주 등을 알리기 위한 국제 홍보전을 전개하고 있는 만큼 시진핑 신지도부가 유화정책으로 전환하리라고 기대하기 어렵다.

티베트 사태는 당장 해결책을 찾기 어려운 난제임에는 틀림없으나, 티베트를 자국 영토의 한 부분으로 보는데서 한 치의 양보도 않겠다는 중국 정부나 '진정한 자치'를 끊임없이 요구하는 달라이 라마 측 모두가 평행선을 달리던 기존의 입장과 주장에서 일보 후퇴, 대화를 가지면서 조그마한 하나의 타협점이라도 찾을 수 있는 여건이 조성되기를 기대한다.

【티베트 독립운동 및 망명정부 · 중국 간 협상 약사】

시 기	주요 사건 및 협상 경과
1950년	중국, 티베트 무력 침공, 1951년 5월 강제 합병
1959년 3월	티베트인 독립요구 민중 봉기(3월 10일), 8만 명 이상 사망
1959년 3월	달라이 라마, 인도 북부 다람살라에 망명정부 수립
1965년 9월	중국, 티베트자치구 지정(9월 1일)
1978년 3월	달라이 라마, 중국에 '망명 티베트인과 본토 티베트인 간 친지 교류 허용'을 요청(중국에 대한 최초의 대화 제의)
1979년 3월	실권자 덩샤오핑(당 부주석 겸 부총리), 베이징을 찾은 달라이 라마의 형 알로 톤두프를 면담, "티베트 독립을 제외한 어떤 문제도 논의 가능, 티베트 조사단 파견 허용" 방침 전달
1979년 8월	달라이 라마 측 조사단이 티베트를 방문, 인권상황 등 조사 ※ 1980년엔 중국 조사단이 티베트를 방문, 인권상황 등 조사
1982년 4월	중국, 달라이 라마 측에 '5개항 정책' 제안을 제시 ① 중국이 장기 정치안정, 지속 경제성장, 모든 민족 간 협력이라는 새로운 단계에 진입했음을 확신 ② 중앙정부에 솔직 · 진지하되, 1959년 사건(민중 봉기) 재론 중지 ③ 달라이 라마와 지지자들의 중국 귀환 및 거주를 환영
1985년 1월	망명정부, 중국의 '5개항 정책' 전면 거부, 이후 쌍방 간 공방 계속 ※ 중국이 달라이 라마의 조건 없는 귀환에만 관심 있고, 티베트 문제 논의에 전혀 관심이 없다고 비난
1987년 9월	달라이 라마, 미 의회 연설 통해 '티베트 5개항 평화계획' 발표 ① 티베트 전역의 평화지대 화 ② 중국인의 티베트 이주정책 중단 ③ 티베트인의 기본 인권 및 민주 · 자유 존중 ④ 티베트의 자연환경 보호, 티베트의 핵무기 생산기지 및 핵폐기물 투기장 화 중단 ⑤ 티베트의 장래 지위에 관한 성실한 협상 　→ 중국은 단번에 거부, 언론은 달라이 라마의 미 의회 연설 비판
1988년 4월	중국, 달라이 라마가 (티베트) 독립 목표를 공개적으로 포기하면, 베이징이 아니라 티베트에서 살 수 있다고 전달

시 기	주요 사건 및 협상 경과
1989년 3월	티베트 라싸에서 1959년 3월 이래, 최대 규모 반중국 유혈 시위 발생 중국은 '3·14 동란'으로 규정, 계엄령 선포(~1990년 3월)
1989년 12월	달라이 라마 노벨평화상 수상
1991년 4월	조시 부시(아버지 부시) 대통령, 미 대통령으로서는 최초로 달라이 라마를 백악관으로 초청, 면담 → 티베트 문제의 국제 이슈화로, 중국은 더욱 강경한 입장 견지
2000년 5월	달라이 라마, "독립보다 자치 확대가 목표" 천명
2003·05년	망명정부 대표단, 베이징 방문해 중국 정부와 협상
2008년 3월	티베트인의 반중국 유혈 시위, 티베트자치구·쓰촨성·칭하이성 등 확대, 80여명 사망(티베트 망명정부 주장) * 망명 티베트인들, 베이징올림픽 개최 항의 행진
2008년 5월	달라이 라마, "다양한 문화적 유산과 풍부한 문화전통을 보존하기 위한 자치를 보장한다면 중국 통치 수용 방침"을 표명
2009년 2월	20대 승려 분신 계기, 연쇄 분신 시작
2010년 1월	중국, 티베트 망명정부와의 대화 중단

제6부

한반도 관계와 주중 교민

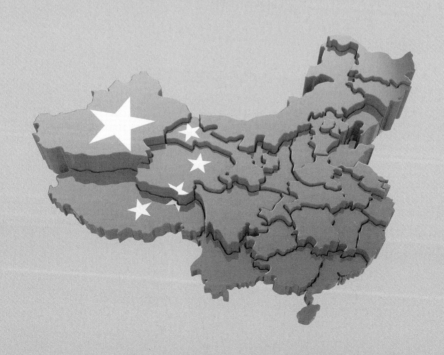

시진핑의

차이나 드림

1 남북 경협의 물꼬, 동북 3성

남북 경협의 중요성과 관련, 중국의 저명한 북한문제 전문가인 진징이(金景一) 베이징대학 교수[1]는 "한반도에 대해서는 지정학적(地政學的) 접근이 아닌 지경학적(地經學的) 접근만이 남북한 간 공존을 보장하고, 강대국간 대립과 충돌이 아닌 화해·협력 구도를 실현시킬 수 있다."고 지적한 바 있다.

그러나 2010년 3월말 천안함 폭침 사건에 대한 2010년 '5.24 대북제재' 조치, 연이은 동년 11월의 연평도 포격 도발에 따라 개성공단 외 금강산사업 등은 사실상 중단되었다. 북한의 변덕으로 개성공단도 부침을 거듭하고 있고 금강산사업도 재개될 듯 하더니 또다시 침묵에 잠겼다.

앞으로 한반도의 성장 동력이 될 남북경협 활성화를 위한 물꼬는 없을까? 중국의 동북 3성에서 그 실마리를 찾아본다.

남북 경협 양상 변화 가능 여건 조성

2012년 7월 18일 중국의 〈경제관찰보〉(經濟觀察報)는 중국 정부가

---

1) 1953년 지린성 둔화(敦化)시 출생. 2001년 베이징대학 국제관계학원(학원=단과대학)에서 법학박사 학위를 취득했으며, 현 베이징대학 외국어학원 교수 겸 한반도 연구센터 부주임으로 있다. 외교안보연구원의 《한국외교》 잡지 특약 편집위원 등을 역임했으며, 한·일 대학에서 한·중 관계, 한반도 문제를 강의했다.

동북 3성 진흥계획 지원 차원에서 랴오닝·지린성 등지의 인력난 타개를 위해 조만간 12만 명의 북한 인력에게 취업 비자를 발급키로 했다고 전하면서, 월급은 미화 200~300달러 선이며 그중 1~2만 명이 IT 업종에 투입한다고 했다. 북한은 외화벌이 사업의 일환으로 북·중 접경인 동북지방에 노동자들을 일부 파견하고 있지만 중국이 대규모 북한 인력의 입국을 정식 허용한 것은 처음이었다.

이와 관련, 한반도문제에 정통한 중국현대국제관계연구원의 청위지에(程玉潔) 연구원은 2011년 12월 집권한 김정은이 정권을 공고히 한 후, 내린 중대한 조치로, 김정은도 중국의 대북(對北) 개혁·개방 지원에 호응할 태세를 갖췄다고 평가했다.

이를 입증하듯이, 북한의 황금평·위화도 특구, 나선특구 관리들이 2011년 말부터 2012년 4월까지 19~20명씩 조를 짜 중국 상무부가 위탁한 지린성 창춘(長春)과 랴오닝성 다롄(大連)에 있는 대학에서 총 5차례 연수를 받았다. 약 100명이 중국 경제특구 교육을 받은 것이다. 17~20일간의 일정에서 이들은 중국의 경제특구 관리 모델과 개발전략 등에 대한 이론교육을 받는 한편 다롄시, 장쑤성 쑤저우(蘇州)시, 베이징시 등지의 경제기술개발구를 견학했다.

또한, 2012년 5월 이래 북한 무역성의 경제 관료와 학자들로 구성된 연수단이 톈진(天津) 빈하이(濱海)신구와 광둥성 선전(深圳) 경제특구[2]를 방문하여 2개월 단위 경제 연수를 받았다. 중국 상무부 초청 및 비용 부담으로 이뤄지는 북한 실무자들의 연수프로그램은 북·중이 기존 경협 프로젝트를 착실하게 추진하고 있고 제도 정비, 인력 양성 등 내실을 다

---

2) 중국의 경제특구는 1970년대 말~80년대 초에 설립된 광둥(廣東)·푸젠(福建)·하이난(海南)성 소재 5개 경제특구 외에, 1990년대부터 국가급 개발 특구로서 '신구(新區)' 용어를 사용했다. ① 1992년 10월 지정된 상하이 푸둥(上海 浦東)신구 ② 2006년 5월 톈진 빈하이신구 ③ 2010년 6월 충칭 량장(重慶 兩江 : 長江+嘉凌江)신구 ④ 2011년 4월 쓰촨(四川)성 청두(成都) 톈푸(天府 : 쓰촨성의 별명 : '천혜의 땅'을 의미)신구다.

지고 있다는 의미다.

유엔 지원에 의한 최초의 북한 관료 연수도 이뤄졌다. 톈진 난카이(南開)대학 국제발전연구센터는 2013년 11월 16일 유엔 아태경제사회위원회(UNESCAP) 북한관료 양성반을 개설했다. 15일 일정으로, 개강식에서는 한국 · 중국 · 러시아 · 몽골 등 4개국이 주도하는 동북아시아 개발계획인 '두만 개발 이니셔티브' 진행상항이 보고되었다. 대외무역 · 외자유치 등을 교육하는 외에 톈진 · 상하이 · 쑤저우 참관 일정도 포함되었다.

특히 북한 노동당 간부들은 김정은의 지시에 따라 중국의 성공한 농촌 개혁, 즉 새마을(新農村)운동 모델인 장쑤성 화시(華西)촌을 지속적으로 참관하고 있다.

2011년 12월 우렌바오 촌 당서기를 격려하는 후진타오 당시 총서기

화시촌은 장인(江陰)시 화쓰(華士)진 산하 촌이었지만, 1960년대부터 농촌개혁에 착수했다. '건국 이래 중국을 감동시킨 100인' 중 1인으로 추앙받는 우렌바오(吳仁寶, 1928년생, 2013년 3월 85세 사망)[3] 촌 당서

---

[3] 장인현(시 승격 전) · 화시촌 당서기, 장쑤성 정협 상무위원, 전국샤오캉(小康)연구회 회장, 전국촌장포럼 조직위 명예위원장, 중국시장경제연구회 부주임, 화시그룹 부이사장을 역임했다.

기의 헌신적 지도 아래 1994년 설립한 장쑤 화시그룹(華西集團)은 123개 계열사에 임직원만 2만 5,000여 명에 달하는 대형 향진(鄕鎭)기업으로 발전하였다. 취급 업종은 금융 투자·항공 관광·항만 물류·에너지 개발 등으로 다양하다.

1996년 장쑤 화시그룹공사가 전국 대형 1급 향진기업으로 선정됐을 때만 해도 0.96㎢의 땅에 380가구 1,520명이 모여 살았으나, 이후 주변의 20여 개 촌을 흡수하여, 현재 면적 35㎢에 인구도 5만여 명으로 증가했다. 농·공·상·건축·관광업 등 5대 산업 발전에 주력하고 있다. 화시촌의 랜드 마크로, 5성급 보다 높은 초5성급 롱시 국제호텔(龍希國際大酒店, Long Wish Hotel International)[4] 건립, 헬기 관광 등 사업을 다각화하여 2012년에 연 200만 명의 국내외 관광객을 유치하였다.

2012년 주민 1인당 연소득도 한화 1,820여만 원에 달했다. 전국 제1의 별장촌·자동차촌·칼러TV촌·컴퓨터촌' 등 40여개의 '전국 제1촌'이라는 타이틀을 보유하면서 사회주의 농촌 개혁의 모델로 자리 잡았다.

항상 참관객들로 붐비는 화시촌

롱시 국제호텔 중심 화시촌 조감도

---

4) 롱시 국제호텔은 화시촌 건립 50주년에 맞춰 2011년 10월에 개점했으며, 높이 328m, 74층(지하 2층 포함)으로 2013년 7월 현재 세계 42위, 중국 내 8위 고층건물이다. 총 826개 객실에 5,000여 개 식탁 좌석을 보유하고 있다.

| 롱시 국제호텔 | 단체로 출근하는 북한 종업원
(중국 측에 사진 촬영·취재 금지 요청) | 호텔 엘리베이터 내 북한 종업원
공연 포스터 |

북한은 화시촌에 대해 농촌개혁 시범지구 시찰 외에 서비스업 실습용 노무 수출도 병행하고 있다. 2011년 12월 북한의 20대 여성 봉사원 여러 명이 실습기간을 3년으로 정하고 롱시 국제호텔에 도착한 이래, 2014년 2월 말 현재까지 30여 명이 호텔 실습을 하고 있다. 식당 서빙 외에 노래·춤을 곁들인 문예공연을 부업으로 하여 외화를 번다고 한다.

남북한 및 중국 간 새로운 국면을 타개할 수 있는 한·중 정권 교체가 2013년에 이뤄졌다. 2월 박근혜 정부가 출범했고, 중국에서는 2012년 11월 제18차 당대회에서 시진핑 당 총서기 중심 신 당 지도부 출범에 이어 2013년 3월 시진핑 국가주석·리커창 총리 중심 지도체제가 발족했다. 이와 같이, 남북 경협에 변화를 줄 수 있는 여건은 마련된 셈이다.

동북 3성 진흥 계획과 우리의 진출 현황

남북 경협의 돌파구 마련을 위해서는 최근 북·중 교류와 우리 주변 상황을 볼 때, 북한·러시아·몽골과 접경하여 우리 경제뿐 아니라 안보에도 전략적으로 중요한 중국 동북 3성을 주목할 필요가 있다.

중국은 동남부 연해지역 우선 개발 방침에 밀려 침체된 동북 3성의 경제상황과 이로 인한 정치·사회적 불안 해소를 '2020년 소강(小康, 생활개선 및 여유)사회' 건설의 선결과제로 인식, 2003년부터 동북 3성 진흥정책을 추진해왔다.

동북 3성을 1980년대 광둥을 중심으로 한 주장(珠江) 삼각주, 1990년대 상하이를 기반으로 한 창장(長江) 삼각주, 2000년대 북경-천진을 중심으로 한 보하이만(渤海灣) 지역에 이어 제4의 성장축으로 육성하려는 것이었다.

선양은 상하이나 광저우 등 동남부 연안 지역에 비해 개발 속도가 뒤졌던 터라 글로벌 금융 위기와 경기 침체에 따른 영향을 비교적 덜 받았다. 반면, 발전 단계가 낮은 동북3성 개발에 대한 중앙 정부의 지원의지는 강했다.

동북 3성·북한 연계 개발 개념도

'동북 진흥전략'에 따라 동북 3성 주요 도시를 잇는 고속철 개발이 마무리됐고, 고속도로 등 인프라 확충을 위한 투자가 진행 중이다. 개혁·

개방 이후 상대적으로 뒤처진 동북 3성에 대한 대규모 투자 계획이 실행에 옮겨지면서 이 지역의 경제성장 속도는 중국에서 가장 빨랐다. 중국은 동북 3성의 경제 진흥을 위해 북한을 파트너나 협력자로 선택했다. 2009년 8월에는 지린성의 '창(長春) · 지(吉林) · 투(圖們) 개발계획'을 국가지원 프로젝트로 승인하여, 훈춘 · 투먼 · 단둥과 북한의 나진 · 청진, 러시아의 자루비노를 아우르는 환 동해권 물류센터 개발구상도 구체화하였다.

이러한 중국의 움직임이 활성화된 시점은 남북관계가 막히기 시작했던 때와 일치한다. 특히 2009년 5월 25일 북한의 2차 핵실험 이후 대북제재를 위해 한 · 미 · 일이 협조를 강화해 나가고 있을 때 북한과 중국이 부쩍 가까워졌다는 것은 부인할 수 없다.

중국 · 러시아 · 북한 등 3개국이 국경을 맞대고 있는 데다 서해와 동해 어느 쪽으로도 쉽게 이동이 가능하다는 지리적 장점이 다국적 기업들의 투자를 유인했다. 실제 롯데 · SK · 포스코 · CJ 등 국내 대기업들도 앞다퉈 선양을 중심으로 동북 3성 투자 확대에 나선 상태다. 석유 · 철광석 · 석탄 등 풍부한 지하자원을 개발하려는 중국 기업들이 몰리는 것도 요인으로 꼽힌다.

이런 복합적인 배경으로 선양을 중심으로 한 동북 3성 지역의 경제 성장률은 중국 전체 성장률을 크게 웃돌고 있다. 2012년 동북 3성의 성장률은 10.5%로 중국 전체 성장률 7.8%보다 2.7%포인트나 높았다. 해안 도시 중심의 산업화가 중국 내 지역 갈등을 초래하면서 내륙과 동북 지역에 대한 정부 차원의 투자가 크게 늘어난 게 그 원인이다.

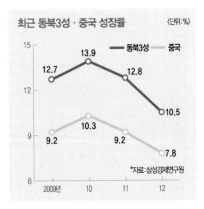

동북 3성과 중국 전체 성장률 비교

동북 개발 계획에는 3성 공히 식량과 석탄·석유·철강 등의 풍부한 천연자원을 활용한 식품·바이오·조선·철강·자동차산업 육성이 포함되어 있다. 이에 따라 연해지역의 인건비 상승, 노동력 부족에 시달려 온 상당수 우리 기업이 동북 3성으로 눈을 돌렸다. 2012년 말 현재 투자 누계액은 46억 9,000만 달러[5]에 달했다. SK·STX·삼성·현대 LCD·농심 등 4,500여 개 기업이 조선·자동차·에너지·인프라와 철강·식품·자원·금융 분야에 진출했다.

물류 분야에서는 2010년 8월 한국토지주택공사가 훈춘지역 진출을 검토했고, 포스코 차이나와 훈춘시가 2011년 4월 훈춘·포항 국제물류 원구 개발프로젝트에 대한 MOU를 체결하는 등 초기 진출단계에 있다.

동북 3성에서의 남북 경협 추진 방향

동북 3성에서 남북 경협의 물꼬를 튼다는 것은 북한 내부의 어떠한 파동에도 변치 않을 남·북·중 간 삼각 협력의 틀을 마련하는 것이다. 이 틀은 5·24조치 하에서도, 원칙적으로 외국기업과의 합작을 통한 대북 투자는 정부 승인을 받지 않아도 된다는 점에 착안한 일부 기업들에 의해 실험되고 있다.

단동 대우조선 해양은 2011년부터 중국 르린(日林)그룹과 합작투자 형식으로 북한 황금평과 중국 단동 일대에 걸쳐 선박수리 조선소 건립을 추진하고 있다.

한·중 합작법인인 서광무역유한공사는 인천 유나이티드 구단으로부터 4억 5,000만 원을 투자받아 2011년 11월 단동 남북협력 축구화 공장을 준공했다. 한국의 수제축구화 장인이 기술을 전수하고 중국인이 공장을

---

5) 2010년 말 한국기업의 동북 3성 투자 누계액은 5억 9,800만 달러로 對中 총투자의 16.7%를 점유했다.

관리하며 북한 근로자 25명을 고용하는 합영 방식이다. 중국에서 북한 근로자를 고용하면 보다 자유스러울 수 있다는 점을 활용한 경우다.

관민 차원에서도 새로운 협력방향을 모색하고 있다. 외교부·대한상의가 박근혜 대통령과 시진핑 국가주석이 2013년 6월 27일 정상회의에서 합의한 '한·중 미래비전 공동성명'의 정신에 입각해 동북 3성 정부·기업인과 함께 한국-동북3성 경제협력 포럼을 정례화한 것은 큰 의미가 있다. 한·중 수교 20주년 행사의 일환으로 2012년 제1차 포럼을 지린성에서 개최한데 이어 제2차 포럼을 2013년 10월 25일 서울에서 개최[6]했다.

2013년 포럼에서 합의한 사항은 ① 인터넷 등을 활용한 민간 경제·무역정보 교류 강화 ② 상호 개최되는 경제 관련 전시회·박람회 및 무역사절단 활동 지원 ③ 새로운 제도·법규 또는 개선사항에 대한 상호 정보교류 확대 ④ 한·중 기업인들의 교역·투자·CSR 영역 등 각종 경제활동 적극 지원 ⑤ 우호도시 간 교류협력 적극 추진 및 지원 등이었다. 포럼 정례화 및 순환 개최 원칙에 합의함에 따라, 2014년 제3차 포럼은 랴오닝성, 2015년은 헤이룽장성에서 개최하게 된다.

우리 정부와 기업은 남·북한과 중국과의 각각의 경제교류 및 협력 추세에 맞춰 보다 실무적이고 구체적인 대책을 추진해야 할 것이다. 동북3성과 중·북 접경에 3자가 참여하는 공동 개발은행·공단·물류기업을 설립하고 에너지·인프라 투자를 추진하되, 중국이 입국 문호를 개방하기 시작한 북한 노동력을 충분히 활용해야 한다. 동북 3성, 나아가 연해주 지방에 북한 노동자들을 받아들여 남북한 전용 공단을 만들면, 남북한은 이와 연결된 철도와 도로를 따라 중국 및 러시아의 상대적 낙후지역 개발에 공동 참여하고 시장 교두보도 확장하게 될 것이다.

---

6) 주선양 총영사와 동북3성 대표간 경제협력 포럼 합의문 채택 외, 한·중 기업 네트워킹에는 220여명의 한·동북3성 기업인들이 참석하여 상호 협력 가능성을 타진했고, 장외에서는 한·중 기업의 CSR 모범사례 전시전이 열렸다.

또한, 박근혜 대통령과 푸틴 러시아 대통령이 2013년 11월 13일 정상회담에서 나진-하산 프로젝트에의 한국 참여에 합의함으로써 남북한·러시아 간 3각 협력 확대의 토양이 마련된 점도 적극 활용해야 한다.

　러시아는 2013년 9월 러시아의 하산과 북한의 나진항을 잇는 54㎞의 철로 보수 공사를 마쳤다. 코레일·현대상선이 2,100억 원을 투자해 전체 사업의 70%를 점유하고 있는 러시아의 지분 중 절반을 인수할 계획이다.

　북한은 외사 유지 확신이 어려운 특구 개발보다는 한·러 정상의 지원으로 성공 가능성이 큰 나진-하산 프로젝트를 잡아야 한다. 한국이 동 프로젝트에 참여해 나진항 개발이 확대되면 하산을 거쳐 시베리아횡단철도(TSR)를 통해 유럽으로 연결되는 물류 길이 열린다. 한·중·일의 화물이 나진항을 통하면 통과료와 일자리를 챙길 수 있다. 이제 김정은 제1 위원장이 화답할 차례다!

【동북 3성 현황 (2012년 말 기준)】

구 분	랴오닝성	지린성	헤이룽장성
지역 특징	• 동북지방과 유라시아를 연결하는 요충지 • 선양시는 동북 3성의 정치·경제·물류 중심 • 단둥-신의주 통한 평양·베이징 열차, 선양·평양 간 항공기 각각 주 2회 운행	• 훈춘시 팡촨(防川)에서 동해까지 15㎞에 불과 • 중국에서 동해·태평양으로 향하는 유일 통로 • 북한과 두만강·압록강 두고 접경(1,206㎞) • 옌볜조선족자치주(인구 219만 명) 소재	• 중국의 최대 석유공업 기지, 목재·석탄·식량 등 각종 자원 생산기지 • 타성에 비해 개발은 늦으나, 광물자원 등 발전 잠재력 풍부 • 풍부하고 경치 특이
일반 개황 (2012년)	• 면적 : 14.6만㎢ (한국의 1.5배) • 인구 : 4,389만 명	• 면적 : 18.74만㎢ (전 국토의 2%) • 인구 : 2,750만 명	• 면적 : 45.4만㎢ (전 국토의 4.7%) • 인구 : 3,834만 명

구 분	랴오닝성	지린성	헤이룽장성
주요 경제지표	• 면적 21위 • GDP : 2조 4,801억 위안	• 면적 14위 • GDP : 1조 1,937억 위안	• 면적 6위 • GDP : 1조 3,692억 위안

자원 부존	• 요하 유전은 중국 3위
	• 철강 제품 생산량 : 전국
	  20%
	• 연해 석유·천연가스·
	  모래 개발전망 양호
		• 니켈(매장량 전국 4위) 규
		  회석(동 1위)
		• 석탄(매장량 21억톤), 천
		  연가스(동 3.3억㎥), 석
		  유(동 전국 9위)
			• 석유 매장량·생산량
			  전국 1위
			• 산림 면적 : 전국의 14
			  %, 주요 목재 생산지

산업 발전	• 중국의 주요 공업·원
	  자재 기지
	• 4대 지주산업 : 석유화
	  학·야금·전자 정보·
	  기계
		• 공업 : 자동차(창춘 제1
		  자동차), 유전 개발
		• 전국 10위권 식량생산 기
		  지 6개 보유
		• 목재 생산은 전국 4위
			• 중국의 주요 공업·원
			  자재 기지
			• 4대 지주 산업 : 석유
			  화학·야금·전자정
			  보 기계

대외 무역	• 교역액 : 1,040억 달러	• 교역액 : 246억 달러	• 교역액 : 388억 달러

한국과의
관계
	• 교역액 : 90.2억 달러
	* 한국은 랴오닝성의 두
	  번째 교역국(일본·한
	  국·미국 순)
	• 한국업체 투자액(누계) :
	  35.1억 달러
	• 교민 : 2만 4,237명
		• 교역액 : 6.1억 달러
		• 한국업체 투자액(누계) :
		  8.5억 달러
		• 교민 : 1만 1,452명
			• 교역액 : 7.7억 달러
			• 한국업체 투자액(누계) :
			  3.3억 달러
			• 교민 : 9,541명

2 동북공정(東北工程)의 근황

한민족의 분노를 자아냈던 중국의 동북공정(工程, 프로젝트)[1]! 공식적으로는 2007년 종료되었으나, 실질적으로는 다차원적으로 진화되고 있어 우리와의 갈등 재연 소지가 크다. 최근 상황을 살펴본다.

중국은 다목적 역사 연구 프로젝트 진행 중

중국은 그 역사와 문명의 기원을 세계 최고(最古)로 만들고 한족(漢族)은 물론, 경내에 거주하는 55개 소수민족의 모든 역사를 중국 역사에 편입시키기 위해 다수의 국책 과제를 수행해 왔다.

먼저, 중화문명의 기원 연장을 위해 1996년 5월 '하·상·주(夏商周)' 나라의 기원을 찾는 '하상주 단대공정(斷代工程)'을 시작했다. 5000년 중국 역사라 했으나, 최초의 역사 기록이 서주(西周) 말인 기원전 814년에 불과해, 3000년에도 못 미쳤기 때문이다.

이를 위해 산시성 저우위안(周元) 유적지[2] 등 17개소를 발굴 조사한 후, 2000년 11월에 하(夏)는 기원전 2070년, 상(商)은 기원전 1600년, 주(周)는 기원전 1046년으로 건국 연도를 설정했다. 기원전 814년보다 1256년을 끌어올려 총 4070년이 되었다. 하(夏) 나라와 요(堯)·

---

1) 2002~2007년 중국사회과학원 변강사지연구중심과 지린·랴오닝·헤이룽장성 등 동북 3성 사회과학원이 동북 변강지역(만주)의 역사문제를 연구하기 위해 진행한 연구 프로젝트다. 한국 학계 등은 중국이 고구려·발해·고조선·부여사 등 한국 고대역사를 통째로 중국사에 편입시키려 한다며 강력히 반발했다.

2) B.C 11~8세기에 존재했던 대형 고대 유적지로, 대량의 갑골과 국보급 청동기가 출토되었다. 저우위안은 주(周) 문화의 발생지로 상(商) 나라 멸망 전, 주 나라 사람들의 주거지다. 그 중심은 산시성 바오지(寶鷄)시 치산(岐山) 일대로 동서 길이 70㎞, 남북의 폭은 20㎞이며, 1990년대 후반에 발굴되었다.

순(舜) 임금도 전설 속에서 나와 역사 무대에 서도록 했다.

저우위안 유적지(좌우 구덩이들은 건축물 터)

출토 유물. 청동기

　그래도 5000년에서 약 1000년이 모자랐다. 그 숫자를 맞추기 위해 시작한 것이 2003년 6월부터의 '중화문명 탐원 공정'(中華文明探源工程)이다. 황하(黃河)문명보다 빠른 요하(遼河)문명을 중화문명의 뿌리로 규정하는 것이다.

　요하문명은 중국 만리장성의 동북쪽 요서·요동지역에 존재했던 신석기·청동기 문명이다. 요하문명 최고(最古)의 소하서 문화(小河西文化)는 기원전 7000~6500년까지 지속됐고, 대표적인 홍산 문화(紅山文化)는 기원전 4500~3000년에 걸친 것으로, 네이멍구자치구 츠펑(赤峰)시와 랴오닝성 차오양(朝陽)시 일대를 기반으로 한다.

소하서 문화 유적지   출토 유물. 도자기   차오양 시에서 발견된
수화옥(樹化玉)

　만주를 흐르는 요하지역 주변에서 1980년대부터 고도로 발달된 신석기 문명의 유적·유물이 계속 발굴되었다. 당시 중국 학계는 그 주도세력을 동이족(東夷族) 또는 예맥족(濊貊族)으로 보았고 일부는 홍산 문화가 중원문화와는 너무 이질적이라 발해만·산둥지역·한반도 문화권과 연결된다고 인정했다.

　따라서 요하문명을 동북아 공동의 기원으로 봐야 함에도 불구하고, 중국 학계는 1990년대 후반, 중화민족의 시조인 황제(黃帝)의 후예들이 홍산 문화를 건설했으며, 이들이 중원지역에서 하(夏)를 정벌하고 상(商) 왕조를 세운 것으로 정리했다. 신화로 알려진 삼황오제(三皇五帝) 시대를 모두 역사적 사실로 만들어 중국문명의 역사를 5000년에서 최고 1만년 전까지 끌어올리려는 저의였다.

　한편, 지역적으로는 20세기 말부터 티베트·신장(新疆)이 모두 고대 중국의 지방정권임을 입증하는 '서남공정·서북공정'을 추진했고, 2002년부터는 만주에서 발원한 고구려·발해도 마찬가지로 고대 지방정권이었음을 증명하는 '동북공정'에 착수했다. 전자는 오랫동안 티베트·위구르족이 분리 독립활동을 해온 지역이고, 후자는 국내 일각에서 간도(間島)에 대한 고토 회복을 주장하고 있었을 뿐 아니라, 조선족이 집중 거주해온 지역이라는 점에서 중국의 영유권을 공고화하기 위한 것임을 알수 있다.

중화문명 탐원 공정이 중국의 시간적 영토를 확장하려는 것이라면, 동북·서남·서북공정은 공간적 영토를 넓히려는 프로젝트다. 결국 이 공정들은 G-2라는 경제·외교적 자신감과 강력한 중화민족주의를 바탕으로 중국의 영역을 시·공간적으로 엄청나게 넓혀 '위대한 중국'을 구현하겠다는 의도였다.

동북공정은 외견상 종료, 실제는 은밀히 확산

2002년부터 시작한 동북공정은 동북 변경지방의 역사 및 현상 연구 프로젝트다. 옛날 고구려·발해의 발원지인 만주가 현재 중국 땅이므로, 그 역사도 중국 역사의 일부라는 "지극히 간단하지만, 심하게 뒤틀린" 논리다.

중국은 한국 내 반중 감정이 격화되자, 2004년 8월 특사를 파견하여 "고구려사 문제로 양국 관계가 손상을 받지 않도록 하겠다."고 천명하고, 문제점은 잠시 덮어두는 선에서 5개 양해사항3)에 합의했다. 2007년 2월 노무현 대통령이 역사 왜곡의 문제점을 제기하자, 학술상 동북공정 연구 기간이 만료됐다고 선포했다. 그러나 동북공정의 각론은 다방면으로 진화 중에 있다.

첫째, 만리장성 확장으로 동북공정 효과를 노리고 있다. 최근 4년간의 잇따른 연구결과 발표에서, 그 길이를 6,300km에서 2만 1,196km

---

3) 5개 구두양해 사항 : ① 중국 정부는 고구려사 문제가 양국 간 중대현안으로 대두된데 유념 ② 역사문제로 인한 한·중 우호협력 관계의 손상 방지에 노력하고 전면적 협력 동반자관계 발전에 노력 ③ 고구려사 문제의 공정한 해결을 도모하고 필요한 조치를 취해 정치문제화 방지 ④ 중국 측은 중앙 및 지방 정부 차원에서의 고구려사 관련 기술에 대한 한국 측의 관심에 이해를 표명하고 필요한 조치를 취해나감으로써 문제가 복잡해지는 것을 방지 ⑤ 학술교류의 조속한 개최를 통한 해결

로 3배 이상 늘렸고, 장성 조사 대상지에 고구려·발해 유적지를 최소 2곳 이상 포함시켰다.

둘째, 동북공정은 중국 교과서에도 반영되어 한국사 왜곡 부분이 적지 않다. 기원전 221~206년까지 중원을 통치했던 진(秦)나라의 장성(長城) 동쪽 끝을 평양으로 했고, 특히 현존하는 우리나라 최고(最古)의 목판 인쇄본인 무구정광대다라니경이 당나라에서 인쇄되어 신라에 전래되었다고 기술했다.

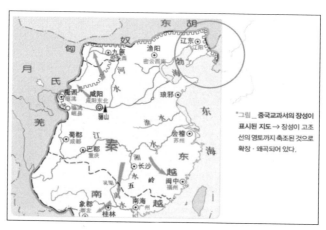

중국 교과서에 실린 진나라 지도. 만리장성이 고조선 영토까지 확장돼 있다.

또한, 고구려 유민과 속말(粟末) 말갈세력이 연합하여 건국한 발해에 대해서는 고구려를 빼고, 속말 말갈이 세운 중국의 지방정권으로 묘사하고 있다.

셋째, '중화문명 탐원 공정' 지속을 통해 신석기·청동기 시대 우리 민족의 활동 무대였던 요하지역의 역사를 '중화문명의 원류'로 독점하려 하고 있다. 2012년 7월 네이멍구자치구 츠펑 시에서 5300년 전 것으로 추정되는 흙으로 구운 남신상을 발견하자, "중화 조상신을 찾았다."며 발굴 성과를 대대적으로 보도했다.

이어서 요하문명이 중화문명의 발상지임을 주장하는 연구논문들을 계속 발표하고 있고, 유적·유물을 전시하는 박물관도 신축하고 있다. 중국의 의도대로 중국사 편입이 완료되면, 한민족의 선조가 중국 황제(黃帝)의 후예로 전락하고 동북공정 왜곡 대상이 고구려·발해뿐 아니라 고조선까지 확대된다.

넷째. 중국은 2013년 5월 1일 지린성 지안(集安)시에 2개 층, 6개 전시실을 갖춘 현대식 고구려 박물관인 '지안박물관'[4]을 개관했다.

새로 개관한 현대식 '지안박물관'

폐관된 구 '지안박물관'

---

4) 연 건평건축 면적 6,459m²으로 ① 토기·석기 등을 전시한 한당고국(漢唐古國) ② 요동에서의 국가 발전을 소개하는 웅거요동(雄據遼東) ③ 생활 유물을 전시하는 산지민풍(山地民風) ④ 병장기를 전시하는 금과철마(金戈鐵馬) ⑤ 무덤에서 발견된 벽화 및 유물 등을 전시하는 상장유풍(喪葬遺風) ⑥ 광개토대왕비와 관련한 유물을 전시하는 호태왕비(好太王碑) 등 6개의 전시실로 구성되었으며, 전시 유물은 1,000여 점에 달한다.

2003년부터 10년간의 준비를 거쳐 문을 열면서 옛 '지안박물관' 전시물을 더욱 보강하여 동북공정으로 꽉 채웠다. '고구려는 중국의 지방정권'이라는 동북공정의 핵심 내용을 일반에게 본격적으로 알리는 '동북공정 군히기'에 들어간 것이다.

지안 박물관 위치도

박물관 유물 전시와 설명에서는 고구려와 수(隋)·당(唐)과의 대규모 전쟁, 고구려 유물이 한반도에서도 무더기로 나온다는 역사적 사실 등 고구려와 한반도와의 관련성은 대부분 거론되지 않았다. 반면 전시물·유물이나 연표 등에서는 고구려가 중국 중원의 절대적인 영향력 아래 있었고, 정치·경제·사회·문화적으로 중원과 융합돼 있었다는 점을 중점 강조하고 있어, "중국 관람객들이 박물관을 돌아보면 고구려 역사는 바로 중국 역사라고 자연스럽게 인식토록 설계를 해놨다."는 국내 학계의 평가다.

제1전시실 현판을 '한당고국(漢唐古國)' 즉, '한·당 시기의 옛 나라'로 붙여 놓은 것은 고구려가 중국의 옛 나라임을 암시한다. 박물관 중앙 로비 유리판에 쓰여진 '전언(前言)', 즉 서문에는 "한 무제가 고구려인이 모여 사는 곳에 고구려 현을 설치해 현토군 관할 아래에 됐다. 이후 기원전 37년 고구려 왕자 주몽이 고구려 현 안에서 고구려 정권을 세웠다."라고 표현했다. 전시 패널에 '고구려는 중국의 지방정권' 또는 '고구려는 중원 국가의 속국'이라는 표현은 어디에도 없지만, 동북공정의 핵심 내용은 고스란히 표현되어 있다. '눈 가리고 아웅'하는 식이다.

북한 접경 도시인 지안은 고구려 2대 유리왕부터 20대 장수왕 때까지 425년(3~427년)간 수도였으며, 1만 2,000여 기의 고구려 고분이 있는 곳이다. 광개토대왕비(廣開土大王碑)·장군총(將軍塚, 20대 장수왕

릉)도 이곳에 있다.

고구려의 수도는 425년간 지안에 있었지만 그 후 평양으로 천도했으며, 고구려는 668년 멸망 때까지 존속했다. 따라서 그 유적과 유물이 평양과 서울 일대에 많이 남아 있고, 충주에도 고구려비가 세워졌다. 그러나 '지안 박물관'에는 이런 부분은 빠져 있다. 고구려가 망한 후 발해와 고려가 고구려의 정통성을 계승했다는 설명이 없는 것은 물론이다.

광개토대왕비(정자형 건축물 안에 넣어 보호)

장군총(고구려 고분 중 보존상태 가장 양호)

지안[5] 시내에는 현재 고구려 국내성(國內城)의 성벽 일부가 남아 있는데 성터에는 아파트 · 호텔 등이 들어섰고, 성벽 앞에는 시장이 열린다. 성벽은 관리 부실로 뜯겨지고 아파트 바람벽, 축대 수로, 하수구 물막이용 등으로 쓰이고 있다. 참 세월이 무상하다.

---

5) 지안시(면적 3,217㎢, 인구 23만 명)는 통화(通化)시 예하 현급(縣級) 시로, 지린성 동남부에 위치하고 있는데, 압록강을 사이에 두고 북한 자강도 남포시와 맞보고 있으며 인구 주요 구성은 한족(漢族) · 조선족(朝鮮族) · 만주족(滿洲族)이다.

아파트 바람벽으로 쓰이고 있는 국내성의 성벽　　　　국내성벽 터 뒤에 세워진 호텔

　유리왕이 첫 번째 도성(都城)이었던 졸본성(卒本城)에서 천도하여 두 번째 도성으로 삼았던 곳은 국내성과 서북쪽으로 2.5km 떨어진 곳에 위치한 위나암성(尉那巖城, 후에 丸都山城으로 개명)이다. 국내성은 평상시에 생활하던 평지성(平地城)이었고 위나암성, 즉 환도산성은 전시에 전투를 목적으로 축조된 산성(山城)이었다.

환도산성 터 : 전면에 고구려 고분들이 보이며 산성 둘레는 6,395m

　동북공정 굳히기는 굳이 '지안 박물관'을 찾지 않고, 중국의 대표적 검색엔진 포털인 '바이두(Baidu)'를 봐도 알 수 있다. 국내성에 대한 설명

에서 "고구려가 고대 중국의 지방 소수민족 정권"임을 노골적으로 기술하고 있다.

"汉元帝建昭二年(公元前37年)我国地方少数民族政权首领朱蒙在西汉玄菟郡辖地内建立了地方政权, 号高句丽。初期都城为纥升骨城(今辽宁桓仁县五女山城), 西汉元始三年高句丽迁都国内城(今集安市), 同时筑尉那岩城(后称丸都)。至北魏始光四年(公元427年)移都平壤前的425年间, 国内城一直是高句丽的政治,经济和文化中心。"

"한(漢) 원제 건소 2년(기원전 37년), 우리나라(중국)의 지방 소수민족 정권의 수령인 주몽(朱蒙)은 서한(西漢) 현토군(玄菟/새삼 토/郡) 관내에 지방정권을 세워 고구려라 칭했다. 초기 도성은 흘승골성(紇/묶을 흘/升骨城, 지금의 요녕성 환인현 소재 오녀산성)인데, 서한(西漢) 원시 3년에 고구려가 국내성(지금의 집안시)으로 천도했고 동시에 위나암성(후에 '환도'로 개명)을 쌓았다. 북위(北魏) 시광 4년(427년) 평양으로 천도하기까지 425년간 국내성은 고구려의 정치·경제 및 문화 중심지였다."

고구려는 한(漢) 나라를 몰아내고 건국한 것이다. 이를 '지안 박물관'은 물론 '바이두'까지, 기본부터 부정하고 있으니, 두말하면 무엇하랴? 우리의 우려가 현실로 나타난 것이다.

이로 볼 때, 중국 정부가 헤이룽장성 닝안(寧安)시의 발해 수도였던 상경에 건립 중인 '발해박물관'도 발해 역사를 중국 역사의 일부로 편입하는 주장을 담을 가능성이 크다.

다섯째, 동북공정은 우리에 대한 문화전쟁의 양상으로까지 발전하고 있다. 옌볜(延邊)조선족 자치주는 2012년 각각 1,000명이 참가하는 장구춤과 상모춤 공연 행사를 투먼(圖們)시와 왕칭(汪淸)현에서 벌여 해당 분야 최다 인원 공연 기록을 달성했다.

또다시 2013년 8월 26일 자치주 관내 룽징(龍井)시에서는 9세 초등학생부터 70대 노인까지 854명(원래 목표는 1,000명)이 참가한 가운데 가야금으로 영천아리랑 모리아를 연주했다. 이 행사는 포스코차이나 후원으로 벌인, '기네스 세계기록 도전 최대 규모 가야금 합주활동'이었고, 목표는 달성했다.

의도야 어떻든 남긴 여운은 씁쓸하다. 가야금(伽倻琴)은 신라에 망한 가야국의 금이란 뜻을 가진 우리의 전통 악기다. 그러나 중국은 '조선족=중국인'이 쓰는 악기란 논리로 이미 가야금을 자신들의 문화재로 등재했다. 그리고 중국의 현악기인 고쟁을 들고 나오지 않고 가야금을 켠 것이다. 특히, 이런 대규모 공연 행사는 관의 의도적 계획이나 승인 없이는 불가능하다는 점에서 이미 우리에 대해 문화전쟁을 선포한 깃으로 볼 수 있나.

비슷한 사례는 자치주 관내 룽징시 밍둥(明東)촌에 있는 민족 저항시인 윤동주 생가에서 볼 수 있다. 2010년 겨울 당시에는 아래의 두 번째 첫 번째 사진처럼 '윤동주 고향집'이라는 팻말만 덩그러니 서 있었다. 그러다 룽징시가 생가를 관광지로 개발하기 위해, 우리 돈 9억여 원을 들여 4개월간의 단장 공사 끝에 2012년 8월 준공했다고 한다. 문제는 아래의 두 번째 사진처럼 경계석에 '중국 조선족 애국 시인 윤동주 생가'(中國朝鮮族愛國詩人 尹東柱故居)라는 글씨를 새긴 것이다.

윤동주 생가의 변한 모습

유족들은 "시인은 룽징에서 태어났지만, 모든 작품을 한글로 썼으며, 대부분의 작품은 그가 평양 숭실중학교, 서울 연희전문학교에 다니던 시기와 일본 교토에서 유학하던 시기에 썼다. 그의 원적은 함경북도 회령이며, 북간도로 이주한 것일 뿐 이민을 간 것이 아니기 때문에, 중국 국적(조선족)의 시인이라는 것은 말도 안 된다."고 흥분한다. 이도 '조선족 = 중국인'이란 논리하에 동북공정으로 덧칠한 사례다.

동북공정 제지를 위한 실효적 조치 강구 필요

국내 언론은 2003년 8월 5일 헤이룽장성 헤이허(黑河)시 당선전부 간행 〈헤이허일보〉가 보도한 "동북공정은 후진타오 동지(당시 국가부주석)가 2000년 중국사회과학원을 통해 추진토록 지시한 사회과학연구 프로젝트다."라는 기사에 근거하여 동북공정 사업 재가자로 후진타오 전 국가주석을 꼽았다.

중국의 체제 성격상, 최고 지도부에서 지시되고 승인된 사업이 남북한의 반발로 중단될 가능성은 없다. 아니나 다를까! 한국 학계가 걱정해온 대로 중국은 고구려 박물관 재개관을 시작으로 동북공정의 연구 결과를 속속 현장에 적용해 동북공정 굳히기에 나서고 있다.

중국과 맺은 5개 구두 합의사항에도 저촉되는 만큼 우리는 적극 대응해야 한다. 중국의 동북공정 확산 동향에 대해서는 그것이 지방 차원이든 민간 차원으로 위장된 것일지라도 확실한 입장을 정립하고, 수시로 중국 정부에 전달, 경각심을 일깨움으로써 분쟁 재연 소지를 예방해야 한다.

또한, 중국이 2015년 완성을 목표로 공인 정사인 25사(史)를 전면 수정·보완하는 역사교과서 개정작업(國史修訂工程)을 추진하고 있는 점과 관련, 기존의 교과서 왜곡 부분의 시정을 요구하고 새로운 왜곡내용이 추가되지 않도록 적극적으로 협조해나가야 한다. 25사는 전설의 황제

(黃帝)부터 명나라까지의 정사인 24사와 청나라 역사인 청사고(淸史稿)를 합친 것이다.

우리 학계·동북아역사재단 등은 중국이 자국 역사에 편입하려 하는 요하문명·홍산 문화에 대한 연구를 더욱 강화하면서, 대응 논리를 적극적으로 개발해야 할 때다.

3 한 · 중의 남녀 성평등 지수

영국의 대표적 일간지 더 타임스는 2012년 12월 20일, "처녀 여왕 (Virgin Queen)이 한국의 첫 여성 대통령이 되다."는 제목의 기사에서 박근혜 대통령 등장으로 2012년 세계 135개국 중 108위인 한국의 남녀 성평등 지수가 크게 개선될 것으로 기대했다.

그러나 2013년 순위는 더 떨어졌다. 우리에 비해 상대적으로 남녀 성평등 지수가 높은 중국의 실상을 진단하고 시사점을 찾아보았다.

한국 저평가는 여성의 경제 · 정치 참여율 저조가 주원인

스위스 제네바 소재 세계경제포럼 (WEF : World Economic Forum)[1]은 2006년부터 매년 130개 전후 국가(2012년 135개국, 2013년 136개국)에 대해 성 격차를 경제력 · 정치영향력 · 교육 · 보건 등 4개 분야 14개 지표의 불평등 상황을 계량화하여 여성의 지위를 보여주는 '성 격차

WEF 표지 앞에 선 클라우스 슈밥 WEF 회장

지수'(GGI, Gender Gap Index) 순위를 매겨왔다.

2013년 10월 25일 발표한 '2013 세계 성 격차 보고서(Global Gender

---

1) 세계 경제 현안을 연구하고 국제 경제협력 및 교류를 촉진한다는 취지로 설립된 비관변 국제기구. 전신은 1971년 현 회장이자, 제네바 대학 교수인 클라우스 슈밥이 창건한 '유럽관리포럼'이며, 1987년 '세계경제포럼'으로 개명했다. 포럼 회원은 포럼의 "전 세계 상황의 개선에 진력한다."는 취지를 준수해야 하는데, 향후 세계 경제발전을 주도할 1,000여 개 정상급 기업에 영향을 미치고 있다.

Gap Report in 2013)는 측정을 시작한 이래 보건과 교육 분야에서 전 세계적으로 여성의 지위가 많이 상승되었다고 평가했으나, 경제(고용)·정치 분야에선 거리차를 좁히지 못했다면서 세계적으로 여성 장관 및 국회의원 비율은 20%대에 머물고 있다고 지적했다. 2013년도 2012년과 마찬가지로 북유럽 국가들이 순위 변동 없이 상위권을 점유했다.

1위는 아이슬란드가 차지했으며 2위 핀란드, 3위 노르웨이, 4위 스웨덴이 뒤를 이었다. 개발도상국 중에서는 필리핀(8 → 5위)과 쿠바(19 → 15위)가 비교적 높은 점수를 기록했다. 독일(14위)·영국(18위)이 순위 변동이 없었고, 프랑스(57 → 45위)는 크게 개선되었으며 미국(22 → 23위), 일본(101 → 105위)은 더 떨어졌다. 반면 최악의 성 불평등 국가로는 시리아 133위, 차드 134위, 파키스탄 135위, 예멘 136위 등 아시아, 아(阿)·중동 지역의 이슬람 국가가 랭크되었다.

우리는 지금까지 여성의 경제참여도·정치력 등이 상대적으로 저평가되어 2007년 97위, 2008년 108위, 2009년 115위, 2010년 104위, 2011년 107위, 2012년 108위로 계속 떨어졌고 2013년은 3단계나 떨어져 111위가 되었다. 세계 최하위권으로, 우리보다 경제력이 약한 필리핀(5위), 레소토(16위)보다도 한참 뒤다. 여성의 사회 진출 자체가 쉽지 않은 아랍에미리트(109위), 바레인(112위), 카타르(115위) 등 아랍권과 비슷한 수준이다.

마날 알 샤리프의 운전 모습

차도르에 숨겨진 아랍여성 인권의 실체는 2011년 6월 기름이 펑펑 쏟아지는 사우디아라비아에서 마날 알 샤리프(1968년생)라는 여성이 운전하는 모습을 유튜브에 직접 올렸다가 사우디 경찰에게 체포돼 9일간 구금됐던 사건에서 여실히 드러난다. 사우디에서는 여성의 운전 금지를 규정한 법 조항은 없지만, 이슬람 종교

지도자들의 율법 해석에 따라 아직까지도 운전대를 잡지 못하고 있다. 네티즌들은 "우리가 중동·아프리카와 비슷하다니 충격적이다."라는 반응이었다.

지수는 점수가 1이면 완전 평등, 0이면 완전 불평등을 나타내는데 교육 성취도, 건강과 생존 항목에서는 대부분 1에 가까운 득점을 나타냈다. 문제는 정치·경제 부문에서 도드라졌다. 경제활동 참여는 0.72에 불과했고 임금 평등, 예정 근로소득, 관리직·의회에서의 여성 참여도, 여성 각료 등은 하나같이 완전 불평등 쪽에 가까운 지표를 나타낸 것이다.

순위로 보면 14개 지표 중, 문자해독 능력과 건강 기대수명 등만 지난해와 마찬가지로 부동의 1위를 지켰을 뿐 나머지 10여 개 지표는 대개 90~120위 사이에 있다. 한국은 '유사 업종의 남녀 임금 격차' 120위, '여성 평균 임금' 108위, '기업의 관리직 진출 여성' 105위, '여성 기술·전문직 숫자' 90위, '여성 취업률' 87위, '여성 고위 공무원' 79위였다. 경제활동 참여와 기회를 의미하는 경제력이 0.504점, 118위로 심각한 문제로 지적되었다.

이에 대해 주무 부처인 여성가족부는 ① 2013년 성 격차지수에 반영된 통계는 대부분 ILO, UNESCO 등 국제기구에서 활용한 2012년 이전 자료를 바탕으로 산정 ② 우리나라의 성 격차지수 점수와 순위가 낮은 이유는 성 격차지수가 해당 지표분야의 수준(level)이 아니라 '남녀 격차(gap)'만을 표시한다는 점에 크게 기인 ③ 성 격차지수는 해당 국가의 정치·경제·사회적 수준이 배제되고 성별 격차만 평가하기 때문에 한국 여성의 향상된 지위에 대한 일반인의 인식과 괴리. 이에 따라 유엔개발계획(UNDP) 발표 성 불평등지수(GII)의 순위와 점수(27위/146개국)와 큰 차이 야기 ④ 성 격차 지수 중 '유사업종의 남녀임금 격차', '고등교육기관 취학률' 등 일부 지표의 측정방식 또한 우리나라의 정확한 상황을 미반영 등의 문제점을 지적했다.

그러나 WEF의 평가는 외국인이 보는 국가 이미지나 국가 선호도 등으로 직결되는 만큼 지속적 관심과 확실한 개선조치가 필요하다.

중위권 중국은 남녀평등 구현을 위한 실질 노력을 강화

서태후 사진

중국은 여자의 지위에 관한 한, 수천 년 동안 야누스적인 두 얼굴의 나라였다. 측천무후(則天武后, 624~705년)[2] · 서태후(西太后, 1835~1908년)[3] 같은 여성 절대 권력자들이 등장했는 가 하면, 전족(纏足)이라는 굴레를 여성들에게 강요한 뼈아픈 경험도 있다.

(1) 반볜텐 정착으로 여권 대폭 신장과 함께 경제활동 활발

그러나 현대에 와서는 완전히 달라졌다. 기본적으로 마오쩌둥이 건국 후 "하늘의 반쪽이 여자다."라는 반볜텐(半邊天)을 주장하고 여권 신장에 나서면서 여성들의 취업, 공직 진출 및 사회활동 참여에 차별이 많이 없어졌기 때문이다.

중국 정부는 여성 기업인 · 과학자 육성에도 힘을 쏟고 있다. 여대생 창업센터만 8,100여 개소에 달하는데, 창업 장려를 위해 정부는 2009~2012년간 창업자 1인당 4만~5만 위안(한화 약 870만 원)의 소액대출을 받으면 정부에서 이자를 보조해주는 제도를 실시했다. 이를 통해 268만 명의 여성이 창업과 취업에 성공했다고 한다. 지원 이유는 여성 경

---

2) 당나라 고종의 2번째 황후이자, 당나라 중종 · 예종의 어머니다. 그리고 중국 역사상 최초이자 최후인 여 황제였다. 중국 역대 황제들 중 최고령(68세)으로 제위에 등극했다.

3) 청나라 함풍제(咸豊帝 : 1850~1861년 재위)의 황후. 동치제(同治帝 : 1861~1875년 재위)의 어머니이자 광서제(光緒帝 : 1875~1908년 재위)의 양어머니로서 청 제국을 거의 반세기 동안 철권 통치(섭정)한 중국 역사상 강력한 여성 지배자였다.

영 기업이 여성직원 채용에 앞장서는 고용의 선순환이 이뤄지기 때문이라고 한다.

여성 과학자가 참여 중인 프로젝트에서 퇴출되지 않도록 기금 신청 연령 한도를 35세에서 40세로 올렸고, 출산 시에는 과학 연구 프로젝트 기간을 연장해, 출산과 육아 때문에 일을 포기하는 일이 생기지 않도록 배려하고 있다. 이와 같은 정책적 지원으로 중국의 성평등 순위는 2007년 73위, 2008년 57위, 2011년 61위, 2012년은 69위, 2013년에도 69위로 꾸준히 중위권을 유지하고 있다.

이에 따라 중국의 여성 권리는 아시아뿐 아니라 세계적으로도 높은 수준이다. 2011년 39개국의 대·중견기업 고위 간부 중 여성 비율을 조사한 결과, 중국이 34%로 태국의 45%에 이어 2위를 차지했고, 일본·아랍에미리트연합은 5%로 최하위였다. 중국 CEO 중 여성 비중은 19%나 되었다.

중국의 경제활동 여성 인구는 3억 명 정도로 파악된다. 전체 성인 여성인구의 80% 수준으로 경제협력개발기구(OECD) 평균인 67%를 훨씬 웃돌고 있다. 가히 경제 분야에서도 여풍4)이 불고 있다고 해도 가언이 아니다.

2013년 5월 24일 매일경제 보도에 따르면, 글로벌 헤드헌팅 회사 하이드릭 앤드 스트러글스(H&S)는 '한국의 성별 다양성' 보고서에서, 한국의 노동인구 중 여성 노동자 비율은 중국·호주·일본·싱가포르에 이은 55%를 기록해 아시아 상위권에 위치했다고 진단했다.

---

4) 집안의 주도권을 장악한 현대 중국 여성들의 위상을 풍자한 우스갯소리로 "가정에서 서열을 매기면, 1등은 부인, 2등은 장모, 3등은 딸, 4등은 숨겨놓은 애인, 5등은 처제, 6등은 헤어진 옛 애인, 7등은 부인의 외할머니, 꼴등은 남편의 어머니나 할머니"라고 한다.

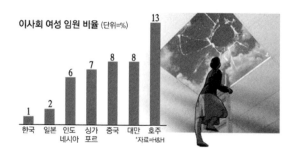

이사회 여성 임원 비율 (단위=%)

그러나 이사회에서의 여성 임원 비율은 꼴찌인 1%[5]였다. 호주·홍콩·대만·중국 등 다른 아시아 주요 국가들은 이 비율이 최소 8%는 넘었다. 여성 일자리를 아무리 많이 늘려도 올라가는 사다리가 '유리천장'(여성 고위직 진출을 가로막는 장벽)에 막혀 있으니 여성들이 사회 진출을 많이 할 리 없다는 분석이었다.

(2) 정치적 진출도 늘었지만 고위직 진입에는 아직 한계

각국의 여성 의원 비중에서도 중국은 2013년 3월 제12기 전국인민대표대회(全人大) 제1차 회의(정기 국회에 해당)에 참가한 대표 정수 2,987명 중 여성이 699명으로, 점유비율은 23.4%였다. 5년 전에 비해 2.07%포인트 증가), 세계 평균 20%를 상회했다. 반면 우리는 19대 국회의원(2012년 4월 선출) 300명중 여성은 47명으로 15.7%이다.

국제의원연맹(FIU)의 2013년 1월 조사에 따르면, 우리의 여성 국회의원 비율은 세계 190개국 가운데 105위인 것으로 나타났고 북한이 바로 뒤인 106위였다. 여성 대통령을 배출했지만, 여성의 입법 활동 참여율은 세계 중간 수준에도 미치지 못하고 있다. 상하 양원제 국가는 하원 기준이었다.

---

5) 우리 100대 기업의 경우, 여성 임원 비율은 전체 임원 6,000여 명 중, 1%대에 불과하다.

중국은 2013년 3월 이전의 제7기 전인대 통계를 인용한 것인데, 전인대 대표 2,978명 가운데 635명이 여성으로 21.3%여서 75위를 차지했고 일본은 중의원 479명 중 여성이 51명으로 10.6%에 그쳐 143위였다

세계 1위는 르완다로, 국회의원 80명 중 절반이 넘는 45명이 여성이었다. 2위는 안도라(50.0%), 3위는 쿠바(45.2%), 4위는 스웨덴(44.7%), 5위는 세이셸(43.8%)이었고 유럽 선진국들은 대부분 상위권에 포진했다. 핀란드(7위), 아이슬란드(10위), 노르웨이(11위), 덴마크(13위), 네덜란드(14위), 벨기에(17위) 등이 20위권에 들었다. 또 독일 25위, 프랑스 40위, 영국 66위였고 미국은 여성 국회의원 비율이 17.0%로 95위였다. 꼴찌는 여성 국회의원이 한 명도 없는 사우디아라비아·카타르 등 6개국이었다.

중국의 중앙·지방 공무원을 비롯, 정부의 재정지원을 받는 국유사업체·관변단체 임직원 등 소위 국가간부 3,900만 명 중 약 40%가 여성간부이다. 베이징·상하이시 등 경제발전 지역의 경우는 그 비중이 더욱 높다.

부부장(차관)급 이상 여성 고위직도 500명 안팎이고, 총 650여 개에 달하는 각 지방의 주급(州級)·현급(縣級) 시의 시장·부시장 중에도 여성이 1,000여 명을 헤아린다.

그러나 부장(장관)급 이상 고위직에서는 아직은 높은 금녀(禁女)의 벽이 존재한다. 2013년 3월 단행된 국무원 인사에서 25개 부처 중 여성 장관은 우아이잉(吳愛英·1951년생) 司法部長(법무부 장관에 해당)과 리빈(李斌·1954년생) 국가위생·계획생육(산아제한)위원회 주임 등 2명이다. 부총리 4명과 국무위원 5명 중, 여성은 류옌둥(劉延東·1945년생) 부총리 겸 정치국 위원 1명뿐이다.

그렇지만 2012년 11월 개최된 제18차 당 대회에서는 앞으로 중국의 성 평등 지수 순위가 몇 단계 업그레이드될 수 있을 것으로 예측할 수 있는 단서가 보였다. 당대표 2,268명 중 여성 대표는 5년 전의 제17차 당

대회보다 76명 늘어난 521명으로 전체의 23%를 차지했다.

당 중앙위원(205명)중 여성은 10명으로 4.8%에 불과했지만, 이전보다 비율이 늘었고 당 중앙후보위원(171명)에서는 여성이 23명으로 13.5%를 차지했다. 이들은 모두 부장급 이상 직무를 담임한다. 특히 당 대회에서 통과된 정치보고에서 '남녀평등'을 기본 국책으로 명시, 여성의 참정·의정 비중 증대를 예고했다.

실제로, 당 대회 다음 날 열린 당 18기 1중전회(중앙위원회 제1차 전체회의)에서 정치국 위원에 류옌둥 유임 외, 신임으로 쑨춘란(孫春蘭·1950년생) 당시 푸젠(福建)성 당서기가 선출되었다. 쑨 정치국 위원은 4대 직할시의 하나인 톈진(天津)시의 당서기로 영전했다.

여성 정치국 위원이 2명이 된 것은 드문 사례로, 문화대혁명(1966~76년) 때에 이어 두 번째다. 제9차 당 대회 직후인 1969년 4월, 최고 권력자 마오쩌둥 당 주석의 처 장칭(江青)과 후계자인 린뱌오(林彪) 당 부주석의 처 예췬(葉群)이 동시에 뽑혔다. 예췬은 쿠데타를 기도했던 린뱌오와 함께 1971년 9월 비행기 추락사건으로 사망하여 장칭과 함께 활동했던 기간은 2년 5개월에 불과했다. 장칭도 1976년 반혁명죄로 체포되어 1981년 유죄판결을 받았다.

이어 저우언라이 전 총리 사망 후, 부인이었던 덩잉차오(鄧穎超)가 1978년 정치국 위원으로 선출되었다.

오랫동안 맥이 끊겼다가, 2002년 후진타오 체제 출범과 함께 우이(吳儀·1938년생)가 유일 여성 정치국 위원으로 뽑혀 부총리 직을 수행하다가, 2007년 정치국 위원직을 류옌둥에게 승계했다. 건국(1949년) 이후 64년의 공산당사에서 여성 정치국 위원은 6명에 불과하다. 그러나 아직은 남자의 당인 공산당도 변신을 천명했으니, 여권 신장에 진전이 있을 것이다.

우리는 정부 각 중앙부처에 설치된 위원회에서 활동하는 여성 비율이 아직은 높지 않다. 2012년 각 부처 산하 위원회 위원 7,585명 중 여성은 1,949명으로 25.7% 정도였다. 2010년 22.3%, 2011년 24.8%에 비해 조금씩 증가하는 상황이지만, 중국의 여성 지원 정책에 비하면 부족한 점이 많다.

성 평등 구현을 위한 새 정부의 실효성 있는 정책 기대

김대중 대통령 집권 4년차인 2001년 대통령 직속 여성특별위원회에서 승격한 여성부는 정권마다 여성가족부 사이를 헤쳐모여를 거듭하면서 제대로 된 전략을 수립, 시행하지 못했다.

여성가족부가 외부 용역을 주어 2012년 12월 27일 발표한 '2012년 한국의 성평등 보고서(2011년 기준)'는 성평등 지수가 2005년부터 지속적으로 개선되어 2011년엔 100점 만점에 63.5점을 기록했다면서 경제활동·복지·교육·가족 부문이 상당 폭 상승했으나, 안전 부문은 여성 대상 강력범죄 증가로 오히려 악화됐다고 진단했다.

결론은 "의사결정 부문에서 국회의원 및 5급 공무원 이상 성비는 소폭 개선됐으나, 입법부·행정부 내 여성의 대표성 제고, 민간기업 내 여성 관리자 확대, 공공기관 여성 임원 확대 목표제 도입이 필요하다. 경제활동 부문에서도 여성의 경제활동 참가율, 남녀 임금격차 개선 등 실효성 있는 대책이 요구된다"는 것이다. 우리 현실에 대한 WEF 평가와 상당부분 유사하다.

포브스는 "위미노믹스(womenomics)6) 시대에 여성 경제인이 많을수록 국가경쟁력이 높다."라고 분석했다. 이를 입증하듯이 미국·캐나다가 각각 45%·48%이고 이탈리아·그리스는 20% 미만이다.

---

6) '여성들'(women)과 '경제'(economics)를 합친 신조어. 여성의 지위가 향상되고 소득이 늘어나면서 강력한 소비의 주체로 떠오르고, 이들을 사로잡는 경제·산업계의 주역 역시 여성이 차지할 것이라는 의미이다.

우리 기업에서는 최근 여성 임원 증원 프로그램을 가동하고 있는 가운데, 여야가 공기업 '여성 임원 30%' 5년 내 의무화를 공동 발의(2013년 1월)했다. 삼성·LG·GS 그룹 등 민자에서의 여성 임원 발탁도 활발해지고 있다.

박근혜 정부는 한국의 성 평등 실현을 위한 단계적 조치로서, 기업의 여성 고용을 독려·지원하는 한편 WEF의 평가를 참조하고 여성가족부 등 유관 부처가 검토하여 마련한 대책을 적극적으로 시행해주기 바란다.

【여성가족부의 성 평등 지수 개선 대책】

목 표	구체 시행 조치
여성의 경제활동 참여 확대	△ 관계부처 합동으로 「고용률 70% 로드맵」을 마련. 시행 △ 경력 단절 여성의 재취업 지원 　- 해당 여성의 특성에 따라 대상별로 특화된 서비스를 제공 　- 현장·기업 맞춤형 인력 양성 위해 직업교육훈련(OJT) 운영 　- 2014년부터 경력개발형·자립지원형·창업집중형 센터 운영 : 2014년 10개 → 2015년 30개 → 2016년 55개 → 2017년 80개 △ 출산·육아기 여성들의 경력 단절 방지 　- 육아휴직 활성화, 다양한 자녀양육 서비스 확충, 장시간 근로 문화 개선, 가족친화 기업 인증 확대
여성의 대표성 제고	△ 의사결정분야에 여성참여 비율이 일정 수준으로 확대되도록 정부·학교·공공기관의 여성 관리자 목표제 및 정부위원회 여성참여 확대 목표제를 도입하고 추진 실적을 평가에 반영 ＊ 정부 위원회 여성 참여율 : 2012년 25.7% → 2017년 40% ＊ 4급 이상 여성 관리자 임용 : 2012년 9.3% → 2017년 15% ＊ 초중고교의 여성 교장·교감 비율 : 2013년 5월 27.2% → 33%
여성 인재 발굴	△ 경제·금융, 문화·예술, 이공계 분야와 민간기업, 지역인재, 창의형 실무인재 등 전 분야에 걸쳐서 여성인재 발굴 △ '여성인재 아카데미'를 설치(2013년 6월 28일), 성장 잠재력이 있는 여성들에 대한 교육훈련과 네트워킹 강화
관련 법·제도 정비	△ 「여성발전기본법」 개정(2014년 2월 시행) : 정부위원회 위촉직 위원 성비 할당(40%) 및 여성 인재 정보 수집·관리 등 규정 △ 여성 인재 데이터베이스 지침안 제정 추진
성 격차 지수 산정 관련 통계 지표 개선	△ 조윤선 여성가족부장관, 2013년 5월 31일 WEF를 방문, 클라우스 슈밥 회장과 관계자와 면담, 통계지표 개선 문제 제기 △ 여성정책조정회의(국무총리 주재) 산하 TF, 2013년 7월 관계부처와 협력, 통계지표에 대한 개선방안 마련 후, WEF·유네스코와 협의

【중국의 유력 여성 공직자】

성 명	사 진	출 생	학 력	주요 경력
류옌둥 (劉延東)		1945년 11월 장쑤(江蘇)성 난퉁(南通)시	칭화(淸華)대학 공정화학과, 길림대학 행정학원 법학 박사	• 당 정치국 위원 (2012년 11월 연임) • 국무원 부총리(2013 년 3월) • 국무위원 등 역임
쑨춘란 (孫春蘭)		1950년 5월 후베이(湖北)성 라오양(饒陽)시	중앙당교 연구생	• 당정치국 위원·톈진 (天津)시 당서기(2012 년 11월) • 푸젠(福建)성 당서기 등 역임
우아이잉 (吳愛英)		1951년 12월 산둥(山東)성 창러(昌樂)현	중앙당교 연구생	• 사법부장(2005년 6월 임명, 2013년 3월 재선) • 당 17기 중앙위원, 산 둥성 당부서기 역임
리빈 (李斌)		1954년 10월 랴오닝(遼寧)성 푸순(撫順)시	지린(吉林)대학 경제과, 경제학 박사	• 당 중앙위원(2012년 11 월 연임) • 국가위생·계획생육위 원회 주임(2013년 3월) • 안후이(安徽)성장 등 역임
후샤오롄 (胡曉煉)		1958년 8월 후베이(湖北)성 광수이(廣水)시	중국인민은행 금융 연구소 연구생부, 경제학 석사	• 당 중앙후보위원 (2012년 11월 연임) • 중국인민은행 부행장 (차관, 2009년 8월) • 국가외환관리국장 등 역임

성 명	사 진	출 생	학 력	주요 경력
선웨웨 (沈躍躍)		1957년 1월 저장(浙江)성 닝보(寧波)시	닝보사범전문학교, 중앙당교 연구생	• 당 중앙조직부 상무 부 부장(2007년 8월)·제1 2기 전인대 상무위 부위 원장(2013년 3월) • 안후이성 당부서기 등 역임
쑹수옌 (宋秀岩)		1955년 10월 랴오닝성 랴오양(遼陽)시	중앙당교 연구생	• 당 중앙위원(2012년 11 월 연임) • 전국부녀연합회 부주 석(2010년 1월) • 칭하이(靑海)성장 역 임
푸잉 (傅瑩, 몽고족)		1953년 1월 네이멍구자치구 후허하오터(呼 和浩特)시	베이징(北京)외국어 대학, 영(英) 켄트(ke- nt)대학 석사	• 외교부 부부장(차관, 20 10년 1월) • 필리핀 대사, 외교부 아주사장 역임

【중국의 유력 여성 CEO】

성 명	사 진	출생 · 학력	주요 경력	비 고
리이페이 (李亦非)		1964년 베이징 외교학원, 미 일러(BAYLOR)대학 국제관계학 석사	• 1999~2008년 미 비아콤(Viacom)사 중국지역 사장 • 2009년 유력 광고사 비바키(vivaki)그룹 중국지역 사장	• 1977년 전국무술대회 청소년조 우승 • 포춘 선정 국제비즈니스 50대 여걸 4회
자이메이칭 (翟美卿)		1961년 광저우, 미국 TULANE 대학 MBA 과정 이수	• 선전(深圳) 샹장(香江)그룹 회장 • 중국소년아동기금회 부회장	• 아동 자선가로 유명 • 2011년 중국 여부호 11~20위권
우야쥔 (吳亞軍)		1964년 충칭, 서북공업대학	• 룽후(龍湖)그룹(부동산) 이사장 • 전인대 대표, 충칭시 공상연합회 부회장	• 2010년 포브스 선정 전 세계 부호 232위 • 2012년 전 세계 자수 성가 여부호로 선정
양 란 (楊蘭)		1968년 베이징, 베이징외국어대학, 컬럼비아대학 국제관계학 석사	• 양광 미디어투자그룹 창립자 겸 이사회 대표 역임 • 2005년 양광(陽光) 문화 기금회 이사장	• 베이징 올림픽 유치 홍보 대사 역임 • CC-TV 토크쇼 양란 시선, 그녀의 마을 진행
천샤오웨이 (陳曉薇)		1968년 난징, 미 피츠버그대학 생물학 박사	• 덩톈(橙天)오락국제그룹 CEO • 디주청스(第九城市,사 이버게임업체)총재 역임	• 19세 미국 유학, 26세에 박사학위 취득 • 차이나닷컴 CEO 역임
탄하이인 (譚海音)		1972년 상하이, 미 하버드대 상학원 MBA	• 전자 상거래 회사 이취망(易趣網) 설립, 총재	• 중국 IT업계를 선도할 최고 여성기업인 • 골드만삭스 홍콩 지사 등에서 활약

성 명	사 진	출생 · 학력	주요 경력	비 고
양후이옌 (楊慧妍)		1981년 광둥성 순더(順德), 미 오하이오 주립대학	• 비구이위안(碧桂園)그룹 부회장, 창립자 양궈창(楊國强) 회장의 딸	• 2013년 중국 최고 여성 부호(510억 위안) • 2013년 포브스 선정, 중국 7위 부호
둥쓰양 (董思陽)		1985년 산시성 타이위안, 싱가포르 유학	• 상하이금가천엽(金柯天華)투자관리공사 총재 • 차세대 대학생 발전 관심기금 창설	• 21세 창업, 《21세 총재 되다》가 베스트셀러 • 중국 최연소 CEO 및 10대 미녀 기업인

4 한·중의 싱크탱크 경쟁력

미국 펜실베이니아대1) 부설 연구소인 '싱크탱크와 시민사회 프로그램' 은 2013년 1월 22일(현지 시각), 세계 182개국 6,603개 싱크탱크의 양과 질을 측정한 〈2012 세계 싱크탱크 보고서〉2)를 발간했다.

펜실베이니아대학 창시자 벤자민 프랭클린(미 100달러화 인물)

150위까지 발표된 싱크탱크 순위에서 미국 브루킹스 연구소가 2년 연속 선두를 지켰다. 50위 안에 중국은 3개, 일본은 2개가 포함됐지만, 한국은 하나도 없었다.

중국의 평가 대상 싱크탱크 수 429개는 상대적으로 저평가됐던 20

브루킹스 연구소 주최 미래포럼

---

1) 펜실베이니아대학은 〈독립선언〉 기초에 참가한 '미국의 아버지' 벤자민 프랭클린(1706~1790)이 1740년에 설립했다. 미국대학 순위 5위로, 실용주의와 순수 학문을 결합하는 분야에서 세계적인 명성을 얻고 있다. 한편 달러화 인물 중 대통령이 아닌 인물은 알렉산더 해밀턴(10달러)과, 벤자민 프랭클린(100달러) 2명뿐이다.
2) 동 연구소는 2006년부터 매년 세계 각국 싱크탱크들의 글로벌 순위를 발표해왔다. 〈2012 보고서〉는 전 세계 120개국 총 1,947명의 전문가가 참여한 대규모 설문조사를 토대로 38개 분야에서 세계 싱크탱크 순위를 작성해 발표했다.

09년(74개)의 5.8배이며, 국가별로는 G2에 걸맞게 세계 2위를 기록했다. 중국의 싱크탱크 경쟁력 약진 배경과 교훈을 조명한다.

세계 싱크탱크 경쟁력, 중국은 날고 한국은 기고

보고서가 밝힌 구매력 평가 기준 GDP는 EU(14조 8,200억/달러 기준) · 미국(14조 6,600억) · 중국(10조 900억) · 일본(4조 3,100억)의 뒤를 인도 · 독일 · 러시아 · 영국 · 브라질 · 프랑스가 이었고 우리는 1조 4,490억 달러로 이탈리아 · 멕시코 다음의 13위였다.

그러나 GDP 1,000억 달러당 싱크탱크 수 상위 그룹은 아르헨티나(23.0개) · 남아공(16.4개) · 영국(13.3개) · 미국(12.4개) · EU(9.8개) 등이었다. 중국이 4.3개로 12위였고, 한국은 2.4개에 불과해 터키(2.8개) · 일본(2.5개) 뒤인 18위였다. 측정 대상이 된 유력 싱크

2012 세계 싱크탱크 관련 순위			
순위	국가	싱크탱크(개)	연구소	국적
1	미국	1823	브루킹스연구소	미국
2	유럽연합	1457	채텀하우스	영국
3	중국	429	카네기국제평화재단	미국
4	영국	288	스톡홀름국제평화연구소	스웨덴
5	인도	269	전략국제문제연구소	미국
6	독일	194	외교협회	미국
7	프랑스	177	국제앰네스티	영국
8	아르헨티나	137	브뤼겔	벨기에
9	러시아	122	랜드연구소	미국
10	일본	108	국제전략문제연구소	영국

자료 : 세계 싱크탱크 보고서(2012년 기준)

탱크 숫자에서도 크게 뒤졌다. 미국(1,823개)과 EU(1,457개)가 1~2위였고, 우리는 35개로, 3위인 중국(단일 국가로는 2위, 429개)의 1/12, 5위 인도(269개)의 1/8, 10위 일본(108개)의 1/3 수준이었다. 대만(52개)에도 상당히 뒤졌다.

개별 연구소 평가 순위에서는 브루킹스 다음으로 영국 채텀하우스, 미국 카네기국제평화재단, 스웨덴 스톡홀름국제평화연구소(SIPRI), 미국 전략국제문제연구소(CSIS), 미국 외교협회(CFR), 영국 국제앰네스티(AI)가 뒤를 이었다. 일본국제문제연구소(JIAA)가 16위, 중국사회과학원

(CASS)이 17위에 올랐으나, 한국은 50위권에 대외경제정책연구원(KIEP · 55위) · 한국개발연구원(KDI · 58위), 60위권에 동아시아연구원(EAI · 65위)이 이름을 올렸을 뿐이다.

이 같은 부진은 국책연구기관 외, 정당 내 연구기관이나 뜻있는 개인의 후원을 받는 시민사회 내 싱크탱크가 부재한 데다, '폐쇄적 정책 논의 구조' 때문이다. '폐쇄적 구조'란 정책이 필요할 때 단기적으로 정부 주도의 임시 위원회를 만들어 급조하거나, 연구 과제를 국책연구기관에 맡겨 이를 바탕으로 입법화하려는 경향이 커, 다양한 이익집단이 그들의 목소리를 내기 힘든 상황을 말한다.

싱크탱크 빈국인 한국의 수준은 초라하기 그지없다. 우선 세계 유수의 싱크탱크들처럼 연구의 독립성을 유지하면서도 탄탄한 재정적 기반을 갖춘 데를 찾기 힘들다. 50위권에 오른 대외경제정책연구원과 한국개발연구원은 정부의 영향력을 배제하기 힘든 정부 출연 연구기관이다.

삼성경제연구소 등 대기업 산하 연구기관들이나 여의도연구소 등 정치권 연구기관들 역시 독립성과 객관성을 기대하긴 힘들다. 특히 야당이나 진보진영에서는 외교안보 · 경제 · 복지 · 환경 등 거의 모든 분야에 걸쳐 정부 · 여당과 다른 입장과 시각을 드러내면서도 체계적인 연구조직을 통해 정책 대안을 마련하려는 노력은 거의 하지 않고 있다.

중국의 약진, 정부 지원 · 대외협력 강화가 주효

〈2009 세계 싱크탱크 보고서〉는 중국의 싱크탱크 역량을 저평가했다. 싱크탱크 수 1~3위를 미국(1,777개) · 영국(283개) · 독일(186개)이 차지했고 아시아에서는 인도 121개, 일본 105개, 중국 74개의 순이었다. 미국 외 지역의 50대 싱크탱크에만 중국사회과학원 · 상해국제문제연구원 등 2개가 포함됐었다.

당시 중국학자들은 "미·중 싱크탱크 간에 문제의식·연구방법이나 입장이 다르므로, 중국의 연구 성과가 인정받지 못하는 것도 당연하다."고 했지만, "미국의 싱크탱크 평가가 그렇게 객관적이고 중립적이지만은 않다."며 서운한 감정을 내비쳤다.

〈2012년 보고서〉에서는 평가 대상 싱크탱크 수에서 5.8배나 증가하여, 국가별로는 G2에 걸맞게 세계 2위에 오르면서 인도·일본을 크게 앞질렀고, 질적으로도 세계 50위 안에 중국사회과학원·상해국제문제연구원 등 3개 연구기관이 포함되는 등 기염을 토했다.

이 같은 약진은 상당히 오랜 전통과 역사를 가지고 있어 성숙 단계에 들어선 2,000여 개 민관 싱크탱크에서 인재풀을 가동하고 있고, 그중 95%에 달하는 국책 및 대학 싱크탱크에 대한 정부의 대폭적 지원이 이뤄진 데다, 해외 유력 싱크탱크와의 교류 및 협력 강화가 큰 성과를 거두었기 때문이다.

국책 싱크탱크는 정부 산하 사업단위로 정부 브레인 역할을 수행한다. 다수가 정권 수립과 동시에 설립되었으며 공산당·국무원·인민해방군·지방정부 등의 산하 전문 연구기관으로 편성되어 재정·연구 상의 지원 등 혜택을 받으면서 정책 결정에 직접적이고 막강한 영향력을 행사한다.

2006년 11월 10대 싱크탱크로 1956년 최초 싱크탱크로 건립된 외교부 직속의 중국국제문제연구소를 위시하여, 중국사회과학원(국무원)·중국현대국제관계연구원(국가안전부)·중국과학기술협회(과학자 단체)·중국국제전략학회(민간학술단체, 회장은 군 장성)·상해국제문제연구원(상하이시 정부) 등이 선정되기도 했다.

이들 국책 싱크탱크 연구원은 경우에 따라 대학 출강도 하며, 여러 싱크탱크 멤버를 겸직하는데, 중국 명문대학은 물론 해외 유수 대학의 박사학위 소지자들이 많다. 그들은 직책과 월급을 정부가 결정짓는 종신 공무원 편제에 들어 있다.

일부 미국 싱크탱크와 같은 '회전문'(인재 이동 현상) 메커니즘도 볼 수 있다. 중국국제문제연구소 소장은 전통적으로 대사 등 외교관이 취임했다. 현 취싱(曲星·1956년생) 소장은 주불 대사관 공사였다. 우수 연구원은 대사·공사로 파견한다.

중앙당교 부교장, 후야오방 총서기 특별보좌관 등을 역임한 정비젠(鄭必堅·1932년생)이 중앙당교 산하 중국개혁·개방논단 이사장 등을 거쳐 국제전략학회 고급고문, 국가혁신 및 발전전략연구회 회장으로 취임하는 등 주요 국책 싱크탱크의 책임자 임명에서도 '회전문' 현상이 보인다. 우리와 다를 바 없다.

중국국제문제연구소 발간
《국제정세와 중국외교》 제하 청서

그러나 독립성이 부족하고 정부 정책과 너무 긴밀하게 연관되어 있어, 언론을 통해 주로 정부 정책을 홍보하고 설명하는 역할을 많이 한다는 문제점도 지적되고 있다.

각 성·시 정부는 정책연구실이라는 브레인 기구를 운영하고 있는데, 전국적으로 1,000개를 상회한다. 연구기능을 가지고 있지만, 조직이 100% 공무원 관리시스템으로 운영되며, 주요 업무로 지방정부 지도자들의 연설문 기초도 포함된다. 이들은 외국 공관원·상사원들과 접촉, 상대국 경제·외교정책 방향 등을 수집하기도 한다.

대학 싱크탱크는 반(半)국책 싱크탱크로서 정부로부터의 압력과 구속 없이, 국내외 학술교류, 정기 간행물 및 학술보고서 출판, 정부 위촉 프로젝트 연구 등의 활동을 한다.

인맥과 정보를 통해 민간 싱크탱크보다 훨씬 쉽게 정부 부처와 연결된다. 베이징 소재 청화(清華)대학의 중·미관계연구 중심(2007년 9월 설립)은 국무원 재정부·외교부·대만사무판공실 등과 협력관계를 유지하고 국장급 퇴직 관료 8명을 연구원으로 영입했다. 청화대학은 2013년 10월 주룽지 전 총리를 경제관리학원(단과대학) 명예주석으로 모시기도 했다.

권위 있는 학자가 젊은 교수, 연구 조교를 이끌고, 대미관계, 중·대만 간 양안(兩岸)관계, 미·중 무역문제 등 특정 주제를 연구하면서, 연구성과를 창출하고 후진을 양성하기도 한다.

톈진(天津) 난카이(南開)대학의 세계연구중심은 역사는 짧으나, 기후변화·환경·안보 등 새로운 쟁점 사안을 연구함으로써 상당한 영향력을 갖게 되었다. 한반도 문제에 대한 관심이 높아지면서 상하이 주요 대학에 설치된 관련 싱크탱크는 상해교통대학의 환(環)태평양연구중심·국가전략연구중심, 복단대학 한국연구중심, 동제대학 아·태연구중심 등으로 늘어났다.

한편, 민간 싱크탱크는 숫자상으로 약 5%를 차지하는데, 재원과 정책적 지원, 정보 수집 등 분야에서 열세에도 불구하고 향후 경제발전에 따른 기업의 후원을 기대하고 있다. 정부 정책 결정에는 별 영향력을 행사하지 못하고 정부 비판, 새로운 사상 전파, 대중 교육 등을 주요 활동으로 하고 있으며 아직은 발전 초기 단계다.

유력 기관으로 2001년 12월 설립된 베이징삼약(三略)관리과학연구원이 있다. 중국 최초의 군사적 색채를 띤 민간 싱크탱크다. 연구 인력은 군고위직 퇴직자·군 싱크탱크 근무 경력자로, 차이나 싱크탱크(中國智庫, http://www.chinathinktank.cn)라는 사이트를 운영하면서, 기업 컨설팅과 공공 자문 등 현실적 수요를 충족시키는 방법으로 재원을 확충해왔다. 당 내부문건 작성 참여(당 중앙조직부의 인재유출 방지 대책 등), 대중 여론 조종(중국중앙TV·피닉스TV의 대담 프로 등에 연구원이 추천한 군사전문가 출연) 등으로 정부 정책 결정에 일부 영향력을 행사한다.

국책·대학 싱크탱크는 대정부 정책 상보 및 제2채널 외교 참여

이들 싱크탱크의 대정부 영향력 행사에는 크게 두 가지 경로가 있다.

첫째는 고위층에만 열람이 허용된 〈내부참고〉 등 정책 보고서를 상보하는 것이다. 중앙당교는 〈사상이론 내부참고〉와 내부용인 〈이론동태〉 등을 작성하여 배포한다. 국무원 직속의 중국사회과학원은 연간 400편 이상의 〈내부참고〉를 당 중앙판공청(총서기 비서실 상당)과 국무원 판공청(총리 비서실 상당) 등에 상보한다.

당 중앙 직속인 당 중앙편역(編譯)국의 비교정치·경제연구중심(1999년 설립)은 당·정부처의 주요 연구 프로젝트에 참여하여 보다 자주적인 정책 연구와 응용 연구를 병행하면서 30여 명에 불과한 연구 인력이 연평균 20여 건의 대형 국책 과제를 생산한다.

둘째는 '정치국 집체학습3)' 등 특별한 계기에 정치국원을 대상으로 강의를 하고 토론을 진행하는데, 이들의 신임을 얻을 경우, 중요한 정책결정과정에 참여할 기회가 자연스럽게 주어진다. 싱크탱크에 소속된 교수·학자·연구원 등은 고위층·간부들과 개인적 친분 및 네트워크를 형성하게 된다.

2013년 9월 30일 기존의 강의 형식에서 탈피. 베이징 중관촌에서 가진 정치국 현장 집체학습

이들이 정부의 정책 결정에 참여한 사례는 수없이 많다. 중국사회과학원 산하 변강사지(邊疆史地)연구중심은 2001년 '동북공정(東北工程) 시행방안(2002~2007년)'을 작성하였으며, 외교·안보정책 컨트롤타워인 당 중앙외사영도소조(조장 : 국가주석)에 보고하고 승인을 얻어 시행한 것으

---

3) 후진타오 총서기 집권기인 당 16기(2002년 11월~2007년 10월)에는 총 44회, 당 17기(2007년 10월~2012년 11월)엔 총 33회 개최했다. 시진핑 집권기인 당 18기(2012년 11월~)에는 2013년 말 현재 총 12회 개최했다. 제12차 정치국 집단학습(2013년 12월 30일)의 주제는 '국가문화 소프트파워 제고 방안'으로 강사는 우한(武漢)대학·전국선전간부학원(단과대학) 교수 등 2명이었다.

로 알려지고 있다.

국책 및 대학 싱크탱크는 매년 중앙 지시 및 지방 위촉 연구 프로젝트를 수행하고 있다. 국무원 국가발전·개혁위원회 산하 거시경제연구원은 매년 300~400개 연구 프로젝트를 진행한다.

2013년 3월 발표, 시행된 정부기구 개편안은 국가행정학원에서 중앙 부부장·지방 부성장 등 차관급 간부들로 구성된 전문 T/F를 구성하여 마련한 것이었다.

대학 싱크탱크도 국책 싱크탱크 연구에 비해

변강사지연구중심의 계간 간행물

주변적이기는 하나 상대적으로 객관적이며 장기간 심도 있는 연구가 가능한 점을 활용, 정부 정책 결정에 참여한다.

청화대학 국정연구중심(주임 : 후안강/胡鞍鋼)은 국가발전·개혁위원회의 기획부서와 제11차(2006~10년) 및 제12차(2011~15년) 경제개발계획의 정책 방향을 공동 연구했고, 동 대학 공공관리학원의 청렴정치(廉政)건설연구중심은 최고위 사정기관인 당 중앙기율검사위원회와 협조, 간부 부패척결 방안을 연구하고 있다.

한편, 이들은 외국 싱크탱크와의 교류 및 쟁점 사안 토의로 제2채널 외교를 추진하고, 해외 국제학술회의 참가 등을 통해 '민간외교'의 기능을 수행하여, 외국의 대중(對中) 정책 수립에 간접적으로 영향을 행사하기도 한다.

1997년 장쩌민 국가주석의 방미에 대한 1998년 클린턴 대통령의 답방(베이징·상하이 방문)에 앞서, 미 컬럼비아대학 연구기관은 사전 상해사회과학원·상해국제문제연구소(후에 '연구원' 승격)과 양국 관계발전 방안을 협의했다. 1999년 11월 양국은 중국의 WTO 가입(2001년 말) 지원에 합의함으로써, 협의했던 그 방안이 무엇인지 밝혀졌다.

2009년 미 브루킹스연구소 산하 청화-브루킹스 공공정책연구센터는

'미·중 전략 및 경제 대화'[4)]의 예비회의로서 '미·중 전략 및 경제대화의 구조와 형성' 제하 강연 토론회를 개최한 바 있었다.

체계적 육성 지원과 세계 성공사례 벤치마킹 필요

글로벌 이슈가 복잡하게 얽히는 불확실성의 시대에서 강국 진입을 위한 올바른 정책 결정의 길잡이로서 싱크탱크 역할은 더욱 중시되고 있다. 그 수준은 일국의 현 위상뿐 아니라 미래 국력을 가늠하는 또 다른 지표가 되고 있다.

한국 싱크탱크의 도약을 위해서는 정부·재벌이 연구기관에 독립성과 자율성을 대폭 허용하고 대규모 자원을 투입해야 한다. 연구방향의 일관성 유지, 세계 유력 싱크탱크와의 '글로벌 네트워크' 확산도 필요하다. 또한, 각 분야의 학회가 해당 부문의 싱크탱크 역할을 하도록 육성해야 한다.

아울러 세계 수준으로 도약한 중국 싱크탱크와의 교류로 우리의 안보·경제 상황을 이해시켜 우호세력으로 발전시키고, 미 브루킹스 연구소가 청화대학과 청화-브루킹스 공공정책 연구센터를 설립하여 성과를 거뒀듯이 한·중 싱크탱크 간 공동 연구기구를 설치, 국제 및 지역 현안 연구 성과를 공유하는 윈-윈 체제를 마련해야 할 것이다.

---

4) 2009년 7월 28~29일까지 워싱턴에서 열린 제1차 미·중 전략 및 경제대화(S&ED)는 중국의 위상을 국제사회에 각인시키고, 미·중 관계의 새로운 틀을 마련했다. 전략 트랙에서는 북한 핵문제 논의 외, 기후변화·에너지·환경 분야의 협력을 위한 MOU를 체결했다. 경제 트랙에서는 무역·투자관계 및 국제금융기구의 역할 강화에 합의했다. 2013년 7월 10~11일 워싱턴에서 열린 제5차 미·중 S&ED의 경제 트랙에서는 양국 간 투자협정(BIT) 체결을 위한 협상 추진, 상해자유무역 시범구의 외국인투자 허용 등의 분야에서 이전에 비해 더욱 심도 있는 논의가 이뤄졌고 주요 합의사항을 도출했다.

2004년 미 카네기국제평화재단, 2005년 미 브루킹스연구소가 중국어 홈페이지를 개설, 중국과의 접촉 및 협력 채널을 확충한 것도 벤치마킹해볼 만하다.

【대표 싱크탱크 및 부설 한반도 문제 연구기관】

소속 기관(기관장)	싱크탱크(설립 · 책임자)	한반도 연구기관(설립 · 책임자)
중앙당교 : 교장은 류윈산(劉雲山) 정치국 상무위원	중국개혁 · 개방논단 : 1994년, 이사장은 리징톈(李景田 · 1948년생) 중앙당교 상무 부교장	• 조선반도평화연구중심 : 2006년, 주임 위메이화(于美華)는 현대국제관계연구원에서 장기 연구 경력
국무원 : 총리는 리커창(李克强) 정치국 상무위원	중국사회과학원(최고의 영향력) : 1977년, 원장은 왕웨이광(王偉光 · 1950년생) 당 중앙위원	• 아태 연구중심 • 조선반도연구중심
국가안전부 : 부장은 경후이창(耿惠昌) 당 중앙위원	현대국제관계연구원(대외정책 싱크탱크 중 권위 인정) : 1980년, 원장은 지즈예(季志業)	• 조선반도연구실(최고 권위) : 주임은 치바오량(戚保良), 남북한 학계 · 연구소와 많은 교류
외교부 : 부장은 왕이(王毅) 당 중앙위원	중국국제문제연구소 : 1956년, 소장은 취싱(曲星 · 1956년생)	• 아태연구실
중앙군사위 : 주석은 시진핑(習近平) 정치국 상무위원	중국군사과학원 : 1958년, 원장은 류청쥔(劉成軍 · 1950년생 · 당 17기 중앙위원 역임) 공군 상장	• 세계군사연구부 산하 아태연구실 : 한반도문제 군사 분야 연구에서 최고 권위
해방군 총참모부 : 총참모장은 팡펑후이(房峰輝)	중국국제전략학회 : 1979년, 회장은 쑨젠궈(孫建國 · 1952년생) 부총참모장 겸 해군 상장	• 동 학회는 국제전략 정세와 안보문제 관련 지도부에 정책 제언
북경대학 : 교장(총장)은 왕언거(王恩哥 · 1957년생), 부부장급	국제관계학원 산하 국제전략연구중심 : 2007년, 주임은 왕지스(王輯思) 학원 원장	• 후진타오 전 주석의 자문위원인 왕지스 등이 동북아 안보문제 연구

소속 기관(기관장)	싱크탱크(설립·책임자)	한반도 연구기관(설립·책임자)
청화대학 : 교장은 천지닝(陳吉寧·1962년생)	당대 국제관계연구원 : 2009년, 원장은 옌쉬에퉁(閻學通·1952년생)	• 미·중관계 전문가로 도광양회(韜光養晦) 폐지론자인 옌쉬에퉁 교수 중심으로 한반도 문제 연구
중국인민대학 : 교장은 천위루(陳雨露·1966년생)	국제관계학원 : 2000년, 1951년 설립된 외교과를 모태로 발전, 원장은 천위에(陳岳)	• 한반도 문제 관련 스인훙(時殷弘)·진찬룽(金燦榮) 교수 등이 활발한 연구활동 전개

상해시정부 : 시장은 양슝(楊雄·1953년생)	상해사회과학원 : 1958년, 원장은 판수웨이(潘世偉·1955년생)	• 아태연구소(1990년)
		  - 대국관계 및 전략연구실(주임 : 류밍/劉鳴)
		  - 동북아연구실(주임 : 가오란/高蘭 : 한반도 등 동북아 문제 연구)

	상해국제문제연구원 : 1960년, 원장은 천둥샤오(陳東曉·1967년생)	• 아태연구중심 : 주임은 마잉(馬櫻·여, 역사학 박사) * 2012년 말 사망으로 공석
길림성 정부 : 성장은 바인차오루(巴音朝魯·1955년생·당 중앙위원)	길림사회과학원(장춘 소재) : 원장은 마커(馬克·1955년생·여) ※ 길림 경제·사회발전연구중심 외 2개 한반도 연구기관 보유	• 동북변강(邊疆)역사 및 현상(現狀) 문제 연구중심 : 동북공정 연구 • 동북아문제 연구중심 : 한반도 문제 등 연구
길림대학 : 교장은 리위안위안(李元元·1958년생)	동북아연구원 : 1964년 → 1994년 동북아연구중심과 6개 연구소를 통합, 발족. 원장은 주셴핑(朱顯平)	• 창지투(長吉圖) 프로젝트 입안 • 조선문제연구소(1964년 설립) ※ 기타 일본·인구문제연구소
요녕성 정부 : 성장은 천정가오(陳政高·1952년생·당 중앙위원)	요녕사회과학원(심양 소재) : 1978년, 원장은 바오전둥(鮑振東)	• 변강사지(邊疆史地) 연구소 : 동북공정 연구 ※ 기타 금융·WTO 등 14개 연구소
흑룡강성 정부 : 성장은 루하오(陸昊·1967년생·당 중앙위원)	흑룡강사회과학원(하얼빈 소재) : 1979년, 원장은 아이수친(艾書琴·여·만주족)	• 동북아문제연구중심

5 중국 체류 안전 대책

중국 공산당은 2013년 11월 9~11일간 당 18기 3중전회를 개최하여 향후 시진핑 정권 2기 10년간의 국정 운영 청사진인 〈개혁 전면 심화를 위한 약간의 중대 문제에 관한 당 중앙의 결정〉을 채택했다.

제2의 개혁·개방 선언에 지면을 대폭 할애했지만, 대내외 정세 안정을 위한 특별 대책기구로 '국가안전위원회' 설립도 명시했다. 이는 사회 불만세력에 의한 치안 악화, 소수민족의 분리 독립 테러, 남·동 중국해의 영유권 분쟁 등에 신속하고 효과적으로 대응하기 위한 것이다. 안정 속에 내실 있는 성장을 도모하겠다는 의도다.

이러한 움직임은 향후 시진핑 지도부가 사회 안정 핵심 과제인 부패 척결과 더불어 사회 기강 확립을 위한 범죄 단속에 속도를 낼 것임을 예고한다. 중국에 체류하거나, 여행하는 우리 국민들이 각종 사건·사고에 연루되거나 노출되는 경우가 많아 그 실상을 알아보고, 피해를 최소화할 수 있는 방법을 제시한다.

외국인 출입국 단속 및 처벌 강화

중국 공안부는 2012년 4월 말 외국인 출입국 관리 강화 방안을 발표했다. 불법 입국·불법 체류·불법 취업 등 소위 '삼불(三不)' 외국인에 대한 단속 강화, 전담 수용시설 설치 및 벌금 인상(인민폐 5,000위안 → 1만 위안) 등이 골자였다. 외국인 대상 비자 발급 요건도 강화하여 2012년 5월부터 단체비자 신청 시, 중국 당국이 지정하는 공인 기관의 초청장을 반드시 첨부토록 했다.

베이징·선양·옌벤 등 전국 각지에서 2012년 5월 15일~10월 15일간 5개월을 집중 단속 기간으로 설정하고 외국인에 대한 불심 검문과 여권 검사 등을 실시했다. 여권 미소지자 등에게는 범칙금을 부과했다.

2013년 7월 1일부터는 더욱 강화된 '외국인 출입국 관리법'을 시행하고 있다. 벌금을 최고 인민폐 10만 위안(한화 1,750만 원 상당)까지 인상한 것이다. 중국에 체류하는 우리 국민 중에서 '삼불' 외국인으로 구류되고, 심지어 추방될 수 있는 대상은 ① 부도 등으로 도피 중이거나 비자기간이 만료된 자 ② 불법 취업 유학생 ③ 옌볜 등 동북 3성에 체류하는 탈북자와 불법취입 북한주민(1만 5,000여 명 추정), 이들을 지원하는 NGO 관계자·종교단체 ④ 〈외국인 종교 활동 관리규정〉을 위반하는 목사·선교사 등이다. 이들 목사·선교사들도 중국동포(조선족)를 비롯한 중국 국민 대상 선교 시, 비자 목적에 맞지 않는 불법 활동자로 간주하여 재산 몰수, 추방, 구류 등 엄중한 제재를 받는다.

【중국의 외국인 출입국 관리법 강화 요지】

항 목	세부 내용
외국인 생체식별정보 채집	거류증 신청 시, 지문 등 인체 식별정보 채집 명시
여권 소지 규정	연령을 만 18세 이상에서 만 16세 이상으로 조정
유학생 아르바이트	근로 장소 및 시간이 학교가 지정, 배분한 일자리가 아니면 모두 불법으로 규정
불법 체류 시 벌금	최고 5,000위안 → 최고 1만 위안
불법 취업 시 벌금 및 구류	최고 1,000위안 → 최고 2만 위안 5일 이상 15일 이하 구류도 병과 가능

외국인 불법 취업 사례로는 ① 취업 허가증과 취업 거류증이 없는 경우 ② 취업허가 지역 이탈 ③ 외국인 유학생이 아르바이트 관리 규정을 위반한 경우 등으로 구체화했다. 따라서 베이징 등지에 단기 비자로 와

서 지인의 회사에서 일하거나, 대학 재학 중 또는 학교 졸업 후, 아르바이트를 하는 유학생 모두 불법 취업에 해당된다. 중국에서는 학교가 아르바이트 장소와 시간을 일괄 지정, 배분한다. 학생 비자로 입국해 일하면 모두 불법이 되는 것이다.

또한, 중국의 사증 발급 기관은 외국인에 대해 사증 발급을 거부[1]할 수 있다. 그 사유를 공지할 필요가 없다고 규정하고 있어 알리지 않는다. 통상 공안부나 국가안전부가 사증 발급 거부 협조를 유관기관에 통보하는 것으로 알려지고 있다.

또한, 출입국 검사 기관은 비자를 발급받은 외국인이 아래의 경우, 입국 심사 과정에서 입국을 거부[2]할 수 있으며, 그 사유를 알릴 필요가 없다고 한다. ① 유효한 여권·비자 미소지 ② 여권을 위·변조하거나 타인 여권을 소지 ③ 신분증 검사 거부 ④ 공안부 또는 국가안전부가 입국 또는 출국 불가를 통보한 경우다.

한 외국인이 광둥성에서 음주 운전·성 매수 등으로 행정처벌을 받은 후, 홍콩을 통해 출국했다가 광둥성 선전(深圳)으로 입국을 시도했으나, 입국 거부되었다. 귀국 후, 현지 중국 공관에 다시 사증 발급을 신청했으나, 이마저도 거부되었다. 확인 결과, 중국 공안기관이 2년간 입국 금지 처분을 내린 것이었다.

이같은 공안당국의 조치는 기본적으로 외국인 출입국이 2000년 이후 매년 10% 이상 증가[3]하는 가운데 일탈 행위가 많아졌기 때문이다. 한국

---

1) 한 대학 교수는 중국인 친구들로부터 농담조로 "중국 지도부 비판이나 지나친 중국 비방의 글을 쓰지 말라. 사증 발급이 거부될 수 있다."라는 이야기를 들었다고 한다. 중국에 진출한 한 교민 소식지는 국내 언론에 실린 '중국 지도부내 권력투쟁설'을 전재했다가 폐간당했다.

2) 중국에서 외국인이 채무문제 등으로 중국인과 소송을 진행 중인 경우, 중국측 당사자가 법원 내 '꽌시'를 동원하여 미리 출국금지 조치를 취해 놓은 경우도 있다.

3) 외국인 출입국자 수는 1980년 146만 명에서, 2000년 2,026만 명, 그리고 2012년 5,435만 명으로 급증했고, 외국인 장기 체류자 수도 1980년 2만 명에서 2012년 60만 명으로 증가했다.

의 K국회의원이 단체 관광비자로 방중하여 독립운동가였던 조부 · 선친 기념사업 활동을 한 적이 있고, 기자들이 취재활동에 맞지 않는 비자를 받은 후 취재를 하는 경우도 많다.

2012년 5월 8일 밤 만취한 영국 관광객이 베이징 시청(西城)구 이면 도로에서 중국 여성을 성폭행하려다 체포된 사건도 있다.

풍기사범 불시 단속 및 마약사범 엄벌

중국 당국은 향락산업에 대한 강경 단속이 외국인 투자 유치에 부정적임을 인식하고 있고, 많은 유흥업소가 공안 간부와 결탁하고 있어 평소는 단속이 느슨하나, 사회기강 확립이 절실한 시점에서는 불시에 집중 단속이 이루어진다. 중앙에서 당 정치국원, 특히 공안 · 사법을 총괄하는 당 중앙정법위원회 서기(현재 멍젠주/孟建柱 정치국 위원)가 현지를 방문하는 등 특별한 계기는 강력하게 단속한다.

중국의 개혁 · 개방 이후, 내륙 낙후 지역이나 인접 네팔 · 라오스 등지의 젊은 여성들이 부유한 동남부 연해지역으로 몰려들어 돈벌이가 쉬운 퇴폐 · 환락산업에 종사하는 그 숫자가 기하급수적으로 증가했다. 콜걸 · 마사지걸 · 현지처 · 가라오케 걸 등으로 불리는 매춘 접대부가 1,000만 명 이상이라는 미확인 통계도 있다.

2012년 5월 랴오닝성 다롄(大連)시의 가라오케에서 우리 국민 5명이, 2013년 1월 28일에는 베이징시의 가라오케에서의 우리 국민 3명이, 음주 후 여성 접대부와 성매수를 하려다 경찰 단속에 걸려 체포되었다. 모두 행정구류 · 벌금 등의 처분4)을 받았다. 이 같은 사례는 드문 일이 아니다.

1990년대 초까지는 성매매 외국인의 여권에 '호색한(好色漢)'이 아닌

---

4) 중국은 성매매 외국인에 대해서는 15일 이하 행정구류 처분 외에 5,000위안 이하 벌금형을 부과하고 '기한 내 출국' 형식으로 강제 추방할 수 있다. 그리고 5년 내 재입국을 불허한다.

'표객'(嫖客 : 성매매자)란 글자가 새겨진 도장을 찍었으나, 지나친 인권 침해라는 비난이 일자 지금은 아무런 도장도 찍지 않는다. 대신 행정구류·벌금 부과, 그리고 5년 내 재입국을 불허한다. 우리 정부도 성매매로 국위를 손상시킨 자에 대해서는 여권발급 제한 조치를 취할 수 있다.

한편, 2012년 5월 2일자 〈흑룡강신문〉은 베이징·상하이 등지 한국 유학생들이 위안화 평가절상 후 학비와 생활비 조달을 위해 돈을 쉽게 벌 수 있는 가라오케 접대부로 일하며 심지어 성매매까지 한다는 충격적인 기사를 보도했다. 적발될 경우, 유학비자로 입국하여 불법 취업한 '삼불' 외국인으로 처벌받는 등 국위 실추 사건으로 기록될 것이다.

【해외 성 매수자 적발 건수 및 국제사회 반응】

구 분		관련 내용
해외 성 매수자		• 2008년~2012년 4월 556명 적발(여권 발급 제한 처분 55명)
국제사회 반응	2012년 미 국무부 인신매매 보고서	한국 남성은 동남아와 태평양 섬 지역에서 아동 성 매수 관광수요의 원천
	2013년 유엔 마약·범죄국 내부문서	한국인은 태국·라오스·미얀마·캄보디아 등 4개국 아동 성 매수의 주범
주요 아동 성 매매 국가(80개국, 2012년 미 국무부 인신매매 보고서)	성 매수 국가 (27개국)	네덜란드·뉴질랜드·독일·미국·영국·한국·중국·일본·프랑스 등
	성 매매 발생 국가 (48개국)	라오스·몽골·방글라데시·베트남·오스트리아·인도·캄보디아·태국 등
	성 매수 및 성 매매 발생 국가(5개국)	러시아·리트아니아·몰타·아르헨티나·호주

특히 중국이 강력히 대응하는 것은 마약이다. 중국은 아편전쟁(1840~1842년)으로 인한 망국(亡國)의 교훈과 함께 현실적으로는 마약 관련 매춘·조폭·AIDS 확산에 대응하여, 아편 1,000g, 헤로인·필로폰 50g

이상을 소지·밀수·판매·운반한 자에 대해서는 내·외국인을 불문하고 징역 15년 이상 무기징역, 최대 사형으로 일벌백계한다.

중국에서는 그간 마약사범·부패사범에 대한 사형 집행이 많았는데, 1994년에는 최대 1,991명을 처형했다는 국제인권단체의 조사 결과도 있다. 외국인에게도 예외는 없어, 2001년 헤이룽장성 법원은 한국인 마약사범 신 모 씨에 대해 사형을 선고하고 집행했다. 해당국의 협조 요청이나 항의에도 불구하고, 2009년 12월 영국인 1명, 2010년 4월 일본인 4명, 2011년 3월 필리핀인 마약사범 3명에 대해 사형을 집행했다.

중대한 경고를 망각한 것일까? 2012년 5월 25일 칭다오 법원은 한국인 마약사범 5명에게 법정 최고형 등을 판결했다. 2009년 필로폰 11.9kg을 밀수·판매한 장 모 씨(53세)에게 사형, 2명에게는 무기징역으로 감형이 가능한 사형 집행유예, 1명은 무기징역, 1명은 징역 15년형을 선고했다. 장씨의 경우, 워낙 많은 마약을 밀수·제조해 심리가 종료되는 2심에서 선처를 기대하기 어렵다. 한·중 간 외교 사안으로 비화될 것이 명약관화하다.

사형장으로 이송되는 마약사범　　　　　마약사범 급습 및 체포 현장

한·중이나 외국의 출입국 공항에서 간혹 생면부지의 한국인·중국동포·외국인이 상대국 공항 도착 시, 특정 인사에게 물건을 전해달라고

사례를 하면서 부탁하는 경우가 있다. 타인의 화물(가방·장난감·책·인형 등)을 본인 명의로 부치거나, 통관하다 마약으로 판명되어 체포된 사례가 있다. 무조건 거부해야 한다.

국내 이태원 등의 외국인 마약조직원이 무료 해외여행 제공 등으로 환심을 산 뒤, 마약 밀수를 의뢰하거나 마약을 숨긴 물건 운반을 부탁한 사건도 있었다.

우리 국민 피해 사건·사고 증가

중국지역 공관 자료에 따르면 해외에서 매년 5,000여 건의 우리 국민 사건·사고가 발생한다. 전체 지역 중, 중국이 약 1/4(2012년 상반기 2,031명 중 542명)을 차지하며 피해 : 가해의 비율은 약 3:1로 피해 건수가 많다.

피해 사건은 교민·기업인·유학생이 다수 체류하는 선양(瀋陽)·칭다오(靑島)·베이징(北京) 공관 관할 지역에서 70% 이상이 발생하며, 행방불명·폭행상해·사기·납치감금·교통사고 등이 주류를 이뤘다.

가해는 선양·칭다오·베이징·상하이 공관 관할지역에서 80% 이상이 발생했다. 불법체류·교통사고·폭행상해·마약·성매매 등이 다수다. 중국지역 내 우리 국민 수감자 수는 2012년 말 320명였는데, 공관별로는 선양(50%), 칭다오(28%), 베이징(7%) 순이었고, 혐의별로는 밀입국 알선(27%), 밀수(24%), 절도(10%) 등이었다.

양형이 우리보다 엄격한 점에도 주의해야 한다. 2009년 5월 북경 소재 중국 고교에 재학 중이었던 유학생 A·B 양은 대형 할인매장에서 200위안(한화 3만 5,000원) 상당 염색약을 계산치 않고 나오다 적발되어 파출소에 넘겨져 조사 후 배상을 마쳤다. 공안은 다시 학교에 통보, 제적 처분을 받게 한 후 추방했다. 2010년 7월 라오닝성 단둥(丹東) 세관은 중국내 수입금지 품목인 상아 밀반입자 3명을 밀수혐의로 체포했는데, 관할 법원은 2명에게는 무기징역, 1명에게는 징역 7년을 선고했다.

체류 및 여행 시 안전 유의사항

외국인은 중국의 출입국관리법 상, 중국 도착 후 24시간(농촌 지역은 72시간) 이내 의무적으로 거주지 신고(숙박 등록, '住宿 登記')를 마쳐야 한다. 다만, 호텔 투숙 시에는 숙박부 기입으로 거주지 신고를 한 것으로 간주한다. 이 숙박부는 공안기관에 거동 수상자 색출 참고용으로 제공된다.

음식점·주점에서 지나치게 큰 소리로 떠들다, 옆 좌석 중국인 손님과 시비가 붙거나 관광지에서 한국어로 욕하거나 흉보는 행위는 삼가야 한다. 중국인 종업원에 대한 욕설·반말·고압적 태도가 폭력사건으로 비화된 사례가 꽤 있다. 특히, 과도한 음주는 폭행·성매매·음주운전·교통사고 그리고 알콜 치사량 초과로 인한 사망 등의 원인으로 작용했다.

주요 관광지에서도 조심할 것은 바가지요금이나 물품 구입 시비, 소매치기 피해 등이다. 우리 국민이 많이 찾는 상하이를 예로 보자. 난징루(南京路)·신텐디(新天地)·렌민광창(人民廣場) 등에서는 젊고 섹시한 여성 삐끼(호객꾼)가 좋은 술집·마사지숍이 있다고 유인한다. 도중에 건장한 어깨 3~4명이 나타나, 위협하면서 거액의 술값 결제를 요구하는데, 주머니를 뒤져 물리적으로 카드 결제를 강압하기도 한단다.

교민 밀집 지역인 구베이(古北)·롱바이(龍栢) 지역에서는 무허가 이발소·안마시술소 출입을 자제하고, 유흥주점 이용 시에는 반드시 지인과 동행해서 바가지 등의 봉변을 보지 않도록 해야 한다. 피해 발생 시에는 현장 위치 확인 및 업소 건물 촬영 등의 조치를 한 후, 현지 공안에 신고해야 한다. 공관의 도움을 받는 것도 좋지만, 공관에서 전담 인력을 동행하여 세세한 항목까지 도울 수 없음을 명심하여 사전에 불미스러운 일의 발생을 미연에 방지하는 것이 좋다.

상하이의 새로운 1번지 신텐디(좌)와 코리아타운 롱바이(우)

2013년 6월 박근혜 대통령이 방문하여 스포트라이트를 받은 산시성 시안(西安)! 3,000여 년 역사를 가진 고도(古都)를 빗대어 "중국의 과거는 시안, 현재는 베이징, 미래는 상하이를 보라."는 명언도 있다. 지금은 중국 정부가 야심차게 추진하는 서부 대개발의 거점 도시이기도 하다.

그러나 시내 관광의 필수 코스인 중심가 중러우(鐘樓)·후이민졔(回民街, 회족 거리)·다옌타(大雁塔) 등에서는 스마트폰·지갑 등을 노린 소매치기들이 많고, 회족 거리에서 물건 흥정할 때는 성격이 급한 회족상인과 시비가 붙을 소지도 크다.

물건을 살 것처럼 만지고 물어보다, 가격만 흥정한 채 사지 않고 갈라치면 상인은 거세게 항의하며 상호 대응 과정에서 시비가 발생하기도 한다. 물건이 많이 쌓인 상가에서 고객이 움직이다 값싼 옥 제품(2~3위안)이 떨어져 깨지면, 고가품이 파손됐다며 배상을 요구하기도 한다. 중국 어느 곳에서나 이런 상황이 발생할 수 있음에 주의해야 한다.

시안의 다옌타 야경(좌)과 후이민제(우)

한국과 일본의 공관원 스캔들 사례

2010년 국내와 중국 교민사회를 경악하게 했던 사건의 하나가 상하이 출신 중국인 덩신밍(鄧新明, 1978년생) 사건이다. 2009년 덩의 한국인 남편이 한국 외교통상부에 고발함으로써 불거진 한국 외교관 스캔들이었다.

중국 실력자였던 덩샤오핑의 먼 손녀뻘 되는 친척으로 당시 위정성 상해시 당서기(俞正聲, 현 정협 주석 겸 정치국 상무위원)와 한정 상해시장(韓正, 현 상하이시 당서기 겸 정치국 위원) 등과 '꽌시'(關係)가 있었다는 설이 있었다.

대만 '중국TV'의 보도 화면

중국 지도부 동정을 민감하게 받아들이는 대만에서도 TV방송사인 '중국TV'가 "자칭 덩샤오핑 손녀라는 덩신밍이 신타이완달러(TWD) 2.6억 위안(한화 88억 원 상당)짜리 호화주택에서 산다고?"라는 제목으로 상당히 과장된 보도를 내보낸 적도 했다.

이 같은 보도나 소문은 덩신밍이 상해 진출 F사 등 한국 기업의 인허가 취득 관련 영향력 행사, 공관장 관심사항이었던 2008년 국군포로 및 탈북자 11명의 동시 송환, 상하이를 방문한 이상득 한나라당 의원과 위정성 상하이시 당서기 면담 등을 모두 성사시켰다는 이야기가 퍼지면서 사실처럼 여겨졌다.

치정 관계를 의심케 하는 사진들

이상의 이야기는 확인이 안 되지만, 확실한 것은 그녀가 한국 기업 민원 해결 후 억대 커미션 수수, 복수 공관원과의 부적절한 관계(한 영사는 이혼 후, 덩신밍과 동거) 외에 한국 국회의원과 상하이시 고위층 면담 성사의 반대 급부로 공관에서 비자발급 편의를 받아 부당이득을 챙긴 것 등이다. 공관 기밀을 빼내기 위한 '미인계'가 아니라 치정이 얽힌 브로커 행각이었다.

박근혜 대통령이 취임 후, 외교통상부 보고를 받는 자리에서 "공관은 한국 손님 접대보다 교민·여행객 안전 및 민원 해결을 우선할 것"을 지시한 것은 이 같은 공관 내 고질적인 부조리의 단면을 꿰뚫은 것이다.

한국 주상하이 총영사관 옆에 자리 잡은 일본 총영사관에서도 공관원 스캔들이 있었다. 다만, 성격상 '미인계'가 동원된 것으로 추정되었다. 2004년 5월 본부와 공관 간 외교 전문 수·발신을 담당하는 40대 외신관이 목을 매 자살했는데, 유서 내용은 "나라를 배신하지 않는 한, 중국에서 벗어날 수 없다."였다.

그는 센샤루(仙霞路) 소재 일본식 가요주점(클럽)의 호스티스와 부적절한 관계를 맺었는데, 이를 안 중국 공안당국이 국가기밀이 담긴 전문을 넘기라고 압박을 가했다는 것이다. 당시 일본 정부는 중국의 무리한 정보 제공 협박에 공식으로 항의했지만, 중국은 부인했다.

그러나 중국 공안당국이 '미인계'를 썼다고 믿을 수밖에 없는 사건이 또 일어났다. 2005년 일본 해상자위대 부사관이 상부 허가 없이 상하이를 자주 출입했는데, 자택 수색 결과 해상자위대 함정 제원 등이 수록된 CD가 다수 발견되었다. 추궁했더니, 동일한 셴사루 소재 클럽의 한 호스티스와 애정 행각을 벌인 것으로 들어났다. 물론 그 클럽은 문제가 되자 재빨리 문을 닫고 자취를 감췄다.

중국에서 체류하는 외국인에게 이런 사건·사고가 일어날 수밖에 없다. 그러나 우리는 "설마 나에게 그런 불행한 사태가 올까?" 하는 안이한 생각에 빠지기 쉽다. 중국은 우리와 다른 강력한 잣대로 법을 적용하고 있어, 뜻하지 않게 범죄에 휘말리게 되면 '약자'의 입장에 서게 되며, 국내법의 보호를 받지 못한다. 공관의 보호 범위도 한계가 있음을 알아야 한다.

따라서 '로마에 가면 로마법을 따른다'는 자세로 중국의 법률과 관습을 준수하고 비즈니스 활동에서도 불필요한 오해를 사지 않도록 정도(正道)를 고수해야 할 것이다. 해외에서도 국격과 개인의 품위를 지키는 것은 민관이 따로 없음을 명심하자.

6 재중 교민, 신조선족의 생존법

1992년 8월 한·중 수교 이후 20여 년을 지나면서 양국 간 교류·협력은 각 분야에서 비약적으로 발전했다. 20년간의 통계를 보면, 정치적으로는 정상급 회담만 56회(박근혜 대통령 취임 이후 제외)나 열렸다. 한국 7개 도시와 중국 33개 도시 간 매주 802편의 직항이 운행되고 있고, 양국 간 인적 교류는 1992년의 13만 명에서 2012년의 689만 명(방중 406만, 방한 283만 명)으로 53배가 늘었다.

한·중 교역액은 이미 한·미간, 한·일간 무역액을 상회하여 2012년 2,151억 달러(수출 1,341억 달러, 수입 810억 달러)를 기록하면서 중국은 한국의 최대 교역국으로 자리매김했다. 2015년 3,000억 달러 무역액 달성을 위해 2013년 11월 한·중 FTA(자유무역협정) 2차 협상도 시작했다.

양국에 거주하는 상대국 교민들도 급증했다. 재중 우리 교민은 약 80만 명(2012년 말 현재, 유학생 6만 2,000명 포함)으로 추계된다. 해외 400만 교민의 약 1/5를 점한다. 국내 거주 중국인도 70만 명을 상회한다[1]. 이들 교민이 집중 거주하는 도시는 베이징(北京)·칭다오(靑島)·상하이(上海)·선양(瀋陽) 등 약 60여 개 도시로, 중국 내 광범하게 분포하고 있다. 중국 진출 기업도 2만 3,000여 개, 많게는 4만 개까지 본다.

이렇다 보니, 재중 교민을 중국의 한족과 55개 소수민족에 더하여 57번째 민족이라고 부르면서, 일명 신선족(新鮮族, 신셴주)이라는 신조

---

1) 주중 대사관 영사부에 등록된 재중 한국인은 약 70만 명, 여기에 단기 체류자를 더 하면 약 80만 명(많게는 100만 명)으로 추정된다. 한국 거주 중국인도 국내 거주 외국인 144만 5,000여 명(2013년 6월 말 현재)의 절반을 점유한다. 그중 중국 유학생은 5만 5,000여 명이다.

선족[2], 한국족 등의 용어가 생겨났다. 이들에게 드리운 명암을 찾아가 본다.

외국 이민에게 차이나드림으로 다가온 중국

중국 국무원 교무(僑務)판공실 자문위원인 샤먼(厦門)대학 공공사무학원 리밍환(李明歡) 교수는 2012년 3월 〈중국 대륙의 외국교민 집단촌〉제하 연구 보고서에서 1970년대 말 개혁·개방 초기 중국에 온 외국인이 기업에서 파견된 인력이라면, 최근 10~20년간 중국에 이민 온 외국인들의 태반은 스스로의 선택에 의해, 투자·창업, 사업, 공부, 교습, 구직, 요양, 결혼 등을 위한 목적이었다고 분석했다.

또한, 외국인들이 중국으로 대거 이주한 국가에는 중국 주변의 한국·베트남, 중동·서아시아의 아랍인, 아프리카의 나이지리아·리비아·콩고 등이 있는데, 각각 베이징의 한국성(韓國城, 코리아타운), 저장성 이우(義烏)시의 중동가(中東街), 광둥성 광저우(廣州)시의 초코릿 타운(巧克力城)을 형성하고 있다고 지적했다.

한국인들은 수교 10년인 2002년을 전후하여 중국 주요 도시에 자연스럽게 한인 밀집지역인 코리아타운을 형성하기 시작했다. 베이징의 왕징(望京)[3], 선양의 시타(西塔), 칭다오의 청양(城陽)구, 상하이의 구베

---

2) 중국동포(중국의 소수민족 분류 상 '조선족') 약 200만 명 중 현재 한국 체류자는 30만 명, 한국국적 귀화자는 약 11만 명. 중국의 2000년 인구조사 당시 조선족은 192만 3,800명으로 인구수 순위 13번째(인구 1,000만 이상은 장족(壯族) 1,617만 8,800명, 만주족 1,068만 2,300명 등 2개 민족). 인구가 가장 적은 소수민족은 락파(珞巴)族으로 2,965명에 불과했다.

3) 베이징 동북부에 위치한 왕징의 상주인구는 약 30만 명으로 한국·일본인 비중이 크다. 베이징 시 정부는 이곳을 총면적 16㎢, 거주인구 50~60만 명의 중형 도시로 건설할 예정이다.

이(古北) · 완커(萬科) 등지가 대표적이다.

베이징 왕징의 코리안타운 상가

청도 코리안타운에 있는 서울 플라자 상가

중동 사람은 '세계 최대의 슈퍼마켓'이라고 불리는 잡화상의 천국인 이우에 몰려들었다. 2004년 4월 광저우 교역회에 참가했던 중동 상인들이 새로운 장사거리를 찾기 위해 모이면서 집단촌이 형성됐다. 2006년 말, 이우시 인구 100만 명 중, 상주 외국인은 10만 명이었는데, 태반이 중동 사람이었다.

길거리에서의 아랍식 집단예배 장면

정통 이슬람 요리를 즐길 수 있는 이슬람 식당

광저우 택시 기사들은 광저우시 홍챠오(洪橋)지역 반경 약 10km 구간,

위에슈(越秀)구 일대를 초코릿 타운이라고 부르는데, 초코릿은 흑인의 피부색을 풍자한다. 낮 12시가 되면 이곳은 잠에서 깨어난 흑인들이 삼삼오오 비닐봉지, 배낭, 카트 등을 끌고 나타나는데 자정을 넘겨 장사를 한다. 이곳은 아시아에서 흑인이 가장 많이 모여 사는 곳이다. 합법과 불법 체류자를 합치면 20만 명으로 광저우 총 인구의 2%를 상회한다. 1990년대 이주를 시작했는데, 대부분 무역에 종사한다. 영어·불어·중국어를 구사하며, 중간 중간 스와힐리어를 섞어 쓴다. 광저우 사람들은 이들에 대해 어느 정도 부정적 인식을 가지고 있어 상당히 배척하는 편이다.

광저우 위에슈구(區) 거리를 가득 메운 흑인들　상가에 이발소를 오픈한 콩고 여인

외국인의 중국 이민 붐을 대변하듯이, 미 워싱턴포스트 인터넷판은 2013년 11월 5일 영 HSBC은행의 조사 결과를 인용하여 세계 34개 국가 중, 외국 이민이 누릴 수 있는 경제적 기회와 생활의 질에 대해 순위를 매긴 결과, 중국과 태국이 최상위 그룹으로 선정되었다고 밝혔다. 이어 스위스·카트만두·바레인·싱가포르 순이었고 최악의 국가는 정치·사회정세가 불안한 이집트가 뽑혔다. 어느덧 중국이 외국 이민에게 가장 매력적인 국가가 된 것이다.

신조선족이란 용어 및 의미의 명암

한·중 수교 후, 주로 기업체 주재원이나 자영업자, 가족과 직원 등으로 이뤄졌던 한인사회는 '이민공동체' 역할을 해왔다. 달라진 것은 이전에 기업체 주재원이나 유학생 위주로 3~4년 정도 단기 체류 후, 귀국하던 형태가 지금은 아예 장기 정착 위주로 발전하고 있는 것이다.

기업체 주재원 중, 상당수는 본사 귀임 명령을 받으면 아예 사표를 쓰고 본사 대리점 역할을 자임하면서 기존의 중국 거래처와 영업을 계속한다. 이들과 함께 중소기업인, 슈퍼마켓·음식점·인테리어·민박·부동산 중계업 등을 하는 자영업자들이 현지에 눌러 앉는 것은 자녀를 한국학교나 미국·영국계 국제학교, 또는 중국 중·고교 국제부에 넣어, 영어·중국어·국제 감각 등을 익혀 어려운 대학 입시와 취업전쟁에 대비시킨다는 의도도 있다.

이들과 같이, 현지에 눌러앉은 '신중국인(新中國人)'을 조선족에 빗대어 '신조선족, 신선족'이라고 부르는데, 최소한의 조건은 ① 실패를 경험하여 중국에 '겸손'한 사람 ② 30대 후반 이상으로 중국어 소통이 가능한 자 ③ 가족과 함께 거주(중국인과의 결혼자 포함)할 것 ④ 자녀가 중국을 선택해도 서운해하지 않을 것 등이다.

신조선족이 그간 부정적 의미로 많이 쓰인 것은 다음 여러 가지 경우를 포함해서다. 첫째, 한·중 수교 후, 중국에 정주한 한국인 중에는 국적은 한국이나, 유년시절부터 중국에서 살아 언어·식생활·문화양식 등 대부분이 한국보다 중국이 편한 반(半) 중국인이 있었다. 오래전에 해외에 나가 그 지역문화에 동화되어온 재일교포·재미교포와 비슷하나, 이들과 달리 한·중 수교(1992년)의 역사가 20여 년으로 짧다 보니 신(新)이란 접두사가 붙었다.

둘째, 성인으로 중국에 왔으나 사업 실패 등으로 중국 길바닥을 전전하여 중국인화(化) 된 사람이다. 즉, 주재원이나 영세 자영업자였지만,

글로벌 경제위기와 위안화 강세, 인건비 상승[4] 등으로 인한 현지 폐업이나 사업 실패로 귀국하지 못하고 현지에 장기간 머물고 있는 경우다. 이들은 중국어는 잘하지만 직장이 없어 일용직 노동자로 하루살이를 하는 경우도 있다.

　어려움에 직면한 중견기업들도 'U턴'을 고려했지만, 대부분은 수도권 규제에 따른 인력수급 문제 등[5]으로 애만 태웠다. 더구나 중국 내 청산 절차가 어렵고 적어도 1년이 걸리는데다, 예전엔 외자 유치를 위해 호의적이던 중국 지방 정부로부터 "U턴 하려면 그간 받은 혜택 다 게워내라."는 식의 압력을 받다 보니, 결국 현지에서 폐업을 맞는 사례가 늘고 있다. 결국, 주요 도시의 코리안 타운에서는 교회에서 식사를 하고 쪽방에서 하루하루를 지내는 한국인들이 점점 더 늘고 있단다.

　이상의 다소 부정적인 의미와 달리 중국에 잘 정착한 한국인을 가리키기도 한다. 중국의 조선족 언론에서 긍정적으로 쓰는 말인데, '중국에 적응 잘하는 한국인'을 가리킨다. 즉 돈 벌러 중국에 가서 한탕 하고 돌아가려는 한국인이 아닌, 현지 풍토에 잘 적응하고 중국인에게 도움도 되는 한국인을 의미한다.

신조선족의 소통 문화에 대한 중국인 인식

---

4) 중국은 2008년 자국 내 모든 기업에 대해 ① 10년간 계약직 고용 시, 종신고용 전환 ② 퇴직금 지급 의무화 등을 규정한 '신 노동법'을 시행했다. 이로 인해 의류 공장 근로자의 급여는 10년 전 한국 돈 5만 원에서 2008년 40만 원 수준으로 인상되었다. 환율은 2006년 말 1위안≒119원에서 2009년 200원대로 올랐다가 2013년 말 현재 175원 수준이다.

5) 2009년 조사한 중국 진출 업체의 'U턴' 주저 사유 관련, 전자업체는 "국내에 관련 부품업체가 없어져 제조공정만 들어가는 것은 무의미", 스피커 제조사는 "환경 등 각종 수도권 규제에 따라 인력 수급에 애로", 볼트 생산업체는 "2007년 중국 진출 시, 국내 사업체를 없애 돌아갈 생산기반이 없음" 등으로 답했다.

이들 '신조선족'의 문화에 대해 중국인은 어떻게 보고 있을까? 베이징 대학 모 한족 교수와 중국동포(조선족)인 모 출판사 지국장은 "중국 속담에 어느 산에 가면 그 산에 맞는 노래를 부르라는 말이 있다. 외국인의 현지 적응을 의미하는데, '신조선족'은 전혀 그렇지 못한 것 같다."라고 꼬집는다.

첫째, 끼리끼리 노는 '그룹별 소통 경향'이 심하다. 중국에 왔으면 현지 사람들과 어울려야 하는데 많은 한국인들이 그렇지 않다. 무슨 고교·대학 동문회, 골프·축구·당구 동호회 등 지역·취미별로 수많은 모임을 만들어 자기들끼리 논다. 그러다 보니 상해에 와 15년 가까이 살았다는 '신조선족'들이 중국어를 통한 일상대화조차 못하는 사례도 있다. 그냥 그렇게 어울리니, 중국어를 할 필요도, 이유도 없다는 것이다.

또한, 교민사회가 한국인이 중국인으로부터 번 돈으로 유지되는 것이 아니라, 상당 부분 한국 기업의 금고에서 나오는 자금과 한국인들끼리 거래, 교환한 돈을 중국 사회에 소비하면서 굴러가고 있다는 평가도 있다. 중국에 왔으면 중국 현지인 지갑을 열어야 하는데!

둘째, 교민사회의 폐쇄성·배타성이 강하다. 중국에 많이 들어와 사는 대만·일본·미국·영국인도 같은 처지의 이민자 신세지만, 타이완이즈·재팬니즈·어메리칸·잉글리시 타운이란 것은 없다. 유독 한국인들만이 '중국 속의 서울'을 만들어 놓고 자기 말, 자기 노래 등 제멋에 겨워 산다. "우리가 중국보다 소득이 훨씬 높기 때문에 굳이 현지화할 필요도, 이유도 없다."라고 말하는 '신조선족'들도 있다고 한다. 얼핏 보면 단합된 모습 같아 보이지만, 그보다는 편하기 위한 임시방편 같다고 했다.

좋게 보면 교민사회가 직장이나 생계를 위해 모여든 집합체에서 유기체적인 공동체로 발전하고 있다는 반증이기도 하다. 하지만, 왜 현지 중국인이나 외국인들과 어울리는 모임은 하나도 없는지 한번 곰곰이 생각해볼 일이다.

사실, 중국인이나 기타 외국인을 주 고객으로 하면서 영업 이익 중 상당분을 중국 사회에 환원하는 우리 대기업들의 미담도 많다. 그러나 여기서 일부 중국인의 비판적 관점을 소개한 것은 한·중 수교 20주년을 넘기면서, 교민사회를 부정적으로 보는 중국인의 시각도 상당함을 상기시키고자 함이다.

신조선족으로서의 장기 생존법

재중 교민은 이민을 불허하는 중국 정책상, 국적은 엄연히 한국이다. 그럼에도 이들은 한국으로의 복귀를 꿈꾸지 않는다. 이제 신조선족이 중국에서 계속 살아가야 하는 한국인을 가리키는 일반명사로 탈바꿈한 만큼, 신조선족이란 표현은 더 이상 실패한 한국인을 지칭하는 용어가 돼서는 안 된다. 오랫동안 신조선족으로 살아남을 방법을 강구해야 한다.

첫째, 조선족(중국 동포)과의 공동 발전을 모색해야 한다. 중국에 간 많은 한국인들이 실패를 맛본 반면, 조선족들은 수교 초기 한국 기업에의 근무 경험 등을 발판으로 창업을 하고 부단한 노력을 기울여, 자립한 경우가 많다. 초기 한국인들이 투자했던 찜질방 같은 업체들을 조선족 기업인들이 오래전에 상당수 인수했으며 중국 굴지의 기업을 운영하는 실력자들도 상당히 많다.

이제 중국에서 조선족 사장 밑에서 일하는 신조선족 직원들을 보는 것은 어렵지 않다. 한국에는 조선족을 한 수 아래로 보며, 못산다는 편견을 가진 한국인들이 많지만, 중국 현지에서는 이미 관계가 역전되고 있는 셈이다. 조선족들이 주도하고 있는 중국 현지의 세계한인무역협회 (World-OKTA)를 한국·조선족 기업인간 협력 발전 창구로 하여, 중국에서 한민족의 위상을 높여야 한다.

둘째, 대중국 사업에서 "꽌시(關係)만 제대로 하면 모든 것이 만사 오케이"란 중국 특유의 사교문화관을 버려야 한다. 시진핑 체제 출범 후,

핵심 키워드 중 하나가 '부패 척결'이다. 성역 없는 사정 의지는 부패 덩어리인 보시라이(薄熙來) 전 당정치국 위원에 대한 종신형 선고만 봐도 알 수 있다. '친분'보다는 현지 문화와 지식·정보를 충분히 갖춰야 한다. 그렇지 않아 실패한 신조선족으로 전락한 사례는 너무나 많지 않았던가?

셋째, 재중 교민이나 조선족 2세 교육에도 신경을 많이 써야 한다. 신조선족의 자녀는 오래되면 재미 교포나 재일 교포의 자녀 같은 상황에 놓이기 쉽다. 모국 언어·역사·문화를 잊지 않도록 큰 관심을 기울여야 하며, 조선족 자녀 교육도 도와야 한다. 중국 전역에 62개 지역 한국인회가 있지만 한국학교는 10여 개에 불과하며, 나머지는 한글학교다. 책 보내기 운동 등을 통해 이들 자녀 교육을 지원해야 한다.

넷째, 중국 진출 기업이 경영난에 직면하면서, 아직 큰 비율은 아니지만, 국내 'U턴'을 희망하는 업체들이 지속 증가하고 있다고 한다. FTA 확대 계기로 대기업 중에서도 'U턴'을 검토하기 시작한 곳이 있단다. 정부 차원에서 각종 기업규제를 풀어 인력수급부터 해결해야 중국 진출 기업들의 U턴을 지원해야 한다.[6]

끝으로, "중국 진출 기업, 신조선족이 되어야 성공할 수 있다."고 주장하는 황찬식 재중국 한국인회 회장의 언론 인터뷰 내용(2013년 2월)을 인용한다. 필자는 이 내용을 적극 지지한다.

"그냥 현지화가 아니라 중국사회에 한 구성원으로 자리 잡는 신조선족이 되어야 합니다. 중국 시장 상황이 어렵지만, 언어 등 일반적인 중국 문화의 이해뿐 아니라 관습·법 체계 등까지 이해하는 완벽한 현지화를 통해 거듭나는 신조선족이 되어야 합니다."

---

6) 산업통상자원부는 2013년 12월 8일 유턴기업 추가 지원대책을 발표했다. 5년간 지방소득세 면제, 고용·설비투자 보조금 지원 대상 확대, 유턴기업에 대한 금융·인력 지원 등 다양한 혜택 추가 등으로 2014년 이후 순차적으로 시행할 예정이다.

【재중 한국인 단체 현황】

1. 재중국 한국인회 (在中國 韓國人會, KOREAN COMMUNITY CHINA)

▲ 1999년 12월 결성, 2002년 2월
중국 정부에 외국인 민간단체 등
록을 신청했으나, 중국 국내법상
지위를 부여받지 못해, 아직 미등
록 상태

※ 주중 한국 대사관, 중국 법률상 미등록 단체로 돼 있는 재중국 한국인회
가 법적 지위를 부여받을 수 있는 방안을 중국 정부와 협의 중(2013년
10월 권영세 대사)

※ 박근혜 대통령이 2013. 6월 중국 방문 시, 이 문제에 대해 리커창 총리
에게 직접 협조를 요청해 약속을 받았으며 현재 중국 정부와 후속 조치를
논의 중인 상황

▲ 중국 내 62개 도시 한국인회의 중국 본부. 80만 한국 교민들의 권익을 대
변하고, 중국내 한국인사회 발전을 위해 봉사하는 비영리 민간조직

▲ 현재 제7대 황찬식 회장 중심 집행부 구성, 지회 조직으로 6개 지역 연합
회 구성. 산하에 62개 도시 한국인회가 활동

연합회	도시별 한국인회
동북3성 연합회 (10개 지회)	장춘시, 연길시, 하얼빈시, 목단강시, 심양시, 대련시, 무순시, 안산시, 길림시, 단동시
화북 연합회 (7개 지회)	북경시, 천진시, 진황도시, 석가장시, 창주시, 호화호택시, 우루무치시
산동 연합회 (9개 지회)	청도시, 위해시, 연대시, 유방시, 제남시, 덕주시, 일조시, 치박시, 요성시

화동 연합회 (19개 지회)	상해시, 무석시, 소주시, 연운항시, 양주시, 진강시, 상주시, 남경시, 염성시, 장가항시, 남통시, 합비시, 이우시, 영파시, 가흥시, 항주시, 온주시, 강음시, 승주시
화남 연합회 (8개 지회)	하문시, 심천시, 동관시, 광주시, 혜주시, 중산시, 강문시, 홍콩
중서 연합회 (9개 지회)	무한시, 곤명시, 정주시, 중경시, 성도시, 서안시, 은천시, 란주시, 남 령시

▲ 홈페이지 : http://www.koreanc.com/

2. 중국 한국상회(中國 韓國商會, The Korea Chamber of Commerce in China)

▲ 중국 진출 한국기업을 위해 활동하는 경제단체
(주 중국 한국 상공회의소)

※ 중국은 '상공회의소'를 '상회(商會)'로 호칭

▲ 1993년 12월, 중국 내 공식 인증 21개 외국상
회 중 7번째로 중국 정부 승인 취득(한국 경제
단체 중 유일한 중국 내 법인)

▲ 중국 내 각 지역별로 2013년 12월 현재 51개
지역에 한국상회가 설립, 운영 중

▲ 지역상회 가입 회원사 : 6,300여 개사(총 진출기업 : 2만~2만 3,000사 추
정)

▲ 설립 목적

• 중국 주재 한국 회사(지사 및 투자기업 등)간 중국 경제정보 교환

• 회원사의 중국 내 경영활동 관련 권익 보호

• 회원사 상호 간 및 중국 정부와 기관·중국기업·주중 외국기업 간의 상
호 교류 및 협력 증진

▲ 홈페이지 : http://china.korcham.net

3. 한국 유학생회 (유학생 수 : 6만 2,000여 명, 2012년 말)

▲ 베이징(1992년 12월 설립), 상하이, 다롄, 선양, 하얼빈, 옌볜 등지에 유

학생회 구성, 유학생간 상호 교류

4. 한국학교(10개 교, 2013년 말)

▲ 북경, 상해, 천진, 연변, 연대, 청도, 대련, 무석, 심양, 홍콩. 정부 파견 교원, 현지 채용 교사 및 강사 등으로 운영
▲ 설립 목적 : 국적 있는 교육 통해 한국인으로서 정체성 확립, 국제화시대에 부응하는 국제적 안목 갖춘 인재 양성, 교민 자녀의 학비 부담 경감

5. 한글학교(주말 학교)

중국 각지에 한국인 지원 설립, 일부 조선족 설립

중국 정부는 공안(Public Security)이 인민에게 위압적 권력을 행사하고, 인권탄압의 선봉에 서 있었다는 그간의 부정적 이미지를 쇄신하기 위해 대민(對民) 30개항 봉사조치 시행, 피의자 권리보호 법제 정비, 1988년 고문방지 협약 가입 등 자구책을 강구해 왔다. 그러나 중국의 공안기관이 피의자 자백을 받기 위해 내·외국인을 막론하고 구타·고문 행위를 자행해 왔다는 것은 공공연한 비밀이다. 김영환 씨 사례가 그것이었다.

김영환 씨의 외신 기자회견 (2012년 8월 6일, 서울 프레스센터)

중국에서 탈북자 지원 활동을 하던 중, 2012년 3월 28일 다롄(大連)에서 체포되어 114일간 구금됐다가 7월에 석방된 북한인권운동가 김영환 씨는 묵비권 행사 과정에서 "중국 내 조직망을 대라."는 요구와 함께 물리적 압박이나 잠 안 재우기 등의 가혹행위와 전기고문·구타 등 생각할 수 있는 모든 형태의 고문을 강도 높게 당했다고 주장했다.

국가안전부보다 막강한 공안부

중국 공안부는 국무원의 25개 부처 중 하나이
나, 그 권한은 정보 및 방첩기관인 국가안전부보
다 막깅[1]하다. 현임 궈성쿤(郭聲琨·1954년생)
부장[2]의 직권은 우리 치안총수인 경찰청장을 훨씬
능가한다. 공안기관이 통상 범죄 예방 및 수사, 테
러활동 방지 및 타격, 사회치안 위해 행위 단속,
교통·소방·위험물 관리, 호적·주민신분증·국
적·출입국 사무, 외국인의 중국 내 거류 및 여행

궈성쿤 공안부장

사항, 국경 감시, 국가가 정한 요인 경호 및 중요 장소·시설 방호, 집회·
데모·시위 관리, 공공 정보망 안보·감청 업무, 국가기관·사회단체·기업
체 및 주요 건설 프로젝트 보호 등의 활동을 수행한다. 특히 탈북자 및 이
들을 돕는 인권 운동가들도 체포한다.

이러다 보니 부부장(차관)은 정치부 주임을 포함, 8명이고, 부장 조리
(部長 助理, 차관보)도 2명이나 있다. 공안부 직속 기구로 판공청, 감
찰, 인사훈련, 홍보, 경제범죄 수사, 치안 관리, 변방 관리, 형사사건

---

1) 2012년 11월 제18차 당 대회 시, 선출된 중앙위원 205명 중 공안부는 궈성쿤 부장 외,
   양환닝(楊煥寧·1957년생) 상무(常務, 제1) 부부장과 리둥성(李東生·1955년생) 부부장
   이 포함된데 반해 국가안전부에서는 겅후이창(耿惠昌·1951년생) 부장 1명만 포함됐다.
   리둥성 부부장은 비리로 낙마했다.
2) 1954년 장시(江西)성 싱궈(興國)현 출생으로 베이징과기대학 경제관리학원(학원=단과
   대학)에서 관리학 박사를 취득했다. 당 중앙위원(2012년 11월)·국무위원(2013년 3
   월)·당 중앙정법위 부서기·국가반테러공작지도소조 조장을 겸임하고 있으며, 광시
   좡족(廣西壯族)자치구 당서기, 국가여(鋁:알루미늄)업공사 총경리 등을 역임했다.

수사, 출입국 관리, 소방, 경호, 감옥 관리, 법제, 외사, 마약금지, 반테러 등의 국(局)을 둔다. 철도부·교통부·민항총국·국가임업국의 공안국, 해관총서(海關總署, 관세청 상당)의 밀수수사국은 공안부 편제에 두되, 주무 부처와 공안부가 이중 지도한다.

지방조직으로는 성·자치구에는 공안청(廳), 직할시에는 공안국을 두며 각 시(지구·자치주·盟)에는 공안국(처)를 둔다. 현(縣級 市·區·旗) 공안국 예하에 공안파출소를 둔다.

공안기관 소속 인민경찰 차량

검찰 소속 사법경찰 차량

공안기관 소속 인민경찰 차량

법원 소속 사법경찰 차량

조직 명칭인 공안3)과 혼용되는 경찰(Police)은 직무상 명칭이다. 1995년 제정된 경찰법은 '경찰은 공안·국가안전·교정 및 노동교양 기관의 인민경찰(民警)과 법원·검찰의 사법경찰을 포함한다'고 규정하고 있다. 김영환 씨를 1차 체포한 자들은 국가안전기관의 인민경찰이며, 후에 공안기관 수사관도 합류한 것으로 판단된다.

중국의 경찰은 200만 명을 넘어 웬만한 국가의 군대보다 많으며, 준군사력으로 약 70만 명의 무장경찰(전경에 상당)이 공안부·국경수비대 등에 배속되어 있다.

공안의 이미지 개선 및 가혹행위 실태

중국은 사회주의 법치·인권국가 구현을 내걸고 공안기관의 가혹행위를 금지하는 법·제도를 강화해 왔다. 2012년 5월 개정된 형사소송법에는 고문·협박에 의한 자백 금지, 피의자 신문 시, 전 과정의 녹화·녹음 의무화를 명시했지만, 국가안전위해죄·테러 활동죄인 경우, 체포 후 가족에게 통지하지 않는 '비밀구속'을 인정한다는 조항도 추가했다.

강경 경찰관 이미지 개선을 위해 베이징시 공안국은 2007년 9월 베이징 서버에 등록된 모든 웹 사이트에 매 30분 마다 불법 콘텐츠를 이용하지 말라고 경고하는 '만화 경찰관'까지 등장시켰다.

만화 경찰관 사진

---

3) '공안'이라는 명칭이 등장한 때는 1939년 2월로, 공산당은 당시 국민당의 '경찰' 기관과 구분키 위해 처음 사용했다. 1949년 10월 제1차 전국공안회의에서 '공안' 명칭 사용을 정식 확정했으나, 1978년 12월 개혁·개방 후, 기관 내 직책 조정 및 국제교류 등 이유로 '경찰' 명칭이 다시 도입되어 빠른 속도로 확산되었다.

2013년 9월에는 공안의 자정을 위한 3개항 규율 준수 지침을 발표했다. "공안기관의 인민경찰(民警)은 ① 대중의 위험을 보면 용감히 대처한다. ② 음주로 인한 사단을 절대 일으키지 않는다. ③ 나이트클럽 출입 등의 유흥 행위를 엄금한다."이다. 이를 위반할 경우에는 금고 및 규율 처분을 부과하며, 정상이 엄중한 경우 파면 및 상급 지휘관도 연대 문책한다. 은폐하여 보고하지 않거나 비호한 경우, 엄중히 처리하며 범죄 구성 시는 형사 처벌한다고 규정하였다.

전국 공안기관 모범사적 보고회

그러나 경찰 인력도 많고 땅도 넓다 보니 별의별 사건이 다 일어난다. 2013년 10월 광시장족(廣西壯族)자치구의 귀이깡(貴港)시에서는 경찰관이 음식점에서 술을 마시다, 임산부 여주인이 주문한 음식의 재료가 없다고 하자, 권총을 쏴, 현장에서 살해한 사건이 일어났다. 해당 경찰은 구속되었고 현지 공안 간부 6명은 문책, 정직 처분을 받았다.

또한, 살인·마약사건을 다루는 강력계 등에서는 할당 건수를 채우는 '임무 완성제'가 있어 포상·승진 등을 위한 자백 강요가 빈발한다고 한다. 국가안전 위해죄로 분류되는 반국가사범에 대해서는 두말할 나위 없다.

소수민족 분리독립 시위를 주도한 티베트·위구르족 인사나, 인권 및 반체제 활동가들이 체포됐을 때는 외국 반중국 세력과의 결탁 여부를 추궁받으면서 강력범 심문에 못지않은 고통을 당한다고 전해진다.

1999년 7월 파룬궁(法輪功, 당시 수련생 1억 명) 수련 금지 후, 이를 거부한 투옥자 중 현재까지 3,000명 이상이 고문으로 숨졌고, 약 10만 명은 '중국판 삼청교육대'인 노동교양소(勞動敎養所 · 勞敎所)로 보내져, 수련 포기각서를 쓰지 않으면 무자비한 고문을 받았다 한다.

2012년 12월 미국 오리건 주에 사는 '줄리 케이스'는 새로 사온 할로윈 장식품을 열다가 뜻밖에도 중국 선양(瀋陽)시 마싼자(馬三家) 노동교양소 수감자 장씨의 구원요청 편지를 발견했다. 장씨는 파룬궁 수련자라는 이유로 2008년 베이징올림픽 전에 체포됐는데, 그곳에서 자기를 포함하여 법적 절차도 없이 노동교양 1년부터 3년형을 당한 많은 파룬궁 수련자들이 구타 · 잠 안 재우기, 각종 끔찍한 고문과 비인간적 학대를 받으면서 장시간 노동을 강요받았다고 폭로했다. 이 사연은 페이스 북에 등재된 후, 세계 언론의 주목을 받았다.

'노동교양'이란 절도(소매치기 포함) · 사기 · 도박 · 공갈 등 경범죄자, 마약 복용자, 성매매 · 매수자, 기타 치안질서 위반자에 대해 내리는, 형벌이 아닌 교화를 위한 행정처벌이어서 공안기관이 내부 절차에 의해 일방적으로 집행해 왔다. 1957년부터 시행된 것으로 1~4년간 인신 구속 · 강제 노역 · 사상 교육을 부가하는 처벌이다.

그러나 이 제도는 사법절차도 거치지 않은 채 대상자를 노동교양소에 강제 수용해 형벌조치와 다를 바 없다는 비판을 받아왔다. 지방 정부나 관리 · 공안들이 대(對)정부 민원인, 반정부 세력, 눈 밖에 난 사람 등을 탄압하는 수단으로 악용, 선량한 피해자들이 속출했다.

현지 공안국 법제과(法制科)를 통해 '노교(勞敎, 노동교양) 결정 통지서'만 발부되면 인근 노동교양소(전국에 총 350여 개소)로 보내졌는데, 수용자가 최대 40만 명이었다는 통계가 있다.

상하이시 여성 노동교양소(上海市女勞敎所)　　　노동교양 처분을 받은 공갈 폭력단 13명.
2007년 8월 후난(湖南)성 창더(常德)시

특히, 수뢰 · 직권남용죄로 2013년 10월 무기징역형이 확정된 보시라이 전 충칭시 당서기는 2007년 11월~2012년 3월간의 시 당서기 재임 중, '폭력배 및 비리 경제 · 민생사범 소탕' 명분으로 조직범죄단뿐 아니라, 눈에 거슬리는 기업인들을 대거 노동교양소로 보내는 등 행정처벌을 '사유화'했던 것으로 알려졌다.

공안의 가혹행위에 대한 민간의 저항

중국도 허위 자백을 강요하는 고문 경찰은 중벌로 다스린다고 규정하고 있으나 실제는 솜방망이 처벌이라는 중국 네티즌들의 비판이 거세다.

2010년 7월 허난성 상치우(商邱)시 검찰은 무고한 농민을 고문, 살인범으로 몰아 10년간 억울한 옥살이를 하게 한 저청(柘城)현 공안국 부국장 등 6명을 기소했으며, 법원은 피해자의 청구를 수용하여 한화 1억 원 상당의 국가배상금 지급을 판결했다.

일부 피해자들은 공안에 대한 직접 응징이나 폭력적 항거 수단을 택하기도 했다. 2008년 7월 1일 오전 양쟈(楊佳)라는 28세 청년이 상하이시 쟈베이구(閘北區) 공안분국(경찰서에 상당) 청사에 난입하여 1층 현관에 불을 지른 후 각층 사무실을 돌면서 흉기를 휘둘러 경찰 6명을 살해하고 3명에게 중상을 입혔다. 베이징 출신인 양쟈는 2007년 10월 상하이 쟈베이구에서 자전거를 빌려 타다가 불심검문에 걸렸는데, 훔친 것으로 오인 받아 5시간 동안 소위 '집중 신문'을 받았다. 그 후 공안부와 상하이시 공안국에 진정을 넣어 경찰의 부당행위에 대한 보상을 요구했으나, 거부되자 보복을 결정했다고 한다. 그에게는 2008년 9월 사형이 선고, 집행되었다.

2013년 7월 20일 오후, 승객 수송량 기준으로 세계 5대 공항에 드는 베이징 서우두(首都)공항의 터미널 안에서 산동성 출신의 30대 중반 장애인 지중싱(冀中星)이 휠체어에 앉은 채 사제 폭발물을 터뜨려 자신과 공항 보안요원 등 2명이 부상을 당했다.

서우두 공항 자폭 사건 현장

그는 2005년 광둥성 둥관(東莞)시에서 불법 오토바이 기사로 일하다 단속 경찰의 구타로 척추를 다쳐 장애인이 되자, 2008년 둥관시 정부를 상대로 손해배상 소송을 냈으나 패소했다. 2009년 이후에는 여러 차례 베이징으로 와 유관 부처에 민원을 제기했지만, 받아들여지지 않자, 과격한 항의방식을 택한 것이다.

김영환 씨 사건의 교훈과 중국의 인권개선 노력

2012년 3월 김영환 씨가 구금되었을 때, 우리와 중국과의 영사협정4)

이 체결되지 않아 제때 통보를 받지 못했고, 접견도 제대로 못했다. 당시 중국은 29일 만에 영사 면담을 허용해 인권 침해 지적을 받았다. 그 이후 상황 개선을 위한 우리 외교당국의 노력도 있었고, 특히 2013년 6월말 성공적으로 이뤄진 박근혜 대통령과 시진핑 국가주석의 정상회담 등을 통해 신뢰가 쌓이면서 2013년 9월 25일 서울 개최 제 15차 한·중 영사국장회의에서 그간 이견을 보였던 영사협정 문안 관련, 극적인 진전이 이뤄져 조만간 협정을 체결키로 합의했다.

국무회의 등 국내 절차를 거쳐 협정 문안을 최종 확정한 뒤 양국이 서명하고, 상호 통보 후 30일이 지나면 발효되기 때문에 이르면 2013년 말, 늦어도 2014년 1월부터 시행된다. 중국 정부가 우리 국민을 구금했을 경우 4일 안에 우리 측에 통보해야 하고, 우리 정부가 영사 면담을 신청할 경우 중국은 4일 안에 면담을 허용해야 한다. 이렇게 되면 '김영환 씨 고문사건'과 유사한 인권 침해 시비가 크게 줄 것이다.

그렇지만 우리도 유사 사건 예방 차원에서 중국이 중범죄로 다스리는 국가안전위해죄 등의 범위를 정확히 민간에 전파하고 이에 저촉되지 않도록 계도활동을 강화해야 한다. 영사협정이 체결되더라도 타국에 가서 현지 법률을 위반한다면, 무조건 우리 국민의 인권만 주장할 수는 없지 않은가?

시진핑 정부는 획기적 인권개선 조치의 일환으로, 2013년 11월 15일 〈개혁의 전면 심화를 위한 당중앙의 결정〉 발표를 통해 ① 노동교양 제도 폐지(인권 침해 소지가 없는 경범죄 처벌법인 '위법행위 교정법' 제정 추진) ② 사형제 적용 대상 죄목 축소 ③ 고문 통한 강제 자백 금지 등의 '사법개혁 청사진'을 확정했다. 시진핑 정부에서 사회주의 법치·인권국가의 진면목을 발견할 수 있기를 기대한다.

---

4) 한·중 양국은 1992년 수교 이듬해부터 영사협정 체결을 추진했다. 2002년부터 11년간 심의관급 회의 5회, 영사국장 회의에서 수시로 협상 진행했으며, 제 15차 한·중 영사국장회의는 2014년 하반기 중국에서 개최될 예정이다.

8 중국 정부 전문가의 대북 시각

시진핑 체제 출범 후, 북·중 관계가 변화한 것은 명확하다. 중국 지도부 교체라는 전환기적 시점에 북한은 중국의 안보를 위협하는 제3차 핵실험(2013년 2월)을 감행한데 이어, 북·중 경협을 주도하던 장성택 노동당 행정부장을 숙청 및 처형(2013년 12월)했다.

시진핑 체제는 G2의 국가위상을 바탕으로, 대외전략 기조를 덩샤오핑의 수동적인 '도광양회'(韜光養晦, 빛을 감추고 어둠 속에서 힘을 기른다)에서 '주동작위'[1]로 전환했는데, 대북 인식과 정책에는 어떤 변화를 보이고 있는가?

북한의 1·2차 핵실험과 후진타오 체제의 대북 정책

북한은 김정일 국방위원장 집권 중인 2006년 10월 9일에 제1차 핵실험을, 2009년 5월 25일에 제2차 핵실험이 실시했다. 이때는 후진타오 총서기 집권기(2002년 11월~2012년 11월)였다.

제1차 북 핵실험 전의 장쩌민 총서기 체제에서도 제1차(1993년 3월)·제2차(2002년 10월) 북핵 위기가 있었지만, 당시 한반도 정세가 지금처럼 복잡하지 않았기 때문에, '전통·양자적 차원'에서 대북 우호관계를 유지했다.

그러다, 북한이 실제로 2006년 10월 제1차 핵실험을 강행하자, 중국은 북한이 '국가안보 유지'라는 국가 핵심이익을 침해했다고 판단하고, '제멋대로'라는 격한 표현을 사용하면서 북한에 강경한 입장을 취하는 이

---

1) 주동작위(主動作爲) : "해야 할 일을 주도적으로 한다."라는 뜻으로 세계의 규칙에 중국의 이익을 반영하겠다는 의미이다. 2013년 초 중국 외교부 주간지 《세계지식(世界知識)》에 처음 등장했다.

른 바, '전략적·국제적 차원'에서 강경책
을 구사했다.

그러나 중국이 대북 강경책을 추진하는
동안, 미국과 북한은 비밀 접촉을 통해 미
국의 대북 금융제제인 BDA 문제를 해결
하면서 관계 개선을 추진했다. 결국, 중국
의 손해였다.

BDA 문제란 북한 비자금 2,500만 달러
가 마카오 소재 BDA(Banco Delta Asia,
방코 델타 아시아, 중국명 滙業銀行)[2] 본
점의 52개 계좌에 분산 예치됐었다가, 200

마카오 소재 BDA 본점 전경

5년 9월 미국 재무부가 북한의 밀수 및 무기거래 자금 세탁에 BDA가 관여
했다는 이유로 미국 금융회사들과의 거래를 중단시키면서 발생한 상황이
다. 이로 인해, BDA의 도산 가능성이 높아지고, 고객들의 뱅크런(bank
run·대규모 예금 인출) 사태까지 벌어지자, 마카오 금융당국은 BDA의
모든 거래를 동결시켰고 BDA 계좌에 예치된 북한 자금 2,500만 달러도
자동적으로 꽁꽁 묶였다.

당시 북한은 엄청난 경제적 타격을 입었고, BDA도 미국과의 일반 금
융 거래마저 끊기는 등 경영난을 겪었다. 결국, 미·북간 비밀접촉을 통
해 2006년 12월, 6자회담이 재개되면서 문제 해결의 물꼬가 열렸고, 1
년 9개월 만인 2007년 6월 BDA의 북한 자금을 미국·러시아 중앙은행
을 경유, 돌려주면서 일단락되었다.

중국이 북한의 제1차 핵실험 이후 배운 교훈은 '미국보다 먼저 나서지
마라'였다. 이런 상황에서 북한이 2009년 5월 제2차 핵실험을 감행하

---

2) 1935년 설립된 BDA는 마카오에 본점 등 10곳, 홍콩·광저우(廣州)에 3곳의 지점
   을 둔 마카오 10위권(자산 기준) 은행이다. 1970년대부터 북한과 거래하며 북한의
   외환 결제창구 역할을 수행했다.

자, 중국은 격렬한 내부 논쟁을 거쳐, 소위 '전략적·국제적 차원'에서 대북 압박 대신 북한 정권의 안보와 생존을 지지하는 대북 유화책으로 복귀했다.

당시는 북한의 핵 개발 기술과 의지를 과소평가한데다, 북한 정권의 불안정을 중국의 국가이익에 더 부정적인 영향을 미치는 심각한 사안으로 판단했다. 따라서 핵무기 보다는 북한의 안정을 중요시했다. 심지어 일각에서는 북한의 핵무기 개발에 대해 생존을 위한 이성적인 선택이라고 생각하면서, 이를 위협하는 미국이 북핵 문제 해결의 열쇠를 풀어야 한다고 생각했다.

【북핵 문제 진전 경과 및 북한의 도발】

시기	관련 내용
1992년 1월 21일	• 남·북한 간 한반도 비핵화에 관한 공동선언 서명
1993년 제1차 북핵 위기 조성	• 1992년 IAEA(국제원자력기구)는 영변 북핵 단지의 미신고 된 2개 시설에 대한 특별사찰을 요구 • 북한은 거부, 1993년 3월 핵비확산조약(NPT) 탈퇴. 1994년 IAEA 탈퇴 • 클린턴 정부는 영변 핵시설 폭격 검토 등, 한국전쟁 후 최대 위기 • 1994년 10월 '제네바 합의'(미·북 기본합의서)로 위기 모면 - 카터 전 대통령 방북을 통해 북한의 핵동결 대가로 경수로 2기 건설, 연간 중유 50만 톤 지원, 미·북 관계 정상화 추진 등 합의
2002년 제2차 북핵 위기 본격화	• 2001년 부시 대통령 집권 후, 북한의 합의사항 미준수 이유, '제네바 합의' 파기 • 2002년 6월 북한, 제2 연평해전 도발(제1연평해전 도발 1999년 6월) • 2002년 10월 북한이 고농축 우라늄을 이용한 핵 프로그램 개발을 시도하고 있다는 의혹이 재제기
2003년 8월부터 6자회담 개시	• 북핵문제 풀기 위한 다자간 협의 틀인 6자회담이 2003년 8월 첫 회의 • 2005년 9월 19일 제4차 6자회담에서 '9·19 공동성명' 도출 * 북한의 비핵화 목표 달성과정에 상응, 6자회담 당사국들 간의 관계 정상화, 대북 에너지 및 경제 지원, 평화체제에 관한 협상 등 포함 • BDA문제(2005년 9월)로 미·북간 입장 대립, 6자회담은 장기 정체

시기	관련 내용
북한 1차 핵실험 2006년 10월 9일	• 유엔 안보리 대북 결의안 1718호 만장일치로 가결(10월 14일) – 북한 핵실험 비난, 추가 핵실험 및 탄도미사일 발사 중지 요구 하에 포괄적인 제재
2007년, 9·19 공동성명 이행 협의	• 2007년 2월 13일 '9·19 공동성명' 이행 위한 초기 조치(2·13 합의) • 2007년 10월 3일 추가 조치에 합의(10·3 합의), 협상 추진 • 검증문제로 비핵화 대화가 교착
북한 2차 핵실험 2009년 5월 25일	• 북한은 4월 5일부터 미사일을 연속 발사, 국제적 긴장 고조 • 유엔 안보리 대북제재 결의안 1874호 만장일치 채택(6월 13일) • 북한은 우라늄 농축 성공 발표(9월 3일), 대청해전 도발(11월 10일)
북한 3차 핵실험 2013년 2월 12일	• 유엔 안보리 대북제재 결의안 2094호 만장일치 채택(3월 8일) – 중국 포함 대부분 국가, 북한 핵실험을 규탄하고 대북 제재에 동참 • 북한은 남북관계 전시상황 선포(3월 30일), 개성공단 북한 근로자 철수(4월 8일)

이 같은 대북 인식은 2010년 3월 북한의 천안함 폭침에 이어 11월의 연평도 포격에 따른 남북한 충돌위기에 대해, 중국이 당사자들의 자제를 촉구하면서도 한·미 서해합동훈련을 강력 비난하는 행태를 보인 배경이 되었다. 물론 이는 김정일 정권이 중국의 전략적 이해를 높이 평가, 존중한 다는 신호를 후진타오 지도부에게 계속 보냈기 때문에 가능한 것이었다.

북한의 제3차 핵실험과 시진핑 체제의 대북 정책 변화

김정은(2011년 12월 집권) 국방위원회 제1위원장이 주도한 북한의 제3차 핵 실험은 2013년 2월 12일 전격 실시됐는데, 시진핑 총서기 취임(2012년 11월) 후 3개월도 채 되지 않아서다. 이후, 중국은 전례 없이 북한을 압박했다. 시진핑 체제가 보인 가시적인 대북 정책 변화는 양국 관계를 '특수 관계'가 아닌 '일반 국가관계'로 다룬 점이다. 물론, 이는 후진타오 시기 이래 추진해 온 대북 정상국가관계 수립의 연장선상에 있었다.

북·중은 후진타오 시기인 2011년 6월 리위안차오(李源潮) 당 중앙조직부 부장 방북 시와 2012년 4월 김영일 노동당 국제비서 방중 시, 양국 집권당 대 집권당 간 전략대화를 실시하면서 '전통적 우호관계' 발전을 강조했다.

그러나 2013년 6월 방중한 김계관 외무성 제1부상과 장예쑤이(張業遂) 외교부 상무 부부장 간에 열린 최초의 외교당국 간 전략대화에서 중국 측은 '전통적 우호관계'란 용어를 사용치 않았다. 집권당 간 전략대화를 격화시킨 차관급 대화라는 점에서 양국 간 전략적 소통에 문제가 있음을 시사했다.

북한 핵문제에 대한 시각도 바꿨다. 김정은 집권 후 북한은 핵 무기화를 아예 헌법 조항에 넣고, 제3차 핵실험에서 놀라운 기술력을 보여줬다. 마침내 중국은 북한의 핵무기 개발이 한반도 안정 저해의 주범이라는 결론에 다다랐다.

이에 따라 중국은 리위안차오 국가부주석 방북(2013년 7월 25일~28일) 등 계기마다 ① 한반도 비핵화 실현 ② 한반도 평화·안정 유지 ③ 대화와 협상을 통한 문제 해결 등 공식적인 대한반도 정책 3원칙을 제시[3]했다. 한반도 안정보다 비핵화를 우선시하기 시작한 것이었다. 북한의 핵무장 능력 강화가 미국의 동아시아 군사 개입 및 일본의 재무장 명분을 강화한다는 우려도 작용했다. 과거에도 한반도 비핵화를 주장했지만, 대북 핵포기 압박보다 대화·협상을 통한 북한 안보위협을 해소해야 한다는 입장을 고수했었다.

---

3) 우리 학계 일각에서는 중국의 대한반도정책은 사실상 ① 전쟁 방지 ② 북한 혼란 방지 ③ 한국 주도 통일 저지 ④ 비핵화라는 3불(不)·1무(無) 원칙을 근간으로 해 왔다고 주장하고 있다.

시진핑 국가주석은 2013년 6월 미·중 정상회담에서 북한의 핵보유국 지위 불인정 의사를 표명했고, 이어 개최된 한·중 정상회담에서는 한반도 비핵화 지지 입장을 천명했다.

2013년 6월의 한·중 정상회담

전례 없이 구체적인 압박도 가했다. 북한의 핵기술이 낙후되어 재앙에 가까운 방사능 오염사고가 발생할 수 있다고 생각한 학계·민간의 대북 비판과 시위(광저우·선양 등)를 허용했다. 2013년 4월 17일 교통운수부는 지방정부·기업에 안보리의 대북 제재조치에 포함된 물자의 대북 운송 금지를 지시했다.

2013년 5월 7일에는 중국은행·공상은행·건설은행·농업은행 등 4대 시중은행이 북한의 의심스런 계좌 폐쇄, 북한 은행과의 금융거래 중단 조치를 취했다.

반면, 한국과는 2013년 6월 한·중 정상회담을 계기로, 정치·안보분야 전략 소통 강화에 공감대를 형성하면서 청와대 국가안보실장과 중국 외교담당 국무위원 간 대화채널 구축에 합의했다. 북·중간 장·차관급 전략대화보다 격이 훨씬 높은 부총리급 전략대화였다.

과거 중국이 안보리의 대북 제재 결의에 찬성은 했으나, 제재 조치에는 미온적 자세를 보여 제재를 무실화시켰던 것과는 큰 차가 있었다. 이같은 대북 강경책의 이면에는 강대국으로서의 자신감, 시진핑의 개인적 의지, 수용 범위를 벗어난 김정은 정권의 일방적 도발과 긴장 조성 정책 등을 복합 검토한 결과다. 시진핑 시기의 '주동 작위' 외교정책 기조가 반영된 것이라고 볼 수 있다.

그렇다면, 중국의 대북징책이 근본적으로 변화한 것인가? 중국은 북한이 가지는 전략적 중요성을 절대로 파기할 수 없음을 간과해서는 안된다.

중국은 북한을 자국 안보에 대한 '완충지대'(buffer-zone)로 간주한다. 베이징에서 불과 600여km 거리에 있는 북한이 중국에 등에 돌려, 잠재적 위협국가인 미국의 영향권으로 편입되거나, 정권이 붕괴되어 압록강·두만강을 사이에 두고 미국과 대치하는 국면이 발생하거나, 북한 난민의 대거 유입으로 동북지방이 대혼란에 빠지는 상황을 원치 않는다. 또한, 대북 영향력을 유지하는 것이 일본이나 동남아국가들과의 남·동중국해 영토분쟁 관련 문제해결 과정에서 미국의 협조를 얻는데 긴요함을 잘 알고 있다.

따라서 시진핑 지도부는 북한의 안정 유지 및 붕괴 방지를 위해 최소한의 지원 지속과 어느 정도 북한의 입장을 배려하면서, 자국 입장을 곤혹스럽게 할 북한의 제4차 핵실험을 미연에 방지하는 차원에서 대북 설득과 압력 노력을 병행해 나갈 것이다. 시진핑 체제의 대북정책 변화의 흐름은 우리에게는 협력의 공감대를 넓히는 데 기여했지만, 중국의 대북 인식과 정책은 우리의 희망사항과는 여전히 거리가 있음을 잊어서는 안된다.

【북한의 핵실험 규모】

구 분	1차	2차	3차
핵실험 일시	2006년 10월 9일	2009년 5월 25일	2013년 2월 12일
지진파 규모	3.6	4.5	4.9
폭발 규모	TNT 1kt 이하	TNT 2~3kt(국내 국방전문가 주장) TNT 1kt(미 정보국 추정) TNT 10~20kt(러 이타르타스 보도)	TNT 6~7kt 추정 (국방부 발표)
핵실험 장소	함북 길주군 풍계리	함북 길주군 풍계리	함북 길주군 풍계리

【풍계리 위치도】

【과거 일본 투하 원자폭탄】

투하지역 · 일시	히로시마 (1945. 8. 6)	나가사키(1945.8.9)
무 게	4,400kg	4,899kg
길이/지름	3.1m/0.7m	3.3m/1.5m
위 력	약 13kt	약 22kt
폭탄 별명	리틀 보이	팻 맨

북한 · 북핵 문제 관련 중국내 세 그룹의 부침

　북한이나 북핵 문제와 관한 입장에 따라 중국 당 · 정 · 군과 관변 학계를 크게 세 그룹으로 나눌 수 있다.

　첫째, 마오쩌둥 시대의 유산을 계승한 전통파(傳統派)다. 2002년 10월 제2차 북핵 위기 전까지의 정부 · 관변학계에서는 미국을 주요 위협으로 설정하고, 반 서방의 전략적 연대를 강조하는 풍조가 주류였다.

상당수가 북한·북핵 문제를 '이념'의 잣대나, 미·중 간 갈등관계의 연장선에서 보면서, 어떤 상황에서도 북한과의 '특수하고 돈독한 관계 유지'를 주장했다. 당 중앙선전부·대외연락부 등의 이념성향이 강한 당 간부, 군부 강경파, 북한에서 유학한 관변학자, 중국동포(조선족) 학자들이 대체로 여기에 속했다.

중국의 G2부상 등에 따른 미국과의 전략적 협력이 중시됨에 따라 최근 이들의 영향력이 약화된 것은 사실이다. 그러나 2010년 중, 달라이 라마 방미(2월), 미국의 대대만 무기 판매, 동중국해에서의 중·일 어선 분쟁, 천안함 폭침(3월)·연평도 포격(11월)에 따른 한·미 서해합동훈련 등으로 미·중 관계가 상대적으로 악화되면서 이들의 주장이 힘을 얻었다. 당시 중국은 한국·미국·일본과 충돌했다.

그러다가 제2차 북핵 위기 이후, 후진타오 시기에 북핵 문제 관련 미·중 관계나 동북아 안보구조 등 국제적 변수를 고려하는 소위 '국제파' 내지 '전략파'의 목소리가 점차 커지기 시작했다.

북핵 위기로 인해 북한의 모험주의가 중국에게 막대한 안보 위협을 야기할 수 있다는 점을 인식하게 되면서, 중국 정부 및 관변 학계의 국제 전략 문제 전문가들이 북핵 문제에 본격적 관심을 가지게 되면서 대두되었다.

'국제파' 그룹은 현재까지 크게 두 가지 흐름으로 발전해 왔다. 그중 하나는 중국의 역량이 아직 부족한 개도국이므로, 미국 등 서방권과의 대립각을 세우는 것은 중국에 불리하다는 '개도국 외교파'다. 이는 덩샤오핑 시대의 유산인 '도광양회'(韜光養晦)에 기초한 것이다.

'개도국 외교파'의 대두 배경은 후진타오 시기에 중국은 개도국이라는 인식이 강했고, 경제발전을 위해 주변 환경을 어떻게든 안정시키는 데 정책의 최우선순위가 주어졌기 때문이다. 외교라인 중, 당 중앙대외연락부를 제외한 인사들이 여기에 속했다.

시진핑 시기에도 외교부에서는 '개도국 외교파' 기류가 감지된다. 왕이

(王毅) 외교부장은 2013년 9월 뉴욕 유엔본부에서 개최된 개도국 모임인 G77 외교장관 연차회의 연설을 통해 "중국은 현재 확실한 개도국이며, 앞으로 강대해져도 개도국의 일원으로 남을 것"이라고 강조한 바 있다. 물론 이 발언이 개도국을 끌어들이기 위한 수사적 발언이라는 지적도 있다.

또 하나는 '강대국 외교파'다. "지나치게 미국의 눈치 볼 필요 없이 국제사회에서 강화된 국력에 부합한 대우를 받고, 건설적·적극적 역할도 수행해야 한다."라고 주장한다. 후진

엔쉬에통 소장의 '중국 굴기의 안보 환경' 포럼 개최 안내문(2012년 10월 베이징)

타오 시기의 화평굴기(和平崛起, "평화적으로 우뚝 일어선다")나 시진핑 시기의 주동작위(主動作爲) 외교정책이 여기에 속할 것이다. '신사유파'라고도 불리는데, 도광양회 폐기와 대국굴기를 주장한 엔쉬에통(閻學通) 청화대학 국제연구소 소장, 양제몐(楊潔勉) 상해국제문제연구원 전 원장(양제츠 국무위원의 친 동생) 등이 대표적 학자다.

김정은 체제를 보는 중국 전문가 시각

김정은 국방위원회 제1위원장이 집권 후, 북한이 모기장식 개혁·개방에 나서면서 중국도 대북 경협에 적극 나서고 있다고 한다. 과연 그럴까? 2012년 9월 중국의 저명 싱크탱크인 베이징의 한반도문제 전문가를 만났다. 이름 공개는 원치 않은 그의 시각을 빌려 북한의 개혁·개방의 진실을 재구성했다.

(1) 김정은의 원초적 개혁·개방 행보의 의미

김정은은 일단 등극한 이상, 김일성(정치) · 김정일(군사)과의 차별화된 리더십을 보여줘야 한다. 그래서 꺼내든 카드가 경제다. '경제를 개선시키고 민생을 배려하는 지도자 이미지를 각인'시켜야 한다.

그 일환으로 소위 2012년 '6 · 28' 조치('우리식의 새로운 경제관리 체계 확립에 대하여' 제하)라는 와일드 카드가 나왔다. 대내개방 노선으로 공업과 농업 부분의 자율성 확대를 모색했다. 농민에 대한 협동농장 수확물의 30% 보장, 기업의 독자 생산과 상품가격 · 판매방식의 자체 결정이다. 대외개방 노선으로는 경제특구 확대를 통한 개방정책 확대를 제시했다. 중국의 개혁 · 개방 초기 농촌 · 기업개혁 및 대외개방의 원시적 형태다.

또한, 김정은의 현지지도 시 인민을 배려하는 자상한 성격, '영부인' 리설주의 개방적 유행 트랜드, 모란봉악단의 미키마우스 분장, 영화 로키 주제가 연주 등의 모습을 보여주면서, 중국 일각에서도 "경제건설로의 노선 전환이 아닐까?"하는 희망 섞인 기대를 걸었다.

김정은의 산업시찰 모습

그러나 이를 개혁 · 개방의 신호로 보는 것은 시기상조다. '경제발전 정책과 모순될 수밖에 없는 선군정치를 고수하고 있기 때문'이다. '김정은이 서구에 유학했다고 해서 사상이 개방됐다고 보는 것도 오류'다. 결국, 그의 행태는 대내적으로 권력을 공고히 하는 한편 대외적으로는 중국 원조 획득 및 대미관계 개선 목표를 달성하고 핵문제에 집중된 시선을 분산시키려는 다목적 이미지 창출 전략에서 나온 것이다.

(2) 김정은의 개혁·개방 및 체제 변화 향방

중국 내 상당수 북한문제 전문가들은 "북한이 이미 '돈맛'을 알았기 때문에 경제개선 조치가 불가피하다."라고 말한다. 그러나 북한이 경제발전을 위해 핵 보유를 포기할 가능성은 전혀 없다. 북한이 압록강·두만강 변에 특구를 조성하는 등 일부 조정정책을 시행하고 있으나, 중국의 개혁·개방 초기와 달리 소극적 행보다. 중국의 경험에 비추어 보면, 개방을 통해서만 경제개발에 필요한 자본과 기술을 도입할 수 있다.

따라서 북한이 선군정치·핵무기를 포기하지 않는 한, 개방의 길로 가는 것은 불가능하다. '경험상, 개혁 가능성도 최근의 움직임이 최소한 3년간은 일관된 모습을 보여야 진정성이 있다'고 판단할 수 있다. 결국, 김정은 체제에서는 선군정치를 고수하면서 대내외 환경 변화에 적응하기 위해 민생·경제 부문에 한정된 극히 일부의 '정책적 조정'만 할 것이다.

(3) 북·중 경제 협력의 실태 및 저해 요인

김정은으로서는 외자 유치 및 획득을 위한 대외 경협이 절실히 필요하다. 그러나 남북관계의 돌파구를 기대하기 어려운 상황이어서 중국과의 경협이 무엇보다 중요하다. 북한은 압록강·두만강 주변에 경제특구를 조성해 중국 자본을 유치 중이다. 중국도 상대적으로 낙후된 동북 3성의 개발 및 나진 등을 통한 동해 출구 확보 전략 차원에서 일단 경협 타진에 적극적이다.

그러나 북한은 개혁·개방 보다는 '외자'라는 과실에만 관심이 있고, 중국 동북 3성 정부의 투자에 기대려고 하거나 중국 기업과의 약속을 소홀히 하려는 경향이 크다. 북·중 경협이 실질적 속도를 내지 못하는 이유다.

랴오닝성 하이청(海城)시에 본사를 둔 시양(西洋)제철공사는 2007년 3월부터 황남 옹진 산 철광석의 선광공장 설립을 위해 총 3,000만 유로(약 419억 원)를 투자하여, 2011년 4월 철광 3만 톤을 생산했다. 그러나 북측이 2011년 9월 요구한 16개항의 계약 변경을 거절하다가, 2012년 3월 투자금 한 푼 못 건지고 쫓겨났다. 이 같은 중국기업의 대북 투자 실패사례는 '빙산의 일각'에 불과하다.

중국 정부도 기업의 대북 사업 시 신중을 기하도록 당부하고 있다. 중·북 경협원칙으로 '정부 인도(政府 引導)·기업 위주(企業 爲主)·시장 운용(市場 運用)'을 강조한다. 정부가 인도는 하지만 기업이 주가 되어 시장 원리, 즉 이윤을 따져 투자하라는 의미다.

중국, 대북 지원 앞서 경고 메시지 전달해야

중국에는 "한반도 비핵화보다 북한의 안정이 중요하므로, 대북 원조를 확대해야 한다."라고 주장하는 학자들도 있다. 그러나 중국은 북핵이 "중국의 근본 이익을 침해하고 동북아의 핵 도미노현상을 초래한다.", "북한의 핵 실험으로 동북 3성이 방사능 오염 피해를 볼 수 있다."라는 점을 중시하여, 핵무기 보유 하에서는 북한의 경제를 적극 지원할 수 없다는 메시지를 수시로 전해야 한다.

북한도 경제를 회복하고 체제를 유지하고 싶다면 국제사회가 요구하는 비핵화를 실현하고 본질적인 개혁·개방을 결심한 후, 한·중을 중심으로 한 대외 경협을 확대하는 것 외에는 다른 길이 없음을 깨우쳐야 할 것이다.

【세계 핵무기 보유 국가 현황】

국 가	핵탄두 수(개)	핵실험 횟수(회)	보유 구분
러시아	10,000	715	세계 공인
미 국	8,000	1,030	세계 공인
중 국	1,200	45	세계 공인
프랑스	300	210	세계 공인
영 국	225	45	세계 공인
파키스탄	90~110	2	보유 선포
인 도	80~100	3	보유 선포
이스라엘	80	45	보유 공인
북 한	8(추정)	3	자칭 보유

 김정은 집권(2011년 12월)[1] 후, 북·중 관계는 북한의 장거리로켓 발사(2012년 12월)·3차 핵실험(2013년 2월)을 참지 못한 중국이 유엔 안보리의 대북 제재에 적극 동참하면서 경색국면을 맞았다.

 그러다 2013년 5월 김정은 국방위원회 제1위원장 특사의 최초 방중이 이뤄지고 쌍방간 당·정 고위간부 교환 방문이 빈번해지자, 홍콩 SCMP 등 일부 외신은 양자관계 복원을 위한 김정은의 방중 추진설을 계속 내보내고 있지만, 2014년 5월 말 현재 별다른 징후가 없다. 북·중 교류의 실상과 김정은의 방중 가능 여건 등을 진단해 본다.

북·중 간 신지도부 초청 및 특사외교 추진 경과

 그간 양국 수뇌부 방문이 '당(黨) 대 당(黨)' 방식으로 이뤄졌음을 감안할 때, 김정은과 후진타오 지도부와는 2012년 4월 김영일 노동당 국제담당 비서 방중, 2012년 7월 왕자루이(王家瑞) 공산당 중앙대외연락부장의 방북 계기에 상호 초청 의사를 전했을 것이다.

 시진핑 신임 총서기는 신 지도체제 출범(2012년 11월 제18차 당 대회) 후 2주 만에 당 서열 25위 이내의 정치국 위원인 리젠궈(李建國) 전인대 상무위 부위원장(부총리급)을 11월 29~30일간 대북 특사로 파견하여 김정은을 면담케 했다. 수행원이 '당 대 당 교류'의 주무부처인 당 중앙대외연락부의 왕자루이 부장·류제이(劉結一) 부부장 등이 중심이 되었다는 점에서 분명 시진핑의 김정은 초청 의사가 전달됐을 것이다.

---

[1] 김정은 집권은 김정일 사망(2011년 12월 17일) 애도기간 종료시점인 12월 19일로 간주한다.

그런데 특사 귀환 다음날인 12월 1일, 북한은 장거리 로켓 은하 3호의 재발사(12월 10~22일 사이)를 예고했다. 중국의 새 지도자로서, 김정은 제1위원장을 초청해 상견례 겸 새 시대의 협력관계를 구축하고자 했던 시진핑 총서기에게 불의의 일격을 가한 격으로, 중국 지도부의 분노가 어땠을 지는 명약관화하다.

김정은은 김정일 사망(2011년 12월 17일) 1주기에 즈음하여, 자신의 업적 과시가 그렇게 급했을까? 2012년 12월 12일에 장거리로켓 발사를, 두 달 후인 2013년 2월 12일에는 3차 핵실험을 감행했다. 인내심을 상실한 중국 지도부는 평양에 사전 통지 없이, 2013년 3월 7일 미국 주도의 안보리 대북제재 결의에 동의했다. 중국의 제재 이행 강도도 유엔 제재 물자의 반출·입 엄금, 중국 주요 은행의 대북 거래 차단 등으로 과거와 달랐다.

북한의 외교고립은 심화됐고 춘궁기에 접어들면서 중국의 식량[2]·비료 원조가 절실한 상황이었다. 김정은은 난국 타개를 위해 특사로 권력서열 3위의 정치국 상무위원인 최룡해 인민군 총정치국장을 2013년 5월 22~25일간 방중시켜 고위급 교류 재개의 물꼬를 트게 했다. 수행원은 리영길 인민군 상장(총참모부 작전국장), 김수길 인민군 중장, 김성남 노동당 국제부 부부장, 김형준 외무성 부상이었다.

최룡해 방중은 2000년 김정일 특사 자격으로 방미한 조명록 인민군 총정치국장의 사례를 연상시킨다. 조명록은 북한 최초의 대미 특사로, 빌 클린턴 대통령을 만나 친서를 전달했다. 이번 특사도 북한의 최고 권력자가 측근이자 군부 실세를 상대국에 보내 진심을 전달하려 했다는 점에서 비슷하다. 그는 2013년 5월 24일 시진핑 주석을 만나 김정은의

---

2) FAO는 북한의 2013년(연간 수요량 : 542.9만 톤) 상반기 식량 생산량은 평년작으로, 식량 도입 45.9만 톤, 국제사회 원조분 26.6만 톤을 합하더라도 10월 추수기까지 주민 280만 명분의 추가 식량원조가 필요하다고 발표했다.(2013년 7월 11일) 북한에서는 2013년 7월 중하순 집중 호우로 이재민 5만 명이 발생했으며, 농경지 1만 3,340ha(133.4㎢)가 침수되었다.

친서를 전달했다. 시진핑 주석이 "모든 관련국의 한반도 비핵화 목표 견지 및 6자회담 재개 노력"을 촉구하는 등 '비핵화'를 강조한 반면 최룡해는 "관련국들과 함께 6자회담 등을 통한 문제 해결에 노력하겠다."며 '대화 재개'에 방점을 찍었다.

시진핑 주석, 최룡해 특사 대표단 회견　　　　　최룡해와 북한 대표단

최룡해는 "북한은 중국과의 고위층 교류 강화 및 폭넓은 소통을 희망한다."고 언명하고, 북·중 정상회담 추진 의지도 밝혔다. 시진핑 주석면담에 앞서 판창룽(范長龍) 중앙군사위 부주석을 만났는데, "한반도 비핵화 목표를 견지해야 한다."는 지적에 대해 "현재 한반도·동북아 정세는 매우 복잡하고 특수한 상황으로 평화를 보장할 수 없다."고 답해, 핵개발 포기 의사가 없음을 분명히 했다.

한편 수행원이 군 간부 중심인 점으로 보아, 북한이 대대적 행사로 준비했던 2013년 7월 27일 한국전쟁(중국 표현은 '조선전쟁') 정전협정 체결 60주년 기념일(전승절)에의 중국 고위층 참석도 요청했을 것이다. 이로 볼 때, 최룡해 방중은 북한 처지에 대한 이해를 구하여 긴장정국을 완화하려는 것으로, 북한이 태도를 완전히 바꿨다기보다는 마지막 우방인 중국과의 사이마저 틀어지면 안 되겠다는 판단 아래 결정한 '처세적 전술' 변화다. 북·중 특사외교의 배경 차이를 선명히 보여주는 경우다.

고위 대표단 교류로 대화국면 전환은 성공

북한은 최룡해 방중 후에도 중국의 대북 제재를 풀기 위해 당·정부 차원에서 당국자를 계속 파견하면서 '6자회담 등 재개'를 표면에 세웠다.

대미외교 및 핵협상을 총괄하는 김계관 외무성 제1부상은 2013년 6월 18~22일간 방중하여, 장예쑤이(張業遂) 외교부 상무 부부장과의 첫 전략대화 및 우다웨이(武大偉) 한반도사무 특별대표와의 고위급 협의를 통해 6자회담을 포함한 다양한 형태의 대화 재개를 희망한다는 뜻을 밝혔다.

중·북간 제1차 전략대화는 중국이 이미 한국·미국·러시아·인도 등과 전략대화를 하고 있었다는 점에서, 북한과의 관계를 종전의 '특수관계'에서 벗어나, '정상국가 관계'로 이행하겠다는 의지를 보인 것이다.

이어 북·중 간 수뇌부 인사 교류를 맡고 있는 노동당 국제부의 김성남 부부장을 단장으로 하는 노동당 대표단이 2013년 7월 2~7일간 방중했다. 김성남은 1980년대부터 노동당 국제부에서 일하면서 김일성 주석·김정일 국방위원장 방중 시마다 전담 통역사로 활동했고, 장성택 국방위원회 부위원장(2012년 8월)·최룡해 총정치국장(2013년 5월) 방중도 수행한 중국통이다.

외견상으로는 공산당 초청으로 방중하여, 카운터파트인 공산당 중앙대외연락부의 왕자루이 부장·양옌이(楊燕怡) 부장조리(차관보급) 등과 양당간 협력 강화 문제 등을 협의하는 정례교류 차원 방문이었다. 그러나 일각에서는 김성남 방중 목적을 최룡해·김계관 방중의 연장선에서 핵실험 등으로 악화된 북·중 관계를 당 차원에서 회복하려는 것으로 봤다. 마샤오웨이(馬曉偉) 위생계획생육위원회(전 위생부) 부부장과도 면담했는데, 중국의 대북 의약품 지원 등 보건협력문제도 협의한 것으로 추정된다.

특이한 것은 지방시찰 동정이다. 김성남은 북한 귀환 전, 7월 4~7일간 항공편으로 칭하이성을 방문하여 뤄후이닝(駱惠寧) 성 당서기 면담 외에 칭하이짱양(藏羊) 카펫그룹, 후주(互助)토족(土族)자치현 현대농업 시범지구, 타얼(塔爾)사, 칭하이(青海)호 등을 둘러보았다.

'김정은 방중 루트 답사'라는 관측도 있으나, 총 8회 방중한 김정일 방문지(첨부 참조)가 북경 외, 개혁·개방 일선인 동남부 연해지방, 북한과 접경한 동북지방 등에 집중되었다는 점에서 방중 경험이 없는 김정은이 베이징에서 항공편

김성남을 접견한 뤄후이닝 당서기

으로 4~5시간 걸리는 칭하이성을 방문지로 택할 소지는 희박하다. 칭하이 성은 해발 3,000~5,000m의 고원지대로 광물자원은 풍부하지만, 인구가 적고 공업도 미발달된 지역으로 산지와 광물자원은 많지만 공업이 낙후된 북한과 비슷하다. 북한 개혁을 위한 벤치마킹용 참관일 가능성이 크다.

향후 북·중 관계발전을 가름할 지도자 발언

중국은 북한의 전승절 참석 초청을 받아들여, 리위안차오(李源潮)[3] 국가부주석을 2013년 7월 25~28일간 평양에 보냈다. 중국의 정치국 위원 방북은 2012년 11월 리젠궈 방북 이후 8개월만이다. 사실상 고위급 교류를 재개한 것이다. 하지만 중국이 60주년이라는 '꺾어지는 해'임에도, 최고 지도부인 정치국 상무위원을 파견치 않은 것은 최근의 대북

---

3) 리위안차오 부주석은 중국의 한국전쟁 참전 직후인 1950년 11월에 출생했는데, 당시 중국에서 태어난 아이들 중에는 '위안차오'라는 이름이 많았다. 이것은 중국이 6·25 전쟁을 '항미원조(抗美援朝 : '캉메이 위안차오', 미국에 대항해 조선을 돕다) 전쟁이 라고 부른데서 연유한다. 리 부주석은 태생부터가 북·중 혈맹을 상징하는 셈이다.

강경태도가 반영된 것으로 북한에 '앙금이 풀렸다'라는 잘못된 메시지를 주지 않으려는 절충안이다. 1993년 7월 전승절 40주년 기념행사에는 후진타오 당시 정치국 상무위원이 참석했었다.

리위안차오 부주석은 김정은을 면담하여 시진핑 주석의 구두친서를 전달하고 "어떤 나라도 자신의 절대 안전을 위해 지역 안전을 어지럽혀서는 안 된다."며 시진핑 주석의 '한반도 비핵화' 의지를 재확인했다.

리위안차오 부주석과 김정은 제1위원장

리위안차오 부주석은 "중국은 ① 한반도 비핵화 실현 ② 한반도 평화·안정 유지 ③ 대화와 협상을 통한 문제 해결 원칙을 단호히 지킬 것"이라고 밝혔다.

이에 김정은은 북핵문제는 한마디도 언급지 않고, "북한이 경제 발전과 민생 개선에 힘을 들이는 만큼 안정적 대외환경이 필요하다."라고 답했다. 최근 한반도를 둘러싼 북·중의 입장 차는 김정은·리위안차오 발언이 대변한다.

이상으로 볼 때, 북·중 관계는 큰 틀에서는 긴장에서 대화국면으로 전환했지만, 북한이 핵과 경제 발전이라는 이른바 '병진 노선'을 추구할 뜻을 분명히 하고 있어 앞으로 난관에 부딪칠 수 밖에 없다. 다만, 중국 학계 일각에서는 이번 방북이 '중국의 한반도 평화 촉진활동'에 초점을 맞춘 것으로 "중국 지도부가 북한의 태도 여하에 따라 중·북 관계가 호기를 맞을 수 있다는 기대감을 전했다"고 의미를 부여한다.

김정은 방중 추진 여건 및 징후 판단 요인

향후 김정은의 방중은 "비핵화에 관한 진전된 입장 표명이 있어야 한다."라는 중국 측 요구가 수용되지 않는 한, 중국이 김정은 방중을 받아들이기 쉽지 않다. 자존심이 센 김정은도 꿀리면서 방중을 추진할 리 없다. 따라서 김정은의 방중[4]은 언제 성사될지 기약할 수 없다.

특히 북·중 경협에 공을 들여 친중국파로 분류되는 장성택 노동당 행정부장을 숙청(2013년 12월 9일) 및 처형(2013년 12월 12일)하면서, 그 죄목의 하나로 "나라의 귀중한 자원을 헐값에 팔아버리는 매국행위를 했다."고 지적한 것은 중국에 대해 공개적으로 불만을 표시한 것으로 볼 수 있어, 중국을 충분히 자극할만한 언동이다. 따라서 당분간 공식 방중할 가능성은 더욱 더 줄어들었다.

그러나 2013년 5월 중순 이래 북한이 일본 특사 접수, 중국 특사 파견, 남북한 장관급 회담 제의, 미·북 고위급 회담 제안, 김계관 외무성 제1부상의 러시아 파견 등 주변 4강에 전방위적 평화외교 공세를 펼치고 있다는 점에서 대외 여건이 호전되면 '치적 과시용' 중국 방문에 나설 수

---

4) 김정은 제1위원장이 집권 2년 동안 별다른 준비활동을 하지 않은 것과 관련, 다수 전문가는 '준비가 덜 되었다'고 지적한다. 현재 자주 만나는 외국인은 류홍차이(劉洪才) 북한 주재 중국 대사 부부와 미국 농구선수 데니스 로드만 정도로 사람을 가리는 스타일이라는 평이다.

도 있다고 본다.

북한은 지도자 해외 방문 시, 상대국에 방문계획조차 함구하는 특급 보안을 요구해 왔다. 중국도 이를 수용하여 '비공식 방문'으로 취급하면서, 관계자에게 행사기밀 엄수를 강요하고 있어, 김정은 방중 추진 징후는 일단 다음과 같은 의전·경호 관련 동정을 살펴야 한다.

첫째, 노동당 국제부 등 의전부서의 사전 코스 답사다. 북한 수뇌부 방중에 앞서 항상 경호 책임자를 포함한 국제부 대표단이 중국측 협조를 얻어 방문 예정 루트를 점검한다.

실례로 지난 2010년 2월 당시 의전담당자인 김영일 노동당 국제부장이 베이징에서 중국 지도자 예방 후, 톈진(天津)시와 랴오닝성의 다롄(大連)·선양(瀋陽)시, 지린성 지린(吉林)·창춘(長春)시 등을 들렸다. 김정일 국방위원장은 2010년 5월에는 전자, 2010년 8월에는 후자를 시찰했다.

둘째, 북한 유관부서 책임자의 예정지 점검이다. 2000년 11∼12월 상하이 해방일보(解放日報)에 북한의 노동당 국제부장, 육해운상(김정일 전용열차 운행문제 협의), 평양시 당 책임비서의 연쇄적 상하이 방문이 보도됐다. 그러더니 마침내 2001년 1월 15∼20일간 김정일의 상하이·베이징 방문이 이뤄졌다.

마지막으로 김정은 방중 이전의 경호·의전 선발대 파견, 직전의 북·중 접경지역 열차 운행(김정은의 전용열차 이용 가정시) 및 숙소 통제, 방중 기간 중 인력·장비 수송용 특별기 운행 등도 눈여겨 볼 요소다.

【김정일 집권 후 방중 사례】

차수	방문지	방문 기간	주요 목적 및 발언	방중 의미 및 결과
1차	베이징	2000년 5월 29~31일	△ 장쩌민 지도부 상견례 △ 남북 정상회담 사전 협의 △ "덩샤오핑 노선은 정확"	△ 김정일 집권 후 최초 방중 △ 2000. 6월 남북 정상회담 개최
2차	상하이→베이징	2001년 1월 15~20일	△ 개혁·개방 현장 답사 △ "상하이는 천지개벽, 중국 공산당의 개혁·개방 정확 입증"	△ 중국 개혁·개방 성과 수용 △ 2002년 7·1 경제관리 개선 조치, 2002년 9월 신의주특구 발표
3차	베이징→톈진	2004년 4월 19~21일	△ 후진타오 신 지도부와의 협력관계 구축 △ "6자회담 적극 참가"	△ 당대당 전통관계 복원 △ 2004. 6월 제3차 6자회담 개최
4차	중부(우한·싼샤댐)→남부(광저우·주하이·선전)→베이징	2006년 1월 10~18일	△ 경제·외교적 지원 획득 △ "약동하는 중국 현실에 잊을 수 없는 깊은 인상"	△ 시장통제 움직임 회귀 △ 2006. 10월 1차 핵실험 실시
5차	다롄→톈진→베이징→선양	2010년 5월 3~7일	△ 체제 지원 획득 및 외교 고립 타개 △ "조·중 친선 전승 확신"	△ 전략적 소통 강화 △ 천안함 폭침사건 조사 발표 앞두고 북·중 공조 강화
6차	지린→창춘→하얼빈→무단장	2010년 8월 26~30일	△ 경제지원 획득 △ "조·중 친선은 세대가 바뀌어도 달라질 수 없음"	△ 경협원칙 정부 주도로 수정 △ 2010. 9월 제3차 당대표자회, 김정은 후계 공식화
7차	무단장→창춘→양저우→난징→베이징	2011년 5월 20~26일	△ 후계체제 지원 획득 △ "상호원조 조약 체결(50주년)의 선대 지도자 유산 계승"	△ 治黨治國의 경험 교류 △ 2011. 5월 황금평 및 나선 개발 합작협정 체결

차수	방문지	방문 기간	주요 목적 및 발언	방중 의미 및 결과
8차	러시아 방문 귀로, 헤이룽장성 치치하르·다칭	2011년 8월 25~27일	△ "한반도 비핵화목표 견지, 조건 없는 6자회담 복귀" * 후진타오 총서기 위임을 받아 다이빙궈(戴秉國) 국무위원이 영접	△ 김정은 후계 인정(비공개) * 김정일 위원장 사망 (2011.12.17)

* 김일성은 김일성 주석 사망 전인 1983년 6월, 후야방(胡耀邦) 당시 당 총서기의 초청을 받아 노동당 중앙위원회 비서 신분으로 최초 방중(중국은 '내부 방문' 용어 사용)했다.
* 5차 방중 시 후진타오 총서기는 ① 고위층 교류 유지(답방, 특사·구두 친서 교환) ② 전략적 소통 강화(수시·정기로 공통 관심사 토의) ③ 경제·무역 협력 강화방안 강구 ④ 인문교류 확대로 전통적 우의 전승 ⑤ 국제 및 지역정세 관련 협조 강화 등 5개항을 제안, 합의했다.

【김정일 사망 후 북·중간 고위급 교류 일지】

방문 인사	방문 기간	면담 및 협의 내용
푸잉(傅瑩, 여) 외교부 부부장	2012년 2월 20~24일	△ 대북 식량지원 논의 및 6자회담 조기 재개 협의 △ 담당업무 변경(유럽→아시아)에 따른 협조 인사
리용호 외무성 미국 담당 부상	2012년 3월 17~20일	△ 우다웨이 외교부 한반도사무 특별대표 등 면담 - 장거리로켓 '광명성 3호' 발사(4월 13일) 관련 한반도 안보문제·6자회담 재개방안 논의
김영일 노동당 국제담당 비서 (당 대표단장 신분)	2012년 4월 20~24일	△ 후진타오 총서기 예방 △ 다이빙궈 국무위원·리완차오 당 조직부장 면담 △ 2012 노동당·공산당 전략대화 개최 - 장거리로켓 발사 후 최초 공식 당 고위급 대화 - 양당 간 협력·한반도 정세 등 토의
리명수 인민보안부장 (경찰청장 격, 부 대표단장 신분)	2012년 7월 24~28일	△ 저우융캉(周永康) 당 중앙정법위 서기 면담 △ 공안부 대표단(단장 : 멍젠주(孟建柱) 공안부장) 회담 - 북중 우호관계 견지, 다국적 범죄 공동 척결 등 합의 △ 장쑤성 방문, 뤄즈쥔(羅志軍) 성 당서기 면담

방문 인사	방문 기간	면담 및 협의 내용
왕자루이 공산당 중앙대외연락부장 (부 대표단장 신분)	2012년 7월 30일~ 8월 3일	△ 김정은 제1위원장 면담 △ 노동당 국제부 대표단과 회담, 당대당 관계 복원 　- 김영일 노동당 국제담당 비서 면담
장성택 국방위원회 부위원장 겸 노동당 중앙위 행정부장	2012년 8월 13~18일	△ 후진타오 총서기·원자바오 총리 예방 △ 라선·황금평 특구 북·중 공동지도위 3차회의 참석 　- 김성남, 리수용 전 합영투자위원장 등 수행 　- 북·중 경협관계 활성화 모색
리젠궈 정치국 위원	2012년 11월 29~30일	△ 시진칭 총서기 특사 자격, 김정은 면담 　* 이하, 본문에 상세 내용 있으므로 설명 생략
최룡해 인민군 총정치국장	2013년 5월 22~25일	△ 김정은 제1위원장 특사 자격, 시진평 면담
김계관 외무성 제1 부상	2013년 6월 18~22일	△ 북 외무성·중 외교부 간 전략 대화
김성남 노동당 국제부 부부장	2013년 7월 2~7일	△ 노동당 국제부·공산당 대외연락부 간 정례 교류
리위안차오 국가부주석	2013년 7월 25~28일	△ 정전협정 체결 60주년 경축, 김정은 면담

10 북·중 경협과 북한의 상도의

남북한이 2013년 8월 14일 개성공단 정상화에 전격 합의하여, 2013년 4월 3일 북한의 일방적 통행제한 조치로 시작된 개성공단 사태가 일단은 해결국면을 맞았다.

그러나 향후 개성공단 정상화는 공단의 안정적 운영을 위한 남북 간 공동위원회 구성·운영 외에도 중국 등 외국기업의 투자 진출이 안전판 역할을 할 것이다. 과연 중국 등 외국기업의 투자가 쉽게 이뤄질까? 그간 중국기업이 실제 체험한 북한의 상도의의 실상을 토대로 그 가능성을 진단한다.

북한의 합영법 공포 후 대외 경협 중심의 변천

1984년 '합영법' 공포 이래, 북한의 대외 경협 중심은 일본 → 한국 → 중국으로 변화해왔다.

1990년대 중반까지는 북한(조선)·조총련 간의 조·조(朝·朝) 합영의 시기였다. 조총련계 기업들은 '애국사업' 명분으로 대북 투자에 적극 나서, 1995년까지 모란봉합영회사·평양백화점 등 131개 합영기업을 세웠다. 그러나 1990년대 들어 북핵문제와 관련한 북한체제 위기설이 불거지면서 투자 심리가 급격히 위축된 데다, 북한의 지나친 간섭, 계약 불이행, 원료공급 차질, 시장경제 몰이해 등으로 태반이 도산 내지 조업을 중단했다. 현재 정상 가동 기업은 모란봉합영회사·조선합영은행 등 15개 정도라고 한다.

1990년대 중반 이후는 남·북 경협이 부침을 반복하는 시기이며, 2000년 들어서는 한국 외에 중국에 대해서도 눈을 돌리게 된다 김정일 국방위원장 집권 후 처음 두 번의 방중(2000년 5월 베이징, 2001년 1월 상하이·베이징)은 남북 경협 활성화와 중국 벤치마킹 시도의 계기가 되었다. 사회주의 중국의 개혁·개방성과를 목격한 그는 1983년 비공식 방문 시 목격했던 상하이의 18년 후의 변화를 '천지개벽'으로 높이 평가했다.

북한은 면밀한 준비작업 끝에, 2001년 7월 발표한 경제관리 개선지침의 후속조치로 2002년 7월 임금·가격 현실화와 함께 배급제를 폐지한다. 이어 중국을 겨냥하여, 신의주 행정특별구(2002년 9월)를, 한국에 대해 금강산(2002년 10월)·개성(2002년 11월)을 경제특구로 지정하는 과감한 개방조치를 취한다.

그러나 홍콩과 같은 '1국가 2체제 방식'[1]으로 사회주의 체제 내의 개혁·개방을 시도했던 신의주 행정특별구의 경우, 2002년 9월 초대 행정장관으로 내정된 양빈(楊斌·1963년생·네덜란드 국적 화교) 어우야(歐亞)그룹 총재[2]의 비리·사기행각에 따른 낙마(징역 18년)로 무산[3]되고 말았다.

---

1) 2002년 9월 공포한 '신의주특구 기본법'은 홍콩특별행정구 기본법(1990년 4월 공포)과 법적 체계·내용면에서 상당히 유사하다. 그 내용은 ① 신의주특구에 입법·행정·사법권 부여 ② 북한 중앙기관은 외교업무 외, 특구사업에 일체 불관여 ③ 특구는 여권 발급 등 외교권 일부 행사 ④ 향후 50년간 토지임대 기간 보장 및 특구의 법률제도 변경 불가이다.

2) 장쓰성 난징(南京)시 출생으로 네덜란드로 유학 가서 네덜란드 국적을 취득한 후, 중국·폴란드 간 무역, 중국내 농업 투자 등으로 포브스 선정 2001년도 중국의 두 번째 부호(재산 9억 달러)에 올랐다. 2002년 10월 체포 후, 2003년 7월 자본금 허위 등록, 농지 불법 점용, 사기 계약, 뇌물 공여 및 수수 등 6개 죄목으로 징역 18년과 벌금 230만 위안이 병과되었다.

3) 신의주특구 실패의 다른 원인으로는 중국과 합의 없이 추진된 데 대해 중국 당국이 못 마땅해 했다는 중국의 견제설이 제기되었다. 김정일은 2001년 1월 회담차 상하이에 내려온 주룽지 총리에게 신의주특구 조성 후, 생산된 경공업 제품을 중국에서 구매해 줄 것을 요청했다. 그러나 주 총리는 중국 경공업 제품 시장이 포화상태이니, 휴전선 근처에 남북한 합작공단을 설치하여 한국 등 외국에 판매하도록 권유했다. 이것이 개성공단 합작사업 추진의 배경이 됐다는 설이다.

선양(瀋陽) 네덜란드타운 건설 사업을 주도했던 양빈   랴오닝성 고급법원에서의 최후 진술

남·북 경협도 금강산 관광사업은 2008년 7월 박왕자 씨 피격사건으로 중단되었고, 2010년 3월 천안함 폭침에 따른 5·24조치로 남북 교역이 전면 중단됐으며, 2013년 4월에는 개성공단마저 폐쇄됐다 열리는 악순환을 거듭했다.

2000년대 중반 이후 북·중 주력 경협사업 실태

2000년대 중반 이후, 중국 정부는 그간 금지했던 5만 달러 이상의 대북 투자를 허용했고 당시 북한도 외자 유치에 적극적이었다. 북한의 대외 경협의 한 축이 중국으로 쏠리기 시작한 것이다. 이에 따라 중국기업들이 각 분야에서의 이권 선점을 위한 선투자 차원에서 북한에 진출했다.

절대 다수는 동북 3성의 중국동포(조선족) 기업인[4]으로, 북한을 잘 알기 때문에 일본과 한국의 전철을 밟지 않을 것으로 자신했다. 그러나 북한의 경제난이 계속되면서, 중국동포를 비롯한 상당수 중국 기업인과

---

4) 2002년 6월 기준, 나선 경제특구에 진출한 외국기업 중 70%가 중국기업이었고, 이 중 80%가 옌볜기업으로 조사되었다. 중국 내 한족 등 타 민족의 북한 투자는 규모가 작고 대부분 서비스업 위주였던 반면 중국동포들의 투자는 연간 1억 위안 이상을 수출하는 대규모 기업이 다수였다.

조교(朝僑, 중국 거주 북한 국적 교포)들이 밀린 대금을 받지 못했고[5] 일부는 추방되기도 했다.

김정일 국방위원장(2011년 11월 사망)이 2010년 5월~2011년 8월 간 4회 방중을 통해 동북 3성을 집중 시찰한 후, 접경지역을 중심으로 경협 바람이 불기 시작했다. 특히 김정일은 한국이 2010년 3월의 천안 함 폭침 사건에 따른 5·24 대북 제재조치를 취하자, 돌파구로 2002년 지정했었던 황금평 경제특구 개발에 다시 눈을 돌리게 된다.

【중국의 대북 경협 방침 변화 추이】

시 기	제 안	내용 및 배경
2005년 3월	원자바오 총리 → 박봉주 총리 방중 시	△ '政府主導·企業參與·市場運作(정부 주도, 기업 참여, 시장원리 운영)'의 12자 방침 △ '정부 주도' 방침이 기업활동을 강제할 수 있다는 이견이 제기
2005년 10월	후진타오 총서기 방북 시 → 김정일 국방위원장	△ '政府引導·企業參與·市場運作'의 수정 12자 방침 △ 중국 내부 이견을 수렴, 수정 제의
2010년 8월	후진타오 → 김정일 방중 시	△ '政府引導·企業爲主·市場運作·互利共贏(상호 원-윈)'의 신 16자 방침 △ 정부가 경협 전반을 인도하되, 기업이 주체가 되고 시장원리로 운영, 상호 윈-윈을 달성

---

5) 최수진(1949년생·중국동포) '흑룡강성 민족경제개발총공사'(黑民經) 총사장은 북한과 중국·러시아 및 한국과의 중개 무역에 종사했다가 북한에서 못 받은 미수금이 한때 5,000만 달러에 달해 파산 직전까지 갔으나, 후에 북한산 무연탄의 대중국 수출 독점권을 받아 어렵게 재기에 성공했다.

북한의 압록강 · 두만강지역 경제특구 위치도

(1) 황금평 · 위화도 및 나선 특구 개발

'황금평(黃金坪) · 위화도(威化島) 경제구'(2002년 지정) 및 '나선(羅先) 경제무역구'(1991년 지정) 등 접경지역의 양대 경제특구 사업은 2011년 6월 착공식을 거행하는 등 재점화했으나 지지부진했다. 그러다 김정은 체제가 들어서면서 대중 관계는 북한의 생존권 보장이라는 과거의 정치적 차원에서 벗어나 경제적 실익을 따져, 선별 협력하는 양상으로 변화하게 된다.

【북한의 경제특구 개발 현황】

명 칭	위치 · 면적	지 정	유치 산업	북 · 중간 협력 추진 내용
황금평 · 위화도	황금평 : 신의주 관내 압록강 河中島(11.45㎢) 위화도 : 압록강 河中島 중 최대 면적(12.2㎢)	2002년 (이해에, 신의주특구 실패)	정보산업 · 경공업, 농업 · 상업 · 관광업	△ 2011년 6월 북한의 '경제구' 개발 계획 승인 및 공동 착공식 △ 2011년 12월 '경제구법' 통과 △ 그 이후로 실제 진전은 별무

명 칭	위치·면적	지 정	유치 산업	북·중간 협력 추진 내용
나선 (나진· 선봉)	함경북도, 동해에 접한 항구 도시(746㎢)	1991년, 자유경제 무역지대 지정	원자재공업·장비제조업·첨단기술산업·경공업·서비스업·현대농업	△ 2011년 5월 훈춘-나선 간 포장도로 공사 착공 △ 2012년 2월, 북·중 나선특구(총면적 621㎢) 건설방안 최종 합의 △ 중국, 나선항 4~6호 부두 신규개발 및 50년 사용권 확보

북한 특구 개발은 2011년 12월 이후 정책 우선 순위에 올랐고, 2012년 8월 장성택 국방위 부위원장 방중 후 가속화되었다. 장성택이 참석한 '나선·황금평 특구에 관한 북·중 공동 개발·관리지도위원회(특구 관련 최고 지도기관) 제3차 회의'에서 북·중은 개성공단을 벤치마킹해 황금평·위화도와 나선 지구를 전담할 각각의 관리위원회를 설치하고, 중국이 나선에 전기를 직접 공급한다는 '장밋빛 청사진'을 제시했다.

2개 특구 관리위원회 발족을 선포한 장성택과 천젠(陳健)
상무부 부부장(2012년 8월)

이에 힘입어, 장성택 방중 기간 중, 6개 중국기업의 대북 투자사업과 4개 정부 합작사업에 합의했고, 나선특구에 투자를 결정한 중국 국유기업·민영기업도 8~10개사에 이르렀다.

북·중이 2012년 9월 베이징에서 개최한 '북한 경제특구 투자설명회'에서 북한은 위안화 사용 허용 등 결제 및 투자보장 방안을 설명했다. ① 북·중 화폐 둘 다 사용 가능 ② 북·중은 각각 은행 지점을 개설, 기업 결제수요 충족 ③ 북한은 중국기업 국유화 금지 및 과실송금 허용 ④ 중국 기업에 대한 토지임대료·법인세(나선특구 : 세전 이익의 14%, 타 지역은 25%) 대폭 인하 ⑤ 비자 없이 여권·출입증으로 자유 왕래 등이었다.

천젠 상무부 부부장도 설명회장에서 "중·북은 '공동개발관리 지도위원회'를 구성, 특구 개발계획과 법률·통관·통신 관련 구체 협의를 진행하고 있다."며 적극적 지원 의지를 표명했다. 설명회에 200여 개 중국 기업이 참여하는 등 관심이 높았으나 개발 진행 과정에서 두 지역 특구의 명암은 극명하게 대비된다.

황금평·위화도는 정보산업·경공업, 농·상·관광업 발전에 주안을 두고 개성공단 같은 중국기업 위주 공단을 지향했으나, 중국 기업들이 인프라 건설에의 엄청난 자금 소요, 북한이 제정한 '경제구법' 해석상의 불투명성에 의문을 제기하면서 더딘 행보를 보여, 외형상 거의 변화를 느낄 수 없는 상황이다. 쉽게 말해서, 중국이 경제성 없는 특구 개발은 냉담하게 외면하고 있는 양상이다.

압록강을 사이에 두고 고층빌딩군의 단둥(좌)과 개발이 중단된 북한 위화도(우). 2013년 9월 28일 매경

다만, 중국과 북한의 최대 교역거점인 단둥(丹東)-신의주를 연결하는 신 압록강대교 건설(2010년 말 착공)[6]은 평양~신의주~단둥~베이징을 잇는 북·중 물류의 대동맥이기 때문에 2014년 7월 완공을 목표로 공사 진척이 빠르게 진행되고 있다.

나선은 중국의 광둥성 선전(深圳) 경제특구를 모델로, 원자재공업·장비제조업·첨단기술 산업·경공업·서비스업·현대적 농업 등 6개 산업 유치를 중점 목표로 했는데, 처음에는 북·중의 이해가 부합되어 황금평·위화도에 비해 속도가 붙는 듯 했다.

중국의 나선 중시 이유는 첫째, 염원인 동해와 태평양을 연결하는 해상출구 라는 점. 둘째, 동북 3성 진흥계획의 일환인 지린성의 '창(춘, 長春)·지(린, 吉林)·투(먼, 圖們) 개발계획'과 연계, 개발상승 효과를 낼 수 있다는 점이었다.

중국은 2009년 10월 북한의 나진항 1~2부두 개발권을 따냈다. 이후 지린성-나진항 연결을 위한 훈춘-나선 간 포장도로 공사 착공(2011년 5월) 및 새 교량(일명 신 두만강대교)의 건설 추진, 나선항 4~6호 부두 신규 개발 및 50년 사용권 확보 등에도 나섰다.

북한도 외자 유치를 위해 2011년부터 매년 8월 나선특구에서 국제상품전시회[7]를 개최해 왔고, 2012년 2월에는 중국과 나선특구(총 면적 621㎢) 공동 건설 방안 관련 최종 합의를 도출하는 등 북한 특구 중 가장 많은 공을 들여왔다.

---

6) 기존에 단둥과 신의주를 잇는 것은 압록강 철교였는데, 철도와 도로가 함께 있고 단선이어서 북한이나 중국에서 한쪽이 움직이면, 반대쪽은 차량이나 기차가 통행을 멈추고 기다려야 했다. 원래 2개 다리였으나 6·25 전쟁 때 압록강 하류 쪽 다리가 폭파되어 이용할 수 없었다. 신 압록강 대교는 왕복 4차로에 총 연장 3km로, 총 사업비 18억 위안은 중국이 부담했다.

7) 제3차 나선 국제상품전시회(2013년 8월 19일~23일)는 북한과 중국·러시아·독일·호주·일본·대만 기업이 참가했으며, 전기·전자제품, 차량용품·경공업 제품·의약품 등이 전시되었다.

(2) 북한의 지하자원 및 항만 개발

북한의 지하자원은 세계 최대 매장량의 우라늄을 비롯한 200여 종류에 6조 달러 규모다. 중국은 북한의 미흡한 도로·철도·전기 같은 인프라 건설을 지원, 투자환경을 개선해가면서 채굴권을 얻는 방식을 통해 외자에 의한 북한 광물자원 개발사업 25건 중 20건을 싹쓸이했다.

2012년 10월 중국 오광그룹은 50억 달러 투자에 무산광산 개발독점권을 요구하면서 생산량 25%의 수익을 요구했고, 북한은 대규모 투자는 바라면서도 독점권을 거부하고 생산량 50%의 수익 배당을 제시해 난항을 겪었다. 중국기업이 국제 광물시세 하락, 북한 경제난을 빌미로 헐값의 개발권 협상을 시도한 사례다.

아시아 최대 노천 철광산. 무산광산(매장량 31억t)

북한의 무역액(2012년 68.1억 달러) 중, 중국(60.1억 달러 중 수출 24.8억 달러, 수입 35.3억 달러) 의존도가 88.3%이며, 대중 수출에서 석탄·광물 등 지하자원 비중은 2008년 10% 대에서 2012년 64.1%(15.9억 달러)로 급증했다.[8]

또한, 중국은 이미 독점 사용권을 얻은 나진항 외에 청진·김책·단천·흥남·원산 등 북한 북동부 항구 4~5곳에 대한 공동 개발에 합의했다고 한다. 이 같은 과도한 대중 무역의존도, 지하자원 침탈 등에 대한 북한 내외의 우려가 크다.

대중(對中) 경협을 제약하는 북한의 두 가지 자충수

(1) 북 핵실험에 따른 중국의 대북 제재 동참

2013년 2월 북한의 3차 핵실험 후, 북·중간 교역과 경협사업은 급격히 얼어붙었다. 북한의 특구·광물자원 등에 투자계획을 세웠던 중국의 대형 국유기업들이 슬그머니 발을 빼, 대북 투자가 장기 침체로 이어질 것이라는 전망이 우세하다. 북한이 공을 들인 나선특구에서도 중국 야타이(亞泰)그룹이 100만t 규모의 시멘트 생산설비를 완공한 것 외에 다른 대기업의 진출 소식은 전무하다.

중국이 막대한 사업비를 부담하는 북한 내 인프라 건설사업도 줄줄이 지연되고 있다. 2013년 6월 완공 예정이었던 지린성 훈춘(琿春)에서 나선특구를 잇는 100km 구간 송전사업, 2013년 상반기 착공 예정이던 신두만강대교 건설 공사 등이 그 실례다.

북한도 심각한 자금난을 겪다 보니, 대규모 중국 투자 유치보다는 관광객 유치, 노무수출 확대9), 미술품 판매 등 단기 외화벌이에 치중하고

---

8) 북·중 교역액은 2012년 59억 달러 → 2013년 65억 달러(10.4% 증가)인데, 대중 수출은 29억 달러(동 17.2% 증가), 수입은 36억 달러(동 5.4% 증가)였다. 수출 1위는 무연탄(23억 달러), 2위는 철광석(2억 달러). 수입 1위는 석유(5억 달러)였다. 남북 교역은 2005년 이래 가장 적은 11억 달러였다. 북한의 교역 상대국은 1위 중국 외, 홍콩·러시아·인도·태국 순이었다.

9) 중국은 저렴한 북한 노동력을 활용한 임가공 사업을 적극 추진 중이다. 중국 정부의 '외국인입국현황(2006~2012년)'에 따르면, 중국 방문 북한주민은 2006년 11만, 2007년 11.3만, 2008년 10.1만, 2009년 10.3만, 2010년 11.6만, 2011년 15.2만 명(5월 김정일 방중 이후 급증), 2012년 상반기 8.8만 명이며, 그중 기업가·노동자가 76.1%를 점유하고 있다.

있다. 2013년 7월 17일 중국 〈환구시보(環球時報)〉는 "중국의 대북 교역·경협 둔화 지속이 바로 북한이 개성공단 정상화에 나설 수밖에 없었던 배경"이라고 분석했다.

(2) 중국기업에 '강도' 욕먹는 북한의 상도의

중국의 500대 기업으로 랴오닝성 하이청(海城)시에 본사를 둔 시양(西洋)제철그룹은 2007년 3월 중국 민간기업의 대북 단일 투자로는 역대 최고인 3,000만 유로(약 419억 원)를 투자하여 황해남도 옹진에 철광석 선광공장을 세웠으나, 북한의 일방적인 계약서 16개 항 수정 요구 등을 거절하자 북한은 2012년 2월 계약을 파기하고 직원들을 추방해 투자금을 날렸다고 한다.

동사는 중국 정부에 사건 중재를 요청했으나, 당사자들이 알아서 하라고 발을 빼자, 2012년 8월 중국 인터넷망에 "지난 5년간의 대북 투자 과정에서 그들이 사기꾼이자 강도라는 사실만 알게 됐다."며 상기 내용을 폭로했다.

이에 대해 북한의 해외투자를 총괄하는 '합영투자위원회'는 2012년 9월, "시양그룹은 계약한 지 4년이 되도록 약정한 투자의 50%만 투자하는 등 약속을 어겼다."며 계약 파기는 법적으로도 시양그룹 책임이라고 반박했다.

그러나 2013년 4월 18일 중국 〈중경신보(重慶晨報)〉는 "북한 회사로부터 밀린 대금을 받기 위해 평양 시내 호텔에 장기투숙 중인 중국 기업인이 100여 명에 이르는데, 일부는 투자금이나 대금 한 푼 챙기지 못한 채 추방됐다."고 전함으로써 중국 기업인들의 대북 투자의 실상이 공개되었다.

북한의 국제 상도의 준수가 경제회생의 관건

북한은 2013년 6월 조선중앙통신을 통해, "나선 경제무역구는 중국 동북지방, 러시아 극동지방과 몽골을 아우르는 황금 삼각지대"라며 외국에 대해 나선 특구에의 투자를 촉구했다. 또한, 북한은 2013년 3월 김정은 제1위원장의 지시에 따라 관련 법규 제성 등의 설차를 거쳐, 2013년 11월 21일 2002년 행정특별구로의 개발계획이 물거품이 되었던 신의주를 '특수경제지대'로 개발하는 외에 각 도(道) 단위에 '경제개발구를 설치'하기로 결정했다고 발표했다.

북한 13개 경제개발구 · 신의주 특구

❶ 신의주경제특구　❼ 흥남공업개발구
❶ 압록강경제개발구　❽ 북청농업개발구
❷ 신평관광개발구　❾ 청진개발구
❸ 송림수출가공구　❿ 어랑농업개발구
❹ 만포경제개발구　⓫ 온성섬관광개발구
❺ 위원공업개발구　⓬ 혜산경제개발구
❻ 현동공업개발구　⓭ 와우도수출가공구

이곳에 대해, "외국 법인 · 개인 · 경제조직 · 재외동포 기업 · 지사 · 사무소를 설립할 수 있으며 정부가 이들 투자자에게 토지 이용, 인력 채용, 세제 분야의 혜택을 보장한다."고 밝힌 바 있다.

그러나 지금까지 북한이 중국의 투자기업을 대했던 상도의나 금강산의 현대 재산 몰수 행태로는, '양치기 소년'의 행동거지를 수차 목격한 중국 민관의 투자를 절대 유치할 수 없다.(첨부 참조) 중국 정부도 나선 항을 탐내는 것은 맞지만, 나선에의 '묻지 마 투자'를 할 리가 없다.

특히 북 · 중 경협에 공을 들여온 장성택 노동당 행정부장을 숙청(2013년 12월 8일) 및 처형(2013년 12월 12일)하면서, 그 죄목의 하나로 "나라의 귀중한 자원을 헐값에 팔아버리는 매국행위를 했다."고 지적한 후로, 북한의 철광석이나 무연탄 광산에 거금을 투자한 저장성 원저우(溫州)와 푸젠성 샤먼(廈門) 부자들이 투자비를 전액 날리는 것이 아닌지 노심초사하고 있다고 한다.

이들의 투자금 회수에 문제가 생긴다면, 북·중 경협은 상당기간 회복이 어려울 것이다. 중국 경제계에서는 "북한은 장성택이 중국과 맺은 계약을 수정할 움직임을 보이고 있는데, 만약 북한이 일방적으로 계약을 변경한다면 대중(對中) 경협에 악영향을 미칠 것"이란 반응이 주류다.

그러나 북한은 장성택을 당 정치국 회의에서 끌고 나간 다음날인 12월 9일, 지린성 투먼(圖們)시와 함북 온성섬 관광개발구 조성을 위한 계약을 체결했다고 한다. 투먼시 자본으로 두만강 온성섬을 관광휴양지로 개발하고 온성군 일부에 공단을 만들어 북한 노동력을 이용하는 제2의 개성공단을 건설하는 것이 목적이었다. 장성택은 속도 조절이 필요하다며 개발구 건설에 반대했다고 한다. 12월 8일에 북·중이 신의주~평양~개성 간 380㎞를 잇는 고속철도와 고속도로 건설에 합의했다는 설도 있다.

이 같은 분위기를 반영하듯이 2013년 12월 15일, 북한 조선경제개발협회 윤영석 국장은 평양에서 AP통신과의 인터뷰를 통해, "장성택의 처형이 북한이 경제정책의 방향이나 외자를 유치하려는 노력에 변화를 줄 것이라는 징후로 받아들여져서는 안 된다."고 강조했다. "장성택은 국가의 일치단결에 위협이 되는 존재였기 때문에, 장성택 제거는 오히려 경제 일선의 발전 속도를 높일 것"이라면서, "어떤 나라의 업체나 투자 활동이든 경제개발구 조성 작업에 참여하는 것을 환영한다"고 밝혔다.

그럼에도 불구하고, 북·중 경협의 상징이었던 황금평 특구, 나선 특구 개발 등은 장기간 표류를 피할 수 없을 것으로 보인다. 결국 북한의 경제회생은 국제법과 국제 상도의를 준수, 외국기업의 투자를 보장한 중국의 선례를 배우고 행동으로 보여 줘야만 가능하다. 그렇지 않으면 황금평·나선 개발은 북한이 원하는 방향으로 절대 이뤄질 수 없다.

북한이 그 바탕 위에 진정성을 가지고 개혁·개방조치를 취해 국제사회에 나온다면, 우리 정부가 검토 중인 나선특구 개발 참여 및 나진-하산 철도프로젝트 투자 방안을 구체화, 북한의 결단이 성공을 거두도록 지원을 아끼지 말아야 할 것이다.

【북한의 특구 개발 관련 북·중 협력 내용】

일 시	협력 및 합의 사항
2010년 5월	△ 김정일 방중, 후진타오 총서기와 '羅先 經濟貿易區 및 黃金坪·威化島 經濟區' 공동 개발 및 관리에 대한 공감대 형성
2010년 11월 19일	△ 천덕밍(陳德銘) 상무부장 방중, 양국간 '2개 경제구' 공동 개발 및 관리에 관한 협정 체결(법적 구속력 갖는 문서 교환)
2010년 11월 중순	△ 중국 상무부, 중국국제공정자문공사에 위탁하여, 양국간 '2개 경제구' 공동 개발을 위한 2011~2015년 및 2025년 장기 목표 계획 요강을 작성, 상기 협정에 추가
2011년 12월 3일	△ 북한, '黃金坪·威化島 경제구'법 통과 △ 북한, '羅先 經濟貿易區'법 수정·통과
2012년 8월 14일	△ 북·중 '2개 경제구' 공동 개발 및 관리를 위한 연합지도위원회 제3차 회의 개최(베이징) – '2개 경제구' 관리위원회 설립 선포 – 동 관리위원회 설립 및 운영에 관한 의정서, 경제기술협력 협정 체결
2012년 8월 17일	△ 장성택 북한 노동당 행정부장, 랴오닝성을 방문하여 왕민(王珉) 당서기·천정가오(陳政高) 성장과 '黃金坪·威化島 경제구' 공동 개발 및 관리문제 심층 협의, 관련 양해각서 체결
2012년 9월 26일	△ 북·중 '2개 경제구' 투자 설명회 개최(베이징)

【북한의 외자 유치 관련 중국 측 부정적 인식】

주요 사안	중국 측 부정적 반응
개성공단에의 중국기업 참여	• 주펑(朱鋒) 베이징대 국제관계학원 교수, "중국 기업 참여 쉽지 않을 듯"(2013년 9월 26일 매경·한국정책금융공사 공동 주최, 북한정책포럼, 베이징) - 개성공단에 한국 대기업 불참 - 개성공단 유입 자금이 핵 개발로 전용될 가능성 - 개성공단은 값싼 노동력에 기반해 중국 기업이 매력을 느끼지 못함 - 개성공단 물품은 북한산 브랜드여서 현 대북 제제 체제 하에서 해외 판로 개척 불가
대북 투자 신뢰도	• 제2회 북·중 경제·무역·문화·관광박람회(2013년 10월 10일, 단둥) 참석 중국동포 사업가 - 북한에서 가져온 순도 높은 금·철광석을 보여주며 대북 투자를 권유해, 현장에 가면 폐광에 가깝거나 다른 투자자와 계약한 광산을 소개 - 북한산 대게 수입을 위해 접촉한 북한 인사가 "선박 기름이 없다, 선원이 식사를 못한다"해, 지원했더니 연락을 단절

2013년 11월 북한의 일련의 특구 세일즈	• 중국인 대북 사업가들은 "3대 근본 문제가 있다"고 지적
	- 특구 개발 등을 주도할 '경제 전문가' 부재 : 지난 20년간 특구 개발에 관련한 북한 경제 관료는 모두 좌천 등 불행
	  * 김달현 부총리는 서울 방문 후, '개방' 언급했다 좌천 후 자살
	  * 최근 출범한 국가경제개발위원회 산하 16개국 중, 7개 국의 국장이 공석
	- 경제 개발을 위한 덩샤오핑 식 '사상 해방'이 미비
	- 유엔 제재 하, 북한 특구 투자의 장래 불투명

중국기업의 금평·나선 개발 투자	• 중국의 대형 국유기업 자오상(招商)그룹, 북한과 황금평·나선 특구 공동 개발을 추진했으나 북한 측 제시 조건이 좋지 않아 투자계획을 철회키로 결정(2013년 11월 22일 니혼게이자이 신문 보도)

첨부

첨부 주중 우리 공관

■ 주중국 대한민국 대사관

(1) 공관 개설
- 1991년 1월 30일 대표부 공식 개설
- 1992년 8월 24일 한·중 외교관계 수립
- 1992년 8월 28일 대사관으로 승격
- 1992년 9월 7일 노재원 대표부 대사를 초대대사로 발령

(2) 공관장
권영세 대사(제10대 대사, 2013년 6월 4일 취임)

(3) 주소 및 연락처
- 주소 : 中國 北京市 朝陽區 第三使館區 東方東路 20號(우편번호 100600) (No.20 DongfangdongLu Chaoyang District, Beijing, China)
- 전화 : (86-10) 8531-0700
  - 야간당직 : (86) 13911019526
    (평일18시~익일09시, 공휴일 24시간)
  - 기업 지원 담당관 : (86-10)8531-0817
  - FAX : (86-10) 8531-0726
- 웨이보 홈페이지 : www.weibo.com/embassykr

■ 주중국 총영사관(대사관 영사부 외, 8개)

- 주중국 대사관(영사부) 관할아래 총 8개 총영사관(홍콩·上海·靑島·廣州·沈陽·成都·西安·武漢)과 1개 출장소(大連) 개설(아래 도표 참조)
- 중국 방문인원이 500~600만 명에 달하고 중국 진출 기업체들이 급증하는 상황에서 텐진(天津)·웨이하이(威海)·다롄(大連)·우시(無錫)·충칭(重慶)·쿤밍(昆明)·하얼빈(哈爾濱)·마카오(澳門) 등 8개소에 총영사관 또는 분관 형태의 공관 추가 설치 검토 중(2010년 6월 24일 〈서울경제〉 보도)

■ 주대련 출장소(2012년 8월 29일 개설)

- 주소 : 中國 遼寧省 大連市 中山區 人民路 23號 虹源大夏 5層
- 전화 : (86-411) 8235-6288, 팩스 : (86-411) 8235-6283
- 이메일 : dalian@mofa.go.kr
- 홈페이지 : http://chn-dalian.mofa.go.kr
- 관할 구역 : 다롄(大連)시

【주중국 총영사관 현황(2013년 12월 현재)】

공관명	개설	관할 지역	공관장	주소 · 연락처
대사관 영사부	1992년 8월 28일	北京·天津市, 河北·山西·靑海省, 內蒙古·新疆·西藏 自治區(2개 직할시, 3개 성, 3개 자치구)		中國 北京市 朝陽區 亮馬橋 北小街 7 號(우편번호100600) 전화 : (86-10)8532-0404 팩스 : (86-10)6532-3891 이메일 : chinaconsul@mofa.go.kr 홈페이지 : http://chn.mofa.go.kr
주홍콩 총영사관	1949년 5월 1일	홍콩 · 마카오(2개 특별 행정구)	조용천	5-6/F, Far East Finance Centre, 16 Harcourt Road, Hong Kong 전화 : (852)2529-4141 팩스 : (852)2861-3699 이메일 : hkg-info@mofa.go.kr 홈페이지 : http://hkg.mofa.go.kr
주상해 (상하이) 총영사관	1993년 7월 14일	上海市, 安徽·江蘇·浙江省(1개 직할시, 3개 성)	구상찬	中國 上海市 万山路 60號(200336) 전화 : (86-21)6295-5000 팩스 : (86-21)6295-2629 이메일 : shanghai@mofa.go.kr 홈페이지 : http://shanghai.mofa.go.kr
주청도 (칭다오) 총영사관	1994년 9월 12일	靑島市, 山東省 (1개 성)	황승현	中國 山東省 靑島市 嶗山區 香港東路 101號(266061) 전화 : (86-532) 8897-6001 팩스 : (86-532) 8897-6005 이메일 : qdconsul@mofa.go.kr 홈페이지 : http://qingdao.mofa.go.kr
주심양 (선양) 총영사관	1999년 7월 8일	遼寧·黑龍江·吉林省 (3개 성)	신봉섭	中國 遼寧省 瀋陽市 和平區 南13緯路 37號(110003) 전화 : (86-24) 2385-3388 팩스 : (86-24) 2385-5170 이메일 : shenyang@mofa.go.kr 홈페이지 : http://chn-shenyang.mofa.go.kr

공관명	개설	관할 지역	공관장	주소 · 연락처
주광주 (광저우) 총영사관	2001년 8월 28일	廣東·海南·福建省, 廣西壯族自治區(3개 성, 1개 자치구)	양창수 (楊昌洙)	中國 廣東省 廣州市 海珠區 赤崗領事館區 友鄰三路 18號(510310) 전화 : (86-20) 2919-2999 팩스 : (86-20) 2919-2963 이메일 : guangzhou@mofa.go.kr 홈페이지 : http://chn-guangzhou.mofa.go.kr
주성도 (청두) 총영사관	2005년 2월 26일	重慶市, 四川·雲南·貴州省(1개 직할시, 3개 성)	정만영 (鄭萬永)	中國 四川省 成都市 下南大街 6號 天府綠州大廈 19F(610016) 전화 : (86-28) 8616-5800 팩스 : (86-28) 8616-5789 이메일 : chengdu@mofa.go.kr 홈페이지 : http://chn-chengdu.mofat.go.kr
주서안 (시안) 총영사관	2007년 9월 20일	陝西·甘肅省, 寧夏回族自治區(2개 성, 1개 자치구)	전재원	中國 陝西省 西安市 高新技術産業開發區 科技路 33號 國際商務中心 19層(710075) 전화 : (86-29) 8835-1001 팩스 : (86-29) 8835-1002 이메일 : xian@mofa.go.kr 홈페이지 : http://chn-xian.mofa.go.kr
주무한 (우한) 총영사관	2010년 10월 25일	湖北·湖南·河南·江西省(4개 성)	한광섭	中國 湖北省 武漢市 江漢區 新華路 218號 浦發銀行大廈 4樓(430022) 전화 : (86-27) 8556-1085 팩스 : (86-27) 8574-1085 이메일 : wuhan@mofa.go.kr 홈피 : http://chn-wuhan.mofa.go.kr

제3부 지도자의 꿈과 현실 ······························· 219

시진핑의 차이나 드림

2014년 6월 24일 1판 1쇄 인 쇄
2014년 6월 30일 1판 1쇄 발 행

지은이 | 문유근
펴낸이 | 박정태
편집이사 | 이명수   **감수교정** | 정하경
편집부 | 전수봉, 위가연, 김안나
마케팅 | 조화묵, 박용대 **온라인마케팅** | 김찬영
펴낸곳 | 북스타
출판등록 | 2006. 9. 8. 제 313-2006-000198호
주소 | 경기도 파주출판문화도시 광인사길 161 광문각빌딩
전화 | 031-955-8787   **팩스** | 031-955-3730
E-mail | kwangmk7@hanmail.net
홈페이지 | www.kwangmoonkag.co.kr

ISBN 978-89-97383-35-1   03340
값 28,000원